Zeitschrift für bayerische Landesgeschichte
2019, Band 82 [Heft 2]

Zeitschrift für bayerische Landesgeschichte

2019, Band 82 [Heft 2]

Herausgegeben von der Kommission
für bayerische Landesgeschichte
bei der Bayerischen Akademie der Wissenschaften
in Verbindung mit der
Gesellschaft für fränkische Geschichte und
der Schwäbischen Forschungsgemeinschaft

C. H. Beck

Schriftleitung: Univ.-Prof. Dr. Ferdinand Kramer, München
Geschäftsführung und Redaktion: Dr. Claudia Schwaab
Kommission für bayerische Landesgeschichte
80539 München, Alfons-Goppel-Str. 11, Tel. 089-23031-1174/1333 (Fax)
E-Mail: zblg@kbl.badw.de
Verlag: C.H. Beck, 80801 München, Wilhelmstr. 9
Satz: Dr. Anton Thanner, Weihungszell
Gestaltungskonzept: Gorbach Büro für Gestaltung und Realisierung, Utting
Druck: Memminger MedienCentrum, Memmingen
ISSN 00442364

© Kommission für bayerische Landesgeschichte

Die Zeitschrift für bayerische Landesgeschichte erscheint in Jahresbänden zu je 3 Heften. Sie ist in Einzelheften oder im Abonnement über den Buchhandel zu beziehen. Im Abonnementpreis sind 20 Prozent Nachlaß enthalten.

Manuskripte sind in druckfertigem Zustand an die Geschäftsstelle der Schriftleitung zu senden. Beiträge aus dem Gebiet der fränkischen Geschichte werden von der fränkischen Redaktionsabteilung (Prof. Dr. Dieter J. Weiß/Gesellschaft für fränkische Geschichte), aus dem Gebiet der schwäbischen Geschichte von der schwäbischen Redaktionsabteilung (Dr. Gerhard Hetzer/Schwäbische Forschungsgemeinschaft) verantwortet.

Inhalt

Maria Magdalena Zunker, Ein Verbrüderungsbrief des Johanniterordens mit der Abtei St. Walburg aus dem Jahre 1313. Ein Zeugnis aus dem Umfeld der ehemaligen Templerkommende Moosbrunn (Moritzbunn, Landkreis Eichstätt)   *299*

Hendrik Baumbach, Die Rechnung des Landschreibers Georg Spengler aus der Tätigkeit des kaiserlichen Landgerichts der Burggrafen von Nürnberg (1458–1460). Beschreibung, Auswertung und Edition   *317*

Wolfgang Strobl, »Ianus bifrons« – ein Künstlerleben in Widerspruch und Einheit. Zu einem subversiven täuferischen Freskenzyklus Bartlme Dill Riemenschneiders in Tramin, Ansitz Langenmantel (1547)   *381*

Marion Romberg, »Was Ihro Hochwürden bauen, darf jedermann sehen«. Das Selbstverständnis der Füssener Benediktiner im Zeitalter der Gegenreformation   *447*

Andreas Rutz, »Von der nothwendigkeit und dem nuzen der erkenntnuß eines landes überhaupt«. Johann Sigmund Strebel und die Prinzenerziehung in Brandenburg-Ansbach um die Mitte des 18. Jahrhunderts   *475*

Wolfgang Wüst, Bayerns »langes« Jahrhundert – zivilrechtliche Traditionen im Königreich   *497*

Schrifttum   *515*

Ein Verbrüderungsbrief des Johanniterordens mit der Abtei St. Walburg aus dem Jahre 1313
Ein Zeugnis aus dem Umfeld der ehemaligen Templerkommende Moosbrunn (Moritzbrunn, Landkreis Eichstätt)

Von Maria Magdalena Zunker OSB

1. Überlieferungsgeschichte

Das Archivgut der im Jahre 1035 am Grab der hl. Walburga zu Eichstätt gegründeten Benediktinerinnenabtei St. Walburg wurde bei der Säkularisation des Klosters im Jahre 1806 auseinandergerissen. Etwa drei Viertel des Urkundenbestands gelangten in Staatsbesitz. Dieser wird heute im Staatsarchiv Nürnberg aufbewahrt. Ein bedeutender Teil der Archivalien, so die meisten Amtsbücher, ein Großteil der Akten, aber auch etwa ein Viertel der Urkunden, darunter die Gründungsurkunde vom 24. Juli 1035 und ihre Kopien aus dem 12. Jahrhundert, verblieben im Klosterarchiv. Die Benediktinerinnen hatten diese wirtschaftlich relevanten Dokumente vor den Säkularisationskommissaren rechtzeitig in Sicherheit gebracht, um bei einer von ihnen erhofften Wiedererrichtung rechtliche Ansprüche auf Rückgabe der enteigneten Klostergüter erheben zu können. Da sich bei der Säkularisation des Klosters im Jahre 1806 alle Nonnen entschieden, im Kloster zu bleiben und bei der Wiedererrichtung im Jahre 1835 durch König Ludwig I. von Bayern (1825–1848) noch 13 Mitglieder des Konvents im Kloster lebten, und somit das klösterliche Leben ununterbrochen fortbestanden hatte, blieben diese Archivalien auch weiterhin vor Ort. Allerdings gerieten Teile des Archivguts, vor allem der Aktenbestand, in der Zeit nach der Säkularisation in Unordnung[1].

Der Umstand, dass Teile des Archivs noch nicht erschlossen sind, hat zur Folge, dass hier immer wieder interessante Funde gemacht werden können. Eine solche Neuentdeckung stellt die im Folgenden vorzustellende Johanniterurkunde dar[2]. Diese kam im Jahre 2017 bei der Erstellung des Paragraphen »Bruderschaften« des

---

1 Maria Magdalena ZUNKER, Das Bistum Eichstätt 2: Die Benediktinerinnenabtei St. Walburg in Eichstätt (Germania Sacra Dritte Folge 15), Berlin/New York 2018, 93–101.
2 ZUNKER, Benediktinerinnenabtei St. Walburg, 447, dort noch die falsche Transskription *praedicator* statt richtig *procurator*.

Germania-Sacra-Bands »Die Benediktinerinnenabtei St. Walburg« im – ungeordneten – Aktenbestand mit dem Betreff »Bruderschaften« zum Vorschein[3]. Die Urkunde ist in dem vom St. Walburger Klosterrichter Thomas Seyringer (1608–1630) im Jahre 1623 angelegten Repertorium der Amtsbücher und Urkunden des Klosters nicht verzeichnet, vermutlich weil sie keine rechtsrelevante Bedeutung hatte[4].

2. Die Urkunde

Abb. 1: Verbrüderungsbrief des Johanniterordens mit der Abtei St. Walburg aus dem Jahr 1313, Archiv der Abtei St. Walburg. Vorderseite. – (Photo M.M. Zunker)

Die gut erhaltene Urkunde besteht aus beidseitig gleich bearbeitetem sog. nördlichem Pergament und hat eine Länge von 13,7 bis 14,00 cm und eine Breite von 5,7 cm bis 5,00 cm. Sie ist in der Mitte gefaltet. Eine weitere Faltung wurde an ihren Schmalseiten auf einer Breite von etwa 2,3 cm vorgenommen. Das weiche, helle Pergament des Stücks hat innen leichtere, außen stärkere hellbräunliche Verfärbungen. Am oberen Rand weist das Pergament ein winziges kreisrundes Löch-

---

3 Herzlich danke ich Herrn Prof. Dr. Karl Borchardt und Herrn Prof. Dr. Dieter Weiß, beide München, für die Ermutigung, die Urkunde zu publizieren sowie für wichtige Hinweise und Hilfestellungen.
4 Zunker, Benediktinerinnenabtei St. Walburg (wie Anm. 1), 96 f.

lein auf, das vermutlich modernen Ursprungs ist. Es ist keine Linierung zu erkennen. Auch Tintenneuansätze können nicht ausgemacht werden. Die Schrift in gotischer Kursive ist ohne Verzierungen.

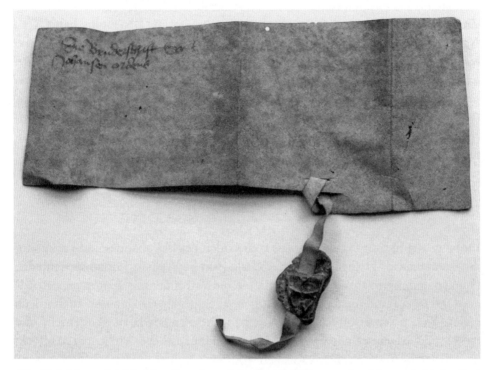

Abb. 2: Verbrüderungsbrief des Johanniterordens mit der Abtei St. Walburg aus dem Jahr 1313, Archiv der Abtei St. Walburg. Rückseite. – (Photo M.M. Zunker)

Siegel
Es ist nur noch ein Stück aus dem Mittelteil des Siegels erhalten. Dieses besteht aus hellbraunem Wachs und hatte vermutlich ursprünglich eine runde Form. Es ist an einem Pergamentstreifen abhängend an der Urkunde befestigt. Ein Pergamentstreifen wurde vom unteren Rand der Urkunde auf einer Länge von zwei Dritteln der Breite der Urkunde abgeschnitten und durch einen oberhalb des Schnitts angebrachten waagerechten Einschnitt von rückwärts nach vorn durch die sich hierdurch ergebende Schlinge gezogen. Der Siegelrest zeigt ein schildförmiges Wappen mit der Wiedergabe des gleichschenkligen Johanniterkreuzes. Bemerkenswert ist, dass hier bereits sehr früh die typische Form des achtspitzigen, endgekerbten

Johanniterkreuzes wiedergegeben ist. Es ist nicht mehr zu erkennen, ob das Siegel mit einer Umschrift versehen war. Sicher dagegen ist, dass es sich hier lediglich um ein Ordenssiegel, nicht aber um ein Wappensiegel handelt.

Transkription
Nos frater Albricus ordinis sancti Johannis nec non procurator passagii Terre Sancte recepimus abbatissam cum monialibus suis et[5] tota familia sua in confraternitatem nostri ordinis, eisdem dantes plenam participationem omnium bonorum operum, que fiunt vel fient in XXV milibus claustris tam ultra mare quam citra, adicientes eisdem auctoritate apostolica, ut, quacumque morte eos mori contigerit, liceat eis tumulari ecclesiastica sepultura, dummodo tamen non [causam] dederint interdictu[6]. Datum in Eystet. Anno domini M° CCC° XIII°.

Die Dorsualnotiz stammt aus dem 15. oder 16. Jahrhundert und lautet: *die Bruderschaft Sant Johansen Ordens.*

Regest
Im Jahre 1313 nimmt Frater Albricus vom Orden des hl. Johannes und Prokurator des Kreuzzugs ins Heilige Land die Äbtissin [von St. Walburg] zusammen mit den Nonnen und ihrer ganzen Gemeinschaft in die Verbrüderung[7] (*confraternitas*) seines Ordens auf und macht sie teilhaftig an allen gegenwärtigen und zukünftigen guten Werken seines Ordens in den 25 000 Ordensniederlassungen jenseits und diesseits des Meeres. Zudem verleiht er ihnen mit päpstlicher Vollmacht das Recht kirchlicher Bestattung, durch welchen Tod auch immer zu sterben ihnen zuteil werden würde. Im Falle eines [von ihnen verschuldeten] Interdikts solle dieses Privileg allerdings keine Geltung haben. Ausgestellt wurde die Urkunde in Eichstätt. Datiert ist sie auf das Jahr 1313. Monats und Tagesdatum sind nicht angegeben. Fünf Punkte bzw. Striche stehen am Ende der letzten Zeile, damit dort kein freier Platz für Nachträge missbraucht werden kann.

Aussteller der Urkunde ist *Frater Albricus ordinis sancti Johannis*, also ein Mitglied des geistlichen Ritterordens der Johanniter, genauer des *ordo militiae Sancti Johannis Bapstistae hospitalis Hierosolymitani*. *Frater Albricus* bezeichnet sich als *procurator passagii Terrae Sanctae*, als Bevollmächtigter für den Kreuzzug ins Heilige

---

5 Vor Korrektur *cum*.
6 Für *interdicto*.
7 Zum Begriff »Verbrüderung« siehe Agnes BAUMERT, Frömmigkeit und Ritterorden. Ein neuer Blick auf die Johanniter in der Ballei Brandenburg, in: Revista Potestas 4 (2011), 158, Anm. 49.

Land. Ein *Frater Albricus* vom Johanniterorden ist bislang quellenmäßig sonst nicht nachweisbar[8]. Der Name Albricus (bzw. Albricius, deutsch: Alberich) ist im Mittelalter vor allem in Italien häufig belegt[9]. Es könnte folglich sein, dass *Frater Albricus* ein aus Italien gebürtiger Johanniter war. Mit großer Sicherheit weist die Tatsache der Verwendung nur eines Ordenssiegels darauf hin, dass Albricus kein adeliger Ritterbruder, sondern ein nicht adeliger Priesterbruder gewesen war[10]. Auch der Umstand, dass kein Familienname angegeben ist, könnte dafür sprechen, dass Albricus nicht adeliger Herkunft war.

Als Adressaten der Urkunde sind die Äbtissin, deren Name nicht genannt wird, ihre Nonnen und ihre *familia* aufgeführt, zu welcher die Bediensteten und unter diesen die Priester des Klosters, die von der Äbtissin präsentiert wurden, gehörten, sowie vielleicht auch die Grundholden der Abtei. Auch der Name des Klosters wird nicht genannt. Da die Urkunde in Eichstätt ausgestellt wurde, kann es sich hier nur um die Benediktinerinnenabtei St. Walburg handeln. Äbtissin des Klosters war im Jahre 1313 Offemia von Emmendorff (1299–1321), in deren Amtszeit bedeutende Erwerbungen von Gütern und Rechten fielen, zum Beispiel in der bei Rain am Lech gelegenen Hofmark Gempfing[11]. Auf Grund des Fehlens der Namen der Abtei und der Äbtissin sowie des Tagesdatums kann vermutet werden, dass die Urkunde schon vor der Ausstellung als Entwurf vorbereitet war, ja dass *Frater Albricus* möglicherweise mehrere solcher Formulare von Verbrüderungsurkunden für Frauenabteien bzw. entsprechende Vorlagen für Männerabteien mit sich führte.

Laut der St. Walburger Urkunde sollte die Abtei Anteil an allen guten Werken in den *XXV milibus claustris tam ultra mare quam citra*, also in den insgesamt 25 000 einzelnen »Klöstern« des geistlichen Ritterordens sowohl jenseits als auch diesseits des (Mittel)Meeres erhalten. Als »jenseits gelegen« verstand man nach dem Verlust der Niederlassungen in Syrien und Palästina – nun von Mitteleuropa aus gesehen – vermutlich die Häuser auf Zypern und auf den Inseln des Dodekanes, insbesondere auf Rhodos, als »diesseits gelegen« hingegen die Häuser auf dem europäischen Festland sowie in England und Skandinavien[12]. Auffällig ist, dass hier der

---

8 Freundlicher Hinweis von Francesco Tommasi, Perugia.
9 Freundlicher Hinweis von Francesco Tommasi, Perugia; vgl auch http://dmnes.org/name/Alberich.
10 Freundlicher Hinweis von Karl Borchardt, München.
11 ZUNKER, Die Benediktinerinnenabtei St. Walburg (wie Anm. 1), 122, 486–488, 633 f.
12 Die Deutung von *ultra mare* und *citra mare* wechselte, je nachdem auf welcher Seite des Meeres sich der Autor des Dokuments befand. Vgl. hierzu Alain DEMURGER, Die Ritter des Herrn. Geschichte der Geistlichen Ritterorden, München 2003, 353, Anm. 53.

Ausdruck *claustrum*[13] anstelle des bei den Ritterorden gebräuchlicheren Begriffs *domus* verwendet wird[14]. Ob der Aussteller der Urkunde diese eher als Bezeichnung kontemplativer Klöster zu erwartende und für solche werbewirksamere Wortwahl in Hinblick auf die benediktinischen Adressatinnen der Urkunde getroffen hat? Die hier angeführte Anzahl von insgesamt 25000 Häusern ist sicher übertrieben. Die versprochene Teilhabe an den »guten Werken« in allen Johanniterhäusern ließ sich um diese gewaltig hohe Zahl multiplizieren und konnte so bei den beworbenen geistlichen Institutionen einen um so stärkeren Eindruck machen[15]. Zu den »guten Werken« sind u.a. das Chorgebet, die Zelebration der hl. Messe, die Fasten- und weiteren Bußübungen der Johanniter, aber auch deren Dienst an den Kranken und den Pilgern in den Hospitälern zu zählen. Außer der Teilhabe an »allen guten Werken« wurde den *moniales* und der *familia* von St. Walburg kraft päpstlicher Vollmacht (*auctoritate apostolica*) bei der Aufnahme in die Verbrüderung das Privileg der kirchlichen Bestattung unabhängig von den Umständen des Todes gewährt. Dieses Vorrecht wurde dem Kloster allerdings unter dem Vorbehalt gestattet, dass sie kein Interdikt verschuldet hätten. Bei einer Exkommunikation dagegen hatte es offensichtlich Geltung. Das Bestattungsrecht war eines der im 12. Jahrhundert vom Heiligen Stuhl den geistlichen Ritterorden und so auch den Johannitern verliehenen geistlichen Vorrechte, durch die diese allein dem Papst unterstellt und damit von der diözesanen Jurisdiktion exemt waren. Diese Privilegien, ursprünglich allein den Brüdern des Ordens vorbehalten, wurden in der Folge auch auf die im Dienst der Johanniter Stehenden und die dem Orden Affiliierten, so auch den in die *confraternitas* der Johanniter Aufgenommenen übertragen[16].

---

13 http://ducange.enc.sorbonne.fr/claustrum (13. Februar 2019).
14 DEMURGER, Ritter des Herrn (wie Anm. 12), 134 f.
15 Vgl. zu den Zahlen der Häuser der Johanniter: DEMURGER, Ritter des Herrn (wie Anm. 12), 134–137. Zu den übertriebenen Angaben der Anzahl der Ordenshäuser vgl. auch Karl BORCHARDT, Spendenaufrufe der Johanniter aus dem 13. Jahrhundert, in: ZBLG 56 (1993), 32–35.
16 DEMURGER, Ritter des Herrn (wie Anm. 12), 100–105; Thomas KRÄMER, Dämonen, Prälaten und gottlose Menschen. Konflikte und ihre Beilegung im Umfeld der geistlichen Ritterorden (Vita regularis 64), Münster 2015, 144–156, 221–228, 243–256.

3. Sammlung für den Kreuzzug und Aufnahme in die Bruderschaft der Johanniter

Der Aussteller der Urkunde *Frater Albricus* war, wie gesehen, im Jahre 1313 als Bevollmächtigter für den Kreuzzug und in dieser Eigenschaft als Spendensammler im Hochstift Eichstätt unterwegs. Weiter geht aus der Urkunde hervor, dass *Frater Albricus* autorisiert war, neue Mitglieder für die Verbrüderung seines Ordens zu werben und aufzunehmen. Neben der Verleihung von Ablässen war auch die Aufnahme in die Verbrüderung mit den Johannitern ein damals vielfach angewandtes Werbemittel für potentielle Spender zugunsten des Kreuzzugs[17]. Es ist demnach mit Sicherheit davon auszugehen, dass auch die Aufnahme der Abtei St. Walburg in die *confraternitas* der Johanniter eine Gegenleistung für eine von den Benediktinerinnen gegebene Spende gewesen ist.

Im Jahre 1291 wurde die strategisch wichtige Hafenstadt Akkon, die letzte verbliebene christliche Bastion in Palästina, durch Truppen des ägyptischen Mamlukensultans al-Malik al-Aschraf Chalil (1290–1293) erobert. Dies bedeutete für das christliche Abendland den endgültigen Verlust des Heiligen Landes und letztendlich das Scheitern der Kreuzzüge. Ende des 13. und Anfang des 14. Jahrhunderts wurden erneut verschiedene Kreuzzugspläne für die Rückeroberung des Heiligen Landes, die *recuperatio Terrae Sanctae*, erwogen, und zwar solche, die einen Kreuzzug vorbereiten sollten, das *passagium particulare Terrae Sanctae*, und solche für einen allgemeinen Großen Kreuzzug mit einer unverzüglich einzuleitenden Invasion Palästinas, das *passagium generale Terrae Sanctae*. Eine Schlüsselrolle spielten bei diesen Planungen der Templer- und der Johanniterorden. Die beiden miteinander rivalisierenden Ritterorden wurden verantwortlich gemacht für den Verlust des Heiligen Landes. Um ihre militärische Durchschlagskraft zu erhöhen und der Planung eines Kreuzzugs eine größere Effektivität zu verleihen, wurde damals ein schon früher erwogener, jedoch letztlich nicht realisierter Vorschlag wieder aufge-

---

17 Anthony LUTTRELL, The Hospitallers and the Papacy, 1305–1314, in: Anthony LUTTRELL, Studies on the Hospitallers after 1306. Rhodes and the West, Aldershot 2007, Aufsatz Nr. V, 605; vgl. das Notariatsinstrument vom 24. Januar 1313, in dem die in Skandinavien als Prokuratoren für den Kreuzzug eingesetzten Johanniter bevollmächtigt werden, die *passagii adiutores* in die *confraternitas* der Johanniter aufzunehmen: Diplomatarium Norvegicum. Oldbreve til Kundskab om Norges indre og ydre Forholde, Sprog, Slaegter, Saeder, Lovgivning og Rettergang i Middelalderen 8, hg. von Chr. C. A. LANGE und C. R. UNGER, Oslo 1874, 64–66.

griffen, der dahin zielte, die beiden Orden miteinander zu vereinen[18]. Papst Clemens V. (1305–1314) forderte deren Großmeister auf, Pläne für die Durchführung eines Kreuzzugs darzulegen. Während der Großmeister der Templer Jacques de Molay (1294–1314) eher für ein *passagium generale* tendierte, schlug der Großmeister der Johanniter Foulques de Villaret (1305–1319) zunächst ein mehrstufiges *passagium particulare* vor. Als vorbereitende Maßnahmen erwogen die Johanniter unter anderem ein Handelsembargo gegen Ägypten, sowie Raubzüge zu Land und zu Meer entlang der von Muslimen beherrschten ägyptischen und syrischen Küste. Weiter sollten die orientalischen Christen, insbesondere die im Südosten Kleinasiens, in Klein-Armenien lebenden, sowie die zypriotischen Christen militärisch unterstützt werden. Diese vorbereitenden Maßnahmen sollten schließlich in einem *passagium generale*, der Rückeroberung des Heiligen Landes unter Führung des Königs von Frankreich Philipps IV. des Schönen (1285–1314), gipfeln[19].

Auch die Eroberung der zum Byzantinischen Reich gehörenden Insel Rhodos durch die Johanniter, die im Jahre 1306 im Bündnis mit dem genuesischen Seeräuber Vignolo di Vignoli begonnen hatte, wurde nachträglich von den Ordensrittern als vorbereitender Kreuzzug propagiert. Papst Clemens V. befürwortete am 5. September 1307 ausdrücklich den Plan, die Insel Rhodos, *quam*, so der Papst, *scismaticorum graecorum infidelitas detinebat*, zu erobern[20]. Am 11. August 1308 rief Clemens V. auf Betreiben des Johannitermeisters Foulques de Villaret zu einem *passagium particulare* auf, das im Jahre 1309 beginnen und ein nach fünf Jahren geplantes *passagium generale* vorbereiten sollte. Der Papst forderte die Bischöfe zur Kreuzzugspredigt auf und gewährte Ablässe für diejenigen Gläubigen, welche Spenden für

---

[18] Jürgen SARNOWSKY, Der Johanniterorden und die Kreuzzüge, in: Vita Religiosa im Mittelalter. Festschrift für Kaspar Elm zum 70. Geburtstag, hg. von Franz J. FELTEN und Nikolas JASPERT (Berliner Historische Studien 31, Ordensstudien XIII), Berlin 1999, 354 f.; LUTTRELL, The Hospitallers and the Papacy (wie Anm. 17), 595 f.; Bodo HECHELHAMMER, Die richtungweisende Eroberung der Insel Rhodos durch den Johanniterorden um das Jahr 1308, in: 1308. Eine Topographie historischer Gleichzeitigkeit, hg. von Andreas SPEER und David WIRMER (Miscellanea Mediaevalia 35), Berlin/New York 2010, 885–887.
[19] Ludger THIER, Kreuzzugsbemühungen unter Papst Clemens V. (1305–1314), Werl/Westf. 1973, 50–56; DEMURGER, Ritter des Herrn (wie Anm. 12), 233–240; LUTTRELL, The Hospitallers and the Papacy (wie Anm. 17), 599–603; HECHELHAMMER, Die richtungweisende Eroberung der Insel Rhodos (wie Anm. 18), 885–892.
[20] Zitiert nach: THIER, Kreuzzugsbemühungen, 82; vgl. auch LUTTRELL, The Hospitallers ans Papacy (wie Anm. 17), 602 und HECHELHAMMER, Die richtungweisende Eroberung der Insel Rhodos (wie Anm. 18), 893 f.

den Kreuzzug gaben[21]. Als geistliche Gegengabe für Spenden wurde bei der Werbung um Unterstützung für den Kreuzzug von den Johannitern neben der Gewährung von Ablässen, wie bereits gesehen, auch die Aufnahme in die *confraternitas* des Ordens praktiziert[22]. Weitere Kreuzzugsaufrufe erließ der Papst im Jahre 1309[23].

Im Jahre 1310 schließlich konnten die Johanniter unter Foulques de Villaret mit dem Einsatz von 25 Galeeren des Vorkreuzzuges und zehn Schiffen der Genuesen den restlichen Teil von Rhodos in ihre Gewalt bringen. Sie errichteten auf der Insel einen eigenständigen Ordensstaat. Der Johanniterorden, welcher ebenso wie der Templerorden in die Kritik geraten war, hatte durch die Eroberung der Dodekanesinsel, die künftig als Basis für Kreuzzüge dienen konnte, eine neue Legitimation gewonnen. Bis zur Eroberung von Rhodos durch Sultan Suleyman I. den Prächtigen (1520–1566) im Jahre 1522 war die Insel Hauptsitz des Johanniterordens[24].

In den Zusammenhang der geschilderten Kreuzzugspläne ist wohl auch die St. Walburger Verbrüderungsurkunde historisch einzuordnen. Die Einnahme von Rhodos lag im Jahre 1313, als die Urkunde ausgefertigt wurde, schon drei Jahre zurück. Das geplante *passagium generale*, welches nicht mehr zustande kommen sollte, stand aus damaliger Sicht noch aus. Ein Jahr zuvor hatten auf dem Konzil von Vienne (16. Oktober 1311 bis 6. Mai 1312) auch Planungen für den Großen Kreuzzug zu den Verhandlungsthemen gehört[25]. Geldsammlungen waren für die Johanniter nicht zuletzt deswegen notwendig, da der Orden in hohe Verschuldung geraten war, eine Folge von Rechtsstreitigkeiten, die sich bei der Übernahme des Templerbesitzes ergeben hatten. Ursachen für die Verschuldung des Johanniterordens waren zudem insbesondere die Finanzierung der Eroberung von Rhodos und der anschließenden Errichtung des Johanniter-Ordensstaates auf der Insel. Hohe Kosten verursachten weiter die Verstärkung der Befestigungsanlagen der Insel so-

---

21 THIER, Kreuzzugsbemühungen (wie Anm. 19), 83–86; Karl BORCHARDT, Late Medieval Ingulgences for the Hospitallers and the Teutonic Order, in: Ablasskampagnen des Spätmittelalter. Luthers Thesen von 1517 im Kontext, hg. von Andreas REHBERG (Bibliothek des Deutschen Historischen Instituts in Rom 132), 207 f.
22 LUTTRELL, The Hospitallers and the Papacy (wie Anm. 17), 605.
23 THIER, Kreuzzugsbemühungen (wie Anm. 19), 88 f.; LUTTRELL, The Hospitallers and the Papacy (wie Anm. 17), 604–608.
24 THIER, Kreuzzugsbemühungen (wie Anm. 19), 82–89; DEMURGER, Ritter des Herrn, 254–270; LUTTRELL, The Hospitallers and the Papacy (wie Anm. 17), 596 f., 602 f., 610 f.
25 THIER, Kreuzzugsbemühungen (wie Anm. 19), 99–103; LUTTRELL, The Hospitallers and the Papacy (wie Anm. 17), 612.

wie der Ausbau und der Unterhalt einer Galeerenflotte zur deren Verteidigung und zum Schutz des östlichen Mittelmeers gegen Angriffe von Seiten der osmanischen Türken und des Mameluken-Sultanats von Ägypten[26].

In denselben historischen Zusammenhang wie die St. Walburger Urkunde sind zwei vergleichbare, mit der St. Walburger Urkunde nahe verwandte Verbrüderungsbriefe einzuordnen: Ebenfalls im Jahre 1313 wurde ein heute im Hessischen Landesarchiv Marburg befindlicher Verbrüderungsbrief für das Benediktinerinnenkloster Berich (Landkreis Waldeck-Frankenberg, Hessen) ausgestellt. Am 25. Januar 1313 nahm der Johanniter Rabboto, Beauftragter für den Kreuzzug ins Heilige Land (*procurator generalis passagii Terre Sancte*), das Benediktinerinnenkloster Berich in die Verbrüderung der Johanniter auf. Anders als in der St. Walburger Urkunde ist hier von einem *procurator generalis passagii Terre Sancte* die Rede[27]. Vermutlich war *Rabboto* der *procurator generalis*, *Albricus* ein ihm unterstehender einfacher *procurator*. Die alternative Übersetzung *procurator* eines *passagium generale* ins Heilige Land ist weniger wahrscheinlich.

Zwei Jahre früher entstand ein weiterer, für ein Kloster des Zisterzienserordens ausgestellter Verbrüderungsbrief der Johanniter, der im Stiftsarchiv der österreichischen Zisterzienserabtei Zwettl (Niederösterreich) aufbewahrt wird: Am 2. März 1311 machte *Frater Marcellinus de Padua* vom Johanniterorden und Prokurator des Kreuzzugs ins Heilige Land (*ordinis s. Johannis Jerosolimitani procurator passagii Terre Sancte*) allen Christgläubigen bekannt, dass die ganze Bruderschaft (*confraternitas*) der Abtei Zwettl in die Verbrüderung (*fraternitas*) seines Ordens aufgenommen worden ist. Diese erhält künftig Teilhabe an allen guten Werken und Gebeten, »die in allen unseren Häusern diesseits und jenseits des Meeres verrichtet werden« (*que fiunt in cunctis domibus nostris tam citra mare quam ultra*), »nämlich an den Messen, den Gebeten, den Horen, den Vigilien, den Matutinen (*videlicet in missis, orationibus, horis, vigiliis, matutinis*)« sowie »am Vergießen des Blutes, welches unsere Ritter bei dem großen allgemeinen Kreuzzug gegen die Heiden vergießen« (*in effusione sanguinis quem nostri milites in passagio generali contra paganos effudiunt*). In dieser Verbrüderungsurkunde wird ausdrücklich von dem *passagium generale* gesprochen[28].

---

26 LUTTRELL, The Hospitallers and the Papacy (wie Anm. 17), 612.
27 Hessisches Staatsarchiv Marburg, Waldecker Urkunden, Urk. 85, Nr. 8355. Leider kann hier nur auf das Regest der Urkunde zurückgegriffen werden: https://arcinsys.hessen.de/arcinsys/detailAction.action?detailid=v935869 (letzter Aufruf 20. Februar 2019).
28 Stiftsarchiv der Zisterzienserabtei Zwettl, Urkunde 1311 II 02; http://monasterium.net/mom/AT-StiAZ/Urkunden/1311_III_02/charter (letzter Aufruf 20. Februar 2019).

Im Vergleich mit der St. Walburger Urkunde fällt auf, dass hier der Name des aufgenommenen Klosters, die Abtei Zwettl, genannt wird. Es sei auch darauf hingewiesen, dass die Häuser, an deren guten Werken und Gebeten Teilhabe gewährt wird, hier, anders als in der St. Walburger Urkunde, »professioneller« als *domus* bezeichnet werden.

Ebenso wie die St. Walburger Urkunde, weisen bzw. wiesen beide Bruderschaftsbriefe abhängende Siegel auf.

4. Zusammenhang mit der nach der Vernichtung des Templerordens erfolgten Übernahme der Moosbrunner Templerkommende durch die Johanniter

Bemerkenswert ist, dass die Urkunde für das Jahr 1313 die Anwesenheit und das Wirken eines Mitglieds des Johanniterordens im Hochstift Eichstätt bezeugt, denn dieses war, wie im folgenden ausgeführt werden soll, bis etwa zu dieser Zeit eigentlich Wirkungsfeld und Domäne des mit den Johannitern rivalisierenden Templerordens.

Etwa vier Kilometer südlich von Eichstätt liegt nahe beim Ort Ochsenfeld (Gemeinde Adelschlag, Landkreis Eichstätt) der Gutshof Moritzbrunn, ursprünglich Moosbrunn genannt. In Moosbrunn bestand spätestens seit Mitte des 13. Jahrhunderts eine Komturei, das heißt ein größerer Bezirk des Templerordens, der ein Haus, oft aber auch mehrere Häuser umfassen konnte[29]. Die Templerkommende in Moosbrunn ist zuerst im Jahre 1251 bezeugt: Am 10. Mai 1251 teilten der Abt Konrad von Thalhofen und der Konvent der Benediktinerabtei St. Mang zu Füssen ein Lehengut und dessen Zugehörungen in Dietlried (Landkreis Weilheim-Schongau) mit dem Prokurator der Templerkommende zu Moosbrunn[30].

Nochmals ist dieser Templerhof am 7. Dezember 1289 bezeugt, als Friedrich Wildgraf, Tempelherrenmeister in Alemannien und in Slawien (*magister domus templi in Allemania et in Sclavia*), mit Zustimmung der Brüder von Moosbrunn, die Vorbesitzer waren, einen Hof und eine halbe Hufe in Altenstadt bei Schongau (Landkreis Weilheim-Schongau), den Hof von Dietlried und das Patronatsrecht der dortigen Kirche sowie weitere Höfe am Lechrain an das Prämonstratenserstift

29 DEMURGER, Ritter des Herrn (wie Anm. 12), 134.
30 Otto GEIGER, Die Urkunden des vormaligen Benediktinerklosters St. Mang in Füssen, München 1932 (Archivalische Zeitschrift, Beiheft 3), 133. Vgl. auch Ludwig BAUMANN, Geschichte des Allgäus I, Kempten 1883 (Neudruck Aalen 1971), 435 und 470: Ohne Quellenangabe. Diese Urkunde fehlt bei Joe LABONDE, Die Templer in Deutschland. Eine Untersuchung zum historisch überkommenen Erbe des Templerordens in Deutschland, Heimbach/Eifel 2010, 246 f.

Steingaden (Landkreis Weilheim-Schongau) verkaufte[31]. Über die in diesen beiden Urkunden bezeugten Güter hinaus verfügten die Templer von Moosbrunn noch über weiteren umfangreichen Besitz. Insbesondere zu nennen sind ein in Eichstätt jenseits der über die Altmühl führenden sog. Spitalbrücke gelegener Hof sowie ein Hof in Pietenfeld (Landkreis Eichstätt). Laut einer anonymen Quelle aus dem frühen 19. Jahrhundert sollen gemäß Eichstätter Lokaltradition mindestens zwei weitere Häuser in Eichstätt in Templerbesitz gewesen sein[32]. In dieser Quelle wird die interessante, aber nicht verifizierbare These geäußert, der Dompropst und vermutliche Kreuzfahrer Walbrun († vor 1166), der nach 1147 das Schottenkloster und Hospiz Hl. Kreuz in der Ostenvorstadt Eichstätts stiftete und dort um 1160 die früheste Nachbildung des Hl. Grabes von Jerusalem in Deutschland erbauen ließ, habe in Verbindung mit der Templerkommende Moosbrunn gestanden, ebenso möglicherweise dann das Schottenkloster selbst[33]. Ebenfalls zur Kommende Moosbrunn gehörte mit großer Wahrscheinlichkeit der etwa zwei Kilometer nordwestlich von dieser gelegene Hof Tempelberg (heute: Einödhof Tempelhof, Gemeinde Ochsenfeld), der zuerst in einer aus dem Jahre 1444 stammenden Abschrift eines um 1214 angelegten Pappenheimer Salbuchs belegt ist[34]. Spätestens vom 16. Jahrhundert bis 1736 war der Tempelberg-Hof im Besitz des Augustinerchorfrauenklosters Marienstein (Stadt Eichstätt)[35]. Weiter sind Besitzungen der Moosbrunner Templer in Teising (Landkreis Altötting) (1295 bis 1303) sowie in Wippenfeld und Meilenhofen bezeugt (siehe weiter unten)[36].

Das Wirken der Templer in Moosbrunn fand durch die Anfang des 14. Jahrhunderts erfolgte Verfolgung und schließliche Vernichtung des Templerordens ein

---

31 Monumenta Boica 6, 548 f.; Labonde (wie Anm. 30), 283 f. Nr. 69.
32 Diözesanarchiv Eichstätt e 46. Prof. Dr. Helmut Flachenecker, Würzburg, danke ich für den freundlichen Hinweis auf diese Quelle.
33 Helmut Flachenecker, Schottenklöster. Irische Benediktinerkonvente im hochmittelalterlichen Deutschland, Paderborn/München/Wien/Zürich 1995, 205–213, dort 212 zur These einer Verbindung des Schottenklosters zur Templerkommende Moosbrunn.
34 Wilhelm Kraft, Das Urbar der Reichsmarschälle von Pappenheim (Schriftenreihe zur bayerischen Landesgeschichte 3), München 1929, 132.
35 Antonius Reith, Eichstätt. Stadt und Altlandkreis (Historisches Ortsnamenbuch von Bayern, Mittelfranken 8), München 2017, 205.
36 Ulrich von Stein bekennt am 6. Oktober 1295, dass sein Vater Otto u. dessen Bruder Ulrich den Templern in Moosbrunn einen Hof in Teissing geschenkt habe, und vergleicht sich mit ihnen (Regensburg, Archiv des Katharinenspitals, Lade 41 Nr. 17; Labonde, wie Anm. 30, 290 f. Nr. 75) u. 1303 Nov. 11 Johann, Komtur zu Moosbrunn, verkaufte den Hof in Teissing am 11. November 1303 an das Spital zu Regensburg (Regensburg, Archiv des Katharinenspitals Lade 41 Nr. 18; Labonde, wie Anm. 30, 297 f. Nr. 83). Beide gedruckt bei Michael Schüpferling, Der Tempelherren-Orden in Deutschland, Bamberg 1915, 248 ff. Nr. VIII u. IX.

Ende. Letztere hatte mit der im September 1307 vom französischen König Philipp IV. veranlassten und durch Papst Clemens V. am 22. November 1307 durch die Bulle *Pastoralis preeminentie* nachträglich sanktionierten Verhaftung der Templer begonnen. In Inquisitionsprozessen, bei denen die Folter zulässig war, wurden den Templern unter anderem Häresie, Blasphemie, Päderastie, auch unrechtmäßige und übermäßige Selbstbereicherung vorgeworfen. Die auf Verleumdung beruhenden und größtenteils unhaltbaren Vorwürfe wurden durch unter Folter erzwungene Geständnisse erhärtet[37].

Wie alle Bischöfe wurde am 2. Januar 1309 auch der Eichstätter Oberhirte, Philipp von Rathsamhausen (1306–1322), von Papst Clemens V. aufgefordert, die Templer nicht mehr zu begünstigen[38]. Vermutlich war er zuvor schon in die gegen den Templerorden angeordneten Untersuchungen einbezogen worden[39]. Die Bischöfe in Deutschland scheinen sich gegenüber den von Papst Clemens V. angeordneten Maßnahmen gegen die Templer mehrheitlich widerstrebend, wenn nicht ablehnend verhalten zu haben[40]. Genannt sei hier der Mainzer Erzbischof Peter von Aspelt (1306–1320), der Zweifel an der Richtigkeit der gegen die Templer erhobenen Vorwürfe hegte. Auf der Mainzer Provinzialsynode vom 11. bis 13. Mai 1310, an welcher der Eichstätter Bischof allerdings nicht teilnahm[41], wurde den Templern, denen Gelegenheit zu ihrer Verteidigung gewährt worden war, versprochen, die gegen sie erhobenen Vorwürfe zu prüfen. Durch die Bemühungen von Aspelts wurde der Templerorden am 1. Juli 1311 von dem Mainzer Suffragangericht für unschuldig erklärt[42]. Auf massiven Druck des französischen Königs hin verkündete Papst Clemens V. (1305–1314) jedoch durch die Bulle *Vox in excelso* am 3. April 1312 auf dem Konzil von Vienne die Aufhebung des Templerordens, ohne dass dieser durch ein ordentliches Gerichtsverfahren verurteilt worden war. Am

---

37 Liste der Vorwürfe in: Alain DEMURGER, Die Verfolgung der Templer. Chronik einer Vernichtung. 1307–1314, München 2017, 312–317.
38 Franz HEIDINGSFELDER, Die Regesten der Bischöfe von Eichstätt, Erlangen 1915–1938, Nr. 1417; Alfred WENDEHORST, Das Bistum Eichstätt 1: Die Bischofsreihe bis 1535 (Germania Sacra N. F. 45), Berlin/New York 2006, 145.
39 HEIDINGSFELDER, Regesten (wie Anm. 38), Nr. 1411–1413, 1476; WENDEHORST, Bischofsreihe (wie Anm. 38), 145
40 SCHÜPFERLING, Tempelherrenorden (wie Anm. 36), 220–239.
41 WENDEHORST, Bischofsreihe (wie Anm. 38), 136.
42 Martina ROMMEL, Mainz – Templer, in: https://www.klosterlexikon-rlp.de/rheinhessen/mainz-templer.html (letzter Aufruf 18. 02. 19).

2. Mai desselben Jahres (1312) übertrug der Papst durch die Bulle *Ad providam* den größten Teil der Güter des Templerordens den Johannitern[43].

Anders als in Frankreich, von wo die Verfolgung der Templer ausgegangen war und wo diese auf brutale und unerbittliche Weise durchgeführt wurde, scheinen die Maßnahmen gegen die Templer in Deutschland auf moderatere Weise vollzogen worden zu sein. Auch zog sich die Auflösung von deren Niederlassungen außerhalb Frankreichs länger hin. In manchen Gebieten Deutschlands blieben die Templer offenbar noch im Jahre 1314 unbehelligt[44]. Zwei Urkunden, welche Besitzungen der Moosbrunner Kommende betreffen und Klauseln zu einer möglichen Rückgabe an die Templer enthalten, stehen im Zusammenhang mit der bereits erfolgten bzw. noch drohenden Auflösung des Templerordens. Es sind dies die beiden spätesten bekannten urkundlichen Zeugnisse über die Templer im Hochstift Eichstätt:

Kraft der früheren der beiden Urkunden, die gewöhnlich entweder am 1. Juni 1308 oder 6. Juni 1310 oder 29. Mai 1311 datiert wird[45], übereigneten der Templermeister *Frater Johannes* und der ganze Konvent des Hauses in Moosbrunn der aus dem Orden ausgetretenen Templerschwester Adelheid, Gemahlin des in Moosbrunn eingetretenen Rüdiger von Wellheim (*Rudiger de Wellenheim*), die von ihr einst dem Orden vermachten Besitzungen in *Wippenfeld* (= Wittenfeld bei Moritzbrunn, Gemeinde Adelschlag[46]) sowie zusätzlich eine Mühle an der Schutter in dem 5 km südlich von Moosbrunn gelegenen Ort Meilenhofen (Gemeinde Nassenfels)[47] als Leibgeding. Von Bedeutung ist in dieser Urkunde die Klausel, dass nach dem Tod von Adelheid diese Besitzungen an das Templerhaus in Moosbrunn zurückfallen sollten, falls dieses und der Orden noch in ruhigem Bestand sein sollten (*ita quod post ipsius obitum tam possessiones quam molendinum huiusmodi ad nos, si domus et ordo noster, dante Deo, salvi et in bona tranquilitate fuerint, ut speramus, libere revertantur*). Wenn aber der Orden bis dahin vernichtet sein sollte (*si vero ipsum ordinem nostrum, quod absit, destrui et deleri contingeret*), sollte die eine

---

43 DEMURGER, Ritter des Herrn (wie Anm. 12), 240–251.
44 SCHÜPFERLING, Tempelherrenorden (wie Anm. 36), 220; Karl Heinz MISTELE, Zur Geschichte des Templerordens in Süddeutschland, in: Mittteilungen für die Archivpflege in Bayern, Sonderheft 5, 1967, 19; Dieter J. WEISS, Die Ritterorden, in: Walter BRANDMÜLLER (Hg.), Handbuch der bayerischen Kirchengeschichte 1,2: Von den Anfängen bis zur Schwelle der Neuzeit, Sankt Ottilien 1998, 602.
45 Zur Datierung vgl. HEIDINGSFELDER, Regesten (wie Anm. 38), Nr. 1487; LABONDE (wie Anm. 30), 321-323 Nr. 108.
46 REITH, Eichstätt (wie Anm. 35), 224 f.
47 REITH, Eichstätt (wie Anm. 35), 140 f.

Hälfte an die *mensa episcopalis* zu Eichstätt, die andere Hälfte an den St. Willibaldschor fallen[48]. Bei der Datumsangabe (1305) dieser Urkunde *(anno Domini Millesimo Trecentesimo Quinto in vigilia Pentecostes)* ist die Jahresangabe verderbt. Das *quinto* steht über einer Rasur. Da in der Urkunde zwar bereits deutlich die Furcht vor der Vernichtung des Klosters zum Ausdruck gebracht wird, anderseits aber ein Fortbestehen immerhin noch für möglich gehalten wurde, hat man die oben genannten Datierungen vorgeschlagen[49].

Die zweite, spätere Urkunde wurde am 23. Februar 1315 ausgestellt. Laut dieser verkaufte der Domscholaster Walter (*Walther der Schuelmaister*[50]) seinen Hof zu Pietenfeld (Landkreis Eichstätt), den er *von der Maisterschaft vnd dem Convent gemainlich der Tempelherren des huses ze Muesprunnen* gekauft hatte, an Ulrich, den Sohn seiner Schwester, und dessen Frau Adelheid. Der Verkauf erfolgte unter der Bedingung, dass nach beider Tod der Hof an das *vorgenant haus ze Muesprunnen* zurückfallen solle[51]. Dass das Haus in Moosbrunn den Templern gehörte, wird dabei allerdings nicht ausdrücklich gesagt; die Johanniter waren inzwischen in den Besitz eingetreten und führten die Kommende fort.

Die Johanniter, auch in Deutschland Erben des größten Teils der Templerbesitzungen, sind bislang im Hochstift Eichstätt zuerst durch eine Urkunde aus den Jahr 1315 belegt, kraft deren *Frater Albertus de Katzenstein*, Komtur der Johanniterkommende von Moosbrunn, am 29. November 1315 einen Fischteich in Steinheim an der Donau (große Kreisstadt Dillingen an der Donau) an das Augsburger Domkapitel verkaufte[52]. Spätestens zu dieser Zeit war der Johanniterorden im Besitz der Templerniederlassung zu Moosbrunn. Die neu entdeckte St. Walburger Urkunde kann nun als ein Zeugnis dafür gelten, dass sich bereits im Jahre 1313 ein Mitglied des Johanniterordens in Eichstätt aufgehalten und sich mit Erfolg als Spendensammler für den Kreuzzug ins Heilige Land betätigt hat. Es ist wohl nicht abwegig zu vermuten, dass das Auftreten des *Frater Albricus* in Eichstätt über die

---

[48] Diözesanarchiv Eichstätt, U 27; ebenda, B 116, Bl. 5v–6v (kopial); gedruckt in: Friedrich Anton REUSS, Über einen vormaligen Templerhof zu Moosbrunn betreffend, in: Archiv des historischen Vereins von Unterfranken und Aschaffenburg 12 (1853), 245 f.; LABONDE (wie Anm. 30), 321-323 Nr. 108.
[49] SCHÜPFERLING, Tempelherrenorden (wie Anm. 36), 61 f.; HEIDINGSFELDER, Regesten (wie Anm. 38), Nr. 1487.
[50] Titel eines Domherrn. Vgl. http://www.woerterbuchnetz.de/Lexer?lemma=schuol.meister (letzter Aufruf 21. Februar 2019).
[51] StAN, Hochstift Eichstätt Urkunde Nr. 185; Regesta Boica 5, 299; LABONDE (wie Anm. 30), 341 Nr. 128.
[52] Regesta Boica 5, 231.

Tätigkeit als Spendensammler hinaus bereits in einem Zusammenhang mit der Übernahme der Templergüter der Kommende Moosbrunn nahe bei Eichstätt sowie der dieser zugehörigen Templergüter in Eichstätt selbst stand. Die Inbesitznahme des Templerhofes Moosbrunn und dessen Zugehörungen, unter anderen der in Eichstätt gelegenen Güter, durch die Johanniter könnte demnach vielleicht schon im Jahre 1313 oder 1314 erfolgt sein.

Die auf Grund der Namensähnlichkeit zunächst in Erwägung gezogene Vermutung, dass der Aussteller der St. Walburger Urkunde *Frater Albricus* mit dem zuerst 1315 bezeugten Komtur der Johanniterkommende Moosbrunn *Albertus de Katzenstein* identisch sein könnte, ist abzulehnen, da *Frater Albricus*, wie eingangs gesehen, ganz offensichtlich kein Wappensiegel geführt hat, also wohl kein adeliger Ritterbruder gewesen ist. Die Führung eines Wappensiegels wäre vielmehr für den dem bedeutenden schwäbischen Adelsgeschlecht der Linie Hürnheim-Rauhaus-Katzenstein entstammenden Komtur *Albertus* mit Sicherheit vorauszusetzen[53].

5. Weitere Geschichte von Moosbrunn

Die ehemaligen Templergüter von Moosbrunn blieben nur wenige Jahre in Johanniterbesitz. Bereits am 20. März 1318 erhielten Albrecht von Katzenstein (hier: *Albertus de Cattenstein*), Komtur von Moosbrunn[54], Frater Martin, Komtur zu Mergentheim und Frater Johannes Retzlin, Priester in Würzburg, die in Mergentheim zusammengekommen waren, von Seiten des Vizevisitators von Deutschland (*per Alemaniam vicevisitator*) Paulus de Mutina und weiterer Oberer des Johanniterordens den Befehl, die Häuser zu Moosbrunn und zu Regensburg zu verkaufen[55].

Zunächst verkaufte *Albertus de Katzenstein*, Komtur von Moosbrunn, am 13. April 1318 mit Zustimmung weiterer Johanniter Besitzungen in Hessellohe (*Hesenloh*) und Laisacker (*Leisacker*) (beide Orte heute Stadtteile von Neuburg an der Donau), die einst den Templern von Moosbrunn gehörten, an die Pfründen der Kapläne am St. Willibaldschor zu Eichstätt Ludwicus, Waltherus, Magister Wern-

---

53 Leider sind keine Wappensiegel des Albrecht von Katzenstein erhalten.
54 Dies wird in dieser Urkunde nicht erwähnt, ist aber aus der im Folgenden behandelten Urkunde vom 13. April zu erschließen.
55 Diözesanarchiv Eichstätt, B 116 (Kopialbuch, Willibaldschor), Bl. VIIIv–IXr; gedruckt in: REUSS, Über einen vormaligen Templerhof zu Moosbrunn (wie Anm. 48), 245 f.; Monumenta Boica 50 (NF IV), 135 Nr. 181.

hardus und Henricus [!] de Schiltperg[56]. Am 14. Juni 1322 schließlich erfolgte auch der Verkauf von Moosbrunn selbst. Frater Johannes de Grunbach (= Grumbach, Rheinland-Pfalz)[57], Johanniterkomtur in Würzburg und Stellvertreter des Johanniterpriors für Deutschland, Eberhardus de Chestenburg (= Kestenburg, heute Maxburg bei Hambach an der Weinstraße), verkaufte im Auftrag desselben und mit Rat weiterer Komture und Johanniterkonvente in Deutschland das Gut Moosbrunn an den Eichstätter Bischof Marquard von Hageln (1322–1324) für 1200 Pfund Heller. Das Gut habe, so die Begründung, wegen der großen Entfernung dem Orden nur mäßigen Gewinn erbracht (*propter magnam loci distantiam iam dicto ordine nostro modicum afferret utilitatis effectum*). Der Erlös sollte den verarmten Ordenshäusern des Ordens in Franken zugute kommen. Laut der Urkunde waren in den Kauf umfangreiche weitere dazugehörende Güter eingeschlossen. Es wurden verkauft *cum universis possessionibus et iuribus sibi pertinentibus cultis et incultis quecunque et ubicunque sitis ad eandem spectantibus, pratis, hortis, pascuis, silvis, saltibus, nemoribus, piscinis, piscationibus, aquis aquarumque decursibus*[58]. In diese Aufzählung ist auch der einst zum Besitz der Moosbrunner Templer gehörende Hof bei der Eichstätter Spitalbrücke jenseits der Altmühl eingeschlossen. Dies geht aus einer Urkunde vom 5. Februar 1323 hervor, kraft derer Bischof Marquard von Hageln diesen bei dem Heilig-Geist-Spital gelegenen Hof, *der etwenne Musbrunner was*, mit allen Zugehörungen (Äckern, Wiesen, Hofstätten, Häusern und Rechten) dem Spitalmeister und dem Heilig-Geist-Spital an der Altmühlbrücke in Eichstätt für 200 Pfund Heller verkaufte[59]. Über hundert Jahre später, am 11.

---

56 Diözesanarchiv Eichstätt, B 116, Bl. VIIv–VIIIr; Monumenta Boica 50 (NF IV), 138, Nr. 184; gedruckt in: REUSS, Über einen vormaligen Templerhof zu Moosbrunn (wie Anm. 48), 246–248; LABONDE (wie Anm. 30), 346 f. Nr. 132; HEIDINGSFELDER, Regesten (wie Anm. 38), Nr. 1487, 466 f.
57 Dem Familienwappen auf seinem Siegel nach aus der im heutigen Rheinland-Pfalz, nicht aus der in Burggrumbach bei Würzburg beheimateten Ritteradelsfamilie: Nicolas BUCHHEIT, Horizon universel, horizon régional. Réseaux et territoires des commanderies hospitalières de Basse-Alsace au XIIIe et au XIVe siècle, these de doctorat, Straßburg 2010, 337-338 Annexe I Nr. 89. Nicht gedruckt bei DERS., Les commanderies hospitalières. Réseaux et territoires en Basse-Alsace XIIIe-XIVe siècles, Paris 2014.
58 StAN, Hochstift Eichstätt Urkunden Nr. 233; Regesta Boica 6, 65 (nur für Nr. 233); HEIDINGSFELDER, Regesten (wie Anm. 38), Nr. 1687; Monumenta Boica 50 (NF IV), 172 Nr. 227; gedruckt in: SCHÜPFERLING, Tempelherrenorden (wie Anm. 36), 253–256.
Vgl. auch die frühere Ausfertigung der Verkaufsurkunde vom 29. März 1322 an den Elekten Marquard von Hageln: StAN, Hochstift Eichstätt Urkunden Nr. 332; gedruckt in: SCHÜPFERLING, Templerherrenorden (wie Anm. 36), 251–253.
59 StAN, Hochstift Eichstätt, Kloster Rebdorf, Urkunde Nr. 55; Monumenta Boica 50 (NF IV), 182 f. Nr. 238; HEIDINGSFELDER, Regesten (wie Anm. 38), Nr. 1700.

Februar 1455, veräußerte Bischof Johann von Eych (1445–1464) auch den Moosbrunner Hof mit allen Zugehörungen an das Heilig-Geist-Spital[60].

Schließlich gelangte Moosbrunn wieder in den Besitz des Eichstätter Bischofs. Nach einer von Fürstbischof Moritz von Hutten (1539–1552) mit eigener Hand vorgenommenen Notiz im Eichstätter Pontifikale Gundekarianum erwarb er das Gut am 19. Juni 1545 vom Eichstätter Spital, welchem dieses seit einem Brand vor etwa 40 Jahren mehr Kosten als Nutzen gebracht hatte[61]. Der Bischof ließ den Hof wieder aufbauen und weihte die Kirche am 23. September 1548 zu Ehren seines Namenspatrons, des hl. Mauritius. Seitdem heißt dieser ehemalige Templerhof Moritzbrunn. Die am unteren Rand des dem Monat September gewidmeten Blattes im Kalendarium des von Bischof Gundekar II. angelegten Pontificale lautet: *Nota, altera post Mauritii, quae erat Dominica XVII post Trinitatis anno MDXLVIII dedicata est de novo ecclesia in Mossbrun, quam ego Mauritius Episcopus una cum adjacenti predio ab hospitali Eystettensi certo et perpetuo eidem constituto censu redemi atque in aedificiis et agris ob incendium et vetustatem pene collapsam, sic, ut apparet, restitui et immutato nomine fontem Mauritii ob sacellum eidem dedicatum appellavi.*[62]

Bis zur Säkularisation im Jahre 1803 blieb der Hof Eichstätter Bischofsbesitz; danach kam er zunächst in staatlichen Besitz. Als Teil der Entschädigungsleistung für den Verlust der Postgerechtsame wurde das Gut im Jahre 1812 den Fürsten von Thurn und Taxis zu Regensburg als Eigentum übertragen. Im Jahre 1821 erwarb der Fürst von Eichstätt Herzog Eugen von Leuchtenberg (1817–1824) das Gut als Jagdstützpunkt. Im Jahre 1855 gelangte Moritzbrunn zunächst wieder in staatlichen und in der Folge in privaten Besitz[63].

---

60 StAN, Urkunden Hochstift Eichstätt, Nr. 1786–1790.
61 StAN, Urkunden Hochstift Eichstätt 19. Juni 1545.
62 Diözesanarchiv Eichstätt, B 4 (Pontifikale Gundekarianum), Bl. 176r; Das »Pontifikale Gundekarianum«. Faksimile-Ausgabe des Codex B 4 im Diözesanarchiv Eichstätt, hg. von Andreas BAUCH † und Ernst REITER, Wiesbaden 1987.
63 Leo HINTERMAYR, Das Fürstentum Eichstätt der Herzöge von Leuchtenberg (1817–1833) (Schriftenreihe zur bayerischen Landesgeschichte 124), München 2000, 513–515, 582, 632.

Die Rechnung des Landschreibers Georg Spengler aus der Tätigkeit des kaiserlichen Landgerichts der Burggrafen von Nürnberg (1458–1460)
Beschreibung, Auswertung und Edition

Von Hendrik Baumbach

Seit der letzten Jahrtausendwende ist das kaiserliche Landgericht des Burggraftums Nürnberg vermehrt in den Fokus der Geschichtsforschung gerückt worden. Das Erkenntnisinteresse hat sich dabei im Wesentlichen auf zwei Gegenstandsbereiche gegründet, einerseits nämlich die konfliktträchtige Territorienbildung der Hohenzollern in Franken[1] und andererseits die Bedeutung von gelehrten Räten und Beratern im Fürstendienst[2]. Einen Kulminationspunkt finden beide Themen in der Person Albrecht Achilles (reg. 1440–1486), jenem zollerischen

---

[1] Zuletzt vor allem Katrin BOURRÉE, Dienst, Verdienst und Distinktion. Fürstliche Selbstbehauptungsstrategien der Hohenzollern im 15. Jahrhundert (Symbolische Kommunikation in der Vormoderne. Studien zur Geschichte, Literatur und Kunst), 2014, zugleich Diss. phil. Univ. Münster 2010; DIES., Die Bedeutung des Kaiserlichen Landgerichts Nürnberg für die Herrschaftskonzeption Markgraf Albrechts. Landesherrschaftliches Instrument und reichsfürstlicher Legitimationsgenerator, in: Mario MÜLLER (Hg.), Kurfürst Albrecht Achilles (1414–1486) Kurfürst von Brandenburg Burggraf von Nürnberg (Jahrbuch des Historischen Vereins für Mittelfranken 102), 2014, 265–285; Markus FRANKL, »Der Bischof von Würzburg zankt stetig mit uns nach alter Gewohnheit«. Markgraf Albrecht Achilles von Brandenburg-Ansbach († 1486) und das Hochstift Würzburg, 2015.
[2] Als Ausgangspunkt dürfen die Arbeiten von Matthias Thumser gelten, die beispielhaft markgräflich-hohenzollerische Räte und ihre Schriften zum Inhalt haben, siehe Matthias THUMSER, Hertnid vom Stein (ca. 1427–1491). Bamberger Domdekan und markgräflich-brandenburgischer Rat. Karriere zwischen Kirche und Fürstendienst (Veröffentlichungen der Gesellschaft für Fränkische Geschichte, Reihe IX: Darstellungen aus der Fränkischen Geschichte 38), 1989; DERS. (Hg.), Ludwig von Eyb der Ältere (1417–1502). Schriften. Denkwürdigkeiten, Gültbuch, Briefe an Kurfürst Albrecht Achilles 1473/74, Mein Buch (Veröffentlichungen der Gesellschaft für Fränkische Geschichte, Reihe I: Chroniken 6), 2002. Für die Regierungszeit Markgraf Albrechts Achilles hat Suse Andresen den personengeschichtlichen Ansatz erweitert und auf eine empirisch breite Grundlage gestellt, siehe Suse ANDRESEN, In fürstlichem Auftrag. Die gelehrten Räte der Kurfürsten von Brandenburg aus dem Hause der Hohenzollern im 15. Jahrhundert (Schriftenreihe der Historischen Kommission bei der Bayerischen Akademie der Wissenschaften 97), 2017, zugeich Diss. phil. Univ. Bern 2009; DIES., Gelehrte Räte im Dienst des Markgrafen und Kurfürsten Albrecht. Qualifikation und Tätigkeiten in fürstlichem Auftrag, in: Mario MÜLLER (Hg.), Kurfürst Albrecht Achilles (1414–1486) Kurfürst von Brandenburg Burggraf von Nürnberg (Jahrbuch des Historischen Vereins für Mittelfranken 102), 2014, 151–172.

Markgrafen, der in den ersten beiden Jahrzehnten seiner Regierungszeit eigene Herrschaftsansprüche mit gehörigem, wenn auch nicht absolutem Erfolg gegen eine vitale politische Konkurrenz wie die Herzöge von Bayern, die Bischöfe von Würzburg, die Reichsstadt Nürnberg vertreten hat. Seine Rechte am Landgericht der Burggrafen von Nürnberg, welche die Hohenzollern seit der Zeit König Rudolfs besaßen, soll Albrecht dabei derart überhöht und vehement beansprucht haben, dass er die Gerichtstätigkeit weit über die Besitzungen seiner Herrschaft ausgedehnt hat – mit den Worten Katrin Bourrées, um es als »oberstes Reichsgericht« durchzusetzen[3]. Schon weil dieses letzte Ziel nicht erreicht wurde, der Markgraf im so genannten Fürstenkrieg 1459–1463 den Wittelsbachern unterlag und sein Landgericht aufgrund der von den bayerischen Nachbarn vorgebrachten Beschwerden einstellen musste, wird die programmatische politische Intention Albrechts, die Bourrée unterstellt, nicht mehr abschließend zu klären sein. Bestätigt durch die Quellen aber ist Folgendes: Aus einer Vielzahl kleinerer Streitfälle von Bürgern, Untertanen und Hintersassen am Landgericht konnten sich Zuständigkeitskonflikte ergeben, die mitunter auf der politischen Bühne des Reiches, also zwischen reichsunmittelbaren Herrschaftsträgern ausgetragen wurden[4].

Die Überlieferung, um solche Auseinandersetzungen zu untersuchen, ist zumindest für das kaiserliche Landgericht für Historikerinnen und Historiker hervorragend. Im Nürnberger Staatsarchiv, wenngleich nicht nur dort allein, harren zu umfangreichen Bänden gewachsene Gerichtsbücher vornehmlich aus dem 14. und 15. Jahrhundert und ein kleinerer Bestand von Landgerichtsurkunden einer Analy-

---

3 BOURRÉE, Dienst (wie Anm. 1), 369. In dieser Dissertation sind aus den Nürnberger Archivbeständen zum kaiserlichen Landgericht hauptsächlich Landgerichtsurkunden ausgewertet worden. Dieser Bewertung hat sich ANDRESEN, In fürstlichem Dienst (wie Anm. 2), 313, angeschlossen, wenn sie das Landgericht als »Projekt« Markgraf Albrechts charakterisiert, das dieser mit »hohem Einsatz« betrieben habe. Ihren Ursprung könnte diese Deutung in der landeshistorischen Forschung zum Herzogtum Bayern haben, die womöglich in ihrer Frühzeit den Markgrafen als Schuldigen in den territorialen Auseinandersetzungen zwischen den Hohenzollern und Wittelsbachern im 15. Jahrhundert ausgemacht hatte – diese Sichtweise ist jedenfalls schon älteren Arbeiten inhärent, zum Beispiel August KLUCKHOHN, Ludwig der Reiche Herzog von Bayern. Zur Geschichte Deutschlands im 15. Jahrhundert, 1865, 62 f.
4 Solche Zuständigkeitskonflikte betrachten exemplarisch z. B. Joachim SCHNEIDER, Spätmittelalterlicher deutscher Niederadel. Ein landschaftlicher Vergleich (Monographien zur Geschichte des Mittelalters 52), 2003, 459–462; BOURRÉE, Dienst (wie Anm. 1), 404–409; FRANKL, Bischof von Würzburg (wie Anm. 1), 78–96; Hendrik BAUMBACH, Königliche Gerichtsbarkeit und Landfriedenssorge. Eine Geschichte der Verfahren und Delegationsformen zur Konfliktbehandlung (Quellen und Forschungen zur höchsten Gerichtsbarkeit im Alten Reich 68), 2017 zugleich Diss. phil. Univ. Marburg 2015, 341–348.

se[5]. Die Schriftlichkeit des Landgerichts, die sich in parallel geführten Achtbüchern, Manualen, Klage- und Urteilsbüchern niedergeschlagen hat, übersteigt im Reich nördlich der Alpen die Quellen zur königlichen, der meisten, vielleicht sogar aller landesherrlichen und städtischen Gerichtsbarkeit im gleichen Zeitraum bei Weitem. Aus diesem Korpus sticht eine kleine Handschrift heraus, die diese Buchführung bei Gericht ergänzt, wohl aber in ihrer Überlieferung eine Singularität geblieben ist. Die Rede ist von einer schmalen Rechnung zur Tätigkeit des kaiserlichen Landgerichts in den Jahren 1458 bis 1460[6]. Im Gegensatz zu den unübersichtlichen Gerichtsbüchern hat diese Handschrift bereits vor geraumer Zeit Interesse erregt, hat sie doch schon Wilhelm Vogel im Jahr 1867 verwendet, um die Aufzeichnungen des am Landgericht tätigen Ludwig von Eyb d. Ä. zu erschließen[7].

Mit diesem Beitrag soll eine erste kritische Textedition der kleinen Rechnung vorgelegt werden. Ein genauerer Blick in die Aufzeichnungen des kaiserlichen Landgerichts lohnt aus vielerlei Gründen: Fragen, von wem und in welcher Intensität ein Gericht um die Mitte des 15. Jahrhunderts frequentiert wurde, können anhand der Gerichtstätigkeit, wie sie die Rechnung abbildet, beantwortet werden. Damit verbunden sind Rückschlüsse auf die Reichweite des Gerichts. Unter der Prämisse, dass die vorhandenen Herrschaftsträger im Spätmittelalter Gerichtsbarkeit für die Bewältigung von Konflikten bereitstellten, somit ein Verfahrensangebot schufen, das wiederum von Streitenden in Anspruch genommen werden konnte oder nicht, geben die Aufzeichnungen also Auskunft über die Gerichtsnutzung des kaiserlichen Landgerichts. Weiterhin kennzeichnen die verschiedenen Arten der von den Konfliktparteien bezahlten Gerichtsbriefe, etwa Achtsprüche, Urteile, Anleiteerteilungen usw., unterschiedliche Verfahrensarten und überdies das Maß an Schriftlichkeit, die dieses Gericht hervorgebracht hat. Was insbesondere koste-

---

5 Siehe den umfangreichen Bestand zum kaiserlichen Landgericht in StAN, Fürstentum Brandenburg-Ansbach, Rep. 119: Kaiserliches Landgericht bei dem Burggrafentum Nürnberg, Urkunden; Rep. 119a: Kaiserliches Landgericht bei dem Burggrafentum Nürnberg, Bände und Akten; Rep. 119ad: Land-, Hof- und Stadtgerichtsbriefe. Einzelne Urkunden, Briefe und Akten zum kaiserlichen Landgericht des Burggraftums Nürnberg befinden sich im Staatsarchiv Bamberg.
6 StAN, Rep. 119a, Nr. 100. Im Folgenden wird auf diese Handschrift mit in Klammern gesetzten Folio-Angaben im Fließtext hingewiesen, um die Anmerkungsapparate nicht überzustrapazieren. Generell wird damit auf die Edition dieser Quelle im Anhang verwiesen.
7 Wilhelm Vogel, Des Ritters Ludwig von Eyb des Aelteren Aufzeichnungen über das kaiserliche Landgericht Nürnberg des Burggrafthums Nürnberg, 1867. Diese Arbeit wiederum hat die biographische Studie von Albert Werminghoff, Ludwig von Eyb der Ältere (1417–1502). Ein Beitrag zur fränkischen und deutschen Geschichte im 15. Jahrhundert, 1919, aufgegriffen und die Rechnung ebenfalls zur Sprache gebracht.

te ein Prozess am Nürnberger Landgericht im Vergleich etwa zum zeitgleich tätigen königlichen Kammergericht? Welchen finanziellen Aufwand verlangte ein vormodernes Gericht umgekehrt seinem Gerichtsherrn ab[8]? Indem die Rechnung insgesamt die Einnahmen und Ausgaben einander gegenüberstellt und somit eine detaillierte Übersicht über das Finanzgebaren des kaiserlichen Landgerichts ermöglicht, liefert sie einen wegen ihrer Genauigkeit glänzenden Mosaikstein in der Gesamtfinanzierung der hohenzollerischen Landesherrschaft in Franken in der Regierungszeit Markgraf Albrechts. Und schließlich mag sich eine Edition dieser kleinen Handschrift allein deshalb lohnen, um unser Wissen über die amtsmäßige Rechnungslegung bei Gericht im 15. Jahrhundert um ein frühes Beispiel zu ergänzen[9].

Dieser Beitrag ist zweigeteilt. Der erste Teil beschreibt zunächst die Rechnung und ihre Entstehungsumstände. Die beiden darauffolgenden Abschnitte 2 und 3 unternehmen den Versuch, die Ein- und Ausgaben des kaiserlichen Landgerichts im Zeitabschnitt 1458 und 1460, wie sie in der Rechnung dargelegt sind, anhand der aufgeworfenen Fragen auszuwerten. Inhalt des zweiten Teils bildet als Anhang die Edition der Rechnung, der einige Vorbemerkungen vorangestellt sind.

1. Entstehung und Beschreibung der Rechnung

Die als Nummer 100 im Bestand 119a, Fürstentum Brandenburg-Ansbach, Kaiserliches Landgericht des Burggraftums Nürnberg, Akten, des Nürnberger Staatsarchivs überlieferte Handschrift der Gerichtsrechnung besteht aus sechs aufeinan-

---

8 Mit solchen Fragen befasst sich die so genannte Jurisdiktionsökonomie, die Michael Ströhmer in seiner Habilitationsschrift für das Bistum Paderborn in der Frühen Neuzeit untersucht hat, vgl. Michael STRÖHMER, Jurisdiktionsökonomie im Fürstbistum Paderborn. Institutionen – Ressourcen – Transaktionen (1650–1800) (Westfalen in der Vormoderne 17 = Paderborner Historische Forschungen 17), 2013.
9 Vergleichbare Editionen zum 15. Jahrhundert liegen bisher vor für die Offizialatsgerichte des Erzbistums Köln in Soest zu den Jahren 1438/39 und in Werl in der Zeit von 1495 bis 1516, vgl. Joseph HANSEN, Jahresrechnung des Kölnischen Offizialatsgerichts in Soest vom 1. März 1438–1. März 1439, in: Westdeutsche Zeitschrift für Geschichte und Kunst 7 (1888) 35–54, sowie Richard BETTGENHAEUSER, Drei Jahresrechnungen des kölnischen Offizialatsgerichts in Werl. 1495–1516, in: Annalen des Historischen Vereins für den Niederrhein, insbesondere die alte Erzdiözese Köln 65 (1898) 151–201. Amtsrechnungen sind außerdem ediert worden, vgl. Boris BLAHAK, Das Rechnungsbuch des Straubinger Landschreibers Hans Kastenmayr (1424/25), 2 Bde., 2000; Bernd FUHRMANN (Hg.), Amtsrechnungen des Bistums Basel im späten Mittelalter – Die Jahre 1470–1472/73 (Sachüberlieferung und Geschichte. Siegener Abhandlungen zur Entwicklung der materiellen Kultur 24), 1998; Thomas VOGTHERR, Die ältesten Huntebürger Amtsrechnungen. Edition und Auswertung, in: Osnabrücker Mitteilungen 90 (1985) 47–96.

derliegenden Bögen Papier, die der Länge nach in der Mitte gefaltet wurden, wodurch sich ihre Breite halbiert und die Anzahl der Seiten verdoppelt hat. Zur kräftigen Mittelfaltung längs tritt eine leichte horizontale Faltspur hinzu, die entweder zur transportbedingten Verkleinerung des Formats im 15. Jahrhundert oder durch spätere Aufbewahrung im Archiv entstanden ist. Das Schmalfolio hat im Durchschnitt eine Abmessung von 32,7 cm Länge und 11,3 cm Breite. Die Seiten sind oben und unten mit zwei blauen Fäden jeweils doppelt zusammengenäht. Eine zeitgenössische Folierung fehlt, wohl aber befindet sich eine neuzeitliche Folierung oben rechts, deren Zählung in diesem Beitrag gefolgt wird. Die als Einband fungierende erste Seite (fol. 1r) verweist mit einem Titel *De annis lviii lix et lx des lantschreibers Jorgen Spenglers rechnung* auf ihren Inhalt. Die darauffolgende Rückseite (fol. 1v) wurde freigelassen, sodass die Rechnungseinträge mit fol. 2r beginnen und auf fol. 11v enden. Die letzten beiden Seiten (fol. 12r und 12v) sind unbeschrieben. Der Text der Rechnung ist durchgängig in brauner Tinte von mindestens zwei Händen und in erkennbar einheitlicher Form verfasst. Soweit bisher bekannt, handelt es sich bei der Handschrift im Nürnberger Staatsarchiv um das einzig erhaltene Exemplar. Irrig ist in dem Zusammenhang insbesondere eine Angabe von Suse Andresen, die unter einer anderen Signatur im Nürnberger Staatsarchiv ebenfalls eine Aufstellung der Einnahmen und Ausgaben des kaiserlichen Landgerichts Nürnberg impliziert[10].

Die Rechnung gliedert sich zunächst chronologisch in die einzelnen Abrechnungsjahre 1458, 1459 und 1460, wovon die ersten beiden Jahre vollständig angegeben sind und die Aufzeichnung für 1460 mit der dritten Landgerichtssitzung am 4. März 1460 endet. Ein Abgleich mit den übrigen Gerichtsbüchern belegt, dass es sich hierbei tatsächlich um die letzte Sitzung des Landgerichts in diesem Jahr handelte[11], bevor Markgraf Albrecht dessen zuvor regelmäßige Tätigkeit in der Auseinandersetzung mit den Herzögen von Bayern für mehrere Dekaden ruhen lassen musste. Der Ausgleich zwischen den beiden Reichsfürsten wurde bekanntlich in der Rother Richtung vom 24. Juni 1460 zu wesentlichen Teilen vorformuliert und für das kaiserliche Landgericht im Prager Frieden vom 23. August 1463

10 Vgl. ANDRESEN, In fürstlichem Auftrag (wie Anm. 2), 254.
11 Das Manual des kaiserlichen Landgerichts für den Zeitraum von 1454 bis 1460 endet mit den Einträgen zur Sitzung am 4. März 1460, vgl. StAN, Rep. 119a, Nr. 119, fol. 388v–393v. Eine Unterbrechung der Landgerichtstätigkeit weist auch das Achtbuch für die Zeit von 1428 bis 1613 nach: Auf die Sitzung vom 4. März 1460 folgt die nächste Sitzung mit Datum zum 3. Mai 1490, die aber ohne Achteintrag bleibt, vgl. StAN, Rep. 119a, Nr. 273, fol. 109r. Das Klagebuch für die Jahre 1458 bis 1460 schließt bereits mit der Sitzung vom 3. Februar 1460, vgl. StAN, Rep. 119a, Nr. 209, fol. 218v–226r.

nichts Neues verfügt, sondern die Richtung bekräftigt[12]. Innerhalb der einzelnen Rechnungsjahre wurde streng nach Einnahmen und Ausgaben unterschieden: Die Einnahmen sind als Einzelposten für jedes ausgefertigte Gerichtsdokument jeweils chronologisch geordneten Sitzungen zugewiesen, innerhalb jeder Sitzung aber nach keinem erkennbaren Muster verzeichnet[13]. Dabei wurde vom Schreiber nicht jedes Dokument aus der Tätigkeit des Landgerichts einzeln erfasst, sondern beispielsweise Ladungen, Verkündungen und Anleitebriefe, die offenbar in größerer Zahl abgingen und günstig von den Streitparteien besorgt werden konnten, nur summarisch im jeweils letzten Eintrag zur Sitzung vermerkt. Einem Konflikt lassen sich diese Dokumente nicht zuordnen und deshalb bleibt ebenso die Anzahl der insgesamt ergangenen Gerichtsbriefe pro Sitzung und erst recht im gesamten Rechnungszeitraum im Dunklen. Separat notiert wurden diejenigen Dokumente des Landgerichts, die bis auf ganz wenige Ausnahmen mit mehr als einem Gulden Taxe zu Buche schlugen, vornehmlich also Achtbriefe, der Vollzug der Anleite, Urteile, die Lösung von der Acht und Gerichtsbriefe notarieller Art wie urkundliche Bestätigungen oder Abschriften. Jeder Eintrag beginnt mit der Höhe der bezahlten Gebühr, gefolgt vom Namen der zahlenden Streitpartei und endet mit Anzahl und Art des Dokuments. Die Ausgaben dagegen entsprechen einer nicht zeitlich geordneten Liste von Einzelbeträgen, vornehmlich Zuweisungen an namentlich genannte Personen. Am Ende der Einnahmen- und Ausgabenaufstellungen wurde 1458 und 1459 eine Gesamtsumme gebildet. Das Rechnungsbüchlein schließt mit einem Gesamtsaldo aller drei Jahre, das zum Akt der Rechnungslegung zu zählen ist – überdies ein Beleg dafür, dass die überlieferte Handschrift die Rechnung vollständig umfasst.

Zusätzlich zu Jahres- und Gesamtsaldo wurden Zwischensummen in der umfangreicheren Einnahmeaufstellung von einer zweiten Hand am Ende jeder be-

---

[12] Vgl. Andreas KRAUS, Sammlung der Kräfte und Aufschwung (1450–1508), in: Max SPINDLER (Hg.), Handbuch der bayerischen Geschichte, Bd. 2: Das alte Bayern. Der Territorialstaat vom Ausgang des 12. Jahrhunderts bis zum Ausgang des 18. Jahrhunderts, 1966, 268–294, hier 280–283; VOGEL, Des Ritters Ludwig von Eyb des Aelteren Aufzeichnungen (wie Anm. 7), 40–42.

[13] Werden die Einnahmen des Landgerichts für jede einzelne Sitzung betrachtet, so sind die Einzeleinnahmen weder nach der Höhe ihrer Beträge noch nach dem Namen der Streitparteien und ebenfalls nicht nach Dokumenttypen sortiert. Die Einträge folgen außerdem nicht einer Sortierung aus den übrigen Gerichtsbüchern. Zu vermuten steht deshalb, dass die Einträge pragmatisch jeweils chronologisch nach der Bezahlung der einzelnen Gerichtsbriefe beim Schreiber vorgenommen wurden. Berücksichtigt werden müssen dabei aber Zwischenaufzeichnungen, etwa einzelne Zettel, die während der Gerichtssitzung rasch angefertigt, aufbewahrt und erst nach ihrem Ende in Bücher und Rechnungen eingetragen wurden, wobei prinzipiell in der Zwischenzeit ihre Ordnung durcheinandergekommen sein kann.

schriebenen Seite der Rechnung notiert. Beide Hände unterscheiden sich im Schriftbild, zugleich aber durch eine unterschiedliche Kürzung des Wortes *libra*: Während die Gesamtaufstellung aller Einnahmen und Ausgaben ein *lib* mit Kürzungszeichen verwendet, findet sich ausschließlich in den Zwischensummen am Ende jeder Seite eine Version mit zwei Buchstaben, nämlich *lb* mit Kürzungszeichen. Dass in der Rechnung zwei Hände begegnen, ist mit der zeitgenössischen Praxis der Rechnungslegung zu erklären. Der für das Landgericht tätige Schreiber hat demzufolge alle Einnahmen und Ausgaben aus dem Rechnungszeitraum niedergeschrieben und für die Jahre 1458 und 1459 Gesamtsummen ausgewiesen. Zum Zeitpunkt der Rechnungslegung wurden von einer zweiten Person Zwischensummen über die einzelnen Seiten gebildet, um die Angaben des Schreibers zu kontrollieren, und damit auch das deutlich kürzere Abrechnungsjahr 1460 abgeschlossen. Die Rechnung endet mit einem bilanzierenden Ergebnis, das am Tag der Rechnungslegung von allen beteiligten Personen formuliert wurde und im Falle eines Überschusses dem Gerichtsschreiber überzählige Einnahmen abverlangte oder bei negativem Ergebnis die Zahlung des Differenzbetrages zusicherte. Die dafür notwendigen, in der Rechnung offenbar am Abrechnungstag zügig berechneten Zwischensummen weisen zahlreiche, im Umfang aber moderate Rechenfehler auf[14].

Als Verfasser der Rechnung und als erste Hand muss der auf ihrem Einband genannte Georg Spengler gelten, der in der Handschrift mehrfach in der Funktion als Landschreiber genannt ist (fol. 1r und 2r sowie indirekt fol. 5r und 9v). Georg Spengler wurde im Jahr 1423 als Sohn des Kaufmanns Urban Spengler in Nördlingen geboren und war ab 1442 für ein Studium der Artes liberales an der Universität in Leipzig eingeschrieben[15]. Am kaiserlichen Landgericht und damit im Dienst

---

14 In der Regel kleinere Fehler in den am Abrechnungstag erzeugten Zwischensummen sind festzustellen auf fol. 3r um − 1 lb., auf fol. 4r um − 1 fl., auf fol. 6v um − 15 d., auf fol. 7r um − 2 ort, d. h. um einen halben Gulden, auf fol. 7v um − 1 fl., auf fol. 8r um nicht weniger als − 8 fl. und + 8 lb., auf fol. 8v wiederum um − 1 fl. und + 2 ort und schließlich auf fol. 10v um − 15 d. Die in der Bilanz am Schluss angegebenen Gesamteinnahmen des Landgerichtsschreibers in der Zeit vom Januar 1458 bis zum März 1460 von 681 fl. 18 d. (fol. 11v) betragen in der Summe der Einzelposten 688 fl. 2 lb. 98 d. Den Kalkulationen liegen die in der Rechnung angegebenen Umrechnungsformeln 1 fl. = 6 lb. + 10 d. (fol. 4v) zugrunde. 1 ort fl. wird mit 0,25 fl. und 1 lb., ein Zählpfund, wird mit 30 d. angesetzt. Vgl. zum in Franken gebräuchlichen Zählpfund Hubert EMMERIG, Währung (bis 1800), publiziert am 23.10.2010, in: Historisches Lexikon Bayerns <http://www.historisches-lexikon-bayerns.de/Lexikon/Währung (bis 1800)>, abgerufen am 18.05.2018.

15 Vgl. zur Person Manfred J. SCHMIED, Die Ratsschreiber der Reichsstadt Nürnberg (Nürnberger Werkstücke zur Stadt- und Landesgeschichte 28), 1979, 226 mit einer irrigen Angabe zum Geburtsjahr; Volker HONEMANN, Spengler, Georg, in: Die deutsche Literatur des Mittelalters. Verfasserlexi-

der zollerischen Markgrafen ist Spengler erst in den 1450er Jahren belegt. Manfred Schmied vermutet ihn ab 1454 in der Funktion des Gerichtsschreibers[16], Volker Honemann gibt einen Zeitraum zwischen 1454 und 1458 für den Beginn seiner Tätigkeit am Landgericht an[17]. Eine präzisere Datierung liefern die Gerichtsbücher: Nach einem Eintrag im Achtbuch zur Landgerichtssitzung vom 9. Januar 1455 habe Georg Spengler zu diesem Zeitpunkt seine erste Gerichtssitzung besessen – zugleich wechselt die Handschrift im besagten Achtbuch[18]. Vorgänger im Amt des Landschreibers war Wilhelm Ulmer d. Ä.[19]. Wohl für seine Dienste wurde Spengler als Chorherr in das Stift St. Gumbert in Ansbach aufgenommen, das Markgraf Albrecht zur Versorgung seiner Räte, Berater und Amtleute nutzte[20]. Womöglich weil angesichts des zollerisch-bayerischen Konflikts später das Landgericht ab 1460 nicht mehr abgehalten wurde, orientierte sich Spengler neu, zog nach Nürnberg und trat nach der Niederlegung seiner Ansbacher Pfründe im Sommer 1466 in den städtischen Dienst als Kanzlei- und ab 1475 als Ratsschreiber[21]. Im Oktober 1468 heiratete er die Tochter Agnes des Schreibers Daniel Ul-

---

kon, Bd. 9, 1995, 76–78; ANDRESEN, In fürstlichem Auftrag (wie Anm. 2), 541 f. Einen Abschluss dürfte er in Leipzig nicht erlangt haben – jedenfalls ist er im Repertorium Academicum Germanicum zu den graduierten Gelehrten des Alten Reiches ab der Mitte des 13. bis etwa zur Mitte des 16. Jahrhunderts, das klassischerweise aus den Matrikeln der Artistenfakultäten nur Promovierte aufnimmt, nicht verzeichnet. Immatrikuliert war er als *Georgius Spengeler de Werdea* im Sommersemester 1442, siehe Georg ERLER (Hg.), Die Matrikel der Universität Leipzig (Codex Diplomaticus Saxoniae Regiae, 2. Hauptteil, 16), Bd. 1, 1895, 138, Z. 21. Georg Spengler zählte damit zur kleineren Gruppe von gerade einmal 16 % von gelehrten Räten, die für Markgraf Albrecht in der Zeit seiner Herrschaft zwischen 1440 und 1486 in der Menge aller Berater nachgewiesen sind, vgl. dazu ANDRESEN, Gelehrte Räte (wie Anm. 2), 152. Inzwischen in einigen Teilen überholt ist Hermann SCHREIBMÜLLER, Der Vater des berühmten Nürnberger Ratsschreibers Lazarus Spengler als Landschreiber und Stiftsherr bei St. Gumbertus in Ansbach, in: Heimatblätter für Ansbach und Umgebung 10, H. 4/5 (1934) 13 f.
16 Vgl. SCHMIED, Ratsschreiber (wie Anm. 15), 226.
17 Vgl. HONEMANN, Spengler, Georg (wie Anm. 15), 76.
18 Vgl. StAN, Rep. 119a, Nr. 273, fol. 90r. Das entspricht der Angabe von ANDRESEN, Gelehrte Räte (wie Anm. 2), 159 f.
19 In dieser Funktion ist er im Achtbuch des kaiserlichen Landgerichts benannt, vgl. StAN, Rep. 119a, Nr. 273, fol. 64v. Von 1440 bis 1453 sei nach ANDRESEN, Gelehrte Räte (wie Anm. 2), 168, Johann Ulmer als Landschreiber am Landgericht tätig gewesen. Die Aussage von ANDRESEN, In fürstlichem Auftrag (wie Anm. 2), 283, unmittelbar auf Johann Ulmer sei Georg Spengler gefolgt, bestätigt sich nicht.
20 Vgl. SCHMIED, Ratsschreiber (wie Anm. 15), 226. Zwischen 1404 und 1495 sind nach ANDRESEN, In fürstlichem Auftrag (wie Anm. 2), 195 mit Anm. 64, 18 Räte der fränkischen Hohenzollern belegt, die eine Hochschule besucht hatten.
21 Vgl. SCHMIED, Ratsschreiber (wie Anm. 15), 69 und 95; HONEMANN, Spengler, Georg (wie Anm. 15), 76; ANDRESEN, In fürstlichem Auftrag (wie Anm. 2), 542.

mer[22]. Aus dieser Ehe ging unter anderem Lazarus Spengler hervor, der später als langjähriger Ratsschreiber im Dienst der Stadt Nürnberg nachgewiesen ist[23].

Die Datierung der Handschrift muss sowohl die in Georg Spenglers Rechnung genannten Zeitangaben einbeziehen, ebenfalls aber den Schriftbefund und die Überlieferung der Quelle berücksichtigen. Obwohl die Einträge der Einnahmen auf den Zeitraum zwischen Januar 1458 und März 1460 beschränkt sind, fand die Rechnungslegung erst deutlich später, nach der Angabe am Ende der Rechnung am 18. April 1464 (fol. 11v) statt[24]. An diesem Tag dürften von zweiter Hand die Zwischensummen am Ende jeder Seite sowie die Gesamtbilanz gebildet worden sein. Die zweite Hand lässt sich keiner Person eindeutig zuordnen. Mit großer Wahrscheinlichkeit stammt sie aus dem Kreis der an der Rechnungslegung beteiligten Personen, die am Ende der Rechnung namentlich genannt sind. Anwesend waren Landrichter Johann von Seckendorff, der markgräfliche Hausvogt Sebastian von Seckendorff, Ludwig von Eyb d. Ä., Rentmeister Friedrich Clemens sowie Konrad Bruckner (fol. 11v). Die Kontrolle der vorgelegten Rechnung durch mehrere Amtsträger des Landesherrn war üblich[25]. Der große zeitliche Abstand zwischen der letzten Gerichtssitzung und dem Datum der Abrechnung dürfte mit den Auseinandersetzungen um das kaiserliche Landgericht in dieser Zeit zusammenhängen. Aus diesem Grund auch dürfte für das Jahr 1460 zunächst keine Gesamtsumme der Einnahmen und Ausgaben vermerkt worden sein. Auf den ersten Blick scheinen mit Januar 1458 und mit April 1464 Terminus post bzw. ante quem festzustehen. Aus paläographischer Perspektive ist jedoch das einheitliche Schriftbild der Rechnungseinträge zu würdigen, die Georg Spengler in dieser Gleichförmig-

---

22 Daniel Ulmer wird sowohl als Landschreiber als auch als Gerichtsschreiber am Stadtgericht in Nürnberg bezeichnet, vgl. SCHMIED, Ratsschreiber (wie Anm. 15), 227, bzw. Berndt HAMM, Lazarus Spengler (1479–1534). Der Nürnberger Ratsschreiber im Spannungsfeld von Humanismus und Reformation, Politik und Glaube, 2004, 174 und 225.
23 Zur Person Lazarus Spengler vgl. Hans VON SCHUBERT, Lazarus Spengler und die Reformation in Nürnberg (Quellen und Forschungen zur Reformationsgeschichte 17), 1934; HAMM, Lazarus Spengler (wie Anm. 22).
24 ANDRESEN, In fürstlichem Auftrag (wie Anm. 2), 220, datiert demgegenüber die letzte Nennung von Georg Spengler im Dienst der zollerischen Markgrafen bereits in das Jahr 1460.
25 Vgl. für die Landgrafschaft Hessen Elsbet ORTH, Amtsrechnungen als Quelle spätmittelalterlicher Territorial- und Wirtschaftsgeschichte, in: Hessisches Jahrbuch für Landesgeschichte 29 (1979) 36–62, hier 38. Ob zusätzlich zur Rechnung noch weitere Nachweise die Richtigkeit der Angaben bestätigen sollten, wie Christian KEITEL, Eine Brackenheimer Rechnung von 1438. Edition der ältesten württembergischen Amtsrechnung, in: Zeitschrift für Württembergische Landesgeschichte 60 (2001) 89–138, hier 100, als Standardprozedere annimmt, kann nicht gesagt werden – Belege dafür gibt es im Beispiel der Rechnung Georg Spenglers nicht.

keit nicht von Eintrag zu Eintrag oder von Sitzung zu Sitzung geschrieben haben kann[26]. So zeigen die übrigen Gerichtsbücher, die Spengler ebenfalls geführt hat, ein deutlich uneinheitlicheres Schriftbild. Es spricht deshalb Vieles dafür, dass die Aufstellung der Einnahmen und Ausgaben entweder in einem kurzen Zeitraum von Spengler am Stück verfasst worden ist, oder dass es sich um eine Abschrift einer älteren, bisher nicht aufgefundenen Vorlage handelt. Ein Beweis ist in beiden Fällen aber nicht zu erbringen. Die Rechnung entspricht, so wie sie erhalten geblieben ist, jedenfalls nicht einem Register der Einnahmen, wie es beispielsweise von der Kanzlei des Kaisers aus der ersten Hälfte der 1470er Jahre auf uns gekommen ist[27]. Im engeren Sinn handelt es sich bei der Rechnung nicht um eine Gerichts-, sondern um eine Amtsrechnung des für das kaiserliche Landgericht tätigen Schreibers. Dass ein Gerichtsregister der eingenommenen und verausgabten Gelder existierte und die Vorlage der Rechnung war, ist prinzipiell möglich, angesichts der ansonsten hervorragenden Überlieferung der übrigen Bücher des kaiserlichen Landgerichts nicht zu vermuten. Als Terminus post quem müsste daher die letzte verzeichnete Gerichtssitzung am 4. März 1460 akzeptiert werden. Ob Spengler seine Rechnung unmittelbar nach dem letzten verzeichneten Sitzungstermin erstellt oder erst auf Geheiß des Markgrafen oder seiner Räte nach dem Prager Frieden, als eine Wiederaufrichtung des Landgerichts endgültig ausgeschlossen war, angefertigt oder abgeschrieben hat, ist nicht mehr zu sagen.

2. Tätigkeit des kaiserlichen Landgerichts im Spiegel seiner Einnahmen

Die kleine Rechnung lässt nicht allein Rückschlüsse auf die Einnahmen des Landgerichts in der Zeit von Januar 1458 bis März 1460 zu, ihre Verzeichnisstruktur nach Einzelbeträgen und diese wiederum nach Gerichtssitzungen gibt eine detaillierte Übersicht über die Tätigkeit des kaiserlichen Landgerichts. So wurden im Jahr 1458 15, im Jahr 1459 immerhin 13 Landgerichtssitzungen abgehalten, die einem einigermaßen regelmäßigen Takt entsprechen[28]. Ein Abgleich mit den drei übrigen Gerichtsbuchserien für diesen Zeitraum belegt, dass die in der Rechnung

---

26 Dass die Handschrift in der überlieferten Form schon 1458 begonnen wurde, impliziert ANDRESEN, In fürstlichem Auftrag (wie Anm. 2), 542.

27 Paul-Joachim HEINIG u. a. (Bearb.), Das Taxregister der römischen Kanzlei 1471–1475 (Haus-, Hof- und Staatsarchiv Wien, Hss. »weiß 529« und »weiss 920« (Regesten Kaiser Friedrichs III. (1440–1493) nach Archiven und Bibliotheken geordnet, Sonderband 2), 2 Teile, 2001.

28 Im Jahr 1458 entfallen auf die Monate Januar, Mai und Oktober jeweils zwei Sitzungen, die aber immer in einem mehrwöchigen Abstand abgehalten wurden. Im Jahr 1459 fanden zwei Sitzungen

angegebenen Sitzungen für diesen Zeitraum vollständig sind[29]. Die Menge der Einträge, die ein Schätzwert für die tatsächlich ergangenen Gerichtsbriefe ist, schwankte von Sitzung zu Sitzung jedoch erheblich. Zehn Gerichtsbriefe oder mehr außerhalb der unter Sonstiges angegebenen kleinen Schreiben wurden im Landgericht nur am 3. Oktober 1458 (fol. 3v), 14. Dezember 1458 (fol. 4v), 13. Juni 1459 (fol. 7v), am 8. Oktober 1459 (fol. 8r) und in der letzten Sitzung am 4. März 1460 (fol. 10v) ausgefertigt und bezahlt. Durchschnittlich lag dieser Wert im Abrechnungszeitraum bei knapp über fünf Gerichtsbriefen, welche der Landschreiber zusätzlich zu den kleinen Gerichtsbriefen pro Sitzung abrechnete[30]. Analog verhält es sich mit den Gesamteinnahmen Spenglers pro Sitzung. Die folgende Abb. 1 gibt eine Übersicht über die Einnahmen aus sämtlichen in der Rechnung enthaltenen 31 Sitzungen des kaiserlichen Landgerichts, in der Zwischensummen über jede Einzelsitzung aus den angegebenen Einzelposten neu gebildet worden sind.

Im gesamten Abrechnungszeitraum hat Georg Spengler Einnahmen von 688 fl. 2 lb. 98 d. verzeichnet.[31] Das entspricht durchschnittlichen Einnahmen von etwas mehr als 22 fl. pro Sitzung. Abb. 1 zeigt für das Landgericht deutlich, dass die Ausfertigung von Gerichtsbriefen stark schwankende Geldbeträge einbrachte. So wurden Einnahmen von über 100 fl. pro Sitzung nur am 26. November 1459 (fol. 8v)

---

lediglich im Monat April statt. Die drei für das Jahr 1460 noch überlieferten Landgerichtssitzungen verteilen sich auf die ersten drei Monate.
29 Vgl. das Manual in StAN, Rep. 119a, Nr. 119, fol. 273v–393v; das Achtbuch in StAN, Rep. 119a, Nr. 273, fol. 100r–108r, sowie die Klagebücher in StAN, Rep. 119a, Nr. 208 = Nr. 225b, fol. 303r–355v; Nr. 209, fol. 1r–226r.
30 In diese Berechnung sind von den 31 Landgerichtssitzungen der Rechnung nur 26 eingegangen, weil für die Sitzungen am 30. Januar 1458 (fol. 2r), 4. Mai 1458 (fol. 3r), 20. November 1458 (fol. 4r), 14. Dezember 1458 (fol. 4v) und am 17. Dezember 1459 (fol. 9r) bei einzelnen Rechnungseinträgen keine oder eine ungenaue Anzahl von Gerichtsbriefen vermerkt wurde.
31 Die Jahreseinkünfte hat Spengler in Zwischensummen angegeben: für 1458 274 fl. 5 lb. 5 d.; für 1459 352 fl. 5 lb.; für 1460 steht allein die von zweiter Hand bei der Rechnungslegung eingefügte Zwischensumme über fol. 10v. Eine eigene Addition der Einnahmen von Spengler fehlt für dieses dritte Rechnungsjahr. Zum Vergleich zu den Angaben von 1458 und 1459 seien auf die Jahresrechnungen des Kölner Offizialatsgerichts verwiesen: Für den Zeitraum vom 1. März 1438 bis zum 1. März 1439 hat HANSEN, Jahresrechnung des Kölnischen Offizialatsgerichts in Soest (wie Anm. 9), 40, Einnahmen von etwas mehr als 350 fl. festgestellt. Am Ende des 15. Jahrhunderts brachte es das Offizialatsgericht in Werl schon auf über 1.000 fl. jährlich, wenngleich die Einnahmen Schwankungen unterlagen, vgl. BETTGENHAEUSER, Drei Jahresrechnungen des kölnischen Offizialatsgerichts in Werl (wie Anm. 9), 153 f. Die Kanzlei der Reichsstadt Frankfurt spielte im 15. Jahrhundert jährlich Sporteln von 40 bis 60 fl. rh. ein, vgl. Paul-Joachim HEINIG, Der Preis der Gnade. Sporteln, Kanzleitaxen und urkundliche Gebührenvermerke im europäischen Mittelalter, in: Peter THORAU u. a. (Hg.), Regionen Europas – Europa der Regionen. Festschrift für Kurt-Ulrich Jäschke zum 65. Geburtstag, 2003, 143–165, hier 150.

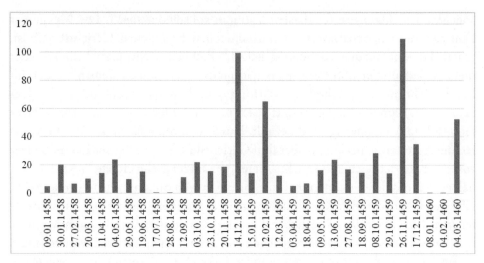

Abb. 1: Einnahmen des kaiserlichen Landgerichts vom 9. Januar 1458 bis 4. März 1460 in fl.

erreicht, über 50 fl. zog Georg Spengler immerhin dreimal, am 14. Dezember 1458 (fol. 4v) und am 12. Februar 1459 (fol. 6v) und am 4. März 1460 (fol. 10v) ein. Ursächlich dafür waren aber einzelne Posten, die ungewöhnlich hohe Einnahmen generierten[32]. Dagegen brachten die Landgerichtssitzungen am 17. Juli 1458 (fol. 3r), 28. August 1458 (fol. 3v), 8. Januar 1460 und am 4. Februar 1460 (beide fol. 10v) in der Summe nicht einmal einen einzigen Gulden ein.

Die Menge der in der Rechnung für eine Sitzung verzeichneten Gerichtsbriefe lässt keinen Rückschluss auf Art, Gegenstand und Anzahl der in derselben Sitzung verhandelten Streitfälle zu, denn die Verhandlung eines Konfliktes, die Entscheidung des Landgerichts und die typischerweise nur auf Bitten der Streitparteien angefertigten Gerichtsbriefe erforderten einen größeren Zeitraum als eine einzige Sitzung. Und weil das Landgericht, wenn überhaupt, nur in geringem Maße institutionalisiert war, sondern erst und immer nur durch Zusammentreten eines Per-

---

[32] Einzelne wenige Beispiele seien in diesem Zusammenhang besonders hervorgehoben: 100 fl. zahlte aller Wahrscheinlichkeit nach der Nürnberger Kaufmann Burkhard Beßler in der Landgerichtssitzung am 26. November 1459 für einen Urteilsbrief (fol. 8v). Ebenfalls für ein Urteil verausgabte Herr Sigmund vom Stein 50 fl. in der Sitzung am 12. Februar 1459 (fol. 6v). Namentlich nicht genannte Personen aus der Stadt Kempten erhielten für ihre 40 fl. am 4. März 1460 immerhin vier Urteilsbriefe (fol. 10v). Die Stadt Ulm zahlte am 14. Dezember 1458 30 fl. für eine Lösung aus der Acht und Aberacht an Georg Spengler (fol. 4v).

sonenkreises, den wir modern als Gerichtspersonal bezeichnen würden, zu den einzelnen Sitzungen realpräsent wurde, mussten angeforderte Gerichtsbriefe in der Regel zu einer späteren Sitzung bezahlt und wahrscheinlich in diesem Moment abgeholt werden. Im Vergleich mit den übrigen Gerichtsbüchern liegt daher der Rechnungseintrag zu einem Streitfall zeitlich später, womit allerdings nicht zwingend der Schlusspunkt des Verfahrens gemeint sein muss. In Einzelfällen kann gezeigt werden, dass eine Konfliktpartei, die in der Rechnung für einen bestimmten Gerichtsbrief bezahlte, in der zugeordneten Gerichtssitzung tatsächlich (noch einmal) anwesend war, obwohl das erhaltene Dokument früheren Sitzungen zuzuordnen ist[33]. Für den Abgleich der Rechnungseinträge mit den übrigen Gerichtsbüchern heißt das nichts anderes, als dass Hinweise über einen verrechneten Gerichtsbrief zu einer Sitzung im Acht-, Klagebuch und im Manual üblicherweise nicht in derselben Sitzung zu finden sind. In welchem Umfang die vier Überlieferungen zur Landgerichtstätigkeit im behandelten Zeitraum voneinander abweichen, veranschaulicht die Korrelationsmatrix in Tab. 1.

Die hier für gerade einmal etwas mehr als zwei Jahre der Landgerichtstätigkeit ermittelten Korrelationen können nur vorsichtig interpretiert werden. Obwohl teils deutliche Zusammenhänge zwischen den Gerichtseinnahmen und der Menge der in den Büchern verzeichneten Gerichtsakten festgestellt werden können, bestätigt sich die Beobachtung, dass Einnahmen nicht unbedingt zu demjenigen Zeitpunkt anfielen, in dem das Gericht in den Streitfällen verhandelte und entschied. Insbesondere die Menge der in den Sitzungen verzeichneten Klagen korreliert kaum mit den in derselben Sitzung erzielten Einnahmen. Die stärksten Effekte zeigen sich zwischen den Einnahmen und den Einträgen im Manual, das einer Dokumentation der laufenden Verfahren entspricht, bzw. zwischen den Einnahmen und der Menge der Posten in der Rechnung. Letzteres ist trotz aller Ausreißer zu erwarten gewesen. Ganz generell muss davor gewarnt werden, von einer umfangreichen Überlieferung zu einer oder mehreren Sitzung(en) eines Gerichts im Spätmittelalter vorschnell Rückschlüsse auf die tatsächlich erzielten Einnahmen zu ziehen. Ins Gewicht fielen nur tatsächlich schriftlich ausgefertigte Urkunden und Briefe, die erstens zeitlich teilweise deutlich nach dem Moment verfasst und bezahlt wurden, in dem das Gericht ihren Inhalt verfügt hatte. Zweitens sorgte die Menge an bestellten Gerichtsbriefen zwar für beständige Zahlungseingänge, Stan-

---

[33] Siehe beispielhaft unten Anhang Edition, Anm. 72, 111, 143, 160, 163, 167, 169 und mit großer Wahrscheinlichkeit auch ebd., Anm. 128 und 193.

Tab. 1: **Korrelationsmatrix entlang der Aktenüberlieferung des kaiserlichen Landgerichts**[34]

	Gerichts-einnahmen in fl.	Anzahl der Einträge im Achtbuch	Anzahl der Einträge im Manual	Anzahl der Einträge im Klagebuch	Anzahl der Einträge der Rechnung
Gerichtseinnahmen in fl.	1	0.093	0.493	0.197	0.602
Anzahl der Einträge im Achtbuch	X	1	0.349	0.154	0.461
Anzahl der Einträge im Manual	X	X	1	0.554	0.613
Anzahl der Einträge im Klagebuch	X	X	X	1	0.379
Anzahl der Einträge der Rechnung	X	X	X	X	1

dardbriefe wie Ladungen, die hundert-, vielleicht tausendfach an einzelnen Gerichten ergingen, konnten derart niedrig taxiert sein, dass das Gros der Einnahmen aus einer Handvoll einzelner Urteile erzielt werden konnte.

Die Rechnung Georg Spenglers liefert weiterhin eine Antwort auf die Frage, welche Gerichtshandlungen schließlich in schriftlicher Form ergangen sind. Selbst wenn angenommen wird, dass die Rechnung für den Zeitraum von Januar 1458 bis März 1460 lückenlos ist, muss sie aus zweierlei Gründen unvollständig bleiben: Eine Schätzung, wie viele Schriftstücke das Landgericht produziert hat, wird zum einen durch die summarische Angabe der Einnahmen für kleine Gerichtsbriefe

---

34 Für diese Übersicht wurden die in der Rechnung überlieferten Gerichtseinnahmen vom Januar 1458 bis März 1460 für jede einzelne Sitzung mit der Anzahl der Einträge im Achtbuch, im Manual, im Klagebuch und in der Rechnung korreliert. Nachträglich gestrichene Einträge sind mitgezählt worden. In der Rechnung wurde nicht die Anzahl der insgesamt in jeder Landgerichtssitzung ausgestellten Dokumente der Korrelation zugrunde gelegt, schon weil diese durch den Posten der kleinen Gerichtsbriefe nicht zu ermitteln ist, sondern die bloße Anzahl der Einträge zu unterschiedlichen Verfahren, wobei der für jede Sitzung vermerkte summarische Posten der kleinen Gerichtsbriefe nicht berücksichtigt worden ist. Im Falle der in der Rechnung nachgewiesenen Rechenfehler, siehe oben Anm. 14, sind die tatsächlichen Angaben als Summe der Einzeleinträge verwendet worden.

verhindert. Zum anderen verbirgt die erhaltene Landgerichtsüberlieferung, in welchen Fällen zwangsläufig ein Dokument verfasst werden musste, in welchem Maße dies ins Belieben der Parteien gestellt war und wie oft Konflikte aus welchen Gründen auch immer ein vorzeitiges Ende fanden, bevor das Verfahren im Landgericht zum Schluss oder zu einem schriftlichen Urteil gelangt war. Die Tätigkeit des Landgerichts mit sämtlichen Verfahrenstypen und -resultaten wird aus der Rechnung somit nur im Groben ersichtlich. Abb. 2 bietet eine Übersicht über die einzeln verzeichneten großen Gerichtsbriefe im Abrechnungszeitraum, wobei lediglich Typen aufgenommen worden sind, die mindestens in drei Einträgen genannt sind. Sie beweist zunächst, dass in der Mehrheit der vorgebrachten Streitfälle mit einer vergleichsweise kleinen Auswahl unterschiedlicher Dokumententypen gearbeitet wurde. Dieses Resultat spricht einerseits für eine hohe Formalisierung im Verfahrensgang des kaiserlichen Landgerichts, wenig verwunderlich, sieht man die bereits zum Zeitpunkt der Rechnungslegung nachgewiesene Gerichtstätigkeit von mehr als 150 Jahren. Bekräftigt wird andererseits die Vorstellung von einer auf ein überschaubares und den Zeitgenossen geläufiges Verfahrensangebot, das die mittelalterlichen Gerichte potentiellen Streitparteien bereitstellten. Wer das kaiserliche Landgericht auch ohne vertiefte juristische Ausbildung etwa aus eigener Anschauung oder dem Hörensagen nach kannte und über die erforderlichen finanziellen Mittel verfügte, wusste im Vorhinein, was er für sein Geld aus dem Vorrat gerichtlicher Standardschreiben bekommen konnte. War eine Konfliktpartei überdies in der Lage, die Gegenseite in ihrem Handeln halbwegs einzuschätzen, ließ sich leicht ein Rechtstitel wunschgemäß erwirken.

Im Detail mag überraschen, dass bei einem Gericht nicht die Anzahl der Urteile die unübertroffene Mehrheit der Gerichtsbriefe ausmachte, vor allem dann, wenn man die Ladungen unbeachtet lässt. Vom rechtshistorischen Standpunkt sind die Acht-, Aber- und Mordachtsprüche und ebenso die Vollung[35] als Urteile anzusehen, sodass die in Abb. 2 verwendeten Dokumententypen kritisch zu hinterfragen wären. Diese Unterteilung wurde uns jedoch von den Zeitgenossen im Wortlaut der Rechnung vorgegeben. Sie ist demzufolge erst einmal ernst zu nehmen. Mit einem Urteil sind in erster Linie Entscheidungen in der Sache zwischen

---

35 Der Vollungsbrief am kaiserlichen Landgericht der Burggrafen von Nürnberg entsprach der Einsetzung in die Nutzgewehre im Anleiteverfahren, vgl. Friedrich BATTENBERG, Reichsacht und Anleite im Spätmittelalter. Ein Beitrag zur Geschichte der höchsten königlichen Gerichtsbarkeit im Alten Reich, besonders im 14. und 15. Jahrhundert (Quellen und Forschungen zur höchsten Gerichtsbarkeit im Alten Reich 18), 1986, 327.

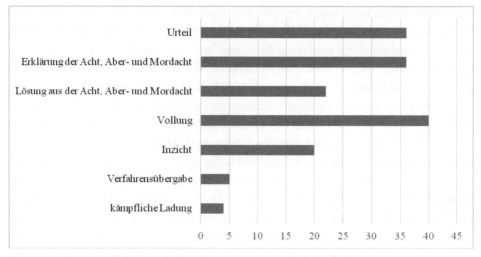

Abb. 2: Anzahl der in der Rechnung des Landgerichts taxierten großen Gerichtsbriefe[36].

zwei Streitparteien gemeint, während Acht- und Anleiteverfahren auf die Präsenz des Klageführers reduziert betrieben werden konnten. Werden (Aber-) Achterklärungen, die Lösungen aus der (Aber-) Acht sowie die Vollungen zusammengezählt, dann dominieren am kaiserlichen Landgericht Acht- und Anleiteverfahren und damit diejenigen Formen des Streitaustrags, die im ungelehrten dinggenossenschaftlichen Prozess traditionell vorkommen. Der Befund, dass gerade die kaiserlichen Landgerichte im römisch-deutschen Reich des 15. Jahrhunderts potente Träger des Acht- und Anleiteverfahrens waren und blieben[37], bestätigt sich folglich einmal mehr. Zur gleichen Zeit hatte das königliche Kammergericht – selbstverständlich keineswegs unter Verzicht auf die Proskription – bereits eine andere Form des Säumnisverfahrens entwickelt und zur Anwendung gebracht[38].

---

36 Grundlage dieser Übersicht sind die einzeln in der Rechnung verzeichneten Gerichtsbriefe im Zeitraum von Januar 1458 bis März 1460. Die nur summarisch erfassten Schreiben wie die Ladungen sind nicht berücksichtigt worden, da ihre Anzahl nicht ermittelt werden kann. Fortgefallen sind die wenigen Fälle, in denen die Rechnung keine exakte Angabe zur Menge der angefertigten Dokumente macht, vgl. oben Anm. 30. In die Abbildung sind nur diejenigen Dokumenttypen aufgenommen worden, die mindestens dreimal genannt waren.
37 Vgl. BAUMBACH, Königliche Gerichtsbarkeit und Landfriedenssorge (wie Anm. 4), 274 f.
38 Vgl. BATTENBERG, Reichsacht und Anleite (wie Anm. 35), 240–242; BAUMBACH, Königliche Gerichtsbarkeit und Landfriedenssorge (wie Anm. 4), 279 und 366.

Ein Vergleich von Rechnung und Achtbuch zeigt abseits der oben angesprochenen zeitlichen Unterschiede zwischen erfolgtem Achtspruch und ausgefertigtem Achtbrief den Grad von Schriftlichkeit am Landgericht. Wurden zu den 31 behandelten Sitzungen der Rechnung insgesamt 58 Achterklärungen im Achtbuch eingetragen, verzeichnet die Rechnung lediglich 36 Fälle, von denen wiederum 33 Einträge des Achtbuchs berührt sind. Für die drei übrigen Einträge ließ sich im Achtbuch kein Nachweis ermitteln. Diese Unterschiede dürften auf Achtsprüche zurückgeführt werden, die im Nachgang nicht verschriftlicht wurden. Bemerkenswert ist in diesem Zusammenhang ein Konflikt zwischen Graf Oswald von Tierstein und der Stadt Basel, in dem das Landgericht am 26. November 1459 alle Basler Bürger zwischen 14 und 60 Jahren ächtete[39], ohne dass sich der Tiersteiner dies nach den Angaben der Rechnung verbriefen ließ.

Anhand der Rechnungseinträge können die Taxen für die einzelnen Gerichtsbriefe ermittelt werden. So wurde ein Achtbrief typischerweise mit 1 fl. berechnet, die Verschärfung zur Aberacht mit demselben Betrag. Für einen Gerichtsbrief, der die Lösung aus der Acht festhielt, wurde ebenfalls 1 fl. verlangt. Dabei waren etwaige Kosten zum Vergleich mit dem Streitgegner, damit dieser zustimmte, die Acht oder Aberacht aufzuheben, nicht inkludiert. Von einem spezifischen Achtschatz, der zur Erledigung der Acht bei Gericht verlangt wurde[40], ist in der Rechnung niemals die Rede. In den Einnahmen des Gerichtsschreibers wurden diese Gelder, sofern es sie kurz nach der Mitte des 15. Jahrhunderts überhaupt noch gegeben hat, jedenfalls nicht verzeichnet. Die Mordacht, ganz ähnlich einer Achtstrafe bei Säumnis in einem Mordprozess verhängt, zu lösen, war für den Ächter deutlich teurer: Die Rechnung verzeichnet für einen der vermutlich äußerst seltenen Fälle einen Betrag von 16 fl. (fol. 4v). Höher als ein einfacher Achtbrief wurden meist der Vollungsbrief im Anleiteverfahren mit 2 fl., seltener mit nur 1 fl. und der Inzichtbrief[41] mit 3 fl. taxiert. Eine kämpfliche Ladung vor das Landgericht kostete 1 fl. Gemeint war damit wohl ein Fürgebot zum so genannten Kampfgericht, einem

---

39 Siehe dazu im Achtbuch des Landgerichts StAN, Rep. 119a, Nr. 273, fol. 106v.
40 Auf den Achtschatz weisen in der Regel mit Blick auf die Festlegungen zum königlichen Hofrichter- und Hofgerichtsschreiberamt ab 1235 Dietlinde MUNZEL-EVERLING, Gerichtsgefälle, in: Handwörterbuch zur deutschen Rechtsgeschichte, 2. Aufl., Bd. 2, 2012, 157–159, hier 158, und BATTENBERG, Reichsacht und Anleite (wie Anm. 35), 238 und 450, hin.
41 Einen Inzichtbrief stellte das kaiserliche Landgericht auf Kosten eines freiwillig zu einer Gerichtssitzung erschienenen Beklagten aus, der sich gegen die in einem Inzichtverfahren gegen ihn vorgetragenen Beschuldigungen durch Eidleistung freischwor. Vgl. zum Inzichtverfahren, das in fränkisch-bayerischen Rechtsquellen ab dem 13. Jahrhundert begegnet, Hans SCHLOSSER u. a. (Hg.), Inzichtverfahren, in: Handwörterbuch zur deutschen Rechtsgeschichte, 2. Aufl., Bd. 2, 2012, 1301 f.

Spezifikum des burggräflichen Landgerichts, in dem nach einer eigenen Ordnung noch Zweikämpfe ausgetragen werden konnten[42]. Die in dieser Aufstellung angegebenen Taxen bildeten den Regelsatz im Rechnungszeitraum am Ende der 1450er Jahre, in Einzelfällen sind aber auch Abweichungen nachzuweisen[43]. Kein einheitlicher Satz wurde für Urteilsbriefe genommen.

Angaben zu den Taxen am kaiserlichen Landgericht beinhaltet überdies die als *reformacion* bezeichnete Landgerichtsordnung vom 28. März 1447[44]. Obschon die Bestimmungen sehr kleinteilig sind, eine lange Reihe von Gerichtsbriefen genannt und der Schreiber ausdrücklich aufgefordert wurde, nicht mehr als die angegebenen Gebühren zu verlangen, werden Abweichungen zwischen den Beträgen in der Ordnung und den Einträgen in der Rechnung augenfällig: So wird ein Inzichtbrief mit 1 fl. statt mit 3 fl., ein Achtbrief genauso wie die Lösung aus der Acht mit 60 d. und somit in beiden Fällen deutlich günstiger als 1 fl. angegeben. Eine Ausnahme war im Achtverfahren nach dem Wortlaut der Landgerichtsordnung nur zulässig, wenn eine Stadt oder eine Gemeinde in die Acht erklärt wurde, dann nämlich sollte ein Betrag nach Rat des Landrichters und der Urteiler genommen werden. Übereinstimmungen zwischen den 1447 verordneten Normen und der reichlich zehn Jahre später dokumentierten Gerichtspraxis zeigen sich im Anleiteverfahren und gleichsam in der Taxierung der Urteilsbriefe. Gemäß der Ordnung war für eine Vollung eine gestaffelte Taxe in Abhängigkeit vom Streitwert vorgesehen: Lag dieser unter 100 fl. sollten 1 fl., bis zu 1000 fl. 2 fl. und darüber 3 fl. an Gebühren genommen werden. Die gleiche Staffelung galt für Urteilsbriefe, wobei zum Streitwert noch die Länge des Urteilsbriefs (gemessen in Bogen Papier) in die Berech-

---

42 Zum Kampfgericht vgl. Franz Ruf, Acht und Ortsverweis im alten Land- und Stadtgericht Nürnberg, in: Mitteilungen des Vereins für Geschichte der Stadt Nürnberg 46 (1955) 1–139, hier 34–42. Eine Edition der Kampfgerichtsordnung des kaiserlichen Landgerichts bietet Thumser (Hg.), Ludwig von Eyb der Ältere (1417–1502). Schriften (wie Anm. 2), 321–333.
43 Zweimal wurden Inzichtbriefe mit lediglich 2 fl. taxiert (fol. 2r und 8r). Eine Lösung von der Acht, üblicherweise mit mindestens 1 fl. berechnet, wurde einmal mit 6 lb., also mit einem geringfügig kleineren Betrag angesetzt (fol. 6v). Eine kämpfliche Ladung kostete einmal auch einen Petenten 5 fl. (fol. 3r). Ob damit Vergünstigungen nachgewiesen sind, ist aus der Rechnung nicht zu erkennen. Anzunehmen ist, dass Abweichungen im Einzelfall auf die Gestaltungsspielräume bei den Gerichtsgebühren durch das eingesetzte Landgerichtspersonal zurückzuführen sind.
44 Vgl. für die Angaben in diesem Abschnitt die Edition der ersten Landgerichtsordnung in Thumser (Hg.), Ludwig von Eyb der Ältere (1417–1502). Schriften (wie Anm. 2), 270–279 und zu den Gerichtstaxen insb. 273 f. Die Landgerichtsordnung regelte auch die Taxen für die kleinen Gerichtsbriefe, die in der Rechnung nur summarisch angegeben sind. Die so genannte zweite Landgerichtsordnung vom 28. Dezember 1459, vgl. Thumser (Hg.), Ludwig von Eyb der Ältere (1417–1502). Schriften (wie Anm. 2), 279–282, enthält keine Festlegungen zu den Gerichtsgebühren.

nung einbezogen wurde. Eine vierte Stufe über 3 fl. war für besonders umfangreiche Urteile festgesetzt – die Gebühr richtete sich dann ebenfalls nach Rat des Landrichters und der Urteiler. Paul-Joachim Heinig hat solche Gestaltungsspielräume bei den Gebühren im Einzelfall als Bereiche »›freier‹ Taxierbarkeit« bezeichnet, die trotz detailliertester Ordnungen erhalten geblieben seien[45]. Belegt ist durch die Landgerichtsordnung außerdem, dass nicht nur die Ausfertigung von Gerichtsbriefen von den Streitparteien bezahlt werden musste, sondern auch einzelne Einträge in den Gerichtsbüchern[46]. Warum insbesondere beim Inzicht- und beim Achtbrief in den Jahren 1458 bis 1460 gravierende Abweichungen von der Landgerichtsordnung von 1447 zu bemerken sind, darüber kann allenfalls spekuliert werden. Als Summe aus verschiedenen einzelnen Gebühren, die sich zu dem in der Rechnung verzeichneten Betrag addierten, dürften sie sich nicht darstellen. Möglicherweise wurden zwischen 1447 und 1458 die Taxen für diese Gerichtsbriefe bewusst erhöht, um die Einnahmen des Landgerichts zu steigern. Überprüfen lassen würde sich diese These jedoch nur anhand weiterer Rechnungen aus diesem Zeitabschnitt, von der zwar einmal die Rede ist (fol. 5r), uns jedoch die Überlieferung im Stich zu lassen scheint.

Die für das kaiserliche Landgericht der Burggrafen von Nürnberg ermittelten Gerichtsgebühren taugen zumindest für einen groben Vergleich mit der königlichen Gerichtsbarkeit in der zweiten Hälfte des 15. Jahrhunderts. Anhand des Taxregisters der königlichen Kanzlei, ein in der Zeit der Verpachtung dieser Kanzlei an Erzbischof Adolf von Mainz angelegtes und von 1471 bis 1475 geführtes Verzeichnis aller Taxeinkünfte, können Referenzangaben für einzelne Gerichtsbriefe bestimmt werden[47]. Dabei eignet sich nicht jeder Dokumententyp für einen Vergleich, da zum Beispiel das Achtverfahren abweichend zum Landgericht, das An-

---

45 HEINIG, Der Preis der Gnade (wie Anm. 31), 160.
46 Zu erwähnen sind dazu zwei Bestimmungen in der Landgerichtsordnung: Die Aufstellung der für jeden einzelnen Gerichtsbrief zu zahlenden Taxen schließt mit Sätzen für einige Gerichtsbucheinträge: *Item von einem auffschlag, in das gericht buch zu schreyben, vier pfening. Item von einer verziehung oder vor urtayl oder ein abschid von dem gericht, in das register zu schreyben, ein groschen. Item von eynem gantz auß dem landgerichtsbuch zu schreyben, der nicht urtayl brieff nemen will und sunst ledig getaylt wurd, zwenn grosch.* Etwas weiter unten ist zudem von einem Lohn für den Landschreiber die Rede, den er für die Einträge in die Gerichtsbücher nehmen soll: *Item es sol auch ein ytlicher landschreyber furbas alle spruch in das landgericht buch schreyben, auff das die sprüch, die an den zetteln in gegeben werden, nicht auß dem büch fallen oder verlorn werden, dann in kunfftigen zeyten irsall darauß werden mocht. Darumb sol er zu lon nemen zwelff pfening.* Siehe entsprechend THUMSER (Hg.), Ludwig von Eyb der Ältere (1417–1502). Schriften (wie Anm. 2), 274.
47 HEINIG u. a. (Bearb.), Taxregister (wie Anm. 27) und vgl. zu den Umständen der Verpachtung Paul-Joachim HEINIG, Der Hof Kaiser Friedrichs III. – Außenwirkung und nach außen Wirkende,

leiteverfahren am Kammergericht gar nicht praktiziert wurde. Überdies ist das Taxregister kein Verzeichnis der Einkünfte aus Gerichtsbriefen, sondern es verzeichnet generell den Urkunden- und Briefausgang der Kanzlei des Kaisers mit den entsprechenden Taxen. Unbestritten aber ist, dass Ladungen in der Regel mit 1 fl., in Kombination mit einem Mandat auch mit 2 oder 3 fl. taxiert wurden[48] und damit um ein Vielfaches höher lagen als am kaiserlichen Landgericht, welches die Fürgebote zu den kleinen Gerichtsbriefen zählte, die nur einige Pfennige, nach der Gerichtsordnung von 1447 4 d. kosten sollten[49]. Die Taxen für einen Urteilsbrief am Kammergericht variierten deutlich – nicht selten rangierten sie schon oberhalb von 10 fl., vereinzelt über 100 fl.[50]. In der Summe muss klar davon ausgegangen werden, dass die Prozessführung gemessen an den Taxen am Kammergericht des Habsburgers die im zollerischen Landgericht aufgerufenen Gebühren übertroffen hat. Unter finanziellen Gesichtspunkten wird deshalb einsichtig, warum viele Zeitgenossen aus dem fränkischen, bayerischen und schwäbischen Raum ihren Konflikt beim Landgericht der Nürnberger Burggrafen anhängig machten, im Übrigen völlig unabhängig noch von Kosten, die mit der deutlich längeren Reise an den Kaiserhof verbunden gewesen sein konnten[51]. Diese Unterschiede sollen jedoch keinesfalls den Eindruck erwecken, die Verhandlung am kaiserlichen Landgericht sei derart günstig gewesen, dass sie nahezu jeder Person offen gestanden hätte.

in: Peter MORAW (Hg.), Deutscher Königshof, Hoftag und Reichstag im späteren Mittelalter (Vorträge und Forschungen 48), 2002, 137–161, hier 154 f.
48 Vgl. z. B. für eine einzelne Ladung im HEINIG u. a. (Bearb.), Taxregister (wie Anm. 27), Nr. 2, 4–6, 8 f., 15–17, 23–28, 33–35, 37, 41, 43 etc., und für eine mit einem Mandat kombinierte Ladung ebd., Nr. 3, 7, 10, 22 f., 40 etc. Vgl. überdies die Übersicht über die Taxen der kaiserlichen Kanzlei und darin im Speziellen für die Gerichtsbriefe HEINIG, Der Preis der Gnade (wie Anm. 31), 165.
49 Vgl. THUMSER (Hg.), Ludwig von Eyb der Ältere (1417–1502). Schriften (wie Anm. 2), 273.
50 Vgl. z. B. die Urteile des königlichen Kammergerichts mit einer Taxe über 10 fl. im HEINIG u. a. (Hg.), Taxregister (wie Anm. 27), Nr. 324, 917, 933, 1228, 1327, 1401, 1421, 1490, 1529, 1537, 1552, 1556, 1566, 1583, 1630, 1657, 1761, 1977, 1992 etc., sowie jene mit einer Taxe über 100 fl. ebd., Nr. 1339, 1560, 1600 etc. Ähnliche Beträge gibt Battenberg für die Gebühren im königlichen Hofgericht an und vermutet »relativ feste Gebührensätze«, wobei keine Ordnung über die Taxen überliefert ist und ihre Höhe nur exemplarisch aus Stadtrechnungen gewonnen werden kann, vgl. Friedrich BATTENBERG, Gerichtsschreiberamt und Kanzlei am Reichshofgericht 1235–1451 (Quellen und Forschungen zur Höchsten Gerichtsbarkeit im Alten Reich 2), 1974, 208 f. Zu den belegten Ausgaben für die Urkunden und Briefe des königlichen Hofgerichts in den spätmittelalterlichen Stadtrechnungen in der Zeit von 1379 bis 1449 siehe ein Verzeichnis ebd., 270–280 = Anhang III.
51 Vgl. beispielhaft die Reisekosten für eine Gesandtschaft der Nürnberger an den Kaiserhof um die Mitte des 15. Jahrhunderts, in: Rainer SCHARF, Unterwegs zum Hof Friedrichs III. Aus einer Reisekostenabrechnung im Staatsarchiv Nürnberg (1449–1453), in: Staat und Verwaltung in Bayern. Festschrift für Wilhelm Volkert zum 75. Geburtstag (Schriftenreihe zur bayerischen Landesgeschichte 139), 2003, 77–102, hier 86, Anm. 43, die 100 fl. überstiegen.

Mehrheitlich war die Gruppe der Prozessführenden in erster Linie auf den regionalen Adel und die bürgerlichen Eliten in den Städten beschränkt, obgleich für zahlreiche in der Rechnung namentlich genannte Personen die soziale Herkunft nicht mit Sicherheit angegeben werden kann. Stadt- und landesgeschichtliche Studien werden sich darauf verstehen, einige Lücken in der Zukunft noch zu schließen. Dasselbe gilt übrigens für die geographische Herkunft der Streitparteien.

Wie weit die Tätigkeit des kaiserlichen Landgerichts räumlich reichte, diese Frage ist in der bisherigen Forschung ausführlich erörtert und diskutiert worden[52], sodass aus der Rechnung, die nur einen vergleichsweise knappen Zeitraum behandelt, keine prinzipiell neuen Erkenntnisse zu gewinnen sind. Eine Detailstudie müsste sich ohnehin mit den übrigen Gerichtsbüchern beschäftigen, die zeitlich weitergefasst und schlichtweg in der Summe mehr Konfliktparteien benennen, als es die Rechnung Georg Spenglers zu tun vermag. Illustriert werden kann eine lokale und überregionale Anziehungskraft des Landgerichts anhand der Städte, die als Herkunftsort der Konfliktparteien in der Rechnung angegeben sind: Die Liste wird deutlich von Nürnbergern angeführt (fol. 2v, 3v–4v, 6r–9r, 10v), belegt sind aber auch Streitende aus Augsburg (fol. 3r, 4r, 4v), Dinkelsbühl (fol. 3v, 7v), Kempten (fol. 4v, 10v), Memmingen (fol. 3r, 9r), Lindau (fol. 2r), Nördlingen (fol. 2r) und Ulm (fol. 4v). Aus dem Spektrum geistlicher Herrschaftsträger erscheinen die Angehörigen der Klöster von Gnadenberg (fol. 2v), Heilsbronn (fol. 3r) und Pillenreuth (fol. 7v). Eine substantielle Menge der in der Rechnung erwähnten Streitparteien gehörte freilich dem regionalen Adel an, für den das Landgericht mit seiner besonderen ›kaiserlichen‹ Legitimität, seiner Nähe und seinen vergleichsweise passablen Gebühren offenbar ein günstiges Angebot von Gerichtsbarkeit bereitstellte. Zu nennen sind die Herren von Absberg (fol. 3v), von Egloffstein (fol. 2r, 3r), vom Stein (fol. 8r), die Schenken von Geyern (fol. 8r) und zuvorderst die Herren von Seckendorff (fol. 4r, 6r–7r, 8r), Letztere selbstverständlich mit der Besonderheit, dass Markgraf Albrecht aus ihrer Familie den Landrichterstuhl in

---

52 Siehe oben Anm. 4 sowie ergänzend dazu Hinrich MILBRADT, Die Parteien in ihren Prozessen vor König und königlichem Kammergericht in der 2. Hälfte des 15. Jahrhunderts, Diss. jur. Univ. Mainz 1979, 86 f.; Alois GERLICH, Staat und Gesellschaft, Teil 1: Bis 1500, in: Max SPINDLER (Hg.), Handbuch der bayerischen Geschichte, Bd. 3: Franken, Schwaben, Oberpfalz bis zum Ausgang des 18. Jahrhunderts, Teil 1, 1971, 268–348, hier 299 f. und 302; Friedrich MERZBACHER, Iudicium provinciale ducatus franconiae. Das kaiserliche Landgericht des Herzogtums Franken-Würzburg im Spätmittelalter (Schriftenreihe zur bayerischen Landesgeschichte 54), 1956, 40.

dieser Zeit überwiegend besetzt hatte[53]. In der Konsequenz ist die Deutung von Joachim Schneider völlig zu bestätigen, wenn er von einer »Funktionalisierbarkeit [des Landgerichts] für eine personale fürstliche Niederadelspolitik« spricht[54].

Hier zeigt sich eine prinzipiell andere, in Ursache und Wirkung verkehrte Interpretation des Sachverhalts, wie die zollerischen Burggrafen ihr Landgericht für eigene politische Zwecke dienstbar machen konnten als die eingangs erwähnte Vorstellung von einem politischen Programm, das die Burggrafen durch persönlichen Einsatz mit gezielter Vorladung fremder Untertanen und Bürger verfolgt haben sollen. Weil sich der lokale Adel mit seinen Klagen an das Landgericht wandte, begaben sich mit den Streitfällen auch die Streitenden freiwillig oder unfreiwillig unter die Gerichtsbarkeit der fränkischen Hohenzollern. Erst auf diese Weise war die Voraussetzung dafür geschaffen, dass sich der Gerichtsherr in einzelne Prozesse einschalten konnte. Wenn die Burggrafen also überhaupt die Attraktivität ihres Gerichts planmäßig gegenüber potentiellen Herrschaftskonkurrenten steigern wollten, dann blieben sie in der Hauptsache auf die Besetzung des Landgerichts, die Höhe der Gebühren und die Gestaltung der Verfahrensformen beschränkt, allesamt Stellschrauben, die nicht einzelfallbezogen zu justieren waren, die aber die Funktion des Gerichts und daraus wiederum die Gerichtsnutzung merklich beeinflusst haben.

3. Nutzung der Gerichtsgebühren

Übersichtlicher als die Auflistung der Einnahmen stellen sich die Ausgaben des Landgerichts im Lichte der erhaltenen Rechnung dar. Am Ende eines jeden Jahres notierte Georg Spengler in einer einzigen Übersicht ohne weitere Systematisierung die landgerichtlichen Aufwendungen (fol. 5r für 1458, fol. 9v für 1459 und fol. 11r für 1460). Drei Kategorien der Ausgaben lassen sich unterscheiden: erstens Soldzahlungen und Löhne, zweitens Zehrgelder und drittens Kosten für die Ein-

---

[53] Landrichter des kaiserlichen Landgerichts der Burggrafen von Nürnberg war für den überwiegenden Zeitraum der Rechnung Johann von Seckendorff zu Hilpoltstein. Nach einer im 16. Jahrhundert angefertigten Liste der Landrichter stellte die Familie Seckendorff zum ersten Mal im Jahre 1409 den Landrichter, ab 1412 finden sich auch die Absberger immer wieder einmal in dieser Funktion, vgl. StAN, Rep. 119a, Nr. 24, fol. 134. Die im Urkundenbestand zum kaiserlichen Landgericht erhaltenen Dokumente bestätigen dies, vgl. StAN, Rep. 119, Nr. 192 vom 30. Januar 1458 sowie Nr. 218 vom 8. Oktober 1459, wobei die Urkunden in Relation zur Rechnung die äußersten zeitlichen Grenzen bilden, an denen Johann von Seckendorff als Landrichter belegt ist. Siehe weiterhin unten Anhang Edition, Anm. 95.
[54] SCHNEIDER, Spätmittelalterlicher deutscher Niederadel (wie Anm. 4), 461.

und Ausfuhr der Landgerichtsbücher in Nürnberg. Die jeweiligen Gesamtausgaben pro Jahr beliefen sich, bereinigt um die vorhandenen Additionsfehler, auf 279 fl. 19 lb. 24 d. im Jahr 1458, auf 340 fl. 22 lb. 20 d. ein Jahr später und 1460 mit seinen drei Gerichtssitzungen auf 64 fl. 1 ort[55].

Die größten Posten entfielen erwartungsgemäß auf die Besoldung markgräflicher Räte und Dienstleute. Landrichter Johann von Seckendorff als erhielt pro Jahr eine Summe von 100 fl. für seine Pflichten und war damit Spitzenverdiener in der isolierten Betrachtung der Rechnung. Darauf folgte Georg Spengler, der 60 fl. für seine Schreibarbeiten bekam. 50 fl. kassierten Ludwig von Eyb d. Ä. (1458 und 1459), Georg Erlbeck (1458), Michael Tanner (1459), Heinrich Seibot (1459) und 30 fl. Wiprecht von Crailsheim (1459). Die Kontinuität der Soldhöhe belegt, dass Markgraf Albrecht seinem Gerichtspersonal eine festgelegte Entlohnung bot und nicht bloß einen Anteil an den Einnahmen des Landgerichts zusicherte, wie es im Spätmittelalter in Tirol noch üblich war[56]. Welche Aufgaben die genannten Personen dafür bei Gericht übernommen hatten, geht aus der Rechnung nicht hervor. Für Wiprecht von Crailsheim wird nur unspezifisch vom *lantgerichtzsold* gesprochen (fol. 9v). Für Ludwig von Eyb d. Ä., Georg Erlbeck und Heinrich Seibot kann nachgewiesen werden, dass sie als Urteiler im Landgericht oder als Beisitzer am späteren markgräflichen Hofgericht mitgewirkt haben[57]. Außerdem verlangte die Landgerichtsordnung von 1447 von den beiden in Franken regierenden Hohenzollernbrüdern Albrecht und Johann, je zwei Vertreter zusätzlich zu den beiden Anleitern und den zwei Angehörigen der Stadt Nürnberg in die Sitzungen des Landgerichts zu senden, wobei der Urteilerkreis ad hoc noch einmal um vier fromme Ritter und Knechte auf eine Gesamtzahl von zwölf Personen ergänzt werden sollte[58]. Für eben diese Funktion könnten die in der Rechnung genannten Amtleute ihren Sold empfangen haben. Ob der gewährte Betrag von 50 fl. noch zu anderen Aufgaben außerhalb des Landgerichts verpflichtete, wie die Differenz zwischen dem Sold von 30 fl. und 50 fl. andeuten könnte, kann weder an Beispielen belegt noch vollends

---

55 Die bei der Rechnungslegung über die Ausgabenliste jedes einzelnen Jahres ermittelten Zwischensummen weisen für 1458 einen Rechenfehler von − 10 fl. (fol. 5r) und für das Jahr 1459 + 15 d. (fol. 9v) auf.
56 Vgl. Martin P. SCHNACH, »Dem gemeinen armen Mann der Weg zum Recht gleichsam gesperrt und verschlossen ...« Gerichtskosten in Tirol in Spätmittelalter und Frühneuzeit, in: Wolfgang INGENHAEFF u. a. (Hg.), Festschrift Rudolf Palme zum 60. Geburtstag, 2002, 455–486, hier 463, mit dem vorgeblichen Ziel, die Motivation des Gerichtspersonals zu steigern, um die Einkünfte aus der Gerichtstätigkeit zu erhöhen.
57 Siehe unten Anhang Edition, Anm. 96, 97 und 211.
58 Vgl. THUMSER (Hg.), Ludwig von Eyb der Ältere (1417–1502). Schriften (wie Anm. 2), 278 f.

ausgeschlossen werden. Die Belege der betreffenden Personen als Urteiler an den markgräflichen Gerichten zwingen zumindest zur Annahme, dass die Soldzahlungen nicht ausschließlich für eine gänzlich vom Landgericht losgelöste Tätigkeit im Dienste der Hohenzollern gewährt wurden. Der einmalig dem Landboten Ulrich Rot für die Zustellung einer gerichtlichen Ladung gewährte Botenlohn von 3 lb. lässt sich dagegen sicher einem landgerichtlichen Verfahren zuordnen (fol. 5r). Darüber hinaus sind keine Ausgaben für Gerichtsboten belegt – entweder bestritt diese Kosten einer der übrigen Amtsträger aus seinem Sold oder das Landgericht war in der Zustellung der Schreiben ganz auf die Streitparteien angewiesen, die einen Gerichtsbrief verlangen konnten, diesen zu bezahlen und in Empfang zu nehmen hatten und dann je nach Bedarf ihrem Gegner zuspielten.

Die beiden in der Rechnung verbrieften Zehrgelder betrafen die Fahrten Spenglers zu den Landgerichtssitzungen in Nürnberg, die immer seltener gewordenen Ausnahmen vom tatsächlichen Tagungsort des Gerichts, das in dieser Zeit für gewöhnlich in Ansbach am markgräflichen Hof zusammentrat. Im Jahr 1458 unternahm Spengler eine Reise nach Nürnberg zur Sitzung am 11. April und verausgabte 14 lb. 24 d. (fol. 5r), 1459 zu den Gerichtstagen am 3. April und 18. April insgesamt 19 lb. 20 d. (fol. 9v). Zusätzlich fielen Zollgelder von 1 lb. 12 d. bzw. 3 lb. für die Ein- und Ausfuhr der mitgeführten Landgerichtsbücher an.

Für das Jahr 1460, in dem das Landgericht nur zu drei Sitzungen zusammengetreten war, ist in den Ausgaben nur ein Posten für den Sold Spenglers von 60 fl. vermerkt. Es ist ungewöhnlich, dass der Schreiber im Gegensatz zum übrigen Gerichtspersonal den vollen Sold für ein Jahr abrechnete, während der Landrichter leer ausging. Die Verwendung der Gerichtseinnahmen dürften aber nicht im Belieben Georg Spenglers gestanden haben – eher hatte Markgraf Albrecht persönlich über die Notwendigkeit und Höhe einer Soldzahlung zu entscheiden und dem Gerichtsnotar die Zahlung in der Art eines persönlichen Befehls angewiesen. Entsprechend hätte es am Erfolg von persönlichen Verhandlungen gelegen, wer auch im aufgrund der politischen Ereignisse verkürzten Jahr landgerichtlicher Tätigkeit oder später noch seine Ansprüche geltend machen konnte. Vielleicht gewährte der Markgraf für Spenglers nahendes Dienstende ihm einen vollen Jahrsold als Dank für seine zuverlässige Amtsführung. Seine spätere Beschäftigung als Ratsschreiber der Stadt Nürnberg brachte ihm jedenfalls ein deutlich höheres Einkommen, denn schon in der ersten Hälfte des 15. Jahrhunderts war das Gehalt auf 200 fl. heraufgesetzt worden[59].

---

59 Vgl. SCHMIED, Ratsschreiber (wie Anm. 15), 100 f.

Zum Abschluss gilt es noch, den Blick auf das Verhältnis der Einnahmen und Ausgaben des kaiserlichen Landgerichts zu richten, wie es sich im Zahlenwerk der Rechnung darstellt. Die Relation zwischen Geldein- und -ausgang wurde nicht in jedem Rechnungsjahr, sondern ausschließlich am Ende der Rechnung gebildet und war somit Teil der Rechnungslegung im Beisein der genannten markgräflichen Räte und Dienstleute, um etwaige Ansprüche Georg Spenglers zu bestimmen. Unbereinigt der ermittelten Additionsfehler stellten die Zeitgenossen zur Rechnungslegung Einnahmen von 681 fl. 18 d. einer Summe von 694 fl. 3 ort 24 d. an Ausgaben gegenüber und ermittelten eine (fehlerhafte) Differenz von – (19 fl. 1 ort 6 d.), die daraufhin zugunsten des Schreibers als markgräfliche Schuld vermerkt wurde (fol. 11v). Die anhand der Einzelposten bestimmte Differenz beträgt – (1 ort 5 lb. 16 d.).[60] Diese Bilanz der Jahre 1458 bis 1460 entspricht überraschenderweise einigermaßen genau den Außenständen, die Spengler aus seiner nicht überlieferten Rechnungslegung der Vorjahre zustand, in summa 19 fl. 18 d. (fol. 5r). Da diese Schuld aber Bestandteil der vorliegenden Rechnung war, müssen sich im Zeitraum von 1458 bis 1460 die getätigten Einnahmen und Ausgaben in etwa die Waage gehalten haben.

Die in der Forschung geäußerte Behauptung, das kaiserliche Landgericht habe den fränkischen Hohenzollern hohe Einnahmen beschert, die in anderen Bereichen der Landesherrschaft verausgabt werden konnten,[61] ist mit Blick auf die hier untersuchte Rechnung nicht ohne Weiteres zu stützen. Eher erweckt die Rechnungslegung den Eindruck, dass sich die Tätigkeit des Landgerichts aus ihren Erträgen selbst trug, also die eingenommenen Taxen für Gerichtsbriefe die Soldgelder und einzelne kleinere mit dem Landgericht verbundene Sonderausgaben deckten. Angenommen, die gegenüber der Landgerichtsordnung von 1447 höheren Taxen für einzelne Gerichtsbriefe seien bewusst festgesetzt worden, um Einnahmen und Ausgaben in ein gesundes Verhältnis zu bringen, dann wäre die Rechnungslegung des kaiserlichen Landgerichts, die es fraglos schon vor 1458 gegeben

---

60 Der Summe der Einnahmen des Landschreibers zwischen Januar 1458 und März 1460 von 688 fl. 2 lb. 98 d. stehen im gleichen Zeitraum Ausgaben von 689 fl. 1 ort 4 lb. 14 d. gegenüber. Diese Werte sind anhand aller ausgewiesenen Einzelposten unbeachtet der Fehler in den Zwischen- und Endsummen berechnet worden.
61 Vgl. BOURRÉE, Dienst (wie Anm. 1), 409 und 418. Die Ergebnisse gelten unbeschadet der bereits der älteren verwaltungsgeschichtlichen Forschung augenfällig gewordenen Tatsache, dass Schriftgebühren im juristischen Verkehr im 15. und 16. Jahrhundert prinzipiell Einnahmen generierten, vgl. Franz J. MONE, Kanzlei- und Gerichtsgebühren, in: Zeitschrift für die Geschichte des Oberrheins 12 (1861) 435–438, hier 435.

hat, ein beispielhaft für die Gerichtstätigkeit belegtes Instrument zur Kontrolle und Korrektur der Finanzlage innerhalb der zollerisch-fränkischen Landesherrschaft. Wie hätten etwa Anpassungen in einem sinnvollen Rahmen vorgenommen werden können, wenn kein detaillierter Überblick über alle Einkünfte und Kosten vorgelegen hätte?

Die in der Bilanz aller drei Rechnungsjahre geringe Differenz lässt jedoch auch einen anderen Schluss zu. Weil die aus dem Prozessaufkommen generierten Einnahmen des Landgerichts kaum abgeschätzt werden konnten, übrigens genauso wenig, wie Geldbeträge über 50 fl. oder gar 100 fl. für einen einzelnen Gerichtsbrief vorhersagbar waren, mussten sich die Ausgaben an der Höhe der Einnahmen orientieren. Scheinbar regelmäßig und unabhängig von den Einnahmen getätigte Ausgaben wie die jährlichen Soldzahlungen für das Landgerichtspersonal dürften auf genaue Absprachen zwischen dem Markgrafen als Gerichtsherrn oder dessen führenden Ratgeberkreis und seinem Landschreiber zurückgehen. Weder der Markgraf noch Georg Spengler konnten ein Interesse daran haben, beliebig hohe Ausgaben aus dem Schreiberamt zu bestreiten, wäre der Landesherr doch allenfalls Schuldner bei seinem Schreiber geworden, der wiederum auf die Tilgung einer solchen Geldschuld hätte sicherlich einige Zeit warten müssen. Die Kunst der spätmittelalterlichen Finanzverwaltung war es offenbar, die teilweise prognostizierbaren Einnahmen in halbwegs gleichem Maße so zu verausgaben, dass die involvierten Amtleute Lohn für ihren Dienst empfingen und zugleich die Vorleistungen für einzelne Amtsträger nicht überhandnahmen, sie ihre Funktion nicht als nachteilig für das eigene private Vermögen empfanden. Im Spiegel der landgerichtlichen Rechnungsüberlieferung dürften somit Ausgaben immer in dem Maße vorgenommen worden sein, wie ihnen auf der anderen Seite Einnahmen gegenüberstanden. Erinnert sei in diesem Zusammenhang an die Soldausgaben im Jahr 1460, die nur Spengler zugutekamen, zumal keine weiteren Einnahmen zu verteilen waren. Markgraf Albrecht wird andere Geldquellen darauf verwendet haben müssen, das übrige Personal am Landgericht für die drei Sitzungen im betreffenden Jahr zu entschädigen. Weitere Einsichten in dieser Frage würden sich aus einer präziseren Datierung der einzelnen Ausgaben ergeben, die anhand der Rechnung aber nicht vorgenommen werden kann.

Unabhängig davon, ob die Rechnung nun eine mustergültige Kontrolle und zweckmäßige Justierung des finanziellen Gebarens am kaiserlichen Landgericht nachweist, oder ob die Ausgaben schlichtweg aus den vorhandenen Einnahmen bestritten wurden, in beiden Fällen verkörpert die Buchführung am Landgericht einen für das 15. Jahrhundert fortschrittlichen Umgang mit den landesherrlichen Finanzen, der keineswegs dem Standard in weltlichen Herrschaften entsprochen hat. Dass unter dem Strich nach drei Jahren intensiver Gerichtstätigkeit für Markgraf Albrecht trotzdem nicht einmal ein einziger Gulden als Gewinn in der Rechnung verbucht wurde, gerade einmal das Gerichtspersonal einigermaßen bezahlt war, mag Überlegungen zum tatsächlichen Wert des Landgerichts für die fränkischen Hohenzollern in den Vordergrund rücken. Aus fiskalischer Perspektive ist auf einen Vertrag zwischen Albrecht und den schwäbischen Reichsstädten vom 11. Juni 1458 hingewiesen worden, der den Städten die Exemtion vom kaiserlichen Landgericht für eine Zahlung von nicht weniger als 12.000 fl. zusagte[62]. War auch das Geld aus der Gerichtstätigkeit für den Landesherrn niemals mit den Händen zu greifen, entstanden sowohl auf der Einnahmenseite doch mit den Parteien als auch auf der Ausgabenseite mit den eigenen Räten und Dienstleuten in großem Umfang personelle Bindungen, die in der Phase von territorialen Verdichtungs- und Abgrenzungsprozessen als politisches Kapital verstanden werden können. Insbesondere eine Menge eigener Funktionsträger eröffnete dem Landesherrn in vielerlei Hinsicht größere Handlungsmöglichkeiten. Die moderne Sichtweise, Sold und Dienst über ein genaues Arbeits- und Aufgabenprofil zu definieren, existierte im Spätmittelalter noch nicht. Wie genau die fränkischen Hohenzollern die anfallenden Herrschaftsaufgaben organisierten, zwischen den Funktionsträgern verteilten und aus welchen Kanälen sie diese bezahlten, diese Fragen reichen weit über die Resultate hinaus, welche die in diesem Beitrag besprochene Rechnung zu leisten im Stande wäre. Eine Geschichte der hohenzollerischen Finanzverwaltung im Mittelalter wird deshalb zukünftigen Forschungen vorbehalten bleiben, obwohl die Einschränkung von Elsbet Orth für die Landgrafschaft Hessen, die landesherrlichen Rechnungen seien lückenhaft, ein Gesamteindruck nur schwer zu gewinnen[63], genauso für die Hohenzollern gilt.

---

62 Vgl. den Vertrag in StAN, Rep. 119ad, Nr. 187, und dazu Klaus FREIHERR VON ANDRIAN-WERBURG, Markgraf Albrecht Achilles von Brandenburg-Ansbach und das kaiserliche Landgericht Burggraftum Nürnberg, in: Charlotte BÜHL u. a. (Hg.), Festschrift für Rudolf Endres zum 65. Geburtstag, zugl. Jahrbuch für fränkische Landesforschung 60, 2000, 56–66, hier 64 f.; Friedrich THUDICHUM, Geschichte der Reichsstadt Rottweil und des Kaiserlichen Hofgerichts daselbst (Tübinger Studien für Schwäbische und Deutsche Rechtsgeschichte 2,4), 1911, 371–465.
63 Vgl. ORTH, Amtsrechnungen (wie Anm. 25), 37.

Anhang

Vorbemerkung
Die nachfolgende Edition der Rechnung Georg Spenglers folgt der einzigen bisher bekannten Handschrift im Nürnberger Staatsarchiv. Die bekannten, für die Erschließung mittelalterlicher Amtsbücher entwickelten Richtlinien werden dabei zur Kenntnis genommen*, in einigen Punkten wird jedoch von ihnen abgewichen: So wird die Rechnung Georg Spenglers buchstabengetreu ohne Emendationen wiedergegeben. Abkürzungen einzelner Worte werden in runden Klammern aufgelöst, die Art der Kürzung auf verschiedene Schreiberhände innerhalb der Handschrift hinweist. Die Groß- und Kleinschreibung in der Quelle ist für die Edition so angepasst worden, dass Satzanfänge, Orts-, Personennamen und die Festtage des Kirchenkalenders stets groß-, alle anderen Worte kleingeschrieben werden**. Die durchgängig verwendeten römischen Zahlen sind nicht in die arabische Schreibweise umgewandelt worden, weil die römische Eins regelmäßig, aber nicht durchgängig für einen unbestimmten Artikel steht, der nicht mit Eins aufgelöst werden kann. Einfügungen stehen in eckigen Klammern und betreffen erstens die Folierung, die am Beginn jeder neuen Seite der Rechnung angegeben ist, und zweitens die jeweilige fortlaufende Nummer der insgesamt 31 Landgerichtssitzungen (LGS) im Zeitraum der Rechnung, gesetzt immer am Anfang der Einnahmenliste zum entsprechenden Gerichtstermin. Streichungen im Original werden durch Unterstreichung, Hochstellungen jeweils in Sternen (*) gekennzeichnet. Die im Original vorhandenen Zeilenumbrüche werden in der Transkription beibehalten.

Weil kein Variantenapparat notwendig ist, konzentrieren sich die Anmerkungen im Wesentlichen auf die sehr viel umfangreichere korrespondierende Überlieferung der landgerichtlichen Tätigkeit von 1458 bis 1460. Zudem sind die in der Handschrift genannten Datums- und Ortsangaben aufgelöst worden. Zur besseren Übersicht wird mit den folgenden Siglen gearbeitet:

Achtbuch StAN, Rep. 119a, Nr. 273 für den Zeitraum von 1428 bis 1613.
Klagebuch 1 StAN, Rep. 119a, Nr. 208 = Nr. 225b für den Zeitabschnitt von 1456 bis einschließlich April 1458, beinhaltet folglich die ersten fünf in der Rechnung Georg Spenglers verzeichneten Landgerichtssitzungen. Die Handschrift ist doppelt foliert – die verwendeten Angaben beziehen sich stets auf die zeit-

---

* Walter HEINEMEYER, Richtlinien für die Edition mittelalterlicher Amtsbücher, in: DERS. (Hg.), Richtlinien für die Edition landesgeschichtlicher Quellen, 1978, 17–23.
** Hierbei gilt die Einschränkung, dass Personennamen im 15. Jahrhundert nicht eindeutig von Berufsbezeichnungen unterschieden werden können, folglich auch Berufsbezeichnungen großgeschrieben sind. Auf diese Weise sind ebenso Otto VOLK (Bearb.), Die Rechnungen der mainzischen Verwaltung in Oberlahnstein im Spätmittelalter (Veröffentlichungen der Historischen Kommission für Nassau 47), 1990, LVII, sowie Bernd FUHRMANN (Hg.), Amtsrechnungen des Bistums Basel im späten Mittelalter. Die Jahre 1470–1472/73 (Sachüberlieferung und Geschichte 24), 1998, 14, vorgegangen.

genössische Folierung oben rechts. Das Gerichtsbuch ist offenbar gesichert worden, wobei einzelne Abschnitte in einer fehlerhaften Reihenfolge zusammengebunden worden sind, wie die Abweichungen zwischen den beiden Folierungen zeigen. Eine erste Lücke in der Handschrift betrifft die Landgerichtssitzung am 30. Januar 1458, hier fehlen fol. 311r–315v; eine zweite berührt die Landgerichtssitzung am 11. April 1458, hier fehlen fol. 344r–352v. Beigebundene Zettel, die sich überwiegend als Einschreiben der Parteien identifizieren lassen, sind unbeachtet geblieben.

Klagebuch 2 StAN, Rep. 119a, Nr. 209 für den Zeitraum ab Mai 1458, beginnend also mit der sechsten in der Rechnung aufgeführten Landgerichtssitzung vom 4. Mai 1458, bis zum Jahr 1460, wobei die letzte Landgerichtssitzung am 4. März 1460 nicht erwähnt ist. Das Buch endet somit in der dreißigsten Landgerichtssitzung der Rechnung. Die Handschrift ist doppelt foliert – die verwendeten Angaben beziehen sich stets auf die Folierung oben rechts.

Manual StAN, Rep. 119a, Nr. 119 für den Zeitraum von 1454 bis 1460. Die Seitenangaben folgen der Folierung der Handschrift. Fol. 373 fehlt im Original. Keine Einträge sind enthalten zu den Landgerichtssitzungen am 17. Juli 1458 und 28. August 1458.

Soweit auf Urkundenbestände oder die wissenschaftliche Literatur verwiesen wird, befinden sich eindeutige bibliographische Angaben in der jeweiligen Anmerkung. Da die Anfertigung und Bezahlung der Gerichtsbriefe, welche die Rechnung widerspiegelt, oft in größerem zeitlichen Abstand zur zugehörigen Gerichtshandlung liegen, sind die genannten Gerichtsbücher nicht nur für die 31 Landgerichtssitzungen der Rechnung, sondern zusätzlich noch für sechs Gerichtstage davor durchgesehen und in den Anmerkungen berücksichtigt worden. Das entspricht einem Gesamtzeitraum von 17. August 1457 bis zum letzten Termin der Rechnung am 4. März 1460. Im Achtbuch ist im Einzelfall noch in die Zeit vor dem 17. August 1457 zurückgegangen worden.

Die in der Edition für jeden Einnahme- und Ausgabeposten der Rechnung an die genannte Person geknüpfte Anmerkungsziffer zielt nicht etwa darauf, beliebig viele Querverweise in der korrespondierenden Überlieferung zu kumulieren. Vielmehr stehen zwei andere sachliche Aspekte im Vordergrund: So soll erstens die in der Rechnung genannte Person möglichst umfassend identifiziert werden, indem beispielsweise Namens- und Herkunftsangaben, die in der Rechnung nicht enthalten sind, aus den übrigen Gerichtsbüchern vervollständigt werden. Die auf diese Weise ergänzten Personennamen werden in den Anmerkungsziffern normalisiert angegeben. Weil sich zweitens aus der Rechnung nicht zwangsläufig eindeutig ergibt, zu welchem Prozess der verzeichnete Gerichtsbrief gehört, wird der Versuch unternommen, anhand der Gerichtsbücher eindeutige oder, wann immer dies nicht möglich ist, potentiell wahrscheinliche Beziehungen zu Konflikten herzustellen. In der Regel wird deshalb in den Gerichtsbüchern nur der Zeitabschnitt vor der Erwähnung des jeweiligen Gerichtsbriefs in der Rechnung nachverfolgt. Dieses Vorgehen ist nur dann aufgegeben worden, wenn sich einzelne Petenten vor dem jeweiligen Datum des Rechnungseintrags nicht in den Gerichtsbüchern haben finden lassen. Falls eine eindeutige Zuordnung zwischen taxiertem Gerichtsbrief und Streitfall ermittelt worden ist, sind weitere Nennungen des in der Rechnung genannten Petenten in den Gerichtsbüchern vor dem Datum des Rechnungseintrags nur summarisch notiert. In der Perspektive des Einzelfalls ergeben die Anmerkungen also keine Übersicht über alle Querverweise zwischen Rechnung einerseits und den übrigen Gerichtsbüchern andererseits, sondern lediglich einen auf den berechneten Gerichtsbrief hin ausgerichteten Ausschnitt aus dem Gerichtsverfahren bzw. einem Spektrum an Prozessen, denen das in der Rechnung verzeichnete Dokument zugehört haben könnte.

Edition
(Nürnberg, Staatsarchiv, Rep. 119a – Fürstentum Brandenburg-Ansbach, Kaiserliches Landgericht des Burggraftums Nürnberg, Akten, Nr. 100)

[fol. 1r]

De annis lviii lix et lx
des lantschreibers Jorgen
Spenglers[1] rechnung

[fol. 1v]

[fol. 2r]

Einnemen Jorgen Spenglers
lantschreibers vom lantgericht
von Obersten im(m) lviii *ten* biß
uff montag vor Anthonij
im(m) lviiii *ten* jare[2]

[LGS1] Auff de(m) gericht am montag
nach Obersten[3]

---

1 Georg Spengler, Landschreiber des Markgrafen Albrecht Achilles. Zur Person vgl. oben S. 323 f.
2 6. Januar 1458 bis 15. Januar 1459.
3 9. Januar 1458. Gerichtsort war Ansbach, siehe Achtbuch, fol. 100r.

i guld(en) Lienh(ard) Ebner von Nur(emberg)⁴ für ein acht
iii guld(en) Wolfram vo(n) Eglofstein⁵ fur volbrif
xv lib(ra) x d für fürbot sprüche anleit
v(er)kundu(n)g und anders cleins

[LGS2] Auff de(m) gericht am montag
vor Liechtmeß⁶

xii guld(en) die von Weissemburg⁷ für etlich
urteilbrif und gerichtzhändel
ii guld(en) Fritz Vörst(er)⁸ fur ein(en) veruewbrif
ii guld(en) Joh(ann)es Eßling(er) von Nördling⁹
fur ein intzicht
i guld(en) Herman Schrof von Lindaw¹⁰ für
ein kempflich furbot

---

4 Leonhard Ebner von Nürnberg. Ein in derselben Landgerichtssitzung vom benannten Kläger erwirkten Achtbrief richtete sich gegen Konrad Mayen d. Ä. zu Volkersdorf. Die Achtlösung erfolgte am 21. März 1458, woraufhin der Eintrag im Achtbuch, fol. 100r, gestrichen wurde. Dieses Achtverfahren steht in Verbindung mit einem Anleiteprozess gegen Konrad Mayen d. Ä., siehe dazu Manual, fol. 279v, sowie Klagebuch 1, fol. 290v.
5 Wolfram von Egloffstein zu Artelshofen. Der Petent ist im Jahr 1455 als Urteiler am kaiserlichen Landgericht des Burggraftums Nürnberg nachgewiesen, vgl. Matthias THUMSER (Hg.), Ludwig von Eyb der Ältere (1417–1502). Schriften. Denkwürdigkeiten, Gültbuch, Briefe an Kurfürst Albrecht Achilles 1473/74, Mein Buch (Veröffentlichungen der Gesellschaft für Fränkische Geschichte, Reihe I: Chroniken 6), 2002, hier 132 und 285. Womöglich bezieht sich der Eintrag auf den Konflikt des Petenten mit Albrecht von Freudenberg zu Freudenberg, siehe dazu Klagebuch 1, fol. 252v.
6 30. Januar 1458. Gerichtsort war Ansbach, siehe Achtbuch, fol. 100v.
7 Ungenannte Personen von Weißenburg. Wahrscheinlich mit Bezug zum Streit gegen Georg Muracher, siehe dazu Manual, fol. 249r, 257r, 261v, 265r, 265v und 269r. Denkbar ist außerdem ein Zusammenhang mit dem Streit zwischen Markgraf Albrecht Achilles einerseits und Michael Kreutzer zu Sperberslohe, dem Pfarrer zu Roth und Bürgermeister, Rat und Bürgern von Weißenburg, siehe dazu Klagebuch 1, fol. 279r.
8 Friedrich Förster. In derselben Landgerichtssitzung hat Wilhelm Förster seine Klage gegen Peter Ochs zu Gunzendorf an seinen Sohn Friedrich übertragen, vgl. Manual, fol. 283v. Siehe zu diesem Streit weiterhin Manual, fol. 263r, 271r und 276r.
9 Johannes Hirn genannt Esslinger von Marbach aus Nördlingen. Der Petent ist am 25. Oktober 1465 als Beisitzer am markgräflichen Hofgericht belegt, vgl. Gerhard RECHTER, Die Archive der Grafen und Freiherren von Seckendorff. Die Urkundenbestände der Schloßarchive Obernzenn, Sugenheim, Trautskirchen und Unternzenn, Bd. 1 (Bayerische Archivinventare 45), 1993, 207. Der Eintrag berührt wahrscheinlich den Streit des Petenten mit Margarete, der Frau des Caspar Pinder, Spengler zu Nördlingen, siehe dazu Manual, fol. 273v.
10 Hermann Kupferschmied genannt Schroff von Lindau. Überliefert ist in den Gerichtsbüchern einzig ein Konflikt des Petenten mit Heinrich Pfanner von Lindau, siehe dazu Manual, fol. 252v, 257v, 258r und 283r, sowie Klagebuch 1, fol. 258r.

i guld(en) h(err) Mertin Haiden[11] für ein achtzetel
i guld(en) Gotz Kürsner von Ingelstat[12] für
ein achtzetel
viii lib(ra) vi d für fürbot spruch v(er)kundu(n)g
vnd anders cleyns

Su(mm)a xxiii l(i)b(ra) x guld(en) xxiii l(i)b(ra) xvi d

[fol. 2v]

[LGS3] Auff dem abgang(e)n gericht
am montag nach Reminisce(re)[13]

iiii guld(en) die vom Gnadenb(er)g[14] fur i urteilbrif
i guld(en) Lorentz vo(n) Maiental[15] für i vidimus

---

[11] Herr Martin Heiden, Ritter zu Dachsbach. Aller Wahrscheinlichkeit nach handelt es sich beim Petenten um die im Jahr 1433 von Kaiser Sigismund in Rom zum Ritter geschlagene Person, vgl. Peter FLEISCHMANN, Rat und Patriziat in Nürnberg, 3 Bde. (Nürnberger Forschungen 31), 2008, 255. Ein weiterer Martin Heiden, der erst 1436 geboren wurde und folglich nicht personengleich sein kann, ist unter den Räten Markgraf Albrechts Achilles nachgewiesen. Dieser erlangte den Grad eines Doktors beider Rechte, nahm für seinen Herrn verschiedene Gesandtschaften wahr und ist 1471 als Beisitzer im königlichen Kammergericht belegt, vgl. Suse ANDRESEN, In fürstlichem Auftrag. Die gelehrten Räte der Kurfürsten von Brandenburg aus dem Hause der Hohenzollern im 15. Jahrhundert (Schriftenreihe der Historischen Kommission bei der Bayerischen Akademie der Wissenschaften 97), 2017, 430–432. Der Eintrag berührt wohl das Anleiteverfahren gegen Georg Hittenbeck, siehe dazu Manual, fol. 284r, sowie Klagebuch 1, fol. 292r; weniger wahrscheinlich ist ein Zusammenhang zum Konflikt des Petenten mit Ulrich Haller, siehe dazu Manual, fol. 268v und 270r.
[12] Götz Kürschner von Ingolstadt. Ein Achtspruch auf Klage dieses Petenten gegen Siegfried Wielandt zu Ingolstadt ist erst zur vierten Landgerichtssitzung im Achtbuch, fol. 100v, verzeichnet.
[13] 27. Februar 1458. Gerichtsort war Ansbach, siehe Achtbuch, fol. 100v. Im Manual, fol. 284v, ist zu dieser Sitzung nur der Eintrag *vacauit* vorhanden.
[14] Konventsangehörige des Klosters vom Gnadenberg. Anzunehmen ist ein Bezug zum Anleiteverfahren zwischen Ulrich Kötzler, dem Abt des Klosters Heilsbronn, anstatt der Konventsschwester Elisabeth Äbtissin (von Gnadenberg) und des Konventsbruders Heinrich gegen Johann Singer von Bayreuth, Jakob Grüner und Agnes, die Tochter des verstorbenen Niklas Schultheiß zu Bayreuth, siehe Manual, fol. 269v, 275r und 280v.
[15] Lorenz von Mayenthal. Der Petent ist im Jahr 1455 als Urteiler am kaiserlichen Landgericht des Burggraftums Nürnberg belegt, vgl. THUMSER (Hg.), Ludwig von Eyb der Ältere (1417–1502). Schriften (wie Anm. 5), 132 und 285. Er ist in einige Streitfälle involviert, so erstens mit Friedrich von Wiesenthau, siehe dazu Manual, fol. 262r, 277r, 282r und 283v, zweitens mit Darius von Mayenthal, siehe dazu Manual, fol. 277r und 283r sowie Klagebuch 1, fol. 244v, drittens mit Johann Hetzelsdorf, siehe dazu Manual, fol. 262r, 277r und 282r, viertens mit Ritter Heinrich von Aufseß, siehe dazu Klagebuch 1, fol. 320r, und schließlich fünftens mit Johann von Wiesenthau zu Hagenbach, siehe dazu Klagebuch 1, fol. 329v.

i guld(en) Cuntz Inry vo(n) Swabach[16] auß d(er) acht zesetzn
iii lib(ra) v d fur ladu(n)g vnd sprüche

[LGS4] Auff de(m) gericht am montag
nach Judica[17]

i guld(en) h(err) Sebolt Pfintzing[18] für ein exemcion
einer keiserlich(e)n ladung
i guld(en) h(err) Hanns Rautenkrantz[19] fur i vollu(n)g
ii guld(en) Jorg Mair von Bernhartzwend[20] fur ein vollu(n)g
iiii guld(en) Jorg Murach(er)[21] für zwen vrteilbrif
xxiii lib(ra) x d für ladu(n)g sprüche anleit
vnd anders etc.

[LGS5] Auff dem gericht am m
dinstag nach Quasimogeniti[22]

ii guld(en) Veit von Rechemb(er)g[23] für i v(er)zeihu(n)g

---

16 Konrad Inry von Schwabach.
17 20. März 1458. Gerichtsort war Ansbach, siehe Achtbuch, fol. 100v.
18 Herr Sebald Pfintzing. Gemeint ist entweder Sebald II. (gest. 1489) oder Sebald III. (1434–1511), der Sohn des Vorgenannten. Nach FLEISCHMANN, Rat (wie Anm. 11), 294, 298 und 795, hatte der Vater seinen 18-Jährigen Sohn 1452 zu einem Totschlag angestiftet, woraufhin der Vater sich stark vom Nürnberger Rat entfremdete: 1454 gab er sein Bürgerrecht auf. 1471 ließ der Rat den Ansitz der Familie zu Lichtenhof teilweise zerstören. Zum Verfahren am königlichen Kammergericht, das aber schon in der ersten Hälfte der 1450er Jahre ein Ende gefunden hatte, vgl. ebd., 794 f. Sebald III. wurde 26 Jahre nach seiner Tat noch zum jüngeren Bürgermeister von Nürnberg, vgl. ebd., 295. Der Eintrag bezieht sich entweder auf einen Konflikt zwischen dem Petenten und Johann Frencklein zu Tennlein (bei Feuchtwangen), siehe dazu den gestrichenen Eintrag im Klagebuch 1, fol. 278r, oder auf die Auseinandersetzung mit Salman zu (Großen-) Harbach, siehe dazu Klagebuch 1, fol. 271r.
19 Herr Johann Rautenkranz, Vikar des St. Gumprechtstifts zu Ansbach. Der Eintrag gehört wohl zu einem Anleiteverfahren, siehe dazu Manual, fol. 272v und 280v. Der Petent wird überdies in einem Konflikt mit dem Sohn von Heinrich Albrecht, siehe dazu Klagebuch 1, fol. 288r und 298v, und in einer weiteren Zwistigkeit mit Thomas Wenck genannt Geiger Thomas und dessen Frau erwähnt, siehe dazu Klagebuch 1, fol. 277v.
20 Georg Mayer von Bernhardswind. Der Eintrag hat sicherlich Bezug zum gemeinsamen Anleiteverfahren des Petenten und Agnes Weiß gegen den Schmied Eisenbart von Illenschwang, siehe dazu Manual, fol. 264r, 270r, 272v, 280v und 288r, sowie Klagebuch 1, fol. 267v.
21 Georg Muracher. Siehe oben Anm. 7 zum Streit des Petenten mit denen von Weißenburg.
22 11. April 1458. Gerichtsort war Nürnberg, siehe Achtbuch, fol. 101r.
23 Veit von Rechenberg. Nach THUMSER (Hg.), Ludwig von Eyb der Ältere (1417–1502). Schriften (wie Anm. 5), 477, ist der Petent als Hauptmann über die badischen und württembergischen Truppen im Einsatz gewesen, um die Belagerung von Gundelfingen im Jahr 1462 zu beenden. In den Gerichts-

iii guld(en) Snurzenpfeil vom Gostenhof[24]
für ein intzicht
iii guld(en) Kremerin von BurgBernheim[25]
für ein intzicht
ii guld(en) Krum(m) von Kawbenheim[26] auß d(er)
aberacht ze schreiben
i guld(en) Ebnerin vo(n) Nur(emberg)[27] für ein urteilbrif
i guld(en) Weilerspach(er)[28] fur ein achtzedel
xix lib(ra) vi d für ladu(n)g clag anleit
v(er)kundung etc.

Su(mm)a xxvi guld(en) xlv l(i)b(ra) xxi d

[fol. 3r]

[LGS6] Auff dem gericht am donrstag
nach Walpurgis[29]

büchern ist er bei einer Güterübertragung, an der seine Tochter Sibilla beteiligt war, belegt, siehe dazu Manual, fol. 274r.
24 Johann Schnurpfeil zum Gostenhof. Der Eintrag betrifft sicherlich den Streit des Petenten gegen seinen Gesellen und Knappen zu Schwäbisch Hall, Johann von Wertheim, siehe dazu Manual, fol. 287r.
25 Margarete Krämer von Burg Bernheim. In den Gerichtsbüchern ist die Petentin einzig im Streit gegen Elisabeth Achmüller belegt, siehe dazu Manual, fol. 286r.
26 Heinrich Krumm zu Kaubenheim. Ein erster Achtspruch gegen den Petenten auf Klage des Johann Schmidt von Buch bei Neustadt an der Aisch gehört in die Landgerichtssitzung am 13. Januar 1455 in Ansbach. Dieser Eintrag wurde später gestrichen und mit einem Achtlösungsvermerk am 16. Februar 1456 versehen, siehe Achtbuch, fol. 93v. Zweiter Achtspruch ist gegen den Petenten auf Klage des Johann Schmidt von Buch bei Neustadt an der Aisch in der Landgerichtssitzung am 26. Juli 1456, siehe dazu Achtbuch, fol. 95r, ergangen.
27 Wahrscheinlich Anne, die Frau von Sebald Ebner von Nürnberg. Die Petentin wird in einem Zehntstreit mit Leonhard Pfintzing, der anstatt seiner Schwester prozessiert, siehe dazu Manual, fol. 289r, sowie in einer Auseinandersetzung mit Friedrich von Murach, siehe dazu Manual, fol. 274v, erwähnt.
28 Heinrich Weilersbacher zu Sachsen (bei Ansbach). Der Petent ist im Jahre 1455 als Urteiler am kaiserlichen Landgericht des Burggraftums Nürnberg nachgewiesen, vgl. THUMSER (Hg.), Ludwig von Eyb der Ältere (1417–1502). Schriften (wie Anm. 5), 132 und 285. Auf Klage des Petenten wurde Aegidius von Seckendorff Rinhofen genannt zu Buchklingen in der Landgerichtssitzung am 29. Mai 1458 in die Acht gesprochen, siehe dazu Achtbuch, fol. 101r, Manual, fol. 279v, 284r und 289r, sowie Klagebuch 1, fol. 289r. Denkbar ist auch ein Zusammenhang des Eintrags zum Konflikt mit Johann Neustädter zu (Unter-) Nesselbach, siehe dazu Manual, fol. 288v und 290r, sowie Klagebuch 1, fol. 299r.
29 4. Mai 1458. Gerichtsort war Ansbach, siehe Achtbuch, fol. 101r.

i guld(en) Gail vo(n) Spalt[30] auß d(er) acht zeschreib(e)n
xix guld(en) die deutschen h(er)ren[31] für etlich achtbrif
und volbrief
i guld(en) d(er) abt zu Hailsprun(n)[32] für einen seiner
armenmenn(er) auß d(er) acht zeschr(eiben)
xvii lib(ra) x d für furbot sprüche anleit
v(er)kundu(n)g vnd anders cleyns

[LGS7] Auff dem gericht am montag
nach Trinitatis[33]

i guld(en) Lo(rentz) von Mayental[34] für ein aberacht
i guld(en) Jorg von Stet(e)n[35] für ein achtzetel

---

30 Konrad Gail zu Gräfensteinberg jetzt von Spalt. Im Achtbuch ist zur Landgerichtssitzung am 5. September 1457 in Ansbach ein Achtspruch gegen den Petenten auf Klage Heinrichs von Absberg enthalten, siehe dazu Achtbuch, fol. 99r. Der Eintrag wurde gestrichen mit einem Achtentlassungsvermerk zum 11. April 1458. Siehe dazu Manual, fol. 290r.
31 Hartung von Egloffstein, Statthalter der Deutschordensballei zu Franken und Komtur zu Ellingen. Der Petent ist als Ritter Hartung von Egloffstein als Pfleger und Landrichter zu Auerbach am 8. Juni 1440 belegt, vgl. RECHTER, Archive der Grafen und Freiherren von Seckendorff (wie Anm. 9), Bd. 1, 196. Im Achtbuch, fol. 101r, ist zur Landgerichtssitzung am 11. April 1458 ein Achtspruch auf eine Klage des Petenten gegen Georg und Ulrich von Rosenberg, Rüdiger von Mergentheim genannt Sützel, Wilhelm von Dottenheim genannt Adel und Martin von Uissigheim zu Herrenzimmern enthalten. Siehe dazu auch Manual, fol. 282v, sowie Klagebuch 1, fol. 240v, die weiterhin Martin von Eyb, Komtur zu Ellingen und Virnsberg, auf der Seite des Deutschen Ordens in einem Anleiteverfahren erwähnen. Dazu gehört wohl ebenfalls der verblasste und gestrichene Eintrag im Manual, fol. 261r.
32 Ulrich Kötzler, Abt des Klosters Heilsbronn. Der Eintrag betrifft entweder erstens die Streitsache mit dem Kloster Gnadenberg, siehe oben Anm. 14, oder zweitens den Konflikt zwischen Abt und Konvent des Klosters Heilsbronn einerseits mit Heinrich Oberer von Katterbach andererseits, siehe dazu Klagebuch 1, fol. 337v, oder gehört drittens zur Zwistigkeit um die Ansprüche des Abtes und Konvents des Klosters Heilsbronn auf ein Fischwasser gegen einen nicht genannten Streitgegner, siehe dazu Klagebuch 1, fol. 261r, oder viertens in die Auseinandersetzung des Petenten mit Johann Hutter zu Feucht und Hermann (Seiden-) Schuster zu Affalterbach (bei Schwarzenbruck), siehe dazu Klagebuch 1, fol. 251r und 263r, oder fünftens in den Konflikt des Petenten mit Volker Gützer zu Rotenbach (womöglich das heutige Frei- oder Kirchrötterbach) und Friedrich Stecken zu (Groß-) Schwarzenlohe, siehe dazu Klagebuch 1, fol. 281r (gestrichen), 324r und 330r.
33 29. Mai 1458. Gerichtsort war Ansbach, siehe Achtbuch, fol. 101r.
34 Lorenz von Mayenthal. Siehe dazu oben Anm. 15. Auf Klage des Petenten wurde Konrad Dietmar zu Forkendorf in derselben Landgerichtssitzung in die Aberacht gesprochen, siehe dazu Achtbuch, fol. 101v, und weiterhin Manual, fol. 289r.
35 Georg von Stetten zu Büchenbach. Auf Klage des Petenten wurde Philipp von (Unter-) Heinriet in derselben Landgerichtssitzung in die Acht gesprochen, siehe dazu Achtbuch, fol. 101r, sowie auch Manual, fol. 272r, 274r (beide Einträge erwähnen noch einen Konrad von Berlichingen als Streitenden), 286r und 290v, sowie Klagebuch 1, fol. 278v, in dem Konrad von Berlichingen genannt, aber

i guld(en) Meckenloh(er) vo(n) Augsp(ur)g³⁶ für ein acht
iii guld(en) Thoman Seckel vo(n) Michelbach³⁷
für ein intzicht
xxiiii lib(ra) vi d für ladung spruche
anleit etc.

[LGS8] Auff dem gericht am montag
nach Viti³⁸

v guld(en) Jorg Zwicker³⁹ fur v kempflich ladu(n)g
iii guld(en) Ulrich Rot von Wettelsheym⁴⁰ fur
ein intzicht
iii guld(en) die Hunde⁴¹ für ein urteilbrif
iii guld(en) Vl(rich) Rex vo(n) Abemb(er)g⁴² fur ein intzicht
iii l(i)b(ra) für fürbot vnd kundbrif etc.

[LGS9] Auff de(m) abgangen gericht
am montag vor Magdalene⁴³

---

gestrichen ist. Vgl. dazu Joachim SCHNEIDER, Spätmittelalterlicher deutscher Niederadel. Ein landschaftlicher Vergleich (Monographien zur Geschichte des Mittelalters 52), 2003, 479 f.
36 Heinrich Meckenloher, Bürger von Augsburg. Auf Klage des Petenten wurde Johann Truchseß zu Hefingen in der Landgerichtssitzung am 4. Mai 1458 in die Acht gesprochen, siehe dazu Achtbuch, fol. 101r, sowie Klagebuch 1, fol. 338r.
37 Thomas Seckel von Michelbach. Der Eintrag bezieht sich auf einen Streit des Petenten mit Michael Weber, siehe dazu Manual, fol. 296r.
38 19. Juni 1458. Gerichtsort war Ansbach, siehe Manual, fol. 302v.
39 Georg Zwicker von Memmingen. Der Eintrag gehört zu einem Konflikt zwischen dem Petenten und Simon Erhard von Kempten, siehe dazu Klagebuch 2, fol. 17v, und den gestrichenen Eintrag im Klagebuch 2, fol. 16v. Siehe zudem unten Anm. 91 und 205.
40 Ulrich Rot von Wettelsheim, Landbote. Der Eintrag ist nicht eindeutig einem Konflikt zuzuordnen, bezieht sich womöglich entweder erstens auf den Streit des Petenten mit Herrn Johann von Schwarzenberg, siehe dazu Manual, fol. 301v, oder zweitens auf einen Konflikt mit dem Abt des Klosters Wilzburg, siehe dazu Manual, fol. 296v, die beide jedoch auch zusammenhängen könnten. In Betracht kommt drittens ein Streit zwischen Johann und Ulrich Rot einerseits und Michael Becken zu Bruck andererseits, siehe dazu Klagebuch 1, fol. 288v. Gestrichen ist überdies ein Eintrag im Klagebuch in der Sache zwischen dem Petenten und Konrad Paulsen zu Zirndorf, siehe dazu Klagebuch 2, fol. 5v. Denkbar ist fünftens eine Verbindung in der Auseinandersetzung mit Friedrich Wiedenmann zu Pfäfflingen und Götz Wiedenmann zu Büchenbach, wobei der Petent im Klagebuch 2, fol. 16r, aufgrund von Textverlust nicht eindeutig zu identifizieren ist.
41 Dietrich und Adam, die Hunde genannt. Siehe zum Streit der Petenten mit Johann von Crailsheim genannt Gäumann unten Anm. 51.
42 Ulrich Rex von Abenberg. In den Gerichtsbüchern ist der Petent einzig im Streit mit den Marken erwähnt, siehe dazu Manual, fol. 290r.
43 17. Juli 1458.

iiii lib(ra) fur ladung vnd spruche

Su(mm)a xli guld(en) xlvii l(i)b(ra) xvi d

[fol. 3v]

[LGS10] Auff dem abgangen gericht am
montag nach Bartholomei[44]

i lib(ra) xvi d fur ladung

[LGS11] Auff de(m) gericht am dinstag
nach Nativitatis Marie[45]

i guld(en) Heinrich von Absperg[46] für ein ab(er)acht
i guld(en) Dechelmair von Nur(emberg)[47] für ein acht
i guld(en) Nickel von Dobeneck[48] für ein acht
i guld(en) Hanns Tanner[49] für ein kempflich ladu(n)g
iii guld(en) Fritz von Rinhofen[50] für ein verzeihung
ii guld(en) Hanns Gewman[51] für ein vollu(n)g

44 28. August 1458. Gerichtsort war Ansbach, siehe Klagebuch 2, fol. 25v.
45 12. September 1458. Gerichtsort war Ansbach, siehe Achtbuch, fol. 102r.
46 Heinrich von Absberg. Die Aberacht auf Klage des Petenten richtete sich gegen Konrad Gail zu Spalt und wurde in derselben Landgerichtssitzung ausgesprochen, siehe dazu Achtbuch, fol. 102r, und zudem oben Anm. 30.
47 Michael Dechelmayer von Nürnberg. Auf Klage des Petenten wurde Johann von Breitenstein zum Königstein in der Landgerichtssitzung am 3. Oktober 1458 in die Acht gesprochen, siehe dazu Achtbuch, fol. 102r, sowie Klagebuch 1, fol. 353r. Der Petent ist in den Gerichtsbüchern ferner in einer Streitsache mit Margarete von Seckendorff, Witwe des Sigmund von Seckendorff erwähnt, siehe dazu Manual, fol. 308v.
48 Niklas von Dobeneck. Auf Klage des Petenten wurde Berthold von Dobeneck in der Landgerichtssitzung am 3. Oktober 1458 in die Acht gesprochen. Dieser hat sich bereits am 20. November 1458 aus der Acht gelöst, woraufhin sein Name im Achtbuch gestrichen wurde, siehe Achtbuch, fol. 102r, sowie Klagebuch 2, fol. 7v, 20r und 21r. Nachweisbar ist außerdem ein Zusammenhang zu einem Streit des Petenten mit Heinrich von Feilitzsch, Rudolf von Dobeneck zum Rudolfstein, siehe dazu Manual, fol. 301v, bzw. ergänzend dazu eine Klage des Petenten gegen Johann von Sparneck zum Stein, Friedrich Rabenstein zu Döhlau, Herr Konrad von Zedtwitz zu Neidberg, Heinrich von Feilitzsch zu Sachsgrün, Niklas von Feilitzsch, Sieghard von Feilitzsch zu Feilitzsch, Berthold von Dobeneck zu Gottsmannsgrün, Gutheil von Dobeneck zu Schnarchenreuth, Rudolf von Dobeneck zum Rudolfstein sowie Johann Rabenstein zu Döhlau, siehe dazu Klagebuch 1, fol. 323r.
49 Johann Tanner.
50 Friedrich von Rinhofen.
51 Johann von Crailsheim genannt Gäumann. Der Petent erscheint später im Gefolge Markgraf Albrechts Achilles im Krieg gegen Karl den Kühnen, als ein markgräfliches Kontingent zugunsten

xiiii lib(ra) xi d fur ladu(n)g spruche anleit etc.

[LGS12] Auff de(m) gericht am dinstag
nach Michahelis[52]

iii guld(en) Cuntz Weiß von Dinckelspuhel[53]
für ein intzicht
iii guld(en) Ruf Rude von Inning(e)n[54] fur ein intzicht
iii guld(en) Conrat Groll von Elwangen[55]
für ein intzicht
ii guld(en) Endres Haller[56] für ein aberacht
i guld(en) Hanns Gartn(er) zu Nur(emberg)[57] für ein acht
i guld(en) Anthoni Gerichtschreiber zu Nur(emberg)[58]
für ein acht
i guld(en) Granetl zu Nur(emberg)[59] für ein vollung
ii guld(en) Smidheintz[60] für ein urteilbrif
i guld Heintz Veldrich[61] auß d(er) acht zuschreib(e)n
iii guld(en) Cuntz von Bibra[62] für ein bestetigu(n)g

des Kaisers eingegriffen hat, vgl. THUMSER (Hg.), Ludwig von Eyb der Ältere (1417–1502). Schriften (wie Anm. 5), 102. Der Eintrag gehört zu einem Anleiteverfahren des Petenten gegenüber Dietrich und Adam, die Hunde genannt, u. a. auf die Burg Hornburg, siehe dazu Manual, fol. 263v, sowie oben Anm. 41.
52 3. Oktober 1458. Gerichtsort war Ansbach, siehe Achtbuch, fol. 102r.
53 Konrad Weiß von Dinkelsbühl. Siehe dazu Manual, fol. 313r. Der Eintrag könnte auch den Streit zwischen einem Konrad Weiß von Dinkelsbühl d. J. und Margarete Rausch berühren, siehe dazu Manual, fol. 303v.
54 Rufus Rüd von Inningen. Der Petent ist in den Gerichtsbüchern nur im Konflikt mit Konrad Geier von Bobingen erwähnt, siehe dazu Manual, fol. 304r.
55 Konrad Groll, Bäckerknecht von Ellwangen. Siehe dazu Manual, fol. 303v.
56 Andreas Haller, Sohn des verstorbenen Erhard Haller von Nürnberg. Auf Klage des Petenten wurde Eberhard von Lichtenstein zu Heilgersdorf in der Landgerichtssitzung am 23. Oktober 1458 in die Aberacht gesprochen, siehe Achtbuch, fol. 102v, und weiterhin zu diesem Schuldenkonflikt Manual, fol. 262v, 272r und 306r.
57 Johann Gartner zu Nürnberg. Auf Klage des Petenten und Anton Kassners, Gerichtsschreiber zu Nürnberg, wurde Caspar im Hof in der Landgerichtssitzung am 23. Oktober 1458 in die Acht gesprochen, siehe Achtbuch, fol. 103r, und Klagebuch 2, fol. 6v und 10v.
58 Anton Kassner, Gerichtsschreiber zu Nürnberg. Siehe oben Anm. 57.
59 Vermutlich Niklas Granetel von Nürnberg. Berührt ist womöglich ein Anleiteverfahren des Petenten, siehe dazu Manual, fol. 306v.
60 Heinrich Schmidt von Asbach. Der Petent ist in den Gerichtsbüchern mehrfach in einer Auseinandersetzung mit Konrad Spieß erwähnt, siehe dazu Manual, fol. 250v, 265v, 266v, 275v, 277v, 286r, 286v, 291r, 299v, 302v und 307r.
61 Heinrich *Veldrich*.
62 Konrad von Bibra.

xii lib(ra) iii d für ladung spruche anleit etc.

Su(mm)a xxix guld(en) xxviii l(i)b(ra)

[fol. 4r]

[LGS13] Auff dem gericht am montag vor
Symonis et Jude[63]

i guld(en) Fricking(er) von Augspurg[64] für ein acht
iii guld(en) Hanns Sawrmair von Rod[65] fur
ein intzicht
i guld(en) Trugenhof(er) von Nurmb(er)g[66] fur ein acht
iii guld(en) Hanns Nolt[67] für ein acht und vollu(n)g
ii guld(en) Ramu(n)g von Lewbelbach[68] fur i vrteilbr(ief)
ii guld(en) Vlr(ich) Hall(er) vo(n) Nur(emberg)[69] für ein vrteilbrif
i guld(en) Fritz Rüd[70] auß d(er) acht zeschreib(e)n

---

[63] 23. Oktober 1458. Gerichtsort war Ansbach, siehe Achtbuch, fol. 102v.
[64] Andreas Frickinger von Augsburg. Auf Klage des Petenten wurde Eberhard von (Neuen-) Dettelsau genannt Burgermeister in der Landgerichtssitzung am 3. Oktober 1458 in die Acht gesprochen, siehe Achtbuch, fol. 102r, und dazu Manual, fol. 273r und 290v, sowie Klagebuch 1, fol. 255r (teils gestrichen) und 265r.
[65] Johann Scheuermaier zu Roth bei Herrieden. In den Gerichtsbüchern ist der Petent in einem Konflikt mit Johann Haller erwähnt, siehe dazu Manual, fol. 311v.
[66] Martin Trugenhofer, Schuster von Nürnberg. Auf Klage des Petenten wurde Martin von Eyb zu Sommersdorf in der Landgerichtssitzung am 18. April 1459 in die Acht gesprochen und in der darauffolgenden Sitzung wieder aus der Acht entlassen, woraufhin der Eintrag im Achtbuch gestrichen wurde, siehe Achtbuch, fol. 104r. Siehe zu diesem Streit Manual, fol. 297v, sowie Klagebuch 1, fol. 340v. Denkbar ist ein Zusammenhang zu einer Auseinandersetzung des Petenten mit Ritter Konrad von Eyb, siehe dazu Klagebuch 1, fol. 291r.
[67] Johann von Seckendorff genannt Nold. Im Achtbuch, fol. 102v, begegnet der Petent als Kläger im Streit gegen Johann von Abenberg zu Stübig in derselben Landgerichtssitzung. Siehe dazu auch das Anleiteverfahren im Manual, fol. 280v. Nicht auszuschließen ist auch ein Bezug zu einem Streit des Petenten mit Johann von Mayenthal, siehe dazu Manual, fol. 313v.
[68] Margarete Rammung zu Leibelbach. Die Petentin ist in den Gerichtsbüchern im Streit mit Johannes Ergersheimer genannt, siehe dazu Klagebuch 2, fol. 38v.
[69] Ulrich Haller. Nach FLEISCHMANN, Rat (wie Anm. 11), 505, könnte hier sowohl Ulrich VI. Haller (1413–1488), Sohn des Nürnberger Ratsherrn Ulrich III. Haller, der selbst aber nie in den Rat aufgenommen worden ist, oder Ulrich V. gemeint sein, den Fleischmann im Register nicht, wohl aber in seiner Arbeit erwähnt. Der Eintrag bezieht sich vielleicht entweder auf einen Streit des Petenten mit Martin Heiden, siehe oben Anm. 11, oder auf einen Konflikt mit Johannes Ergersheimer, siehe dazu Manual, fol. 265v. Jedoch liegen beide Streitfälle zeitlich deutlich vor dem Rechnungseintrag.
[70] Friedrich Rüd. Lange zurück liegt ein Achtspruch gegen den Petenten auf Klage des Grafen Wilhelm (I.) von Oettingen in der Landgerichtssitzung am 9. Mai 1452 in Ansbach, siehe Achtbuch, fol. 77r, wobei der Name des Ächters innerhalb eines umfangreicheren Eintrags gestrichen wurde.

xvi lib(ra) viii d fur ladung spruche
anleit v(er)kundu(n)g vnd and(er)s etc.

[LGS14] Auff dem gericht am montag
nach Elisabeth[71]

i guld(en) Hanns von Sparneck[72] für ein acht
vi guld(en) Heintz Muller zum Doss[73] für
ein mordachtbrief
iii guld(en) Heintz Schopper zu Abemberg[74]
für ein intzicht
ii guld(en) Ruprecht Haller[75] für ein vollung
i guld(en) Weltz Herbst[76] vo(n) etlich(e)n gerichtzbrief(e)n
die im zu Awrbach[77] entwert waren
wider zemach(e)n

---

[71] 20. November 1458. Gerichtsort war Ansbach, siehe Achtbuch, fol. 103r.
[72] Johann von Sparneck zu Weißdorf. Auf Klage des Petenten wurden Johann von Hirschberg und Arnold von Hirschberg in der Landgerichtssitzung am 14. Dezember 1458 in die Acht gesprochen, siehe Achtbuch, fol. 103r. Siehe dazu Klagebuch 1, fol. 319v, das als Streitgegner den Petenten Johann von Wallenrode zu Berneck, Caspar von Wildenstein zum Wildenstein, Johann von Hirschberg und Arnold von Hirschberg nennt. Dazu gehören die Einträge im Klagebuch 2, fol. 11r (gestrichen) und 23v, die eine Auseinandersetzung zwischen dem Petenten und Caspar von Wildenstein zum Wildenstein anführen. Der Petent ist in den Gerichtsbüchern außerdem in anderen Konflikten erwähnt, siehe Klagebuch 1, fol. 287r und 296r, sowie Manual, fol. 272r. Die Anwesenheit des Petenten in dieser Landgerichtssitzung scheint unstrittig, weil er als Kläger in einer weiteren Streitsache für diese Sitzung vermerkt ist, siehe dazu Klagebuch 2, fol. 55v.
[73] Heinrich Müllner zum Doss. Auf Klage des Petenten wurden Hilpolt Köpf in Nürnberg und Friedrich, der Knecht des Georg Mendel von Nürnberg, in der Landgerichtssitzung am 23. Oktober 1458 für den Mord an Klaus Müllner, den Vater des Klägers, in die Mordacht gesprochen, siehe Achtbuch, fol. 102v. Der erstgenannte Beklagte wurde am 12. Dezember 1458 aus der Mordacht entlassen und aus dem Achtbuch gestrichen. Siehe dazu unten Anm. 87 zur Landgerichtssitzung am 14. Dezember 1458 und Manual, fol. 316v und 318v.
[74] Heinrich Schopper von Abenberg. Der Eintrag bezieht sich wohl entweder auf den Streit des Petenten mit Friedrich Püttner von Abenberg, siehe dazu Manual, fol. 316r, oder steht im Zusammenhang mit der Auseinandersetzung des Petenten mit Johann Hager zu Schwabach, siehe dazu Klagebuch 1, fol. 319r.
[75] Ruprecht (I.) Haller von Nürnberg (1419–1489). Nach FLEISCHMANN, Rat (wie Anm. 11), 146 und 507 f., war der Petent Ratsmitglied seit 1451, von 1451 bis 1459 zudem jüngerer Bürgermeister mit Aufgaben in der Gerichtsbarkeit, ab 1460 älterer Bürgermeister und ab 1476 vorderster Losunger. Der Eintrag dürfte ein Anleiteverfahren des Petenten gegen Johann Volland berühren, siehe dazu Manual, fol. 269v, 284r und 296v.
[76] Walter Herbst von Poppendorf. Siehe dazu Manual, fol. 320r. Im Klagebuch 2, fol. 62v, findet sich zur Landgerichtssitzung am 20. November 1458 ein gestrichener Eintrag betreffend einen Streit zwischen dem Petenten und Heinrich Richter zu Hetzelsdorf.
[77] Auerbach.

i guld(en) Kathrein Schopperin zu Nur(emberg)[78] für
ein acht
i guld(en) Betzolt von Dobeneck[79] auß d(er) acht
xxiiii lib(ra) xii d für ladung spruche
anleit v(er)kundu(n)g etc.

Su(mm)a xxvii guld(en) xl l(i)b(ra) xx d

[fol. 4v]

[LGS15] Auff de(m) gericht am donrstag nach
Conceptionis Marie[80]

ij guld(en) Lienh(ard) Rumel[81] für ein vollu(n)g
vi guld(en) Fritz Flasch von Nur(emberg)[82] fur ein
zwifache intzicht
i guld(en) Jacob Haller[83] für ein vrteilbrif
ii guld(en) Rauenspurg(er)in zu Fridb(er)g[84] für ein vrteilbr(ief)

---

78 Kathrin Schopper von Nürnberg, Frau des Heinrich Schopper. Auf Klage der Petentin wurde Aegidius Schütz zum Haus in der Landgerichtssitzung am 20. November 1458 in die Acht gesprochen, siehe Achtbuch, fol. 103r. Siehe dazu auch Manual, fol. 299v, sowie den gestrichenen Eintrag im Klagebuch 1, fol. 290v. Zu einer womöglich damit verbundenen Anleite gegen einen nicht genannten Streitgegner siehe Manual, fol. 320r.
79 Berthold von Dobeneck. Siehe oben Anm. 48 und ergänzend dazu Manual, fol. 320r, sowie Klagebuch 2, fol. 21r gegen Hildebrand vom Berg, 8r (gestrichen) und 21v gegen Wilhelm von Dobeneck zum Braunstein und dessen Sohn, Gutheil von Dobeneck, Heinrich d. Ä. von Gera und dessen älteren Sohn Heinrich sowie die von Gern, und 52v gegen Herrn Friedrich von Kindsberg, Ritter zu Vilseck.
80 14. Dezember 1458. Gerichtsort war Ansbach, siehe Achtbuch, fol. 103r.
81 Leonhard Rummel. Insofern an dieser Stelle Lorenz Rummel (gest. 1462) gemeint ist, der nach FLEISCHMANN, Rat (wie Anm. 11), 887, sowohl 1448 und 1450 als Nürnberger Ratsherr tätig gewesen ist, könnte der Eintrag zu einem Anleiteverfahren gehören, siehe Manual, fol. 319v, oder einen Konflikt mit Johann Müllner betreffen, siehe dazu Klagebuch 2, fol. 13r.
82 Friedrich Flasch von Nürnberg. Im Manual, fol. 319v, wird der Petent Friedrich Flasch von Bettensigel genannt, der sowohl ein Inzicht gegenüber Konrad Grundacker zu Geschaidt als auch gegenüber dem *Henffter* von Lindenhardt – beidmals wegen eines Raubes – leistet.
83 Jakob Haller zu Nürnberg. Der Eintrag bezieht sich wohl entweder auf eine Auseinandersetzung des Petenten mit Friedrich von Wiesenthau zu Micheldorf, siehe dazu Klagebuch 1, fol. 299v, oder auf einen Streit mit einem/den Flintsch und Margarete, Frau des verstorbenen Peter Heiden, siehe dazu Klagebuch 2, fol. 48r.
84 Margarete Ravensburger zu Friedberg, Witwe des Aegidius Ravensburger. Der Eintrag betrifft die Zwistigkeit der Petentin gegen Sophia Karg, die Witwe des Friedrich Wolf, siehe dazu Manual, fol. 302v, 303r, 305r, 312v, 319r und 319v. Eine Klageübertragung der Petentin erfolgte an Franz Rummel, siehe Manual, fol. 303r. Dem geht eine Auseinandersetzung zwischen Aegidius Ravensburger

i guld(en) Wolfin vo(n) Augspurg[85] für ein vrteilbrif
i guld(en) Caspar Geyingers[86] swig(er) fur i vrteilbrif
xvi guld(en) Hilpolt Köpf von Nur(emberg)[87] für ein
absolution auß der mordacht
xxviii guld(en) die Rumel von Nuremb(er)g[88]
fur etliche vollu(n)g
xxx guld(en) die von Ulme[89] für ein absolution
auß der acht vnd aberacht
ii guld(en) Jorg Ketzel[90] für ein vollung
iiii guld(en) Syman Erhart von Kempten[91]
für ein vrteilbrif
i guld(en) Walth(er) Schutz[92] für ein acht
ii guld(en) Heintz von Luchaw[93] für ein

und Friedrich Wolf voraus, die von den Nachfahren weitergeführt wurde, siehe dazu Manual, fol. 249v–250r und 278v–279r.
85 Sophia Karg, die Witwe des Friedrich Wolf. Siehe dazu Anm. 84.
86 Caspar *Geyinger*.
87 Hilpolt Köpf. Siehe oben Anm. 73. Dazu gehört der Eintrag im Manual, fol. 328r, der erwähnt, dass nach einem Urteil des kaiserlichen Landgerichts der Petent als unschuldig gelten und aus der Mordacht gelassen werden soll, insofern er einen Eid leistet, die Tat nicht begangen zu haben. Dem kam der Petent nach und wurde entsprechend aus der Mordacht entlassen.
88 Die Familie Rummel von Nürnberg. Die Petenten waren in mehrere Anleiteverfahren verwickelt, die zu entsprechenden Gerichtsbriefen geführt haben könnten, z. B. erstens einen Konflikt des Lorenz Rummel mit einem nicht genannten Streitgegner, siehe dazu Manual, fol. 319v, zweitens zwischen Sebald Rummel und Heinrich Eberhard, siehe dazu Manual, fol. 317v, sowie Klagebuch 2, fol. 34r, und drittens in der Klagesache von Heinrich und Wilhelm Rummel, siehe dazu Manual, fol. 308v, sowie Klagebuch 1, fol. 342r.
89 Stadt Ulm. Dazu passt eine ganz am Ende des Achtbuches abschriftlich eingetragene Achterklärung Markgraf Albrechts Achilles gegen die Stadt vom 26. Juli 1458, die später noch einmal zur Aberacht verschärft worden sein muss.
90 Georg Ketzel, Nürnberger Kaufmann. Erst deutlich später in der Landgerichtssitzung am 27. August 1459 ist eine Zwistigkeit zwischen dem Petenten und dem Ebner erwähnt, siehe dazu unten Anm. 171.
91 Simon Erhard von Kempten. Der Eintrag betrifft sicherlich die Auseinandersetzung des Petenten mit Georg Zwicker von Memmingen, siehe dazu oben Anm. 39 sowie ergänzend Manual, fol. 315v, 320r, 325r und 325v.
92 Walther Schutz zu Erlangen. Auf Klage des Petenten wurde Werner Schutz zu Dormitz in der Landgerichtssitzung am 15. Januar 1459 in die Acht gesprochen, siehe dazu Achtbuch, fol. 103v, und weiterhin Klagebuch 2, fol. 43v. Dazu gehören womöglich die beiden Einträge im Manual, fol. 297v und 306v, die als Parteien den Petenten und Kathrin, die Frau des Werner Schutz erwähnen, und weiterhin Einträge zu einem Anleiteverfahren zwischen Konrad Schutz zu Dormitz und Werner Schutz einerseits und Anne Schutz andererseits, siehe dazu Manual, fol. 284r, 291v und 294r. Der Petent ist außerdem in anderen Konflikten in den Gerichtsbüchern belegt, siehe dazu Manual, fol. 315r, Klagebuch 1, fol. 293r, Klagebuch 2, fol. 32v.
93 Heinrich von Lüchau, Vogt zu Colmberg. Der Petent ist in den Gerichtsbüchern in einer Streitsache mit Peter Müller zu Selbitz erwähnt, siehe dazu Klagebuch 2, fol. 57r.

vrteilbrif vnd ubergebbrif
xxii lib(ra) xii d für fürbot spruche
v(er)kundu(n)g vnd and(ers) etc.

Su(mm)a xcvj guld(en) xxii l(i)b(ra) xii d

Su(mm)a su(mm)a(r)iß an gold vnd an gelt ii *c*
lxxiiij guld(en) v l(i)b(ra) v d, den guld(en)
zu vi l(i)b(ra) x d gerechent

[fol. 5r]

Außgeben von lantgerichts wegen
das obgemelt lviii *te* jare[94]

i *c* guld(en) h(err)n Hannsen von Seckendorff[95]
lantricht(er) für sein jarsold
l guld(en) Ludwigen von Eib[96] zu jarsold
l guld(en) Jörgen Erlberken[97] jarsold
lx guld(en) mein lantschreibers[98] jarsold
xviiij guld(en) xviii d die mein g(nädiger) h(er)r
mir lantschreib(ers) an mein(er) nehst(e)n rechnu(n)g
schuldig bliben ist nach innhalt d(er)selben
rechnu(n)g
xiiii lib(ra) xxiiii d han ich selband(er) mit
zweyen pferd v(er)zert auff de(m) lantger(icht)
zu Nur(emberg)[99] vor de(m) heiligthumb von dinstag
biß auff samstag

---

[94] 1458.
[95] Johann von Seckendorff, Landrichter des kaiserlichen Landgerichts des Burggraftums Nürnberg. In diesem Amt ist er bereits am 5. April 1446 und gleichzeitig als Amtmann zu Cadolzburg belegt, vgl. RECHTER, Archive der Grafen und Freiherren von Seckendorff (wie Anm. 9), Bd. 2, 492. Am 16. Oktober 1452 wird er zudem als markgräflicher Rat erwähnt, vgl. ebd., Bd. 1, 202.
[96] Ludwig von Eyb d. Ä. (1417–1502), Rat Markgraf Albrechts Achilles. Vgl. zur Person Albert WERMINGHOFF, Ludwig von Eyb der Ältere (1417–1502). Ein Beitrag zur fränkischen und deutschen Geschichte im 15. Jahrhundert, 1919; THUMSER (Hg.), Ludwig von Eyb der Ältere (1417–1502). Schriften (wie Anm. 5), 11–13.
[97] Georg Erlbeck, Vogt zum Hohenstein. Dieser ist bereits im Jahr 1455 als Urteiler am kaiserlichen Landgericht des Burggraftums Nürnberg nachgewiesen, vgl. THUMSER (Hg.), Ludwig von Eyb der Ältere (1417–1502). Schriften (wie Anm. 5), 132 und 285.
[98] Georg Spengler, Landschreiber des Markgrafen Albrecht Achilles. Zur Person siehe oben S. 323 f.
[99] Nürnberg.

i lib(ra) xii d von den lantgerichtzbuchern
dieselben zeit auß vnd ein zefüren
iii lib(ra) han ich durch geheiß Ludwigs vo(n) Eib¹⁰⁰
geb(e)n Vlrich(e)n Roten¹⁰¹ dem lantboten als
er Eberhart(e)n vom Stain¹⁰² vo(n) meins g(nädigen)
h(er)rn weg(e)n ein ladung bracht

Su(mm)a ii *c* lxxxviiii guld(en)
xix l(i)b(ra) xxiiii d

[fol. 5v]

[fol. 6r]

Einnemen Jorgen Spenglers
vom lantgericht von montag
vor Anthonij im(m) lviiii *ten* jare
biß uff dinstag nach Obersten
im(m) lx *ten* jare¹⁰³

[LGS16] Auff dem gericht am montag
vor Anthonij¹⁰⁴

iii guld(en) Hilprant Jordan zu Nuremberg¹⁰⁵
für ein intzicht

---

100 Ludwig von Eyb d. Ä. Siehe oben Anm. 96.
101 Ulrich Rot, Landbote des Markgrafen Albrecht Achilles. Siehe oben Anm. 40.
102 Eberhard von Stein. Ein Eberhard von Stein ist als promovierter württembergischer Rat belegt, vgl. Markus Frankl, »Der Bischof von Würzburg zankt stetig mit uns nach alter Gewohnheit«. Markgraf Albrecht Achilles von Brandenburg-Ansbach († 1486) und das Hochstift Würzburg, 2015, 170. Eine Person mit demselben Namen erscheint 1458/59 als Empfänger eines Kanonikats am Dom zu Bamberg und am Würzburger Neumünster, vgl. Matthias Thumser, Hertnidt vom Stein (ca. 1427–1491). Bamberger Domdekan und markgräflich-brandenburgischer Rat. Karriere zwischen Kirche und Fürstendienst (Veröffentlichungen der Gesellschaft für Fränkische Geschichte, Reihe IX: Darstellungen aus der Fränkischen Geschichte 38), 1989, 40, Anm. 25. Siehe dazu weiterhin Johannes Kist, Die Matrikel der Geistlichkeit des Bistums Bamberg 1400–1556 (Veröffentlichungen der Gesellschaft für fränkische Geschichte, 4. Reihe, 7), 1965, 394 f., Nr. 6022, wobei dessen Stellung als württembergischer Rat an dieser Stelle nicht genannt wird.
103 Vom 15. Januar 1459 bis zum 8. Januar 1460.
104 15. Januar 1459. Gerichtsort war Ansbach, siehe Achtbuch, fol. 103v.
105 Hildebrand Jordan zu Nürnberg. Siehe dazu womöglich Manual, fol. 322v.

iii guld(en) Jorg Mendel zu Nuremb(er)g[106]
für ein intzicht
ii guld(en) Heintz Hawt[107] für ein bestetigu(n)g
ii guld(en) die Lickels von Ederfelt[108] für
ein vrteilbrief
i guld(en) Barbara Eckartin von Giengen[109]
für ein kempflich fürbot
ii guld(en) Hilpolt von Seckendorf[110] vnd Jorg
von Leorod[111] für ein übergebung
vii lib(ra) vi d für ladung spruche
anleit pfantzetel etc.

Su(mm)a xiii guld(en) vii l(i)b(ra) vi d

[fol. 6v]

106 Georg Mendel zu Nürnberg. Siehe oben Anm. 73 und 87.
107 Heinrich Haut zu Adelsdorf. Der Eintrag berührt wohl den Streit des Petenten mit Georg von Schwarzenberg, siehe dazu Manual, fol. 318v, sowie einen teils gestrichenen und mit Verweisungsvermerk an den Bischof von Würzburg versehenen Eintrag im Klagebuch 1, fol. 267v. Dieser Konflikt war zunächst vor dem kaiserlichen Landgericht des Burggraftums Nürnberg anhängig, wurde dann aber von Markgraf Albrecht Achilles vor den Bischof von Würzburg zu Recht gewiesen. Da dort dem Petenten kein Recht gewährt wurde, wurde der Streitaustrag vor dem kaiserlichen Landgericht fortgesetzt. Der Petent ist weiterhin in einem Anleiteverfahren belegt, siehe dazu Manual, fol. 270r und 331v. Ein Schloss ist auch Gegenstand des Prozesses zwischen dem Petenten und Friedrich Stieber d. Ä., siehe dazu Klagebuch 2, fol. 56r.
108 Die Lickel von Edersfeld.
109 Barbara Eckart von Giengen. In den Gerichtsbüchern ist die Petentin in einem Konflikt mit Ulrich Mayer zu Hörvelsingen erwähnt, siehe dazu Klagebuch 2, fol. 73r.
110 Hilpolt von Seckendorff. Der Petent ist als Urteiler am kaiserlichen Landgericht des Burggraftums Nürnberg im Jahre 1455 belegt, vgl. THUMSER (Hg.), Ludwig von Eyb der Ältere (1417–1502). Schriften (wie Anm. 5), 132 und 285. Der Eintrag bezieht sich womöglich auf den Konflikt zwischen dem Petenten und Herrn Hartung von Egloffstein, Statthalter der Deutschordensballei in Franken und Komtur zu Ellingen, siehe dazu Klagebuch 2, fol. 47v, und außerdem unten Anm. 111. Erwähnt ist ein Hilpolt von Seckendorff zu Gosheim zudem in einer Streitsache mit Sigmund von Seckendorff, siehe dazu Klagebuch 2, fol. 67v.
111 Georg von Leonrode zu Wald. Der Eintrag berührt wahrscheinlich den Streit zwischen Johann und Wolf von Seckendorff etc. sowie dem Petenten einerseits und den Erben des Sigmund von Seckendorff, siehe dazu Manual, fol. 274v, 301r, 317v und 320v. Zu dieser Erbstreitigkeit gehören auch die Einträge im Manual, fol. 305v, 308v, 316r, 321v, 323v und 330r. Die Streitsumme beträgt mindestens 1.500 fl., vgl. Manual, fol. 300r. Der Petent ist als Streitpartei weiterhin in anderen Konflikten in den Gerichtsbüchern belegt, siehe Manual, fol. 320v, und Klagebuch 2, fol. 76v. Der letztgenannte Eintrag ist im Klagebuch zur Landgerichtssitzung am 15. Januar 1459 vermerkt, sodass von der Anwesenheit des Petenten in dieser Sitzung ausgegangen werden kann.

[LGS17] Auff dem gericht am mitwoch
nach Inuocauit[112]

iii guld(en) Lorentz Beck von Herrieden[113]
für ein intzicht
ii guld(en) Sebolt Rumel[114] für ein vollung
ii guld(en) Burckart von Wolmershawsen[115]
für ein vollung
i guld(en) Vogl(er) von Harm[116] auß d(er) acht zeschr(eiben)
i guld(en) Lienhart Ebner von Nur(emberg)[117] für
ein general eins helffbriefs
i guld(en) Lo(rentz) vo(n) Mayental[118] für ein vrteilbrif

112 12. Februar 1459. Gerichtsort war Ansbach, siehe Achtbuch, fol. 103v.
113 Lorenz Beck von Herrieden. Der Petent ist in den Gerichtsbüchern in einer Auseinandersetzung mit Konrad Schwertfeger belegt, siehe dazu Manual, fol. 329v.
114 Sebald Rummel. Hierbei handelt es sich entweder um Sebald I. Rummel (gest. 1483), der 1437 in Leipzig studiert hatte, von 1451 bis 1457 Mitglied im kleinen Rat in Nürnberg war und 1459 sein Bürgerrecht aufgab, vgl. FLEISCHMANN, Rat (wie Anm. 11), 882, oder um Sebald II. Rummel (gest. 1472), einen erfolglosen Handeltreibenden, vgl. FLEISCHMANN, Rat (wie Anm. 11), 884. Der Eintrag bezieht sich womöglich auf einen Streit des Petenten mit Heinrich Eberhard von Dinkelsbühl, siehe dazu Manual, fol. 317v und 329v, Klagebuch 2, fol. 34r und 80r (gestrichen) sowie oben Anm. 88. Weniger wahrscheinlich ist ein Zusammenhang zum Streit des Petenten mit Heinrich und Wilhelm Rummel, siehe dazu Manual, fol. 294v, 295v, 306v und 308v, sowie Klagebuch 1, fol. 342r. Der Petent ist überdies in einer Zwistigkeit mit Johann Witt zu Nürnberg, siehe dazu Klagebuch 2, fol. 2v, und in einer Auseinandersetzung mit Johann Bommer zu Nürnberg, siehe dazu Klagebuch 2, fol. 45v, belegt.
115 Burkhard von Wollmershausen zu Amlungshagen. Dieser erschien als Verhandler für Markgraf Albrecht Achilles im Fürstenkrieg im Zusammenhang mit der Rother Richtung, vgl. FRANKL, Der Bischof (wie Anm. 102), 103, Anm. 694. Bei der Belagerung von Gundelfingen im Jahr 1462 wird er als Helfer des kaiserlichen Hauptmanns, Markgraf Albrecht Achilles, bezeichnet, vgl. THUMSER (Hg.), Ludwig von Eyb der Ältere (1417–1502). Schriften (wie Anm. 5), 478. Der Eintrag berührt sicherlich ein Anleiteverfahren des Petenten gegen einen nicht genannten Streitgegner, siehe dazu Manual, fol. 317v und 329v, sowie Klagebuch 2, fol. 27r.
116 Johann Vogler d. Ä. zu Harm. Auf Klage des Heinrich Link zu Schwabach wurden der Petent und dessen Söhne Johann und Georg in der Landgerichtssitzung am 12. September oder 3. Oktober 1458 in die Acht gesprochen, haben sich am 13. November 1458 daraus mit Wissen des Klägers gelöst. Daraufhin wurden beide Einträge im Achtbuch, fol. 102r, getilgt. Aus welchem Grund dieser Achtspruch zweimal im Achtbuch zu unterschiedlichen Sitzungen notiert wurde, muss im Unklaren bleiben. Siehe zum Konflikt Klagebuch 1, fol. 4r.
117 Leonhard Ebner von Nürnberg. Siehe dazu oben Anm. 4. Der Eintrag bezieht sich entweder auf den Streit des Petenten und Ulrich Rummel einerseits gegen Georg von Wildenstein andererseits, siehe dazu Manual, fol. 285v und 304v, sowie Klagebuch 2, fol. 41v und 59v, oder steht im Zusammenhang mit dem Konflikt des Petenten und Konrad Mayen d. Ä. von (Windisch-) Prünst zu Volkersdorf, siehe dazu Manual, fol. 279v, 282v und 285r (einschließlich eines ebendort gestrichenen Eintrages), sowie Klagebuch 1, fol. 290v.
118 Lorenz von Mayenthal. Siehe dazu oben Anm. 15. Der Eintrag betrifft die Auseinandersetzung zwischen dem Petenten und Johann von Wiesenthau zu Hagenbach, siehe dazu Manual, fol. 291v,

vj lib(ra) Vlrich Wagner von Hechling[119] vo(n)
eine(m) auß d(er) acht zeschreib(e)n
l guld(en) h(err) Sig(mund) von Stain[120] fur ein vrteilbr(ief)
ii guld(en) Hanns Nortwein(er)[121] für ein ab(er)acht
xii lib(ra) xii d fur fürbot sprüche anleit
v(er)kundu(n)g vnd and(er)s clevns[122]

[LGS18] Auff de(m) gericht am montag
nach Judica[123]

iii guld(en) Claws Disching(er) von Pfalheim[124]
für ein intzicht
i guld(en) Pauls Schetz(er)[125] auß d(er) acht zu schreib(e)n
x lib(ra) Küngunt Gewslin vo(n) d(er) Newe(n)stat[126]

293r und 324r–v. Der Petent ist jedoch in mehreren weiteren Streitfällen in den Gerichtsbüchern belegt, siehe dazu oben Anm. 15 und 34 sowie ergänzend Manual, fol. 286r, 288v, 292v, 302r, 313v, 321v und 326r.
119 Ulrich Wagner von Hechlingen. Auf Klage des Petenten wurde in der Landgerichtssitzung am 17. Oktober 1457 in Ansbach Michael Kesinger von Hechlingen in die Acht gesprochen. Die Achtlösung erfolgte am 12. Dezember 1458. Daraufhin wurde auch der Eintrag im Achtbuch, fol. 100r, gestrichen. Siehe dazu weiterhin Manual, fol. 252r und 257r, sowie Klagebuch 1, fol. 263r. Nachgewiesen ist zudem ein Anleiteverfahren des Petenten gegen einen nicht genannten Streitgegner, siehe dazu Manual, fol. 321v, sowie ein Konflikt zwischen dem Petenten und Anna, Tochter des Georg Clemens, siehe dazu Klagebuch 2, fol. 20v.
120 Herr Sigmund vom Stein, Ritter zu Donaueschingen. Der Eintrag berührt entweder erstens den Streit des Petenten mit Puppelin von Stein, siehe dazu Manual, fol. 258v–259r, 260r, 260v, 268r, 276r–v, 298r–v und 311r, oder zweitens jenen mit Erasmus Marschalk, siehe dazu Manual, fol. 286v und 289r, oder drittens die Auseinandersetzung des Petenten mit Georg Wemding, siehe dazu Klagebuch 2, fol. 77r.
121 Johann Nortweiner zu Nürnberg. Auf Klage des Petenten wurde Jakob vom Rabenstein zum Pottenstein in derselben Landgerichtssitzung in die Aberacht gesprochen, siehe dazu Achtbuch, fol. 103v, sowie Manual, fol. 304r, und Klagebuch 1, fol. 335r, das außerdem als Streitgegner des Petenten Martin Schetzel, Stefan Karpf, Johann Weiß, Engelhard Ewald, alle zu Sulzfeld, und Johann Gruber zu Spalt nennt.
122 Gemeint ist *cleyns*, das hier verschrieben ist.
123 12. März 1459. Gerichtsort war Ansbach, siehe Achtbuch, fol. 104r.
124 Klaus Dischinger von Fahlheim. Der Petent ist in den Gerichtsbüchern im Streit mit Leopold Fischer zu Eichstätt nachgewiesen, siehe dazu Manual, fol. 333v.
125 Paul Schertzer. Auf Klage des Johann Nortweiner wurde der Petent in der Landgerichtssitzung am 15. April 1455 in Nürnberg in die Acht gesprochen, siehe dazu Achtbuch, fol. 91v. Der Eintrag im Achtbuch wurde gestrichen mit dem Achtlösungsvermerk am 12. März 1459. Siehe dazu Manual, fol. 337r, und zum Streitgegner ebenso oben Anm. 121. Auf Klage Johann Nortweiners wurde über den Petenten die Aberacht verhängt, siehe Manual, fol. 331v.
126 Kunigunde, Ehefrau des Johann *Gewsler* von Neustadt an der Aisch. Der Eintrag berührt wahrscheinlich ein Anleiteverfahren der Petentin gegen den Zwicker zu Laimbach, siehe dazu Manual,

für ein vollung
ii guld(en) H(ans) Waltstromeir[127] für ein vrteilbrif
ii guld(en) Wolf von Seckend(orf)[128] für ein vollu(n)g
xvii lib(ra) xxv d für ladu(n)g spruche
und anders cleyns.

Su(mm)a lxviiiii guld(en) xlv l(i)b(ra) xxii d

[fol. 7r]

[LGS19] Auff dem abgangen gericht am
dinstag nach Quasimodogeniti[129]

i guld(en) Heintz von Seckendorf zur Newenstat[130]
für ein vollu(n)g
iii guld(en) Conrat Krel[131] und die Kemnaterin zu

fol. 333v. Denkbar ist jedoch ebenfalls ein Zusammenhang mit einem Streit zwischen der Petentin und Konrad Schmidt zu Einersheim, siehe dazu Klagebuch 2, fol. 41r.
127 Johann d. J. Waldstromer. Nach FLEISCHMANN, Rat (wie Anm. 11), 1070, handelt es sich um Johann d. J. Waldstromer (1395–1467), der nach dem Verkauf seiner Burghut an der Reichsveste in Nürnberg in den Dienst Kaiser Sigismunds getreten war. Der Eintrag bezieht sich entweder erstens auf einen Streit des Petenten mit Heinrich Schmoll, dessen Klage später Daniel Ulmer von Nürnberg übernommen haben dürfte, siehe dazu Manual, fol. 315r, sowie Klagebuch 1, fol. 254r und 264r, oder zweitens mit Burkhard Beßler d. Ä. von Nürnberg, siehe dazu Manual, fol. 343v, sowie Klagebuch 2, fol. 15v und 38r.
128 Wolf von Seckendorff. Der Eintrag berührt wohl den Erbstreit gegen die Witwe des Sigmund von Seckendorff, siehe dazu Anm. 111 und ergänzend Manual, fol. 335v und 338r, wobei auch der Konflikt zwischen dem Petenten und Konrad Krell und Lukas Kemnater dazu gehört. Zudem ist ein Wolf von Seckendorff zu Stopfenheim in einem Streit zwischen ihm, Georg von Leonrode zu Wald einerseits und Herrn Hartung von Egloffstein, dem Deutschordenskomtur zu Ellingen, und Herrn Martin von Eyb andererseits belegt, siehe dazu Klagebuch 1, fol. 307r und Klagebuch 2, fol. 37v. Gestrichen ist überdies ein Eintrag im Klagebuch 2, fol. 99v, zur Landgerichtssitzung am 12. März 1459 betreffend einen Streit zwischen dem Petenten und Ulrich Markolf von Herzogenaurach, der die Anwesenheit des Petenten in dieser Landgerichtssitzung wohl belegt.
129 3. April 1459. Gerichtsort war Nürnberg, siehe Achtbuch, fol. 104r.
130 Heinrich von Seckendorff zu Neustadt an der Aisch. Ein Heinrich von Seckendorff zu Neustadt ist am 25. Oktober 1465 als Beisitzer im markgräflichen Hofgericht belegt, vgl. RECHTER, Archive der Grafen und Freiherren von Seckendorff (wie Anm. 9), Bd. 1, 207. Der Eintrag steht entweder im Zusammenhang mit einer Auseinandersetzung des Petenten und Johann von Hesberg, siehe dazu Manual, fol. 327v und 333v, sowie Klagebuch 1, fol. 338r, oder mit Friedrich Brettenfeld, siehe dazu Manual, fol. 318r.
131 Konrad Krell. Der Eintrag betrifft den Konflikt zwischen dem Petenten und Barbara, Frau des Lukas Kemnater, einerseits und Michael Dechelmayer andererseits, siehe dazu Manual, fol. 335v. Dazu gehört weiterhin die Zwistigkeit zwischen dem Petenten und Lukas Kemnater bzw. dessen Witwe Barbara einerseits und Wolf von Seckendorff andererseits, siehe dazu oben Anm. 111 und 128.

Nuremb(er)g[132] für ein vrteilbrif
viii lib(ra) vi d für ladu(n)g vnd sprüche

[LGS20] Auff dem gericht am mitwoche
vor Georn[133]

ii guld(en) Erhart Gürtler von d(er) Newenstat[134]
für ein vollung
i guld(en) Michel Dechelmair[135] für ein vollu(n)g
ii guld(en) Lorentz Kraft[136] für ein vollu(n)g
xiii l(i)b(ra) iiii d für fürbot sprüche anleit etc.

132 Barbara Kemnater von Nürnberg, Witwe des Lukas Kemnater. Siehe dazu Anm. 131.
133 18. April 1459. Gerichtsort war Nürnberg, siehe Achtbuch, fol. 104r.
134 Eberhard Gürtler von Neustadt an der Aisch. Der Eintrag bezieht sich entweder erstens auf einen Streit des Petenten mit Sigmund von Seckendorff und Michael Dechelmayer, siehe dazu Manual, fol. 317v, oder zweitens auf einen Konflikt zwischen dem Petenten und der Juliana Kretz zu Diespeck sowie Johann und Friedrich von Seckendorff Aberdar zu Altenberg, siehe dazu Manual, fol. 258r, 267r, 295v, 297v und 306r sowie Klagebuch 1, fol. 237v (gestrichen), 264v und 316r, oder er gehört drittens in die Auseinandersetzung des Petenten, Dietrich Fuchs von Scheinfeld (dieser gestrichen) und Eberhard von Laimbach zu Kettenhöfstetten mit einem nicht genannten Streitgegner, siehe dazu Manual, fol. 263r.
135 Michael Dechelmayer von Nürnberg. Siehe dazu oben Anm. 47. Der Petent ist in eine größere Zahl von Konflikten am kaiserlichen Landgericht des Burggraftums Nürnberg involviert, die nur aufgelistet werden können: erstens einen Konflikt des Petenten, des Johann von Seckendorff, Sohn des Hilpolt von Seckendorff, und des Johann Lidwacher einerseits gegen einen nicht genannten Streitgegner andererseits, siehe dazu Manual, fol. 345v, oder zweitens einen Streit mit Heinrich Markolf zu Niederndorf, siehe dazu Manual, fol. 342v sowie Klagebuch 2, fol. 78r, oder drittens gegen Georg Hittenbeck (zu Schönberg) und Georg Clack zu Thann, siehe dazu Manual, fol. 320v, 323r und 335r, oder viertens gegen den Abt des Klosters zu Münchaurach, siehe dazu Manual, fol. 331v, oder fünftens eine Auseinandersetzung zwischen dem Petenten und Johann Dechelmayer einerseits und Margarete Volckolt zu Lehrberg andererseits, siehe dazu Manual, fol. 320v und 321r, oder sechstens im Streit gegen Barbara, Ehefrau des Lukas Kemnater, siehe dazu oben Anm. 111, 128 und 131, oder siebtens gegen Margarete von Seckendorff, Witwe des Sigmund von Seckendorff, siehe dazu ebd., oder achtens gegen Johann Schenkknecht, siehe dazu Manual, fol. 308r, oder schließlich neuntens in der Streitsache mit Johann Fleck zu Erlheim, siehe dazu Klagebuch 2, fol. 87r. In Abweichung vom erstgenannten Konflikt ist der Petent im Klagebuch 2, fol. 61v, als Streitgegner von Friedrich von Seckendorff zu Obernhöchstädt, Johann Lidwacher zum Kammerstein, Johann von Seckendorff, Sohn des Hilpolt von Seckendorff, Moritz von Streitberg zum Hohenstein genannt. Dazu gehört auch ein Eintrag, der Moritz von Streitberg zum Hohenstein und Johann von Mayenthal als Streitgegner des Petenten nennen, siehe dazu Klagebuch 2, fol. 70r.
136 Lorenz Kraft. Der Petent wird in den Gerichtsbüchern in einem Anleiteverfahren gegen einen nicht genannten Streitgegner erwähnt, siehe dazu Manual, fol. 331v und 337r, sowie möglicherweise Klagebuch 2, fol. 59v.

[LGS21] Auff dem gericht am mitwoch
vor Pfingsten[137]

ii guld(en) iii ort Lienhart Bodmer von Nür(emberg)[138]
für ein vollung
iii guld(en) Ludwig Grub(er)[139] für ein vollu(n)g
i guld(en) Heinr(ich) vo(n) Absperg[140] für ein acht
ii guld(en) Hanns Sigwein[141] für zwu acht
ii guld(en) Conr(at) Pawmgartn(er)[142] fur ein ub(er)gebu(n)g
ii guld(en) Pet(er) vo(n) Wilhelmsdorf[143] für ein vollu(n)g

137 9. Mai 1459. Gerichtsort war Ansbach, siehe Achtbuch, fol. 104v.
138 Leonhard Bodmer. Der Eintrag berührt den Streit des Petenten mit Ludwig Gruber, siehe dazu Manual, fol. 347v. Darüber hinaus ist der Petent in den Gerichtsbüchern in anderen Auseinandersetzungen genannt, siehe dazu Manual, fol. 335r, 336r und 344r, Klagebuch 2, fol. 59r und 60r.
139 Ludwig Gruber von Nürnberg. Siehe oben dazu Anm. 138. Der Petent ist außerdem in einem Konflikt u. a. mit Heinrich Schmidt zu Oberreichenbach und Berthold Schönliebe zu Oberreichenbach erwähnt, siehe dazu Klagebuch 2, fol. 113r, dessen Eintrag auf die vorangegangene Landgerichtssitzung am 18. April 1459 verweist.
140 Heinrich von Absberg. Siehe oben Anm. 46. Auf Klage des Petenten wurde Ulrich von Geilsheim d. J. in derselben Landgerichtssitzung in die Acht gesprochen, siehe dazu Achtbuch, fol. 104v, und zu einem Anleiteverfahren zwischen beiden Streitparteien ferner Manual, fol. 349r. Als Streitgegner des Petenten ist neben Ulrich von Geilsheim d. J. ebenfalls Heinrich Dettelnburger zu Gräfensteinberg erwähnt, siehe dazu Klagebuch 2, fol. 39v. Der Petent ist außerdem in einer anderen Streitsache in den Gerichtsbüchern notiert, siehe dazu Klagebuch 2, fol. 47r.
141 Johann Sigwein. Siehe dazu den gestrichenen Eintrag im Achtbuch, fol. 104v. Denkbar ist ein Zusammenhang des Eintrags mit einer Auseinandersetzung zwischen dem Petenten, Konrad zum Hof und Sebastian Futterer als Vormund Ulrich Futterers einerseits und Heinrich von Lentersheim andererseits, siehe dazu Klagebuch 2, fol. 100r.
142 Konrad Paumgartner d. Ä. zu Nürnberg. Hierbei könnte es sich um Konrad VI. Paumgartner (1380–1464) handeln, der nach FLEISCHMANN, Rat (wie Anm. 11), 146, über dreißig Jahre dem Nürnberger Rat angehörte. Der Eintrag betrifft entweder den Konflikt des Petenten mit Johannes Ergersheimer zu (Markt-) Bergel, siehe dazu Klagebuch 1, fol. 272v, oder jenen zeitlich näher liegenden Streitfall mit Wilhelm Schenk von Schenkenstein zu Cadolzburg, siehe dazu Klagebuch 2, fol. 73v, oder schließlich drittens die in der darauffolgenden Landgerichtssitzung vermerkte Zwistigkeit des Petenten mit Konrad Knorr und Friedrich Scheub zu Uehlfeld, siehe dazu Klagebuch 2, fol. 127r.
143 Peter von Wilhelmsdorf, der bei SCHNEIDER, Spätmittelalterlicher deutscher Niederadel (wie Anm. 35), 488 mit Anm. 173, Wilhelmsdorf heißt und um 1458 als markgräflicher Vasall belegt ist. Der Eintrag gehört zu einer Streitsache zwischen dem Petenten, Albrecht Schwabsberg, Johann Buttendorfer, Georg von Seckendorff Nold von Laimbach, Johann Lidwacher von Kammerstein einerseits gegen Elisabeth von Westerstetten, die Witwe des Reinhold von Wemding, andererseits, siehe dazu Manual, fol. 327v, 335r, 337r, 339v, 340r, 341r–v, 350r, 350v und 351v sowie Klagebuch 2, fol. 51v. Der Petent ist darüber hinaus in einem älteren Konflikt mit Paul Lauben erwähnt, siehe dazu Manual, fol. 279v. Die Anwesenheit des Petenten in dieser Landgerichtssitzung ist durch zwei Einträge im Klagebuch 2, fol. 116r und 122v, nachgewiesen.

ii guld(en) Jorg vo(n) Seckendorf zu Tettelsaw[144]
für ein vollu(n)g
x lib(ra) iiii d für ladung sprüche anleit
v(er)kundung vnd anders etc.

Su(mm)a xxiii guld(en) i ort
xxxi l(i)b(ra) xiiii d

[fol. 7v]

[LGS22] Auff de(m) gericht am mitwoch
nach Bonifacii[145]

ii guld(en) Hanns Wit von Nuremb(er)g[146] für
ein ubergebung
iii guld(en) die frawen von Pillenrewt[147] fur
ein vrteilbrief
i guld(en) Fritz Wilwolt von Spalt[148] auß d(er) acht zusch(reiben)
ii guld(en) Hanns Lidwach(er)[149] für ein vollu(n)g
ii guld(en) Hanns Puttendorff(er)[150] für ein vollu(n)g

---

144 Georg von Seckendorff zu (Neuen-) Dettelsau. Der Eintrag dürfte sich auf den in Anm. 143 genannten Streit beziehen, siehe dazu ergänzend Klagebuch 2, fol. 58r. Dazu könnte auch ein Anleiteverfahren auf das Schloss Oettingen gehören, siehe dazu Manual, fol. 331v und 346v. Nicht ganz auszuschließen ist ein Zusammenhang mit dem Konflikt des Petenten und den Erben des Sigmund von Seckendorff, siehe dazu oben Anm. 111, 128 und ergänzend dazu Manual, fol. 347v, sowie Klagebuch 2, fol. 57v. Gestrichen ist überdies noch ein Eintrag im Klagebuch 2, fol. 111v, der den Petenten im Streit mit Konrad Schmidt zu Langenfeld nennt.
145 13. Juni 1459. Gerichtsort war Ansbach, siehe Achtbuch, fol. 104v.
146 Johann Witt von Nürnberg. Der Petent ist in den Gerichtsbüchern in einer Streitsache mit Sebald, Heinrich und Wilhelm Rummel belegt, siehe dazu Manual, fol. 346r sowie Klagebuch 2, fol. 2v und 63r, und siehe oben Anm. 88 und 114.
147 Die Frauen des Klosters Pillenreuth. Diese sind in den Gerichtsbüchern nur in einem Streit mit Konrad und Johann Ulrich erwähnt, siehe dazu Manual, fol. 341v und 345r.
148 Friedrich Wilwolt von Spalt. Der Achtspruch erfolgte in der Landgerichtssitzung am 9. Januar 1458 auf Klage des Niklas Schüttensamen zu Roth. Nach erfolgter Achtlösung wurde der Eintrag im Achtbuch gestrichen, siehe Achtbuch, fol. 100r, und ferner zu diesem Konflikt Manual, fol. 279v und 345v, sowie Klagebuch 1, fol. 292r.
149 Johann Lidwacher zum Kammerstein. Siehe oben Anm. 143 und ergänzend dazu Manual, fol. 352v, sowie Klagebuch 2, fol. 56r und 61v. Berührt sein könnte ein Konflikt um das Schloss Oettingen, siehe dazu Anm. 144 und Manual, fol. 347r. Außerdem ist der Petent in einem gestrichenen Eintrag im Klagebuch 1, fol. 226v, erwähnt.
150 Johann Buttendorfer. Siehe dazu oben Anm. 143, 144 und 149 sowie ergänzend Klagebuch 2, fol. 46v, wobei dieser Eintrag die Verbindung zwischen dem strittigen Schloss Oettingen und dem verstorbenen Reinhold von Wemding herstellt.

i guld(en) Vlr(ich) Geilheym(er)[151] auß d(er) acht zuschr(eiben)
ii guld(en) Albr(echten) vo(n) Swabsperg[152] für ein vrteilbrif
iii guld(en) Pet(er) Hall(er)[153] für ein gerichtshandel
i guld(en) Jorg vo(n) Stet(e)n[154] auß d(er) acht zuschreib(e)n
i guld(en) Vlr(ich) vo(n) Rosemb(er)g[155] auß d(er) acht zuschr(eiben)
iiii guld(en) Heinr(ich) Pfanner von Lindaw[156]
für ein vrteilbrif
xi lib(ra) xx d fur ladu(n)g spruche anleit etc.

[LGS23] Auff dem gericht am montag
nach Bartholomei[157]

iii guld(en) d(er) alt Henlin von Dinckelspuhel[158]
für ein vrteilbrif
ii guld(en) Nickel Schüttensam[159] für ein vollu(n)g
ii guld(en) Oswald Schechs[160] für ein ub(er)gebung
ii guld(en) Heintz vo(n) Seckendorf zu Krewlsheim[161]

151 Ulrich Geilsheim. Siehe oben Anm. 140 und ergänzend dazu Manual, fol. 354r. Der Ächter hat sich 6. Juni 1459 aus der Acht gelöst, woraufhin der Eintrag im Achtbuch, fol. 104v, gestrichen wurde.
152 Albrecht von Schwabsberg. Siehe oben Anm. 143.
153 Peter Haller.
154 Georg von Stetten zu Büchenbach. Siehe dazu oben Anm. 35. Auf Klage der Vormünder des Sohnes von Arnold von Seckendorff wurde der Petent in der Landgerichtssitzung am 22. Oktober 1453 in die Acht gesprochen. Im Jahr 1459 wurde dieser Eintrag gestrichen und mit einem Achtlösungsvermerk versehen, siehe dazu Achtbuch, fol. 83v. Der Petent ist in den Gerichtsbüchern überdies in einem anderen Konflikt belegt, siehe dazu Manual, fol. 290v, 332r und 354r.
155 Ulrich von Rosenberg, der nach FRANKL, Bischof (wie Anm. 102), 89, die Funktion des Amtmanns zu Möckmühl innehatte. Siehe oben Anm. 31. Im Achtbuch, fol. 101r, sind sowohl Georg als auch Ulrich von Rosenberg gestrichen. Ein Eintrag im Manual findet sich erst für die übernächste Landgerichtssitzung am 18. September 1459 auf fol. 361r. Der Petent ist überdies erwähnt in einem Konflikt mit Georg von Velburg, Johann und Arnold von Seckendorff, siehe dazu Klagebuch 2, fol. 6r.
156 Heinrich Pfanner von Lindau. Siehe oben Anm. 10.
157 27. August 1459. Gerichtsort war Ansbach, siehe Achtbuch, fol. 105r.
158 Henlin d. Ä. von Dinkelsbühl.
159 Niklas Schüttensamen zu Roth. Siehe oben Anm. 148. Der Petent ist außerdem in einem Konflikt mit Johann Maier zu Eichstätt, siehe dazu Klagebuch 2, fol. 79v, sowie in einem Aberachtverfahren mit Ulrich Hutzelmaier zum Stein, siehe Achtbuch, fol. 103v, erwähnt, worauf sich dieser Eintrag ebenfalls beziehen könnte.
160 Oswald Schechs zu Flüglingen. Der Eintrag könnte sich auf eine Streitsache zwischen dem Petenten und seiner Tochter einerseits und Georg Döblin andererseits beziehen, siehe dazu Manual, fol. 352v. Die Anwesenheit des Petenten in dieser Landgerichtssitzung belegt ein Eintrag im Klagebuch 2, fol. 155v–156v.
161 Heinrich von Seckendorff zu Crailsheim, der nach Christian HEINEMEYER, Zwischen Reich und Region im Spätmittelalter. Governance und politische Netzwerke um Kaiser Friedrich III. und

für ein vollung
ii guld(en) h(err) Fridr(ich) vo(n) Seckendorf zu Mern[162]
fur ein vollung
ii guld(en) Fritz Vörster[163] für ein aberacht
xxv lib(ra) x d für ladu(n)g spruche v(er)kundu(n)g
anleit vnd and(er)s cleyns

Su(mm)a xxxiiii guld(en) xxxvii l(i)b(ra)

[fol. 8r]

[LGS24] Auff de(m) gericht am dinstag
vor Mathei[164]

ii guld(en) Wilhelm Schenck von Geirn[165] fur
ein volbrief

Kurfürst Albrecht Achilles von Brandenburg (Historische Forschungen 108), 2016, 318, Amtmann zu Crailsheim und zugleich markgräflicher Rat war. In den Gerichtsbüchern ist eine Auseinandersetzung zwischen Graf Wilhelm von Henneberg und einem unbekannten Streitgegner belegt, in der ein Heinrich von Seckendorff, Amtmann zu Crailsheim, den Henneberger vertrat, siehe dazu Klagebuch 2, fol. 85r.
162 Friedrich von Seckendorff zu Möhren. Dieser Eintrag berührt wahrscheinlich den Erbstreit innerhalb der Familie von Seckendorff, siehe oben Anm. 111. Jedenfalls wird der Vater Friedrichs von Seckendorff gemeinsam mit Wilhelm Schenk zu Geyern in einer Streitsache mit den Erben des Sigmund von Seckendorff genannt, siehe dazu Manual, fol. 347v, und ergänzend zu diesem Teil der Auseinandersetzung Manual, fol. 344v, 349r, 357r und 358v – in diesen Einträgen zum Erbstreit wird Wilhelm Schenk zu Geyern explizit erwähnt.
163 Friedrich Förster. Auf Klage des Petenten wurde Peter Ochs zu Gunzendorf in der nächsten Landgerichtssitzung am 18. September 1459 in die Aberacht gesprochen, siehe dazu Achtbuch, fol. 105r, und weiterhin zu diesem Streit oben Anm. 8 und ergänzend Manual, fol. 288r-v, 293v, 302r, 306r, 308r, 323v und 341v–342r. Die Anwesenheit des Petenten in dieser Landgerichtssitzung ist durch einen Eintrag im Klagebuch 2, fol. 143r, nachgewiesen.
164 18. September 1459. Gerichtsort war Ansbach, siehe Achtbuch, fol. 105r.
165 Wilhelm Schenk zu Geyern, Pfleger zu Abenberg. Dieser war schon seit 1441 in den Diensten Markgraf Albrechts Achilles bei Verhandlungen und auf Gesandtschaftsreisen tätig und wurde im Jahr 1455 zudem Mitglied im Hoforden, vgl. Katrin BOURRÉE, Dienst, Verdienst und Distinktion. Fürstliche Selbstbehauptungsstrategien der Hohenzollern im 15. Jahrhundert (Symbolische Kommunikation in der Vormoderne. Studien zur Geschichte, Literatur und Kunst), 2014, 228. Der Eintrag betrifft mit großer Sicherheit den Erbstreit der von Seckendorff, siehe dazu oben Anm. 162 und ergänzend dazu Klagebuch 2, fol. 89r und 115r. Zeitlich weit zurück liegt darüber hinaus ein Konflikt zwischen dem Petenten und Friedrich und Konrad Beringer zu Breitenlohe sowie Ulrich Rammung zu Büchenbach und Johann Hager zu Büchenbach und schließlich Konrad Schmidt zu Kauernhofen, siehe dazu Klagebuch 1, fol. 324r und 324v.

ii guld(en) Jorg Mutz[166] für ein intzicht
ii guld(en) Hilpolt von Seckendorff[167] fur ein vollu(n)g
iii guld(en) Hanns Swab[168] für ein intzicht
ii guld(en) Daniel Vlmer[169] für ein vollu(n)g
xxi l(i)b(ra) viii d für ladung spruche
anleit v(er)kundung etc.

[LGS25] Auff dem gericht am montag
vor Dionisii[170]

ii guld(en) Jorg Ketzel von Nur(emberg)[171] für ein vollu(n)g
vi guld(en) Diether vom Stain[172] für ein vollu(n)g

---

166 Georg Mütz von Steinhart. Der Petent ist in den Gerichtsbüchern in einer Streitsache mit Clemens Schick zu Bechhofen belegt, siehe dazu Manual, fol. 358r.
167 Hilpolt von Seckendorff (zu Gosheim bei Huisheim). Siehe zum Petenten oben Anm. 110. Ein Zusammenhang zwischen diesem Eintrag und dem Erbstreit der von Seckendorff ist anzunehmen, siehe dazu oben Anm. 111, 128, 144, 162, 165 und ergänzend dazu Manual, fol. 338r, 344v, 353r, 356r, 359r und 361v, sowie Klagebuch 2, fol. 85r und 97r. Damit in Verbindung stehen könnte eine Auseinandersetzung zwischen Johann von Seckendorff zu Möhren einerseits und Hilpolt von Seckendorff, Georg von Seckendorff zu Laimbach und Wilhelm Schenk zu Geyern, siehe dazu Manual, fol. 349r. Der Petent erscheint ebenfalls in einer weiteren wohl zugehörigen Streitsache, siehe oben Anm. 143 und 149. Ein Hilpolt von Seckendorff zu Gosheim ist überdies in einem Streitfall mit der Stadt Köln und Eberhard Gürtler zu Neustadt an der Aisch belegt, siehe dazu Klagebuch 2, fol. 131v. Der Petent ist in dieser Landgerichtssitzung durch einen Eintrag im Klagebuch 2, fol. 169v, nachgewiesen.
168 Johann Schwab von Hechelbach. Der Eintrag gehört zu einer Anschuldigung gegen den Petenten, er sei durch Misshandlung am Tod seiner Frau Margarete schuldig geworden, die bei einer Fehlgeburt verstorben sei, siehe dazu Manual, fol. 357v. Der Petent erklärt sich in dieser Sache für unschuldig.
169 Daniel Ulmer von Nürnberg. Nach Manfred J. Schmied, Die Ratsschreiber der Reichsstadt Nürnberg (Nürnberger Werkstücke zur Stadt- und Landesgeschichte 28), 1979, 227, handelt es sich hierbei um den Ehemann der Tochter Georg Spenglers, der ebenfalls als Landschreiber tätig war. Der Eintrag in der Rechnung lässt sich nicht eindeutig einem Konflikt zuordnen. Der Petent ist in den Gerichtsbüchern erwähnt erstens in einem Streit mit Niklas Muffel, siehe dazu Manual, fol. 358v, sowie Klagebuch 2, fol. 108r, wobei Letzteres noch Konrad von Laufenholz als zweiten Streitgegner des Petenten nennt, zweitens in einer Auseinandersetzung mit Heinrich Schmoll von Eisfeld, siehe dazu Manual, fol. 292r, drittens in einem Anleiteverfahren gegen einen nicht genannten Streitgegner, siehe Manual, fol. 282v, viertens im weiten zeitlichen Abstand in einem Konflikt mit Johann d. J. Waldstromer, siehe Klagebuch 1, fol. 264r, fünftens in einem gestrichenen Eintrag zu einer Auseinandersetzung mit Balthasar von Hausen, siehe Klagebuch 2, fol. 8v, und schließlich sechstens im Streit mit Jakob Missel zu Nürnberg, siehe dazu Klagebuch 2, fol. 101r. Die Anwesenheit des Petenten in dieser Landgerichtssitzung ist durch einen Eintrag im Klagebuch 2, fol. 159v, erwiesen.
170 8. Oktober 1459. Gerichtsort war Ansbach, siehe Achtbuch, fol. 105v.
171 Georg Ketzel von Nürnberg. In den Gerichtsbüchern ist der Petent in einem Konflikt mit dem Ebner genannt, siehe dazu Manual, fol. 358v.
172 Dieter vom Stein. Dieser Eintrag gehört sicherlich zum Konflikt zwischen Dieter und Johann vom Stein vom Klingenstein einerseits und den Brüdern Burkhard und Wilhelm von Stadion ande-

i guld(en) Mertin vo(n) Üssickheym[173] auß d(er) acht
i guld(en) Rudig(er) Sutzel[174] auß d(er) acht zeschreib(e)n
i guld(en) Dechelmair vo(n) Nur(emberg)[175] für ein acht
ii guld(en) Vlrich vnd Hanns Schellen von
Pinswang[176] für zwu acht
viii lib(ra) Heintz Hawt[177] v fur ein vollu(n)g
i guld(en) Hanns Gewman[178] für ein acht
i guld(en) Sigmu(n)t von Feiltsch[179] für ein acht

rerseits, siehe dazu Manual, fol. 356r, sowie Klagebuch 2, fol. 91v.
173 Martin von Uissigheim. Siehe dazu oben Anm. 31 und ergänzend dazu Manual, fol. 358r und 361r. Der Eintrag des Achtspruchs in der Landgerichtssitzung am 11. April 1458 wurde im Achtbuch, fol. 101r, nach erfolgter Achtlösung durch Streichung des Namens getilgt. Siehe ferner Manual, fol. 298v.
174 Rüdiger Sützel. Diese Achtlösung bezieht sich auf die Klage des Hartung von Egloffstein, siehe oben Anm. 31, wobei der Name des Ächters in diesem Fall im Achtbuch, fol. 101r, nicht gestrichen wurde. Siehe ferner Manual, fol. 298v.
175 Michael Dechelmayer von Nürnberg. Siehe zum Petenten oben Anm. 47, 131 und 135. Auf Klage des Petenten wurde Moritz von Streitberg zum Hohenstein in der Landgerichtssitzung am 29. Oktober 1459 in die Acht gesprochen, siehe dazu Achtbuch, fol. 105v, und weiterhin zu diesem Streit Manual, fol. 360r und 364v sowie Klagebuch 2, fol. 61v, 70r, 165r (gestrichen) und 180r. Im Manual, fol. 360r, sind auf der Seite des Moritz von Streitberg weiterhin Johann von Mayenthal und Heinrich Markolf zu Niederndorf (wohl zu Herzogenaurach) genannt – zum Konflikt mit Johann von Mayenthal siehe Manual, fol. 366r, und zur Auseinandersetzung mit Heinrich Markolf zu Niederndorf siehe Manual, fol. 342v, sowie Klagebuch 2, fol. 78r.
176 Ulrich und Johann Schellen von Bieswang. Auf Klage des erstgenannten Petenten und Georg Schellens, der anstatt seiner Mutter prozessiert, wurde Johann von Hausen zu Hausen in der Landgerichtssitzung am 18. September 1459 in die Acht gesprochen. Die Achtlösung erfolgte am 29. Oktober 1459, woraufhin der Achteintrag gestrichen wurde, siehe dazu Achtbuch, fol. 105r, und außerdem zur Streitsache Manual, fol. 248v, 295v, 311v und 326v. Zudem ist der erstgenannte Petent in einem anderen Konflikt in den Gerichtsbüchern erwähnt, siehe dazu Klagebuch 2, fol. 36r.
177 Heinrich Haut von Adelsdorf. Siehe oben Anm. 107. Der Rechnungseintrag berührt entweder erstens den Streit zwischen dem Petenten und Georg von Schwarzenberg, siehe dazu Manual, fol. 318v und 367v, oder zweitens die Auseinandersetzung mit Elisabeth von Kolovrat, der Witwe des Hermann von Seinsheim, siehe dazu Manual, fol. 367v, oder drittens den Konflikt mit Georg von Wenkhans, siehe dazu Manual, fol. 347r und 369v, oder viertens mit dem Pfarrer von Arberg und (Wolframs-) Eschenbach, siehe dazu Manual, fol. 361v, oder schließlich fünftens mit dem von Stefansberg, siehe dazu Manual, fol. 347r.
178 Johann d. J. von Crailsheim genannt Gäumann. Siehe oben Anm. 51. Auf Klage des Petenten wurde Thomas Hund zu Grünsfeld in die Acht gesprochen. Der Achtspruch wurde zunächst zur Landgerichtssitzung am 29. Oktober 1459 vermerkt, dann aber mit einer Linie der vorangegangenen Sitzung am 8. Oktober 1459 zugeordnet, siehe dazu Achtbuch, fol. 106r, und weiterhin Klagebuch 2, fol. 129v.
179 Sigmund von Feilitzsch (zu Feilitzsch). Auf Klage des Petenten wurde Johann Ratzenberger, Amtmann zu Dachsbach, in der Landgerichtssitzung am 8. Oktober 1459 in die Acht gesprochen. Die Achtlösung erfolgte 27. November 1459, woraufhin der Eintrag im Achtbuch gestrichen wurde, siehe dazu Achtbuch, fol. 105v, und weiterhin Manual, fol. 370r, sowie Klagebuch 2, fol. 152v, wobei Letzteres

i guld(en) Jorg vo(n) Seckendorf zu Laymbach[180]
für ein vollung
i guld(en) Heinrich vo(n) Lent(er)sheim[181] auß d(er) acht
xxii lib(ra) xii d fur ladung spruche
anleit v(er)kundu(n)g etc.

Su(mm)a xxviii guld(en) li l(i)b(ra) xx d

[fol. 8v]

[LGS26] Auff dem gericht am montag
nach Symonis et Jude[182]

ii guld(en) Eberhart von Wilhelmsdorff[183] für
ein acht vff die zennt zu Ipphofen[184]
i guld(en) Lorentz von Maiental[185] für ein acht

---

außerdem Konrad Ratzenberger zu Dachsbach als Streitgegner des Petenten anführt. Der Petent ist noch in einem weiteren Konflikt belegt, siehe dazu Klagebuch 2, fol. 118r.
180 Georg von Seckendorff zu Laimbach. Diese Person unterscheidet sich womöglich von einem Georg von Seckendorff zu (Neuen-) Dettelsau, siehe zu jenem oben Anm. 144. Der Rechnungseintrag berührt mit großer Wahrscheinlichkeit die Erbsache der Familie von Seckendorff, siehe dazu oben Anm. 111, 128, 144, 162, 165 und 167, denn sicher erwähnt ist der Petent im Manual, fol. 323v, im Konflikt mit der Witwe des Sigmund von Seckendorff. Der Petent ist überdies in einem anderen Streit erwähnt, siehe dazu Manual, fol. 360r.
181 Heinrich von Lentersheim. Der Petent wurde auf Klage des Konrad im Hof, des Johann Sigwein und des Sebastian Futterer als Vertreter des verstorbenen Ulrich Futterer in der Landgerichtssitzung am 13. Juni 1459 in die Acht gesprochen. Die Achtlösung erfolgte durch den Landrichter am 8. Oktober 1459, woraufhin der Achteintrag gestrichen wurde, siehe dazu Achtbuch, fol. 104v und weiterhin oben Anm. 141 und ebenso Manual, fol. 358v und 365v. Gegen die drei Kläger hat weiterhin Siegfried von Hausen prozessiert, siehe dazu Manual, fol. 353v.
182 29. Oktober 1459. Gerichtsort war Ansbach, siehe Achtbuch, fol. 105v.
183 Eberhard von Wilhelmsdorf. Auf Klage des Petenten wurden alle männlichen Bewohner der Gemeinde Iphofen über 14 Jahren und unter 60 Jahren in dieser Landgerichtssitzung in die Acht gesprochen, siehe dazu Achtbuch, fol. 105v, und außerdem Manual, fol. 372v, in dem als zweiter Kläger Heinrich von Seckendorff genannt ist, sowie Klagebuch 2, fol. 160r.
184 Iphofen. Siehe dazu Anm. 183.
185 Lorenz von Mayenthal. Zum Petent siehe oben Anm. 15, 34 und 118. Auf dessen Klage wurde Friedrich Hetzelsdorf zum Rothenberg in dieser Landgerichtssitzung in die Acht gesprochen, siehe dazu Achtbuch, fol. 106r, und weiterhin zum Streit siehe Manual, fol. 359v und 364v. In den Einträgen davor ist ein Johann von Hetzelsdorf (zu Schelmberg) belegt, gegen den der Petent prozessiert hat – siehe oben Anm. 15, 118 und ergänzend dazu Manual, fol. 338v–339r, sowie Klagebuch 2, fol. 150r, in dem Anton Stieber zu Forchheim, Johann von Wiesenthau zu Wiesenthau als weitere Streitgegner des Petenten genannt sind.

ii guld(en) Heinrich Smoll[186] für ein aberacht
i guld(en) Hanns vo(n) Haws(e)n[187] auß d(er) acht zeschr(eiben)
viii lib(ra) Michel Strosneid(er)[188] für ein vrteilbrif
i guld(en) i ort Heinrich Trösch von Wallsee[189]
für ein vrteilbrief
iii guld(en) Heintz Linck[190] vo(n) eins seins arman(ns)
weg(e)n für ein intzicht die er nit thun wolt
xvi lib(ra) v d für furbot spruche anleit
v(er)kundung etc.

[LGS27] Auff dem gericht am montag
nach Katherine[191]

i guld(en) Ratzemberg(er)[192] auß d(er) acht zuschreib(e)n

---

[186] Heinrich Schmoll zu Eisfeld. Auf Klage des Petenten wurde Johann Waldstromer d. J. in dieser Landgerichtssitzung in die Aberacht gesprochen, siehe dazu Achtbuch, fol. 106r, und zudem oben Anm. 127. Der Petent ist in den Gerichtsbüchern noch in anderen Auseinandersetzungen belegt, siehe Klagebuch 1, fol. 289v, sowie Klagebuch 2, fol. 176v.
[187] Johann von Hausen zu Hausen. Zur Achtlösung siehe oben Anm. 176 und ergänzend zum Konflikt Manual, fol. 371v – dieser Eintrag nennt ferner Ritter Georg von Ehingen und den oder die Schellen (von Bieswang) als Streitgegner des Petenten in einem Anleiteverfahren. Dazu gehört auch der Eintrag im Klagebuch 1, fol. 337r.
[188] Michael Strohschneider zu Geilsheim. Der Eintrag berührt den Streit über das Erbe der Kathrin Schmoll von Geilsheim zwischen dem Petenten und Johann Schmoll zu Geilsheim, siehe dazu Manual, fol. 309v, 319ar und 325v, sowie Klagebuch 1, fol. 275r und 318r, wobei die Einträge im Klagebuch noch weitere in den Konflikt involvierte Familienmitglieder nennen. Überdies ist der Petent in einer Zwistigkeit mit Georg Spengler nachgewiesen, siehe dazu Klagebuch 2, fol. 111v.
[189] Heinrich Trösch von Wallsee. In den Gerichtsbüchern ist der Petent zusammen mit Ulrich Gössler in einem Konflikt mit Johann Tracht zu Nürnberg in der nachfolgenden Landgerichtssitzung am 26. November 1459 belegt, siehe dazu Manual, fol. 378r, sowie Klagebuch 2, fol. 109r.
[190] Heinrich Link zu Schwabach, der nach THUMSER (Hg.), Ludwig von Eyb der Ältere (1417–1502). Schriften (wie Anm. 5), 368, das Amt des Kastners von Ansbach innehatte. Der Eintrag könnte sich erstens auf ein Anleiteverfahren des Petenten gegen einen unbekannten Streitgegner beziehen, siehe Manual, fol. 263r und 267r, oder zweitens auf eine Auseinandersetzung mit den Erben des Wilhelm Steinsfeld, siehe Klagebuch 2, fol. 96r und Manual, fol. 349r und 382v, wobei der letzte Eintrag zur nachfolgenden Landgerichtssitzung am 26. November 1459 gehört. Drittens ist der Petent in einem Konflikt mit Hermann Weiler, siehe Klagebuch 1, fol. 242v, viertens mit Johann Wagner zu Schönberg, siehe dazu Klagebuch 1, fol. 309r, fünftens mit Heinrich Eberhard, siehe Klagebuch 1, fol. 338v, sowie schließlich sechstens mit Johann Vogler d. Ä. zu Harm und dessen Söhnen Johann und Georg, siehe dazu Klagebuch 2, fol. 4r, und oben Anm. 116, erwähnt.
[191] 26. November 1459. Gerichtsort war Ansbach, siehe Achtbuch, fol. 106v.
[192] Johann Ratzenberger zu Dachsbach. Der Eintrag betrifft den Streit des Petenten mit Sigmund von Feilitzsch, siehe dazu Manual, fol. 375v, sowie oben zur Achtlösung und weiterhin zum Konflikt Anm. 179.

i guld(en) Oswalt Schechs[193] für ein acht
i guld(en) Weilerspach(er)[194] für ein vollung
ii guld(en) Mertin Haller[195] für ein vrteilbrif
i*c* guld(en) Burckart Besler[196] für ein vrteilbrif
ii guld(en) Pauls Rieter[197] fur ein vollung
xvii lib(ra) xi d fur ladu(n)g vnd and(er)s kleins

Su(mm)a i*c* xvi guld(en) iii ort xli l(i)b(ra) xvi d

[fol. 9r]

[LGS28] Auff dem gericht am montag
vor Thome[198]

i guld(en) Jacob Sachs[199] fur ein vollu(n)g

---

193 Oswald Schechs. Zum Petenten siehe oben Anm. 160. In den Gerichtsbüchern ist der Petent in einem Konflikt mit Johann Kagen belegt, siehe Manual, fol. 370v. Die Anwesenheit des Petenten in dieser Landgerichtssitzung ist wohl durch einen Eintrag im Klagebuch 2, fol. 206r, nachgewiesen, wobei der Vorname durch Textverlust nicht mehr erhalten ist.
194 Heinrich Weilersbacher zu Sachsen (bei Ansbach). Siehe oben Anm. 28 mit Hinweisen auf mögliche Konflikte und dazu ergänzend Manual, fol. 302r und 319r. Im weiten zeitlichen Abstand ist außerdem ein Streit zwischen dem Petenten und dem Abt Nikolaus (Kolb) zu Kaisheim belegt, siehe Manual, fol. 344v, sowie Klagebuch 2, fol. 12r. Im Klagebuch ist der Petent außerdem erstens in einer Auseinandersetzung mit dem verstorbenen Konrad Mufflinger genannt, siehe dazu Klagebuch 2, fol. 25v, sowie zweitens im Streit mit Heinrich Markolf zu Niederndorf, siehe dazu Klagebuch 2, fol. 67v, und schließlich drittens in der Streitsache mit Friedrich von Abenberg zu Stübig und Heinrich Metzler zu Kleinlangheim, siehe dazu Klagebuch 2, fol. 103v.
195 Martin Haller.
196 Burkhard Beßler. FLEISCHMANN, Rat (wie Anm. 11), 1176, erwähnt einen Kaufmann Burkhard Peßler von Nürnberg, der 1459 gestorben ist und womöglich mit Burkhard Beßler d. Ä. in den landgerichtlichen Quellen zu identifizieren wäre. Der Eintrag berührt wohl zwei zusammengehörige Auseinandersetzungen, einmal nämlich den Konflikt zwischen Burkhard Beßler und Barbara Beßler, siehe Manual, fol. 370v, sowie Klagebuch 2, fol. 138r, 159r, und zweitens die Streitsache zwischen Burkhard Beßler d. Ä. gegen Johann Waldstromer anstatt Burkhard Beßler d. J., dessen Schwiegersohn, siehe oben Anm. 127 und weiterhin Manual, fol. 251r und 370v sowie Klagebuch 1, fol. 237r (gestrichen). Der Petent ist außerdem in weiteren Prozessen am kaiserlichen Landgericht des Burggraftums Nürnberg nachgewiesen, siehe dazu Manual, fol. 291v und 320v, sowie Klagebuch 2, fol. 170v und 172r.
197 Paul (I.) Rieter von Nürnberg (1430–1487), der nach FLEISCHMANN, Rat (wie Anm. 11), 859, Ratsmitglied in Nürnberg und seit 1464 auch jüngerer Bürgermeister war. In den Gerichtsbüchern ist der Petent in einem Konflikt mit Konrad Butz und Johann Mann genannt Lutz erwähnt, siehe dazu Klagebuch 1, fol. 261v.
198 17. Dezember 1459. Gerichtsort war Ansbach, siehe Achtbuch, fol. 107r.
199 Jakob Sachs. Der Eintrag bezieht sich womöglich auf die Streitsache zwischen dem Petenten und Peter Kellner zu Nürnberg einerseits und Johann von Egloffstein zu Wernfels andererseits, siehe

ii guld(en) Hanns Tracht[200] fur zwn vollu(n)g
viii guld(en) die stat Nuremberg[201] fur
etliche transsumpta
i guld(en) Hanns vo(n) Wisentaw[202] auß d(er) acht zeschr(eiben)
i guld(en) Hanns Pawr von Perbach[203] fur ein acht
i guld(en) Hanns Kraft von Nur(emberg)[204] fur i vollu(n)g
xvii guld(en) Jorg Zwick(er)[205] für ein vrteilbrif
i guld(en) Geru(n)g vo(n) Gotlieb(e)n[206] für ein acht
xviii lib(ra) xii d für ladu(n)g spruche
anleit v(er)kundu(n)g vnd anders

Su(mm)a xxxii guld(en) xviii l(i)b(ra) xii d

Manual, fol. 342v und 351r. Das Manual, fol. 310v, erwähnt einen Jakob Starken von Sachsen (bei Ansbach), der womöglich mit dem Petenten identisch ist.
200 Johann (II.) Tracht von Nürnberg, ein Kaufmann, der nach FLEISCHMANN, Rat (wie Anm. 11), 405, im Jahre 1479 gestorben ist. Zum Streit des Petenten mit Heinrich Trösch und Ulrich Gössler zu St. Gallen siehe oben Anm. 189 und ergänzend dazu Klagebuch 2, fol. 143v. Denkbar ist jedoch auch ein Zusammenhang zur Auseinandersetzung des Petenten und einer aufgrund von Textverlust nicht identifizierbaren Person einerseits und Albrecht Fendt, Heinrich Reuter zu Iphofen und Johann Brenneisen zu Niedernbreit (Marktbreit) andererseits, siehe dazu Klagebuch 2, fol. 23r. Die Anwesenheit des Petenten in dieser Landgerichtssitzung ist durch einen Eintrag im Klagebuch 2, fol. 210r, nachgewiesen.
201 Stadt Nürnberg.
202 Johann von Wiesenthau zu Hagenbach. Der Eintrag dürfte sich auf die Auseinandersetzung zwischen dem Petenten und Lorenz von Mayenthal beziehen, siehe dazu oben Anm. 118 und ergänzend dazu Manual, fol. 348r, 355v, 356v, 372v, 377v und 385r, sowie Klagebuch 2, fol. 150r, wobei der Petent im Klagebuch Johann von Wiesenthau zu Wiesenthau genannt wird.
203 Johann Bauer von Beerbach (wohl bei Abenberg). Auf Klage des Petenten wurde Johann Scheffer zu Oberbreitenlohe in dieser Landgerichtssitzung in die Acht gesprochen, siehe dazu Achtbuch, fol. 107r, und weiterhin Klagebuch 2, fol. 174v (gestrichen) und 188r.
204 Johann Kraft von Nürnberg. Der Eintrag berührt entweder erstens den Streit des Petenten mit Sigmund Erlingshofer zu Bechthal, siehe dazu Manual, fol. 294r, 328v, 345r und 380v, zu dem ebenfalls die Auseinandersetzung zwischen dem Petenten und Johann von Seckendorff zu Röckingen, den Sohn des verstorbenen Arnold von Seckendorff, gehört, siehe dazu Manual, fol. 328v, 333v, 349r und 365v, sowie Klagebuch 1, fol. 285r, oder zweitens den Konflikt zwischen Johann Kraft d. Ä. von Nürnberg und Margarete, der Witwe des Johann Kraft, siehe dazu Klagebuch 2, fol. 109r.
205 Georg Zwicker von Memmingen. Siehe oben Anm. 39, 91 und ergänzend dazu Manual, fol. 330v, 348r, 357r, 358v, 363v (gestrichener Eintrag) und 364r sowie mit großer Wahrscheinlichkeit 374r, sowie Achtbuch, fol. 106r, und außerdem Klagebuch 2, fol. 17v. Der Petent ist zudem in einer Auseinandersetzung mit der Stadt Kempten belegt, siehe dazu Klagebuch 2, fol. 16v.
206 Eberhard Gerung von Gottlieben. Auf Klage des Petenten wurden Ulrich Geimen von Hungersbüel (*Hungerswil*), Johann Walch von Romanshorn (*Rumertzhorn*) und Leonhard Walch zu Romanshorn in Schwaben in der Landgerichtssitzung am 26. November 1459 in die Acht gesprochen, siehe dazu Achtbuch, fol. 106v, sowie ergänzend Klagebuch 2, fol. 142r, wobei ein Johann Gromann zu Romanshorn auf der Seite der Streitgegner des Petenten gestrichen worden ist, und Manual, fol. 370r, das alle genannten Personen als Streitgegner des Petenten anführt.

Su(mm)a to(ta)*lis* ditzs jars an gold vnd an gelt
iii*c* lii guld(en) v l(i)b(ra)

Su(mm)a sum(m)a(rum) alles einnement d(er) obgemelt(en)
dreyer jar vi*c* lxxxi guld(en) xviii d

[fol. 9v]

Außgeben von lantgerichts wegen
das gemelt lix*t* jare[207]

i*c* guld(en) dem lantricht(er)[208] zu jarsold
l guld(en) Ludwig(e)n von Eib[209] zu jarsold
l guld(en) Micheln Tanner[210] zu jarsold
l guld(en) Heinrich Seybot(e)n[211] zu jarsold
xxx guld(en) Weiprecht(e)n von Krewlsheim[212]
vnd ist damit seins lantgerichtzsolds
gantz entricht
lx guld(en) mein dez lantschreib(er)s[213] jarsold
xix lib(ra) xx d auff zweyen gericht(e)n
zu Nure(m)b(er)g[214] v(er)zert selband(er)
iii lib(ra) von den lantgerichtzbuchern
dieselb(e)n zeit auß vnd ein zeführen.

Su(mm)a iii*c* xl guld(en) xxii d̲ l(i)b(ra) v d

[fol. 10r]

---

207 1459.
208 Johann von Seckendorff, Landrichter des kaiserlichen Landgerichts des Burggraftums Nürnberg. Zur Person siehe oben Anm. 95.
209 Ludwig von Eyb d. Ä. Zur Person siehe oben Anm. 96.
210 Michael Tanner.
211 Mit hoher Wahrscheinlichkeit ist der markgräfliche Rat Heinrich Seibot zu Rambach gemeint, vgl. FRANKL, Bischof (wie Anm. 102), 206. Dieser ist als Beisitzer im Hofgericht Markgraf Albrechts Achilles in einer Sitzung am 24. November 1464 und abermals am 25. Oktober 1465 belegt, vgl. ANDRESEN, In fürstlichem Auftrag (wie Anm. 11), 512; RECHTER, Archive der Grafen und Freiherren von Seckendorff (wie Anm. 9), Bd. 1, 207.
212 Wiprecht von Crailsheim.
213 Georg Spengler, Landschreiber des Markgrafen Albrecht Achilles. Zur Person siehe oben S. 323 f.
214 Nürnberg.

[fol. 10v]

Einnemen dez lantschreibers
im lx*ten* jare[215]

[LGS29] Auff dem abgangen gericht am
dinstag nach Obersten[216]

iiij lib(ra) für ladung

[LGS30] Auff de(m) abgangen gericht am
montag nach Liechtmeß[217]

iii lib(ra) vi d fur ladung

[LGS31] Auff de(m) gericht am dinstag
nach Invocauit[218]

i guld(en) Eberhart Snell vo(n) Nur(emberg)[219] für ein acht
xl guld(en) etlich vo(n) Kempten[220] für vier vrteilbrif
ii guld(en) die armenleute zu Plaach[221]
für ein vrteilbrif
ii guld(en) die von Rotemburg[222] für ein vrteilbrif

---

215 1460.
216 8. Januar 1460. Gerichtsort war Ansbach, siehe Achtbuch, fol. 107v.
217 4. Februar 1460. Gerichtsort war Ansbach, siehe Achtbuch, fol. 107v.
218 4. März 1460. Gerichtsort war Ansbach, siehe Achtbuch, fol. 107v.
219 Eberhard Schnell von Nürnberg. Der Eintrag bezieht sich womöglich auf einen Konflikt des Petenten mit Albrecht Gottsmann d. Ä. zu der Büg, siehe Manual, fol. 386r, sowie Klagebuch 2, fol. 184v.
220 Ungenannte Personen von Kempten. Dieser Eintrag könnte sich auf einen Zuständigkeitskonflikt zwischen Georg Zwicker und Oswald Rust, der für die Stadt Kempten zu Gericht gekommen ist, beziehen, siehe dazu oben Anm. 205 und ergänzend dazu Manual, fol. 390v sowie Klagebuch 2, fol. 217r, wobei der Eintrag im Klagebuch zusätzlich einen Michael von Freiberg zu Ehingen auf der Seite der Stadt Kempten erwähnt.
221 Die armen Leute von Blaubach (südlich von Blaufelden), die nach Manual, fol. 361r, namentlich heißen: Heinrich Müllner, Heinrich Schwab, Johann Fleckmann, Johann Eberhard, Leonhard Hofmann, Johann Woltz, Peter Zurl von Blaubach. Der Eintrag berührt den Streit der Petenten mit Neithart von Wollmershausen, siehe dazu Manual, fol. 361r, 375r und 391r.
222 Ungenannte Personen aus Rothenburg (ob der Tauber), die nach Manual, fol. 361v und 369v, namentlich heißen: Johann Trensler, Andreas Teuerlein, Johann Zenner, Georg Sengler von Rothenburg. Mit großer Wahrscheinlichkeit gehört dieser Eintrag zum Konflikt der Petenten mit Konrad d. Ä., Konrad d. J. und Friedrich sowie Georg Schenk von Limpurg, siehe dazu Manual, fol. 361v, 369v,

i guld(en) H(ans) Tracht vo(n) Nur(emberg)²²³ für ein vrteilbrif
ii guld(en) die von Feuchtwang²²⁴ für ein vrteilbr(if)
i guld(en) Jorg von Stet(e)n²²⁵ fur ein vollung
i guld(en) h(err) Lutz vo(n) Landaw²²⁶ auß d(er) acht
xv lib(ra) xii d fur ladung spruche
vnd anders cleyns.

Su(mm)a l guld(en) xxii l(i)b(ra) iii d

[fol. 11r]

Außgeben desselben jars.

lx guld(en) dez lantschreibers²²⁷ jarsold
iiii guld(en) i ort han ich durch gehaiß
dez Klem(m)en²²⁸ dargelih(e)n an der zeru(n)g

372r, 386v–387r und 389r, sowie Klagebuch 2, fol. 22v. Nicht ganz auszuschließen ist ein Zusammenhang zum Streitfall zwischen der Stadt Rothenburg (ob der Tauber) und Johann Spörlein, siehe dazu Manual, fol. 381r.
223 Johann (II.) Tracht von Nürnberg. Zur Person siehe oben Anm. 200, weiterhin zum Konfliktgeschehen Anm. 189 sowie ergänzend zum Konflikt des Petenten mit Konrad und Johann May, Georg Kanzler, Nikolaus Gaulenhofer, Konrad Sauer, alle zu Schwabach, und Johann Walther zu Ursheim zudem Klagebuch 2, fol. 210r.
224 Ungenannte Personen von Feuchtwangen. In den Gerichtsbüchern sind die von Feuchtwangen in einem Konflikt zwischen den Bürgermeistern und dem Rat von Feuchtwangen einerseits und Heinrich Ellrichshäuser zugunsten Johann Schreiner von Crailsheim andererseits erwähnt, siehe dazu Manual, fol. 380v und 383r–v sowie Klagebuch 2, fol. 174v und 196r.
225 Georg von Stetten zu Büchenbach. Siehe oben zum Petenten Anm. 35 und 154 sowie ergänzend dazu für dessen Konflikt mit Anna von Bopfingen, Witwe des verstorbenen Eberhard von Stetten, Manual, fol. 386r sowie Klagebuch 2, fol. 183v, sowie für die Auseinandersetzung des Petenten mit Philipp von (Unter-) Heinriet Manual, fol. 386r, und schließlich für dessen Streitigkeit mit Konrad von Berlichingen, Klagebuch 2, fol. 132v.
226 Ritter Lutz von Landau. Im Achtbuch, fol. 65r, gibt es zunächst einen Spruch in die Aberacht gegen den Petenten vom 21. August 1447, der aber gestrichen ist und einen Aberachtlösungsvermerk vom 30. Januar 1458 trägt. Ein weiterer Eintrag mit zeitgleicher Achtlösung ist im Achtbuch, fol. 64r, verzeichnet. Ein neuerlicher Achtspruch müsste deshalb erst danach ergangen sein. Gestrichen ist ein Eintrag im Klagebuch 2, fol. 115v, im Konflikt zwischen Wilhelm Rechberg d. J. von Hohenrechberg gegen Abt und Konvent des Klosters Kempten, Ritter Walther von Hoheneck und dem Petenten. Siehe zu diesem Streit außerdem Klagebuch 2, fol. 124r–v, wobei der Petent hier zusätzlich noch von Ritter Walther von Hoheneck beklagt wurde, siehe dazu Klagebuch 2, fol. 124v.
227 Georg Spengler, Landschreiber des Markgrafen Albrecht Achilles. Zur Person siehe oben S. 323 f.
228 Gemeint ist sicherlich Friedrich Clemens, markgräflicher Rentmeister. Dieser ist am 25. Oktober 1465 als Beisitzer im Hofgericht Markgraf Albrechts Achilles belegt, vgl. RECHTER, Archive der Grafen und Freiherren von Seckendorff (wie Anm. 9), Bd. 1, 207.

gem Inspruck²²⁹

Su(mm)a lxiiii guld(en) i ort

Su(mm)a su(mm)a(rum) alles außgebens dye
obgemelt(e)n drey jar²³⁰ zu gelt gemacht

vi*c* lxxxxix guld(en) iii ort xxiiii d

[fol. 11v]

Su(mm)a alles einnemend der dreyer jare
nemlich des lviii*t(en)* lix*t(en)* vnd
des lx*t(en)*²³¹

vi*c* lxxxi guld(en) xviii d

Su(mm)a alles außgebens die
obgeschrib(e)n jare

vi*c* lxxxxviiii guld(en) iii ort
xxiiii d

Einnemen vnd außgeben
gegeneinand(er) abgetzog(e)n
bleibt mein h(er)r dem lantschreib(er)²³²

xix guld(en) i ort vi d

It(e)m solch rechnu(n)g ist gescheen zu gegen
wertigkeit h(er)rn Hannsen von
Seckendorffs²³³ lanntrichters Sebastian

---

229 Innsbruck.
230 1458–1460.
231 1458–1460.
232 Georg Spengler, Landschreiber des Markgrafen Albrecht Achilles. Zur Person siehe oben S. 323 f.
233 Johann von Seckendorff, Landrichter am kaiserlichen Landgericht des Burggraftums Nürnberg. Zur Person siehe oben Anm. 95.

von Seckendorffs[234] haußuogte Ludwig(e)n
von Eybe[235] Fritzen Clemen[236] Rentmeisters
vnd Cunrade Bruckners[237] am mitwoch
vor Geory anno d(o)m(ini) etc. lxiiii*ta*[238]

[fol. 12r]

[fol. 12v]

---

234 Sebastian von Seckendorff, markgräflicher Hausvogt. Dieser ist in den Sitzungen des markgräflichen Hofgerichts am 24. November 1464 und 25. Oktober 1465 als Beisitzer belegt, vgl. ANDRESEN, In fürstlichem Auftrag (wie Anm. 11), 512; RECHTER, Archive der Grafen und Freiherren von Seckendorff (wie Anm. 9), Bd. 1, 207.
235 Ludwig von Eyb d. Ä. Zur Person siehe oben Anm. 96.
236 Friedrich Clemens, markgräflicher Rentmeister. Siehe oben Anm. 228.
237 Konrad Bruckner.
238 18. April 1464.

»Ianus bifrons« – ein Künstlerleben in Widerspruch und Einheit

Zu einem subversiven täuferischen Freskenzyklus Bartlme Dill Riemenschneiders in Tramin, Ansitz Langenmantel (1547)

Von Wolfgang Strobl

In Tramin, einer Gemeinde im Südtiroler Überetsch, befindet sich ein herrschaftlicher Ansitz, der einst im Besitz der Familie Langenmantel stand. Abkömmlinge dieses alten Augsburger Patriziergeschlechts hatten sich im späten Mittelalter wohl aus wirtschaftlichen und handelsstrategischen, vielleicht auch aus nostalgischen Gründen in der weiteren Umgebung von Bozen und damit an einer wichtigen Verkehrsachse und Handelsroute niedergelassen. Für das in der Forschungsliteratur durchgängig als »Trinkstube« bezeichnete, loggiaartig eingerichtete Dachgeschoss in einem Nebengebäude des Ansitzes gab Hans Langenmantel in den späten 40er Jahren des 16. Jahrhunderts einen Freskenzyklus in Auftrag, der Gegenstand dieser Ausführungen ist*.

Auf elf erhaltenen Fresken mit insgesamt 13 Figuren (s. Anhang) sind in einem gänzlich von der griechischen und römischen Antike inspirierten Bildprogramm die Gottheiten Ianus, Phoebus Apollon, Pan, Venus (als Venus Cytherea in Begleitung des blinden Amor) und die Zauberin Kirke dargestellt, ferner vier Musen, nämlich Erato, Kalliope, Urania und Terpsichore, und schließlich – als Paare einander gegenübergestellt – der römische Dichter Vergil neben Madina sowie König Midas neben dem schweinsköpfigen Gryllus. Die intendierte Aussage und Botschaft dieses singulären, ausgeklügelt und gleichzeitig mysteriös wirkenden Bildprogramms konnte bisher weder entschlüsselt noch hinreichend erklärt werden. In diesem Beitrag soll zunächst die Forschungsgeschichte dokumentiert und zusammenfassend dargestellt werden, um in der Folge eine neue Deutung des Fresken-

---

* Für die kritische Durchsicht des Manuskripts und wertvolle Anregungen danke ich sehr herzlich Herrn Univ. Prof. em. Dr. Wolfgang Speyer (Salzburg), für die Bereitstellung des Bildmaterials und freundliche Unterstützung Herrn Dr. Roland Zwerger (Tramin), für wertvolle bautechnische Auskünfte Herrn Dr. Martin Laimer und für die Beratung in musikalischen Fragen Frau Dr. Sonja Tröster (Institut für Musikwissenschaft und Interpretationsforschung, Wien) sowie Herrn Dr. Andreas Fischnaller (Brixen).

zyklus vorzulegen, wobei zunächst die einzelnen mythologischen Figuren und dann besondere ikonografische Details fundierter analysiert werden.

1. Forschungsgeschichte

Im Mai 1913 machte erstmals der Traminer Gemeindearzt und Kunstfreund Alois Grießer (1862–1916) mit einem Beitrag in den Innsbrucker Nachrichten auf das Traminer Grafenhaus und den Freskenzyklus aufmerksam[1]. Der Autor erinnert daran, dass im Laufe des 19. Jahrhunderts viele Kunstschätze aus diesem Ansitz verloren gegangen sind: »Noch vor einem halben Menschenalter konnte man für (!) kunstvolles Getäfel marmorne Kamine und prächtige Oefen bewundern. Seither ist es anders geworden. Kunstliebhaber und Museen bereicherten sich mit diesen Kunstschätzen. Unterhalb des größten Erkers war noch vor zwanzig Jahren ein weißer Marmorstein mit dem Wappen des Besitzers und der Jahreszahl 1544 eingemauert. In einem Fenster desselben Erkers stand im Kreise mit eingelegter Metallschrift: ›Hans Langenmantel zu Tramin 1546‹.«

Die Trinkstube habe Hans Langenmantel als »turmartigen Aufbau« und »Lug' ins Land« auf das dem eigentlichen Ansitz gegenüberliegende Wirtschaftsgebäude aufsetzen lassen. Die Malereien bestächen »durch flotte Zeichnung und dezente, zart getonte Farbengebung« sowie durch »schwungvoll gezeichnete arabeskenartige Modellierungen«. Grießer fühlt sich ob der antiken Stoffe an Dürer erinnert, belächelt aber »die naive Auffassung dieser Göttergestalten«. In einer knappen Beschreibung der Figuren deutet er CIRES noch als »Ceres« und den aus ihrem Topf lugenden Frosch als Anspielung auf die Traminer Bevölkerung, da diese von ihren Nachbarn »Graggeln«, d.h. Fröschen, genannt würden. Am Ende seines Beitrags stellt Grießer eine Veröffentlichung »mit einem kritischen Texte« in der »Zeitschrift des Ferdinandeums« in Aussicht, die aber – sehr wahrscheinlich kriegsbedingt – nie erschienen ist.

Mit diesem kurzen Beitrag in der Tiroler Tagespresse konnte das wissenschaftliche Interesse am Traminer Freskenzyklus aber nicht geweckt werden. Es sollte noch eineinhalb Jahrzehnte dauern, bis im Jahr 1928 auf Anregung des Bozner

---

1 Alois GRIESSER, Ein Zyklus von Wandgemälden zur röm. Mythologie aus dem Jahre 1547 in Tramin, in: Innsbrucker Nachrichten 60. Jg., Nr. 122 v. 31. Mai 1913, 17; vgl. dazu auch Josef GARBER, Die Fresken im Turm der Traminer Grafenhäuser, in: Bozner Jahrbuch für Geschichte, Kultur und Kunst (1928), 11–32, hier 16, Anm. 4.

Archäologen und Heimatkundlers Karl Maria Mayr (1886–1972) der Kunsthistoriker und Tiroler Landeskonservator Josef Garber (1883–1933) den Malereien im »Bozner Jahrbuch« eine ausführliche und bis heute grundlegende Studie widmete[2]. Garber berichtet zunächst über das Augsburger Geschlecht der Langenmantel, die herrschaftliche Baulichkeit in Tramin, dann über die Maltechnik, bis er schließlich eine detaillierte Beschreibung und Interpretation der einzelnen Fresken vornimmt. Garber – dem freilich Riemenschneider als Schöpfer des Freskenzyklus noch nicht bekannt war – verortet den Künstler im humanistisch geprägten süddeutschen Raum und schlägt einen Schüler bzw. Gesellen des Augsburger Malers und Holzschneiders Jörg Breu des Jüngeren als Urheber der Malereien vor. Dieser ist ihm kein »erstklassiger Meister«, wohl aber ein »selbständig schaffender Künstler, der sich seine Gestalten selbst komponierte, wobei er sich nur thematisch an den wohl sicher auch vom Auftraggeber bestellten humanistisch-antikisierenden Stoffkreis anschloß«. Künstlerisch attestiert er diesem »großzügige Sorglosigkeit«, einen »barocken, aufs Malerische eingestellten Schwung«, charakterisiert ihn als »außerordentlich schmissig für diese Zeit« und bescheinigt dem Werk »eine wohlüberlegte Wirkung von zurückhaltender Eleganz und toniger Gepflegtheit«. Immerhin folgte der österreichische Kunsthistoriker Heinrich Hammer (1873–1953) Garber in der Zuschreibung der Fresken an einen der Gesellen Jörg Breu des Jüngeren[3].

Erst in den frühen 1950er Jahren gelang es dem Innsbrucker Kunsthistoriker und Volkskundler Josef Ringler (1893–1973) in einem richtungsweisenden Beitrag über die »südtirolische Fayencekunst« im 16. Jahrhundert, den Freskenzyklus aus stilistischen Gründen dem bis dahin nahezu unbekannten Bartlme Dill Riemenschneider zuzuschreiben, hatte dieser doch im Jahr 1546 für den Langenmantelschen Ansitz einen prächtigen Fayence-Ofen mit Motiven aus der Medea-Sage geschaffen[4]. 1957 wollte der deutsche Kunsthistoriker Wolfgang Wegner eine »star-

---

2 GARBER, Die Fresken im Turm (wie Anm. 1); eine Besprechung dieses Beitrags bei G. KESSLER, in: Zeitschrift des Historischen Vereins für Schwaben und Neuburg 48 (1928/29), 324–327, wo der Rezensent sehr eigenwillige, mitunter völlig verfehlte Überlegungen zu Phoebus, Ianus, Kirke, Madina und Pan zur Diskussion stellt, richtigerweise aber kritisch bemerkt, »dass hier und dort die Beziehung zwischen dem Zweck des Raumes und dem Sinn des Bildes noch tiefer gefaßt werden kann, als es in der Abhandlung geschehen ist …« (S. 326).
3 Heinrich HAMMER, Kritische Besprechung von Josef Garber, Die Fresken im Turm (wie oben Anm. 2), in: Der Schlern 10 (1929), 161–162, hier 161 »… wie wir glauben, mit durchaus zutreffenden Gründen …«.
4 Josef RINGLER, Beiträge zur südtirolischen Fayencekunst des 16. Jahrhunderts, in: Der Schlern 27 (1953), 6–20, hier 16 und DERS., Nachträge und Berichtigungen, in: Der Schlern 27 (1953), 133 (auch wenn der Vf., S. 12 noch der Zuordnung Garbers an die Schule Jörg Breu des Jüngeren anzuhängen scheint); nur der zweite Teil des Beitrags ist wiederabgedruckt als: Die bemalten Tiroler Kachelöfen

ke Verwandtschaft«, »etwa in der Figur des Midas«, mit Fresken auf einem im Zweiten Weltkrieg zerstörten Kamin in Augsburg erkennen, die man Jörg Breu zugeschrieben hatte[5].

Im Jahr 1958 vermochte schließlich der in München promovierte Kunsthistoriker Wolfgang Pfeiffer als literarische Quelle für das bei Garber noch ungedeutet gebliebene Fresko »VIRGILLIUS MAGO« und »MADINA« die mittelalterliche Vergil-Legende nachzuweisen und auf den Sagenkomplex »Vergils Rache« zurückzuführen[6]. Er sieht dieses Fresko in einer engen Beziehung zu jenem der zaubermächtigen Kirke und betrachtet beide als Exempla von »Weibermacht« und »Minnesklaven«. In einem Nachtrag machte Pfeiffer wenige Jahre später auf eine Kachel eines Tiroler Ofens aus dem Jahre 1555 aufmerksam, auf der dasselbe Sujet dargestellt sei; zugleich verwies der Kunsthistoriker auf die Erwähnung des Gryllus in Erasmus von Rotterdams satirischer Schrift *Moriae Encomium*[7]. In einer ausführlicheren Studie über Bartlme Dill Riemenschneider hielt derselbe Verfasser nur wenige Jahre später die Zuschreibung des Traminer Zyklus an den aus Würzburg stammenden Künstler für gesichert und untermauerte dies durch weitere stilistische Argumente[8].

Im Jahr 1960 revidierte der Münchner Altphilologe Hermann Joseph Steinberger nach den Darlegungen Pfeiffers seine 1951 vorgetragene Deutung von Madina als Medea[9], versuchte außerdem (eher ungelenk) die Figur des Gryllus zu erklären und warf die Frage auf, »was wohl den Maler bzw. seinen Auftraggeber veranlaßt haben [mag], den ›Sorgenbrecher‹ Lyäus den Zechern von Tramin nicht zu

---

des 16. Jahrhunderts und das Werk Bartlmä Dill Riemenschneiders, in: Mainfränkisches Jahrbuch für Geschichte und Kunst 6 (1954), 144–157. – Gänzlich unrichtig aber Nicolò RASMO, Note in margine all'Esposizione commemorativa del Concilio di Trento [Le portelle di S. Maria Maggiore a Trento], in: Cultura Atesina-Kultur des Etschlandes 6 (1952), 145–153, hier 151–152, Anm. 9 »L«ultima opera datata del Dill, non riconosciuta dal Ringler, è la dipintura della Torre di Termeno, datata 1547, la cui assegnazione all'autore delle stufe clesiane risale all'arch. Rusconi che, come mi risulta, aveva da tempo unito nello stesso complesso pure gli affreschi di S. Nicolò a Caldaro.«
5 Wolfgang WEGNER, Die Fresken im Falkenturm in Trient, in: Der Schlern 31 (1957), 302–306, hier 305, Anm. 27.
6 Wolfgang PFEIFFER, Zu Bartlmä Dill Riemenschneiders Fresken in Tramin, in: Der Schlern 32 (1958), 261–265.
7 Wolfgang PFEIFFER, Nochmals zu den Fresken im Traminer Grafenturm, in: Der Schlern 34 (1960), 354 (mit 2 Abb.).
8 Wolfgang PFEIFFER, Beiträge zu Bartholomäus Dill Riemenschneider, in: Cultura Atesina-Kultur des Etschlandes 16 (1962), 19–37, hier 33–34.
9 Hermann STEINBERGER, Einiges zu den Fresken im Turm der Traminer Grafenhäuser, in: Der Schlern 25 (1951), 420.

zeigen«[10]. Steinberger ließ sich von den Traminer Fresken auch zu kleineren dichterischen Arbeiten in deutscher und lateinischer Sprache anregen[11].

Damit war bis in die frühen 1960er Jahre über den Freskenzyklus das Grundlegende erforscht und zumindest die inhaltliche Identifizierung der einzelnen mythologischen Figuren gelungen. In zwei universitären Abschlussarbeiten zum Leben und Werk Riemenschneiders aus dem letzten Jahrzehnt des 20. Jahrhunderts[12], aber auch in Kunsthandbüchern, kunst- und musikgeschichtlichen Überblickswerken, Dorf- und Gebietsführern und anderen Tirolensien wurden die Fresken zwar beschrieben oder zumindest erwähnt[13], neue Erkenntnisse und Einsichten waren

---

10 Hermann STEINBERGER, Zu den Fresken im Turme der Traminer »Grafenhäuser«, in: Der Schlern 32 (1958), 460–461.
11 [Hermann STEINBERGER], Phantasien aus Überetsch. Eine Romanze, unter dem bekannten und bewährten Motto »In vite vita« allen das herrliche Südtirol liebenden Öno- und Philologen gewidmet von Albus Caerulus, in: Der Schlern 27 (1953), 465–472; DERS., Verhinderte »Traminer Fuge«, in: Der Schlern 31 (1957), 505 u. mit geringfügigen Veränderungen: DERS., Verhinderte »Traminer Fuge«, in: Der Schlern 33 (1959), 500; außerdem: DERS., Via Bacchica, in: Societas Latina 18 (1952), 29–32.
12 Ursula SCHNITZER, Die Fresken des Bartholomäus Dill Riemenschneider. Zeugnis der Renaissance in Südtirol. Bd. I Textband. Bd. II Bildband, Diplomarb. Innsbruck 1994, Bd. I 90–95 u. Bd. II 95–106, Abb. 1–12; Irene FELLIN, Bartholomäus Dill Riemenschneider nella cultura atesina del Rinascimento I-II. Università degli Studi di Parma, Tesi di laurea a.a. 2000–2001, Bd. I 203–212 u. Bd. II, Abb. 190(bis)–203(bis).
13 Josef WEINGARTNER, Die Kunstdenkmäler des Etschlandes Bd. III/1 Ritten, Sarntal, Tschöggelberg. Bd. III/3 Überetsch, Unterland und Regglberg, 1929, 314; Erich EGG, Kunst in Tirol. Malerei und Kunsthandwerk, 1972, 136–137 (mit einer Abb. des Vergil-Madina-Freskos); Martin SCHWEIGGL, An der südlichen Weinstraße. Tramin – Kurtatsch – Margreid – Kurtinig. Land und Leute zwischen Kalterer See und Salurner Klause (Südtiroler Gebietsführer 17), 1978, 128–130; Hermann FRASS/Franz Hieronymus RIEDL, Historische Gaststätten in Tirol. Nord-, Ost- und Südtirol, ²1978, 19; Walter SALMEN, Katalog der Bilder zur Musikgeschichte in Österreich. Teil 1: bis 1600, 1980, 202–203, Nr. 974–978; Nicolò RASMO, Kunst; in: Sandro GATTEI/Roberto MAINARDI/Sandro PIROVANO/Nicolò RASMO, Südtirol - Trentino, 1980, 54–494, hier 414; Rudolf PALME, Frühe Neuzeit (1490–1665), in: Josef FONTANA/Peter W. HAIDER/Walter LEITNER u. a., Geschichte des Landes Tirol. Band 2 Die Zeit von 1490 bis 1848, 1986, 1–287, hier 89 u. 90 (Abb. des Vergil-Madina-Freskos); Gioia CONTA, I luoghi dell'arte. Vol. III Oltradige e Bassa Atesina, 1994, 358–359; unmotiviert als »moralisierende allegorische Motive« bezeichnet die Fresken Silvia SPADA PINTARELLI, Fresken in Südtirol, 1997, 26 »Die Außenfassaden von Haus Bertagnolli in Fondo und Haus Langenmantel in Tramin gestaltete er mit moralisierenden allegorischen Motiven [...] in Tramin findet man Fresken mit mythologischen Gestalten, unter denen die ungewöhnliche Darstellung des ›Grillus‹ hervorsticht. Die Bildwahl entspricht dem nordischen Geschmack, der in Deutschland und den Niederlanden verbreitet ist.«; Anton VON LUTTEROTTI, Südtiroler Landeskunde, 2000, 492; Roland ZWERGER, Tramin an der Südtiroler Weinstraße. Dorfführer und Weinbaugeschichte, 2001, 64–70; Othmar LÄSSER, Bilder zur Musikgeschichte in Tirol. Von den Anfängen bis 1600. Eine musikikonografische Betrachtung, in: Kurt DREXEL/Monika FINK (Hg.), Musikgeschichte Tirols. Band 1 Von den Anfängen bis zur Frühen Neuzeit (Schlern-Schriften 315), 2001, 705–769, hier 752–753, Nr. 205 u. Nr. 207–210; Leo ANDERGASSEN, Malerei der Renaissance und des Manierismus (1530–1600), in: Paul NAREDI-RAINER/Lukas MADERSBACHER (Hg.), Kunst in Tirol. Band 1 Von den Anfängen bis zur Renaissance

aber nicht zu konstatieren. Zwischendurch erschienen auch für ein größeres Lesepublikum bestimmte Aufsätze über die »legendäre Trinkstube der Langenmantel« (Böhm)[14].

In jüngster Zeit widmete sich der Südtiroler Kunsthistoriker Helmut Stampfer in einem Beitrag über »Kleine ausgemalte Räume in Südtiroler Ansitzen« (2013) auch dem Traminer Freskenzyklus[15]. Stampfer schätzt die Bedeutung der Malereien für die Tiroler Kunstgeschichte »aufgrund ihrer Qualität und des originellen Bildprogramms« als »sehr hoch« ein und geht davon aus, dass die Trinkloggia vorrangig »männlichen Besuchern zu Geselligkeit, Trank, Spiel und Witz« vorbehalten war. Für ein in der Mitte der Südwand des Raumes angeblich vormals existentes zwölftes Bild schlägt er als Sujet die griechische Sagengestalt Medea vor, da sie sich als »vierte Zauberin« in den Kreis der anderen Zauberinnen und Verzauberten (Vergil/Madina, Midas/Gryllus, Cires/Kirke) gut einfügen würde[16].

Zuletzt erschien von dem Kunsthistoriker Hanns-Paul Ties, der sich in seiner (noch nicht veröffentlichten) Dissertationsschrift eingehend mit dem Künstler

---

(Kunstgeschichtliche Studien – Innsbruck, Neue Folge 3), 2007, 611–632, hier 611, Abb. 1 (Madina u. Vergil) u. 613; Michael FORCHER/Hans Karl PETERLINI, Südtirol in Geschichte und Gegenwart, 2010, 122 (mit einer Abb. des Vergil-Madina-Freskos).

14 Erich EGG, Aus der Schatzkammer Tirols. Trinkgesellen und Stubenmeister, in: Das Fenster 8 (1971), 631–643, hier 637–643 (mit 2 Abb.); Walter BÖHM, Wie das Wappen der Langenmantel nach Südtirol kam (Teil I–III), in: Stadtanzeiger. Wochenbeilage der »Augsburger Allgemeinen« zur Förderung des Augsburger Vereins- und Berufslebens 23. Jg., Nr. 31 v. 22. August 1978, 121–122 (I); Nr. 32 v. 29. August 1978, 125–126 (II); Nr. 33 v. 5. September 1978, 129–130 (III), bes. Teil III »Fröhliche Weinfeste zwischen den Fresken von Dill Riemenschneider« (nicht frei von Fehlern, Missverständnissen und vagen Spekulationen); Roland ZWERGER, B. D. Riemenschneiders mythologische Fresken, in: Traminer Dorfblatt 2. Jg., Nr. 3 v. 8. Februar 1992, 10; zu erwähnen ist schließlich auch der »Traminer Bildkalender zum Jahre 2000«, hg. v. Verein für Kultur- und Heimatpflege Tramin, 2000, in dem sechs Fresken mit einem erläuternden Kommentar abgebildet sind (»Fresken von 1547 in der Trinkstube«, 22. Woche, Mai/Juni).

15 Helmut STAMPFER, Kleine ausgemalte Räume in Südtiroler Ansitzen. Ein Beitrag zu Formen adliger Geselligkeit im 16. Jahrhundert, in: Gustav PFEIFER/Kurt ANDERMANN (Hg.), Ansitz – Freihaus – corte franca. Bauliche und rechtsgeschichtliche Aspekte adligen Wohnens in der Vormoderne. Akten der Internationalen Tagung in der Bischöflichen Hofburg und in der Cusanus-Akademie zu Brixen, 7. bis 10. September 2011 (Veröffentlichungen des Südtiroler Landesarchivs 36), 2013, 129–152, hier 129–132 u. 148–150.

16 Mit größter Wahrscheinlichkeit kann man aber davon ausgehen, dass kein Fresko verlorengegangen ist. Ein freier Platz für ein verlorenes Fresko wäre allein an der Südwand vorhanden, also zwischen den Figurengruppen Vergil/Madina und Midas/Gryllus (siehe Skizze 1, S. 397). An dieser Stelle stand ursprünglich, d. h. im Jahr 1547, zwischen den beiden Eckpfeilern kein Mittelpfeiler; ein solcher wurde erst in späterer Zeit eingemauert, um der Fassade eine einheitliche Gestalt zu geben. Es ist daher naheliegend, dass sich in diesem Bereich ursprünglich der Eingang befand.

auseinandersetzte[17], der Aufsatz »Bartlme Dill Riemenschneider – Transitregion und Kunsttransfer« (2015), in dem er auch auf den Traminer Freskenzyklus eingeht[18]. Ties bezeichnet die Langenmantel als »Familie von Weinbauunternehmern und Weinhändlern« und will die Wandbilder »zumindest teilweise« auf Texte und Bildwerke deutscher Humanisten zurückführen. Apollon habe sich »ganz dem Weingott Bacchus untergeordnet«, weil er nicht die Lyra, sondern die für Bacchus charakteristische Doppelflöte in Händen halte. Die Figur des Gryllus deutet er als »Warnung vor den schädlichen Folgen übermäßigen Weingenusses«. Mit vollem Recht betont auch Ties, dass »sich innerhalb des erhaltenen Bestandes an profanen Wandmalereien aus der europäischen Renaissance« dem Zyklus »nichts auch nur annähernd Vergleichbares zur Seite stellen« ließe. In einem weiteren, 2017 erschienenen Beitrag erweiterte Ties die Interpretation[19], indem er nun auch das Apollon beigegebene Notenblatt mit den Textzeilen »*O alle foll, alle foll, kannen leer, kannen leer*« mit »Blick auf die Trinkliteratur des deutschen Humanismus« als »Warnung vor den schädlichen Folgen übermäßigen Weingenusses« deuten will[20].

2. Der Künstler Bartlme Dill Riemenschneider und das Täufertum in Tirol

Inzwischen steht in der Täufer-Forschung zweifelsfrei fest, dass uns mit Bartlme Dill Riemenschneider der erste täuferische Künstler überhaupt entgegentritt. Über diesen Sohn des deutlich bekannteren Würzburger Bildhauers und Holzschnitzers Tilman Riemenschneider (um 1460/62–1531) lässt sich sehr wenig Gesichertes aussagen. Weder Briefe noch andere persönliche Zeugnisse gewähren einen tieferen

---

17 Hanns-Paul Ties, Bartlme Dill Riemenschneider (ca. 1495/1500–1549/59). Malerei in Südtirol zwischen Renaissance und Reformation, (unveröffentl.) Diss. Basel 2017 (dem Vf. nicht zugänglich).
18 Hanns-Paul Ties, Bartlme Dill Riemenschneider – Transitregion und Kunsttransfer. Forschungsergebnisse und -perspektiven zur Kunst der Frühen Neuzeit in Tirol und im Trentino, in: Der Schlern 89/12 (2015), 31–43, hier 37.
19 Hanns-Paul Ties, Bartlme Dill Riemenschneider. Ein Maler der Reformationszeit in Südtirol, in: Südtirol in Wort und Bild 61/3 (2017), 33–41, hier 34.
20 Neben diesen kunstgeschichtlichen Arbeiten und Studien ist auch auf zwei baugeschichtliche Untersuchungen zum Ansitz Langenmantel zu verweisen: Heidrun Schroffenegger, Inventarisation und Baugeschichte des Ansitzes Langenmantel, Abschlussarbeit für das Aufbaustudium Denkmalpflege der Otto-Fr. Universität Bamberg und der Fachhochschule Coburg, 1998 (dem Vf. nicht zugänglich) und Martin Laimer, Tramin, Bp. 57 Langenmantel. Baugeschichtliche Studie und Erschließungskonzept, 2010 (unveröffentl. Manuskript). Die gründliche Untersuchung von Martin Laimer entstand im Zuge einer von den derzeitigen Besitzern des Ansitzes geplanten Renovierung des gesamten Gebäudekomplexes und einer damit u. U. einhergehenden Erschließung der »Trinkstube«, die bedauerlicherweise bis heute nicht erfolgen konnte.

Einblick in sein Leben, Fühlen und Denken. Allein sein künstlerisches Werk und mehrere archivalische Zeugnisse verleihen seiner Persönlichkeit gewisse Konturen. Lange Zeit war Riemenschneider gänzlich in Vergessenheit geraten. Erst ab den 1950er Jahren gelang es der historischen und kunsthistorischen Forschung, in mühevoller Kleinarbeit sein Leben und Werk zumindest in Teilen zu rekonstruieren[21]. Ein neues, verstärktes und bis in die Gegenwart anhaltendes Interesse an diesem Künstler setzte in den letzten Jahrzehnten des 20. Jahrhunderts ein[22], wobei sich

21 Karl SCHADELBAUER, Ein Schreiben für den Bozner Maler Bartlme Tyll vom Jahre 1532, in: Dolomiten 30. Jg., Nr. 69 v. 25. März 1953, 3; Karl Theodor HOENIGER, Der Bozner Maler Bartlmä Dill – ein Sohn Tilman Riemenschneiders, in: Der Schlern 27 (1953), 3–5 [= Mainfränkisches Jahrbuch für Geschichte und Kunst 6 (1954), 139–144]; Josef RINGLER, Eine Meisterinschrift Bartlmä Dills, in: Der Schlern 27 (1953), 324; Justus BIER, Bartlmä Dills »Malersignum«, in: Der Schlern 28 (1954), 391–393; Erich EGG, Eine Urkunde über Bartlme Riemenschneider in Bozen, in: Der Schlern 30 (1956), 282; Justus BIER, Eine (unbekannte) Kreuzigung von Barthlmä Dill Riemenschneider in Sigmaringen, in: Der Schlern 31 (1957), 451–452 [= Mainfränkisches Jahrbuch für Geschichte und Kunst 10 (1958), 261–263]; Hanswernfried MUTH, Bartholomäus Dill Riemenschneider, ein Schüler Albrecht Dürers, in: Mainfränkisches Jahrbuch für Geschichte und Kunst 10 (1958), 264–267; Walther STAFFLER, Bartlmä Dill – ein Tiroler Täufer, in: Der Schlern 33 (1959), 490–491; Günther SCHIEDLAUSKY, Bartholomäus Dill – ein Schüler Albrecht Dürers?, in: Der Schlern 33 (1959), 371; Walther STAFFLER, Zur religiösen Einstellung der Tilmann Riemenschneider'schen Künstlersippe, in: Der Schlern 34 (1960), 503–504; Justus BIER, Bartholomäus Dill Riemenschneider – ein Gehilfe Albrecht Dürers?, in: Der Schlern 36 (1962), 180–181; Josef RINGLER, Der Kampf um Troja. Malereien Bartlmä Dills an der Casa Bertagnolli in Fondo, in: Der Schlern 37 (1963), 235–236; Karl Franz ZANI, Urfehde des Malers Bartlmä Dill von Bozen, in: Der Schlern 49 (1975), 170–171; zusammenfassend: Franz Hieronymus RIEDL, Bartholomäus Dill Riemenschneider. Ein Schüler Albrecht Dürers in Südtirol und im Trentino, in: Südtirol in Wort und Bild 15/2 (1971), 4–11; Viktor MALFÈR, Bartlmä Dill Riemenschneider, in: Illustrierter Haus-Kalender 105 (1974), 69–81 u. Max Hermann VON FREEDEN, Über Til Riemenschneiders Sohn in Südtirol, in: Altfränkische Bilder und Wappenkalender 78 (1979), 3–5. Vielleicht Riemenschneider zuzuschreiben sind heute übertünchte Fresken im Lanserschen Meierhof zu Eppan: Karl Maria MAYR, Der trinkfeste Lanser zu Eppan, in: Der Schlern 32 (1958), 459.
22 Siehe oben, Anm. 12; außerdem: Nicolò RASMO, Storia dell'arte nel Trentino, 1982, 218–219; Ezio CHINI, Dill Riemenschneider, Bartholomäus, in: Roberto CONTI/Clelia GINETTI (ed.), La pittura in Italia. Il Cinquecento II, ²1988, 704–705; DERS., Affreschi a Fondo fra Trecento e Cinquecento dopo il restauro, 1989, 23–32; Pietro MARSILLI, Della Torre del Falco, in: Laura DAL PRÀ (ed.), Un museo nel Castello del Buonconsiglio. Aquisizioni, contributi, restauri, 1995, 239–260, hier 259–260; Lucia LONGO, Artisti tedeschi alla corte di Bernardo Clesio, in: Enrico CASTELNUOVO (ed.), Il Castello del Buonconsiglio. Dimora dei Principi Vescovi di Trento. Persone e tempi di una storia II, 1996, 259–275, hier 263–275; Claudio STROCCHI, Il restauro dell'*Annunciazione* e della *Natività* in una portella d'altare di Bartlmä Dill Riemenschneider, in: Studi Trentini di Scienze Storiche 79, sezione II/1–2 (2000), 49–66; Helmut STAMPFER, Die Malereien des Bartlme Dill Riemenschneider, in: Museum Passeier (Hg.), Die Jaufenburg. Baugeschichte, Bewohner, Malereien, Heilig-Kreuz-Kirchlein, Sagen, 2003, 35–41; zusammenfassend: Erich EGG, Art. Dill (Riemenschneider), in: Allgemeines Künstlerlexikon 27 (2000), 391–392; Leo ANDERGASSEN, Bartlmä Dill Riemenschneider, in: Marina BOTTERI OTTAVIANI (ed.), Natale dipinto. Immagini del Cinquecento, 2000, 32–37; DERS., Bartlmä Dill Riemenschneider. Ein Würzburger Maler in Südtirol, in: Jürgen LENSSEN (Hg.), Tilman Rie-

besonders der Kunsthistoriker Hanns-Paul Ties um eine vertiefte Kenntnis des Renaissancekünstlers bemühte[23].

Dem jungen Riemenschneider war schon sehr früh das Interesse an der Kunst eigen; in der väterlichen Werkstatt wurde er in die Techniken und Möglichkeiten des künstlerischen Schaffens eingeführt. Sehr wahrscheinlich konnte er im jugendlichen Alter Albrecht Dürer in dessen Nürnberger Werkstatt über die Schulter schauen und seine künstlerischen Fertigkeiten erweitern und vertiefen[24]. Als im

---

menschneider. Werke seiner Glaubenswelt, 2004, 151–167; mit neuem Archivmaterial: DERS., Renaissancealtäre und Epitaphien in Tirol (Schlern-Schriften 325), 2007, 61–80 u. 371–376; Giuseppe SAVA, Rinascimento del nord: il «Maestro di Bresimo» e Bartlmä Dill Riemenschneider, in: Atti della Accademia Roveretana degli Agiati ser. IX 261 (2011), Bd. I/A, 197–219.

23 Erstmals: Hanns-Paul TIES, Bartlmä Dill – der Maler und Wiedertäufer. Neues zum Leben und Werk des wichtigsten Südtiroler Renaissancekünstlers, in: Dolomiten 124. Jg., Nr. 47 v. 25./26. Februar 2006, 45; DERS., Il pittore rinascimentale Bartlmä Dill Riemenschneider e l'»invenzione« delle stufe in maiolica dipinte. Note sulla genesi di un genere artistico, in: Francesco ANGELELLI (ed.), Atti del I Convegno Internazionale, Sfruz 5–7 Settembre 2008. »Le antiche stufe ad olle in ceramica di Sfruz – Val di Non, Trentino. Produzione, storia, materie prime e tecniche: rapporti con altri centri«, 2011, 73–90; DERS., Die Freiherren von Völs und die Antike. Bildprogramme der Renaissance in den Burgen Prösels und Haselburg (Südtirol), in: Wartburg-Gesellschaft zur Erforschung von Burgen und Schlössern e.V. (Hg.), Burgen im Alpenraum (Forschungen zu Burgen und Schlössern 14), 2012, 171–184; DERS., Klappbild und Konversion. Bartlme Dill Riemenschneiders Dreikönigsretabel aus dem Dom von Brixen und das Verhältnis zwischen Christen und Muslimen in der Renaissance, in: David GANZ/Marius RIMMELE (Hg.), Klappeffekte. Faltbare Bildträger in der Vormoderne (Reimer Bild + Bild 4), 2016, 309–336; DERS., Der Maler Bartlme Dill Riemenschneider und die Spuren der Reformation in der Tiroler Kunst, in: Leo ANDERGASSEN (Hg.), Luther und Tirol. Religion zwischen Reform, Ausgrenzung und Akzeptanz, 2017, 122–139; Linda A. HUEBERT HECHT/Hanns-Paul TIES, Research Note: The Tirolian Anabaptist Artist Bartlme Dill Riemenschneider and the Anabaptist Women in His Household, 1526–1549, in: The Mennonite Quarterly Review 92 (2018), 439–460; siehe auch oben, Anm. 17, Anm. 18 und Anm. 19. – Zu beachten aber auch: Wolfgang STROBL, Täuferische Reformtheologie im Bild. Zur Deutung von Bartlme Dill Riemenschneiders Dreikönigsaltar in Brixen (1545), in: Leo ANDERGASSEN/Hanns-Paul TIES (Hg.), Reformation in Tirol und im Trentino. Kunst- und kulturhistorische Forschungen. Beiträge der Wissenschaftlichen Tagung im Landesmuseum für Kultur- und Landesgeschichte Schloss Tirol, 7. bis 9. September 2017 (Schlern-Schriften 373), 2019, 141–164; eine englische Fassung demnächst in: The Mennonite Quarterly review 95 (2021).

24 Eine Lehrzeit Riemenschneiders in der Nürnberger Werkstatt Dürers (1517) ist vorsichtig als Hypothese formuliert bei MUTH, Bartholomäus Dill Riemenschneider (wie Anm. 21); skeptisch aber (mit nicht durchaus überzeugenden Argumenten) TIES, Il pittore rinascimentale (wie Anm. 23), 77/78 »L'identificazione di quel ›Bartholmes Dil‹ con Riemenschneider è allettante, però non viene confermata dallo stile del pittore di Würzburg, che non mostra una particolare affinità con l'opera del maggiore esponente del rinascimento tedesco.« u. ANDERGASSEN, Bartlmä Dill Riemenschneider (Anm. 22), 34 »Egli si formò probabilmente nella bottega di Dürer …« u. 36 »Non è del tutto provato che egli svolgesse il suo apprendistato nella bottega di Dürer.«; ANDERGASSEN, Renaissancealtäre (wie Anm. 22), 61 »Die Frage, ob der Maler seine spezifische Ausbildung im Dürerkreis erhalten hatte, lässt sich nicht mit Sicherheit beantworten.«; kein Zweifel besteht hingegen für MALFÈR, Bartlmä Dill Riemenschneider (wie Anm. 21), 70; RASMO, Kunst (wie Anm. 13), 388 u. 414; SAVA, Rinascimento del

Jahr 1525 auch Würzburg in den Sog der Bauernkriege geriet und sein Vater die Ämter im städtischen Rat und einen großen Teil seines Vermögens verlor[25], verließ er als junger Mann seine Geburtsstadt, um fern der Heimat im südlichen Tirol sein Glück zu suchen[26]. Schon bald gelang es ihm, dort Fuß zu fassen und als Künstler Bekanntheit und Anerkennung zu erlangen. Wohlhabende Adelige, aber auch Kleriker wurden auf Riemenschneider aufmerksam und erteilten ihm immer wieder einträgliche Aufträge. Sein umfangreiches künstlerisches Werk im südlichen Tirol und Trentino umfasst sowohl sakrale Tafel- als auch profane Wandmalereien; darüber hinaus verlegte er sich mit besonderer Sachkenntnis auf die Herstellung und Dekoration von Fayence-Öfen.

Maßgeblich und nachhaltig prägend für sein Leben und künstlerisches Schaffen war die Hinwendung zum Täufertum[27]. Wir wissen nicht, ob Riemenschneider

nord (wie Anm. 22), 212 spricht von einer »educazione düreriana«; zahlreiche künstlerische Parallelen zwischen dem Werk Dürers und Riemenschneiders bei SCHNITZER, Die Fresken (wie Anm. 12), Bd. I 19–21.
25 Dazu neuerdings mit einer kritischen Analyse der Quellen: Lucas DEMBINSKY, Tilman Riemenschneider im Bauernkrieg. Langer Aufstieg und schneller Fall in Würzburg. Legende und Wirklichkeit, in: Andreas TACKE/Franz IRSIGLER (Hg.), Der Künstler in der Gesellschaft. Einführungen zur Künstlersozialgeschichte des Mittelalters und der Frühen Neuzeit, 2011, 303–321, bes. 315–318.
26 Als »Bauernkriegsveteran« bezeichnet Riemenschneider irrigerweise PACKULL, Die Anfänge des Täufertums (wie Anm. 33), 199 u. 187, Anm. 34, wobei er sich auf die Quellensammlung von Mecenseffy [Grete MECENSEFFY (Hg.), Quellen zur Geschichte der Täufer XIV. Band. Österreich, III. Teil (Quellen und Forschungen zur Reformationsgeschichte 50), 1983] beruft. Ein Engagement Riemenschneiders in den Bauernkriegen lässt sich quellenmäßig aber nicht belegen.
27 Literatur (Auswahl): Guy F. HERSHBERGER (ed.), The Recovery of the Anabaptist Vision. A Sixtieth Anniversary Tribute to Harold S. Bender, 1957; John Christian WENGER, Even Unto Death. The Heroic Witness of the Sixteenth-Century Anabaptists, 1961 (auch in dt. Übersetzung: Die dritte Reformation. Kurze Einführung in Geschichte und Lehre der Täuferbewegung, 1963); George Huntston WILLIAMS, The Radical Reformation, 1962; Heinold FAST (Hg.), Der linke Flügel der Reformation. Glaubenszeugnisse der Täufer, Spiritualisten, Schwärmer und Antitrinitarier (Klassiker des Protestantismus 4), 1962; Robert FRIEDMANN, Das täuferische Glaubensgut. Versuch einer Deutung, in: Archiv für Reformationsgeschichte 55 (1964), 145–161, ähnlich: The Essence of Anabaptist Faith. An Essay in Interpretation, in: The Mennonite Quarterly Review 41 (1967), 5–24; Wolfgang SCHÄUFELE, Das missionarische Bewußtsein und Wirken der Täufer. Dargestellt nach oberdeutschen Quellen (Beiträge zur Geschichte und Lehre der Reformierten Kirche 21), 1966; Franklin H. LITTELL, Das Selbstverständnis der Täufer, 1966 (urspr. engl.: The Anabaptist View of the Church. A Study in the Origins of Sectarian Protestantism, 1952); Elsa BERNHOFER-PIPPERT, Täuferische Denkweisen und Lebensformen im Spiegel oberdeutscher Täuferverhöre (Reformationsgeschichtliche Studien und Texte 96), 1967; Claus-Peter CLASEN, Anabaptism. A Social History, 1525–1618. Switzerland, Austria, Moravia, South and Central Germany, 1972; Robert FRIEDMANN, The Theology of Anabaptism. An Interpretation (Studies in Anabaptist and Mennonite History 15), 1973; Hans-Jürgen GOERTZ (Hg.), Umstrittenes Täufertum 1525–1975. Neue Forschungen, 1975; Claus-Peter CLASEN, The Anabaptists in South and Central Germany, Switzerland, and Austria, their Names, Occupations, Places of Residence and Dates of Conversion: 1525–1618, 1978; Hans-Jürgen GOERTZ, Pfaffen-

bereits in seiner Würzburger Heimat[28] oder erst im südlichen Tirol mit dieser religiösen Reformbewegung in Berührung gekommen ist. Da diese Lehre nach 1520 auch im nördlichen und südlichen Tirol auf fruchtbaren Boden gestoßen war, dürfte es Riemenschneider in Bozen nicht schwergefallen sein, sich einer Täufergemeinde anzuschließen und mit Gleichgesinnten regelmäßigen Austausch zu pflegen. Die religiöse Haltung und Gesinnung des Künstlers blieben jedoch nicht unbemerkt; schon bald geriet er ins Visier der über die religiöse Orthodoxie wachenden Obrigkeit. Im Jahr 1528 wurde er mit seiner Ehefrau Katharina Wolff verhaftet, zum Widerruf gezwungen[29] und dann begnadigt. Zwei Jahre später stand er im Dezember wegen »ungebührlicher Reden« erneut vor dem Bozner Landrichter, wurde inhaftiert und riskierte wegen Rückfälligkeit die Todesstrafe. Nach mehreren Monaten Haft wurde er aber neuerlich freigelassen, wobei er sich weigerte, dem Täufertum abzuschwören. In Trient ließ man im folgenden Jahr zwei Personen einsperren und »examinieren«, die mit Riemenschneider »gehandlt« hatten und im Besitz einer häretischen Schrift standen[30]. Immer wieder also war der Künstler durch sein deviantes religiöses Verhalten auffällig geworden; er dürfte als Täufer einschlägig bekannt gewesen sein[31]. Dennoch blieb er am Ende unbe-

haß und groß Geschrei. Die reformatorischen Bewegungen in Deutschland 1517–1529, 1987, 195–211; Marlies MATTERN, Leben im Abseits. Frauen und Männer im Täufertum (1525–1550). Eine Studie zur Alltagsgeschichte (Europäische Hochschulschriften. Reihe III Geschichte und ihre Hilfswissenschaften 791), 1998; Hans-Jürgen GOERTZ, Die Täufer. Geschichte und Deutung, ²1988; Anselm SCHUBERT/Astrid VON SCHLACHTA/Michael DRIEDGER (Hg.), Grenzen des Täuftertums / Boundaries of Anabaptism. Neue Forschungen. Beiträge der Konferenz in Göttingen vom 23.–27.08.2006 (Schriften des Vereins für Reformationsgeschichte 209), 2009.
28 Spekulativ die Ausführungen bei Hanswernfried MUTH/Toni SCHNEIDERS, Tilman Riemenschneider und seine Werke, ³1982, 27 »So mögen nicht nur die Ereignisse des Jahres 1525, die Til Riemenschneiders Lebensabend so schicksalsschwer überschatteten, den ehemals Hochgeehrten in bittere Vereinsamung gestoßen haben; der alternde Meister sah selbst im engsten Familienkreis neue Ideen wachsen, denen er innerlich fremd gegenüberstand ...«; nüchterner: Thomas A. BRADY JR., One Soul, Two Bodies: Lordship and Faith in the Prince-Bishopric of Würzburg c. 1500, in: Julien CHAPUIS (ed.), Tilman Riemenschneider, c. 1460–1531 (Studies in the History of Art 65; Center for Advanced Study in Visual Arts. Symposium Papers 42), 2004, 15–27, hier 23–24 (»Excursus: Tilman Riemenschneider in the Peasants' War«): »Finally, we know as little about Riemenschneider's attitude toward rebels and their cause in 1525 as we do about how he regarded the Evangelical Reformation, that is to say, nothing.« (24).
29 ZANI, Urfehde des Malers (wie Anm. 21), 170 spricht von »einer schmählichen von der Kirche vorgeschriebenen Prozedur [...], einer gründlichen Gehirnwäsche, zu der dann für diese doppelten Renegaten anschließend mit der Urfehde die bedingungslose, entwürdigende Kapitulation der Persönlichkeit und des eigenen Ichs kam.«
30 SCHADELBAUER, Ein Schreiben für den Bozner Maler (wie Anm. 21), 3.
31 ANDERGASSEN, Renaissancealtäre (wie Anm. 22), 63 »Der Leumund Riemenschneiders war in der Öffentlichkeit der eines sektiererischen Täufers, wie es etwa aus der behördlichen Vorladung von

helligt, sodass man wohl annehmen kann, dass höchste kirchliche Kreise ihre schützende Hand über ihn gehalten haben[32].

Die Anfänge und Ausbreitung der Täufer in Tirol, deren wechselhafte Geschichte, die soziale Schichtung der Anhänger, die führenden Persönlichkeiten der Bewegung und die zumeist gnadenlose Verfolgung durch die Tiroler Landesherren waren bis in die Gegenwart immer wieder Gegenstand der frühneuzeitlichen Forschung[33]. Das Täufertum, auch als »linker Flügel der Reformation« (H. Fast), als

dessen Hausgehilfin 1537 hervorgeht, die ihn aber zu entlasten wusste und die an den Rat gebrachten Vorwürfe entkräften konnte.«
32 Allerdings wird man schwerlich annehmen können, dass sich Riemenschneider ganz offen zu seinem Täufertum bekennen konnte; problematisch daher ANDERGASSEN, Renaissancealtäre (wie Anm. 22), 78 »Es ist für Bartlmä Dill keineswegs untypisch, bezeugte er doch öffentlich sein täuferisches Bekenntnis und wurde allein durch Intervention von Fürstbischof Bernhard von Cles aus der im Auftrag Ferdinands I. verfügten Kerkerhaft befreit.«
33 Literatur (Auswahl): Engelbert AUCKENTHALER, Zur Geschichte des Wiedertäufertums in der Sterzinger Gegend, in: Der Schlern 17 (1936), 153–156; Edmund WIDMOSER, Das Täufertum im Tiroler Unterland, Diss. Innsbruck 1948; Katharina SINZINGER, Das Täufertum im Pustertal I-II, Diss. Innsbruck 1950; F. KOLB, Die Wiedertäufer im Wipptal (Schlern-Schriften 74), 1951; Edmund WIDMOSER, Das Tiroler Täufertum (I. u. II. Teil), in: Tiroler Heimat 15 (1951), 45–89 u. 16 (1952), 103–128 (Teil I ist wiederabgedruckt in: Beiträge zur Geschichte Tirols. Festgabe des Landes Tirol zum Elften österreichischen Historikertag in Innsbruck vom 5. bis 8. Oktober 1971, [1971], 229–258); Gretl KÖFLER, Täufertum in Tirol, in: Christoph VON HARTUNGEN/Günther PALLAVER (Hg.), Michael Gaismair und seine Zeit, 1983, 112–122; Wolfgang LASSMANN, Möglichkeiten einer Modellbildung zur Verlaufsstruktur des tirolischen Anabaptimus, in: Jean-Georges ROTT/Simon L. VERHEUS (ed.), Anabaptistes et dissidents au XVIe siècle. Actes du Colloque international d'histoire anabaptiste du XVIe siècle (Bibliotheca dissidentium. Scripta et studia 3), 1987, 297–309; Rudolf PALME, Zur Täuferbewegung in Tirol. Soziale Schichtung, geographische Verbreitung und Verfolgung, in: Mennonitische Geschichtsblätter 43/44 (1986/87), 47–61, ähnlich: DERS., Zur Täuferbewegung in Tirol, in: Christoph VON HARTUNGEN/Günther PALLAVER (Hg.), Die Täuferbewegung. L'anabattismo. Tagung zum 450. Todestag Jakob Huters (1536–1986) – Bozen, 1986 (Collana di Documentazione 6), 1989, 66–81; Heinz NOFLATSCHER, Häresie und Empörung. Die frühen Täufer in Tirol und Zürich, in: Der Schlern 63 (1989), 619–639, auch in engl. Sprache als: The Early Anabaptists in the Tyrol and in Zurich, in: The Mennonite Quarterly Review 68 (1994), 291–317; Werner O. PACKULL, The Beginning of Anabaptism in Southern Tyrol, in: Sixteenth Century Journal 22/4 (1991), 717–726, in einer erheblich erweiterten Fassung auch als: Werner O. PACKULL, Die Anfänge des Täufertums in Tirol, in: Günter VOGLER (Hg.), Wegscheiden der Reformation. Alternatives Denken vom 16. bis zum 18. Jahrhundert, 1994, 179–209; aus nordamerikanischer Perspektive betont kritisch: Werner O. PACKULL, Die Hutterer in Tirol. Frühes Täufertum in der Schweiz, Tirol und Mähren (Schlern-Schriften 312), 2000, bes. 185–242, urspr. in engl. Sprache: Hutterite Beginnings. Communitarian Experiments during the Reformation, 1995, krit. besprochen von Erika KUSTATSCHER, in: Der Schlern 75/5 (2002), 68–71; Astrid VON SCHLACHTA, Die Täufer in Tirol – Rückblick und Ausblick, in: Jahrbuch für die Geschichte des Protestantismus in Österreich 123 (2007), 9–26; Linda A. HUEBERT HECHT, Anabaptist Women and Their Families in Tirol, 1527–1531. Dispelling the Myth of Poverty, in: Mirjam VAN VEEN/Piet VISSER/Gary K. WAITE/Els KLOEK/Marion KOBELT-GROCH/Anna VOOLSTRA (ed.), Sisters. Myth and Reality of Anabaptist, Mennonite, and Doopsgezind Women ca. 1525–1900, 2014 (Brills Series in Church History 65), 63–87.

»Nachfolge-Christentum« (J. Kühn), als »dargelebtes« bzw. »konkretes« oder »existentielles Christentum« (R. Friedmann) bezeichnet, konnte in den 1520er Jahren auch in vielen Teilen Tirols tiefe Wurzeln schlagen und nahm dort für eine bestimmte Zeit sogar »Dimensionen einer Volksbewegung«[34] an. Die schwerwiegenden Missstände in der katholischen Kirche, aber auch in Verwaltung und Justiz sowie die tiefe Sehnsucht nach Heil und Erlösung trieben viele Menschen in die Arme der neuen reformatorischen Glaubenslehre. Als konsequenter Hüter des katholischen Glaubens und Wahrer der landesfürstlichen Interessen ging der Tiroler Landesherr Ferdinand I. (1503–1564)[35] mit großer Härte und mit allen Mitteln gegen die Täufergemeinden vor. Anhänger des Täufertums wurden ausgeforscht, verhört, gefoltert und vertrieben oder hingerichtet, sofern sie nicht willens waren, der Irrlehre abzuschwören. Das brachiale Vorgehen des Landesherrn, die unerbittlichen Verfolgungen und die zahlreichen Hinrichtungen zwangen die Täufergemeinden in den Untergrund. Versammlungen konnten nur im Geheimen abgehalten, Botschaften und Schriften nur mit größter Um- und Vorsicht ausgetauscht und gelesen werden[36].

3. Eine Neudeutung des Freskenzyklus

Der Raum des Gebäudes, in dem sich die Fresken befinden, wurde in der Forschung bisher als »Trinkstube«, »Trinkloggia«, »Singstube«, aber auch als »Gartensaal«, »Sommerhäuschen« und »Lug' ins Land« bezeichnet[37]. Der Raum habe pri-

---

34 PACKULL, Die Hutterer in Tirol (wie Anm. 33), 185.
35 Über Ferdinand I., den jüngeren Bruder Karls V., seit 1522 Tiroler Landesfürst und ab dem Jahr 1558 deutscher Kaiser: Wolfgang HILGER, Ikonographie Kaiser Ferdinands I. (1503–1564) (ÖAW. Veröffentlichungen der Kommission für Geschichte Österreichs 3; = Schriften des DDr. Franz Josef Mayer-Gunthof-Fonds 6), 1969; Paula SUTTER FICHTNER, Ferdinand I. Wider Türken und Glaubensspaltung, 1986; Alfred KOHLER, Ferdinand I. 1503–1564. Fürst, König und Kaiser, 2003.
36 John S. OYER, Responses of Sixteenth-Century Anabaptists to Persecution: How the Anabaptists Ran an Underground Church, in: John D. ROTH (ed.), John S. Oyer, »They Harry the Good People Out of the Land«. Essays on the Persecution, Survival and Flourishing of Anabaptists and Mennonites, 2000, 35–47.
37 »Eine Art Loggia oder Sommerhäuschen« [WEINGARTNER, Die Kunstdenkmäler (wie Anm. 13) 314]; »ein Art kleiner, aber erhöht gelegener Gartensaal« [KESSLER, Krit. Besprechung (wie Anm. 2), 325]; »Lug‹ ins Land« [GRIESSER, Ein Zyklus von Wandgemälden (wie Anm. 1), 17]; »gemütliche Gesellschafts- oder Trinkstube« [GARBER, Die Fresken im Turm (wie Anm. 1) 15; »salettartige[s] Gemach« u. »Gesellschafts- und Trinkstube« [HAMMER, Kritische Besprechung (wie Anm. 3), 161]; FELLIN, Bartholomäus Dill Riemenschneider (wie Anm. 12), Bd. I 205; »luftige Turmstube« [EGG, Aus der Schatzkammer (wie Anm. 14), 641]; »Sing- und Trinkstube« [GARBER, Die Fresken im Turm (wie Anm. 1), 28] »Trinkstube« [Anton DÖRRER, Tiroler Fasnacht innerhalb der alpenländischen

mär den Zweck erfüllt, dem adeligen Besitzer und dessen Freundeskreis ein geselliges und trinkseliges Zusammensein in einem atmosphärischen Ambiente zu ermöglichen. Ein Zusammenhang zwischen der Funktion des Raumes und dem Bildprogramm konnte bisher nicht eruiert werden. Zentrale Figuren des Zyklus wie Ianus, Midas, Gryllus, Kirke, Vergil und Madina wirken unmotiviert, willkürlich und zusammenhanglos nebeneinandergestellt. Ähnliche Bildzyklen mit einem vergleichbaren Figureninventar ließen sich weder zeitlich noch örtlich nachweisen.

Dennoch ist anzunehmen, dass dem Freskenzyklus ein einheitliches Bildprogramm zugrunde liegt und der Künstler nicht bloß seine Gelehrsamkeit zur Schau stellen und verschiedene mythologische Figuren und Motive auf das Geratewohl aneinanderreihen wollte. Die Gestalten aus der griechischen und römischen Mythologie und aus der römischen Geschichte dienten sehr wahrscheinlich der Verschlüsselung einer Botschaft, die wegen ihrer Brisanz und Subversivität nicht offen und direkt ausgesprochen bzw. dargestellt werden konnte. Die mythologische bzw. allegorische Codierung eröffnete dem Künstler die Möglichkeit, das Unaussprechliche und Unsagbare zu verhüllen und damit die eigentliche Bildaussage allein einem sehr kleinen Kreis Eingeweihter lesbar und verständlich zu machen. Es stellt sich in diesem Zusammenhang freilich die Frage, inwieweit wir nahezu 500 Jahre nach der Entstehung des Freskenzyklus noch befähigt sind, einen derartigen Code zur Gänze zu entschlüsseln und in seinem zeitgeschichtlichen Kontext zu lesen. Methodische und wissenschaftliche Redlichkeit zwingen zu größter Vorsicht und Zurückhaltung, da waghalsige und krause Spekulationen in der Forschung gewöhnlich mehr Unheil anrichten als Nutzen zu erbringen vermögen. Dennoch sei hier der Versuch unternommen, die Fresken nicht nur in ihrem historischen Kontext, sondern auch als künstlerische Einheit zu begreifen.

Der Autor geht davon aus, dass Riemenschneider in diesem Freskenzyklus in selbstironischer Brechung autobiografische Essentia und implizit eine geistige Hinterlassenschaft für die Nachwelt ins Bild gesetzt hat, in der wesentliche und

---

Winter- und Vorfrühlingsbräuche (Österreichische Volkskultur. Forschungen zur Volkskunde 5), 1949, 121; GRANICHSTAEDTEN-CZERVA, Meran (wie Anm. 99), 149; EGG, Art. Dill (Riemenschneider) (wie Anm. 22), 392; ZWERGER, Tramin an der Südtiroler Weinstraße (wie Anm. 13), 17; ANDERGASSEN, Renaissancealtäre (wie Anm. 22), 67]; »Vermutlich war es eine Trinkstube« [SCHIEDLAUSKY, Ein Tiroler Fayence-Ofen (wie Anm. 49), 10]; »Salettle« [BÖHM, Wie das Wappen der Langenmantel (wie Anm. 14), 129]; »casa d'estate« [CONTA, I luoghi dell'arte (wie Anm. 13), 359]; »Trinkstübchen« [ZWERGER, B. D. Riemenschneiders mythologische Fresken (wie Anm. 14), 10; ZWERGER, Tramin an der Südtiroler Weinstraße (wie Anm. 13), 68]; »Trinkloggia« [BÖHM, Wie das Wappen der Langenmantel (wie Anm. 14), 129; STAMPFER, Kleine ausgemalte Räume (wie Anm. 15), 130; TIES, Bartlme Dill Riemenschneider (wie Anm. 18), 37; TIES, Bartlme Dill Riemenschneider (wie Anm. 19), 34].

prägende Momente seines Lebens »aufgezeichnet« und zusammengefasst sind. Folgende Aspekte sind für die diesbezügliche Analyse relevant: Als religiös fühlender und politisch denkender Künstler, kurzum als Täufer, übt Riemenschneider geharnischte Kritik an der weltlichen und geistlichen Obrigkeit; außerdem werden orthodoxe Glaubenswahrheiten in Zweifel gezogen und kritisch hinterfragt. Der abseits gelegene, schwer zugängliche und kaum kontrollierbare Raum im Ansitz Langenmantel könnte in Wahrheit ein als »Trinkstube« geschickt getarnter Versammlungsort einer Tiroler Täufergemeinde gewesen sein. Bei alldem dürfte der Künstler Riemenschneider selbst kaum nur ein einfaches Gemeindemitglied, sondern vielmehr ein Gemeindevorsteher bzw. Führer gewesen sein. Doch all dies gilt es im Folgenden mit Argumenten und Beweisgründen zu untermauern.

Der zweigesichtige Ianus

Die Beweisführung muss notwendigerweise mit Ianus, dem altrömischen Gott der Anfänge, der Aus-, Ein- und Durchgänge[38], beginnen, der als uralte polare Gottheit über ein hohes symbolisches Potential verfügt[39]. Ianus wird gewöhnlich als *bifrons*, d. h. mit zwei Köpfen dargestellt. Die bis heute bedauerlicherweise noch nicht geschriebene Rezeptionsgeschichte könnte aufzeigen, dass der römische

---

38 Literatur (Auswahl): Friedrich BÖRTZLER, Janus und seine Deuter, 1930 [= Schriften der Bremer wissenschaftlichen Gesellschaft: Reihe D. Abhandlungen und Vorträge 4/3-4, 103–196]; Otto HUTH, Janus. Ein Beitrag zur altrömischen Religionsgeschichte, 1932; Robert REFAIT, Le dieu Janus: sa légende, son histoire, in: Aesculape 28 (1938), 206–211; Pierre GRIMAL, Le dieu Janus et les origines de Rome, in: Lettres d'humanité 4 (1945), 15–121; Louis Alexander MACKAY, Janus, in: University of California Publications in Classical Philology 15/4 (1955), 157–181; Raffaele PETTAZZONI, Per l'iconografia di Giano, in: Studi etruschi ser. II 24 (1955), 79–90; René GUÉNON, Quelques aspects du symbolisme de Janus, in: DERS., Symboles de la Science sacrée, 1962, 127–133; Margherita GUARDUCCI, Ianus Geminus, in: Raymond CHEVALLIER (ed.), Mélanges d'Archéologie et d'Histoire offerts à André Piganiol III, 1966, 1607–1621, wiederabgedr. in: DIES., Scritti scelti sulla religione greca e romana e sul cristianesimo (Études préliminaires aux religions orientales dans l'Empire Romain 98), 1983, 165–179; Gérard CAPDEVILLE, Les épithètes cultuelles de Janus, in: Mélanges de l'École française de Rome. Antiquité 85/2 (1973), 395–436; Erika SIMON, Die Götter der Römer, 1990, 88–93; Klaus THRAEDE, Art. Ianus, in: Reallexikon für Antike und Christentum 16 (1994), 1259–1282.
39 Vgl. BÖRTZLER, Janus und seine Deuter (wie Anm. 38), 103: »Die eigentümliche Bildung eines doppelköpfigen Wesens ist nachdenklichen Menschen noch jetzt ein Anreiz, einen tieferen Sinn und etwas wie ein Weltgeheimnis dahinter zu suchen. Wir sprechen nicht nur von einem Janusgesicht der Politik, sondern auch von einem Janusantlitz des Lebens und der Welt überhaupt. Und es handelt sich dabei nicht immer um bloße Redewendungen, oft verbirgt sich uns in dem Janussinn die gefühlsbelebte Vorstellung von der Dualität als einem ernsthaft im Weltensinn veranlagten Gesetz. Kurz, auch wir erliegen noch der ungewöhnlichen Suggestionskraft dieses Symbols, die es teils durch sich selbst ohne weiteres ausübt, teils aber auch als letzte, matte Nachwirkung einer ehemals gewaltigeren Symbolgeladenheit.«

Gott im Mittelalter eher selten ins Bild gesetzt wurde und sich dann – wie alle anderen antiken Götter – in der Renaissance einer neuen, wachsenden Beliebtheit erfreute.

Innerhalb des Zyklus kommt der Darstellung des Ianus[40] eine besondere Bedeutung zu. Wie bereits Josef Garber erkannt hat[41], ist dieses Fresko in der Langenmantelschen »Trinkstube« in mehrfacher Weise hervorgehoben: einmal durch die grüne Farbe, die nur an dieser Stelle Verwendung findet, dann durch einen Löwenkopf, der hier anstelle der unter allen anderen Fresken angebrachten Schildbuckel erscheint, und schließlich durch die Jahreszahl »15 – 47«, die den gesamten Freskenzyklus datiert. Darüber hinaus zeigte sich der römische Gott den an der Südseite des Raumes eintretenden Besuchern an zentraler Stelle (s. Skizze 1), gewissermaßen als Hauptfresko am »Hochaltar«, wenn der Vergleich mit einem sakralen Raum statthaft ist.

Wir dürfen annehmen, dass Riemenschneider den zweigesichtigen Ianus als doppeltes Selbstporträt gestaltet und dabei die Jahreszahl 1547 gekonnt mit dem Bildinhalt verbunden hat. Der linksseitige Ianus-Kopf zeigt nämlich einen Jüngling im Alter von 15 Jahren, der rechte einen gereiften Mann im Alter von 47 Jahren. Der mit Efeu bekränzte und an den Weingott Dionysos erinnernde jugendhafte Ianus trägt einen Flauschbart und hält eine Traube in seiner Hand, den gealterten Ianus, der einen auffällig großen, mit einem goldenen Rand verzierten Trinkbecher in der Hand hält, ziert ein Vollbart. Er richtet seinen leicht schielenden, prüfenden und stechenden Blick mit besonderer Intensität auf den Betrachter. Dieser intensive Blick aus dem Bild ist charakteristisch für das Selbstporträt in der Renaissance[42] und wurde als das »differenzierteste seelische Ausdrucksmittel«

---

40 Abbildungen sind abgedruckt bei GARBER, Die Fresken im Turm (wie Anm. 1), Abb. 4; EGG, Aus der Schatzkammer (wie Anm. 14), 642; RIEDL, Bartholomäus Dill Riemenschneider (wie Anm. 21), 11; FRASS/RIEDL, Historische Gaststätten (wie Anm. 13), 19; SCHNITZER, Die Fresken (wie Anm. 12), Bd. II, 96, Abb. 2; FELLIN, Bartholomäus Dill Riemenschneider (wie Anm. 12) Bd. II, Abb. 194 (bis); ZWERGER, Tramin an der Südtiroler Weinstraße (wie Anm. 13), 128; TIES, Bartlmä Dill (wie Anm. 23), 45; TIES, Bartlme Dill Riemenschneider (wie Anm. 18), 37, Abb. 6; TIES, Bartlme Dill Riemenschneider (wie Anm. 19), 34; Fremdenverkehrsverein Tramin (Hrsg.), Tramin und der Gewürztraminer, 1976 (Umschlagbild); Helmut STAMPFER/Oswald KOFLER, Wohnkultur in Südtirol vom Mittelalter bis zur Gegenwart, hg. von Walther AMONN, 1982, 131.
41 GARBER, Die Fresken im Turm (wie Anm. 1), 16 u. 18.
42 Dazu: Regine DÖLLING, Das Bildnis in christlichen und mythologischen Darstellungen, Diss. Leipzig 1957, 63–66, die zu Recht darauf hinweist (S. 63), dass diese Form des Selbstporträts »in seinen verschiedenen Formen Rückschlüsse auf das besondere Wesen des Künstlers erlaubt.«; vgl. auch SCHWEIKHART, Das Selbstbildnis (wie Anm. III), 15; HORKÝ, Der Künstler ist im Bild (wie Anm. III), 93–97.

```
BVS                      15  47                   PAN
E                        IANVS                    [Dudelsack]
H
P
[Doppelflöte+Harfe]


CYTHARE                                           CIRES


HERATO                                            VRNIA
[Flöte+Handtrommel]                               [Posaune]


KALLIOPE                                          TERPSICORE
[Laute]                                           [Orgelpositiv]


V
I
R
G
I
L                                                              M
L                                                              I
I                                                              D
V                                                              A
S MADINA                                          GRILLVS S
```

Skizze 1: Anordnung der Fresken von Bartlme Dill Riemenschneider im Türmchen des Ansitzes Langenmantel in Tramin. Phöbus und Pan sind übereck gemalt, Vergil und Madina teilen sich die Südwestecke, Midas und Gryllus die Südostecke. Entwurf Dr. Wolfgang Strobl.

auch als Signatur einer Umbruch- und Krisenzeit gedeutet[43]. Die Riemenschneider-Forschung war sich von Anfang an darin einig, dass der Künstler um das Jahr 1500 geboren wurde[44]; man wird auf der Grundlage dieser »Sphragis« nunmehr nicht fehlgehen, wenn man dessen Geburtsjahr in das 1500 verlegt.

Auf einer tieferen philosophischen und religiösen Verständnisebene steht Ianus für die Ambivalenz alles Seienden, für die Uneindeutigkeit der Phänomene[45]. Riemenschneiders Ianus-Figur erzählt in komprimierter Form von einem Künstlerleben, von der Entwicklung und Reifung eines unerfahrenen Jünglings zu einem abgeklärten und scharfblickenden Mann. Sie erzählt aber auch von dem Leben eines Künstlers im Widerspruch, von einem Leben mit zwei Gesichtern, einem offen-öffentlichen, angepassten, systemkonformen und einem verborgen-getarnten, subversiven und rebellierenden. Von einem Künstler, der sich aufgrund seiner

---

[43] Dagobert FREY, Dämonie des Blickes (Akademie der Wissenschaften und der Literatur Mainz. Abhandlungen der geistes- und sozialwissenschaftlichen Klasse Jg. 1953, Nr. 6), 1953, hier 291 [49] »Zeiten einer besonderen Augenkunst scheinen gekennzeichnet durch krisenhafte geistige Situationen, durch tragische Spannungen, durch ein Bewußtwerden tieferer Seelenschichten, durch ein Sichzurückwenden in sich selbst.«; zur Thematik auch: Alfred NEUMEYER, Der Blick aus dem Bilde, 1964; Meyer SCHAPIRO, Frontal and Profile as Symbolic Forms, in: DERS., Words and Pictures. On the Literal and the Symbolic in the Illustration of a Text (Approaches to Semiotics. Paperback Series II), 1973, 37–49, hier 38–39.

[44] HOENIGER, Der Bozner Maler (wie Anm. 21), 4 »um 1500 oder sehr bald danach«; RINGLER, Beiträge zur südtirolischen Fayencekunst (wie Anm. 4), 14 »um 1500«; MUTH, Bartholomäus Dill Riemenschneider (wie Anm. 21), 264 »um die Jahrhundertwende«; SCHIEDLAUSKY, Bartholomäus Dill (wie Anm. 21), 371 »in den ersten Jahren des 16. Jahrhunderts«; BIER, Bartholomäus Dill Riemenschneider (wie Anm. 21), 180 »... so daß Bartholomäus' Geburt ins Jahr 1500, wenn nicht noch etwas früher, gesetzt werden könnte.«; EGG, Kunst in Tirol (wie Anm. 13), 136 »um 1500«; RIEDL, Bartholomäus Dill Riemenschneider (wie Anm. 22), 4 u. 7 »um 1500«; MALFÈR, Bartlmä Dill Riemenschneider (wie Anm. 22), 69 »ungefähr 1500«; SCHNITZER, Die Fresken (wie Anm. 12), Bd. I 8 »kurz nach 1500«; LONGO, Artisti tedeschi (wie Anm. 22), 274, Anm. 62 »intorno al 1500«; EGG, Art. Dill (Riemenschneider) (wie Anm. 22), 391 »um 1500«; STROCCHI, Il restauro (wie Anm. 22), 50 »1500 ca.«; FELLIN, Bartholomäus Dill Riemenschneider (wie Anm. 12), Bd. I 45 »la sua nascita è abitualmente fissata verso il 500, anche se non se ne ha conferma ufficiale.«; STAMPFER, Die Malereien des Bartlme Dill (wie Anm. 22) 40 u. TIES, Der Maler Bartlme Dill Riemenschneider (wie Anm. 23), 122 »um 1500«; ANDERGASSEN, Bartlmä Dill Riemenschneider (wie Anm. 22), 36 »attorno al 1500«; ANDERGASSEN, Bartlmä Dill Riemenschneider (wie Anm. 22), 151 »um 1500«; ANDERGASSEN, Renaissancealtäre (wie Anm. 22), 61 »bald nach 1500«; SAVA, Rinascimento del nord (wie Anm. 22), 210 »intorno al 1500«; TIES, Bartlme Dill Riemenschneider (wie Anm. 18), 31 »ca. 1495/1500–1549/50« u. 32 »um das Jahr 1500 oder kurz zuvor«, ebenso TIES, Klappbild und Konversion (wie Anm. 23), 311 und TIES, Bartlme Dill Riemenschneider (wie Anm. 19), 33; HUEBERT HECHT/TIES, Research Note (wie Anm. 23), 444 »in 1500 or shortly before«.

[45] Ianus galt in der Antike auch als Schöpfergott und Ordner des Chaos, vgl. CAPDEVILLE, Les épithètes cultuelles (wie Anm. 38), 400 u. 411.

religiösen Überzeugung zeitlebens genötigt sah, das eine zu denken, das andere zu sagen und die daraus resultierenden Spannungen zu ertragen.

Vergil und Madina

Auf den ersten Blick fremd und nicht recht in das Bild bzw. in den Zyklus zu passen scheint das den römischen Dichter Vergil und Madina darstellende Fresko, da die übrigen Malereien zur Gänze von Gestalten aus der griechischen Mythologie bestimmt sind. Das Verständnis des Bildes setzt die Kenntnis zweier Episoden aus der seit dem 13. Jahrhundert weit verbreiteten und sehr beliebten Vergil-Legende voraus[46]: Einst soll sich der römische Dichter in die Tochter eines Kaisers verliebt haben, die bei Riemenschneider den Namen Madina trägt[47]. Als er diese zu einem heimlichen Rendezvous in einem Turm ihres Palastes treffen wollte, meinte es die Prinzessin mit dem trauten Zusammensein aber nicht recht ernst und ließ den Dichter auf halbem Wege in einem Korb hängen, in dem er eigentlich zu ihrem Gemach emporgezogen werden sollte. »Vergil im Korb« war dann dem allgemeinen Gespött und Gelächter der Römer ausgesetzt. Im zweiten Teil der Geschichte

---

[46] Zur Überlieferung und Interpretation dieser Legende: Domenico COMPARETTI, Virgilio nel Medio Evo Bd. I-II, ²1896, Bd. II 111–131; John Webster SPARGO, Virgil the Necromancer. Studies in Virgilian Legend (Harvard Studies in Comparative Literature 10), 1934, 198–206; Emanuele RODOCANACHI, L'episodio di Virgilio sospeso in un paniere rappresentato in Francia, in: Carlo GALASSI PALUZZI (ed.), Atti del III Congresso Nazionale di Studi Romani vol. II, 1935, 75–77; Leander PETZOLD, Virgilius Magus. Der Zauberer Virgil in der literarischen Tradition des Mittelalters, in: Ursula BRUNOLD-BIGLER/Hermann BAUSINGER (Hg.), Hören, Sagen, Lesen, Lernen. Bausteine zu einer Geschichte der kommunikativen Kultur. Festschrift für Rudolf Schenda zum 65. Geburtstag, 1995, 549–568; Jan M. ZIOLKOWSKI/Michael C.J. PUTNAM (ed.), The Virgilian Tradition. The First Fifteen Hundred Years, 2008, 457–458 u. 874–890; für die Tradition im Judentum: Eli YASSIF, ›Virgil in the Basket‹: Narrative as Hermeneutics in Hebrew Literature of the Middle Ages, in: Deborah A. GREEN/Laura Suzanne LIEBER (ed.), Scriptural Exegesis. The Shapes of Culture and the Religious Imagination. Essays in Honour of Michael Fishbane, 2009, 245–267. Für die Überlieferung und Verbreitung der Legende im deutschen Sprachraum wichtig: Jansen Enikel, Weltchronik V. 23779–24138 [Philipp STRAUCH (Hg.), Jansen Enikels Werke (MGH. Deutsche Chroniken und andere Geschichtsbücher des Mittelalters 3), 1900, Ndr. 1972, 463–470]; vgl. auch: Karl SIMROCK (Hg.), Die deutschen Volksbücher. Gesammelt und in ihrer ursprünglichen Echtheit wiederhergestellt Bd. 6, 1847, 323–385.
[47] Bedauerlicherweise ließ sich nicht eruieren, woher Riemenschneider diesen Namen der Geliebten Vergils kennt. Der Name Madina lässt sich offenbar weder in den literarischen Quellen noch in künstlerischen Darstellungen nachweisen. Es muss daher vorläufig offen bleiben, ob der Künstler den Namen erfunden oder vielleicht einer (abgelegenen bzw. heute verlorenen) handschriftlichen Quelle oder künstlerischen Vorlage entnommen hat. – Fritz ZINK, Die deutschen Handzeichnungen. Band I Die Handzeichnungen bis zur Mitte des 16. Jahrhunderts, 1968, 207 gibt in der Beschreibung einer Handzeichnung »Die Rache des Vergil« (um 1525–30) allein auf der Grundlage des Traminer Freskos der Frau den Namen Madina.

rächte sich Vergil kraft seiner zauberischen Fähigkeiten für die erfahrene Demütigung, indem er in Rom sämtliche Feuer zum Erlöschen brachte. Um das Feuer wiederzugewinnen, hatten sich alle Römer an die Kaisertochter zu wenden und es mit einer Kerze in ihrem Schoß zu entzünden.

Diese Episode magisch-erotischen Charakters wurde in der Kunst des Mittelalters und der Frühen Neuzeit selten dargestellt, viel häufiger hingegen die burleske Szene »Vergil im Korb«, dies aber meist im Zusammenhang mit anderen antiken Gestalten, die zu Opfern ihrer Liebestollheit wurden[48]. Die Szenen »Vergil im Korb« und »Vergils Rache« finden sich auffallenderweise auch auf einer Kachel eines mit größter Wahrscheinlichkeit im Jahr 1555 in Tirol hergestellten Fayence-Ofens, den man mit guten Gründen »Bartl Dill. D. J.«, einem in Meran lebenden und wirkenden Sohn Bartlmes (oder Marx Rieder) zuschreiben wollte[49]. Es ist immerhin bemerkenswert, dass das Wissen von dem Zauberer Vergil im Tirol des frühen 16. Jahrhunderts auch im einfachen Volk verbreitet war. Dies geht aus Akten von Hexenprozessen (1506/1510) hervor, in denen der römische Dichter als Schwarzkünstler in Gestalt des *Filius Zabres* in Erscheinung tritt[50]. Das Motiv »Vergils Rache« kehrt in Tirol auch in einer hübschen Miniatur im Stammbuch des Georg Rendl (ca. 1605–1632) wieder[51].

Madina ist gänzlich nackt dargestellt; um ihren Hals trägt sei ein Amulett mit einem Herzen, das von einem Schwert und einem Pfeil durchbohrt ist. Sie scheint sich zu sträuben und zu widersetzen, während Vergil sie am Handgelenk fasst[52]

---

48 Dazu: Eugène Müntz, Etudes iconographiques. La légende du sorcier Virgile dans l'art des XIV, XV et XVI⁵ siècles, in: Monatsberichte über Kunstwissenschaft und Kunsthandel 2/3 (1902), 85–91; grundlegend aber: Georg Friedrich Koch, Virgil im Korbe, in: Werner Gramberg/Carl Georg Heise/Lieselotte Möller (Hg.), Festschrift für Erich Meyer zum sechzigsten Geburtstag 29. Oktober 1957. Studien zu Werken in den Sammlungen des Museums für Kunst und Gewerbe Hamburg, 1959, 105–121, wo 121, Anm. 17 (Nr. 16) auch der Traminer Zyklus aufgelistet ist (allerdings mit einer falschen Datierung »um 1530«).
49 Günther Schiedlausky, Ein Tiroler Fayence-Ofen von 1555, in: Keramos 1960/8, 3–12, bes. 5–6 u. 9–10; dazu: Josef Ringler, in: Der Schlern 34/5–6 (1960), 224–225.
50 L.R. [Ludwig Rapp], Der Zauberer Virgilius in Tirol, in: Bote für Tirol und Vorarlberg 60. Jg., Nr. 219 v. 26. September 1874, 1664 »Hier aber erscheint er in der Phantasie der zum nordischen Hexenglauben Hinneigenden nicht mehr so fest als der unvergleichliche Künstler, Wunderwirker und mitunter humoristische Spektakelmacher, sondern als der Träger des bösen, Gott und dem Christenthum feindlichen Princips – als ein Vorläufer des Antichrist.«; vgl. auch Hansjörg Rabanser, Die Hexenverfolgungen in Tirol. Verlauf, Prozessbiographien, Interpretation, Diss. Innsbruck 2005, 378.
51 Innsbruck, TLM Ferdinandeum FB 11652, fol. 24r.
52 Der Griff an das Handgelenk – der Gebärde wohnt »etwas Herrisches und Gewaltsames« inne – unterstreicht den besitzergreifenden Akt, den Vergil an Madina vollzieht. Zur Symbolik der Geste: Donat de Chapeaurouge, Einführung in die Geschichte der christlichen Symbolik, ⁶2012, 26–27; über den helfenden Griff in der christlichen Kunst: Walter Loeschcke, Der Griff ans Handgelenk.

und zum Stich ansetzt. Wenn wir auch hier das eigentlich Gemeinte zu decodieren versuchen, dürfte die nackte Frau gewissermaßen als schamloses Weib und als »Hure Babylon« die Kirche verkörpern und Vergil den Künstler Riemenschneider, der an dieser in einem Akt heiligen und gerechten Zornes Rache nimmt. Künstlerisch und menschlich also ein Gestus der Selbstbefreiung mit kathartischer Wirkung, die ganz nach dem Talionsprinzip vollzogen ist.

Für Riemenschneider ist der zentrale Inhalt dieser legendenhaften Erzählung die öffentliche Demütigung und Bloßstellung eines Künstlers durch eine Angehörige des Kaiserhauses. Er hat – wie viele andere Täufer – am eigenen Leib erfahren, was es bedeutet, verfolgt, verhaftet, verhört, in der Öffentlichkeit vorgeführt zu werden und den eigenen religiösen Überzeugungen abschwören zu müssen[53]; was es bedeutet, am Pranger zu stehen und vor aller Augen herabgesetzt und dem allgemeinen Gespött preisgegeben zu werden. Im öffentlichen und entwürdigenden Zeremoniell des Widerrufens wurden die Täufer gezwungen, während des Gottesdienstes ihrem Glauben abzuschwören; dabei hatten sie barfuß aufzutreten, eine Kerze in der Hand zu tragen, vor allen Gläubigen die Widerrufsformel zu sprechen und Urfehde zu schwören. Vielerorts erfolgte der Widerruf an drei aufeinanderfolgenden Sonntagen, mitunter wurden die Täufer auch an den Pranger gestellt und zum Tragen von Schandkleidern und -zeichen gezwungen[54]. Am Ende aber – so Riemenschneiders feste Überzeugung – lacht und triumphiert der Künstler, der geistbegabte Mensch, über dumpfe Einfältigkeit und brachiales Machtgehabe. Das Fresko ist damit auch beredter Ausdruck und Zeugnis seiner künstlerischen Selbstbehauptung und Selbstvergewisserung, da er letztlich auch die geistigen Waffen über die materiellen, das Spirituelle über das Leibliche und das Ewige über das Zeitliche stellt. Während Ianus von Riemenschneiders Weltbild erzählt, be-

---

Skizze einer motivgeschichtlichen Untersuchung, in: Ursula SCHLEGEL/Claus ZOEGE VON MANTEUFFEL (Hg.), Festschrift für Peter Metz, 1965, 46–73.
53 Dazu zuletzt HUEBERT HECHT/TIES, Research Note (wie Anm. 23), 446–452. Wie erniedrigend das öffentliche Widerrufen der eigenen Glaubensüberzeugungen war, bezeugt auch der Umstand, dass Personen von Rang (wie etwa der Freifrau Helena von Freyberg) diese Prozedur mitunter erspart wurde; vgl. HUEBERT HECHT, Anabaptist Women (wie Anm. 33), 79.
54 WIDMOSER, Das Tiroler Täufertum (wie Anm. 33), 248 u. NOFLATSCHER, Häresie und Empörung (wie Anm. 33), 633; Grete MECENSEFFY, Täufer in Rattenberg, in: Hanns BACHMANN (Hg.), Das Buch von Kramsach (Schlern-Schriften 262), 1972, 197–214, hier 202; über Gefangenschaft, Verhöre, Folter und Widerruf unterrichtet auch SCHÄUFELE, Das missionarische Bewußtsein (wie Anm. 27), 264–277; allgemeiner: Christian NEFF, Art. Bestrafung der Täufer, in: Mennonitisches Lexikon I (1913), 201–209.

richtet Vergil von dessen Künstlertum, wobei freilich beide Sphären in einem tieferen Zusammenhang stehen und am Ende nicht voneinander zu trennen sind.

Midas und Gryllus, Apollon und Pan
Eine inhaltliche bzw. kompositorische Einheit bilden die Figuren Gryllus und Midas, die Riemenschneider in der Südost-Ecke des Raumes über Eck malt und einander gegenüber anordnet. Mit Midas wiederum ist in der griechischen Mythologie die Brücke zu Apollon und Pan geschlagen.

Um die Gestalt des phrygischen Königs Midas ranken sich zwei häufig voneinander getrennt rezipierte Mythen[55]. Weil Midas einmal den betrunkenen Silen freundlich bewirtet und zu Dionysos zurückgebracht hatte, ließ dieser ihm einen Wunsch frei. Zu spät erkannte der König aber die verhängnisvollen Folgen seines Begehrens, dass alles, was er berühre, zu Gold werde; erst ein Bad im Fluss Paktolos konnte ihn von diesem Verhängnis befreien (»*Midas aureus*«). In der Folge trennte er sich von seinen Reichtümern und schloss sich dem Hirtengott Pan an. Schließlich wurde er in einem musischen Wettstreit zwischen Apollon und Pan als Richter eingesetzt und sprach dabei seinem Herrn Pan den Siegespreis zu. Der gekränkte Gott Apollon rächte sich, indem er dem König Eselsohren wachsen ließ, die dieser verschämt unter einer Tiara zu verbergen suchte (»*Midas auritus*«).

Direkt neben Midas ist Gryllus dargestellt, den ein Schweins- bzw. Eberkopf charakterisiert und der einen hohen schwarzen Zylinder, am rechten Arm einen auffälligen Noppenärmel und um seine Taille eine den Narren kennzeichnende Schelle[56] trägt. Die Figur des Gryllus kennt die literarische Tradition nicht aus Homers Odyssee, sondern aus einem Dialog des griechischen Schriftstellers Plutarch (um 45–um 120)[57]; er verkörpert jenen Gefährten des Odysseus, der zunächst von Kirke in ein Schwein verwandelt wird, dann aber die in Aussicht gestellte

---

[55] Zur Rezeptionsgeschichte grundlegend: Anneke THIEL, Midas. Mythos und Verwandlung (Neues Forum für allgemeine und vergleichende Literaturwissenschaft 8), 2000; weitere Literatur: Ernst KUHNERT, Midas in Sage und Kunst, in: Zeitschrift der Deutschen Morgenländischen Gesellschaft 40 (1886), 549–558; Lynn E. ROLLER, The Legend of Midas, in: Classical Antiquity 2/2 (1983), 299–313.
[56] Vgl. Werner MEZGER, Narren, Schellen und Marotten. Grundzüge einer Ideengeschichte des Narrentums, in: DERS. (Hg.), Narren, Schellen und Marotten. Elf Beiträge zur Narrenidee (Kulturgeschichtliche Forschungen 3), ²1984, 1–35, hier 18–21; MÖLLER, Untersuchungen zur Symbolik (wie Anm. 134), 86–87.
[57] Zumeist zitiert als *Bruta animalia ratione uti*; die Schrift in einer deutschen Übersetzung in: Bruno SNELL (Hg.), Plutarch. Von der Ruhe des Gemütes und andere philosophische Schriften (Die Bibliothek der Alten Welt. Griechische Reihe o.N.), 1948, 271–281.

Rückverwandlung in einen Menschen ablehnt und seine animalische Existenz beibehalten will[58].

Sehr wahrscheinlich repräsentiert Midas den Tiroler Landesherrn Ferdinand I. und mit diesem die Auswüchse der weltlichen Herrschaft wie Maßlosigkeit, Hab- und Geldgier. Darüber hinaus stehen die Eselsohren für Torheit, Einfalt und fehlenden Kunstsinn, zumal der Phrygerkönig im musischen Agon den Siegespreis ohne Sachverstand Pan und nicht Apollon zugesprochen hatte. Diese Torheit und Ignoranz teilt Midas mit seinem Begleiter Gryllus, dessen Zylinder auf eine gehobene soziale Stellung hindeutet; als bürgerliches Distinktionsmerkmal und Abzeichen eines höheren Standes verweist der Zylinder wohl auf bürgerliche Eliten wie Juristen, Amtsleute, Berater, die dem König zur Seite standen und seine Politik mitgestalteten. Wenn man in der dem Landesfürsten bzw. Midas nahestehenden Figur des Gryllus nicht nur den Stab der einflussreichen Räte, Berater und Hofleute Ferdinands erkennen will[59] – viele von diesen hatten sich auf schamlose Weise selbst bereichert –, lässt sich primär an eine Person denken, die im damaligen Tirol für Aufsehen sorgte: Gabriel Salamanca (1489–1539)[60]. Dieser hatte als Generalschatzmeister und leitender Finanzbeamter Ferdinands I. die Aufgabe, den von Maximilian I. angehäuften Schuldenberg abzutragen; bis zu seiner Absetzung im Jahr 1526 galt er als der meistgehasste Mann Tirols, hatte er doch zahlreiche Gläubiger mit gnadenloser Härte tyrannisiert. In Schmähschriften wurde er der habgierigen Selbstbereicherung bezichtigt und als raffgieriger Jude diffamiert[61]. Gewiss klingt in diesem Figurenpaar und seiner vielfältigen Symbolik (Eselsohren, Schweinskopf, Narrenschelle) aber auch das in der Renaissance so häufig und vielfältig ausgestaltete Motiv des Narren bzw. Toren an[62]. Im Gegensatz zu den Prote-

---

58 Eine (durchaus vielversprechende) rezeptionsgeschichtliche Untersuchung zu dieser mythologischen Gestalt bleibt ein dringendes Desiderat der Forschung.
59 Helmut GOETZ, Die geheimen Ratgeber Ferdinands I. (1503–1564). Ihre Persönlichkeit im Urteil der Nuntien und Gesandten, in: Quellen und Forschungen aus italienischen Archiven und Bibliotheken 42/43 (1963), 453–494.
60 Dazu KOHLER, Ferdinand I. (wie Anm. 35), 130–150; daneben: Gerhard RILL, Fürst und Hof in Österreich von den habsburgischen Teilungsverträgen bis zur Schlacht von Mohács (1521/22 bis 1526). Band 2: Gabriel von Salamanca, Zentralverwaltung und Finanzen (Forschungen zur Europäischen und Vergleichenden Rechtsgeschichte 7/2), 2003, bes. 105–238.
61 KOHLER, Ferdinand I. (wie Anm. 35), 74–76.
62 Dazu: Barbara SWAIN, Fools and Folly during the Middle Ages and the Renaissance, 1932; Folie et déraison à la Renaissance. Colloque international tenu en novembre 1973 sous les auspices de la Fédération Internationale des Instituts et Sociétés pour l'Etude de la Renaissance (Travaux de l'Institut pour l'Etude de la Renaissance et de l'Humanisme 5), 1976; MEZGER, Narren, Schellen und Marotten (wie Anm. 56).

stanten, die den weltlichen Machtinstanzen von Anfang an Gehorsam und Unterordnung versprachen, lehnten die Täufer jede weltliche Machtinstitution ab und forderten eine radikale Trennung von Kirche und »Staat«[63].

Die Zauberin Kirke

Kirke ist in Homers Odyssee die Zauberin und Verführerin, die Odysseus und seinen Gefährten einen unheilvollen Trank reicht, um diese in Schweine zu verwandeln und Odysseus selbst an sich zu binden[64]. Riemenschneiders Kirke, ein schönes Mädchen mit langem, blondem Haar, trägt in ihrer rechten Hand einen auffallend großen goldenen Becher; sie ist damit beschäftigt, einen Gifttrank über einer Feuerstelle zuzubereiten, wobei dem Topf eine Kröte und ein Maulwurf zu entspringen scheinen.

Man kann davon ausgehen, dass Riemenschneider mit der Darstellung Kirkes in chiffrierter Form auf die römische Kirche anspielen wollte. Die eigenwillige Namensgebung CIRES dürfte Teil einer Verschleierungsstrategie sein, die darauf zielte, den Nicht-Eingeweihten keinen Hinweis auf das eigentlich Intendierte zu geben. Die Kröte, die aus ihrem Kessel herausstrebt und in Richtung des Giftbechers blickt, verkörpert in der mittelalterlichen Symbolik das Böse und die Sündhaftigkeit, aber auch den Häretiker[65]. Frösche werden in der Geheimen Offenbarung des Johannes mit unreinen Dämonengeistern assoziiert, die aus dem Maul

---

63 Zum keineswegs einheitlichen täuferischen Obrigkeitsverständnis: Eike WOLGAST, Stellung der Obrigkeit zum Täufertum und Obrigkeitsverständnis der Täufer in der ersten Hälfte des 16. Jahrhunderts, in: Hans-Jürgen GOERTZ/James M. STAYER (Hg.), Radikalität und Dissent im 16. Jahrhundert. Radicalism and Dissent in the Sixteenth Century (Zeitschrift für historische Forschung, Beiheft 27), 2002, 89–120; weitere Literatur: Friedrich RÖDEL, Die anarchischen Tendenzen bei den Wiedertäufern des Reformationszeitalters. Dargestellt auf Grund ihrer Obrigkeitsanschauung, Diss. Erlangen 1950; Hans J. HILLERBRAND, The Anabaptist View of the State, in: The Mennonite Quarterly Review 32 (1958), 83–110.
64 Zum Mythos und seiner Rezeption: Momolina MARCONI, Da Circe a Morgana, in: Rendiconti del Reale Istituto Lombardo di Scienze e Lettere ser. III 74 (1940/41), 533–573; Bernhard PAETZ, Kirke und Odysseus. Überlieferung und Deutung von Homer bis Calderón (Hamburger romanistische Studien. B. Ibero-amerikanische Reihe 33; = Calderoniana 4), 1970; Judith YARNALL, Transformations of Circe. The History of an Enchantress, 1994, bes. 99–126 (»Renaissance Circes«); Barbara KUHN, Mythos und Metapher. Metamorphosen des Kirke-Mythos in der Literatur der italienischen Renaissance (Humanistische Bibliothek. Texte und Abhandlungen. Reihe I Abhandlungen 55), 2003; Maurizio BETTINI/Cristiana FRANCO, Il mito di Circe. Immagini e racconti dalla Grecia a oggi (Saggi 909), 2010; zur Ikonografie im italienischen Cinquecento: Marco LORANDI, Il mito di Ulisse nella pittura a fresco del Cinquecento italiano (Edizioni Universitarie Jaca 101), 1996, 435–473.
65 Giuseppe FAGGIN, Diabolicità del rospo (Libri rari e curiosi 4), 1973; Jutta FAILING, Frosch und Kröte als Symbolgestalten in der kirchlichen Kunst Bd. I–II, Diss. Gießen 2002, bes. Bd. I 52–61; Sigrid u. Lothar DITTRICH, Lexikon der Tiersymbole. Tiere als Sinnbilder in der Malerei des 14.–17.

des Drachen, des Tieres und des falschen Propheten hervorkriechen, Wunderzeichen tun und zu den Herrschern der Erde ausschwärmen, um sie für den großen Endkampf zu sammeln[66]. In der Wahrnehmung der Täufer reicht nun die vom wahren Glauben abgefallene Kirche (»Kirke«–»Kirche«) dem Gläubigen den Giftbecher[67], d. h. sie verbreitet eine falsche, die Seelen verderbende und den Menschen zugrunde richtende Botschaft und lässt ihn schließlich bar jeder Vernunft in einem animalischen Zustand zurück. Eine derartige Gleichsetzung Kirke–Kirche gibt es in der polemischen Literatur des 16. Jahrhunderts öfter[68], so etwa in einer 1577 in Straßburg erschienenen Flugschrift von Johann Fischart (um 1545–1591)[69]:

> Dis ist Cirʒ die Moerkoenigin/
> Die giftig Spinn vnd Zauberin/
> So die Gaeſt/ die bei jr einkehren
> Mit jrem trank inn Viech kan kehren.
> Dan ſie kan ſich ſo hailig ſchmucken
> Das ſich die Welt vor jr mus tucken/
> Mainen nit/ das ſolch gſchmuckte Dirn/
> Mit Bann/ Prand/ Gift vnd Mord ſo ʒürn/
> Bis ſie den Libtrank ein hant gnomen/
> Dan koenen ſie nicht ab wol komen.
> Was iſt aber das ſchoene ſchmucken
> Darinn ſich die Pupp laßt begucken?
> Vnd was iſt der anſtrich vnd ſchein
> Welcher die Menſchen dunkt ſo fein?
> Das ſint gar ſeltſam Kirchengepraeng
> Fremd Ceremoni vnd Gefaeng/
> Ein Sacriſtei voll Mumerklaidung/

Jahrhunderts, 2004, 160–166 (Art. »Frosch und Kröte«); über die Kröte im Tiroler Volksglauben: Ignaz MADER, Meinungen und Bräuche im Pustertal, in: Der Schlern 25/5 (1951), 233–234.
66 Offb. 16,13–14.
67 Vgl. Hor. ep. 1,2,23–24 *Sirenum voces et Circae pocula nosti; // quae si cum sociis stultus cupidusque bibisset, sub domina meretrice fuisset: turpis et excors // vixisset canis immundus vel amica luto sus.* – Über Kirke als Hetäre und die Bedeutung des »mythologischen Exempels« in der Antike: Erich KAISER, Odyssee-Szenen als Topoi, in: Museum Helveticum 21 (1964), 109–136 u. 197–224.
68 Die Stellen sind gesammelt bei Nina-Maria KLUG, Das konfessionelle Flugblatt 1563–1580. Eine Studie zur historischen Semiotik und Textanalyse (Studia Linguistica Germanica 112), 2012, 323.
69 Dazu: KLUG, Das konfessionelle Flugblatt (wie Anm. 68), 464 (Text L15) u. 598–600 (Texttranskript).

> Gulden Kelch/ Paten/ Meßberaitung/
> Kirchenpallaeſt/ Gemalt gemaeur/
> Vmhaeng vnd Altartafeln theur/
> Die Kirch voll Poppenkraemerei/
> Monſtranʒ/ Orgeln/ Vogelgſchrai/
> Gros Infuln/ gulden Hirtenſtab/
> Pluthut/ Feldſtock/ hailgen Grab/
> Die treifach Kron im Seſſel tragen/
> Pantoffel küſſen/ Baſſo sagen/[70]

Die katholische »Indoktrination« führt aus der Sicht der Täufer dazu, dass der Mensch seinen Verstand verliert und zu einem Tier degeneriert. In seiner maßlosen Dummheit und Ignoranz hat sich dieser wie Gryllus an die niedere Existenzform gewöhnt und verschließt sich damit der eigentlichen Wahrheit des Evangeliums. Er schlägt sich in seiner völligen Verirrung und Verblendung ganz auf die Seite der weltlichen Macht, wodurch er zu einem willigen Helfer und Vollstrecker eines repressiven und intoleranten Systems wird.

4. Riemenschneider als Priester und Gemeindevorsteher und der Abendmahlsstreit im 16. Jahrhundert

Ein näherer Blick auf die ikonografischen Details des Freskenzyklus kann die vorstehende Interpretation vertiefen. Maßgeblichen künstlerischen Tendenzen seiner Zeit folgend hat auch Riemenschneider Attributen bzw. ikonografischen Elementen als Zeichenträger eine besondere Bedeutung und einen eigenen Aussagewert zugeschrieben. So hält die Zauberin Kirke einen goldenen Becher in ihrer rechten Hand, ja stellt diesen geradezu ostentativ zur Schau. Wenn Kirke die römische Kirche verkörpert, so ist das goldene Gefäß in ihrer Hand zum einen der zur Schau getragene äußere Prunk, zum anderen aber (in theologischer Hinsicht) der Abendmahlskelch, in dem sie nach dem Urteil der Täufer ihren gefährlichen und verfälschten Trank feilbietet. Wie Kirke hält auch Ianus einen Becher in seiner linken Hand, allerdings einen viel schlichteren, allein mit einem schmalen Goldrand verziert. Ein schädliches Giftgemisch, ein übles Gebräu füllt den einen, guter und echter Wein aus edlen Trauben den anderen. Der scharfe Gegensatz zwischen der

---

70 Ediert bei KLUG, Das konfessionelle Flugblatt (wie Anm. 68), 599, Z. 51–76.

verdorbenen Amtskirche – Spott über das Altarsakrament war bei den Täufern nicht selten[71] – und der integren täuferischen Heilsgemeinschaft findet in den beiden unterschiedlich kontextualisierten Trinkgefäßen seinen sinnfälligen Ausdruck. Bei Ianus ist die Anspielung auf das Abendmahl und die dabei sich vollziehende Wandlung noch evidenter, angezeigt durch die Traube in der einen, den Becher in der anderen Hand und das auf dem Tisch liegende Brot. Wenn sich die Verwandlung der Trauben in Wein in den Händen bzw. in der Gestalt des Ianus vollzieht, wird dabei ein zentraler Gedanke täuferischer Theologie deutlich: Da jeder Christ auch zum Priestertum berufen ist, unterscheiden die Täufer nicht zwischen Priestern und Laien[72]. Die Täufer verwirklichten in konsequenter Weise den theologischen Gedanken des »Priestertums aller Gläubigen«, wobei sie sich als brüderliche Gemeinschaft verstanden, in der sich die Mitglieder gegenseitig ermahnten und zu einer »Besserung des Lebens« anspornten[73]. Auf diese Weise verweist auch der runde Tisch bei Riemenschneider auf die Gleichberechtigung aller am Mahl Teilnehmenden. Darüber hinaus verarbeitete Riemenschneider, wenn er sich in der zentralen Figur des Bildzyklus als doppelgesichtigen Ianus inszeniert und die Attribute Brot und Wein an das Letzte Abendmahl erinnern, seine persönlichen religiösen Erfahrungen in einem christomorphen Selbstbildnis, das sich freilich von in der abendländischen Geistesgeschichte und Theologie tief verwurzelten theologischen Vorstellungen herleiten lässt[74].

In den ersten Jahrzehnten des 16. Jahrhunderts war um das richtige Verständnis des letzten Abendmahls eine heftig und kontrovers geführte theologische Diskussion entbrannt, der sogenannte Abendmahlsstreit[75]. Nur wenige Jahre vor der Ent-

---

71 Georg LOESCHE, Archivalische Beiträge zur Geschichte des Täufertums und des Protestantismus in Tirol und Vorarlberg, in: Jahrbuch der Gesellschaft für die Geschichte des Protestantismus im ehemaligen und im neuen Österreich 47 (1926) [= Tirolensia. Täufertum und Protestantismus], 1–156, hier 71.
72 GOERTZ, Die Täufer (wie Anm. 26), 51–55.
73 Hans-Jürgen GOERTZ, Kleruskritik, Kirchenzucht und Sozialdisziplinierung in den täuferischen Bewegungen der Frühen Neuzeit, in: Heinz SCHILLING (Hg.), Kirchenzucht und Sozialdisziplinierung im frühneuzeitlichen Europa (Mit einer Auswahlbibliographie) (Zeitschrift für historische Forschung, Beiheft 16), 1994, 183–198; eine geringfügig veränderte und gekürzte Fassung desselben Beitrags in: DERS., Antiklerikalismus und Reformation (Kleine Vandenhoeck-Reihe 1571), 1995, 103–114.
74 Dazu: Klaus RASCHZOK, Christuserfahrung und künstlerische Existenz. Praktisch-Theologische Studien zum christomorphen Künstlerselbstbildnis (Erfahrung und Theologie. Schriften zur Praktischen Theologie 32), 1999.
75 Ernst BIZER, Studien zur Geschichte des Abendmahlsstreits im 16. Jahrhundert, ³1972; Thomas KAUFMANN, Abendmahl und Gruppenidentität in der frühen Reformation, in: Martin EBNER (Hg.), Herrenmahl und Gruppenidentität (Quaestiones Disputatae 221), 2007, 194–210; über die Zusammenhänge zwischen Abendmahlsstreit und Bilderfrage: Sergius MICHALSKI, Bild, Spiegelbild,

stehung des Bilderzyklus hatte man 1541 im Religionsgespräch von Regensburg eine intensive theologische Debatte über das Abendmahl geführt[76]. Die Täufer lehnten den Glauben an die Realpräsenz Christi und an die tatsächliche Verwandlung von Brot und Wein in den Leib und das Blut Christi ab, sodass sie auch den sakramentalen Charakter des Abendmahls leugneten. Mit Martin Luther teilten sie aber die theologische Überzeugung, dass das Abendmahl unter beiderlei Gestalt zu vollziehen sei, d. h. dass auch den Laien in der Messfeier nicht nur das Brot, sondern auch der Kelch Christi zu reichen sei. Mehrere deutsche Länder brachten ab den 1530er Jahren in Rom wiederholt und mit Nachdruck das theologische und kirchenpolitische Anliegen vor, die Kelchkommunion und damit die *communio sub utraque specie* zu erlauben[77]. Auch wenn die Täufer nicht an die Realpräsenz glaubten, nahm die gemeinsame Feier des Abendmahls als Gedächtnismahl, in dem sie sich an das Leiden und an den Tod Christi erinnerten, in der Brudergemeinschaft einen sehr hohen Stellenwert ein. Zudem bildete diese ekklesiologisch als »Abendmahlsgemeinde« gemäß dem Vorbild der apostolischen Urgemeinde das Herzstück des gemeinschaftlichen Glaubenslebens[78]. Die theologische Bedeutung lag

Figura, Repraesentatio. Ikonitätsbegriffe im Spannungsfeld zwischen Bilderfrage und Abendmahlskontroverse, in: Annuarium Historiae Conciliorum 20 (1988), 458–488.
76 Saskia SCHULTHEIS, Die Verhandlungen über das Abendmahl und die übrigen Sakramente auf dem Religionsgespräch in Regensburg 1541 (Forschungen zur Kirchen- und Dogmengeschichte 102), 2012.
77 Alois KNÖPFLER, Die Kelchbewegung in Bayern unter Herzog Albrecht V. Ein Beitrag zur Reformationsgeschichte des 16. Jahrhunderts aus archivalischen Quellen bearbeitet, 1891; Gustave CONSTANT, Concession à l'Allemagne de la Communion sous les deux Espèces. Étude sur les débuts de la réforme catholique en Allemagne (1548–1621), Thèse de doctorat ès lettres Paris, 1923, bes. 30–76; August FRANZEN, Die Kelchbewegung am Niederrhein im 16. Jahrhundert. Ein Beitrag zum Problem der Konfessionsbildung im Reformationszeitalter (Vereinsschriften der Gesellschaft zur Herausgabe des Corpus Catholicorum 13), 1955.
78 Dazu eine erhellende theologische Interpretation bei John D. REMPEL, The Lord's Supper in Anabaptism. A Study in the Christology of Balthasar Hubmaier, Pilgram Marpeck, and Dirk Philips (Studies in Anabaptist and Mennonite History 33), 1993; außerdem: Johann LOSERTH (Hg.), Quellen und Forschungen zur Geschichte der oberdeutschen Taufgesinnten im 16. Jahrhundert. Pilgram Marbecks Antwort auf Kaspar Schwenckfelds Beurteilung des Buches der Bundesbezeugung von 1542, 1929, 427–470 (»Die XC red und antwurt. Vom Nachtmal«); Cornelius KRAHN, Menno Simons (1496–1561). Ein Beitrag zur Geschichte und Theologie der Taufgesinnten, 1936, 139–142; Franklin H. LITTELL, The Anabaptist Doctrine of the Restitution of the True Church, in: The Mennonite Quarterly Review 24 (1950), 33–52, hier 45–47; Robert FRIEDMANN, Art. Lord's Supper, in: The Mennonite Encyclopedia 3 (1957), 394; Gerhard J. NEUMANN, The Anabaptist Position on Baptism and the Lord's Supper, in: The Mennonite Quarterly Review 35 (1961), 140–149, hier 148–149; WILLIAMS, The Radical Reformation (wie Anm. 27), 337–340; WENGER, Die dritte Reformation (wie Anm. 27), 78–82; LITTELL, Das Selbstverständnis der Täufer (wie Anm. 27), 146–149; Christof WINDHORST, Das Gedächtnis des Leidens Christi und Pflichtzeichen brüderlicher Liebe. Zum Verständnis des Abendmahls bei Balthasar Hubmaier, in: Hans-Jürgen GOERTZ (Hg.), Umstrittenes Täufertum 1525–1975.

also im gemeinsamen Gedächtnismahl, in dem auch die brüderliche Liebe und die Einheit der Getauften in Christus ihren sinnfälligen Ausdruck fanden. Das zumeist an geheimen Orten veranstaltete Gemeinschaftsmahl diente auch der gegenseitigen Stärkung und Ermutigung sowie der Selbstvergewisserung, dem »wahren Leib Christi« anzugehören. In diesem Sinne war die Begegnung der Brüder nicht nur »Gedächtnismahl«, sondern eben auch brüderlich gelebte »Gefolgschaft an der Tafel des Herrn« und »Gemeinschaft in der Einheit des Geistes«.

Die spirituelle Bedeutung der Abendmahlsfeier im religiösen und theologischen Denken der Täufer bezeugt auch der Umstand, dass über dieses Thema zahlreiche Abhandlungen verfasst und veröffentlicht wurden. Im Jahr 1533 erschien die vom Münsteraner Täufer Bernhard Rothmann (1495–nach 1535) verfasste Schrift *»Van dem nachtmale Christi«*[79]. Auch der oberösterreichische Täufer, Lehrer und Führer der Hutterischen Brüder Peter Rideman (1506–1556) äußerte sich in seiner »Rechenschaft« (1529/1532) ausführlich darüber, *»Was wir vom nachtmal Christy und des Herren halten und glauben«*[80]. Den Täufern ging es um die Erneuerung des Abendmahls; den »Tisch Gottes wieder aufzurichten« war ein zentrales theologisches Anliegen[81]. Brot und Wein haben auch im täuferischen Abendmahl eine tiefere symbolische Bedeutung, da sie auf das Erlösungswerk Christi am Kreuz verweisen, das wiederum die unbedingte Nachfolge durch die Gläubigen nach sich ziehen soll[82]. Balthasar Hubmaier zufolge symbolisiert das Nehmen, Brechen und Austeilen des Brotes die Gefangennahme, Marterung und Kreuzigung und damit den Leidensweg Christi[83].

Vor diesem geistes- und kirchengeschichtlichen Hintergrund ist die Annahme legitim, dass sich Riemenschneider in der zentral positionierten Ianus-Figur auch

---

Neue Forschungen, 1975, 111–137; BERNHOFER-PIPPERT, Täuferische Denkweisen (wie Anm. 27), 54–63; CLASEN, Anabaptism. A Social History (wie Anm. 27), 110–118; FRIEDMANN, The Theology of Anabaptism (wie Anm. 27), 138–143; SEEBASS, Müntzers Erbe (wie Anm. 106), 176–179; zu abweichenden Positionen innerhalb des Täufertums: PACKULL, Die Hutterer in Tirol (wie Anm. 33), 334–337.
79 Heinrich DETMER/Robert KRUMBHOLTZ (Hg.), Zwei Schriften des Münsterschen Wiedertäufers Bernhard Rothmann. Mit einer Einleitung über die zeitgeschichtlichen Verhältnisse, 1904, hier 57–85.
80 Robert FRIEDMANN (Hg.), Glaubenszeugnisse oberdeutscher Taufgesinnter II (Quellen und Forschungen zur Reformationsgeschichte 34; Quellen zur Geschichte der Täufer 12), 1967, 30–36.
81 WINDHORST, Das Gedächtnis (wie Anm. 78), 113.
82 Ebd., 125.
83 Ebd., 131.

Abb. 1: Verstecktes Selbstporträt des Künstlers Bartlme Dill Riemenschneider, Dreikönigsaltar, 1545 (Brixen, Diözesanmuseum). Foto: Dr. Wolfgang Strobl.

als täuferischer »Priester« und Gemeindevorsteher[84] darstellen wollte. Eine derartige Deutung lässt sich konkretisieren, wenn wir unseren Blick auf ein weiteres Selbstporträt des Künstlers richten, das erst in neuerer Zeit entdeckt und als solches identifiziert werden konnte (s. Abb. 1)[85]. 1545 hatte Riemenschneider im Auftrag Gregor Angerers, der Domherr in Brixen und gleichzeitig Bischof von Wiener Neustadt war, für die Brixner Domkirche einen Dreikönigsaltar geschaffen (heute Brixen, Diözesanmuseum)[86]. Auf dem linken Altarflügel kauert der Künstler zu Füßen eines Königs und hält die Riemen, das Ab- und Erkennungszeichen seiner Familie, in den Händen. Er trägt vornehme Kleidung[87] und einen auffallend großen grünen Samthut[88], der mit zahlreichen kostbaren Perlen verziert ist. Neun weiße Perlen sind an einer goldenen Zierborte aufgereiht, drei weitere hängen getrennt und unterhalb von dieser an drei goldenen Streifen. Über diesen befindet sich eine hellviolette Perle, die durch ihre Farbe und Position besonders hervorgehoben ist. Der Hut war im Mittelalter und in der frühen Neuzeit nicht nur ein Zeichen persönlicher Freiheit, sondern auch ein Symbol von Hoheit und Herr-

---

[84] Zur Rolle des Ältesten bzw. Vorstehers innerhalb der täuferischen Brudergemeinde: LITTELL, The Anabaptist Doctrine (wie Anm. 78), 40–42; über die Bedeutung und Rolle der einfachen Gemeindemitglieder: Wolfgang SCHÄUFELE, The Missionary Vision and Activity of the Anabaptist Laity, in: The Mennonite Quarterly Review 36/2 (1962), 99–115, wiederabgedr. in: Wilbert R. SHENK (ed.), Anabaptism and Mission (Institute of Mennonite Studies. Missionary Studies 10), 1984, 71–87 u. 238–241.
[85] ANDERGASSEN, Renaissancealtäre (wie Anm. 22), 69 u. 72; zustimmend TIES, Klappbild und Konversion (wie Anm. 23), 316.
[86] Zur Deutung dieses Altars: TIES, Klappbild und Konversion (wie Anm. 23) und zuletzt ein neuer Deutungsansatz bei STROBL, Täuferische Reformtheologie im Bild (wie Anm. 23).
[87] Dazu grundsätzlich: Kirsten O. FRIELING, Zwischen Anspruch und sozialer Wirklichkeit. Kleidung als Statussymbol im späteren 15. und 16. Jahrhundert, in: Wolfgang MEIGHÖRNER (Hg.), Nur Gesichter? Porträts der Renaissance, 2016, 23–32.
[88] In spätmittelalterlichen Künstlerbildnissen begegnen häufig ungewöhnliche Kopfbedeckungen, die auf den Beruf des Dargestellten anspielen. Für den »Künstler mit Hut« scheint sich jedoch keine spezifische Tradition ausgebildet zu haben; vgl. Annette SCHERER, Die Kopfbedeckung des Künstlers. Kleidungsutensil und Topos, in: Anzeiger des Germanischen Nationalmuseums (2004), 17–36. – Gegen die Täufer wurde immer wieder der Vorwurf erhoben, dass sie von geheimen Zeichen Gebrauch machten, um sich gegenseitig zu erkennen und um miteinander zu kommunizieren. Daher ist es denkbar, dass Riemenschneiders Hut gewissermaßen ein Schibboleth bildet und den Künstler als bekennenden Täufer ausweisen und vielleicht auch eine Hommage an den süddeutschen Täufer-Führer Hans Hut darstellen soll. Gleichzeitig könnte der Hut aber auch – sofern er im späten Mittelalter und in der frühen Neuzeit von gesellschaftlichen Randgruppen wie Dirnen, Aussätzigen und Juden getragen wurde – als bewusst verwendetes »Stigma-Symbol« fungieren; vgl. Robert JÜTTE, Stigma-Symbole. Kleidung als identitätsstiftendes Merkmal bei spätmittelalterlichen und frühneuzeitlichen Randgruppen (Juden, Dirnen, Aussätzige, Bettler), in: Neithard BULST/Robert JÜTTE (Hg.), Zwischen Sein und Schein. Kleidung und Identität in der ständischen Gesellschaft (Saeculum 44/1), 1993, 65–89, hier 82.

schaft⁸⁹. Die Symbolik der Perle verweist auf das Göttliche⁹⁰, die Zahl Zwölf⁹¹ auf die Stämme Israels, auf die Apostel und die Zahl der Auserwählten in der Geheimen Offenbarung. Ebendort heißt es in der Beschreibung des neuen Jerusalem, dass die zwölf Tore der Stadt Perlen seien und dass jedes Tor aus einer einzigen Perle bestehe⁹². Die gesonderte Betonung der Dreizahl verweist auf die Trinität und auf den Auftrag der ausgesandten Apostel, die Menschen im Namen des Vaters, des Sohnes und des heiligen Geistes zu taufen. Maßgeblich ist aber auch die Bezugnahme auf das Letzte Abendmahl Christi mit seinen Jüngern. Am Ende vergegenwärtigt die Perlenreihe wesentliche Elemente täuferischer Theologie: die zentrale Rolle Christi (in den gnostischen Johannnesakten die »unaussprechliche Perle«, τὸν ἄλεκτον μαργαρίτην) und der zur Gänze an Christus ausgerichteten apostolischen Urgemeinde. Das künstlerische Arrangement ist aber auch Ausdruck des »Erwähltheitsbewußtsein[s] der religiösen Elite« der sich in »Kleingruppen der wahren Christen« zurückziehenden Täufer⁹³. Der frühe syrische Theologe Makarios/Symeon (4. Jh.) schreibt in seiner 23. Homilie: »So kann jemand, der nicht aus dem königlichen, göttlichen Geiste geboren ist, himmlischen, königlichen Adel erlangt hat und ein Kind Gottes ist, wie geschrieben steht ›Allen aber, die ihn aufnahmen, gab er die Macht, Kinder Gottes zu werden,‹ die himmlische, kostbare Perle, das Bild des unaussprechlichen Lichtes, das der Herr ist, nicht tragen. Er ist eben kein Königssohn. Die die Perle haben und tragen, leben und herrschen mit Christus in Ewigkeit. Denn so hat der Apostel gesagt: ›Wie wir

89 Bruno SCHIER, Der Hut als Spiegel der sozialen Stellung und seelischen Haltung seines Trägers, in: Zeitschrift für Volkskunde 50/3–4 (1953), 261–270.
90 Zum Symbolgehalt der Perle: Hermann USENER, Die Perle. Aus der Geschichte eines Bildes, in: Theologische Abhandlungen. Carl von Weizsäcker zu seinem siebzigsten Geburtstage 11. December 1892, 1892, 201–213, wiederabgedr. in: DERS., Vorträge und Aufsätze, 1907, 217–231; Odo CASEL, Die Perle als religiöses Symbol, in: Benediktinische Monatschrift 6 (1924), 321–327; Friedrich OHLY, Tau und Perle. Ein Vortrag, in: DERS., Schriften zur mittelalterlichen Bedeutungsforschung, 1977, 274–292; Jouko MARTIKAINEN, »Dein Kleid ist dein Licht – dein Gewand ist dein Glanz«. Die Perle als ästhetisches und theologisches Symbol bei Aphrahat dem persischen Weisen, Ephraem dem Syrer und Makarios/Symeon, in: Bärbel KÖHLER (Hg.), Religion und Wahrheit. Religionsgeschichtliche Studien. Festschrift für Gernot Wießner zum 65. Geburtstag, 1998, 117–126; Nadia FREDRIKSON, La perle, entre l'océan et le ciel. Origines et évolution d'un symbole chrétien, in: Revue de l'histoire des religions 220 (2003), 283–317; Joel WALKER, Art. Perle, in: Reallexikon für Antike und Christentum 27 (2016), 147–178, bes. 170–178.
91 Heinz MEYER, Die Zahlenallegorese im Mittelalter. Methode und Gebrauch (Münstersche Mittelalter-Schriften 25), 1975, 146–148.
92 Offb. 21,21.
93 WOLGAST, Stellung der Obrigkeit zum Täufertum (wie Anm. 63), 116; zur täuferischen »Elitebildung« und ihrem Ausschließlichkeitsbewusstsein auch: SCHÄUFELE, Das missionarische Bewußtsein (wie Anm. 27), 61–73.

das Bild des Irdischen getragen, so laßt uns auch das Bild des Himmlischen tragen.«"[94]

Der Syrer Ephräm reflektiert in seiner *Hymne de fide* (82,5) die Einzigartigkeit der Christus-Perle: »Unser Herr hat Brüder und ist ohne Brüder; denn er ist der Einzige, Ihidaja. Oh, einsame (Perle), großes Geheimnis! Denn einzigartig ist dein Typus: An der Königskrone hast du Brüder und Schwestern.«

Ein weiteres Selbstporträt Riemenschneiders – das zeitlich älteste – findet sich auf einer 1533 entstandenen Altartafel (s. Abb. 2), die sich ursprünglich wahrscheinlich an der Schildbogenwand einer Bozner Bettelordenskirche oder Privatkapelle befand und heute in der Fürstlich-Hohenzollernschen Kunstsammlung in Sigmaringen aufbewahrt wird[95]. Das Altarbild zeigt den von den Schächern flankierten gekreuzigten Christus, wobei am Fuße des Kreuzes die in lichter weißer Kleidung dargestellte Maria um ihren Sohn trauert und dabei von zwei Frauen und dem Lieblingsjünger Johannes gestützt und getröstet wird. Auf der rechten Seite, direkt unter dem bekehrten Schächer, ist am äußersten Bildrand ein römischer Soldat, in lockerer Haltung auf einem Stein sitzend, zu sehen. Hinter diesem steht, als ob er in ein vertrauliches Gespräch mit dem Vertreter der römischen Staatsgewalt vertieft wäre, der Künstler in vornehmer Kleidung und erneut einen dunkelgrünen Samthut und Vollbart tragend[96]. Er scheint sich dem Soldaten zuzuneigen und zeigt in einer betonten Geste auf die leidende und schmerzerfüllte Maria[97]. Man kann dieses Arrangement dahingehend deuten, dass Riemenschneider hier täufe-

---

94 Dionys STIEFENHOFER (Hg.), Des Heiligen Makarius des Ägypters fünfzig geistliche Homilien (Bibliothek der Kirchenväter 10), 1913, 196.
95 Dazu: BIER, Eine (unbekannte) Kreuzigung (wie Anm. 21); ANDERGASSEN, Bartlmä Dill Riemenschneider (wie Anm. 22), 150, Abb. 90 u. 160, Abb. 97 u. 161/162; ANDERGASSEN, Renaissancealtäre (wie Anm. 22), 68–69 u. Taf. 20 vermutet, dass sich der Altar ursprünglich »in einem privaten Südtiroler Sakralraum« oder gar in der 1533 errichteten »Salvatorkapelle des Brixner Domes« befand. Die Kapelle wurde in Auftrag gegeben, als der Priestermessbund ins Leben gerufen wurde, zu dessen Gründern auch Gregor Angerer gehörte. – Ein skizzenhafter Entwurf (194 x 202) einer Riemenschneiderschen Kreuzigungsgruppe, der mit dem Altarbild von Sigmaringen aber nur teilweise übereinstimmt, befindet sich in Florenz, Uffizien (Fondo Mediceo-Lorenese); vgl. Keith ANDREWS, Disegni tedeschi da Schongauer a Liebermann. Catalogo della mostra (Gabinetto disegni e stampe degli Uffizi 70), 1988, 38, Nr. 44 u. Abb. 45.
96 Erstmals identifiziert von ANDERGASSEN, Renaissancealtäre (wie Anm. 22), 69.
97 Nichts abzugewinnen vermögen wir der Deutung von TIES, Der Maler Bartlme Dill Riemenschneider (wie Anm. 23), 124 [= TIES, Bartlme Dill Riemenschneider (wie Anm. 19), 36 u. TIES, Klappbild und Konversion (wie Anm. 23), 334, Anm. 13 und zuletzt auch HUEBERT HECHT/TIES, Research Note (wie Anm. 23), 455–456], der davon ausgeht, dass der bärtige Mann nicht auf Maria, sondern »auf die in den Illusionsraum des Gemäldes integrierte Monogrammsignatur hinweist« und dass sich Riemenschneider hier mit Nikodemus identifizieren ließe, der als »legendärer Schöpfer des ersten Bildes des gekreuzigten Christus« gilt.

Abb. 2: Bartlme Dill Riemenschneider, Kreuzigungsgruppe (1533). Sigmaringen, Fürstlich-Hohenzollernsche Kunstsammlung.

rische »Leidenstheologie« bzw. »Leidensethik« (Schäufele) ins Bild rückt[98] und die weltliche Obrigkeit in einem mahnenden und vorwurfsvollen Gestus auf das Leiden hinweist, das ihre religionspolitischen Entscheidungen und Maßnahmen bei den verfolgten Anhängern des Täufertums hervorriefen und immer noch hervorrufen.

5. Hans Langenmantel als bekennender Täufer?

Wie eingangs bereits mitgeteilt, gehörten die aus Augsburg stammenden Langenmantel einem alten deutschen Adels- und Patriziergeschlecht an. Ein Zweig der Familie ließ sich sehr wahrscheinlich im frühen 15. Jahrhundert in Tramin nieder[99], aber bereits im Jahr 1580 erlosch die männliche Tiroler Linie mit dem Tod Wolfgang Langenmantels.

Die Langenmantel waren im Überetsch offenbar rasch zu Ansehen gelangt und bekleideten dort verschiedene politische Ämter. Hans Langenmantel (um 1505–1566), der Auftraggeber des Freskenzyklus und Förderer Riemenschneiders, verfügte über ausgedehnten Landbesitz, mehrere Gutshöfe und ein stattliches Vermögen; in den archivalischen Quellen taucht er in den späten 1520er Jahren als Geschäftszeuge zum ersten Mal auf. Im Jahr 1546 lieh er dem Tiroler Landesherrn 500 Gulden für die Kriegsrüstung, 1565 weisen ihn Quellen als »Pflöger zu Kurtatsch« aus[100]. In der Mitte der 1540er Jahre nahm Hans Langenmantel an seinem Traminer Ansitz bauliche Veränderungen vor, wie eine zu Beginn des 20. Jahrhun-

---

[98] Über die täuferische Leidensethik: Cornelius J. Dyck, The Suffering Church in Anabaptism, in: The Mennonite Quarterly Review 59 (1985), 5–23.
[99] Eine gute Zusammenstellung und Übersicht über die Quellenzeugnisse bei Roland Zwerger, Die adelige Familie von Langenmantel zum R, in: Traminer Dorfblatt 10. Jg., Nr. 26 v. 23. Dezember 2000, 14–15 (Teil I); 11. Jg., Nr. 1 v. 13. Jänner 2001, 13 (Teil II); Nr. 2 v. 27. Jänner 2001, 10 (Teil III); Nr. 4 v. 24. Februar 2001, 16–17 (Teil IV); der Stammbaum der Familie in: Genealogien des Tirolischen Adels. Gesammelt durch Stephan von Mayrhofen zu Koburg und Anger, Erloschene Geschlechter L–M [Transkription], 998–1000; weitere Literatur: Allgemeines Adels-Archiv der österreichischen Monarchie I/1, 1789, 444–450; Ludwig von Hohenbühel, Beiträge zur Geschichte des Tiroler Adels, in: Jahrbuch der k. k. Heraldischen Gesellschaft »Adler« N.F. 1 (1891), 43–170, hier 99–100; Rudolf Granichstaedten-Czerva, Meran. Burggrafen und Burgherren, 1949, 148–151; zur Besitzerfolge und Geschichte des Ansitzes: Roland Zwerger, Beiträge zur Geschichte von Tramin, Diss. Innsbruck 1985, 122–124. Seit dem Jahr 1560 stand auch die Innsbrucker Weiherburg im Besitz der Familie; an sie erinnert bis heute der Langenmantel-Saal (um 1560/69), »ein heraldisch genealogisches Denkmal der Familie Langenmantel vom R«; vgl. Franz-Heinz Hye, Die Weiherburg und ihre Geschichte, in: Die Weiherburg. Festschrift aus Anlaß der Restaurierung dieses Ansitzes durch die Stadtgemeinde Innsbruck 1976–1978, [1978], 9–31, hier 29–31.
[100] Zwerger, Die adelige Familie (wie Anm. 99), Teil III, 10.

derts noch existierende, inzwischen verloren gegangene Inschrift bezeugt. Er ließ den zweigeschossigen gotischen Kernbau des Nebengebäudes erweitern und um ein Stockwerk erhöhen. Im Zuge dieser Umbau- und Restaurierungsarbeiten erhielt Riemenschneider im Jahr 1546 von dem Traminer Adeligen den Auftrag, einen Fayence-Ofen zu dekorieren, dessen Kacheln die Geschichte von Iason und Medea erzählten[101]. In diesem Zusammenhang dürfte auch die Idee gereift sein, das oberste Geschoss dieses Gebäudes mit einem Freskenzyklus auszustatten.

Sehr wahrscheinlich entstand der kirchen- und obrigkeitskritische Freskenzyklus nicht ohne das Wissen und Einverständnis des Auftraggebers. Während für Außenstehende die eigentliche Botschaft des Bilderzyklus nicht zu entschlüsseln war, konnte sich der kleine Kreis der Eingeweihten an der subversiven und hintergründigen Heiterkeit der Fresken ergötzen. Das Kunstwerk diente als Medium verklausulierter Kommunikation[102] in einem repressiven politischen und gesellschaftlichen Kontext. Der subversive Charakter des Raumes erklärt sich noch aus einem anderen Umstand[103]. Das zumindest an der Oberfläche und nach außen bacchantisch, freizügig und lasziv anmutende Freskenprogramm steht in eklatan-

---

[101] Der Ofen hat die Zeiten bedauerlicherweise nicht überdauert. Allein einige Kacheln befinden sich seit 1927 im Londoner Victoria and Albert Museum; auf diesen findet sich die Jahreszahl 1546 und das Malersignum Riemenschneiders (BDR); vgl. RINGLER, Beiträge zur südtirolischen Fayencekunst (wie Anm. 4), 12–13 u. 16; GARBER, Die Fresken im Turm (wie Anm. 1), 14, Anm. 1; Rosemarie FRANZ, Der Kachelofen. Entstehung und kunstgeschichtliche Entwicklung vom Mittelalter bis zum Ausgang des Klassizismus (Forschungen und Berichte des Kunsthistorischen Institutes der Universität Graz 1), 1969, 183, Nr. 305–308 u. Abb. 305–308.

[102] Über den Gebrauch einer »verkehrten« Sprache bei den Täufern: MATTERN, Leben im Abseits (wie Anm. 26) 155–161.

[103] Ein weiterer, zumindest äußerlicher Widerspruch ergibt sich auch aus dem im Täufertum hochgehaltenen Abstinenzgedanken; die Schleitheimer Artikel (1527) verboten den Täufern den Besuch von Weinhäusern: »Uß dem allen soellen wir lernen, das alles was nit mitt unserem gott und Christo vereiniget ist, nütt anders sig dan die grüwel, welche wir miden sollend [und fliehen]. In dem werden vermeint alle baepstlich und widerbaeplich [widerbäpstliche] werck und gottes dienst, versammlung, kilchgang, winhüser, burgschaften und verpflichten des ungloubens [bürgschaften und verpflichtung] und andere mer dergliehen, das dan die welt für hoch halt […]«; zitiert nach: Horst QUIRING, Das Schleitheimer Täuferbekenntnis von 1527, in: Mennonitische Geschichtsblätter N.F. 14/9 (1957), 34–40, hier 36; vgl. auch Fritz BLANKE, Reformation und Alkoholismus, in: Zwingliana 9/2 (1949), 75–89, bes. 88–89, eine gekürzte Fassung als »Täufertum und Alkoholismus«, in: Mennonitische Geschichtsblätter N.F. 8/3 (1951), 25–28; allgemeiner: Carl KRÜCKE, Deutsche Mäßigkeitsbestrebungen und -vereine im Reformationszeitalter, in: Archiv für Kultur-Geschichte 7 (1909), 13–30; Marion KOBELT-KROCH, Unter Zechern, Spielern und Häschern. Täufer im Wirtshaus, in: Norbert FISCHER/Marion KOBELT-GROCH (Hg.), Außenseiter zwischen Mittelalter und Neuzeit. Festschrift für Hans-Jürgen Goertz zum 60. Geburtstag (Studies in Medieval and Reformation Thought 61), 1997, 111–126. Zum Schleitheimer Täuferbekenntnis: Beatrice JENNY, Das Schleitheimer Täuferbekenntnis 1527, 1951 [Schaffhauser Beiträge zur vaterländischen Geschichte 28 (1951), 5–81].

tem Gegensatz zu den politischen Intentionen und Direktiven des Tiroler Landesherrn Ferdinand I. Die Fresken entstanden in einer Zeit, in der sich der ernste und reformwillige Herrscher in besonderer Weise um die Hebung des sittlichen und religiösen Charakters seiner Untertanen bemühte. Im Jahr 1543 erließ er ein Mandat zur Eindämmung der Laster wie Wucher, Gotteslästerung, Trunksucht und Ehebruch; in den Jahren 1546 und 1547 folgten weitere Mandate ähnlichen Inhalts[104].

Vor diesem Hintergrund scheint die Annahme plausibel, dass die Familie Langenmantel selbst dem Täufertum anhing oder mit dem täuferischen Bekenntnis zumindest in hohem Maße sympathisierte. Unter den Augsburger Langenmantel finden sich im 16. Jahrhundert sowohl Katholiken als auch Protestanten[105]. Außerdem hatte die Familie einen täuferischen »Märtyrer« in ihren Reihen: (Eitel)Hans Langenmantel war zu Beginn des 16. Jahrhunderts ein führendes Mitglied der Augsburger Täufergemeinde[106], der von Hans Hut getauft und am 11. Mai 1528 mit anderen Glaubensbrüdern hingerichtet worden war. Es mag dem Zufall geschuldet sein, dass sich aus seiner Feder drei Abhandlungen über das »Nachtmahl des Herrn« erhalten haben[107]. Die begüterten Langenmantel – und dies könnte freilich ein weiteres Indiz für unsere These sein – fielen in Tramin nicht durch besondere äußerliche Frömmigkeit und Akte der Werkheiligkeit auf[108]. Helena Langenman-

---

104 WIDMOSER, Das Täufertum (wie Anm. 33), 180–182, hier 182 »Alles übrige Trinken, Völlerei und unchristliches Wesen in den Wirts- und anderen Häusern, auf Gassen und Strassen sind zu unterlassen.«; zum Phänomen allgemein: Michael STOLLEIS, «Von dem grewlichen Laster der Trunckenheit» - Trinkverbote im 16. und 17. Jahrhundert, in: Gisela VÖLGER/Karin VON WELCK (Hg.), Rausch und Realität. Drogen im Kulturvergleich, 1982, 177–191.
105 Wolfgang REINHARD (Hg.), Augsburger Eliten des 16. Jahrhunderts. Prosopographie wirtschaftlicher und politischer Führungsgruppen 1500–1620, 1996, 446–451.
106 Friedrich ROTH, Zur Geschichte der Wiedertäufer in Oberschwaben. II. Zur Lebensgeschichte Eitelhans Langenmantels von Augsburg, in: Zeitschrift des Historischen Vereins für Schwaben und Neuburg 27 (1900), 1–45; Karl SCHOTTENLOHER, Philipp Ulhart, ein Augsburger Winkeldrucker und Helfershelfer der »Schwärmer« und »Wiedertäufer« (1523–1529) (Historische Forschungen und Quellen 4), 1921, 54–57; Wilhelm WISWEDEL, Eitelhans Langenmantel, ein Täufer aus vornehmem Patriziergeschlecht, in: DERS., Bilder und Führergestalten aus dem Täufertum. Ein Beitrag zur Reformationsgeschichte des 16. Jahrhunderts II. Band, 1930, 72–86; Friedwart UHLAND, Täufertum und Obrigkeit in Augsburg im 16. Jahrhundert, Diss. Erlangen 1972, 83–85; Hans GUDERIAN, Die Täufer in Augsburg. Ihre Geschichte und ihr Erbe. Ein Beitrag zur 2000-Jahr-Feier der Stadt Augsburg, 1984, 69–74; Gottfried SEEBASS, Müntzers Erbe. Werk, Leben und Theologie des Hans Hut (Quellen und Forschungen zur Reformationsgeschichte 73), 2002, 50–52 u. passim.
107 In gekürzter Form veröffentlicht bei: Lydia MÜLLER (Hg.), Glaubenszeugnisse oberdeutscher Taufgesinnter Bd. 1 (Quellen und Forschungen zur Reformationsgeschichte 20), 1938, 126–136.
108 ZWERGER, Die adelige Familie (wie Anm. 99), Teil IV, 17 »Von einer frommen Stiftung derer von Langenmantel, wie sie viele andere wohlhabende Traminer vor und nach ihnen hinterlassen ha-

tel, eine Schwester des Auftraggebers, war mit Caspar von Spaur zu Vallör verheiratet, der zwar mit dem Trienter Bischof und Kardinal Cristoforo Madruzzo verschwägert war, in Tirol aber durch seine »akatholischen Neigungen« (Hirn) auffiel und deshalb sogar Gefahr lief, des Landes verwiesen zu werden[109].

6. Zur Ikonografie des Freskenzyklus

Die Tradition des Kryptoporträts in der Renaissance
Das Porträt erlebte in der Renaissance eine Blütezeit. Die neue Geistesströmung des Renaissance-Humanismus hatte ab dem 14. Jahrhundert mehr und mehr den Menschen, in besonderer Weise den herausragenden und schöpferischen Einzelmenschen in den Mittelpunkt gerückt. Während man sich in der Literatur verstärkt der Biografie zuwandte, widmeten die bildenden Künstler dem Porträt erhöhte Aufmerksamkeit[110]. Als Sonder- und Unterformen des Porträts gelten das Selbstporträt[111] sowie

ben, ist nichts bekannt, keine Spende an die Armen, keine Jahrtagsmesse oder ähnliches. Es scheint, dass sie darauf keinen Wert legten.«
109 Josef HIRN, Erzherzog Ferdinand II. von Tirol. Geschichte seiner Regierung und seiner Länder I. Band, 1885, 136–137. Auch in einem Register der aus religiösen Gründen verbannten Adeligen Kärntens (1629) taucht zweimal der Name der Langenmantel auf: VON HOHENBÜHEL, Beiträge zur Geschichte (wie Anm. 99), 99.
110 Literatur (Auswahl): Jacob BURCKHARDT, Das Porträt, in: DERS., Beiträge zur Kunstgeschichte von Italien, 1898, 143–294, wiederabgedr. als: Das Porträt in der italienischen Malerei, in: Heinrich WÖLFFLIN (Hg.), Jacob Burckhardt. Beiträge zur Kunstgeschichte von Italien (Jacob Burckhardt-Gesamtausgabe 12), 1930, 141–291; Jean LIPMAN, The Florentine Profile Portrait in the Quattrocento, in: The Art Bulletin 18 (1936), 54–102; John POPE-HENNESSY, The Portrait in the Renaissance (The A. W. Mellon Lectures in the Fine Arts 12), 1966; Lolah M. SLEPTZOFF, Men or Supermen? The Italian Portrait in the Fifteenth Century, 1978; Gottfried BOEHM, Bildnis und Individuum. Über den Ursprung der Porträtmalerei in der italienischen Renaissance, 1985; Joanna WOODS-MARSDEN, »Ritratto al Naturale«: Questions of Realism and Idealism in Early Renaissance Portraits, in: Art Journal 46/3 (1987), 209–216; Lorne CAMPBELL, Renaissance Portraits. European Portrait-Painting in the 14th, 15th and 16th Centuries, 1990; Jean-Baptiste GIARD, Médailles et Portraits, ou la Recherche de l'Individu à la Renaissance, in: Martin PRICE/Andrew BURNETT/Roger BLAND (ed.), Essays in Honour of Robert Carson and Kenneth Jenkins, 1993, 277–280; Peter BURKE, The Renaissance, Individualism and the Portrait, in: History of European Ideas 21/3 (1995) 393–400; Nicholas MANN/Luke SYSON (ed.), The Image of the Individual. Portraits in the Renaissance, 1998.
111 Aus der reichen Forschungsliteratur: Ernst BENKARD, Das Selbstbildnis vom 15. bis zum Beginn des 18. Jahrhunderts, 1927; Fritz RIED, Das Selbstbildnis (Die Buchgemeinde. Dritter Band der Jahresreihe 1931–32), 1931; Ludwig GOLDSCHEIDER, Fünfhundert Selbstporträts von der Antike bis zur Gegenwart ›Plastik, Malerei, Graphik‹, 1936; Donald B. KUSPIT, The Self-portrait As a Clue to the Artist's Being-in-the-World, in: Rudolf ZEITLER (ed.), Actes du sixième congrès international d'esthétique, Uppsala 1968 (Acta Universitatis Upsaliensis. Figura Nova Series 10), 1972, 237–245; Siegmar HOLSTEN, Das Bild des Künstlers. Selbstdarstellungen, 1978; Jan BIAŁOSTOCKI, Begegnung mit dem Ich in der Kunst, in: artibus et historiae 1 (1980) 25–45; Joan KINNEIR (ed.), The Artist by Him-

das Kryptoporträt[112], für das die kunstgeschichtliche Forschung inzwischen eine differenzierte Typologie entwickelt hat. Das Kryptoporträt wurde von F.B. Polleross als »Darstellung von Heiligen sowie von biblischen, mythologischen oder historischen Helden mit Gesichtszügen von Zeitgenossen« definiert, wobei »eine bewußte Identifikation des Porträtierten mit seiner Rolle [...] das Tertium comparationis bildet.« Es war Albrecht Dürer, der diese Form von Selbstbildnissen im deutschen Sprachraum bekannt machte[113]. Auch Tilman Riemenschneider porträtierte sich in seinen

self. Self-portrait Drawings from Youth to Old Age, 1980; Pascal BONAFOUX, Les peintres et l'autoportrait, 1984; Gottfried BOEHM, Die opaken Tiefen des Innern. Anmerkungen zur Interpretation der frühen Selbstporträts, in: Michael HESSE/Max IMDAHL (Hg.), Studien zu Renaissance und Barock. Manfred Wundram zum 60. Geburtstag (Bochumer Schriften zur Kunstgeschichte. Sonderband), 1986, 21–33; Hilliard T. GOLDFARB, Exploring Treasures in the Isabella Stewart Gardner Museum III: Imaging the Self in Renaissance Italy, 1992; Matthias WINNER (Hg.), Der Künstler über sich in seinem Werk. Internationales Symposium der Bibliotheca Hertziana, Rom 1989, 1992; Joseph Leo KOERNER, The Moment of Self-Portraiture in German Renaissance Art, 1993; Gunter SCHWEIKHART, Das Selbstbildnis im 15. Jahrhundert, in: Joachim POESCHKE (Hg.), Italienische Frührenaissance und nordeuropäisches Mittelalter. Kunst der frühen Neuzeit im europäischen Zusammenhang, 1993, 11–39; Yoko SUZUKI, Studien zu Künstlerporträts der Maler und Bildhauer in der venetischen und venezianischen Kunst der Renaissance. Von Andrea Mantegna bis Palma il Giovane, Diss. Frankfurt a. M. 1995 (Kunstgeschichte 53), 1996; Joanna WOODS-MARSDEN, Renaissance Self-Portraiture. The Visual Construction of Identity and the Social Status of the Artist, 1998; Gunter SCHWEIKHART (Hg.), Autobiographie und Selbstportrait in der Renaissance (Atlas. Bonner Beiträge zur Renaissanceforschung 2), 1998; Stefanie MARSCHKE, Künstlerbildnisse und Selbstporträts. Studien zu ihren Funktionen von der Antike bis zur Renaissance, 1998; Gunter SCHWEIKHART, Vom Signaturbildnis zum autonomen Selbstporträt, in: Klaus ARNOLD/Sabine SCHMOLINSKY/Urs Martin ZAHND (Hg.), Das dargestellte Ich. Studien zu Selbstzeugnissen des späteren Mittelalters und der frühen Neuzeit (Selbstzeugnisse des Mittelalters und der beginnenden Neuzeit 1), 1999, 165–187; Mila HORKÝ, Der Künstler ist im Bild. Selbstdarstellungen in der italienischen Malerei des 14. und 15. Jahrhunderts, Diss. Hamburg 2000, 2003; Ulrich PFISTERER/Valeska VON ROSEN (Hg.), Der Künstler als Kunstwerk. Selbstporträts vom Mittelalter bis zur Gegenwart, 2005; Omar CALABRESE, L'art de l'autoportrait, 2006, dt. Ausgabe: Die Geschichte des Selbstporträts, 2006; Wolfgang MEIGHÖRNER (Hg.), Nur Gesichter? Porträts der Renaissance, 2016.
112 Literatur: Gerhart LADNER, Die Anfänge des Kryptoporträts, in: Florens DEUCHLER/Mechthild FLURY-LEMBERG/Karel OTAVSKY (Hg.), Von Angesicht zu Angesicht. Porträtstudien. Michael Stettler zum 70. Geburtstag, 1983, 78–97; Friedrich B. POLLEROSS, Das sakrale Identifikationsporträt. Ein höfischer Bildtypus vom 13. bis zum 20. Jahrhundert I-II (Manuskripte zur Kunstwissenschaft in der Wernerschen Verlagsgesellschaft 18), 1988; DERS., Die Anfänge des Identifikationsporträts im höfischen und städtischen Bereich, in: Frühneuzeit-Info 4/1 (1993), 17–36; Gerhard SCHMIDT, Beiträge zum gotischen »Kryptoporträt« in Frankreich, in: DERS., Malerei der Gotik, 2005, 329–340; Anton LEGNER, Der artifex. Der Künstler im Mittelalter und ihre Selbstdarstellung. Eine illustrierte Anthologie, 2009, 437–452 (Kap. 15 »Selbstbildnis in der Identifikationsfigur«) u. 453–496 (Kap. 16 »Persönlich anwesend. Selbstprojektionen in Bildern der historiae«). – Andere, seltener verwendete Bezeichnungen sind »allegorisches Porträt«, »disguised portrait«, »ritratto istoriato«, »portrait mythologique«, »Identifikationsporträt« und »Inkognitoporträt«.
113 BIAŁOSTOCKI, Begegnung mit dem Ich (wie Anm. 111), 36 »Unter Dürers Einfluß verbreiteten sich die Selbstbildnisse *In assistenza* oder die unter den historischen oder mythologischen Personen

Altarwerken zweimal selbst[114] und schöpfte dabei das beträchtliche innovative Potential der künstlerischen Selbstdarstellung aus[115].

Andrea Mantegna hatte in der »Camera dipinta« (auch »Camera picta«) des Palazzo Ducale in Mantua (1465/74) mitten im dekorativen Rankenwerk eines gemalten Pilasters sein nur bei sehr genauem Hinsehen zu erkennendes Antlitz verewigt, das ein italienischer Kunsthistoriker erst ein halbes Jahrtausend später entdeckte[116]. Der flämische Künstler Jan van Eyck wiederum »versteckte« ein Selbstporträt in einer Madonnendarstellung (1436), nämlich im Schild der Rüstung des Hl. Georg, der den Kanoniker Joris van der Paele der sitzenden Muttergottes vorstellt[117]. Michelangelo malte im Auftrag von Papst Julius II. im Jahr 1541 das »Jüngste Gericht«; erst 1923 entdeckte und identifizierte der italienische Arzt Francesco La Cava in der abgezogenen Haut des hl. Bartholomäus ein Selbstbildnis des Künstlers[118].

Die Ikonografie der Ianus-Figur
Ikonografisch knüpft Riemenschneider mit seiner Ianus-Darstellung an mittelalterliche Traditionen an. In der bildenden Kunst begegnet uns der römische Gott nahezu ausschließlich in Kalendern und in Darstellungen von Monatszyklen, wo er den Jahresanfang markiert und in einem leicht fassbaren Bild den ersten Monat

verkleideten Selbstdarstellungen in der deutschen und niederländischen Kunst. […] Dürer war der erste, der es wagte, sein Gesicht mit einem heiligen, sogar göttlichen zu identifizieren …«.
114 Über die von Riemenschneider geschaffenen Selbstporträts, deren Originalität und Rezeption: Corine SCHLEIF, The Making and Taking of Self-Portraits: Interfaces Carved between Riemenschneider and His Audiences, in: Julian CHAPUIS (ed.), Tilman Riemenschneider, c. 1460–1531 (Studies in the History of Art 65; Center for Advanced Study in Visual Arts. Symposium Papers 42), 2004, 215–233.
115 SCHLEIF, The Making and Taking (wie Anm. 114), 219: »Indeed artists' ways of working themselves into narrative or non-narrative spaces were frequently more innovative and varied than the manner in which they handled the iconographic themes of their works.« u. 232: »I might suggest that the self-image, whether or not the extent to which it is the production of the artist or the viewer can ever be ›proven,‹ is a sight/site at which we may fruitfully inquire into the complex ways in which art's makers and takers conceive and perceive themselves and each other.«
116 Rodolfo SIGNORINI, L'autoritratto del Mantegna nella Camera degli Sposi, in: Mitteilungen des Kunsthistorischen Institutes in Florenz 20 (1976), 205–212; DERS., Opus hoc tenue. La Camera Dipinta di Andrea Mantegna. Lettura storica, iconografica, iconologica, 1985, 181–186.
117 David G. CARTER, Reflections in Armor in the Canon van de Paele Madonna, in: The Art Bulletin 36/1 (1954), 60–63.
118 Francesco LA CAVA, Il volto di Michelangelo scoperto nel Giudizio Finale. Un dramma psicologico in un ritratto simbolico, 1925.

des Jahres symbolisiert[119]. Einen eigenen, besonders in Kalendern öfter anzutreffenden ikonografischen Typus bildet dabei der an einem mit verschiedenen Früchten und Speisen gedeckten Tisch sitzende Ianus, wobei mitunter rechts und links zwei Diener die Szenerie beleben.

Abb. 3: Darstellung des Ianus am Firminportal der Kathedrale Notre-Dame d'Amiens. Foto: Prof. Perrine Mane, Paris.

Am Sockel des Firminportals der Kathedrale von Amiens (ca. 1225–1235) findet sich eine Reihe von Vierpassbildern, welche die einzelnen Monate darstellen. Den Monat Januar verkörpert Ianus, wobei der zweigesichtige Gott einen Krug in seiner Linken haltend an einem Tisch sitzt, der mit Brot und anderen Speisen gedeckt ist. Seine vollbärtige linke Gesichtshälfte wendet er einem Sklaven, die jugendlich-frische rechte Gesichtshälfte einem anderen Diener zu (s. Abb. 3). Der eine trägt Speisen auf, der andere ab; sie verkörpern sehr wahrscheinlich das alte und das neue Jahr[120]. Auch in einer Wandmalerei der Kirche Notre-Dame in Pritz (Mayenne, Anfang 12. Jh.)[121] sitzt Ianus vor einem gedeckten Tisch. Eine besondere typologische Nähe weist der Traminer Ianus aber zu einem Hochrelief am Süd-

---

119 Eine hervorragende Zusammenschau bei: Perrine MANE, Calendriers et techniques agricoles (France-Italie, XIIe-XIIIe siècles), 1983, 88–92.
120 Wolfgang MEDDING, Die Westportale der Kathedrale von Amiens und ihre Meister, 1930, 36–37 u. Abb. 45; eine Abbildung bei REFAIT, Le dieu Janus (wie Anm. 38), 206 u. MANE, Calendriers et techniques (wie Anm. 119), Bildteil, Abb. 1; Maurice CRAMPON, La cathédrale d'Amiens, 1972, 57: »Le dieu Janus bifrons est le dieu des portes (janua) dont les deux visages, l'un barbu, l'autre imberbe, regardent vers l'intérieur et l'extérieur du monument et le dieu des commencements (premier mois de l'année). Assis devant la table du banquet sacré, il préside aux entreprises humaines qui vont suivre.«
121 Elena ALFANI, Janus bifrons: tra simbolo temporale e rinascita dell'arte antica. Gli affreschi medievali di San Michele a Gornate Superiore, in: Laurent GOLAY/Philippe LÜSCHER/Pierre-Alain MARIAUX (ed.), Florilegium. Scritti di storia dell'arte in onore di Carlo Bertelli, 1995, 50–55, hier 55, Anm. 21; MANE, Calendriers et techniques (wie Anm. 119), Bildteil, Abb. 113.

portal der Kathedrale von Ferrara (Anfang 13. Jh., heute Museo dell'Opera della Cattedrale) auf (s. Abb. 4). Auch hier ist die Zweiköpfigkeit derart gestaltet, dass ein Bart tragender, junger Mann nach rechts und ein älterer, an einen griechischen Philosophen erinnernder Mann nach links blickt. Der alte Mann trägt in seiner linken Hand einen Krug, die gesamte Figur ist mit einem an der Brust verschlossenen und bis auf den Unterarm herabfallenden Umhang bekleidet[122]. Die Vermutung ist legitim, dass Riemenschneider während eines Aufenthalts in Ferrara[123] diese Ianus-Darstellung kennenlernte, skizzierte und später für sein Werk in Tramin als Vorlage verwendete.

Das Notenbuch Apollons
Der neben Ianus dargestellte Apollon hält in seinen Händen ein Gesangbuch, in dem einige Zeilen eines Trinkliedes und eine Notation zu erkennen sind. Der von Riemenschneider eingezeichnete Liedtext »*O, alle foll alle // foll // Kannen leer – Kannen leer*« scheint in der ersten Hälfte des 16. Jahrhunderts sehr weit verbreitet gewesen zu sein. Derselbe Textbeginn mit einer ähnlichen Tonfolge findet sich in dem Quodlibet »Wach auf« der 1544 in Nürnberg gedruckten Sammlung »Teutscher Gesang«[124] des katholischen Wiener Komponisten, Dichters und Schulmeisters Wolfgang Schmeltzl (ca. 1500/05–1564)[125]. Ein Quodlibet ist ein mehrstimmiger Cento meist scherzhafter Natur, der mehrere Liedfragmente verwendet, deren Herkunft im Übrigen nicht immer bekannt ist. Sehr wahrscheinlich handelt es sich bei dieser Textfolge um einen Kanon[126]. Auch in einem kirchenkritischen Augsburger Druck aus dem Jahr 1521 singen reiche Prasser »*All vol all vol kainer*

---

[122] Jill MEREDITH, The *Bifrons* Relief of Janus: The Implications of the Antique in the Court Art of Emperor Frederick II, in: Caroline BRUZELIUS/Jill MEREDITH (ed.), The Brunner Collection of Medieval Art. The Duke University Museum of Art, 1991, 96–123, hier 104, fig. 5.6.
[123] Ein (vielleicht sogar längerer) Aufenthalt Riemenschneiders in Ferrara bzw. Faenza ist quellenmäßig zwar nicht bezeugt, aber in sehr hohem Maße wahrscheinlich. Am Hofe des Fürsten Alfonso I. d'Este (1505–1534) wurde um 1530 die Technik des Emailierens in den Farben Blau und Weiß (»Bianchi di Faenza«) entwickelt, wobei dieser neue Stil die auf Fayence-Öfen spezialisierten Künstlerwerkstätten Rieders und Riemenschneiders in Bozen beeinflusste; vgl. TIES, Il pittore rinascimentale (wie Anm. 23), 85–86.
[124] Quodlibet XIX (»*Wach auff*«), wo der Liedtext folgendermaßen lautet: »All vol all vol kainer ler. bringt uns kreuzer und batzen her.«
[125] Rudolf FLOTZINGER, Wolfgang Schmeltzl und »Teutscher Gesang« von 1544, in: Studien zur Musikwissenschaft 39 (1988), 7–36.
[126] FLOTZINGER, Wolfgang Schmeltzl (wie Anm. 125), 31, Anm. 181; Bernhard ZIEHN, Die »Maulbronner Fuge« bei Scheffel, Schmeltzel, Jensen und Damrosch, in: Allgemeine Musik-Zeitung 33 (1906), Nr. 41, 627–628.

Abb. 4: Darstellung des *Ianus bifrons* am Südportal der Kathedrale von Ferrara, »Maestro dei Mesi« (um 1225/30). Ferrara, Museo della Cattedrale, inv. MC040.

leer«[127]. Eine weitere bemerkenswerte Parallele zu diesen Liedzeilen begegnet in dem Württembergischen Kloster Maulbronn. Die Bilder, die das Gewölbe der Vorhalle der Klosterkirche schmückten und wahrscheinlich im Jahr 1522 gemalt wurden, existieren heute nicht mehr, sind aber zumindest teilweise durch die zwischen 1625 und 1630 entstandenen Aufzeichnungen und Nachzeichnungen des Stuttgarter Archivars Friedrich Rüttel (1579–1634) erhalten geblieben[128]. Bei den Darstellungen – diese entziehen sich bis heute einer verlässlichen Deutung – handelt es sich vielleicht um »Karikaturen des Mönchwesens«[129]. Auf einem Spruchband unter einer Notenzeile war die Buchstabenfolge »*A.v.k.l.w.h.*« zu lesen, die seit Rüttel gewöhnlich als »*Alle voll, Keiner leer, Wein her*« gedeutet wird und im 19. Jahrhundert durch Joseph Victor von Scheffels (1826–1886) »Maulbronner Fuge« eine größere Bekanntheit erlangt hat[130]. Immerhin dürfte der von Riemenschneider überlieferte Liedtext dem Original näherkommen[131], sofern nicht mehrere

[127] Anon., Ain straffred [Strafrede] vnd ain vnderricht [...], Augsburg 1521, [p. 18] »Da er also thüt sagen / wers leyden müg soll es tragen / Halten sich aber nach gesundhait jrer leyb / und alle tag ain newes weyb / Und singen alzeyt all vol all vol / von Esaw hats gelernet der adel wol / All vol all vol kainer leer / bringt den bauren boese meer.«

[128] Johannes Wilhelm, Die Wandmalereien in der Kirche und in der Klausur des Klosters Maulbronn, in: Maulbronn zur 850jährigen Geschichte des Zisterzienserklosters. Herausgegeben vom Landesdenkmalamt Baden-Württemberg (Forschungen und Berichte der Bau- und Kunstdenkmalpflege in Baden-Württemberg 7), 1997, 425–455, hier 435–436; Ders., Nikolaus Bertschi – Ein Aspekt der Verbreitung der Renaissance im südwestdeutschen Raum, in: Felix Heinzer/Robert Kretzschmar/Peter Rückert (Hg.), 900 Jahre Kloster Lorch. Eine staufische Neugründung vom Aufbruch zur Reform, 2004, 127–131, hier 129 denkt für diese allegorischen Malereien an eine »fixierte tradierte Vorlage« in der monastischen Buchmalerei.

[129] Karl Klunzinger, Urkundliche Geschichte der vormaligen Cisterzienser-Abtei Maulbronn, 1854, 108; Ders., Artistische Beschreibung der vormaligen Cisterzienser-Abtei Maulbronn, ³1856, 11 u. 17; anders die Deutung von Gustav Schwab, Wanderungen durch Schwaben (Das malerische und romantische Deutschland 2), 1837, Ndr. [1979] (Württembergica. Goldmann 26516), 43 »Freilich artete der Wohlstand des Klosters zuletzt in Wohlleben aus, und ein schamloser Witz der Mönche hat sich hierüber selbst ein Denkmal gesetzt. Oben im Vorhofe der Kirche ist nämlich unter andern Verzierungen im Gewölbe eine Gans am Bratspieß angebracht, mit Würsten, Flaschen und einer dazu komponierten Fuge mit unterlegtem Texte: A. V. K. L. W. H. das soll heißen: ›Alle voll, keiner leer; Wein her!‹«.

[130] Reto Krüger, Die Maulbronner Fuge. Der Scheffel, der Wein, der Faust und Maulbronn, 2013, 8.

[131] Allzu vorsichtig wohl Wilhelm, Die Wandmalereien (wie Anm. 128), 435, Anm. 43 »Die traditionelle Auflösung des als ›Maulbronner Fuge‹ bekannt gewordenen Textes *All, voll, keiner, leer, Wein, her* entbehrt einer gesicherten Grundlage.«; anders aber Günther Mahal, Fragen an einen lustigen Namens-Träger. Der Maulbronner Abt Johann Entenfuß, ein »Collega« des historischen Faust?, in: Reinhard Breymayer (Hg.), Festschrift für Hartmut Fröschle [Suevica. Beiträge zur schwäbischen Literatur- und Geistesgeschichte 9 (2001/2)] (Stuttgarter Arbeiten zur Germanistik 423), 2004, 33–42, hier 41, Anm. 16 »Die bei SCHEFFEL und anderen Autoren geläufige Ausschreibung »Alle voll, keiner leer, Wein her« muß wohl im zweiten Teil in ›Kanne leer‹ geändert werden.«; so auch Ders.,

Textvarianten zirkulierten. Die Zeilen in Apollons Notenbüchlein könnten durchaus eine »reale Notation« wiedergeben[132]. Neben den aufgeschlagenen Seiten ist auch auf der vorangehenden Seite, die Apollon mit seinem Daumen einmerkt, eine Notenfolge zu erkennen. Besonders auffallend sind die Weiße Mensuralnotation, das in dieser Zeit noch kaum gebrauchte Kreuzvorzeichen, die mittelalterlich anmutende Verwendung von vier statt von fünf Notenzeilen sowie der Umstand, dass bei manchen nach oben gehalsten Noten der Hals links und nicht rechts vom Notenkopf steht.

Der von Riemenschneider zitierte Liedtext trägt gewiss profanen Charakter; dennoch muss hier daran erinnert werden, dass das Lied, besonders das Märtyrerlied, im Alltag und Denken der Täufer eine nicht unbedeutende Rolle spielte[133].

Die Musikinstrumente

Einer eigenen Betrachtung bedürfen die im Freskenzyklus dargestellten Musikinstrumente, da sie als Attribute der Musen und Götter gewiss eine symbolhafte Bedeutung haben[134]. Apollon spielt den klassischen Aulos, also die Doppelflöte, während im Hintergrund eine beiseitegelegte Harfe zu erkennen ist; Pan hingegen bläst den Dudelsack. Erato spielt die Flöte und zugleich die Handtrommel, Kalliope die Laute, Urania die Posaune und Terpsichore das Orgelpositiv. Da Riemen-

---

Faust. Und Faust. Der Teufelsbündler in Knittlingen und Maulbronn, 1997, 154/155 u. 204/205, Anm. 201.

132 Vielleicht handelt es sich um die Tenorstimme eines mehrstimmigen Liedes. Für diese Einschätzung danke ich Frau Prof. Birgit Lodes, Universität Wien, schriftl. Mitteilung vom 28. November 2019.

133 Rudolf WOLKAN, Die Lieder der Wiedertäufer. Ein Beitrag zur deutschen und niederländischen Litteratur- und Kirchengeschichte, 1903, Neudruck 1965; Colony MACMILLAN (Hg.), Die Lieder der Hutterischen Brüder, ⁴1974; Ursula LIESEBERG, Studien zum Märtyrerlied der Täufer im 16. Jahrhundert (Europäische Hochschulschriften. Reihe I Deutsche Sprache und Literatur 1233), 1991.

134 Zur Symbolik der Musikinstrumente in Mittelalter und Renaissance: Emmanuel WINTERNITZ, Musical Instruments and their Symbolism in Western Art, 1967; Reinhold HAMMERSTEIN, Diabolus in musica. Studien zur Ikonographie der Musik im Mittelalter (Neue Heidelberger Studien zur Musikwissenschaft 6), 1974; Helmut GIESEL, Studien zur Symbolik der Musikinstrumente im Schrifttum der alten und mittelalterlichen Kirche (von den Anfängen bis zum 13. Jahrhundert) (Kölner Beiträge zur Musikforschung 94), 1978; Dagmar HOFFMANN-AXTHELM, Instrumentensymbolik und Aufführungspraxis. Zum Verhältnis von Symbolik und Realität in der mittelalterlichen Musikanschauung, in: Basler Jahrbuch für historische Musikpraxis 4 (1980), 9–90; Dietlind MÖLLER, Untersuchungen zur Symbolik der Musikinstrumente im Narrenschiff des Sebastian Brant (Kölner Beiträge zur Musikforschung 126), 1982; Ines HEIM, »Eyn sackpfiff ist des narren spil«. Über die Musik der Narren, in: Werner MEZGER (Hg.), Narren, Schellen und Marotten. Elf Beiträge zur Narrenidee (Kulturgeschichtliche Forschungen 3), ²1984, 309–331.

schneider die vier Musen nicht mit den ihnen kanonisch zugeschriebenen Instrumenten ausstattet, darf man wohl annehmen, dass seiner Zuteilung der Instrumente eine codierte Bedeutung zugrunde liegt, indem u. a. sogar zwischen einer »himmlischen« und einer »höllischen Musik« (Hammerstein) unterschieden werden kann[135].

Einhandflöte und Trommel wurden im Mittelalter häufig von einer einzigen Person zugleich gespielt; die Instrumente bildeten gewissermaßen ein »Tanzensemble«. Der Dudelsack galt im Mittelalter als Instrument des Teufels und war daher weitgehend negativ konnotiert[136]; die Posaune und das Orgelpositiv zählen zu den Instrumenten der geistlichen Musik und gehören daher in den religiösen und kirchlichen Bereich. Die Symbolik der Posaune – man denke an die Posaunen von Jericho und an die am Jüngsten Tag ertönenden! – ist eine endzeitlich-apokalyptische, sie gilt aber auch als Sinnbild des (geistlichen) Krieges[137]; sinnigerweise ordnet sie Riemenschneider der Muse der Sternkunde zu. Während die Instrumente auf der linken Seite des Raumes (mit Ausnahme des Dudelsacks) also eindeutig dem kirchlich-sakralen Bereich angehören, haben jene auf der rechten Seite, nämlich Doppelflöte, Harfe, Flöte, Handtrommel und Laute, einen deutlich sinnlich-diesseitigen Charakter und verweisen damit auf die weltliche Sphäre. Auf diese Weise teilt sich der Raum durch die Auswahl und Zuordnung der Instrumente in eine profan dominierte, positiv konnotierte und in eine mehr sakral bestimmte, negativ geprägte Sphäre.

Die von Riemenschneider dargestellten Instrumente verdienen in ihrer Symbolik auch unter einem anderen Gesichtspunkt eine nähere Betrachtung. Die Saiteninstrumente galten im Mittelalter und in der Renaissance als Ausdruck menschlicher Kultur und Bildung. Die Laute deutete man als Instrument der Humanitas, die Harfe als Instrument Davids und damit des Gotteslobs[138]. Außerdem hatte sich in der Renaissance der Typus des »Dudelsack-Narren« herausgebildet, der

---

135 In der christlichen Tradition ist die Zuordnung der Instrumente jedoch nicht eindeutig; als »Teufelsinstrumente« begegnen neben Dudelsack, Orgel und Posaune gelegentlich auch Aulos und Kithara; vgl. HAMMERSTEIN, Diabolus in musica (wie Anm. 134), 22–37. Das Portativ fand im Mittelalter vor allem im weltlichen Bereich Verwendung: Hans HICKMANN, Das Portativ. Ein Beitrag zur Geschichte der Kleinorgel, 1936, 178–189.
136 WINTERNITZ, Musical Instruments (wie Anm. 134), 76; HAMMERSTEIN, Diabolus in musica (wie Anm. 134), 22–37 u. Hans RINDLISBACHER, Dudelsäcke – Sackpfeifen – Böcke – Bööggen – Pauken, in: Schweizerisches Archiv für Volkskunde 73 (1977), 20–41, hier 27.
137 GIESEL, Studien zur Symbolik (wie Anm. 134), 101–122.
138 MÖLLER, Untersuchungen zur Symbolik (wie Anm. 134), bes. 94–100.

Laute und Harfe verachtet und in der Forschung als »Personifikation des amusischen Kulturfeindes« bezeichnet wurde[139].

Wenn wir aber nach einer direkten Vorlage für Riemenschneiders Musen und deren Musikinstrumente suchen, führt eine Spur zu dem Tiroler Schulmeister und Komponisten Peter Treybenreif (oder Treibenraiff) (1465–ca. 1525), der seinen Namen in Petrus Tritonius Athesinus latinisierte[140]. Größere Bekanntheit erlangte er mit seiner vierstimmigen Horazvertonung *Melopoiae sive Harmoniae tetracenticae super XXII genera carminum*[141]. Das unter der Aufsicht von Conrad Celtis hergestellte Werk erschien im April 1507 in Augsburg bei Erhard Oeglin und ist das erste in Deutschland gedruckte Buch mit Mensuralnotation, das darüber hinaus für die Mensurierung lange Zeit maßgeblich blieb[142]. Ein dem Werk beigegebener Holzschnitt – man bezeichnete diesen als »Das Götterkonzert« und auch als »Heidnische Trinität« (E. Wind) – zeigt Phoebus Apollon auf dem Parnass, umgeben von Jupiter, Pallas Athene, Merkur und dem Pferd Pegasos. Rund um dieses zentrale Bild in ovaler Form gruppiert der Künstler in neun Tondi die Lorbeer tragenden Musen (Abb. 5)[143]. Sowohl Apollon als auch seine Begleiterinnen sind

---

139 Ebd., 74–77.
140 Franz WALDNER, Petrus Tritonius und das älteste gedruckte katholische Gesangbuch, in: Monatshefte für Musik-Geschichte 27/2 (1895), 13–27; Ferdinand COHRS, Der humanistische Schulmeister Petrus Tritonius Athesinus, in: Mitteilungen der Gesellschaft für deutsche Erziehungs- und Schulgeschichte 8 (1898), 261–271; Franz WALDNER, Petrus Tritonius Athesinus, recte Peter Treibenraiff, als Humanist, Musiker und Schulmann, in: Zeitschrift des Ferdinandeums für Tirol und Vorarlberg 3.F. 47 (1903), 185–230.
141 [Petrus TRITONIUS], Melopoiae sive Harmoniae tetracenticae super XXII genera carminum [...], Augustae Vindelicorum 1507; ein mit einer Einleitung versehener Nachdruck (ohne Holzschnitte) erschien als Giuseppe VECCHI (ed.), Petri Tritonii Melopoiae sive Harmoniae tetracanticae 1507 (Corpus mensurabilis more antiquo musicae 1), 1967; dazu: Raimund KEMPER, Die Redaktion der *Epigramme* des Celtis (Scriptor Hochschulschriften. Literaturwissenschaft 9), 1975, 232–233; Adriana GHISLANZONI, Orazio in musica, in: Francesca NIUTTA/Carmela SANTUCCI (ed.), *Postera crescam laude*. Orazio nell'età moderna. Catalogo della mostra. Biblioteca Nazionale Centrale Roma, 20 ottobre – 27 novembre 1993, 1993, 143–173, hier 149–154; Manfred Hermann SCHMID, Musica theorica, practica und poetica. Zu Horaz-Vertonungen des deutschen Humanismus, in: Helmut KRASSER/Ernst A. SCHMIDT (Hg.), Zeitgenosse Horaz. Der Dichter und seine Leser seit zwei Jahrtausenden, 1996, 52–67, hier 57–61; Gundela BOBETH, Die humanistische Odenkomposition in Buchdruck und Handschrift: Zur Rolle der *Melopoiae* bei der Formung und Ausbreitung eines kompositorischen Erfolgsmodells, in: Birgit LODES (Hg.), NiveauNischeNimbus. Die Anfänge des Musikdrucks nördlich der Alpen (Wiener Forum für ältere Musikgeschichte 3), 2010, 67–88.
142 Dazu aber wichtige Präzisierungen bei Birgit LODES, *Concentus*, *Melopoiae* und *Harmonie* 1507: Zum Geburtsjahr des Typendrucks mehrstimmiger Musik nördlich der Alpen, in: DIES. (Hg.), NiveauNischeNimbus. Die Anfänge des Musikdrucks nördlich der Alpen (Wiener Forum für ältere Musikgeschichte 3), 2010, 33–66.
143 [Petrus TRITONIUS], Melopoiae sive Harmoniae tetracenticae, p. 10ʳ. – In der neueren Spezialliteratur finden sich Abbildungen bei: Paul WESCHER, Baldung und Celtis, in: Der Cicerone 20

Abb. 5: Hans Süß (?), Das Götterkonzert (um 1500). [Petrus Tritonius], Melopoiae sive Harmoniae tetracenticae super XXII genera carminum […], Augustae Vindelicorum 1507, p. 10ʳ. Staats- und Stadtbibliothek Augsburg, Cim. 44.

mit zeitgenössischen Musikinstrumenten ausgestattet[144], die jenen im Traminer Freskenzyklus genau entsprechen: Apollon spielt die Harfe, »Herato« (!) die Handtrommel, Kalliope die Laute, Terpsichore das Orgelpositiv und Urania die Posaune. Die kunstgeschichtliche Forschung hat diesen Holzschnitt – einen der »Celtis-Holzschnitte«, die »bis zum Jahre 1502 in Nürnberg entstanden«[145] – zumeist dem ab ca. 1500 in der Werkstatt Dürers tätigen Künstler Hans Süß von Kulmbach (um 1480–1522)[146], aber auch dem sogenannten »Zeichner der Komödienschnitte« der Hrosvitha, vielleicht Hermann Vischer[147], zugeschrieben.

7. Zur Komposition und Anordnung der Bilder

Die Komposition des Freskenzyklus erweist sich in mehrfacher Hinsicht als wohlüberlegt und sehr genau durchdacht (s. Skizze 1 und Abb. 6). Im Zentrum des Raumes und in der Mitte der Nordwand sowie infolge der Art der künstlerischen Gestaltung nimmt Ianus eine herausgehobene Position ein. Ihn umgeben 12 weitere Figuren, die wiederum auf verschiedene Weise in Beziehung zueinander stehen. Als Antipoden stehen sich an der Nordseite Apollon und Pan gegenüber, auf diese folgen die Liebesgöttin Venus und die (Liebes-)Zauberin Kirke; den Göttern und

---

(1928), 749–752, hier 752, Abb. 4; Gottfried S. FRAENKEL (ed.), Pictorial and Decorative Title Pages from Music Sources. 201 Examples from 1500 to 1800, 1968, Abb. 3; WIND, Pagan Mysteries (wie Anm. 144), 386, Abb. 95; GHISLANZONI, Orazio in musica (wie Anm. 141), 151, Abb. 66; LUH, Kaiser Maximilian gewidmet (wie Anm. 144), Abb. 29 und bei LODES, *Concentus*, *Melopoiae* und *Harmonie* (wie Anm. 142), 53, Abb. 8.
144 Eine detaillierte Beschreibung und eingehende Interpretation des Holzschnitts bei Peter LUH, Kaiser Maximilian gewidmet. Die unvollendete Werkausgabe des Conrad Celtis und ihre Holzschnitte (Europäische Hochschulschriften. Reihe XXVIII Kunstgeschichte 377), 2001, 247–268 und knapper auch LODES, *Concentus*, *Melopoiae* und *Harmonie* (wie Anm. 142), 50–54 und Edgar WIND, Pagan Mysteries in the Renaissance, 1958, Ndr. ebd. 1980; dt Ausgabe: Heidnische Mysterien in der Renaissance (Suhrkamp Taschenbuch Wissenschaft 697), 1981, 289–291 (mit einer kritischen Bewertung der von Celtis vorgenommenen Paganisierung des christlichen Motivs der Trinität).
145 LUH, Kaiser Maximilian gewidmet (wie Anm. 144), 250.
146 Friedrich WINKLER, Die Holzschnitte des Hans Suess von Kulmbach, in: Jahrbuch der Preussischen Kunstsammlungen 62 (1941), 1–30, hier 3 u. 15, Anm. 1 u. 26; Meister um Albrecht Dürer (Anzeiger des Germanischen National-Museums 1960–1961), 1961, 135, Nr. 229 (Stephan WAETZOLDT); Helmut GIER, Petrus Tritonius: Melopoiae sive harmoniae tetracenticae, in: DERS. (Hg.), 450 Jahre Staats- und Stadtbibliothek Augsburg. Kostbare Handschriften und alte Drucke, 1987, 50, Nr. 127; Christian MÜLLER, Hans Baldung, Phoebus Apollo zwischen Pallas und Hermes um 1513–15, in: Dürer, Holbein, Grünewald. Meisterzeichnungen der deutschen Renaissance aus Berlin und Basel, 1997, 206–208, Kat. 12.7.
147 Heinrich RÖTTINGER, Dürers Doppelgänger (Studien zur deutschen Kunstgeschichte 235), 1926, 289.

Abb. 6: Die sogenannte Traminer Trinkstube in einer historischen Aufnahme (1964). @ Innsbruck, TLM Ferdinandeum W 50000/6.

Halbgöttern folgen vier Musen[148], wobei Erato und Kalliope bzw. Urania und Terpsichore jeweils ein Paar bilden. An der Südseite findet das Paar Vergil und Madina eine Entsprechung in Midas und Gryllus. Alle vier Figuren im Eingangsbereich gehören der irdischen bzw. weltlichen Sphäre an. Der eintretende Betrachter kommt also wie ein Initiand der sakralen Sphäre im Hintergrund des Raumes immer näher.

Der Blick auf die Anordnung der Fresken suggeriert, dass Riemenschneider den an sich profanen Raum einer vermeintlichen »Trinkstube« wie einen Sakralraum gestaltet hat, indem er Ianus in den Mittelpunkt rückt und zu seiner Rechten

---

[148] Zur Tradition der Musen in Spätantike, Mittelalter und Renaissance: Ernst Robert CURTIUS, Die Musen im Mittelalter, in: Zeitschrift für romanische Philologie 59 (1939), 129–188 u. 63 (1943), 256–268, in gekürzter Form wiederabgedr. in: DERS., Europäische Literatur und lateinisches Mittelalter, ¹¹1993, 235–252; Elisabeth SCHRÖTER, Der Vatikan als Hügel Apollons und der Musen. Kunst und Panegyrik von Nikolaus V. bis Julius II., in: Römische Quartalschrift 75 (1980), 208–240.

die lebenspendenden, zu seiner Linken die lebensbedrohenden Mächte darstellt. Wie ein Schutzpatron steht Ianus bzw. Riemenschneider rechts der Licht- und Sonnengott zur Seite, links aber flankiert ihn der bocksfüßige, im Mittelalter oft mit dem Teufel identifizierte Hirtengott Pan[149]. Auf der rechten Seite begleitet ihn die Glück und Erfüllung verheißende Liebesgöttin, auf der linken Seite lauert die Gift mischende und Unheil bringende Zauberin Kirke. Zur Rechten steht der geistbegabte, über Ränke und Hinterhalt triumphierende Dichterseher Vergil, zur Linken der nach irdischen Reichtümern strebende König Midas sowie der die maßlose Dummheit verkörpernde Narr Gryllus. Mit anderen Worten: Auf der einen Seite dieser ins Bild gerückten Lebensbilanz stehen jene Phänomene, die das Dasein des Menschen und Künstlers positiv bereichern, nämlich zuoberst die Kunst (Phöbus Apollon), dann die Liebe (Venus, Erato) und schließlich die Literatur und Welt des Geistes (Vergil); auf der anderen Seite – ersteren gewissermaßen gegenübergestellt und die Waage haltend – jene Mächte, die sein Dasein verdüstern; die Macht des Bösen (Pan), die in Riemenschneiders Augen vom wahren Glauben abgefallene Kirche (Cires-Kirke) und schließlich ein übermächtiger und unverständiger Landesherr (Midas) sowie seine lakaienhaft-stupide Gefolgschaft (Gryllus)[150].

Wenn unsere Deutung zutrifft, dann unterscheidet Riemenschneiders dualistisches Weltbild deutlich zwischen verschiedenen in der Welt wirksamen Kräften oder – um es mit dem Schleitheimer Bekenntnis auszudrücken – zwischen Gut

---

149 Alfonso Di NOLA, Der Teufel. Wesen, Wirkung, Geschichte, 1990, Ndr. ebd. 1993, 108–110; MÖLLER, Untersuchungen zur Symbolik (wie Anm. 134), 75, Anm. 35; zu mittelalterlichen Darstellungen des Teufels als »Bocksatyr«: Oswald A. ERICH, Die Darstellung des Teufels in der christlichen Kunst (Kunstwissenschaftliche Studien 8), 1931, 63–73.
150 Aus theologischer Sicht eine treffende und pointierte Zusammenfassung bei KAUFMANN, Abendmahl und Gruppenidentität (wie Anm. 75), 206/207 »Für die Vergemeinschaftungsformen des sogenannten linken Flügels der Reformation war in der Regel charakteristisch, daß das Abendmahl ohne Leitung durch eine bestimmte ›Amtsperson‹ im Kreis der heimlich versammelten Brüder und Schwestern als ostentativer antisakraler Ritus mit Alltagsgeschirr und normalem Brot und Wein begangen wurde. Durch die Inszenierung des Abendmahls im Raum der eigenen Lebenswelt fügte sich der Ritus in eine durch soziale und religiöse Devianz, kommunikative Praktiken und gemeinsame Erfahrungen konstituierte Gruppenidentität ein. Wichtig für die Abendmahlsfeier in den täuferischen Kommunitäten dürfte vor allem gewesen sein, daß man den Ritus ›selbst in die Hand nahm‹ und gestaltete, d. h. innerhalb seiner eigenen lebensweltlichen Zusammenhänge und nach eigenen Regeln praktizierte. [...] Der Vollzug des Ritus sistierte die Grenze einer ›heiligen‹, solidarischen und egalitären Kommunität gegenüber einer feindlichen, hierarchischen, von widergöttlichen Mächten dominierten Welt. Die durch Spiritualisierung, mystische Erfahrungen oder Martyriumstheologie bestimmte Heiligung des Einzelnen und der Gruppe korrespondierte also mit einem konsequent desakralisierten Abendmahlsritus.«

und Böse, zwischen Gläubig und Ungläubig, zwischen Licht und Finsternis, zwischen in der Welt und außerhalb der Welt Stehenden, zwischen Tempel Gottes und Götzen, zwischen Christus und Belial[151].

8. Riemenschneider und die Antike

Der Freskenzyklus in Tramin zeugt von einem humanistisch gebildeten, mit der griechischen und römischen Antike wohlvertrauten Künstler[152]. Antike Themen[153] hatte Riemenschneider in der profanen Wandmalerei und als Dekorateur immer wieder aufgegriffen. So begegnen uns das Thema des Trojanischen Krieges in der Casa Bertagnolli in Fondo (Nonstal), Szenen aus dem Leben römischer Kaiser in der Haselburg (Bozen), die Sage von Iason und Medea auf mehreren Kachelöfen. Mit der Ideenwelt des Renaissance-Humanismus dürfte Riemenschneider bereits in seiner süddeutschen Heimat in Berührung gekommen sein, primär aber in Tirol und in Trient am Hof des humanistisch gebildeten Bischofs Bernhard von Cles (1485–1539)[154], in dessen Dienste er in den 1530er Jahren stand.

Neben allbekannten und häufig rezipierten mythologischen Themen und Gestalten greift der Maler auch auf kaum bekannte zurück. Die Geschichte von Gryl-

---

151 JENNY, Das Schleitheimer Täuferbekenntnis (wie Anm. 103), 12 u. 60–62.
152 Dazu allgemein: Jean SEZNEC, La survivance des dieux antiques. Essai sur le rôle de la tradition mythologique dans l'humanisme et dans l'art de la Renaissance (Studies of the Warburg Institute 11), 1940; Arnold VON SALIS, Antike und Renaissance. Über Nachleben und Weiterwirken der alten in der neueren Kunst, 1946; Max WEHRLI, Antike Mythologie im christlichen Mittelalter, in: Deutsche Vierteljahrsschrift 57 (1983), 18–32; Bodo GUTHMÜLLER, Studien zur antiken Mythologie in der italienischen Renaissance (Acta humaniora o.N.), 1986; Claudia CIERI VIA (ed.), Immagini degli dei. Mitologia e collezionismo tra '500 e '600, 1996; Ludger GRENZMANN/Klaus GRUBMÜLLER/Fidel RÄDLE/Martin STAEHELIN (Hg.), Die Präsenz der Antike im Übergang vom Mittelalter zur Frühen Neuzeit. Bericht über Kolloquien der Kommission zur Erforschung der Kultur des Spätmittelalters 1999 bis 2002 (Abhandlungen der Akademie der Wissenschaften zu Göttingen. Philol.-Hist. Klasse 3.F., Bd. 263), 2004.
153 Gerrit WALTHER, Adel und Antike. Zur politischen Bedeutung gelehrter Kultur für die Führungselite der Frühen Neuzeit, in: Historische Zeitschrift 266 (1998), 359–385 spricht in einem anderen Zusammenhang von einem »Antiken-Code« als gemeinsames Medium des alten Adels und der frisch nobilitierten Bürger.
154 Über das Mäzenatentum dieses Kirchenfürsten: Alfred A. STRNAD, Bernhard von Cles (1485–1539). Herkunft, Umfeld und geistiges Profil eines Weltmannes der Renaissance. Zum Erscheinungsbild eines Trientner Kirchenfürsten im Cinquecento, 2004 [auch in: Innsbrucker Historische Studien 23/24 (2004), 173–324], 87–134; gegenüber dem Luthertum und anderen reformatorischen Bewegungen nahm Bernhard von Cles aber eine kompromisslose Haltung ein, ebd. 81–82; zu seiner reichen Bibliothek: Annamaria SCHLECHTER PAISSAN (ed.), La biblioteca del cardinale Bernardo Clesio, 1985.

lus ist in der bildenden Kunst dieser Zeit überhaupt nicht, jene von Vergil und Madina nur selten dargestellt worden. Zwangsläufig stellt sich die Frage, wie und auf welchen Wegen der Künstler mit diesen nahezu unbekannten Stoffen vertraut wurde. Gewiss standen Humanisten und Künstler aller europäischen Länder untereinander in regem Kontakt und Austausch. Mit wem jedoch Riemenschneider in engerer Verbindung stand, in welchen Kreisen er verkehrte, welche Bücher er besaß und rezipierte, lässt sich bei unserem jetzigen Wissens- und Kenntnisstand nicht ausmachen. So viel steht jedoch fest: Die von Italien, vor allem von Florenz, ausgehende und nahezu ganz Europa erfassende Geistesbewegung des Renaissance-Humanismus hinterließ im 16. Jahrhundert auch im südlichen Tirol markante Spuren[155]. Der im Grenzraum der deutschen und italienischen Kultur schaffende und wirkende »Einwanderer« Bartlme Dill Riemenschneider wird von den geistigen und künstlerischen Traditionen beider Kulturräume geformt und geprägt, bleibt aber sowohl als Künstler als auch als religiöser Mensch wesentlich stärker der süddeutschen Tradition verpflichtet.

Zusammenfassung

Der Raum im Dachgeschoss des Traminer Ansitzes Langenmantel wirkt mit seinen vielen burlesken Figuren und Motiven nach außen und für den Nicht-Eingeweihten wie eine »Trinkstube«; in Wirklichkeit dürfte es sich aber um ein geschickt und raffiniert getarntes Konventikel[156], also einen Versammlungs- bzw. Kultraum einer Täufergemeinschaft, gehandelt haben[157]. Als Bartlme Dill Riemenschneider 1546/47 den Auftrag des Patriziers Hans Langenmantel annahm, stand er in seinem 46. Lebensjahr. Er sah wohl den Zeitpunkt gekommen, Bilanz zu ziehen, in den Spiegel zu blicken[158] und das eigene Leben kritisch zu reflektieren. Dies konnte er

---

155 Für das 15. Jahrhundert: Johann RAINER, L'umanesimo nel Tirolo, in: Paolo PRODI (ed.), Bernardo Clesio e il suo tempo I-II (Biblioteca del Cinquecento 39), 1988, Bd. II 523–532.
156 Auch die von Riemenschneider ausgemalte Loggia in Schloss Rubein (Meran/Obermais) könnte als täuferisches Konventikel gedient haben, zumal das Bildprogramm deutliche Bezüge zur täuferischen Theologie aufweist; dazu zuletzt: HUEBERT HECHT/TIES, Research Note (wie Anm. 23), 456–458.
157 Über Formen und Orte der Glaubenstreffen bei den Täufern: CLASEN, Anabaptism (wie Anm. 27), 64–74.
158 BOEHM, Die opaken Tiefen (wie Anm. 111), 32/33: »Die Reflexion entdeckt – mit einem Blick in den Spiegel – im Angesicht nicht nur die Art und Weise des Daseins der Person: wie sie aussieht, was sie ist. Sondern sie entdeckt die Spuren der Lebens*geschichte*, eines Werdens. Georg Simmel sprach davon, daß Rembrandts Bildnisse ein ›erntender Augenblick‹ kennzeichne. Sie sammeln die Geschichte des Lebens im Blick auf die eigene Person. Im Kern der Individualität besitzt der Maler

in dem Freskenzyklus nur in verschleierter und verschlüsselter Form tun, so wie er auch in seinem konkreten Lebensvollzug aufgrund seines täuferischen Bekenntnisses genötigt war, vieles zu verbergen und zu verdecken. Er nutzt seinen künstlerischen »Freiraum«[159] mit höchstem Geschick und gestaltet in den Traminer Bildern die sein Leben bestimmenden Existenzialien: den unverbrüchlichen Glauben an die Möglichkeiten der Kunst (Apollon) und an die Macht des Geistes (Vergil), das bedingungslose Bekenntnis zum Täufertum (Ianus) und daraus resultierend die radikale Ablehnung[160] der katholischen Kirche (Kirke), die kritische Distanz zur weltlichen Macht (Midas) und zur Gesellschaft (Gryllus). Dennoch nähert er sich all diesen Themen aber mit gelassener Heiterkeit, mit einem humorvollen Augenzwinkern, mit distanzierter Ironie. Nirgendwo begegnet uns Bartlme Dill Riemenschneider sowohl als Mensch als auch als Künstler echter und unverfälschter als in dem Traminer Freskenzyklus.

keinen – wenn auch ungreifbaren so doch stabilen, letztlich *zeitenthobenen* Kern. Im Zentrum der Person nistet vielmehr die vergehende Zeit, der Tod.«
159 Über literarische »Freiräume« handelt: Max SILLER, Religions- und Kirchenkritik in den Tiroler Fastnachtspielen der Frühneuzeit, in: Rainer LOOSE (Hg.), Kirche, religiöse Bewegungen, Volksfrömmigkeit im mittleren Alpenraum. Historikertagung in Sigmaringen 11.–13. Mai 2000 (Schriftenreihe der Arbeitsgemeinschaft Alpenländer o.N.), 2004, 93–112.
160 Der von Hans-Jürgen Goertz als »Grundzug des reformatorischen Aufbruchs« jüngst noch einmal schärfer gefasste Begriff der Radikalität lässt sich durchaus auch auf das Traminer Bildprogramm anwenden; vgl. Hans-Jürgen GOERTZ, Die Radikalität reformatorischer Bewegungen. Plädoyer für ein kulturgeschichtliches Konzept, in: Hans-Jürgen GOERTZ/James M. STAYER (Hg.), Radikalität und Dissent im 16. Jahrhundert. Radicalism and Dissent in the Sixteenth Century (Zeitschrift für historische Forschung, Beiheft 27), 2002, 29–41.

Anhang

Der Freskenzyklus

Figur 1: Ianus

Figur 2: Phoebus (Apollon)

Figur 3: Pan

Figur 4: Cythare (Venus Cytherea)

Figur 5: Cires (Kirke)

Figur 6: Die Muse Erato

Figur 7: Die Muse Urania

Figur 8: Die Muse Kalliope

Figur 9: Die Muse Terpsicore

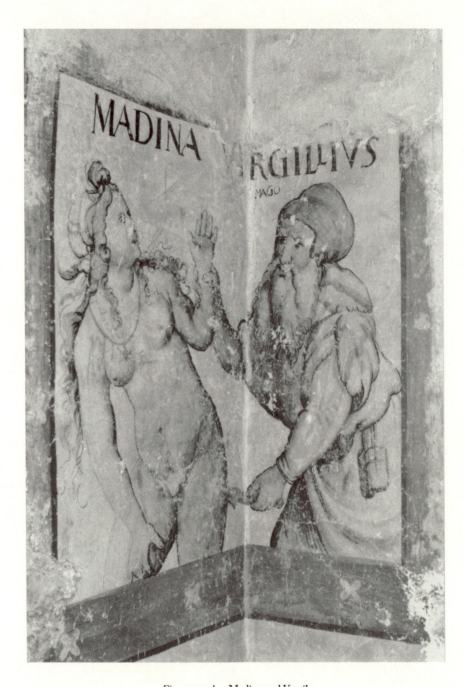

Figur 10 und 11: Madina und Vergil

Figur 12 und 13: Midas und Gryllus

»Was Ihro Hochwürden bauen, darf jedermann sehen«
Das Selbstverständnis der Füssener Benediktiner im Zeitalter der Gegenreformation

Von Marion Romberg

1. Einleitung

Eine Kunst der Gegenreformation gab es per se nicht, sondern sie etablierte sich im Zuge der konfessionellen Differenzen als bildliches Argument gegen die Reformation. Sie war Teil eines gesamtgesellschaftlichen Prozesses, der alle Bereich des Lebens erfasste und grundlegende die Identität und Mentalität der europäischen Bevölkerung veränderte. Anfänglich im 16. und 17. Jahrhundert ein von oben gesteuerter Prozess verselbständigte sich dieser im ausgehenden 17. und 18. Jahrhundert insofern, als Religion zur umfassenden Lebensmaxime wurde, die den Alltag eines jeden maßgeblich bestimmte. Ausgangspunkt war das Konzil von Trient, das vom Papst 1545 einberufen worden war, als die Kritik der Reformatoren, die Anziehungskraft der neuen Lehre sowie der Verfall der eigenen Seelsorge die katholische Seite in die Enge getrieben hatte. Auf dem Konzil wurden Antworten und Strategien formuliert, wie Bestehendes bewahrt und gestärkt, Verlorenes restauriert und Neues ausgemerzt werden könne[1]. Das Herz der Strategie war die *demonstratio catholica*, die sichtbare Kirche, die sich in einer allumfassenden Erneuerung der Sakralpraxis manifestiert. Eine Frömmigkeitspraxis, die auf der Schaffung zahlreicher Katechismen, Exerzitien, geistlicher Traktate, Hagiografien, Mirakelbücher etc. fußte und in Prozessionen, Wallfahrten, im Bruderschaftswe-

---

1 Vgl. Hubert JEDIN, Geschichte des Konzils von Trient, 4 Bde., Freiburg 1951–1975; Ernst Walter ZEEDEN, Konfessionsbildung. Studien zur Reformation, Gegenreformation und katholischer Reform, Stuttgart 1985; Ecclesia Militans. Studien zur Konzilien- und Reformationsgeschichte. Remigius Bäumer zum 70. Geburtstag gewidmet, Bd. 1: Zur Konziliengeschichte, hg. von Walter BRANDMÜLLER, München/Wien/Zürich 1988; Klaus GANZER, Das Konzil von Trient und die theologische Dimension der katholischen Konfessionalisierung, in: Die katholische Konfessionalisierung. Wissenschaftliches Symposium der Gesellschaft zur Herausgabe des Corpus Catholicorum und des Vereins für Reformationsgeschichte (Reformationsgeschichtliche Studien und Texte 135), hg. von Wolfgang REINHARD/Heinz SCHILLING, Münster 1995, 50–69.

sen sowie im Kirchenraum selbst ihren Niederschlag fand[2] – eine Sakralpraxis, die auch durch verschiedene Dekrete des Trienter Konzils wesentlich reformiert wurde[3]. In den Dienst dieser Reformbewegung wurden die katholischen Fürsten ebenso wie die Welt- und Ordensgeistlichkeit gestellt. Um letztere war es, wie zahllose Visitationsberichte belegen, nicht gut bestellt: ungebildete Priester, laxe Ordenskultur, Verunsicherungen in den Glaubenswahrheiten und vieles mehr. Fassbar wird diese Entwicklung im Verlust an spätmittelalterlichen Kunstschätzen sowie am wirtschaftlichen Niedergang und schlussendlich am vorübergehenden Absturz in die politische Bedeutungslosigkeit der althergebrachten Orden. Die weltlichen Landesherren wandten sich zunächst der Förderung neuer Orden zu. Der Augsburger Bischof Otto Truchseß von Waldburg (1514–1573) setzte mit dem Ruf der Jesuiten ins Bistum sowie der Gründung der katholischen Universität zu Dillingen 1549 wichtige Grundlagen für eine langfristige Erneuerung. Den alten Orden der Augustiner-Chorherren, Benediktiner, Zisterzienser und Prämonstratenser erwuchs somit nicht nur in den Reformatoren ein Konkurrent um Macht und Einfluss, sondern sie standen sowohl institutionell-spirituell als auch materiell-repräsentativ in einem Rivalitätsverhältnis zu den neuen Reformorden und letztlich freilich auch zu den weltlichen Fürsten. Nach erfolgreicher eigener innerer Reform im 17. Jahrhundert galt es somit zum einen, die eigene Stellung innerhalb des frühneuzeitlichen politisch-kirchlichen wie auch -weltlichen Machtgefüges zu verteidigen wie auch zum anderen, sichtbare Monumente des eigenen Selbstverständnisses zu schaffen. Die in der zweiten Hälfte des 17. Jahrhunderts ordensübergreifend einsetzende breite Bautätigkeit setzte ein sichtbares Zeichen der erfolgrei-

---

2 Vgl. insbesondere zur Veränderung der Kirchenräume David GANZ, Barocke Bildkomplexe und ihre Verortung im Raum. Römische Kirchen nach dem Tridentinum, in: Plätze zum Beten: Devotionsorte im Kirchenraum. Dokumentation einer Kooperationstagung der Akademie Franz-Hitze-Haus mit dem Deutschen Liturgischen Institut Trier und den Seminaren für Liturgiewissenschaft der Universitäten Erfurt und Münster, hg. von Christoph MÜLLER, Münster 2007, 55–90; Ralf van BÜHREN, Kirchenbau in Renaissance und Barock. Liturgiereformen und ihre Folgen für Raumordnung, liturgische Disposition und Bildausstattung nach dem Trienter Konzil, in: Operation am lebenden Objekt. Roms Liturgiereformen von Trient bis zum Vaticanum II, hg. von Stefan HEID, Berlin 2014, 93–119.
3 Zu nennen sind hier besonders das Dekret *De sanctissimo eucharistiae sacramento* (Trid. Sess. XIII [11.10.1551]), die Lehre *De sanctissimis poenitentiae et extremae unctionis sacramentis* (Trid. Sess XIV [25.11.1551]), die Lehre *De sanctissimo missae sacrificio* (Trid. Sess. XXII [17.09.1562]) sowie die jeweils anschließenden Canones. Für eine lateinisch-deutsche Transkription aller Dekrete des Tridentinums siehe Dekrete der ökumenischen Konzilien. 3: Konzilien der Neuzeit: Konzil von Trient (1545–1563); 1. Vatikanisches Konzil (1869/70); 2. Vatikanisches Konzil (1962–1965), Indices, hg. von Josef WOHLMUTH, Paderborn/Wien 2002.

chen wirtschaftlichen, strukturellen und personellen Erholung bzw. Erneuerung der Orden und ist als Ausdruck eines Triumphgefühls zu verstehen, das sich aus dem Bewusstsein nährte, eine krisengeschüttelte Zeit überstanden und auf der ganzen Linie gesiegt zu haben. Leitmedium in der sichtbaren Präsentation der eigenen Stellung waren visuelle Medien, deren von den Reformatoren kritisierter Nutzen in der Sakralpraxis durch das Trientinische Bilderdekret vom 3. Dezember 1563 und den anschließenden umfangreichen *De Imaginibus*-Traktaten[4] rehabilitiert worden war. Schließlich sei, so 1552 der Dominikanerpater Ambrosius Catharinus (~1484–1553) in seiner *Dispuatio de cultu et adoratione imaginum*, »niemand katholisch, der nicht den Gebrauch der Bilder für die Erinnerung, für die Lehre und für die Anregung des Geistes gutheiß[en]«[5] würde.

Zur Entwicklung einer eigenen Bildsprache wurde auf mittelalterliche Bildtradition ebenso wie auf adelig-höfische Ausdrucksformen zurückgegriffen: wie der Fürst sich und seine Ahnenreihe sowie seine gute Regierung verherrlichen ließ, so stellten die Orden ihre Ordensgründer, ihr Herkommen und Leistungen ins Zentrum ihrer bildlichen Selbstdarstellung. Die Bildsprache der Gegenreformation bestand weniger in einer allgemeinen Erneuerung künstlerischer Ausdrucksformen als vielmehr in der Schaffung oder Neubearbeitung eines ikonographischen Repertoires, aus dem die wichtigen Themen der Gegenreformation herauszulesen waren:

1) Die drei Säulen der barocken Frömmigkeit: Eucharistie, Maria und Jesus Christus.

2) Die im Triumph und im Glauben vereinte Kirche – eine *ecclesia triumphans*.

Zielgruppe der Ordensikonographie innerhalb der neuen Klostergebäude war einerseits die eigene Mönchsgemeinschaft, mit dem Zweck, das Bewusstsein für den Orden und eine in Mitleidenschaft gezogene, geistige Moral innerhalb der klösterlichen Gemeinschaft zu stärken. Andererseits war auch die Öffentlichkeit nach außen angesprochen. In einer zweiten Welle im 18. Jahrhundert, als unmittelbarer Ausdruck des Verselbständigungsprozesses eines erfolgreichen, anfänglich von oben maßgeblich geführten Kampfes gegen die Reformation, wurden auch auf dem breiten Land sichtbare Monumente durch den Neu-, Aus- bzw. Umbau der

---

4 Zur katholischen Bildertheologie umfassend siehe Christian HECHT, Katholische Bildertheologie im Zeitalter von Gegenreformation und Barock. Studien zu Traktaten von Johannes Molanus, Gabriele Paleotti und anderen Autoren, Berlin 1997 (Neudruck 2012).
5 Ambrosius CATHARINUS OP, Disputatio de cultu et adoratione imaginum, in: DERS., Ennarationes in quinque prioia capita libri Geneseos, Rom: Antonius Bladus 1552, in Übersetzung zitiert nach: HECHT, Katholische Bildertheologie (wie Anm. 4), 23 Anm. 63 f.

ebenfalls von den Wirren der Glaubensspaltung zum Teil stark mitgenommenen Pfarr- und Wallfahrtskirchen gesetzt. Die in diesem Kontext verwendete Bildsprache unterschied sich von der im monastischen Innenkontext bildlichen Argumentation insofern als dass noch stärker auf die Darstellung der drei Grundpfeiler barocker Frömmigkeit – Maria, Eucharistie und das Kreuz – gesetzt wurde[6].

Unter der Kunst der Gegenreformation ist somit nicht nur ein bildliches Argument gegen die Reformation zu verstehen, deren alleinige Zielgruppe das zu bekehrende Volk darstellte, sondern der konfessionelle Streit führte dazu, dass auf kirchlicher Führungsebene – also der monastischen und weltlichen Obrigkeit – neue politische und missionarische Rivalitäten entstanden, gegen die es innerhalb der katholischen Glaubensgemeinschaft auch bildlich zu argumentieren und sich zu positionieren galt. Hierzu wurde die bildende Kunst als wichtiges Mittel in der Repräsentation der eigenen Stellung und Argumentation langfristiger Ambitionen in den Dienst der eigenen Sache gestellt. Anschaulich wird diese doppelte Stoßrichtung an einer Ikonographie, die ihren Ursprung in der höfischen Kunst des 16. Jahrhunderts hatte, im 17. Jahrhundert zur ordensübergreifenden Verbildlichung eines Triumphgefühls und Sendungsbewusstseins avancierte und im 18. Jahrhundert zu dem Ausdrucksmittel einer *Ecclesia triumphans* in der Volkskultur aufstieg. Eine Ikonographie, die innerhalb des Benediktinerordens weit verbreitet war und sich im Füssener Benediktinerkloster St. Mang einer besonderen Beliebtheit erfreute. Es handelt sich hierbei um die Ikonographie der vier Erdteile, die im Füssener Kloster in der Vorhalle, in der Bibliothek/Refektorium sowie im Festsaal zu finden ist und deren frühneuzeitlicher Formationsprozess sowie benediktinische Ausprägung im Weiteren thematisiert wird. Eine Ikonographie, die im Rahmen eines vierjährigen Forschungsprojektes an der Universität Wien für den Süddeutschen und österreichischen Raum erfasst und in der Hypermediaumgebung »Erdteilallegorien im Barockzeitalter« (https://erdteilallegorien.univie.ac.at) mittels eines reichhaltigen Bildcorpus online frei zugänglich gemacht wurde. Im Folgenden wird in den Fußnoten auf entsprechende Abbildungen in dieser Datenbank verwiesen.

---

6 Vgl. Marion ROMBERG, Die Welt im Dienst des Glaubens. Erdteilallegorien in Dorfkirchen auf dem Gebiet des Fürstbistums Augsburg im 18. Jahrhundert, Stuttgart 2017 (inkl. der online zugänglichen Datenbank »Erdteilallegorien im Barockzeitalter« <https://erdteilallegorien.univie.ac.at>).

2. Der Formationsprozess der Ikonographie der vier Erdteile

Die Erdteilikonographie und ihre weltumspannende Botschaft von der Gemeinschaft der Gläubigen und dem Sieg des wahren katholischen Glaubens waren zentrale Mitwirkende der von der weltlichen und geistlichen Obrigkeit initiierten barocken Medienoffensive. Sie erfreute sich nicht nur innerhalb des Benediktinerordens einer außerordentlichen Beliebtheit, sondern ihren eigentlichen Höhepunkt erfuhr sie an den Decken- und Wänden süddeutscher Dorfkirchen[7]. Seit ihrer bislang ersten bildlichen bekannten Überlieferung in ihrer Vierzahl auf dem Frontispiz von Abraham Ortelius *Theatrum orbis terrarum* und ihrer Aufnahme in der 1603 erschienen zweiten erweiterten und erstmals bebilderten Auflage[8] von Cesare Ripas barocken Nachschlagwerk für Allegorien *Iconologia* waren es vor allem die Jesuiten, die dazu beitrugen, dass die Erdteilallegorien und ihre Botschaft der im wahren Glauben vereinten Glaubensgemeinschaft im Verlauf des 17. Jahrhundert Teil der Bildsprache der Gegenreformation wurden. Die Jesuiten waren nicht nur in der Gründung von Kollegien als Stätten der Ausbildung und der lokalen sowie überseeischen Seelsorge und Missionierung führend, sondern auch in der Entwicklung einer eindeutigen und umfassenden Bildsprache[9]. Der Ordensgründer Ignatius von Loyola betonte bereits in seinen *Exercitia spiritualia* den Gebrauch von Visualisierungen innerhalb der Andachts- und Gebetspraktik. Diese geistlichen Übungen, die erstmals 1547 in gedruckter Form auf Lateinisch in Rom erschienen sind[10], waren dem Zweck gewidmet, jedem Einzelnen sowohl als

---

7 Zur Genese, Verwendung und Verbreitung der Ikonografie siehe grundlegend Erich KÖLLMANN/ Karl-August WIRTH, Erdteile, in: Reallexikon zur Deutschen Kunstgeschichte, Bd. V, Stuttgart 1965, 1107–1202 (online in: RDK Labor, URL: <http://www.rdklabor.de/w/?oldid=89493> [13.07.2020]); Sabine POESCHEL, Studien zur Ikonographie der Erdteile in der Kunst des 16.–18. Jahrhunderts (Beiträge zur Kunstwissenschaft, 3), München 1985; Marion ROMBERG, Die Welt in Österreich: 57 Beispiele barocker Erdteil-Allegorien, Magisterarbeit, Wien 2008; DIES., Die Welt in Österreich – Erdteil-Allegorien im Kontext barocker Frömmigkeit, in: Wiener Zeitschrift zur Geschichte der Neuzeit – Wissenschaft ist jung I, 1, 10 (2010), 28–47; DIES., Erdteilallegorien (wie Anm. 6).
8 In der ersten nicht illustrierten Ausgabe der *Iconologia overo descrittione dell'imagini universali cavate dall'antichita et da altri luoghi..*, *Roma, Heredi di Gigliotti* von 1593 waren die Erdteile nicht enthalten. Für Abbildungen der 1603 Ausgabe siehe Datenbank »Erdteilallegorien im Barockzeitalter, <https://erdteilallegorien.univie.ac.at/erdteilallegorien/vorlage-iconologia-von-cesare-ripa> [13.07. 2020].
9 Vgl. Sibylle APPUHN-RADTKE, Visuelle Medien im Dienst der Gesellschaft Jesu: Johann Christoph Storer (1620-1671) als Maler der katholischen Reform, Regensburg 2000.
10 Ihre Ursprünge reichen bis in die Sommermonate des Jahres 1522 zurück, in denen Ignatius in Manresa in einer mystischen Umwandlung die Grundessenz der lebendigen, gegenwärtigen Kirche und den lebensbestimmenden Kampf gegen den Teufel in Visionen erlebte. In Übersetzung seines

persönlicher Begleiter zur Einkehr, Selbstkritik und Selbstverwirklichung als auch zur Willensbekundung, Gott in einer sichtbaren Kirche zu dienen. Grundlegend war die Anwendung meditativer Techniken, in denen besonders der Fantasie und den Sinnen großen Wert für die Entwicklung der Persönlichkeit und die Förderung der Gottesgemeinschaft beigemessen wurde[11]. Hierzu bediente man sich unter anderem des Bildes als Hilfsmittel in der Meditation und Lehre. Zu den zentralen jesuitischen Themen zählten die Verehrung des Namens Jesu und die der Maria Immaculata sowie die Glorifikation eigener Ordensheiliger. Es handelt sich um einen Themenbereich, den die Jesuiten häufig mit der Ikonographie der Erdteile in Kupferstichen, Gemälden oder auch Deckenfresken kombinierten; dies wiederum trug zur Dissemination dieser Bildsprache innerhalb der katholischen Kirche maßgeblich bei[12]. Insbesondere die Bildidee eines von den vier Erdteilen gezogenen Triumphwagens eines Heiligen, die auf den Konstanzer Künstler Johann Christoph Storer (~1620–1671) zurückgeht, sollte auch im Benediktinerorden großen Nachhall finden. Storer, der mit einer eigenen Werkstatt in Konstanz als Zeichner für Kupferstiche und Künstler für die oberdeutschen Jesuitenkollegien tätig war, kam mit der Ikonographie der Erdteilallegorien während seiner Studienreise und anschließenden Tätigkeit in Mailand von 1640 bis 1655 in Kontakt und zeichnet für eine Reihe unterschiedlichster Entwürfe verantwortlich[13]. Für den Frontispiz von Ferdinand Vislers 1663 in Dillingen erschienenen *Conclusiones logicae per XXXIV. principia philosophica explicatae* setzte Storer den Jesuitenheiligen Franz Xaver in einen Triumphwagen zentral ins Bild (Abb. 1)[14].

Ein Pferd, ein Kamel und ein Elefant, die von den Personifikationen der Afrika und Asia geführt werden, ziehen die Biga. Vorne links begleiten diesen Zug die

Erfahrungsberichtes siehe Ignacio de Loyola, Deutsche Werkausgabe. 2. Gründungstexte der Gesellschaft Jesu, hg. und bearb. von Peter KNAUER, Würzburg 1998, 26–37.
11 Vgl. Hugo RAHNER, Die Anwendung der Sinne in der Betrachtungsmethode des Hl. Ignatius von Loyola, in: Zeitschrift für katholische Theologie, 79, 4 (1957), 434–456.
12 Vgl. Katrin STERBA, From Conversion to Adoration: The Depiction of the Four Continents in Prints and Baroque Paintings in Jesuit Buildings in the German and Bohemian Provinces, in: The language of continent allegories in Baroque Central Europe, hg. von Wolfgang SCHMALE/Marion ROMBERG/Josef KÖSTLBAUER, Stuttgart 2016, 175–190 und ROMBERG, Erdteilallegorien (wie Anm. 6), 136–147.
13 Vgl. APPUHN-RADTKE, Visuelle Medien (wie Anm. 9), 80, 112–122. Für einen Überblick zu Storers Kompositionen mit Erdteilallegorien siehe ROMBERG, Erdteilallegorien (wie Anm. 6), 139–142.
14 Eine Komposition, die sich auch in der Jesuitenkirche von Luzern findet. 1749 malten die Gebrüder Giuseppe Antonio und Giovanni Antonio Torricelli an der Decke der Klosterkirche wie der heilige Franz Xaver in einem Triumphwagen von den Tieren der vier Erdteile gezogen wird.

Abb. 1: Johann Christoph Storer, Der Triumph des Hl. Franz Xaver. Kupferstich. 11,7 x 8 cm. Frontispiz zu Ferdinand Vislers, Conclusiones logicae per XXXIV. Principia philosophica explicatae (Dillingen 1663). – Foto: Augsburg, Staats- und Stadtbibliothek. Kilian B. 195.

Personifikationen der Europa und der Amerika. Europa in einer Rüstung und mit kostbar besticktem Mantel bekleidet trägt die Reichsinsignien (Krone, Reichsapfel und Zepter). Ihr »Wappen«-Tier ist das Pferd, das links von ihr den Zug anführt. Amerika, barfüßig und lediglich in einem mit Federn geschmückten Harnisch bekleidet, hält einen Papagei auf der linken Hand. Wie die unter ihnen auf Erden dargestellten Leidenden und Kranken, wenden beide sich dem Heiligen hinter ihnen zu.

38 Jahre später griff der Garstener Stiftsmaler und Loth-Schüler Johann Karl Reslfeld (1658–1736) diese Komposition eines von den vier Erdteilen gezogenen Triumphwagens eines Heiligen in einem Thesenblatt[15] auf. Während im Jesuitenorden Franz Xaver verherrlicht wurde, stand im Benediktinerorden seit jeher der Ordensgründer im Mittelpunkt der Glorifizierung. Das Thesenblatt wurde 1701 anlässlich der Promotion des Benediktinerpaters Anselm Bender aus Gengenbach an der Salzburger Universität entworfen. Bender widmete es dem Abt von St. Blasien im Schwarzwald, Augustin Fink (als Abt amtierend 1695–1720). Das Programm des Kupferstiches entsprang der gemeinsamen Feder des Dissertanten und des Vorsitzenden des Promotionsausschusses Marian Lendlmayr (1666–1707), Professor der Theologie am Stift Admont[16]. Die künstlerische Umsetzung vertrauten sie Reslfeld an. Der zeichnerische Entwurf wurde im Anschluss vom Augsburger Stecher Leonhard Heckenauer (1655–1704) grafisch umgesetzt.

Bei Reslfelds Stich handelt es sich um eine umfangreiche, sehr kleinteilige Komposition mit insgesamt 145 Figuren, die nicht nur der Verherrlichung des Ordensheiligen diente, sondern dem Betrachter auch das Wirken des Ordens in der Missionierung, in der Pflege der Wissenschaften sowie das Herkommen des Ordens vermittelt. Das Zentrum der Darstellung ist der Triumphwagen des heiligen Benedikts am Himmel, der von Vertretern der vier Erdteile und deren Tieren geführt wird. Flankiert ist diese Szene von Fama und Chronos, den Verkündern des zeitlosen Ruhms des Ordensgründers. Dies alles geschieht unter dem Segen der

---

15 Für Abbildungen siehe Datenbank »Erdteilallegorien im Barockzeitalter, <https://erdteilallegorien.univie.ac.at/erdteilallegorien/vorlage-die-glorie-des-heiligen-benedikt-thesenblatt-von-j-k-von-reslfeld-und> [13.07.2020].
16 Vgl. Gregor Martin LECHNER, Der hl. Benedikt in der Ikonographie, in: Ausstellungskatalog 1500 Jahre St. Benedikt, Patron Europas (V. Sonderschau des Dommuseums zu Salzburg), hg. von Johannes NEUHARDT, Salzburg/Graz 1980, 40–45; DERS., Typologie und Gestaltwandel in der Darstellung des hl. Benedikt von Nursia, in: Alte und moderne Kunst 25 (1980), 22–27; Erhard KOPPENSTEINER, Der Garstener Stifts-Hof-Maler Johann Carl von Reslfeld (ca. 1658–1735). Gemälde und Druckgraphiken. Bd. 2: Werkkatalog, Salzburg 1993, 630.

Heiligen Dreifaltigkeit und in Anwesenheit einer großen Anzahl von Ordensheiligen, Ordensstiftern und Zweigordensstiftern, die oberhalb des heiligen Benedikts im Schein der Feuerkugel aus der Vision Benedikts auf Wolken knien. Am rechten und linken Bildrand auf der Höhe des Triumphwagens haben sich Vertreter der Salzburger Universität sowie verschiedene Lobredner versammelt. Auf Erden wird das Wirken des Ordens in Kleingruppenszenen thematisiert:

- links: Missionsdarstellung (Verkündigung des Evangeliums unter den Heiden, Taufe, Zerstörung von Götzenbildern),
- Mitte Hintergrund: Werke der Barmherzigkeit (Gefangenenbefreiung, Krankenseelsorge, Aufnahme Fremder, Erlösung armer Seelen durch den heiligen Odilo, Totenerweckung),
- Mitte rechts: Ecclesia mit Weltkarte,
- rechts: Ordensbaum, in dessen Ästen sich Insignien kirchlicher und weltlicher Würden befinden,
- rechts hinten: Pflege der Wissenschaft.

Im Programm des Stiches verbinden die Autoren die strahlende Apotheose der Seele des heiligen Benedikts mit der alttestamentlichen Himmelfahrt des Propheten Elias, der triumphal in einem Feuerwagen entschwand. Hierdurch huldigen sie dem heiligen Benedikt als Ordensgründer (*Patriarcha Monachorum*) und als der prophezeite wiederkehrende Prophet Elias (*Elia redivivus*). Durch das Wirken Benedikts und seines Ordens wird die Botschaft Gottes in die ganze Welt getragen[17]. Explizit bildlich umgesetzt hat der Künstler dies einerseits durch die Verwendung des Triumphwagenmotivs und andererseits durch das missionarisch-barmherzige Wirken verschiedener Benediktinermönche sowie der allegorischen Figur der Ecclesia, die eine Weltkarte vor sich hält.

Zusammenfassend verbildlicht das Thesenblatt prägnant drei der wichtigsten Aussagen benediktinischer Ordenskunst in der Zeit der Gegenreformation, wie sie nicht nur in St. Mang, sondern im gesamten Orden zum Einsatz kam:

---

17 Vgl. hierzu einerseits 1 Kön. 17,8 f. und 2 Kön. 5,1–14. Zur Übertragung auf Jesus und dessen weltumspannendes Wirken vgl. Lk 4,25–27.

1) Die Glorifikation des Ordensvaters und damit einhergehend des Herkommens und Bestehens des Ordens,
2) die Verherrlichung des Ordens als Pflegstätte der Wissenschaft, Kunst und Literatur,
3) die Erfolge in der Missionierung, Dissemination und Verankerung der Glaubenswahrheiten.

Prägnant brachte dies die Verwendung des Triumphwagenmotivs zum Ausdruck; ein Motiv, das bis zum dem erwähnten Thesenblatt von Reslfeld innerhalb der Benedikt-Ikonographie ein ungebräuchliches Motiv war, davor wurde der Ordensgründer zumeist im Kontext seines Lebens, alleine oder in Begleitung von Ordensbrüdern dargestellt[18]. Erst zu Beginn des 18. Jahrhundert reduzierte sich im Glaubenskampf diese Vielfalt und dieser Facettenreichtum bildlicher Darstellungen und fokussierte sich auf eine klar und eindeutig formulierte sowie stets wiederholte Botschaft des Triumphes; eine Entwicklung, die sich analog bereits im 17. Jahrhundert in der Marienikonographie durch die Betonung auf die siegreiche, triumphierende unbefleckte Gottesmutter vollzogen hatte[19].

Resfelds vielfigurige Komposition verbreitete sich rasant in zahlreichen Klöstern des Benediktinerordens auf dem Gebiet des Heiligen Römischen Reichs. Sie diente verschiedensten Künstlern als Vorlage für künstlerische Umsetzungen innerhalb der Wand- und Deckenmalerei sowie in der Ölmalerei und Plastik. Die Künstler beschränkten sich hierbei allerdings meist auf die Verwendung von Versatzstücken wie der Mittelszene oder einzelner Figuren. Anbringungsorte waren nicht nur Klosterkirchen oder Konventgebäude in benediktinischem Besitz, auch in Dorfkirchen finden sich vereinzelte Nachfolger[20]. Zwei anschauliche Beispiele finden sich im Füssener Benediktinerkloster St. Mang in der Vorhalle sowie in der Bibliothek/Refektorium.

---

18 Vgl. zur Genese des Motivs Eberhard MÜLLER-BOCHAT, Der allegorische Triumphzug: ein Motiv Petrarcas bei Lope de Vega und Rubens (Schriften und Vorträge des Petrarca-Instituts, Köln), Krefeld 1957; LECHNER, Hl. Benedikt (wie Anm. 16), 22–27.
19 Vgl. ausführlich ROMBERG, Erdteilallegorien (wie Anm. 6), 423–460.
20 Eine vorläufige Liste findet sich in ROMBERG, Erdteilallegorien (wie Anm. 6), 323 f. sowie in der Datenbank »Erdteilallegorien im Barockzeitalter« auf dem Gebiet Österreichs, Südtirols und Süddeutschland unter dem Schlagwort »Vorlage (Reslfeld)« <https://erdteilallegorien.univie.ac.at/schlagwort-glossar/vorlage-reslfeld> [13.07.2020]. In Fussnote 10 des Onlinebeitrags wird auf eine Google Maps Karte verlinkt, die die Verbreitung geographisch veranschaulicht.

3. Funktion der Ikonographie in der monastischen Kultur der Benediktiner am Beispiel von St. Mang in Füssen

Die Vorhalle

Der Besucher betritt das Kloster auf dem Weg zum Festsaal durch das Klostertor über die Vorhalle[21]. Auf seinem Weg offenbart sich ihm nach und nach das Selbstverständnis dieser benediktinischen Gemeinschaft. Bereits im Klosterdurchgang zum Hof befinden sich in Medaillons Inschriften zur Stiftung und Erbauung des Klosters und über Rechtecknischen die zugehörigen Büsten der Wohltäter: Pippin d. Ä. (ca. 580–640) und Karl der Große (747/748–814), Welf VI. von Schwaben (1115–1191) und Leopold von Österreich (1351–1386). Wie in den dazugehörigen Inschriften zu lesen (Abb. 2), vermehrten Pippins, Karls und Leopolds Schenkungen in den Jahren 629, 770 und 1360 den Besitz des 628 durch den Hl. Magnus gegründeten Klosters. Der Onkel des bayerischen Herzogs, Welf VI., sicherte den Fortbestand des Klosters, indem er es 1180 gegen unbenannte Feinde verteidigte (*ab hostibus trenue* [sic! strenue?] *defendit*). Innerhalb des Klosters begegnen dem Besucher immer wieder bildliche und symbolische Hinweise auf diese vier Wohltäter, so im Mönchschor der Kirche[22], in den Treppenhäusern zum Festsaal und zum Gästetrakt[23] und in der gegenüberliegenden Vorhalle. Letztere wurde von dem aus Kaufbeuren stammende Maler Anton Joseph Walch (1712–1773) 1750 im Auftrag von Abt Leopold von Rost (als Abt amtierend 1745–1750) mit einem imposanten Deckenbild ausgestattet. Es diente vorrangig – wie für das Erdteilallegorienfresko von Giovanni Battista Tiepolo (1696–1770) im Treppenhaus der Würzburger fürstbischöflichen Residenz aus einer zeitgenössischen Quelle überliefert – dem Anspruch, jedem Besucher ein »angenehmes invito zu dem ganzen kostbaren Werk«[24] des Klosterkomplexes zu geben. Über das südlich anschließende Treppenhaus gelangt man schließlich zum prunkvoll ausgestatteten Festsaal des Klosters, der sich

---

21 Bildcorpus in der Datenbank »Erdteilallegorien im Barockzeitalter«, <https://erdteilallegorien.univie.ac.at/erdteilallegorien/fuessen-ostallgaeu-st-mang-vorhalle> [13.07.2020].
22 Hier finden sich nur zwei der vier Stifter. Auf der Evangelienseite ist Karl der Große und auf der Epistelseite Leopold III. dargestellt.
23 Hierbei handelt es sich um Freskenmedaillons mit den Herrscherinsignien der vier Fürsten.
24 SEYFRIED SJ/GILBERT SJ, Ohnvorgreiffliche Gedanken auf was Arth die Mahlerey der neuen hochfürstl. Residenz Würzburg vorzustellen und einzutheilen sein könne, Würzburg, Staatsarchiv, Bausachen 14/335, fol. 130r, zitiert nach: Frank BÜTTNER, Ikonographie, Rhetorik und Zeremoniell in Tiepolos Fresken der Würzburger Residenz, in: Ausstellungskatalog Tiepolo in Würzburg. Der Himmel auf Erden, Bd. 2: Aufsätze (Residenz Würzburg), hg. von Peter O. KRÜCKMANN, München 1996, 60.

Abb. 2: Füssen, St. Mang. Einblick in das Klostertor und die Büste Karls des Großen wie auch die dazugehörige Inschriftenkartusche. Foto: Marion Romberg

über der Vorhalle im ersten Stock befindet. Im Hauptfresko der Vorhalle sind der Triumph des Benediktinerordens und in den Kartuschen die genannten Wohltäter des Klosters dargestellt: Pippin d. Ä. (links hinten), Karl der Große (rechts hinten), Leopold III. (links vorne) und Welf VI. (rechts vorne). Im Zentrum des Hauptfreskos triumphiert im Schein der Heiligen Dreifaltigkeit, die am oberen Teil der Komposition zu sehen ist, der Hl. Benedikt in seiner Biga. Der goldene Wagen wird von den Tieren der vier Erdteile unter Führung der entsprechenden Personifikationen gezogen (von links nach rechts: Europa-Pferd, Asien-Kamel, Afrika-Elefant, Amerika-Löwe). Am linken Bildrand sind die drei christlichen Tugenden zu sehen, die den Ruhm des Ordensgründers mitbegründen. Seine Tugenden wie auch sein Ruhm werden von der Personifikation der Fama am rechten Bildrand nicht nur dem lokalen Betrachter außerhalb des Bildes und den historischen Personen am unteren Bildrand des Freskos, sondern durch die Anwesenheit der vier Erdteile der gesamten bekannten Welt verkündet. Unterhalb auf Erden, dargestellt durch eine Arkadenarchitektur, hat sich eine Gruppe von Menschen versammelt. Es handelt sich hierbei linker Hand um aus dem Benediktinerorden stammende Päpste, Kardinäle, Bischöfe sowie rechter Hand um Kaiser, Könige, Fürsten und Grafen. Während links von der Mitte der Auftraggeber Abt Leopold von Rost mit seinem Wappen und dem Klosterwappen verewigt ist, öffnet sich zwischen den Arkaden der Blick auf das neuerbaute Kloster St. Mang, das zwischen 1697 und 1726 nach Entwürfen von Johann Jakob Herkommer[25] (1652–1717) erbaut worden war. Der Bau war Ausdruck eines Triumphgefühls, das sich aus dem Bewusstsein nährte, eine krisengeschüttelte Zeit überstanden zu haben. Während der Reformation und der Glaubenskriege erlebte das Kloster St. Mang – wie viele seiner Brüderklöster – auf Grund der Bauernkriege sowie des Schmalkaldischen Kriegs seinen finanziellen und geistlichen Tiefstand. Das Trienter Konzil und die Gegenreformation brachten auch für die Füssener Konventualen zunächst neuen Aufschwung, bis der Dreißigjährige Krieg neue Opfer forderte und erst zu Beginn des 18. Jahrhundert mit der einsetzenden Bautätigkeit auch das Selbstbewusstsein des Konvents wieder erstarkte. Ein Selbstbewusstsein, das zeitlebens nach der Unabhängigkeit von seinem Augsburger Landesherrn, dem Fürstbischof von Augsburg, strebte. Gegründet zur Zeit der ersten Karolinger, stand das Kloster bis zur Besitznahme durch den Augsburger Bischof 1313 unter dem Vogteischutz der Welfen, der Staufer und der Wittelsbacher[26]. Den damit einhergehenden Verlust seiner Stellung als immediates Reichsstift konnte das Kloster anders als seine Brüderklöster Ottobeuren (1624) und St. Ulrich und Afra in Augsburg (1577) nie wiedererlangen. Füssen verblieb bis zur Säkularisierung im Stand eines landsässigen bischöflichen Hausklosters und das Verhältnis zum Augsburger Bischof war von einem breitge-

---

25 Zur Schreibweise siehe Franz MATSCHE, Der Festsaal im Kloster St. Mang in Füssen als Kaiser- und Reichssaal, in: Alt-Füssen (2005), 80–99, 86 Anm. 8.
26 Vgl. Andreas KRAUS (Hg.), Geschichte Schwabens bis zum Ausgang des 18. Jahrhundert (Handbuch der bayerischen Geschichte, begründet von Max SPINDLER, Bd. III,2), 3., neu bearb. Aufl., München 2001, 143, 194, 233; MATSCHE, Festsaal (wie Anm. 25), 80.

fächerten Mit- und Gegeneinander gekennzeichnet, was ihm auf Seiten des Hochstifts in den Quellen den negativen Kommentar eines »impetrantischen Stiftes«[27] einbrachte. Die Äbte argumentierten nicht nur auf dem Papier für ihr Ansuchen, sondern auch der Klosterbau selber wurde in den Dienst der Sache gestellt. Unter Abt Gerhard Oberleitner (als Abt amtierend 1696–1714) wurde in Sichtweite zum fürstbischöflichen Schloss mit dem Neubau von Kirche und Kloster ein sichtbares Gegenzeichen zum Herrschaftsanspruch des Landesherrn gesetzt. Im Ausstattungsprogramm wurde immer wieder auf das Alter und die Tradition des Klosters rekurriert; analog zu den Portraitbüsten im Klostertor auch in der Vorhalle. Aus der Gruppe der hier dargestellten Personen sind besonders die zwei in den seitlichen Kartuschen befindlichen Herrscher Pippin und Karl der Große zu nennen. Diese dienten dem Füssener Stift in seinem Freiheitsstreben als Autoritäten, um seinen Anspruch auf Reichsunmittelbarkeit herzuleiten – wie etwa im Zusammenhang mit einem Rechtsstreit 1777/1778: »Das uralte Stift und gotteshaus zu St. Mangen in Fueßen ist zufolge historischer urkunden von Pipino I. […] und nachgehends von Pippino III. […], dann dessen sohn Carolo Magno mit vielen freyheiten fundiret und dotiret worden«[28].

Deutlich wird im Bildprogramm der Vorhalle wie auch im darauffolgenden Treppenhaus und Festsaal eine der drei im Thesenblatt bereits formulierten Aussagen der benediktinischen Ordenskunst in der Zeit der Gegenreformation: Die Glorifikation des eigenen Ordens als Mittel zum Zweck der Legitimierung der eigenen Herrschaft wie auch der Veranschaulichung politischer Ambitionen.

Der Festsaal
An der linken Wand der Vorhalle befindet sich eine Tür zum südlichen Treppenhaus. Durch diese hindurch und hinauf in das erste Obergeschoss führt der Weg den Besucher vorbei an dem hochovalen Stifterfresko im Treppenhaus zum Festsaal[29]. In diesem Stifterfresko, in dem Karl der Große und Pippin d. Ä. dem

---

27 KRAUS (Hg.) GESCHICHTE SCHWABENS (WIE ANM. 26), 298, VGL. AUCH WOLFGANG WÜST Bürger und Räte, Äbte, Pröpste und Vögte in der Residenzstadt Füssen. Städtische Autonomie und stiftstaatliche Kontrolle im Absolutismus, in: 1250 Jahre St. Mang in Füssen (750–2000). Festschrift (Jahrbuch »Alt Füssen 1999« des Historischen Vereins Alt Füssen), hg. von Reinhold BÖHM, Füssen 2000, 104–114.
28 zitiert nach: Petra HAUKE, Domus sapientiae. Ein Beitrag zur Ikonologie der Bibliotheksraumgestaltung des 17./18. Jahrhunderts unter besonderer Berücksichtigung des Klosters St. Mang, Füssen (Beiträge zur Bibliotheks- und Informationswissenschaft 2), Bad Honnef 2007, 13.
29 Bildcorpus in der Datenbank »Erdteilallegorien im Barockzeitalter«, <https://erdteilallegorien.univie.ac.at/erdteilallegorien/fuessen-ostallgaeu-st-mang-festsaal> [13.07.2020].

hl. Magnus eine Karte der Gegend von Füssen mit einem Model der barocken Klosteranlage überreichen, kumuliert, nach Franz Matsche, »der [im Klostertor und in der Vorhalle argumentierte] Anspruch des Klosters, ein Reichstift zu sein«[30] in augenscheinlichster Weise. Im Festsaal wird nicht nur diesem Anliegen in Architektur und Bildprogramm, sondern vorrangig der Rolle des Ordens in der Seelsorge wie auch in der Kultivierung des Klosters als Hort der Kunst und Wissenschaft Rechnung getragen. Während die architektonische Gestaltung des Festsaals wohl unter dem 1717 verstorbenen Baumeister Johann Jakob Herkommer geplant und begonnen wurde, entstand die plastische und malerische Ausstattung 1721. Sie wurde von dem aus Ottobeuren nach Füssen berufenen Stuckateur Carlo Andrea Maini (1683–nach 1731) und dem Konstanzer Maler Franz Georg Hermann (1692–1768) angefertigt. Der Füssener Festsaal entspricht nicht nur der gängigen Einbindung eines Prunksaals innerhalb einer barocken Bauanlage[31], sondern er zählt zu einer Gruppe von zu Beginn des 18. Jahrhunderts in Süddeutschland entstandenen sogenannten Reichssälen innerhalb monastischer Gebäude. Per Definition ist unter einem Reichssaal ein Festsaal mit Kaiserzyklen in seinem Bildprogramm innerhalb eines Klosters, das die Reichsunmittelbarkeit besitzt bzw. diese für sich beansprucht, zu verstehen[32]. Gemein haben die Reichssäle in Salem (1708), Ebrach

30 MATSCHE, Festsaal (wie Anm. 25), 80.
31 Vgl. Helga WAGNER, Barocke Festsäle in süddeutschen Klosterbauten, Berlin 1965 und DIES., Barocke Festsäle in bayerischen Schlössern und Klöstern, München 1974.
32 Der Begriff »Reichssaal« wurde von Franz Matsche 1997 im Unterschied zum sogenannten »Habsburgersaal« vorgeschlagen. Hierdurch war Matsche bestrebt, den undifferenzierten Gebrauch des Begriffs »Kaisersaal« in der Sekundärliteratur zu spezifizieren (s. Franz MATSCHE, Kaisersäle - Reichssäle. Ihre bildlichen Ausstattungsprogramme und politischen Intentionen, in: Bilder des Reiches. Tagung in Kooperation mit der Schwäbischen Forschungsgemeinschaft und der Professur für Geschichte der Frühen Neuzeit der Katholischen Universität Eichstätt im Schwäbischen Bildungszentrum Kloster Irsee vom 20. März bis 23. März 1994 (Irseer Schriften 4), hg. von Rainer A. MÜLLER, Sigmaringen 1997, 323–357). Der Terminus »Kaysers Saal« ist historisch seit Beginn des 17. Jahrhunderts überliefert. Nicht nur durch die Existenz ausstattungsprogrammatischer Kaiserbildnisse, sondern alleine durch Gebrauch wurden Säle als Kaisersäle bezeichnet. Diese waren in der Regel Teil einer Raumabfolge, die zur Beherbergung reisender Kaiser seit dem Mittelalter dienten (vgl. Friedrich POLLEROSS, Imperiale Repräsentation in Klosterresidenzen und Kaisersälen, in: Alte und moderne Kunst, 30, 1985, 17–27, hier 17 f.). Diese durch Nutzung definierten Kaisersäle hat erstmals Arnold Herbst 1970 in seiner Dissertation von der Raumgruppe sogenannter »realer« über ihr ikonographisches Ausstattungskonzept definierte Kaisersäle abgegrenzt (vgl. Arnold HERBST, Zur Ikonologie des barocken Kaisersaals, in: Bericht des Historischen Vereins Bamberg 106, 1970, 207–344, hier 210–215). Matsche differenzierte die Gruppe der »realen« Kaisersäle über die inhaltlich historische Ausrichtung und longue durée der Kaiserzyklen und des politischen wie territorialen Geltungsbereichs weiter. Von Reichssälen unterscheidet er »Habsburgsäle«. Letztere zeichnen sich dadurch aus, dass ihr herrschaftlicher Bezugsmoment »nicht das Reich, sondern die habsburgische Landesherrschaft« (MATSCHE, Kaisersäle (wie oben), 330) sei. Dies wird dadurch deutlich, dass ihr Bildpro-

(1717–1722/23) und in Ottobeuren (1723–1727), dass sie in ihren Kaiserzyklen »antike Caesaren mit deutschen Kaiser des Mittelalters und der Neuzeit«[33] vereinen und mit Ausnahme von Salem in ihrer Gestaltung eines Kolonnadensaales auf Vorläufer aus der Zeit des Imperium Romanum rekurrieren[34]. Im Gegensatz zu diesen Reichssälen offenbart sich dem heutigen Besucher die Zugehörigkeit des Füssener Kolonnadensaales zu dieser Gruppe nur mittelbar[35]. Eindeutig existierende Hinweise wie die vermuteten Kaiserstatuen und Kaiserportraits[36] sind heute verloren

gramm Habsburg personalisierte Herrscherzyklen aufweisen. Sein zweites Kriterium, dass diese Säle sich ausschließlich auf ehemals habsburgisch-österreichischem Territorium befinden, weicht Matsche selber auf, indem er den Kaisersaal in Schloss Alteglofsheim, in dessen Decke Leopold I. und Eleonore Magdalena von Pfalz-Neuburg im Deckenbild umgeben von vier stuckierten Erdteilallegorien gehuldigt werden, als Kaisersaal »wie die auf österreichisch-habsburgischem Territorium« (Ders., Kaisersäle (wie oben), 331 Anm. 26) bezeichnet. Matsches Ansatz überzeugt in seiner inhaltlichen Unterscheidung und erweist sich als Mehrwert für einen klareren Blick auf den Typus des Reichssaals, ist aber im Hinblick auf seine territoriale Absolutheit zu recht in Frage gestellt worden (Friedrich Polleross, Kaiser, König, Landesfürst: Habsburgische »Dreifaltigkeit« im Porträt, in: Bildnis, Fürst und Territorium (Rudolstädter Forschungen zur Residenzkultur 2), hg. von Andreas Beyer/Ulri Schütte /Lutz Unbehaun, München/Berlin 2000, 189–218, hier 202–214; Rainer A. Müller, Kaisersäle in oberschwäbischen Reichsabteien. Wettenhausen, Kaisheim, Salem und Ottobeuren, in: Geistliche Staaten in Oberdeutschland im Rahmen der Reichsverfassung (Oberschwaben – Geschichte und Kultur 10), hg. von Wolfgang Wüst, Epfendorf 2002, 305–330, hier 307; Johannes Erichsen, Kaisersäle, Kaiserzimmer. Eine kritische Nachsicht, in: Ausstellungskatalog Heiliges Römisches Reich Deutscher Nation 962 bis 1808. Altes Reich und Neue Staaten 1495 bis 1806. Bd. 2: Essays (29. Ausstellung des Europarates in Berlin und Magdeburg), hg. von Heinz Schilling/ Werner Heu/Jutta Götzmann, Dresden 2004, 273–287, hier 273; Ulrich Knapp, Kaisersäle reichsunmittelbarer Zisterzienserklöster – Anspruch und Wirklichkeit klösterlicher Herrschaft im Heiligen Römischen Reich, in: Zisterzienserklöster als Reichsabteien, hg. von Konrad Krimm/Maria Magdalena Rückert, Ostfildern 2017, 59–106.
33 Matsche, Kaisersäle (wie Anm. 32), 331.
34 Siehe hierzu ausführliche Franz Matsche, Prachtbau und Prestigeanspruch in Festsälen süddeutscher Klöster im frühen 18. Jahrhundert. Zum Typus und zur Verbreitung des Kolonnadensaals und zur Frage des »Reichsstils«, in: Himmel auf Erden oder Teufelsbauwurm? Wirtschaftliche und soziale Bedingungen des süddeutschen Klosterbarock (Irseer Schriften, N.F. 1), hg. von Markwart Herzog, Konstanz 2002, 81–118.
35 Der Füssener Festsaal wurde in die Reihe existierender Reichs-/Kaisersäle erst durch Franz Matsche 2005 aufgenommen. Arnold Herbst berücksichtigte diesen in seiner umfassenden Studie «Zur Ikonologie des barocken Kaisersaals« nicht. Vgl. Herbst, Ikonologie (wie Anm. 32), 207–344; Matsche, Festsaal (wie Anm. 25), 80–99.
36 Vgl. Wagner, Barocke Festsäle (wie Anm. 31), 99; Matsche, Festsaal (wie Anm. 25), 82 f. Während die leeren Marmorsockel den ehemaligen Standort der Statuen markieren, wurden die Kaiserportraits von den vier Wandleuchten ersetzt. Die Anbringung ist heute noch in dem kurz danach entstandenen Reichs-/Kaisersaal zu Ottobeuren nachvollziehbar. Für diesen fungierte Füssen als Vorbild und für diesen hat der Füssener Bildhauer Anton Sturm (1690-1757), der vermutlich auch für die verschollenen Kaiserportraits in Füssen verantwortlich zeichnet, 1725 Kaiserstatuen angefertigt. Vgl. Tilman Breuer, Die italienischen Stukkatoren in den Stiftsgebäuden von Ottobeuren, in: Zeitschrift des deutschen Vereins für Kunstwissenschaften 17 (1963), 246.

und die gegenwärtig noch sichtbaren Elemente werden vom dominierenden Bildprogramm im zentral angebrachten Deckengemälde und in den vier Eckbildern überlagert. Es handelt sich hierbei um zwei Ausstattungselemente[37], die Teil der reichen Stuckdekoration, bestehend aus freiplastischen Figuren, Blumentrögen und vergoldeten Bandelwerk, sind. Die beiden Elemente sieht Franz Matsche in seiner Argumentation in den vier großen vergoldeten, einköpfigen Reichsadler an der Decke und den Büsten der vier Weltmonarchien in den Ecken der Deckenhohlkehle oberhalb des Gesims[38]. Die vier Weltmonarchien stellen in Referenz auf Daniel 2, 29–45 ein notwendiges Ausstattungselement eines Reichssaals dar[39]. Ein drittes von Matsche unberücksichtigtes Element, das sich häufiger in habsburgisch programmatischen Kaisersälen[40] findet, verbindet den imperialen

[37] Ein dritter keineswegs eindeutiger Hinweis findet sich in einem der vier Supraportenbilder als Teil der Darstellung des Wissenschaftsfeldes «Historia», eine Büste Karls VI. Diese ist auf einem Blatt inmitten von aufgeschlagenen Büchern, Karten und Blätter abgebildet. Die Leinwandbilder sind von Künstler nach Vorbildern aus der Klosterbibliothek gemalt worden und nach der im Bild «Orientalische Sprachwissenschaften» abgebildeten Jahreszahl 1723 in diesem Jahr fertiggestellt. Vgl. Albert M. KOENIGER, Der Füssener Festsaal des St. Mang-Klosters, 3., neubearb. Aufl., Füssen 1950, 19 und allgemein zur Verbindung Kaiser Karls VI. zur Schwäbischen Klosterlandschaft Werner SCHIEDERMAIR, Kaiser Karl VI. und die schwäbische Klosterlandschaft, in: Abt Gallus Zeiller OSB (1705–1755) und die Musikpflege im Kloster St. Mang in Füssen (Veröffentlichungen der Gesellschaft für Bayerische Musikgeschichte), hg. von Stephan HÖRNER/Wilhelm RIEDEL, Tutzing 2007, 51–72.
[38] Vgl. MATSCHE, Festsaal (wie Anm. 25), 83.
[39] Der Reichsbezug ergibt sich über die Gleichsetzung des in Dan. 2, 29–45 genannten vierten Weltreiches mit dem Imperium Romanum und dessen Fortbestehen im Heiligen Römischen Reich Deutscher Nation. Vgl. MATSCHE, Kaisersäle (wie Anm. 32), 332 und 336.
[40] In Süddeutschland bzw. unmittelbar an der bayerischen-oberösterreichischen Grenze sind die Erdteilallegorien in Kaisersälen der drei Augustiner-Chorherrenklöster Wettenhausen (1694), Reichersberg am Inn (1695) und Herrenchiemsee (1712) Teil des freskalen Ausstattungsprogramms. Während Wettenhausen weder von Matsche noch von Herbst in ihren Studien thematisiert wird, zählt Matsche, Kaisersäle (wie Anm. 32), 335 die Säle in Reichersberg und in Herrenchiemsee, in denen die Erdteilallegorien mit zwölf gemalten Kaiserstatuen gepaart sind, nicht zur Gruppe der Reichsäle. Er begründet dies keineswegs durch die fehlende Reichsunmittelbarkeit der beiden Klöster, sondern mit der ausschließlichen Darstellung antiker Caesaren und der fehlenden Verbildlichung der »ewigen Reichsidee« durch die Weiterführung der»Genealogia Caesarum« in die Gegenwart des 17./18. Jahrhunderts. Die vorhandenen Kaiserzyklen machen sie zwar zu einem Kaisersaal, aber längst nicht zu einem Reichssaal. Was im Übrigen auch für Wettenhausen gilt, dessen Definition als Kaisersaal sich allerdings anders begründet. Wettenhausen wurde 1566 reichsunmittelbar. Sein 1694 entstandenes Bildprogramm, in dem die vier Erdteile der Personifikation der Austria im zentralen Deckenfresko huldigen, steht ganz – wie Josef Nolte 1989 ausführlich analysiert – im Zeichen der Vergegenwärtigung des Hauses Österreich und der Huldigung ihrer transzendenten und grenzenlosen Herrschaft. Inwieweit es einmal einen Kaiserzyklus in der Tradition des 1614 entstandenen, aber heute zerstörten Kaisersaals in Schloss Johannisburg in Aschaffenburg gab, in dem, wie schriftlich überliefert, Stuckreliefs mit einer Auswahl von 24 römischen und deutschen Kaiser angebracht waren, ist ungewiss, da die Stuckierung der Seitenwände nach der Säkularisation verloren gegangen ist (Josef NOLTE, Praesentia Austriae. Ein Versuch zur historisch-politischen Deutung des Kaisersaals von

Gedanken mit dem Hauptthema des Bildprogramms. Hierbei handelt es sich um die Allegorien der vier Erdteile.

In Füssen flankieren sie an den Schmalseiten des Festsaals als freiplastische Figuren die längsovalen Fenster oberhalb des Gesimses. Zwar besteht in der Forschung seit langem hinsichtlich der Identifikation der Erdteile ein Konsens, den es allerdings an dieser Stelle zu resümieren und zu korrigieren gilt: 1926 identifizierte Albert M. Koeniger in seinem Buch »Der Füssener Festsaal des St. Mang Klosters« die Erdteile wie folgt: »Europa linksseitlich vom Fenster trägt Schwert und Szepter (Kaukasier); neben ihm als Kennzeichen ein Pferdekopf. Rechts vom Fenster sieht man die grotesk gewandte Figur als Afrika mit Kommandostab und Kamelkopf (Nubier), links vom Brunnen Asien, mit Pfeil und Bogen (dieser halb gebrochen) sowie mit Löwenkopf (Araber), rechts eine Figur als Amerika mit Tomahawk, indischer Kopfbedeckung und einem Elefantenkopf neben sich (Inder, weil man Amerika damals noch als Westindien ansprach)«[41].

Wettenhausen und seiner Deckenfresken, in: Vorderösterreich in der frühen Neuzeit, hg. von Hans MAIER/Volker PRESS, Sigmaringen 1989, 315–338, hier 318 f.). Im Falle eines Vorhandenseins wäre Wettenhausen zur Gruppe der Reichssäle zu zählen. Sein starker Bezug zum habsburgischen Kaisertum erstaunt auf den ersten Blick, ist aber – wie Josef Nolte 1989 und Rainer A. Müller 2002 hervorgehoben haben – aus dem Zeitpunkt seiner Entstehung in den 1690er Jahren und der andauernden Bedrängung durch seinen habsburgischen Nachbarn zu erklären. Die Huldigung der Austria ist umgeben von kleineren Deckenspiegeln, die auf den Fleiß, die Frömmigkeit, Beharrlichkeit, Gerechtigkeit, Heiratspolitik etc., kurz: auf die herrscherlichen Tugenden und Prinzipien der Habsburger, Bezug nehmen. Hierüber verordnet das reichsunmittelbare Kloster seine Rolle als traditionelle Ratshilfe und als verlängerter Arm der Gegenreformation innerhalb des reichspolitischen Machtgefüges und feiert das Ende der »Zeit der Prüfungen« durch die Osmanen und die kriegerisch ausgetragenen konfessionellen Auseinandersetzungen und den Beginn eines neuen Zeitalters (vgl. NOLTE, Praesentia Austriae (wie oben), 324–327). »Der Kaisersaal in Wettenhausen thematisiert die Reichsunmittelbarkeit des Stiftes [...] nur mittelbar. [...Es ist] die Momentaufnahme politischer Interessen von Konvent und Prälat« (MÜLLER, Kaisersäle (wie Anm. 32), 315). Zum Schloss Johannisburg siehe auch ERICHSEN, Kaisersäle (wie Anm. 32), 276 f.

In den österreichischen Erblanden sind die Erdteile neben Reichersberg im 1700 entstandenen Kaisersaal des Zisterzienserklosters Schlierbach zu finden. Während an der Decke Apoll als Friedensherrscher flankiert wird von zwei mythologischen Szenen und den vier Erdteilen, sind in den Fensternischen vier antike Cäsaren und sechzehn habsburgische Kaiser von Rudolf I. bis Leopold II. und seinen Söhnen Joseph und Karl dargestellt. Die vier Weltmonarchien fehlen. Vgl. HERBST, Ikonologie (wie Anm. 32), 306 f.

Außerhalb des Klosterbaus gehört die Erdteilikonographie regelmäßig zum Programm von Festsälen. Für eine Liste sowie Abbildungen zu oben genannten Sälen siehe in der Datenbank »Erdteilallegorien im Barockzeitalter« die Taxonomie »Festsaal« <https://erdteilallegorien.univie.ac.at/anbringungsorte-raumfunktion-moebel/festsaal/> [13.07.2020].

41 Erstmals 1926 von Koeniger veröffentlicht und hier aus der dritten Auflage von 1950 zitiert: KOENIGER, Füssener Festsaal (wie Anm. 37), 17.

Eine Identifikation, der nicht nur Michael Petzet in seiner Bearbeitung des Festsaals im Rahmen der bayerischen Kurzinventare von 1960[42] folgt, sondern die bis heute bestimmend ist. Allerdings lassen die Autoren die Darstellungstradition unberücksichtigt, die keine fünf Jahre später 1965 von Erich Köhlmann und Karl August Wirth in einem Beitrag zu den Erdteilen im Reallexikon der deutschen Kunstgeschichte erstmals aufgearbeitet wurde und in dem sie fünf ikonologische Ausstattungskontexte (imperial, repräsentativ, kosmologisch, dekorativ, missionarisch und huldigend) identifizierten. Basierend auf diesen sowie auf die weiterführende grundlegende Studie zur Ikonografie der vier Erdteile von Sabine Poeschel aus dem Jahr 1985 und den jahrelangen Forschungen der Autorin dieses Aufsatzes zu der Ikonografie ist die Identifikation der Füssener Erdteile wie folgt zu korrigieren[43]:

Auf der Fensterseite befinden sich

- Europa linksseitlich vom Fenster. Sie trägt Schwert und Zepter; zu ihrer Rechten ihr seit Cesare Ripas *Iconologia* (1603) traditioneller Begleiter, ein Pferd.
- Rechts vom Fenster sieht man die männliche Personifikation der Asia mit Turban und einem mit feinen Goldstickereien versehenen Kaftan, einem Kommandostab und in Begleitung seines treuen Tieres, einem Kamel; eine Paarung, die in den niederländischen Kupferstichserien der vier Erdteile des 16. Jahrhunderts ebenso wie in Ripas Darstellung und seitdem in den meisten Kompositionen auftritt.

Auf der gegenüberliegenden Seite befinden sich

- links Afrika. Dieser hebt einen Speer mit seiner linken Hand in die Luft und umfasst mit der rechten den Rüssel eines Elefanten. Gekleidet ist diese männliche Personifikation in einem losen bauchfreien Obergewand und einer langen locker fallenden Hose. Auf dem Kopf trägt er einen exotischen Kopfputz einer umgedrehten Ananas gleichend in einem Federring. Neben seinen negroiden Gesichtszügen ist es vor allem der Elefant, der die Identifikation als Afrika untermauert. Der Elefant ist seit Alexander dem Großen

---

[42] Michael Petzet, Stadt und Landkreis Füssen [Kurzinventar] (Bayerische Kunstdenkmale 8), München 1960, 38.
[43] Siehe hierzu Anm. 7 im vorliegenden Aufsatz.

(356–323 v. Chr), der auf Münzen eine Elefantenexuvie trägt[44], ein festes Attribut der Personifikation Afrikas[45].
- rechts Amerika. Diese männliche Allegorie, die auf dem Rücken einen Köcher gebunden hat, schwingt einen Bogen und Speer und ist in einen Federrock, in dem ein loses Oberhemd steckt, gekleidet. Hinter ihm brüllt ein Löwe.

In der Identifikation der Erdteilallegorien darf nicht von heutigem Wissensstand ausgegangen werden, vielmehr muss die Ikonographie in ihrer Zeit gelesen werden[46]. Ein Merkmal der Verwendung der Erdteilallegorien, die mit zu den beliebtesten Allegorien des Barock zu zählen sind, ist, dass es in ihrer ikonografischen Ausgestaltung keine Wissensprogressivität gibt. Es hängt von den Gegebenheiten des Anbringungsortes sowie von Wissensstand, Ausbildung sowie Herkunft des Künstlers und des Auftraggebers ab, wie narrativ-reduziert, wie barbarisch-zivilisiert oder wie alltäglich-exotisch die Erdteilallegorien ausfallen. Insbesondere die Erdteile Afrika und Amerika waren Gegenstand fantastischer Kompositionen und ihre Attribute, vor allem die Tiere, sind am variantenreichsten. Die Erdteilallegorien sind stets in ihrer Gesamtheit, ihrer individuellen Ausgestaltung wie auch in ihrer innerbildlich kommunikativen Einbindung zu analysieren. Hierdurch multiplizieren sich die Narrationsebenen über die zur eigentlichen Botschaftsvermittlung notwendigen Ebenen hinaus; zur Gesamtbotschaft können noch weitere für den einzelnen Kontinent spezifische Botschaftsebenen hinzukommen[47].

Ikonologisch gehört die Ikonographie der Erdteilallegorien seit ihren Anfängen im 16. Jahrhundert zur klassisch-allegorischen Bildsprache imperialer und repräsentativer Inszenierungen[48]. Während der repräsentative Anspruch im sozialen,

44 Vgl. ausführlich KÖLLMANN/WIRTH, Erdteile (wie Anm. 7), 1107–1202; POESCHEL, Ikonographie (wie Anm. 7); ROMBERG, Welt (wie Anm. 7).
45 Auch bei Cesare Ripa trägt Afrika eine Elefantenexuvie und wird in der Regel mit dieser gepaart. Für eine Liste einer solchen Paarung siehe in der Datenbank »Erdteilallegorien im Barockzeitalter« den Iconclass Code 25F25(ELEPHANT) <https://erdteilallegorien.univie.ac.at/iconclass/25f25 elephant> [13.07.2020] und die »Case Study 2: The elephant exuviae - a typical attribute of Africa and its dissemination« in dem Aufsatz von Wolfgang SCHMALE/Marion ROMBERG/Josef KÖSTLBAUER, Continent Allegories in the Baroque Age: An Introduction, in: DIES., Language (wie Anm. 12), 24 f.
46 Vgl. Ursula BROSSETTE, Die Inszenierung des Sakralen das theatralische Raum- und Ausstattungsprogramm süddeutscher Barockkirchen in seinem liturgischen und zeremoniellen Kontext, Weimar 2002, 13; ROMBERG, Erdteilallegorien (wie Anm. 6), 84.
47 Vgl. ebd., 338.
48 Seit der Verwendung der Ikonographie im Triumphzug von Kaiser Maximilian I. (1459–1519), der heute im Deutschen Historischen Museum unter der Inventarnummer GR 57/476 lagert, war die

militärischen und/oder wirtschaftlichen Erfolg und im Ruhm des adeligen und großbürgerlichen Auftraggebers gründet, sind die Erdteilallegorien als »herrscherlich«[49] zu verstehen, sofern sie zur Veranschaulichung imperialer Ansprüche und des grenzüberschreitenden Ruhms des Herrschenden und dessen guter Regierung dienen. Der im Klostertor von St. Mang begonnenen Argumentationslinie und dem im gewählten Baustil eines Kolonnadensaals begründeten Verständnis folgend, ist die Rolle der Erdteilallegorien nicht nur repräsentativ zu verstehen, sondern imperial. Zusammengesehen mit den Weltmonarchien und den Reichsadlern beansprucht das Kloster, das alleine aufgrund von Herkommen zur ersten Kategorie nordalpiner Abteien zählt, die symbolische Aufnahme in die Reihe der Reichsstifte. Dieser Anspruch wird im Bildprogramm noch weiter untermauert, indem die lange und erfolgreiche Tätigkeit des Stifts in der Seelsorge und sein Sendungsbewusstsein im Allgemeinen vor Auge geführt werden. In der Formulierung dieser Botschaft spielen wiederum die Erdteilallegorien eine wichtige Rolle. In dem zentralen Deckenspiegel des Festsaals findet sich im östlichen Teil die Lenkung der Welt durch die Hand der göttlichen Providenz und im westlichen Abschnitt die Kirche, symbolisiert durch zwei Schiffe: in dem einen Jesus Christus als Menschenfischer (Matthäus 4,19) in Begleitung von einigen Aposteln und drei Geistlichen und im anderen Schiff Vertreter der kirchlichen Obrigkeit und der Ordensgeistlichkeit. Auf dem Segel des linken Schiffes steht die Aufforderung an das rechte Schiff in lateinischer Schrift nach Lukas 5,7 – »Deshalb winkten sie ihren Gefährten im anderen Boot, sie sollten kommen und ihnen helfen. Sie kamen und gemeinsam füllten sie beide Boote bis zum Rand, so dass sie fast untergingen«–, ebenfalls missionarisch tätig zu werden. Als feste Institutionen nahmen die Klöster in der Seelsorge und Missionsarbeit eine zentrale Rolle in der Bekehrung bzw. Wiedergewinnung verlorener Seelen und in der Stärkung des konfessionellen Bewusstseins ein. Insbesondere der Benediktinerorden, der sich nach der Bildungskrise des 16. Jahrhunderts wieder erholt hatte und 1622 mit der Gründung der Salzburger Universität in direkter Konkurrenz zu den Jesuiten trat, war sich seiner Aufgabe – »Gehet hinaus in die ganze Welt, und verkündet das Evangelium allen Geschöpfen« (Markus 16,15, siehe auch Matthäus 28,18–20, Lukas 24,7) – bewusst

---

Ikonographie zunächst steter Bestandteil ephemerer Inszenierungen innerhalb der höfischen Kultur (wie beispielsweise Florenz 1539, Rouen 1550, Wien 1571, Dresden 1709) und später häufiger Bestandteil barocker Programme von fürstlichen Residenzen (wie etwa in der Münchner Residenz 1614 (zerstört), in Versailles 1674 (zerstört), im Berliner Stadtschloss 1703 und in Schloss Charlottenburg 1706).
49 POESCHEL, Ikonographie (wie Anm. 7), 214.

und dies nicht nur in den neuen Gebieten in Übersee, sondern auch »zu Hause«, das aufgrund der neuen Lehre ebenso umkämpft war. Der Missionsauftrag sowie die überseeischen Missionserfolge wurden durch die Verwendung der Personifikationen der vier Erdteile innerhalb der bildlichen und – wie hier im Festsaal – in der figuralen Ausstattung visualisiert. Dieser über Jahrhunderte hinweg dauernde Dienst für die Sache wird im Deckenprogramm durch die szenischen Darstellungen in den Eckkartuschen nochmals betont. In diesen legendären Szenen werden der Jesuitenorden, der Augustiner-Chorherrenorden, der Dominikanerorden und der Franziskanerorden im Zusammenhang mit dem Benediktinerorden gezeigt, wobei diese dem ältesten Orden klar untergeordnet sind.

Das Herkommen des Ordens wie des Klosters und ihr erfolgreiches Wirken innerhalb der durch die Erdteile repräsentierten Missionsgebiete erfährt durch die Einbindung der vier Tageszeiten, der zentral verbindenden Windrose sowie der Planeten im östlichen Teil des Freskenprogramms und die vier Elemente in der Stuckdekoration eine Erweiterung in Form einer kosmologisch-göttlichen Dimension. Die natürliche Ordnung der Welt wird durch Gott gelenkt, ganz nach Ezechiel 1,20: »Gott der Heilige Geist heisset selbst ein Wind. Gott regiert die Winde, den Himmel und die Geschicke, bestimmt und erwählt auf Erden, er ist der Beherrscher der Welt, der hier verherrlicht werden soll.«

Seine Herrschaft – wie die ebenfalls anwesenden Kardinaltugenden verdeutlichen – ist durch Mäßigkeit, Tugend, Gerechtigkeit und Klugheit gekennzeichnet[50]. Diesem Vorbild folgt der hier Auftrag gebende Orden, also die Füssener Benediktiner, indem sie zum einen ihren Missionierungsauftrag erfüllen. Zum anderen aber auch indem sie durch die Pflege der Wissenschaft – versinnbildlicht durch die in den Supraportbilder dargestellten Bereichen Geometrie, Astronomie, Meteorologie und Geophysik – dem eigentlichen Zweck monastischen Wirkens nachkommen. Der einzelne Mönch wie auch die Gemeinschaft erreichen durch ein Leben ständigen Selbstopfers und der Kontemplation der göttlichen Wahrheit die Vereinigung der Liebe mit Gott. Ein Weg, der sich in der Bibliothek links an der Treppe zur Vorhalle vorbei fortsetzt und schließlich seinen Höhepunkt in der anschließenden Klosterkirche findet.

---

50 Vgl. KOENIGER, Füssener Festsaal (wie Anm. 37), 16 f.; PETZET, Füssen (wie Anm. 42), 38 f.

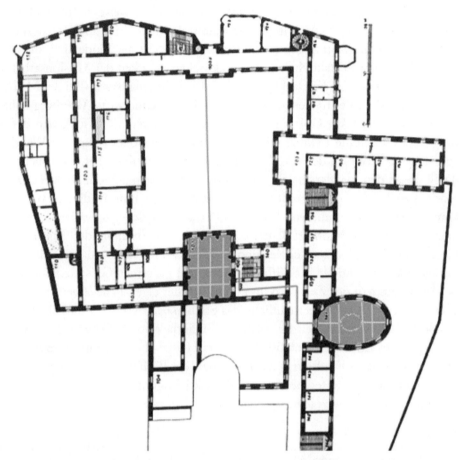

Abb. 3: Grundriss des ersten Obergeschosses der Klosteranlage St. Mang in Füssen. Quelle: Michael Petzet, Stadt- und Landkreis Füssen. Kurzinventar (Bayerische Kunstinventare 8) München 1960, 38, modifiziert durch die Autorin.

Die Bibliothek und das Refektorium

Bei der Bibliothek[51] handelt es sich um einen ovalen Raum, der innerhalb des Grundrisses (Abb. 3) ins Auge springt. Diese exponierte Lage des Bibliotheks-

---

51 Bildcorpus in der Datenbank »Erdteilallegorien im Barockzeitalter«, <https://erdteilallegorien.univie.ac.at/erdteilallegorien/fuessen-ostallgaeu-st-mang-bibliothek> [13.07.2020].

raums ist dem besonderen Stellenwert der Bibliothek als Hort der Wissenschaft und der Erkenntnis innerhalb der kontemplativen Lebensweise des Benediktinerordens zuzuschreiben[52]. Als Ort des Studiums, der *lectio*[53], ist sie Ausgangspunkt jeglichen Erkenntnisprozesses (*meditatio*) und fungiert als Bindeglied zwischen dem Gebet in der Stiftskirche und der praktischen Tätigkeit der Missionsarbeit in der Außenwelt, wie im Festsaal und in der Vorhalle thematisiert. »Bei der Meditation«, so der Prior des niederösterreichischen Benediktinerstifts Altenburg Albert Groiss, »wird das Wort Gottes mit der Welt, der konkreten menschlichen Erfahrung [sei es durch die Lektüre oder Alltagspraxis] konfrontiert, um zur Wahrheit zu gelangen«[54]. Worin der einzelne Suchende sich zu bilden hat, wird nicht nur durch die an den Regalen ersichtliche Aufstellungssystematik der Bücher gezeigt, sondern auch im 1719 entstandenen Ausstattungsprogramm. In diesem von Herkommer entworfenen und von Francesco Bernardini (1695–1762) vollendeten Programm werden vorbildhaft Benediktinerheilige im Studium der Mathematik, Geographie, Jurisprudenz, der Religion und der schönen Künste dargestellt. Durch die tägliche *lectio* und *mediatio* öffnet der Studierende seinen Geist der Erkenntnis der Wahrheit. Mit der Zeit wird ihm hierdurch der eigentliche Zweck menschlichen Wirkens auf Erden verdeutlicht: das Streben nach Weisheit und die Rettung des Seelenheils vor dem beim Eintritt zur Bibliothek oberhalb der Tür dargestellten Fegefeuer. Eine Interpretation, die Petra Hauke überzeugend in ihrer Arbeit »Domus sapientiae. Ein Beitrag zur Ikonologie der Bibliotheksraumgestaltung des 17./18. Jahrhunderts unter besonderer Berücksichtigung des Klosters St. Mang, Füssen« (2007) als *domus sapientiae* darlegt.

52 Vgl. zur Blüte von Musik und Literatur Adolf LAYER, Zur Musikpflege des Benediktinerklosters St. Mang in Füssen, in: Jahrbuch des Vereins für Augsburger Bistumsgeschichte 6 (1972), 241–253; Franz-Rasso BÖCK, Wissenschaftliches Leben in den Benediktinerklöstern Ottobeuren, Irsee und Füssen im Zeitalter der Aufklärung 1750–1800, in: ZBLG 54 (1991), 253–267; Erich TREMMEL, Zeugnisse der Musikpflege im ausgehenden 16. und frühen 17. Jhd. im Kloster St. Mang in Füssen, in: Neues Musikwissenschaftliches Jahrbuch 1 (1992), 27–68; Konstantin MAIER, Zur wissenschaftlichen Tätigkeit in schwäbischen (Benediktiner-)Klöstern im 18. Jahrhundert, in: Abt Gallus Zeiller OSB (1705–1755) und die Musikpflege im Kloster St. Mang in Füssen (Veröffentlichungen der Gesellschaft für Bayerische Musikgeschichte), hg. von Stephan HÖRNER/Wilhelm RIEDEL, Tutzing 2007, 31–50; Walter LIPP; Die Bibliothek des Benediktinerklosters St. Mang in Füssen von 1500 bis zur Säkularisation im 1802/03, in: Museion Boicum oder bajuwarische Musengabe. Beiträge zur bayerischen Kultur und Geschichte. Hans Pörnbacher zum 80. Geburtstag, hg. von Guillaume VAN GEMERT/Manfred KNEDLIK, Amsterdam/Utrecht 2009, 233–266.
53 Siehe das Kapitel 48 zur »Ordnung für Handarbeit & Lesung« in der Regula Benedicti 48, 15 und 22 f., in: Ulrich FAUST (Hg.), Die Benediktsregel. Lateinisch/Deutsch, Stuttgart 2009, 119 und 121.
54 Albert GROISS, Benediktinerabtei Stift Altenburg – Spiritualität – Geschichte – Kunst, Salzburg 1994, 43.

Anders als andere Bibliotheksräume weist der Füssener Bibliotheksraum noch eine architektonische Besonderheit auf. Er ist über eine längsovale Bodenöffnung mit dem im Erdgeschoss liegenden Refektorium verbunden. Metaphorisch gedacht ließe sich hier eine Vorrangstellung der geistlichen über die irdische Nahrung ablesen und beide als Pendant zum himmlischen Speisesaal der Kirche verstehen[55]. Eine Lesung, die auch in der Praxis innerhalb des klösterlichen Lebens während der Speisung praktiziert wurde, da – wie in der Regula Benedicti 38,1 verordnet – »beim Tisch der [schweigenden] Brüder die Lesung nicht fehlen«[56] dürfe. Die Verbindung der beiden Räume wurde allerdings 1781 durch die Anbringung eines hochovalen Ölbildes, gemalt von Franz Anton Zeiller, zeitweise unterbrochen. Mit diesem wurde aus Gründen der Regulierung der Raumtemperatur in den Wintermonaten die Bodenöffnung verschlossen. Das Ölbild fungierte vom Refektorium gesehen als Deckengemälde und ergänzt die Stuckaturen von 1719. Auf dem Ölbild findet sich wie in der Vorhalle der Triumphwagen des Ordensgründers, gezogen von den vier Tieren der Erdteile und geführt von den jeweiligen Personifikationen. In der terrestrischen Zone finden sich rechts eine Personifikation der Ecclesia mit einer Weltkarte und links Vertreter des Benediktinerordens mit einer Ansicht der neuerbauten Klosteranlage. Hierbei handelt es sich um exakte Zitate einzelner Versatzstücke aus der bereits erwähnten Reslfeld-Komposition. Erdteilallegorien innerhalb von Bibliotheken finden sich ordensübergreifend[57]. Dem Speisenden wird auch hier der Triumph des Ordens sowie des rechten Glaubens – symbolisiert in den Stuckaturen durch die Marien- und Christusmonogramme – vermittelt.

---

55 Eine Interpretation, die Wilhelm Mrazek für die räumliche Ordnung in Stift Altenburg vorschlug, vgl. Wilhelm MRAZEK, Die barocke Deckenmalerei in der ersten Hälfte des 18. Jhs. in Wien und in den beiden Erzherzogtümern Ober und Unter der Enns: ein Beitrag zur Ikonologie der barocken Malerei, Wien 1947, 149.
56 Siehe das Kapitel 38 zum »Wöchentlichen Dienst des Tischlesens« in der Regula Benedicti 38,1, in: FAUST, Benediktsregel (wie Anm. 53), 101.
57 Bei den Benediktinern im Vestibül zur Bibliothek in Stift Altenburg und an den Schränken der Bibliothek von Admont; bei den Augustiner-Chorherren als ovale Bilder an den Seitenwänden der Bibliothek von Stift Vorau; bei den Jesuiten als Kartusche an der Balustrade der Bibliothek des Jesuitenkollegs in Dillingen an der Donau und bei den Kartäusern als Pendentifbilder zur Kuppel der Bibliothek der Kartause Marienthron in Gaming. Für eine Liste und Abbildungen siehe in der Datenbank »Erdteilallegorien im Barockzeitalter« die Taxonomie »Bibliothek« < https://erdteilallegorien.univie.ac.at/anbringungsorte-raumfunktion-moebel/bibliothek> [13.07.2020].

4. Conclusio

In einem Zusammenlesen des Weges vom Klostertor über die Vorhalle zum Festsaal und zur Bibliothek werden die drei wichtigsten Aussagen der benediktinischen Ordenskunst in der Zeit der Gegenreformation veranschaulicht:
1) Die Glorifikation des Ordensvaters und damit einhergehend des Herkommens und Bestehens,
2) die Verherrlichung des Ordens als Pflegstätte der Wissenschaft, Kunst und Literatur,
3) die Erfolge in der Missionierung, Dissemination und Verankerung der Glaubenswahrheiten.

Die Erdteilikonographie nahm in der Formulierung dieses Selbstverständnisses und Triumphbotschaft eine zentrale Funktion ein und wurde im Benediktinerorden häufig innerhalb ihrer Klostergebäude bzw. -kirchen wie auch in den inkorporierten Dorfkirchen eingesetzt (Abb. 4). Wir finden sie in fast jedem der benediktinischen Barockbauten des süddeutschen, schweizerischen und österreichischen Raums:

- in den Festsälen von Benediktbeuern, von Metten, Sankt Peter in Salzburg,
- in den Bibliotheken von Admont, Füssen und in der Vorhalle zur Bibliothek von Altenburg,
- in den Klosterkirchen von Andechs, Donauwörth, Einsiedeln, Ettal, Frauenzell, Fischbachau, Fiecht, Garsten, Mallersdorf, Michelfeld, Niederaltaich, Oberaltaich, Ochsenhausen, Sankt Emmeram in Regensburg, Rinchnach, Rott am Inn, Sankt Lambrecht, Thierhaupten,
- in den Treppenhäusern von Gloggnitz, Ossiach, Sankt Peter im Schwarzwald und Seitenstetten,
- im Aureliussaal von Neresheim, im Refektorium von Lambach, im Gartenpavillon, im Bildersaal und im Dietmayrsaal von Melk und schließlich im »schwäbischen Escorial« Ottobeuren, das mit acht Anbringungsorten in Klostergebäude und Klosterkirche eine besondere Vorliebe der Ikonografie aufweist[58].

---

58 Oft dienten Versatzstücke aus der Komposition von Johann Karl Reslfeld als Vorlage und fanden hierüber auch ihren Weg in die Dorfkirchen wie beispielsweise die Gotteshäuser von Neuler und Bernbeuren. Die Liste beansprucht keine Vollständigkeit. Zu Ottobeuren vgl. Marion ROMBERG, Exkurs 2.1.: Ottobeuren – »Hotspot« künstlerischer Austauschprozesse, in: DIES., Die Welt im

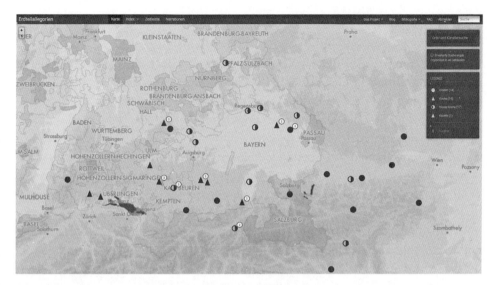

Abb. 4: Einsatz der Ikonographie der Erdteilallegorien innerhalb des Benediktinerordens auf dem Gebiet Süddeutschlands, Österreichs und Südtirols – 46 Anbringungsorte. Screenshot aus der Datenbank »Erdteilallegorien im Barockzeitalter«, Wien 2020. Die Zahlen auf der Karte fassen Anbringungsorte von Erdteilallegorien in räumlicher Nähe zusammen.

Bedeutende Persönlichkeiten wie Kaiser Karl VI. (1685–1740), der 1711 nach Füssen gekommen war, oder Papst Pius VI. (1717–1799), der auf seinen Weg an den Hof Josephs II. 1782 in Füssen Rast machte, zählten zu den prominentesten Besuchern der neuerbauten Anlage der Benediktiner von St. Mang und zu unmittelbar Angesprochenen der Ambitionen seiner Bauherrn. Schließlich, so Abt Gerhard Oberleitner an seinen ebenso baufreudigen Ordensbruder Abt Rupert Neß von Ottobeuren (als Abt amtierend 1710–1740) in einem Brief vom 9. November 1713, »was Euer Hochwürden Schönes und Herrliches bauen, darf jederman sehen«[59], einschließlich der ganzen bekannten Welt, repräsentiert durch die vier Erdteilallegorien.

Dienst der Konfessionen. Erdteilallegorien in Dorfkirchen auf dem Gebiet des Fürstbistums Augsburg im 18. Jahrhundert, Dissertation, Wien 2015, 244–247 und siehe auch in der Datenbank »Erdteilallegorien im Barockzeitalter« den Eintrag zu Ottobeuren <https://erdteilallegorien.univie.ac.at/orte/ottobeuren-unterallgaeu> [13.07.2020].
59 Zitiert nach: WAGNER, Barocke Festsäle (wie Anm. 31), 67 Anm. 25.

»Von der Nothwendigkeit und dem Nuzen der Erkenntnuss eines Landes überhaupt«
Johann Sigmund Strebel und die Prinzenerziehung in Brandenburg-Ansbach um die Mitte des 18. Jahrhunderts

Von Andreas Rutz

*E*s *wird wohl kein vernünfftiger weltmann laügnen können, daß einem teutschen prinzen nachfolgende wißenschaften: Die lehre von der christlichen religion, dann deren glaubens- und lebens-pflichten, imgleichen die nothwendigsten sprachen billig vorausgesetzet, wohl anständig und nüzlich seijn, als: 1. eine gesünde moral, die grundsäze vom recht der natur und die allgemeine regeln der klugheit und wahren politic. 2. die geographie derer europaeischen staaten. 3. die genealogie derer europaeischen staaten, vornehmlich aber seines eigenen fürstlichen haußes, nebst einer teinture von der wappenkunst. 4. die historie der vornehmsten staaten in Europa, besonders aber vom Teutschen Reich. 5. einigen erkenntnuß von der mathesi, wenigstens soviel zu richtiger beurtheilung eines rißes, einer charte, oder eines plans von einer fortification, belagerung, bataille oder andern militarischen disposition, item zu beurtheilung eines civil-gebäudes, lust-schloßes, gartens, oder anlag- und erweiterung einer stadt gehört. 6. das staats-recht von Teutschland oder das nothwendigste vom sogenannten iure publico, insonderheit soviel die verbindung zwischen dem reichs-oberhaupt und deßen gliedern, dann die reichsstandschafft selbsten angehet.*

Diese Definition der *wohlanständige[n] wissenschaften eines teutschen prinzen überhaupt* stammt aus einer fast 300 Blatt umfassenden Handschrift im Nürnberger Staatsarchiv mit dem Titel *Anleitung zur nöthigen Kenntnuß von der wahren und archivmäßigen Beschaffenheit des Hochlöblichen Fürstenthums Brandenburg-Onolzbach oder Burggrafthums Nürnberg unterhalb Gebürgs zum Gebrauch des Durchlauchtigsten Erb-Prinzen*[1]. Sie wurde 1751 von dem ansbachischen Archivar und Historiogra-

---

1 Staatsarchiv Nürnberg [StAN], Fürstentum Brandenburg-Ansbach, Historika 327, das Zitat fol. 16r-v. Eine Abschrift der Landesbeschreibung mit dem Titel *Beschreibung des Ober-Amts Onolzbach nach deßen wahren und archivmäßigen Beschaffenheit Anno 1751* findet sich in der Staatlichen Bibliothek Ansbach, Ms. hist. 47; für diesbezügliche Hinweise danke ich Ute Kissling (Ansbach). Gedankt sei darüber hinaus Gunther Friedrich (Nürnberg) für die Betreuung und Hilfe bei meinen Recherchen im StAN. Der Aufsatz geht auf einen Vortrag an der Universität Bayreuth am 11.02.2016 zurück.

phen Johann Sigmund Strebel (1700–1761) verfasst. Gleich zu Beginn des Werks benennt er das, was ein Prinz zur Vorbereitung auf seine späteren Aufgaben als Territorialherr erlernen sollte. Neben Religion, den *glaubens- und lebens-pflichten* sowie Sprachkenntnissen sind es Ethik, Naturrecht und Politik, Geographie, Genealogie, Geschichte, Mathematik und Geometrie sowie schließlich ›teutsches‹ Staatsrecht. Als Bezugspunkte der anwendungsbezogenen Fächer werden die europäische Staatenwelt, das Reich und insbesondere das eigene Fürstenhaus genannt. Diesen letzten Aspekt betont Strebel im Folgenden, wenn er seine Definition noch weiter einschränkt auf die *dreij ohnentbehrliche[n] wißenschafften eines teutschen prinzen*:

Wollte man aber auch davor halten, daß viele unter dießen ersterzehlten studiis einem teutschen prinzen nicht eben absolute nothwendig wären, so sind doch demselben, zumahlen wann er von Gott zur regierung über land und leute bestimmt ist, dreijerleij wißenschafften ganz eigen, ohnentbehrlich und unvermeidlich, als 1. die kenntnuß seines landes oder fürstenthums. 2. das staats-recht seines fürstlichen haußes, 3. die kunst zu regieren. Denn ohne dieße dreij stücke verdienet kein fürst ein regierender herr genennet zu werden.[2]

Wissen über die Regierungskunst, vor allem aber Wissen über das eigene Territorium und die dort herrschenden staatsrechtlichen Verhältnisse sollten laut Strebel also den Fokus jeder Prinzenerziehung bilden, wie es ja auch der Titel des Manuskripts nahelegt. In der konkreten Ausbildung des Erbprinzen Christian Friedrich Karl Alexander von Brandenburg-Ansbach (reg. 1757–1791), für den Strebel die *Anleitung* verfasst hat, standen jedoch meist ganz andere Unterrichtsgegenstände im Vordergrund. Wie seine Standesgenossen im übrigen Reich und in Europa wurde der Erbprinz entsprechend dem Ideal des höfischen Kavaliers erzogen[3].

2 StAN, Fürstentum Brandenburg-Ansbach, Historika 327, fol. 17r.
3 Vgl. den allgemeinen Überblick von Katrin KELLER, Standesbildung, in: Enzyklopädie der Neuzeit 12 (2010), Sp. 887–894, sowie die diesbezüglichen Ausführungen bei Veit Ludwig von SECKENDORFF, Deutscher Fürstenstaat. Samt des Autors Zugabe sonderbarer und wichtiger Materien, verbessert, mit Anmerkungen, Summarien und Registern versehen von Andres Simson von Biechling, Jena 1737, ND Aalen 1972, 170–178, 781–808, sowie Additiones, 186–192; außerdem die umfangreichen Untersuchungen von Claudia KOLLBACH, Aufwachsen bei Hof. Aufklärung und fürstliche Erziehung in Hessen und Baden (Campus Historische Studien 48), Frankfurt a. M. u. a. 2009; Pascale MORMICHE, Devenir prince. L'école du pouvoir en France XVIIe–XVIIIe siècles, Paris 2009; Gerrit DEUTSCHLÄNDER, Dienen lernen, um zu herrschen. Höfische Erziehung im ausgehenden Mittelalter (1450–1550) (Hallische Beiträge zur Geschichte des Mittelalters und der Frühen Neuzeit 6), Berlin 2012; Benjamin MÜSEGADES, Fürstliche Erziehung und Ausbildung im spätmittelalterlichen Reich (Mittelalter-Forschungen 47), Ostfildern 2014. Als Fallstudien vgl. darüber hinaus Martina WEIN-

Bei der Herausarbeitung dieser unterschiedlichen Facetten der Prinzenerziehung in Brandenburg-Ansbach ist zu zeigen, wie um die Mitte des 18. Jahrhunderts neben die seit langem im europäischen Hochadel übliche Kavaliersausbildung gleichsam moderne Bestrebungen traten, die Prinzenerziehung im Sinne des jüngeren Staatsrechts und der kameralistischen Ökonomie an den praktischen Bedürfnissen regionaler Politik zu orientieren. Dazu sei zunächst den Bildungsgang des Erbprinzen Alexander skizziert und in der adeligen Bildungskultur der Zeit verortet (I). Danach soll die *Anleitung [...] zum Gebrauch des Durchlauchtigsten Erb-Prinzen* vor dem Hintergrund der brandenburg-ansbachischen Reformpolitik des 18. Jahrhunderts analysiert werden (II).

Der Bildungsgang Christian Friedrich Karl Alexanders von Brandenburg-Ansbach

Karl Alexander wurde am 24. Februar 1736 geboren[4]. Er war der zweite Sohn des Markgrafen Karl Wilhelm Friedrich (reg. 1729–1757) und seiner Frau Friederike

---

LAND (Red.), Im Dienste Preußens. Wer erzog Prinzen zu Königen?, Berlin 2001; Christian GREINER, Fürstenerziehung im Barock. Bildung und Erfahrungen des »Türkenlouis« (1655–1678), in: Zeitschrift für Geschichte des Oberrheins 150 (2002), 209–251; Joachim BERGER, Europäische Aufklärung und höfische Sozialisation. Prinzenerziehung in Gotha und Weimar, in: Werner GREILING/Andreas KLINGER/Christoph KÖHLER (Hg.), Ernst II. von Sachsen-Gotha-Altenburg. Ein Herrscher im Zeitalter der Aufklärung (Veröffentlichungen der Historischen Kommission für Thüringen. Kleine Reihe 15), Köln/Weimar/Wien 2005, 201–226; Bärbel RASCHKE, »... un modéle pour tous les princes«. Fürstenbild, Regierungskonzeption und Politikverständnis im Erziehungsjournal Luise Dorotheas von Sachsen-Gotha für den Erbprinzen Ernst, in: ebd., 227–238; Martin FIMPEL, Erziehung zum Landesherren. Erbgraf Albrecht Wolfgang zu Schaumburg-Lippe (1699–1748), in: Hubert HÖING (Hg.), Zur Geschichte der Erziehung und Bildung in Schaumburg (Schaumburger Studien 69), Bielefeld 2007, 290–314; Stefan BENZ, Geschichtsunterricht für Prinzen und Prinzessinnen, in: Günter BERGER (Hg.), Wilhelmine von Bayreuth heute. Das kulturelle Erbe der Markgräfin (Archiv für Geschichte von Oberfranken. Sonderband), Bayreuth 2009, 87–104; Lenelotte MÖLLER, Erziehung im Hause Wittelsbach in der Frühen Neuzeit in Bayern und der Pfalz am Beispiel Kurfürst Maximilians I. (1573–1651) und König Max I. Josephs (1756–1826), in: Wolfgang WÜST (Hg.), Bayerns Adel – Mikro- und Makrokosmos aristokratischer Lebensformen, Frankfurt a. M. u. a. 2017, 241–262; Eva BENDER, Prinzenerziehung am Gothaer Hof, in: Sascha SALATOWSKY (Hg.), Gotha macht Schule. Bildung von Luther bis Francke (Veröffentlichungen der Forschungsbibliothek Gotha 49), Gotha 2013, 71–79; Iris von DORN, Der brandenburgische Ulysses. Fürstliche Standeserziehung im 17. Jahrhundert, in: Rainald BECKER/Iris von DORN (Hg.), Politik – Repräsentation – Kultur. Markgraf Christian Ernst von Brandenburg-Bayreuth 1644–1712 (Archiv für Geschichte von Oberfranken. Sonderband), Bayreuth 2014, 215–242.

4 Zur Biographie Karl Alexanders vgl. die umfassende Studie von Arno STÖRKEL, Christian Friedrich Carl Alexander. Der letzte Markgraf von Ansbach-Bayreuth (Bayerische Verwaltung der staatlichen Schlösser, Gärten und Seen. Forschungen zur Kunst- und Kulturgeschichte 4), Ansbach 1995; außerdem Siegfried HÄNLE, Karl Alexander (Christian Friedrich Karl Alexander), Markgraf von

Louise (1714–1784), einer Tochter des preußischen Königs Friedrich Wilhelm I. (reg. 1713–1740)[5]. Sein älterer Bruder Karl Friedrich August (1733–1737) starb bereits im Alter von vier Jahren[6], so dass Karl Alexander frühzeitig in die Rolle des Erbprinzen einrückte. Sein Überleben und seine Erziehung waren nun entscheidend für die Zukunft des Territoriums[7]. Neben einer *in der Kinderzucht wohlerfahrenen adelichen Dame* sollte ständig ein Leibarzt über ihn wachen, außerdem wurden regelmäßig auswärtige Ärzte wie der kaiserliche Leibarzt Dr. Carelli oder der Hallenser Medizinprofessor Friedrich Hoffmann konsultiert und monatliche Gesundheitsberichte für den Geheimen Rat erstellt[8]. Die zur Erziehung angestellte Dame,

Brandenburg zu Ansbach-Bayreuth, in: ADB 15 (1882), 264–266; Günther SCHUHMANN, Markgraf Alexander von Ansbach-Bayreuth (1736–1806), in: Gerhard PFEIFFER (Hg.), Fränkische Lebensbilder, Bd. 1 (Veröffentlichungen der Gesellschaft für Fränkische Geschichte VII/A 1), Würzburg 1967, 313–336; Günther SCHUHMANN, Die Markgrafen von Brandenburg-Ansbach. Eine Bilddokumentation zur Geschichte der Hohenzollern in Franken (Jahrbuch des Historischen Vereins für Mittelfranken 90), Ansbach 1980, 251–263.
5 Vgl. zur Mutter jetzt die umfassende Biographie von Arno STÖRKEL, Friederike Louise. Prinzessin in Preußen, Markgräfin von Ansbach (Veröffentlichungen der Gesellschaft für fränkische Geschichte IX/60), Würzburg 2018; zum Vater SCHUHMANN, Markgrafen (wie Anm. 4), 209–219, sowie jetzt ausführlich Georg SEIDERER, (Hg.), Carl Wilhelm Friedrich von Brandenburg-Ansbach (1712–1757). Der »Wilde Markgraf«? (Jahrbuch des Historischen Vereins für Mittelfranken 103), Ansbach 2015. Für unseren Zusammenhang ist darüber hinaus hinzuweisen auf die Edition von Gottfried STIEBER, Annales der Regierung Serenissimi Caroli Guilemi Friderici, Marchionis Brandenburgici ab anno 1729 usque 1757, in: Jahresbericht des Historischen Vereins für Mittelfranken 49 (1902), 9–40, wo neben der Geburt Karl Alexanders 1736 auch die *Erziehung und Information des hochfürstlichen Erbprinzen* 1743, ebd., 20, die Bildungsreisen in die Niederlande und Italien sowie die Aufenthalte an verschiedenen Höfen des Reiches 1748–1753, ebd., 22 f., erwähnt werden. Mit Blick auf die praktische Ausbildung in Regierungssachen interessant ist der Hinweis auf den ersten Besuch des Geheimen Ratskollegiums am 08.03.1754, ebd., 24, sowie die Teilnahme an den politischen Verhandlungen seines Vaters mit Herzog Karl Eugen von Württemberg (reg. 1737–1793) in Stuttgart am 08.02.1757, ebd., 24, 28. Zur Vermittlung von Herrschaftswissen im Alltag bei Hof und durch Teilnahme an Ratssitzungen vgl. KOLLBACH, Aufwachsen bei Hof (wie Anm. 3), 295–300, 331 f.
6 Vgl. zum Erbprinzen STÖRKEL, Friederike Louise (wie Anm. 5), 128–134, 147 f.
7 Der Bildungsgang Karl Alexanders ist ausführlich in StAN, Fürstentum Brandenburg-Ansbach, Archivakten 430, dokumentiert. Es handelt sich um ein Konvolut mit dem Titel *Acta die Erziehung des Erbprinzen Christian Friedrich Carl Alexander von Brandenburg-Ansbach betr., 1737 ff.*, das neben diversen Schriftstücken verschiedene Anstellungsschreiben für Informatoren, eine elfseitige Instruktion für den Informator Mayer von 1741 sowie eine Instruktion von 1747 mit den weiterführenden Unterrichtsgegenständen enthält. Interessant in diesem Zusammenhang ist des Weiteren das Manuskript *Hofraths Stieber nachricht von dero Unterricht Serenissimi, in dero Jugend in Wissenschaften, Sprachen und Künsten, 1773*, StAN, Fürstentum Brandenburg-Ansbach, Historika 52, das Notizen und Konzepte für einen Abriss zur Ausbildung Karl Alexanders, einschließlich der Reisen und der ersten Regierungsjahre, enthält. Diese und weitere Quellen bilden die Grundlage der betreffenden Kapitel von STÖRKEL, Carl Alexander (wie Anm. 4), 15–45, auf die im Folgenden auch für die Zitate aus den Quellen zurückgegriffen wird.
8 STÖRKEL, Carl Alexander (wie Anm. 4), 17 f.

Frau von Imhoff, wurde 1737 zur Hofmeisterin ernannt, zwei Jahre später erhielt Karl Alexander außerdem eine französische *Sprachmeisterin*, die ihn an die ›lingua franca‹ des europäischen Adels gewöhnen sollte[9]. Zum Alltag des Prinzen gehörte auch ein eigener Hofstaat, nicht nur zur Aufwartung und Erledigung verschiedenster Dienste, sondern auch, um den fürstlichen Umgang mit Personal zu erlernen. Bereits 1740 werden im ansbachischen Hofkalender für den Hofstaat Karl Alexanders ein Schuhmacher sowie ein *Peruquier- und Haar-Frisier* gelistet[10].

Der reguläre Unterricht des Prinzen begann im Alter von fünf Jahren[11]. Hierzu gehörten neben dem täglichen Religionsunterricht durch den Hofkaplan Johann Andreas Zindel vor allem Lesen, Schreiben und die freie Rede sowie Französisch. Außerdem sollten in spielerischer Form die Grundbegriffe der Geographie und Geschichte anhand von Karten, Kupferstichen und einfachen Erzählungen vermittelt werden. Karl Alexanders *Informator* Johann Georg Mayer war neben dem Fachunterricht auch für die Erziehung als solche zuständig. Er sollte dem Jungen Gottesfurcht und Gehorsam gegenüber den Eltern lehren, aber auch das Ideal der ›honnêteté‹, also einer französisch geprägten Weltgewandtheit und Konversationsfähigkeit sowie entsprechenden höfischen Umgangsformen, wie sie von einem Kavalier erwartet wurden. In diesen Zusammenhang gehört auch die solide Reitausbildung, die Karl Alexander bereits als Junge erhielt und die dann auf seiner Kavalierstour perfektioniert wurde[12]. Im Alter von acht Jahren traten weitere Unterrichtsgegenstände hinzu, etwa das Abfassen wohlgesetzter Briefe auf Deutsch und Französisch und schließlich auch Latein sowie die Geographie und Geschichte der europäischen Staatenwelt und des eigenen Territoriums. Der Erzieher sollte immer an konkreten Objekten und gleichsam spielend lehren, seine Ermahnungen stets *liebreich* vortragen und gegen *hartnäckige Eigenwilligkeit, zornige Begierde, Ungedult, Härte des Gemüths oder Grausamkeit mit vernunftmäßige[n] Vorstellungen* vorgehen[13]. Mit dem Glauben an die Kraft des Verstandes deutet sich hier immerhin ein Einfluss der Aufklärung an.

Zusammen mit einer Entourage von 20 Personen begleitete sein Informator Johann Georg Mayer den Erbprinzen im Alter von 12 Jahren nach Utrecht, um

---

9 Ebd., 18.
10 Ebd., 18.
11 Vgl. zum Unterricht des Erbprinzen ebd., 18–20.
12 Magdalena BAYREUTHER, Pferde und Fürsten. Repräsentative Reitkunst und Pferdehaltung an fränkischen Höfen (1600–1800) (Stadt und Region in der Vormoderne 1), Würzburg 2014, 298; übergreifend zur Reitausbildung an den fränkischen Höfen in der Frühen Neuzeit ebd., 275–323.
13 Zit. nach STÖRKEL, Carl Alexander (wie Anm. 4), 19.

hier seine Studien fortzusetzen[14]. Hintergrund für die Wahl der Niederlande waren sicherlich handfeste politische Interessen im Zusammenhang mit der Erbfolgefrage in Bayreuth sowie einer möglichen Vormundschaftsregierung in Ansbach. Entscheidend für Brandenburg-Ansbach war hier die Abwehr der Ansprüche Brandenburg-Preußens, was durch eine weitere Annäherung an die Niederlande und das ebenfalls in die Planungen einbezogene England gesichert werden sollte[15]. Der Aufenthalt Karl Alexanders in Utrecht war hierfür ein sichtbares Zeichen. Er wurde vom englischen König finanziert, der ebenso wie der Erbstatthalter der Niederlande von Markgraf Karl Wilhelm Friedrich testamentarisch zum Vormund des Erbprinzen bestimmt wurde. Aber abgesehen von diesem politischen Taktieren waren die Niederlande eine reguläre Station auf den adeligen Bildungsreisen der Zeit, auch Karl Alexanders Vater hatte sie 1725 im Alter von 13 Jahren besucht[16]. In Utrecht erwartete den Erbprinzen ein umfassendes Studienprogramm. Es beinhaltete neben dem täglichen Religionsunterricht drei Fremdsprachen – Französisch, Niederländisch und Latein –, außerdem Naturrecht, Universalgeschichte und Mathematik sowie Klavier, Zeichnen, Reiten und Tanz. Hinzu kam das gesellschaftliche Leben, also Besuche der *angesehensten Geschäfts- und Militärpersonen, Cavaliers und Gelehrten* sowie Reisen in alle Teile der Niederlande, verbunden mit Besuchen, Gesellschaften und Empfängen bei Adeligen und hochgestellten Bürgern vor Ort[17].

Im September 1750 kehrte Karl Alexander wieder nach Ansbach zurück, um bereits ein Jahr später nach Turin an den Hof Karl Emmanuels III., des Herzogs von Savoyen und Königs von Sardinien-Piemont (reg. 1720–1773), weiterzuziehen[18]. Im Gespräch gewesen waren zunächst Göttingen oder Wolfenbüttel, also Universität und Hof als die beiden Pole adeliger Erziehung in der Frühen Neuzeit. Der Aufenthalt in Turin sollte nun beides – gelehrte und höfische (Aus-)Bildung – verbinden, auch wenn das Lehrprogramm am Ende doch vor allem der klassischen Kavalierserziehung entsprach: Italienisch, Französisch, Reiten, Tanz und

---

14 Vgl. zum Aufenthalt Karl Alexanders in Utrecht und in den Niederlanden ebd., 20–27.
15 Vgl. für den allgemeinen Hintergrund Rudolf ENDRES, Die Erbabreden zwischen Preußen und den fränkischen Markgrafen im 18. Jahrhundert, in: Jahrbuch für fränkische Landesforschung 25 (1965), 43–87; Andrea SCHÖDL, Frauen und dynastische Politik, 1703–1723. Die Markgräfinnen Elisabeth Sophie von Brandenburg und Christiane Charlotte von Ansbach (Die Plassenburg 56), Kulmbach 2007, 36–74.
16 SCHUHMANN, Markgrafen (wie Anm. 4), 211.
17 Zit. nach STÖRKEL, Carl Alexander (wie Anm. 4), 26.
18 Vgl. zum Aufenthalt in Turin ebd., 34 f.

Clavecin sowie später noch Geometrie und Militärarchitektur als stärker anwendungsbezogene Fächer. Nach dreizehn Monaten an diesem großen europäischen Hof folgte schließlich die ›Grand Tour‹[19]. Eine solche Kavaliersreise diente den jungen Adeligen seit dem 16. und vor allem 17. Jahrhundert zur Integration in die europäische Hof- und Adelskultur und bildete den Abschluss der Erziehung zu standesgemäßen Repräsentanten ihres Hauses. Neben den Kontakten zu auswärtigen Höfen und Adelshäusern und der Einübung von höfischer Etikette und Hofzeremoniell dienten die Reisen auch der weiteren Ausbildung in den Kavaliersfächern, der Vertiefung von Fremdsprachenkenntnissen, der Schulung des juristischen und politischen Denkens und nicht zuletzt der Vermittlung europäischer Kunst und Kultur[20]. Karl Alexander reiste im Frühjahr 1753 von Turin nach Mailand und von dort über Bergamo, Brescia, Verona und Padua nach Venedig. Es folgten mehrere Wochen in Rom, von wo aus er krankheitsbedingt nicht, wie ursprünglich geplant, nach Frankreich weiterreiste, sondern zurück nach Ansbach. Schon ein paar Wochen später ging es für einen Monat nach Bayreuth und schließlich auf eine dreimonatige Rundreise durch das Reich. Berlin, das mittlerweile anstelle von Hannover im Fokus der markgräflichen Politik stand, war das Ziel eines vierwöchigen Aufenthalts. Besucht wurden außerdem Braunschweig und Wolfenbüttel, Kassel, Eisenach, Gotha, Meiningen und Coburg. Im November 1753 kehrte er endgültig nach Ansbach zurück und heiratete ein Jahr darauf Friederike Caroline von Sachsen-Coburg (1735–1791)[21]. 1757 übernahm Karl Alexander nach dem Tod seines Vaters die Regierung in Brandenburg-Ansbach, 1769 beerbte er zudem Markgraf Friedrich Christian von Brandenburg-Bayreuth (reg. 1763–1769) und führte damit die beiden Territorien erstmals seit 1603 wieder zusammen[22]. 1791 trat er schließlich beide Fürstentümer gegen eine Leibrente an Brandenburg-Preußen ab[23].

---

19 Vgl. zur ›Grand Tour‹ Karl Alexanders ebd., 37–41.
20 Vgl. als Überblick Hilmar TILGNER, Kavalierstour, in: Enzyklopädie der Neuzeit 6 (2007), Sp. 523–526; außerdem Thomas FRELLER, Adlige auf Tour. Die Erfindung der Bildungsreise, Ostfildern 2007; außerdem die Studien von Antje STANNEK, Telemachs Brüder. Die höfische Bildungsreise des 17. Jahrhunderts (Geschichte und Geschlechter 33), Frankfurt a. M./New York 2001; Mathis LEIBETSEDER, Die Kavalierstour. Adlige Erziehungsreisen im 17. und 18. Jahrhundert (Beihefte zum Archiv für Kulturgeschichte 56), Köln/Weimar/Wien 2004; Eva BENDER, Die Prinzenreise. Bildungsaufenthalt und Kavalierstour im höfischen Kontext gegen Ende des 17. Jahrhunderts (Schriften zur Residenzkultur 6), Berlin 2011.
21 Vgl. zur Heirat STÖRKEL, Carl Alexander (wie Anm. 4), 46–56.
22 Vgl. zur Personalunion ebd., 79–105.
23 Günther SCHUHMANN, Markgraf Alexander von Ansbach-Bayreuth und seine Abdankung im Dezember 1791 (Sonderdruck des Vereins der Freunde Triesdorf und Umgebung 5), Triesdorf 1992;

Insgesamt entsprachen die Erziehung und die Ausbildung Karl Alexanders den Konventionen des europäischen (Hoch-)Adels der Zeit: Dem Kleinkind wurde eine Hofmeisterin, dem Jungen dann ein Hofmeister zur Seite gestellt, die ihn erzogen und unterrichteten. Das Unterrichtsprogramm, das nach und nach durch die Hinzuziehung von Fachlehrern erweitert wurde, lässt sich als Kavaliersausbildung charakterisieren. Schon in jungen Jahren wurde diese Ausbildung im Ausland fortgesetzt, zunächst in Utrecht, dann in Turin und schließlich auf der Kavalierstour in Italien und im Reich. Eine intensivere juristische, staatskundliche oder auch ökonomische Ausbildung fehlte in diesem Programm, auch wenn der Besuch fremder Höfe idealiter dem Anschauungsunterricht in diesen Fragen dienen sollte.

Die *Anleitung [...] zum Gebrauch des Durchlauchtigsten Erb-Prinzen* und ihr Autor Johann Sigmund Strebel

Die *Anleitung* setzt einen deutlich anderen Akzent als die geschilderte Kavaliersausbildung des Erbprinzen. Sie stammt von 1751, also aus dem Jahr, das Alexander zwischen seinen Aufenthalten in Utrecht und Turin bei den Eltern in Ansbach verbrachte. Ziel seines Vaters war es, dem Fünfzehnjährigen nach den sehr allgemeinen Studien in den Niederlanden eine dezidiert auf die künftigen Aufgaben im Lande zugeschnittene Ausbildung zukommen zu lassen, und genau zu diesem Zweck diente die *Anleitung*.

Der Verfasser der Schrift, Johann Sigmund Strebel, war nicht nur einer der wichtigsten Geschichtsschreiber Frankens in der Frühen Neuzeit, sondern vor allem enger Vertrauter und Mitarbeiter von Alexanders Vater, Markgraf Karl Wilhelm Friedrich. Er wurde am 14. September 1700 als Sohn eines Pfarrers im Memmelsdorf im Itzgrund geboren[24]. Seine Ausbildung erhielt er zunächst vom Vater,

Susan RICHTER, Von der Verlockung, sich selbst zu leben. Die Abdankung des Markgrafen Friedrich Carl Alexanders von Ansbach-Bayreuth im Jahr 1791 vor dem Hintergrund des rechtlichen Statuswandels der öffentlichen zur Privatperson, in: DIES./Dirk DIRBACH (Hg.), Thronverzicht. Die Abdankung in Monarchien vom Mittelalter bis in die Neuzeit, Köln/Weimar/Wien 2010, 95–122.

24 Die wichtigsten Daten zu Strebels Biographie finden sich bereits bei Johann August VOCKE, Geburts- und Todten-Almanach Ansbachischer Gelehrten, Schriftsteller, und Künstler; oder: Anzeige jeden Jahrs, Monats und Tags, an welchem Jeder derselben gebohren wurde, und starb, nebst ihrer kurz zusammengedrängten Lebens-Geschichte und dem Verzeichnuß ihrer Schriften und Kunstwerke, Bd. 2, Augsburg 1797, 172; vgl. außerdem Johann Heinrich ZEDLER, Grosses vollständiges Universal-Lexicon aller Wissenschafften und Künste, Bd. 40, Leipzig/Halle 1744, Sp. 803, s. v. Strebel (Johann Siegmund); Christian MEYER, Strebel, Johann Siegmund, in: ADB 36 (1893), 551; Friedrich FICKENSCHER, Johann Sigmund Strebel, Archivar und Historiker (1700–1764). Zu seinem 200. Todestag am 7. Juni 1964, in: Jahrbuch des Historischen Vereins für Mittelfranken 82 (1964/65), 243–245;

dann zwei Jahre auf dem Gymnasium in Ansbach[25] und schließlich an den Universitäten Jena (seit 1717) und Halle (seit 1720), wo er sich für Jurisprudenz einschrieb[26]. Er wurde 1723 Hofmeister im Dienst des ansbachischen Ministers und Reformers Christoph Friedrich von Seckendorff (1679–1759) und begleitete 1726 dessen ältesten Sohn Wilhelm (1708–1770) zum Studium nach Halle[27]. 1727 wurde er von Markgräfin Christiane Charlotte (1694–1729), der Witwe Wilhelm Friedrichs von Brandenburg-Ansbach (reg. 1703–1723), zum Erzieher des Erbprinzen Karl Friedrich Wilhelm bestellt und begleitete auch diesen an die Universität Halle sowie 1728 auf seine Kavalierstour nach Frankreich[28]. Der Erbprinz übernahm 1729 die Regierung in Brandenburg-Ansbach, während 1723 bis 1729 seine Mutter die Regentschaft für den minderjährigen Fürsten geführt hatte[29]. Nach der Regierungsübernahme bestellte er seinen Erzieher in den Verwaltungsdienst des Fürstentums, wo Strebel zunächst als Justizrat und Hofbibliothekar tätig war. 1732 wurde er Wirklicher Hofrat und Archivar, 1739 Konsistorialrat, 1741 Saynischer Administrationsrat, also Mitglied in der obersten Verwaltungsbehörde für die vom Markgrafen geerbte Reichsgrafschaft Sayn-Altenkirchen, und schließlich 1757 Geheimer Rat. Das Geheime Kabinett als engstes Beratungsgremium des Markgrafen war zu dieser Zeit bis auf eine Stelle, die der Bürgerliche Strebel nun innehatte, aus-

---

SCHUHMANN, Markgrafen (wie Anm. 4), 355 f., 535; Alois SCHMID, Johann Sigmund Strebel (1700–1764), in: Alfred WENDEHORST (Hg.), Fränkische Lebensbilder, Bd. 16 (Veröffentlichungen der Gesellschaft für fränkische Geschichte VII/A 16), Neustadt/Aisch 1996, 95–108.
25 Zum Ansbacher Gymnasium vgl. Hermann SCHREIBMÜLLER, Das Ansbacher Gymnasium 1528–1928, Ansbach 1928.
26 Die Matrikel der Universität Jena, Bd. 2, bearb. v. Reinhold JAUERNIG/Marga STEIGER, Weimar 1977, 795: *Strebel, Jhn. Siegm., Onoldo Francus, 23. Sept. 1717*; Matrikel der Martin-Luther-Universität Halle-Wittenberg, Bd. 1, bearb. v. Fritz JUNTKE (Arbeiten aus der Universitäts- und Landesbibliothek Sachsen-Anhalt in Halle a. d. Saale 2), Halle 1960, 440: *Strebel, Joannes Sigismund, Anspacensis, 5.3.1720. Jur.*
27 Das Jahr nach VOCKE, Geburts- und Todten-Almanach (wie Anm. 24), 172; die Angabe in Matrikel Halle (wie Anm. 26), 415, ist dagegen ungenau: *von Seckendorff, Wilhelmus Fridericus, Lib. Baro, Eques Francus* [um 1725. Alb. ill.]. Zu Seckendorff vgl. nur Gerhard RECHTER, Seckendorff, Christoph Friedrich Freiherr von, in: NDB 24 (2010), 119 f.
28 Karl Wilhelm Friedrich ist nicht in den Matrikeln der Universität Halle verzeichnet, was nicht ungewöhnlich ist, immatrikulierten sich Prinzen doch in der Regel nicht, wenn sie eine Universität besuchten, BENDER, Prinzenreise (wie Anm. 20), S. 215 f.; zum Besuch von Universitäten und Ritterakademien im Rahmen der Ausbildung und insbesondere der Prinzenreise vgl. ebd., 214–225, sowie zum Verhältnis von Adel und Universität insg. die immer noch grundlegende Studie von Rainer A. MÜLLER, Universität und Adel. Eine soziostrukturelle Studie zur Geschichte der bayerischen Landesuniversität Ingolstadt 1472–1648 (Ludovico Maximilianea. Forschungen und Quellen 7), Berlin 1974.
29 SCHÖDL, Frauen (wie Anm. 15), insb. 357–470.

schließlich mit Adeligen besetzt. Vor dem Hintergrund dieser rasanten Karriere wurde Strebel von Alois Schmid als »ein in mehrfacher Hinsicht bezeichnendes Beispiel für [einen] neuen Typus des Hofrates an einer kleineren Fürstenresidenz« des Reiches im 18. Jahrhundert bezeichnet, eines Beamten nämlich, der seine Laufbahn nicht der familiären Herkunft verdankte, sondern seiner Qualifikation und den persönlichen Leistungen auf den sukzessive erreichten Funktionsstellen in der territorialen Verwaltung[30].

Strebel war insbesondere für den Ausbau der Hofbibliothek sowie die Ordnung des markgräflichen Archivs verantwortlich. Die Bibliothek war bereits 1720 für die Öffentlichkeit geöffnet worden, unter Strebels Ägide wuchs sie auf über 15 000 Bände und wurde externen Besuchern noch leichter zugänglich gemacht[31]. Strebel bemühte sich um die Eingliederung repräsentativer Bestände, wie der wertvollen Handbibliothek des Erbprinzen Karl Friedrich Wilhelm, der Büchersammlung der Markgräfin Christiane Charlotte oder der seit 1590 bestehenden Konsistorialbibliothek, die die Bestände der in der Reformation aufgehobenen Klöster des Territoriums verwahrte. Außerdem kaufte Strebel gezielt größere Bestände auf, so etwa Teile der herausragenden Büchersammlungen Uffenbach in Frankfurt am Main und Gundling in Halle sowie kleinere Nachlässe in Franken. Bei der Anschaffung aktueller Literatur lässt sich ein deutlicher Schwerpunkt im Bereich der juristischen Literatur und insbesondere des Staatsrechts ausmachen, was die zunehmende Bedeutung der Bibliothek als Instrument von Politik und Verwaltung unterstreicht. In diesem Sinne begann Strebel mit der Anlage eines Haupt- und mehrerer Fachkataloge, die die systematische Benutzbarkeit der Bibliothek gewährleisteten.

Auch das Archiv wurde von Strebel zu einem Arbeitsinstrument des aufgeklärt-absolutistischen Fürstenstaates ausgebaut[32]. Bei seiner Bestellung zum Hof-

---

30 SCHMID, Strebel (wie Anm. 24), 95. Vgl. in diesem Zusammenhang auch übergreifend Hans LIERMANN, Die rechtsgelehrten Beamten der fränkischen Fürstentümer Ansbach und Bayreuth im 18. Jahrhundert. Ein Beitrag zur Geschichte des deutschen Beamtentums, in: Jahrbuch für fränkische Landesforschung 8/9 (1943), 255–292.
31 Zur Bibliotheksgeschichte und Strebels Wirken vgl. Günther SCHUHMANN, Ansbacher Bibliotheken vom Mittelalter bis 1806. Ein Beitrag zur Kultur- und Geistesgeschichte des Fürstentums Brandenburg-Ansbach (Schriften des Instituts für fränkische Landesforschung an der Universität Erlangen 8), Kallmünz 1961, insb. 105–112, 126 f.; SCHMID, Strebel (wie Anm. 24), 97–99.
32 Zur Archivgeschichte und Strebels Wirken vgl. Otto-Karl TRÖGER, Die Archive in Brandenburg-Ansbach-Bayreuth. Ihr organisatorischer Aufbau und ihre Einbindung in Verwaltung und Forschung, Selb-Oberweißenbach 1988, insb. 134–138; SCHMID, Strebel (wie Anm. 24), 99–101; sowie jüngst Daniel BURGER, Geheimes Archiv und Ämterregistraturen. Die Schriftgutverwaltung im

archivar fand er es *in größester Konfusion* vor³³. Dementsprechend ging es ihm zunächst um die Sicherung der auf viele Standorte verstreuten Materialien, sowohl in Ansbach selbst als auch im Markgraftum insgesamt. Dabei zielte seine Sammlungstätigkeit zum einen auf historische Bestände, wie die fast 1000 im Kollegiatstift St. Gumbert in Ansbach aufgefundenen Urkunden der in der Reformation aufgehobenen ansbachischen Klöster, denen in rechtlicher Hinsicht ja durchaus noch eine wichtige Bedeutung für die Territorialverwaltung zukam. Zum anderen bemühte er sich um die Zentralisierung des Verwaltungsschriftguts aus den Ämtern und Städten des Territoriums, das aus den noch zu schaffenden Registraturen vor Ort in einem geregelten Verfahren an das markgräfliche Archiv im Ansbacher Schloss abgegeben werden sollte. Wie in der Bibliothek, aber freilich in ungleich komplexerer Art und Weise, begann Strebel die nun sprunghaft anwachsenden Bestände zu erschließen, indem er Regesten und Abschriften anfertigte sowie umfassende Repertorisierungen vornahm bzw. von seinen zunächst sechs und später noch mehr Mitarbeitern durchführen ließ. Es ging darum, dem Markgrafen und dem Geheimen Rat Entscheidungen auf der Grundlage von Urkunden und Akten zu ermöglichen. Dafür mussten diese systematisch recherchierbar und leicht zugänglich sein. »Das gut geordnete Archiv hatte die geistige Rüstkammer einer effizienten Staatsverwaltung zu sein«³⁴, und mehr noch, es stellte auch die in Franken so virulenten Streitigkeiten mit den benachbarten Reichsständen auf eine völlig neue Grundlage³⁵. Strebel selbst hat in diesem Zusammenhang zahlreiche Rechtsgutachten und Stellungnahmen verfasst und wurde auch für kleinere diplomatische Missionen abgestellt.

Strebel war allerdings nicht nur Bibliothekar und Archivar im Dienste der markgräflichen Administration, sondern nutzte die Bestände der beiden Institutionen auch selbst für umfangreiche Arbeiten und Projekte zur Geschichte des Markgraftums, aber auch Frankens insgesamt³⁶. Frühe Schriften betreffen die Frühzeit des Gumbertus-Stifts sowie die Biographien zweier Amtsvorgänger, des

---

Fürstentum Brandenburg-Ansbach unter Markgraf Carl Wilhelm Friedrich (1729–1757), in: SEIDERER, Carl Wilhelm Friedrich (wie Anm. 5), 199–232, zu Strebel 206–208 und passim.
33 Zit. nach SCHMID, Strebel (wie Anm. 24), 99.
34 Ebd., 100.
35 Dies betont bereits FICKENSCHER, Strebel (wie Anm. 24), 243 f.: Strebel »gebührt das Hauptverdienst, das Ansbacher Archiv zu dem gemacht zu haben, was es war: zur geistigen Rüstkammer im politisch-staatsrechtlichen Kampf des Fürstentums mit den ›Benachbarten‹, den angrenzenden Territorien des politisch vielfältig gegliederten Fränkischen Kreises.«
36 Zu Strebel als Historiker vgl. zusammenfassend TRÖGER, Geschichte (wie Anm. 32), 433–440; SCHMID, Strebel (wie Anm. 24), 101–106; detaillierter Nachweis der Schriften ebd., 107.

Staatsrechtlers Johannes Limnäus (1592–1665) und des Rechtsgelehrten Lorenz Andreas Hamberger (1690–1718). Strebels historiographisches Hauptwerk ist freilich die »Franconia illustrata oder Versuch zur Erläuterung der Historie von Frankken«, deren erster (und einziger) Band 1761 erschienen ist[37]. Er behandelt darin Aspekte der frühmittelalterlichen Geschichte Frankens, insbesondere den Rangau und zugehörige Orte sowie die Geschichte des Gumbertus-Stifts in Ansbach.

Als Erzieher des 1736 geborenen Erbprinzen Karl Alexander fungierte Strebel nicht, verfasste für den Fünfzehnjährigen aber 1751 die *Anleitung zur nöthigen Kenntnuß von der wahren und archivmäßigen Beschaffenheit des Hochlöblichen Fürstenthums Brandenburg-Onolzbach oder Burggrafthums Nürnberg unterhalb Gebürgs*[38]. Ihr voraus ging bereits 1737 eine detaillierte und ebenfalls nur handschriftlich überlieferte Untersuchung der komplexen fränkischen Territorialverhältnisse mit dem Titel *Summarische Nachricht von der Jurisdiktions-Verfaßung in Francken*, die in großen Teilen wörtlich in die *Anleitung* übernommen wurde[39]. Die *Anleitung* kann als zentrales Zeugnis für die Zielsetzungen fürstlicher Erziehung wie auch der politischen Möglichkeiten eines mindermächtigen Territoriums in Franken in der Mitte des 18. Jahrhunderts gelten. Denn es ist nicht die große Politik, die im Mittelpunkt steht, sondern das ansbachische Territorium. Die genaue Kenntnis des eigenen Landes, seiner Geographie und Topographie sowie die aus der Erwerbsgeschichte der einzelnen Orte abzuleitenden Jurisdiktionsverhältnisse bilden den Fokus[40]. Hier erweist sich die Schrift auf der Höhe der Zeit, indem sie eine den

---

37 Johann Sigmund STREBEL, Franconia illustrata oder Versuch zur Erläuterung der Historie von Francken, aus zuverlässigen Archivalischen Documenten und andern glaubwürdigen Nachrichten abgefasset, Bd. 1, Schwabach 1761.
38 StAN, Fürstentum Brandenburg-Ansbach, Historika 327; vgl. hierzu Otto HERDING, Die politische Landesbeschreibung in der Markgrafschaft Ansbach, in: Jahrbuch für fränkische Landesforschung 4 (1938), 26–52, hier 36–41; SCHMID, Strebel (wie Anm. 24), 102 f.; sowie übergreifend zum Genre der Landesbeschreibung in Franken Georg SEIDERER, Formen der Aufklärung in fränkischen Städten. Ansbach, Bamberg und Nürnberg im Vergleich (Schriftenreihe zur bayerischen Landesgeschichte 114), München 1997, 270–334.
39 StAN, Fürstentum Brandenburg-Ansbach, Historika 322.
40 Entsprechende Schriften wurden auch an anderen Höfen des 18. Jahrhunderts zur Unterweisung der Prinzen, gelegentlich aber auch der Prinzessinnen genutzt, KOLLBACH, Aufwachsen bei Hof (wie Anm. 3), 305; vgl. auch allg. Thomas FINKENAUER, Kronprinzenvorträge, in: Enzyklopädie der Neuzeit 7 (2008), Sp. 243–245. In der Prinzenerziehung dominierten allerdings bis in das 18. Jahrhundert die Fürstenspiegel, die in belehrender und ermahnender Form das richtige Herrschaftsverhalten erläuterten und entsprechende Richtlinien an die Hand gaben, vgl. allg. Wolfgang E. J. WEBER, Fürstenspiegel, in: Enzyklopädie der Neuzeit 4 (2006), Sp. 114–117, sowie die Quellensammlung von Hans-Otto MÜHLEISEN/Theo STAMMEN/Michael PHILIPP (Hg.), Fürstenspiegel der Frühen Neuzeit (Bibliothek des deutschen Staatsdenkens 6), Frankfurt a. M./Leipzig 1997.

jüngeren Entwicklungen in den Staatswissenschaften entsprechende Landesbeschreibung vorlegt und damit Brandenburg-Ansbach – entgegen aller Komplexität der territorialen Situation in Franken – als ›territorium clausum‹ etabliert[41].

Die Kenntnis des Landes bildet laut Strebel die Grundlage für die beiden anderen *ohnentbehrliche[n] wißenschafften eines teutschen prinzen*, also Staatsrecht und die Regierungskunst, *weil sie die regel und das maas abgiebt, nach welchem dieße eingerichtet werden müßen*[42]. So wie von einem landesherrlichen Beamten die genaue Kenntnis seines Amtes und von einem fürstlichen Rat die des Landes und Fürstentums verlangt werden, müsse auch der Landesherr sein Land kennen, *wann er mit eigenen augen sehen will*, also ohne auf Informationen aus zweiter Hand angewiesen zu sein[43]. Kritisch führt Strebel Fürsten an, die sich alle Mühe gegeben hätten, genaueres Wissen über Frankreich, Italien, Holland oder England zu erlangen, *hingegen von ihrem eigenen land keine wahre und hinlängliche wißenschafft gehabt* hätten[44]. Das sei entweder darauf zurückzuführen, dass ihnen die nötigen Hilfsmittel – also etwa eine auf Archivalien basierende Landesbeschreibung, wie Strebels *Anleitung* – fehlten, dass man ihnen seitens der Administrationen gar keinen näheren Einblick in die Details der territorialen Verhältnisse geben wolle oder aber, dass die wenigsten Prinzen sich dafür überhaupt interessierten[45].

Daneben gebe es aber auch Fürsten, die *iederzeit auf die genaue kenntnuß ihrer lande ein besonderes augenmerck gerichtet* hätten, so in Kursachsen, Brandenburg-

---

41 Vgl. zum Genre der Staats- und Landesbeschreibung Mohammed Rassem/Justin Stagl (Hg.), Statistik und Staatsbeschreibung in der Neuzeit, vornehmlich im 16.–18. Jahrhundert (Quellen und Abhandlungen zur Geschichte der Staatsbeschreibung und Statistik 1), Paderborn 1980; dies. (Hg.), Geschichte der Staatsbeschreibung. Ausgewählte Quellentexte 1456–1813, Berlin 1994; sowie jüngst Andreas Rutz, Die Beschreibung des Raums. Territoriale Grenzziehungen im Heiligen Römischen Reich (Norm und Struktur. Studien zum sozialen Wandel in Mittelalter und Früher Neuzeit 47), Köln/Weimar/Wien 2018, 240–261.
42 StAN, Fürstentum Brandenburg-Ansbach, Historika 327, fol. 17r, 19r. Vgl. zur Bedeutung (historisch-)geographischen Wissens für die Prinzenerziehung im 18. Jahrhundert Kollbach, Aufwachsen bei Hof (wie Anm. 3), 300–315, insb. 308, 311, 314; Mormiche, Devenir prince (wie Anm. 3), 328–335.
43 StAN, Fürstentum Brandenburg-Ansbach, Historika 327, fol. 19v. Schon 1734 verlangte die Ansbacher Kammerordnung von den Kammerräten: *Eine gute Wissenschaft und vernünftige Experience in Oeconomicis und den hierbei einschlagenden Partibus Mathematicis und Physicis, dann eine spezielle Nachricht von der Landes-Beschaffenheit und der darin befindlichen Untertanen Vermögen, Güter, Gewerb und Nahrung nach den verschiedenen Ständen und Professionen, nicht weniger eine vollkommene Notice von unseren fürstlichen Ämtern und Domainen, dann den hieraus fließenden ordinär- und extraordinären Nutzungen und Gefällen*, zit. nach Liermann, Die rechtsgelehrten Beamten (wie Anm. 30), 288, Anm. 190.
44 StAN, Fürstentum Brandenburg-Ansbach, Historika 327, fol. 19v.
45 StAN, Fürstentum Brandenburg-Ansbach, Historika 327, fol. 19v–20r.

Preußen, Braunschweig-Lüneburg, Bayern, Hessen-Kassel, Hessen-Darmstadt, Schleswig und Holstein sowie Gotha[46]. Hervorgehoben wird in diesem Zusammenhang besonders, dass hier nicht nur Landesbeschreibungen, sondern auch dazugehörige Karten angefertigt worden seien[47]. Gleiches gelte für die großen auswärtigen Königreiche, wie Frankreich, Russland, Schweden, Dänemark oder Savoyen: Was man sich hier *in beschreib-, examinier- und abmeßung der lande vor außerordentliche mühe gegeben und noch zu geben pflege, das ist ohnehin weltkündig und hat dießen unaussprechlichen nuzen, daß beij allen vorkommenden fällen einem regenten im conseil dieße oder iene provinz und gegend, dieße oder jene städte, vestungen, seehäfen, flüße, schleüßen, forsteijen, straßen, lust-schlößer, gärten etc. gleichsam vor augen geleget werden können. Wesfalls die vorabfassung derer special-charten, riße, plans, landtafeln und mappen, zu erlangung einer genauen kenntnuß vom land nicht genug recommandirt werden kan.*[48]

Die größeren Territorien des Reiches und die auswärtigen Königreiche werden mit Blick auf Landesbeschreibung und Kartographie als vorbildlich präsentiert. Das ist insofern konsequent als diese Länder tatsächlich bei der Nutzung der seit dem 16. Jahrhundert aufkommenden ›Statistik‹ oder ›Staatenkunde‹ und den neuen Vermessungs- und Kartierungsmethoden führend waren. Zugleich beinhaltet diese Würdigung der ›Großen‹ aber auch ein implizites Lob für das eigene Territorium und den Anspruch einer Ebenbürtigkeit – wenn schon nicht mit Blick auf Größe und Potenz, so doch zumindest auf dem Gebiet der Organisation und Verwaltung des Staates. Denn Brandenburg-Ansbach verfügte seit einigen Jahrzehnten ebenfalls über sehr genaue Landesbeschreibungen und Karten, wie Strebel später noch detailliert ausführt[49].

Es sind aber nicht nur die Großen, an denen Strebel das Territorium seines Fürsten misst. Vielmehr verweist er auch auf mindermächtigen Reichsstände, und zwar die geistlichen Territorien sowie die Reichsstädte. Letztere würden ebenfalls über Beschreibungen und Karten verfügen, es sei in Nürnberg, Rothenburg und Schwäbisch-Hall sogar üblich, dass *die burgermeistere und innere raths-gliedere zu ihrer beständigen information von denen eingehörungen und gerechtsamen der stadt oder republique ein eigenes compendium oder abregé beij sich zu tragen pflegen*[50]. Insbeson-

---

46 StAN, Fürstentum Brandenburg-Ansbach, Historika 327, fol. 22r–23r, das Zitat fol. 22r.
47 Vgl. die betreffenden Beispiele bei RUTZ, Beschreibung des Raums (wie Anm. 41), 284–311.
48 StAN, Fürstentum Brandenburg-Ansbach, Historika 327, fol. 23v.
49 Vgl. Kap. 2: *Von der kenntnuß und beschreibung des fürstenthums Onolzbach überhaupt*, StAN, Fürstentum Brandenburg-Ansbach, Historika 327, fol. 24r–78r.
50 StAN, Fürstentum Brandenburg-Ansbach, Historika 327, fol. 23r.

dere mit Nürnberg stritt das Fürstentum seit Jahrhunderten um territoriale Gerechtsame und Grenzen. In dieser Auseinandersetzung spielten verbale und kartographische Medien der Landesbeschreibung eine Schlüsselrolle.[51] Die diesbezügliche Aufmerksamkeit Strebels auf die Verhältnisse bei den Nachbarn ist also nur allzu verständlich. Zugleich zeigt sich, dass die betreffenden Städte hinsichtlich ihrer Territorialität grundsätzlich in einer prekären Lage waren, wenn offenbar jederzeit entsprechende Informationen zum Nachweis von Besitz und Rechten zur Hand sein mussten.

In eine ähnliche Richtung lässt sich auch die Passage zu den geistlichen Territorien deuten, die laut Strebel ebenfalls *die allergrößte attention auf die genaue erkundigung des landes* hätten. Unterstützt würden sie dabei von den Klöstern und Stiften, *denen allen billig daran gelegen ist, daß ihr [...] kirchen-staat beständig unterhalten, vor allen ansprüchen sicher gestellet und auf ewig fortgeführet werden möge. Nirgend wird fast mehr mühe angewendet, saal- und lager-bücher aufzurichten, solche renoviren zu laßen, charta und riße über alle markungen zu fertigen, und die acta und documenta sorgfältig zu bewahren, als beij stifftern und clöstern*[52]. Interessanterweise wird hier ein völlig anderer Zweck von Landesbeschreibungen und Karten angeführt als im Falle der größeren Territorien und auswärtigen Königreiche. Es geht nicht um die Kenntnis bestimmter Regionen des Landes und ihrer Infrastruktur, die bei innenpolitischen Entscheidungen und Projekten hilfreich, wenn nicht *ohnentbehrlich* sei, sondern um die Sicherung der Herrschaft gegenüber auswärtigen Ansprüchen und letztlich die längerfristige Existenz des Territoriums. Auch wenn das Fürstentum Brandenburg-Ansbach nicht als solches in seinem Bestand gefährdet war, war es durch die spezifische Territorialsituation in Franken doch fortwährend mit Ansprüchen konkurrierender Herrschaften konfrontiert und tat gut daran, seine Besitz- und Jurisdiktionsrechte sehr genau zu kennen[53].

---

51 Zum Konflikt zwischen Brandenburg-Ansbach und Nürnberg vgl. zusammenfassend Andreas Rutz, Territorialpolitik mit Karten. Der Streit um die Landeshoheit zwischen Brandenburg-Ansbach und Nürnberg im 18. Jahrhundert, in: ZBLG 77 (2014) [2015], 935–961, hier 936–939, dort auch die ältere Literatur; vgl. außerdem ders., Territoriale Verwaltung und kartographische Produktion in der Reichsstadt Nürnberg im 16. Jahrhundert, in: Katrin Marx-Jaskulski/Annegret Wenz-Haubfleisch (Hg.), Pragmatische Visualisierung. Herrschaft, Recht und Alltag in Verwaltungskarten (Schriften des Hessischen Staatsarchivs Marburg 38), Marburg 2020, 15–38; sowie zum größeren Kontext Rutz, Beschreibung des Raums (wie Anm. 41).
52 StAN, Fürstentum Brandenburg-Ansbach, Historika 327, fol. 22v–23r.
53 Zu den komplexen territorialen Verhältnissen in Franken und den daraus resultierenden Streitigkeiten vgl. den grundlegenden Überblick bei Andreas Kraus (Hg.), Handbuch der bayerischen Geschichte, Bd. 3/1: Geschichte Frankens bis zum Ausgang des 18. Jahrhunderts, München ³1997, 538–782; sowie als Fallbeispiele Robert Schuh, Das vertraglich geregelte Herrschaftsgemenge. Die terri-

Bei der Aufbereitung dieser Wissensbestände für den Erbprinzen folgt Strebel den Maximen der brandenburg-ansbachischen Politik. Demnach wurde die Landeshoheit durch die Hochgerichtsbarkeit konstituiert, der alle anderen Herrschaftsrechte in diesem Sprengel untergeordnet waren, das heißt, der Inhaber der Hochgerichtsbarkeit war nach dieser Rechtsauffassung Landesherr. Demgegenüber leiteten die übrigen Stände des fränkischen Reichskreises ihre hoheitlichen Rechte vor allem aus der Vogtei sowie der Dorf- und Gemeindeherrschaft ab, definierten ihre Herrschaften also als ›territoria nonclausa‹, als ungeschlossene Territorien, in denen unterschiedliche Herrschaftsträger nebeneinander verschiedene Rechte ausübten. Brandenburg-Ansbach zielte auf eine territoriale Herrschaft im Sinne eines Flächenstaates, in dem konkurrierende Herrschaftsträger weitestgehend ausgeschaltet sind[54]. Dieses Ziel wurde in unzähligen juristischen Auseinandersetzungen mit den benachbarten Reichsständen verfolgt und immer wieder durch symbolische Akte unterstrichen. Nicht zuletzt wurde das eigene Herrschaftsgebiet durch Landesbeschreibungen und Karten als ›territorium clausum‹ vorgestellt und propagiert, was ja auch Strebel in seiner Lehrschrift für den Erbprinzen tut[55].

Für Brandenburg-Ansbach erfüllten Landesbeschreibungen und Karten also einen doppelten Zweck: Die hierdurch mögliche intime Kenntnis des Landes diente sowohl bei innenpolitischen Projekten als Entscheidungsgrundlage als auch der Abwehr auswärtiger Ansprüche. Dies wird unterstrichen durch die Erläuterungen Strebels, was eine solche *landes-wißenschafft und notiz vom fürstenthum*, also eine Landesbeschreibung nun eigentlich genau sei: Es gehe nicht bloß um eine topographische oder historische Beschreibung, sondern es handele sich um *eine politische und practische demonstration [...] von der wahren beschaffenheit des landes –*

torialstaatsrechtlichen Verhältnisse in Franken im 18. Jahrhundert im Lichte von Verträgen des Fürstentums Brandenburg-Ansbach mit Benachbarten, in: Jahrbuch für fränkische Landesforschung 55 (1995), 137–170; Johannes MERZ, Fürst und Herrschaft. Der Herzog von Franken und seine Nachbarn 1470–1519, München 2000; Gerhard RECHTER, Schein und Sein niederadeliger Herrschaftsansprüche in Franken. Das Beispiel Seckendorff, in: Heinrich KAAK/Martina SCHATTKOWSKY (Hg.), Herrschaft. Machtentfaltung über adligen und fürstlichen Grundbesitz in der Frühen Neuzeit (Potsdamer Studien zur Geschichte der ländlichen Gesellschaft 4), Köln/Weimar/Wien 2003, 103–119; Johannes STAUDENMAIER, Grenzziehung und Grenzkonflikte im ›territorium non clausum‹. Das Hochstift Bamberg und seine Nachbarn um 1600, in: Jahrbuch für Regionalgeschichte 29 (2011), 75–96; RUTZ, Territorialpolitik mit Karten (wie Anm. 51).
54 Vgl. in diesem Sinne die Ausführungen bei Strebel, StAN, Fürstentum Brandenburg-Ansbach, Historika 327, fol. 137r–138v.
55 Vgl. exemplarisch zu den diesbezüglichen Auseinandersetzungen mit Nürnberg RUTZ, Territorialpolitik mit Karten (wie Anm. 51).

praktisch, weil sie auf Urkunden und Akten basiert, politisch, weil es vor allem um staatsrechtlich sowie ökonomisch relevante Sachverhalte geht:[56] In der Aufzählung der entsprechenden Themen stehen die Entwicklung des Territoriums, seine Einteilung und Grenzen, allgemeine Gerechtsame und Befugnisse sowie Streitigkeiten und Verträge mit Benachbarten, also gesamtstaatliche Betreffe, am Anfang. Es folgen die Entwicklung und Beschaffenheit der Oberämter und Ämter, also die Ebene der Verwaltungsbezirke, und schließlich die Untertanen mit ihrem jeweiligen rechtlichen Status und den diesbezüglichen Schuldigkeiten. Die genannten Aspekte waren in ihrer Allgemeinheit für die Beschreibung jedes Reichsterritoriums relevant. Die folgenden Betreffe beziehen sich dann aber sehr genau auf die spezifische Situation eines Territoriums im territorial zersplitterten Franken: es geht um die *aller orten vermischten auswärtigen oder fremdherrischen unterthanen*, und die Frage, ob sie der Landesherrschaft unterworfen seien, außerdem soll von der *hochfraischlichen obrigkeit*, also von der Hochgerichtsbarkeit gehandelt werden *und ob solche eine vollkommene landes-hoheit involvire*. Desgleichen werden weitere Rechte diskutiert, die in den Territorialstreitigkeiten in Franken als entscheidend für die Landeshoheit angesehen wurden, also Vogtei, Zoll und Geleit, Kirchweihschutz, Dorf- und Gemeindeherrschaft, Zehnt-Gerechtsame sowie Wild- und Forstbann. Der abschließende Teil des Themenkatalogs betrifft zum einen die kirchlichen Strukturen (Kirchenverfassung, Dekanate, Pfarreien, Kirchen und Schulen, Bischofsrechte) und zum anderen die für die ökonomische Entwicklung des Landes zentralen strukturellen Gegebenheiten: Wälder, Flüsse, Fischereien, Bergwerke, Mineralien, Steinbrüche, Agrarstruktur und Fruchtbarkeit des Landes, Handel und Gewerbe sowie Steuern – *kurz zu sagen, von der stärke und schwäche des landes, als welche die regel und richtschnur abgeben solle zu den ausgaben eines fürsten, ja zu allen seinen actionen*.

Damit ist ein Programm entworfen, das die *Anleitung* auf den folgenden Seiten im Detail ausbreitet. Die Frage nach der Landeshoheit und die Notwendigkeit einer genauen Beschreibung und Kartierung des Landes bilden dabei die Leitlinien. Strebel erörtert sehr genau, wann und in welcher Form Landesbeschreibungen und Karten für das Fürstentum angefertigt wurden, welche Vorzüge diese jeweils haben und was in dieser Hinsicht noch zu tun sei. In der Frühphase des Territoriums, also zur Zeit der hohenzollerischen Burggrafen, seien aufgrund der *finsternuß der damahligen zeiten* und der *barbareij in allen wißenschaften* Geographie

---

56 StAN, Fürstentum Brandenburg-Ansbach, Historika 327, fol. 20r–v, die folgenden Zitate ebd.

und Geometrie unbekannt gewesen, man habe *nichts von general- oder special-landcharten, und abrißen, wenniger von einer landesbeschreibung* gewusst, Akten *über diese oder iene acquisition*, also territoriale Zugewinne, seien nicht angelegt und gesammelt, die entsprechenden Kaufbriefe nur sehr knapp formuliert worden[57]. Aus dieser nur dürftigen Dokumentation seien *in denen nachgefolgten zeiten unendliche schwürigkeiten über den verstand und inbegriff der worte entstanden [...]: mit allen zugehörungen, gefällen, nuzungen, rechten, gerichten, gewohnheiten, lehen und mannschafften*[58]. Die mangelhafte Dokumentation wird also als Grundproblem früherer und gegenwärtiger jurisdiktioneller Streitigkeiten angesehen. Gäbe es eine entsprechende Überlieferung, bräuchte man nicht über Land und Herrschaft streiten, sondern könnte gewissermaßen die Wahrheit in den Akten finden.

Den Beginn einer systematischen Dokumentation von Recht und Besitz setzt Strebel um die Mitte des 14. Jahrhunderts mit den Salbüchern Burggraf Friedrichs IV. (reg. 1300–1332) an[59]. Erste Karten seien im Rahmen des großen Fraischprozesses mit der Reichsstadt Nürnberg zwischen 1560 und 1580 entstanden[60]. Den Höhepunkt der viele Jahrhunderte währenden Bemühungen um die Landesbeschreibung des Fürstentums sieht Strebel zurecht in der Regierungszeit Markgraf Wilhelm Friedrichs (reg. 1703–1723)[61]. 1710 und 1711 wurde das Territorium von dem Ingenieurhauptmann Johann Georg Vetter (1681–1745) vermessen und kartiert. Bis 1717 erarbeitete Vetter eine Karte, die 1719 in vier bzw. zwölf Bögen gedruckt wurde und *beij allen kennern um ihrer accuratesse willen approbation erlanget und beij allen marck-reglemens im fränckischen craiß selbsten biß anhero zur richtschnur gedienet hat*[62]. Desgleichen wurden in dieser Zeit für alle Oberämter und Ämter

---

[57] StAN, Fürstentum Brandenburg-Ansbach, Historika 327, fol. 25r.
[58] StAN, Fürstentum Brandenburg-Ansbach, Historika 327, fol. 25v.
[59] StAN, Fürstentum Brandenburg-Ansbach, Historika 327, fol. 25v–26r.
[60] StAN, Fürstentum Brandenburg-Ansbach, Historika 327, fol. 29r. In diesem Zusammenhang wurden auch genauere Berichte von den Ämtern betreffend der Jurisdiktion in ihrem Sprengel eingefordert, mit alphabetischen Registern versehen und schließlich in einem kleinen *fraisch-büchlein* zum Gebrauch auf der fürstlichen Ratsstube zusammengefasst, ebd., fol. 29v; zum Inhalt ebd., fol. 30r. Dieses *ganz kurz, generaliter und nur per modum indicis gefaßte abregé oder compendium* hätte noch vor 25 Jahren den fürstlichen Räten in Ermangelung eines besseren zur ersten Information dienen müssen, ebd. fol. 30r. Zur kartographischen Überlieferung Brandenburg-Ansbachs vgl. nur Peter FLEISCHMANN, Die handgezeichneten Karten des Staatsarchivs Nürnberg bis 1806 (Bayerische Archivinventare 49), München 1998.
[61] Vgl. zum Folgenden RUTZ, Beschreibung des Raums (wie Anm. 41), 414–416, mit Quellenangaben und weiterer Literatur; zu Wilhelm Friedrich vgl. SCHUHMANN, Markgrafen (wie Anm. 4), 184–190.
[62] StAN, Fürstentum Brandenburg-Ansbach, Historika 327, fol. 35v. Vgl. ausführlich zu der Karte Fritz BAIER, Das Markgraftum Brandenburg-Ansbach von Johann Georg Vetter 1717/19. Faksimile

ausführliche Beschreibungen sowie Karten erstellt. Letztere wurden zum Gebrauch des Fürsten auf Seide gezeichnet und jeweils mit einem in der unten angefügten Rolle verborgenen Verzeichnis der brandenburgischen und *ausherrischen* Untertanen versehen[63]. In diesem Zusammenhang erwähnt Strebel auch die sogenannten Hoffmannschen Waldbücher, die die herrschaftlichen Wälder und Forsten in ihren genauen Abmessungen dokumentieren und ebenfalls entsprechende Karten beinhalten[64]. Als Grundlage der Arbeiten wurden die Waldungen mit hoheitlichen Grenzsteinen versehen und über diesen Vorgang in Abstimmung mit den Nachbarn Protokolle verfasst. Schließlich sei in der Regierungszeit Wilhelm Friedrichs *der grund geleget worden, von dem hochfürstlichen archiv den würklichen gebrauch zu machen und die übrige herrschaftliche registraturen in beßere ordnung zu bringen*[65]. Die genannten Projekte wurden unter der Regentschaft Christane Charlottes sowie der Regierung Karl Wilhelm Friedrichs fortgesetzt und vollendet: Vetters Amtsbeschreibungen und zugehörige Karten waren 1719 durch einen Brand fast vollständig vernichtet worden und wurden nun bis 1730 erneut erarbeitet. Die Hoffmannschen Waldbücher wurden bis 1750 in neun Folianten fertiggestellt. Und schließlich wurde auch das Archivwesen unter Strebels Ägide seit 1732 – wie oben bereits beschrieben – auf eine neue Grundlage gestellt.

Aber Strebel war mit dem Erreichten noch nicht zufrieden, vielmehr regte er in einem eigenen Paragraphen unter der Überschrift *Ob eine vollkommene landesbeschreibung zu hoffen seije?* weiterführende Arbeiten an, zeigte zugleich aber auch die Schwierigkeiten eines solchen Unterfangens auf[66]. Ihm schwebten Amtsbeschreibungen vor, denen *per omnes articulos jurisdictionis* die entsprechenden Beilagen und Dokumente beigegeben wären, wie es auch schon 1730 von anderer Seite vorgeschlagen worden sei[67]. Für eine solche grundlegende Arbeit reiche es allerdings nicht aus, ein Amt aufgrund langjähriger praktischer Erfahrung zu kennen und die Amtsregistratur durchzuarbeiten. Vielmehr müssten auch das fürstliche Archiv sowie die *hof-, raths-, cammer-, landschaffts-, lehen- und consistorial-registratur* einge-

---

und Erläuterungen (Reproduktionen alter Karten), Stuttgart o. J. [1995]; sowie ausführlich zu den Umständen ihrer Entstehung und dem diesbezüglichen Konflikt mit der Reichsstadt Nürnberg RUTZ, Territorialpolitik mit Karten (wie Anm. 51).
63 StAN, Fürstentum Brandenburg-Ansbach, Historika 327, fol. 36r (Zitat).
64 Günther SCHUHMANN, Die Hoffmannschen Waldbücher des Fürstentums Brandenburg-Ansbach im Staatsarchiv Nürnberg, in: Archive. Geschichte – Bestände – Technik. Festgabe für Bernhard Zittel (Mitteilungen für Archivpflege in Bayern. Sonderheft 8), München 1972, 79–91.
65 StAN, Fürstentum Brandenburg-Ansbach, Historika 327, fol. 36r.
66 StAN, Fürstentum Brandenburg-Ansbach, Historika 327, fol. 37r.
67 StAN, Fürstentum Brandenburg-Ansbach, Historika 327, fol. 37r.

sehen und alle Rezesse und Verträge mit Benachbarten, die diesbezüglichen *conferential-handlungen* sowie alle Prozessakten herangezogen werden, *so daß eine unbeschreibliche mühsame praeparation und collection vorauszusezen ist, ehe man die hand selbsten an die beschreibung auch nur eines einzigen oberamtes anlegen, geschweige dann dieselbe fortsezen und vollenden kan*[68]. Neue Amtsbeschreibungen seien daher *vor die künftige zeiten mehr zu wünschen als zu hoffen*[69].

Auch wenn dieser Ausblick wenig optimistisch klingt, verdeutlichen die Bedenken Strebels doch einmal mehr das eigentliche Ziel seiner *Anleitung*: Der Prinz sollte durch die genaue, auf archivalischer Grundlage gewonnene Kenntnis des Landes für alle möglichen Streitpunkte mit konkurrierenden Herrschaften gewappnet sein, um die eigene Landeshoheit zu verteidigen. Bemerkenswert ist, dass Fragen von Infrastruktur und Ökonomie, deren Berücksichtigung Strebel mit Blick auf das Genre der Landesbeschreibung durchaus als wichtig erkannt hatte[70], bei dieser Zielsetzung völlig aus dem Blick geraten und in der *Anleitung* letztlich nur eine sehr untergeordnete Rolle spielen.

Fazit

Der geringe Stellenwert der Ökonomie in der diskutierten Lehrschrift ermöglicht eine genauere Charakterisierung der Prinzenerziehung in Brandenburg-Ansbach im 18. Jahrhundert. Diese entsprach in vielerlei Hinsicht den Bildungskonventionen des europäischen Hochadels der Zeit. Im Mittelpunkt stand die Erziehung zum Kavalier, also der Erwerb höfischer Umgangsformen und der dazugehörigen Fertigkeiten wie Reiten, Tanz, Musik, außerdem Fremdsprachen sowie weiterführende Unterrichtsmaterien wie Naturrecht, Universalgeschichte und Mathematik. Staatsrecht und Ökonomie, also die für die praktische Regierungsarbeit notwendigen Fächer, fehlten in diesem Programm. Hier nun leistete Strebel mit seiner *Anleitung* einen wichtigen Beitrag. Ganz entscheidend war dabei der Ansatz, das politische Handeln auf die intime Kenntnis des Landes selbst zu gründen, und diese musste aus den Akten und Urkunden in Form von Landesbeschreibungen sowie durch Vermessung und Kartierung des Landes erarbeitet werden[71]. In dieser

---

[68] StAN, Fürstentum Brandenburg-Ansbach, Historika 327, fol. 37r–v.
[69] StAN, Fürstentum Brandenburg-Ansbach, Historika 327, fol. 37v.
[70] StAN, Fürstentum Brandenburg-Ansbach, Historika 327, fol. 20v.
[71] Diese grundlegende Prämisse findet sich wenig später auch in einem Brief des markgräflichen Archivrats Stieber an Karl Alexander vom 18.09.1755. Ganz im Sinne Strebels heißt es dort, dass *zu*

Hinsicht agierten Strebel wie auch sein Fürst und die dazugehörige Administration entsprechend aufgeklärter Prinzipien und jüngerer Tendenzen der Staatswissenschaften. Das erklärt sich insbesondere aus der Prägung sowohl des Fürsten als auch seiner Mitarbeiter durch das Studium an der Reformuniversität Halle. Denn diese 1693 gegründete Bildungseinrichtung betonte in ihrem Lehrprogramm den Nützlichkeitsaspekt der unterrichteten Fächer, wobei der Jurisprudenz die führende Rolle zukam[72]. Der geringe Stellenwert wirtschaftlicher Fragen in Strebels Lehrschrift zeigt aber auch die zeitgemäßen Beschränkungen dieser Generation. Zwar wurde die Ökonomie bereits als wichtiges Wissens- und Politikfeld erkannt, eine größere Aufmerksamkeit kam ihr aber erst in der zweiten Hälfte des 18. Jahrhunderts zu[73]. Dies zeigte sich dann unter der Regierung Karl Alexanders recht deutlich: Er ließ 1765 eine Erhebung zur wirtschaftlichen Situation in allen Ämtern durchführen[74] und unternahm in der Folge eine Vielzahl von Maßnahmen zur Förderung der Wirtschaft des Landes. Hinzuweisen ist in diesem Zusammenhang auf verschiedene Maßnahmen zur Verbesserung der Landwirtschaft (u. a. Landesökonomiedeputation 1766), die Ansiedlung von Industrien und Manufakturen

---

richtiger Erkenntnis des Fürstenthums nur durch Aktenstudium zu gelangen ist, zit. nach STÖRKEL, Friederike Louise (wie Anm. 5), 10.
72 Vgl. hierzu im Kontext der allgemeinen Universitätsgeschichte Notker HAMMERSTEIN, Universitäten, in: DERS./Ulrich HERRMANN (Hg.), Handbuch der deutschen Bildungsgeschichte, Bd. 2: 18. Jahrhundert. Vom späten 17. Jahrhundert bis zur Neuordnung Deutschlands um 1800, München 2005, 369–396; außerdem mit engerem Fokus auf Halle Marianne SCHRÖTER, Theoria cum praxi – praxis cum theoria. Theorie mit Praxis – Praxis mit Theorie, in: Gunnar BERG u. a. (Hg.), Emporium. 500 Jahre Universität Halle-Wittenberg, Halle 2002, 69–79; Axel RÜDIGER, Staatslehre und Staatsbildung. Die Staatswissenschaft an der Universität Halle im 18. Jahrhundert (Hallesche Beiträge zur europäischen Aufklärung 15), Tübingen 2005; kritisch zum Paradigma der ›Reformuniversität‹ Marianne TAATZ-JACOBI, Erwünschte Harmonie. Die Gründung der Friedrichs-Universität Halle als Instrument brandenburg-preußischer Konfessionspolitik – Motive, Verfahren, Mythos (1680–1713) (Hallische Beiträge zur Geschichte des Mittelalters und der Frühen Neuzeit 13), Berlin 2014, 20–25. Zu den Beziehungen Ansbachs nach Halle vgl. auch Regina HINDELANG, Das Waisenhaus in Ansbach. Eine pietistische Gründung nach dem Vorbild von Halle, in: Jahrbuch für fränkische Landesforschung 73 (2013) [2014], 175–196.
73 Vgl. KOLLBACH, Aufwachsen bei Hof (wie Anm. 3), 317–325, die erst für das letzte Drittel des 18. Jahrhunderts einen Einfluss von Physiokratie und Kameralwissenschaft auf die Prinzenerziehung an den von ihr untersuchten Höfen in Hessen und Baden feststellt.
74 [Johann Christoph HIRSCH]: Real-Index, oder Extract derer Hochfürstl. Brandenburg-Onolzbachischen Landes-Constitutionen, Ordnungen und Ausschreiben, in specie das Cameral- und Landes-Oeconomie-Wesen betreffend, Ansbach 1774, 247: *Landes-Oeconomie. Zu deren Beförderung sind an alle Aemter allgemeine Fragen, den Acker- und Feldbau, den Wießwachs, Holzwachs und Waldungen, See, Fisch- und Krebsbäche, Viehezucht, Fabriquen und Handwerker betreffend, geschickt worden, solche zu beantworten, damit man die Beschaffenheit und Einrichtung daraus ersehen könne. den 23. Octbr. 1765.*

(u. a. Porzellanfabrik in Ansbach 1758), den Ausbau der Verkehrsinfrastruktur (Straßen- und Chausseebau), die Errichtung der *Hochfürstlich-Brandenburg-Anspach-Bayreuthischen Hofbanco* 1780 sowie die Förderung des Schul- und Bildungswesens[75]. Eines hatte der Erbprinz ganz offensichtlich von dem Archivar Strebel und seiner *Anleitung* gelernt: Dass die *erkenntnuß eines landes überhaupt* für politische Entscheidungen notwendig und nützlich ist[76].

---

[75] Vgl. insg. Rudolf ENDRES, Reformpolitik in den Fürstentümern Ansbach-Bayreuth im Aufklärungszeitalter, in: Archiv für Geschichte von Oberfranken 72 (1992), 327–341; STÖRKEL, Carl Alexander (wie Anm. 4), 89 f., 120–131; SEIDERER, Formen der Aufklärung (wie Anm. 38), insb. 239–256, 432–470; ausführlicher zur Universität Georg SEIDERER, Der zweite Stifter? Markgraf Alexander, die bayreuthische Landesuniversität und das Fürstentum Ansbach, in: DERS./Clemens WACHTER (Hg.), Markgraf Friedrich von Brandenburg-Bayreuth 1711–1763 (Franconia. Beihefte zum Jahrbuch für fränkische Landesforschung 5), Neustadt a. d. A. 2012, 333–357. Auch Karl Alexanders Mutter Friederike Louise interessierte sich offensichtlich für Wirtschaftsfragen. Sie hatte nicht nur zahlreiche diesbezügliche Bücher in ihrer Bibliothek, STÖRKEL, Friederike Louise (wie Anm. 5), 179 f., sondern betätigte sich auch selbst in diesem Sektor, ebd., 191–193, 200–208, 287–296.
[76] So der Titel des ersten Kapitels: *Von der nothwendigkeit und dem nuzen der erkenntnuß eines landes überhaupt*, StAN, Fürstentum Brandenburg-Ansbach, Historica 327.

Bayerns »langes« Jahrhundert – zivilrechtliche Traditionen im Königreich

Von Wolfgang Wüst

Für Peter Claus Hartmann zum 80. Geburtstag (2020)

1. Das Bürgerliche Gesetzbuch als Zäsur

Das Bürgerliche Gesetzbuch (BGB)[1] trat am 1. Januar 1900 nach endlosen Debatten um die nationale Rechtseinheit und intensiver Beratung in zwei Juristenkommissionen[2] im Gebiet des Deutschen Kaiserreichs in Kraft. Das vereinheitlichte Gesetzbuch galt somit auch im Königreich Bayern, in dem zuvor nicht nur nach (alt-)bayerischem, fränkischem und schwäbischem Recht, sondern meist auch nach altem frühneuzeitlichen Territorial-, Orts- und Adelsrecht vererbt, gekauft, veräußert, getauscht, verheiratet oder gestorben wurde. Erstmals konnte an der Wende zum 20. Jahrhundert aus dem bisherigen, regional unterschiedlichen und

---

[1] Michael Martinek (Hg.)/Roland Michael Beckmann u.a. (Bearb.), Eckpfeiler des Zivilrechts. J[ulius] von Staudingers Kommentar zum Bürgerlichen Gesetzbuch: mit Einführungsgesetz und Nebengesetzen, ⁵2014/15; Ulrich Eisenhardt, 100 Jahre BGB: Zur Offenheit und Leistungsfähigkeit des deutschen Zivilrechts, in: 100 Jahre BGB: Vortragsreihe der Juristischen Gesellschaft Hagen (Juristische Zeitgeschichte 1), 2001, 3–38. Vgl. ferner zu Einzelaspekten: Sabine Stierstorfer, Das erste einheitliche deutsche Güterrecht. Der Entwurf der Verwaltungsgemeinschaft für das BGB 1900 und seine Diskussion in der Rechtswissenschaft (Schriften zur Rechtsgeschichte 150), 2010; Thomas Finkenauer, Die Redaktion des zweiten Entwurfs eines BGB und die historische Auslegung, in: Arndt Kiehnle/Bernd Mertens u.a. (Hg.), Festschrift für Jan Schröder zum 70. Geburtstag am 28. Mai 2013, 2013, 21–50; Stefan J. Geibel, Windscheids Einfluss auf das BGB ausgehend von seinen Heidelberger Jahren, in: Christian Baldus u.a. (Hg.), Heidelberger Thesen zu Recht und Gerechtigkeit (Heidelberger rechtswissenschaftliche Abhandlungen 8), 2013, 161–178.
[2] Daniel Hupe, Von der Hierarchie zur Egalität in den Zivilrechtskodifikationen des 19. Jahrhunderts vor dem BGB (Rechtshistorische Reihe 460), Diss., 2015.

inhaltlich differenzierten Zivil-[3], Reichs-[4] und Policeyrecht[5] eine nationale privatrechtliche Verbindlichkeit entstehen, nachdem lange zuvor das Strafrecht eine überregionale Kodifikation erfahren hatte. Für Bayern gilt hier das von Paul Johann Anselm von Feuerbach (1775–1833)[6] verfasste, 1813 in Kraft getretene Bayerische Strafgesetzbuch als Beginn einer modernen Strafgesetzgebung[7]. Die Feuerbach'sche Strafrechtsreform in Bayern zeigte überregionale Signalwirkung im gesamtdeutschen Rechts- und Kulturraum, sodass ihr Verfasser als Begründer der modernen, rechtsstaatlichen Strafrechtswissenschaft in Deutschland in die juristischen Lehrbücher einging. Für den altbayerischen Kulturraum sorgten die Handbücher des kurfürstlichen Geheimen Staatskanzlers und Juristen Wiguläus Xaverius Aloysius (von) Kreittmayr (1705–1790) bereits zuvor für einen landesweiten Standard im Strafrecht. Der Codex Maximilianeus Bavaricus Criminalis ist 1751 unter der Regentschaft des bayerischen Kurfürsten Maximilian III. Joseph erschienen. Zusammen mit den 1756 veröffentlichten umfangreichen Gesetzesteilen des Codex Maximilianeus Bavaricus Civilis und den mehrbändigen Anmerkungsteilen gelten die Kreittmayr'schen Gesetzesinitiativen des 18. Jahrhunderts als »geschlossenes Werk«[8] und – so die Einschätzung von Teilen der Rechtswissenschaft – als Vorläufer kommender Rechtskodifikationen im 19. und 20. Jahrhundert[9]. Das kann

---

3 Thomas HONSELL, Historische Argumente im Zivilrecht. Ihr Gebrauch und ihre Wertschätzung im Wandel unseres Jahrhunderts (Münchener Universitätsschriften, Juristische Fakultät = Abhandlungen zur Rechtswissenschaftlichen Grundlagenforschung 50), 1982.
4 Anja AMEND-TRAUT, Wechselverbindlichkeiten vor dem Reichskammergericht. Praktiziertes Zivilrecht in der Frühen Neuzeit (Quellen und Forschungen zur höchsten Gerichtsbarkeit im Alten Reich 54), 2009.
5 Wolfgang WÜST, Die »gute« Policey. Gesellschaftsideale der Frühmoderne? Eine süddeutsche Bilanz, 2019.
6 Arnd KOCH u.a. (Hg.), Feuerbachs Bayerisches Strafgesetzbuch, 2014.
7 Wolfgang WÜST (Hg.), Aufbruch in die Moderne? Bayern, das Alte Reich und Europa an der Zeitenwende um 1800 (Franconia. Beihefte zum Jahrbuch für fränkische Landesforschung (künftig: JfL) 2), 2010.
8 Michael KOBLER, Bayerische Kodifikationen des Naturrechtszeitalters, in: Adalbert ERLER/Ekkehard KAUFMANN (Hg.), Handwörterbuch zur deutschen Rechtsgeschichte, 1971, 337.
9 Franz WIEACKER, Privatrechtsgeschichte der Neuzeit, ²1967, 327. Vgl. dazu ferner: Hans SCHLOSSER, Codex Maximilianeus Bavaricus. Kodifikationen zwischen Ius commune und Naturrecht, in: Ignacio CZEGUHN (Hg.), Recht im Wandel – Wandel des Rechts. Festschrift für Jürgen Weitzel zum 70. Geburtstag, 2014, 481–497; Dietmar WILLOWEIT, Landesstaatsrecht als Herrschaftsverfassung des 18. Jahrhunderts, in: Rechtsgeschichte 19 (2011) 333–353; DERS., Das Staatsrecht Kreittmayrs, in: Richard BAUER (Hg.), Wiguläus Xaver Aloys Freiherr von Kreittmayr 1705–1790. Ein Leben für Recht, Staat und Politik. Festschrift zum 200. Todestag, 1991, 101–117; Reinhard HEYDENREUTER, Kreittmayr und die Strafrechtsreform unter Kurfürst Max III. Joseph, in: BAUER (Hg.), Wiguläus Xaver Aloys Freiherr von Kreittmayr (wie oben) 37–57; Klaus-Rüdiger STROEBEL, Bayerische Krimi-

allerdings für das Zivilrecht mit Blick auf das Bürgerliche Gesetzbuch bestenfalls bedingt gelten.

Mit dem Erlass des BGB stellt sich für die Landes-, Kultur- und Rechtsgeschichte zugleich die Frage, welchen Stellenwert wir dem Ende des Alten Reichs für die europäische Modernisierung zuschreiben. Das 19. Jahrhundert wurde oftmals als »langes« Säkulum[10] umschrieben, meist blieb dabei aber die Zeit bis zum Ende des Ersten Weltkriegs und zur Novemberrevolution 1918 inkludiert. Der Freistaat löste die Monarchie ab; erst jetzt fanden die Strukturen des Königreichs ihr Ende. Mit Blick auf das Zivilrecht in Bayern scheint – so meine These – eine Prolongierung der Epoche jedoch nicht am Ende in das beginnende 20. Jahrhundert, sondern eher zu Beginn in die frühe Neuzeit angebracht. Die meisten bis 1900 angewandten privatrechtlichen Regelungen basierten auf der Gesetzgebung des 17. und 18. Jahrhunderts mit Aktualisierungen und Kommentierungen der Jahrzehnte nach der Proklamation des Königreichs in Bayern und dem Ende des Alten Reichs 1806.

Für die Rechtsprechung im 1802/03 säkularisierten Hochstift Augsburg[11] galten beispielsweise noch zu Zeiten der süddeutschen Industrialisierung die 1538 erstmals erlassene Rettenberger Landesordnung, die Gantordnung von 1674, das Einstandsrecht des Domkapitels vom 10. März 1660, die Zehentordnung von 1693 oder die hochstiftische Waisenordnung vom 31. Juli 1743[12]. Das bayerische Steuer-

---

nalpolitik von Kreittmayr bis Feuerbach: Unter besonderer Berücksichtigung von Tirol, Vorarlberg, Salzburg, Inn- und Hausruckviertel in der Zeit von 1806–1816, Diss., 1969.

10 Eric J. E. HOBSBAWN sprach 1987 in seinem Werk zum »Imperialen Zeitalter« als einer der ersten Historiker vom »langen« 19. Jahrhundert (Das Imperiale Zeitalter, 1875–1914, 1989, 15). Er verstand darunter die Epoche zwischen der Französischen Revolution, als das Bürgertum die Vorherrschaft des Adels ablöste, und dem Ersten Weltkrieg, in dessen Gefolge sich die Gesellschaft demokratisierte und popularisierte. Vgl. als später erschienene dreibändige Gesamtanalyse mit gedehnter Zeitspanne: Eric J. E. HOBSBAWN, Das lange 19. Jahrhundert, Bd. 1: Europäische Revolutionen, 1749–1848; Bd. 2: Die Blütezeit des Kapitals, 1848–1875; Bd 3: Das imperiale Zeitalter, 1875–1914, 2017. Weitere Literatur zur Epochenbegrenzung: Franz J. BAUER, Das »lange« 19. Jahrhundert (1789–1917). Profil einer Epoche, 2004; Michael STOLLEIS, Der lange Abschied vom 19. Jahrhundert. Die Zäsur von 1914 aus rechtshistorischer Perspektive, 1997; Jürgen OSTERHAMMEL, Die Verwandlung der Welt. Eine Geschichte des 19. Jahrhunderts, 2009.

11 Wolfgang WÜST, Geistlicher Staat und Altes Reich: Frühneuzeitliche Herrschaftsformen, Administration und Hofhaltung im Augsburger Fürstbistum (Studien zur Bayerischen Verfassungs- und Sozialgeschichte 19/1 und 19/2), 2001.

12 Otto von VÖLDERNDORFF, Civilgesetzstatistik des Königreichs Bayern, ²1880, 43–45. Zur Gesetzgebung im Hochstift Augsburg vgl. die von Stefan BREIT erfassten 1.353 Policeymandate: KARL HÄRTER (Hg.), Repertorium der Policeyordnungen der Frühen Neuzeit, Bd. 11, Teil 11/1: Fürstbistümer Augsburg, Münster, Speyer; Teil 11/2: Würzburg (Schriften zur europäischen Rechtsgeschichte 293), 2016, hier Teil 11/1, 1–218.

kataster der 1830er und 1840er Jahre fußte ebenfalls auf diesem frühneuzeitlichen Herrschaftsrecht, aus dem man häufig zitierte[13]. Im ehemaligen Fürstbistum Eichstätt bewahrte der frühmoderne Justizschatz seine privatrechtliche Gültigkeit ebenfalls bis in die bayerische Prinzregentenzeit. Im Einzelnen zählten an älterer Rechtsmaterie – sie reichte hier bis zum 14. Jahrhundert zurück – dazu die Constitutio Bertholdiana vom 12. November 1364, die die Gültigkeit von Nachlässen aus geistlicher Hand regelte, die drei Policeyordnungen[14] von 1614, 1684 und 1727 in Eherechts-, Vormundschafts- und Erbrechtsangelegenheiten sowie die Verordnung vom 26. Februar 1750, Gutsübergaben betreffend[15]. Im 1225 urkundlich erwähnten mittelfränkischen Hellmitzheim[16], wo in vorbayerischer Zeit insbesondere die Grafen von Rechteren-Limpurg-Speckfeld Recht sprachen, verwies noch das bayerische Kataster der Jahre 1833 bis 1840 auf frühmodernes gräfliches Zivilrecht. Die »gräflich Rechternsche Standesherrschaft erhebt durch das Kameralamt Sommerhausen das[!] Handlohn nach eigener Observanz begründet durch das Saal- und Lagerbuch vom Jahre 1681«[17]. Zu ergänzen wären hier für den Kontinuitätsnachweis auch weitere Traditionsgesetze, die teilweise bis 1900 fortgeschrieben wurden. So galt beispielsweise auch der Erlass aus der Rechteren-Limpurgischen Reichsgrafschaft vom »11. Januar 1793 über die Folgen des außerehelichen Beischlafs«[18]. Er ging sogar dem Würzburger Zivilrecht vor, das im Königreich Bayern ebenfalls weiterbestand.

---

13 Josef HEIDER, Das bayerische Kataster. Geschichte, Inhalt und Auswertung der rentamtlichen Kataster, Lager- und Grundbücher in Bayern sowie der zugehörigen Flurkarten (Bayerische Heimatforschung 8), 1954; Walter ZIEGLER, Der Historische Atlas von Bayern – Teil Franken – und sein Ertrag für die Geschichtsforschung, in: Andreas KRAUS (Hg.), Land und Reich. Stamm und Nation. Probleme und Perspektiven bayerischer Geschichte. Festgabe für Max Spindler zum 90. Geburtstag, Bd. 1, 1984, 69–88; Manfred JEHLE, Gleiches Recht für alle Stände. Voraussetzungen der Landvermessung und Katasterherstellung in Bayern, in: Sabine WÜST (Hg.), Schätze der Welt aus landeshistorischer Perspektive. Festschrift zum 65. Geburtstag von Wolfgang Wüst, 2018, 719–733.
14 Zur Edition weiterer Eichstätter Policeyordnungen vgl.: Wolfgang WÜST (Hg.), Die »gute« Policey im Reichskreis. Zur frühmodernen Normensetzung in den Kernregionen des Alten Reiches, Bd. 6: Policeyordnungen in den fränkischen Hochstiften Bamberg, Eichstätt und Würzburg, 2013, 57–59, 61–65, 289–291, 323–328, 381–388 und 471.
15 VÖLDERNDORFF, Civilgesetzstatistik (wie Anm. 12) 49.
16 Wolf Dieter ORTMANN, Landkreis Scheinfeld (Historisches Ortsnamenbuch von Bayern, Teil Mittelfranken 3), 1967, 71–74.
17 StAN, Katasterselekt, Hellmitzheim, Nr. 4/1, »Dominical-Verhaeltnisse«, XX a.
18 VÖLDERNDORFF, Civilgesetzstatistik (wie Anm. 12) 62.

Otto von Völderndorff (1825–1899)[19], der einem niederösterreichischen Geschlecht entstammte, widmete sich als Jurist und bayerischer Ministerialbeamter wie kein zweiter Zeitgenosse der komplizierten Erfassung dieses Jahrzehnt für Jahrzehnt fortgeschriebenen Zivilrechts. Seine grundlegende »Civilgesetzstatistik in Bayern« erschien in der Beck'schen Buchhandlung zu Nördlingen 1880 nach der Neuorganisation der Landgerichte 1879 in zweiter Auflage. Völderndorff unterteilte selbst das relativ einheitlich geltende (alt-)bayerische Landrecht nach zahlreichen Rechtsprovenienzen. Im Einzelnen listete er Münchner und Mindelheimer Stadtrechte auf. Er verwies ferner auf die Berchtesgadener, Dirlewanger, Murnauer, Oberpfälzer, Werdenfelser und Wertinger Statutarrechte, auf das Neuburger Recht, die Kaisheimer Verordnungen, auf Landsberger Statuten sowie schließlich auf Bernauer, Ingolstädter, Rain-Regenstauf-Burglengenfelder, Rodinger und Sulzbacher Observanzen[20]. Die Suche nach dem frühen Zivilrecht öffnet die Tür für eine veränderte Sicht auch auf das Jahr 1806.

2. 1806 als Zeitenwende?

Rechtlich gesehen, war es auch nicht überraschend, dass die Zeitenwende 1806 sich nicht für ein nationales Gedenkjahr oder der 6. August 1806 sich nicht zu einem europäischen Gedenktag eignete, als sich mit der Niederlegung der Reichskrone durch Kaiser Franz II. auch das formale Ende des Heiligen Römischen Reiches Deutscher Nation vollzog. Die vermeintliche Zäsur fiel und fällt deshalb in der Forschung unterschiedlich aus. Die Epochenzuordnung dieses Schlüsseldatums, dem bis heute ein Platz im kollektiven Erinnerungsschatz als deutscher (besser: europäischer) Gedenktag verwehrt blieb, ist umstritten. Die Entwicklung unterscheidet sich hier wesentlich von anderen europäischen Endzeitdaten, wie dem Untergang des »Hitlerfaschismus« im Mai 1945. Überraschend ist der Nichtbeachtungsbefund für 1806 dagegen nicht, wenn man, angesichts der vorherrschenden Kontinuität in der Rechtsprechung, zum Teil verhaltene bis nichtssagende Reaktionen von Zeitgenossen zur Kenntnis nimmt.

---

19 Gottfried von BÖHM, »Völderndorff und Waradein, Otto Freiherr von«, in: Allgemeine Deutsche Biographie 54 (1908) 758–764.
20 VÖLDERNDORFF, Civilgesetzstatistik (wie Anm. 12) 20–28; Wolfgang WÜST, Die *»gute«* Policey im Reichskreis. Zur frühmodernen Normensetzung in den Kernregionen des Alten Reiches, Bd. 3: Der Bayerische Reichskreis und die Oberpfalz, 2004.

Johann Wolfgang (von) Goethe soll auf die Nachricht von der Abdankung des Reichsoberhaupts, die ihn erst später erreichte, als sein Tagebucheintrag vom 7. August vorgibt, gesagt haben: Dies interessiere ihn weniger als ein Streit seines Kutschers mit einem Diener. Er war von Karlsbad kommend gerade auf Reisen[21]! Und Joseph Görres (1776–1848), renommierter katholischer Publizist und glühender Verehrer der Ideale der Französischen Revolution, kommentierte schon früher während des Rastatter Friedenskongresses (Congrès de Rastatt) 1797/99 – im Mittelpunkt standen Verzichtserklärungen auf die Reichsgebiete links des Rheins – den Reichsuntergang im Stile eines unterkühlten Ärztebulletins: »Am dreysigsten December 1797, am Tage des Übergangs von Maynz [mit dem Sitz des Reichserzkanzlers[22]], Nachmittags um drey Uhr, starb zu Regensburg in dem blühenden Alter von 955 Jahren, 5 Monathen, 28 Tagen sanft und seelig an einer gänzlichen Entkräftung und hinzugekommenen Schlagflusse, bey völligen Bewußtseyn und mit allen heiligen Sakramenten versehen, das heilige römische Reich, schwerfälligen Andenkens.«[23] Auch aus den Regionen kennen wir vergleichsweise verhaltene Urteile zur Mediatisierung einzelner Reichsstände. Der Chronist der Reichsstadt Weißenburg, Georg Voltz, resümierte zum Ende der reichsstädtischen Freiheit ebenfalls trocken: »Hierauf folgten alle nötigen Vorkehrungen, um unser Weißenburg als Bayer'sche Provincialstadt zu organisieren.« Näher erläuterte er diesen folgenreichen Vorgang nicht und ordnet ihn im nächsten Satz beifällig einem Na-

---

21 Vgl. hierzu: Bettina BRAUN, Das Reich blieb nicht stumm und kalt. Der Untergang des Alten Reiches in der Sicht der Zeitgenossen, in: Christina ROLL/Matthias SCHNETTGER (Hg.), Epochenjahr 1806?: Das Ende des Alten Reichs in zeitgenössischen Perspektiven und Deutungen (Veröffentlichungen des Instituts für Europäische Geschichte Mainz, Abt. für Universalgeschichte, Beiheft 76), 2008, 7–29, hier 7.
22 Peter Claus HARTMANN/Ludolf PELIZAEUS (Hg.), Forschungen zu Kurmainz und dem Reichserzkanzler (Mainzer Studien zur Neueren Geschichte 17), 2005, darin in europäischer Perspektive: William O'REILLY, Der Primas von England und der Reichserzkanzler und Kurfürst von Mainz: Vergleichende Betrachtungen zu ihrer Rolle und Bedeutung im 16. Jahrhundert, 71–88; Peter Claus HARTMANN (Hg.), Die Mainzer Kurfürsten des Hauses Schönborn als Reichserzkanzler und Landesherren (Mainzer Studien zur Neueren Geschichte 10), 2002. Mit dem Reichsdeputationshauptschluss von 1803, der die Abtretung von Mainz an Frankreich besiegelte, wurden dann die Mainzer Kur, das Erzbistum und das Reichserzkanzleramt noch unter Karl Theodor von Dalberg (1744–1817) zunächst auf das Bistum Regensburg übertragen.
23 Heribert RAAB, Joseph Görres. Ein Leben für Freiheit und Recht. Auswahl aus seinem Werk, Urteile von Zeitgenossen, Einführung und Bibliographie, 1978, 91; Helmut NEUHAUS, Das Ende des Alten Reiches, in: Helmut ALTRICHTER/Helmut NEUHAUS (Hg.), Das Ende von Großreichen (Erlanger Studien zur Geschichte 1), 1996, 185–209, hier 191.

turereignis zu. Es sei bemerkenswert, »daß es in diesem Jahr so viele Mäuse gegeben habe, als sich kein Mensch denken konnte«[24].

3. Rechtsvielfalt im Kataster

Überprüfen wir unsere These fortwirkender alter Reichsgesetze in neuer bayerischer Zeit in der Rezeption eines der Prestigeobjekte königlich bayerischer Innen- und Steuerpolitik, dem Katasterwerk. Für den mittelfränkischen Altlandkreis Scheinfeld untersuchte ich im Rahmen der Historischen Atlasforschung die einschlägigen Ausführungen zum Grund-, Steuer- und Zivilrecht.

Im Pfarrdorf Obersteinbach, das zur Zeit der Aufnahme der Grundsteuerkataster[25] in den Jahren 1834 bis 1843 zum bayerischen Landgericht in Marktbibart und zum Rentamt in Iphofen gerichts- und steuerbar war, notierte der Katasterschreiber zu den »Dominical-Verhältnissen« vor Ort: »Die Gerichtsbarkeit wird in dieser Steuergemeinde theils durch das freyherrlich von Künsbergische Patrimonialgericht Obersteinbach, theils durch das fürstlich schwarzenbergische Herrschaftsgericht Scheinfeld, theils auch von dem königl. bayerischen [Landgericht] Marktbibart ausgeübt. Die Besitzungen der von Künsbergischen Gutsherrschaft stehen unter der Gerichtsbarkeit des königlichen Kreis- und Stadtgerichts Ansbach, die der fürstlichen Standesherrschaft Schwarzenberg unter jener des königlichen Appellationsgerichtes für den Rezatkreis. Die Besitzungen sind entweder grundbar oder grundzinsbar oder freyeigen.«[26] Zivil- und strafrechtlich setzten demnach in dieser Gemeinde – sie steht für zahllose andere süddeutsche Ortschaften – keineswegs nur staatsbayerische Gerichte und Ämter die Standards. Rechtsbestimmend waren zumindest noch bis zum Grundlastenablösungsgesetz vom 4. Juni des

---

24 Georg VOLTZ, Chronik der Stadt Weißenburg im Nordgau und des Klosters Wülzburg, Weißenburg 1835 (Faksimile 1985), 201 f.; Wolfgang WÜST, Ende statt Anfang? Der 6. August 1806, in: Eckart CONZE/Thomas NICKLAS (Hg.), Tage deutscher Geschichte. Von der Reformation bis zur Wiedervereinigung, 2004, 73–98, hier 78.
25 Josef HEIDER, Das bayerische Kataster. Geschichte, Inhalt und Auswertung der rentamtlichen Kataster, Lager- und Grundbücher in Bayern sowie der zugehörigen Flurkarten (Bayerische Heimatforschung 8), 1954.
26 StAN, Katasterselekt, Obersteinbach, Nr. 4/1.

Abb.: Katasterblatt Obersteinbach, StAN, Katasterselekt Obersteinbach, Nr. 4

Revolutionsjahres 1848 auch das Patrimonialgericht[27] der Freiherren von Künsberg[28] (Künßberg, Künssberg), deren Besitz in den Ritterkantonen Gebürg und Steigerwald lag und die sich 1765 in die Ortsherrschaft Obersteinbachs eingekauft hatten, und das Herrschaftsgericht der europaweit agierenden Fürsten Schwarzenberg[29].

27 Zu den Adelsgerichten im 19. Jahrhundert: Wolfgang WÜST, »Obenbleiben« nach der Mediatisierung: Die bayerische Adels-, Guts- und Gerichtsherrschaft 1806–1848 und Markus NADLER, Adelssitze und Hofmarken im Umfeld der Residenzstadt Neuburg unter besonderer Berücksichtigung der von Weveld'schen Hofmark Sinning, in: Gisela DROSSBACH u.a. (Hg.), Adelssitze – Adelsherrschaft – Adelsrepräsentation in Altbayern, Franken und Schwaben. Ergebnisse einer internationalen Tagung in Schloss Sinning und Residenz Neuburg a.d. Donau, 8.–10. September 2011 (Neuburger Kollektaneenblatt 160), 2012, 33–60 und 181–199; Wolfgang WÜST, Gerichts- und Gutsadel 1806–1848/49: Regionaler Hoffnungsträger oder Hemmschuh für die Integration in Süddeutschland, in: JfL 66 (2006) 227–246; Paweł GUT, Stand der Patrimonialgerichtsbarkeit in der preußischen Provinz Pommern und Schwedisch-Pommern am Anfang des 19. Jahrhunderts, in: Dirk ALVERMANN – Jürgen REGGE (Hg.), Justitia in Pommern (Geschichte 63), 2004, 133–142.
28 Richard WINKLER, Bayreuth – Stadt und Altlandkreis (Historischer Atlas von Bayern, Teil Franken, Reihe I/30), 1999, 427–444, insbes. 434–436; [Uso KÜNSSBERG], Geschichte der Familie Künßberg-Thurnau, 1838.
29 Wolfgang WÜST, Die Schwarzenberg in Franken und Böhmen. Freiherren – Grafen – Fürsten,

Ein zweites dörfliches Beispiel: In Seitenbuch dokumentieren die »Dominical-Verhältnisse« der Steuerkataster ebenfalls weiterwirkende und differenzierte Adelsrechte, die für eine longue durée zivilrechtlicher Bestimmungen sprechen. An der Ortsherrschaft waren neben dem bayerischen Landgericht Marktbibart die Grafen der Linien Castell-Remlingen und Castell-Rüdenhausen sowie die Fürsten Schwarzenberg beteiligt. Für das Castell'sche Herrschaftsgericht zu Burghaslach galten bis zur Einführung des BGB die Landesverordnung von 1799, bei Güter- und Eheverträgen die gräfliche Verordnung vom 1. August 1801, für Testaments-, Schulden- und Vormundschaftsbelange die des Jahres 1804 und für Hypotheken die des Jahres 1824[30]. Zu ergänzen wären hier noch die Vorzugsrechte vom 22. März 1786 bei der Castell'schen Creditcasse[31], eine erneuerte Castell-Remlingische Eheordnung vom 20. August 1795 oder eine für das Amt Burghaslach getroffene Vermögenssicherung für Kriegsverschollene von 1790[32]. Als zivilrechtliches Nachschlagewerk für die Gerichte und Ämter diente bis zum BGB noch immer das 1799/1801 entstandene und gedruckte Werk des Casteller Regierungsdirektors Johann Heinrich Müller mit dem Titel: »Versuch einer Entwicklung und bestimmten Darlegung des fränkischen Gewohnheitsrechtes von der ehelichen Gütergemeinschaft in Gestalt eines Entwurfs zu einer darüber zu erlassenden Verordnung, wobei auch einiges vom letzten Willen und Vormundschaften mit angefügt ist«.[33] Das Königreich Bayern musste sich bei eigener Rechtsprechung über das regionale Landgericht ausgerechnet nach dem preußischen Landrecht von 1794 »nebst den vom Jahre 1796 bis zum Tilsiter Frieden[34] im Jahre 1807 hierüber erfolgten Novellen« richten[35]. Ferner hatte man im Landgericht Marktbibart nach

in: JfL 74/2014 (2015) 113–130; DERS., Die Akte Seinsheim-Schwarzenberg. Eine fränkische Adelsherrschaft vor dem Reichskammergericht, in: JfL 62 (2002) 203–230.
30 StAN, Katasterselekt, Seitenbuch, Nr. 4/1, Dominikalverhältnisse.
31 Jochen KLEIN, Zwei Jahrhunderte Fürstlich Castell'sche Bank, Credit-Casse. Geschichte einer fränkischen Bank, 1973; Wolfgang zu CASTELL-CASTELL/Jesko Graf zu DOHNA, 950 Jahre Castell: Zur Geschichte des Hauses 1057–2007 (Casteller Hefte 32), 2007; Jesko Graf zu DOHNA, Die »jüdischen Konten« der Fürstlich Castell'schen Credit-Cassen und des Bankhauses Karl Meyer KG (Veröffentlichungen der Gesellschaft für fränkische Geschichte (künftig: GffG) XIII/Neujahrsblätter, 45), ²2006.
32 VÖLDERNDORFF, Civilgesetzstatistik (wie Anm. 12) 77 f.
33 Erschienen: Nürnberg (Stiebnerische Buchhandlung) 1801.
34 Zum Frieden von Tilsit: Claudia HATTENDORFF, Napoleons Außenpolitik als Thema der politischen Bildproduktion. Der Friede von Tilsit (1807), in: Gerd DETHLEFS u.a. (Hg.), Modell und Wirklichkeit. Politik, Kultur und Gesellschaft im Großherzogtum Berg und im Königreich Westphalen (Forschungen zur Regionalgeschichte 56), 2008, 105–120.
35 StAN, Katasterselekt, Seitenbuch, Nr. 4/1, Dominikalverhältnisse, XVIII a; Johannes ERICHSEN/ Evamaria BROCKHOFF (Hg.), Bayern & Preußen & Bayerns Preußen. Schlaglichter auf eine histori-

Bamberger Landrecht von 1769 beziehungsweise nach Würzburger Landrecht – es reichte für das Herzogtum Franken bis zum Beginn des Dreißigjährigen Kriegs 1618 zurück – als fortwirkende Verordnungen des Hochstifts zu urteilen. Das Würzburger Landrecht subsummierte ferner aus vorbayerischer Zeit Gesetzesvorlagen aus fürstbischöflicher und großherzoglicher Kanzlei für die Jahre 1805 bis 1814[36]. Das Fürstenhaus Schwarzenberg urteilte dagegen subsidiär nach dem »Gemeinen Römischen Recht«, ansonsten ausschließlich nach Schwarzenbergischer Observanz. Aus der bis 1806 gefürsteten Grafschaft – das Geschlecht wurde 1670 mit Johann Adolf I. von Schwarzenberg (1615–1682) in den Reichsfürstenstand erhoben[37] – galten im »langen« 19. Jahrhundert bayerischer Zeit noch die Verordnung vom 12. November 1710 zur »Einrichtung der Ehepakten« mit Novellen von 1784, die »Ehegerichts- und Consistorialordnung« von 1752, die »Concursordnung« von 1764, Testamentsverordnungen von 1771 und 1785, eine Verordnung vom 13. Januar 1785 über »fleischliche Vergehen«[38], die »Schmusgeld«-Ordnung vom 18. Juli 1786 und zu guter Letzt die Regelung über den »Beweis des Heirathsgutes« vom 1. Juni 1787[39].

So verwundert es keineswegs, dass neben den Rechtsverhältnissen auch der Steuerfuß zunächst landesweit nicht normiert werden konnte. Hier spielten althergebrachte Lehenverhältnisse noch eine Rolle. In Seitenbuch zahlte man aus den mediatisierten Ansbacher Lehen bei »Kauf-, Tausch- und anderen lebendigen Verordnungen durchgehends den zehnten Gulden zum Handlohn und nur in Erbfällen bleibt dem Übernehmer der Kindstheil frey, wenn derselbe zugleich Notherbe ist«[40]. Für die vormals Würzburg-Schlüsselfeldischen Lehen bestand nur für Tausch- und Kaufverträge ein Handlohn von zehn Prozent. Dagegen waren Erb-, Heirats-, Schenkungs- und Gutsübernahmeverträge »handlohnfrey, selbst

sche Beziehung (Veröffentlichungen zur Bayerischen Geschichte und Kultur 41/99), 1999, darin insbes.: Johannes ERICHSEN, Vorbei? Anmerkungen zu einem Thema, 16–20 und Karl MÖCKL, Zwischen zwei Kaiserwahlen: die Epoche von 1742 bis 1871, 63–75.
36 StAN, Katasterselekt, Seitenbuch, Nr. 4/1, Dominikalverhältnisse, XVIII b.
37 Wolfgang WÜST, Die Schwarzenberg in Franken und Böhmen. Freiherren – Grafen – Fürsten, in: JfL 74/2014 (2015) 113–130, hier 115.
38 Das Gesetz kam im 19. Jahrhundert nur noch zur Anwendung, wenn es sich um die privatrechtlichen Folgen eines Ehebruchs oder um die Versorgung unehelicher Kinder handelte. Vgl. Wolfgang WÜST, Sex und »gute Policey«. Frühmoderne Ordnungen für Huren, Hebammen, Ehebrecher und Alkoholiker in Süddeutschland, in: Gerhard AMMERER u.a. (Hg.), Sexualität vor Gericht. Deviante geschlechtliche Praktiken und deren Verfolgung vom 14. bis zum 19. Jahrhundert (Beiträge zur Rechtsgeschichte Österreichs 9/1), 2019, 34–49.
39 VÖLDERNDORFF, Civilgesetzstatistik (wie Anm. 12) 90 f.
40 StAN, Katasterselekt, Seitenbuch, Nr. 4/1, Dominikalverhältnisse, XIX a.

wenn Herauszahlungen statt finden«[41]. Die Bamberger Lehen mussten sich zu Seitenbuch nach der bischöflichen Handlohn-Verordnung vom 24. März 1735 richten[42]. Für den Besitz der protestantischen Pfarrei Burghaslach galt »ohne Freylassung eines Erbtheiles« die Marke von zehn Prozent des Handlohns[43]. Für den Ortsteil der Grafen Castell wichen zivilrechtliche Bestimmungen für Kauf-, Tausch-, Übernahme-, Erb- und Heiratsverträge unter den folgenden Gruppen ab: »altcastellische« Lehen, ehemaliges Rittergut Breitenlohe, die Lehen aus »Wurster'schen Kreuzberger« Besitz, Burghaslacher Pfarrlehen und die Grundherrschaft, aus der man früher in das Amt Geiselwind der Fürsten Schwarzenberg gesteuert hatte[44].

Die für Marktbibart nach 1835 aufgezeichneten Besitz- und Steuerverhältnisse des Katasters verweisen selbst noch über drei Jahrzehnte nach der Säkularisation über Zivilrechtsverweise in über 100 Anwesen auf die hochstiftisch-würzburgische Amtsherrschaft der frühen Neuzeit. Die Gerichtsbarkeit der Steuergemeinde lag zwar längst beim bayerischen Landgericht Markt Bibart, doch galten noch immer die Ordnungen des Alten Reichs, das »fürstlich Würzburgische Statutarrecht, insbesondere die kaiserliche Landgerichts-Ordnung für das Herzogthum Franken und in Subsidium das allgemeine preußische Landrecht«. Dies waren die noch bis 1900 »in Anwendung kommenden Civilgesetze«[45].

Im Markt Oberscheinfeld, dessen Name um 1114 urkundlich in einer Zeugenreihe als »de Sgegeuelt«[46] erstmals erwähnt wurde, teilten sich im Wesentlichen bis zur Säkularisation die Hochstifte Bamberg und Würzburg die Gerichts- und Grundherrschaft. Im 19. Jahrhundert hatten dort dann allerdings die Standesherrschaften der Fürsten Schwarzenberg in Scheinfeld, der Grafen von Rechteren-Limpurg[47] in Markt Einersheim, das Patrimonialgericht der Freiherren von Fran-

---

41 Ebd., XIX b.
42 Ebd., XX a. Zur Rechtspraxis im Hochstift Bamberg: Wolfgang WÜST, Policey in Bamberg – »*Mißfällige Excesse*« in einem frühneuzeitlichen Hochstift und die »*Reformirteolicey=Ordnung*« vom 10. Januar 1686, in: Bericht des Historischen Vereins Bamberg 152 (2016) 179–198; Johannes STAUDENMAIER, Gute Policey in Hochstift und Stadt Bamberg. Normgebung, Herrschaftspraxis und Machtbeziehungen vor dem Dreißigjährigen Krieg (Studien zu Policey und Policeywissenschaft), 2012.
43 StAN, Katasterselekt, Seitenbuch, Nr. 4/1, Dominikalverhältnisse, XXI a.
44 Ebd., XXII a.
45 StAN, Katasterselekt, Markt-Bibart, Nr. 4/1, »Dominical-Verhältnisse«, XXI a; ORTMANN, Landkreis Scheinfeld (wie Anm. 16) 12–14.
46 ORTMANN, Landkreis Scheinfeld (wie Anm. 16) 165.
47 Gerd WUNDER u.a., Die Schenken von Limpurg und ihr Land: Mit Abbildungen alter Ansichten (Forschungen aus Württembergisch-Franken 20), 1982.

kenstein in Ullstadt[48] sowie die Herren von Habermann aus Erlabronn ihre Anteile an der Ortsherrschaft. Die Katasterbeschreibung differenzierte deshalb komplizierte zivilrechtliche Zuständigkeiten sogar nach Ortsteilen und einzelnen Hausnummern. »Bey Haus N.° 56 und 61 in Oberscheinfeld und in den Ortschaften Birklingen und Seufertshof gilt das fürstlich Würzburgische Statutarrecht, insbesondere die kaiserliche Landgerichts-Ordnung für das Herzogthum Franken[49] – in den übrigen Ortschaften das fürstlich Bambergische [Landrecht in der Fassung vom 9. November 1769 und die »Handlohns-Ordnung« vom 24. März 1735[50]], in Subsidium in der ganzen Steuergemeinde das preußische Landrecht«[51]. Über das Zivilrecht blieben somit auch für Oberscheinfeld, das bis 1837/38 im Rezatkreis[52] dem bayerischen Landgericht Marktbibart und dem Rentamt Iphofen zugeordnet war, die Rechtsverhältnisse des 17. und 18. Jahrhunderts lebendig, als dort noch die Fürstbischöfe von Bamberg über ihr Amt Oberscheinfeld und die von Würzburg über ihre Amtsherrschaft Markt Bibart-Neuburg regierten[53].

Im evangelischen Kirchdorf Prühl begegnet uns im Kataster der Jahre 1834 bis 1841 der sicher nicht singuläre Fall, dass in bayerischer Zeit selbst bei gemischter Rechtslage[54] auf engsten Raum noch keine zivilrechtliche Vereinheitlichung vollzogen wurde. Zu Prühl teilten sich am Ende des Alten Reichs paritätisch die Fürsten Schwarzenberg über ihr Amt Geiselwind und die Grafen Castell – Castell besaß bereits 1258 im Ort Güter (»bona«)[55] – über ihr Gericht in Burghaslach die Ortsherrschaft. Im Prühler Steuerkataster nahm man folgerichtig zur rechtlichen Gemengelage mehrfach Stellung: »Seit dem Jahre 1821 wurde diese gemischte Gerichtsbarkeit [zwar] vom fürstlichen Herrschaftsgerichte Schwarzenberg allein in Ausübung gebracht, ohne daß deßwegen die Ansprüche des gräflich Kastellischen Herrschaftsgerichtes zu Burghaslach bestritten wurden. Dieses ist auch der gegen-

48 Hanns Hubert HOFMANN, Neustadt-Windsheim (Historischer Atlas von Bayern, Teil Franken, I, 2), 1953, 135 und 195.
49 Johannes MERZ, Das Herzogtum Franken. Wunschvorstellungen und Konkretionen, in: DERS. – Robert SCHUH (Hg.), Franken im Mittelalter. Francia orientalis, Franconia, Land zu Franken. Raum und Geschichte, Aufsätze (Hefte zur bayerischen Landesgeschichte), 2004, 43–58.
50 VÖLDERNDORFF, Civilgesetzstatistik (wie Anm. 12) 47 f.
51 StAN, Katasterselekt, Oberscheinfeld, Nr. 4/1, »Dominical-Verhältnisse«, XXXI b.
52 Aus dem ehemaligen Rezatkreis entstand mit der Verordnung vom 29. November 1837 zum 1. Januar 1838 das heutige Mittelfranken.
53 StAN, Katasterselekt, Oberscheinfeld, Nr. 4/1.
54 Robert SCHUH, Das vertraglich geregelte Herrschaftsgemenge. Die territorialstaatlichen Verhältnisse in Franken im 18. Jahrhundert, im Lichte von Verträgen des Fürstentums Brandenburg-Ansbach mit Benachbarten, in: JfL 55 (1995) 137–170.
55 ORTMANN, Landkreis Scheinfeld (wie Anm. 16) 148 f.

wärtige Besitzstand, und ist eine Purifikation der Gerichtsbarkeit noch nicht erfolgt.«[56]

4. Adelige Standesherrschaft und Kanzleikontinuitäten

Ein weiteres Argument für die Dehnung des »langen« 19. Jahrhunderts in die Frühmoderne liefert die aktuelle Adelsforschung. Die veränderte Sicht des aristokratischen »Obenbleibens«[57], trotz der schmerzlichen Souveränitätsverluste zu Beginn der Epoche und weiterer Herrschaftseinschränkungen zur Mitte des 19. Jahrhunderts, gewährt uns die Möglichkeit, neue Fragestellungen an eine altehrwürdige Geburtselite heranzutragen[58]. Nicht Niedergang und Dekadenz, sondern Standessicherung, bisweilen sogar Aufstieg und Verantwortungsbewusstsein standen für den bayerischen Adel im Vordergrund. Für die mediatisierten Adelshäuser und die Standesherren des alten wie des neuen Reichs – auf die politisch-programmatische Wirkung der bayerischen Verfassungs- und Reformkategorie »in Unserm Reiche« verwies Helmut Neuhaus[59] – war der Anpassungsprozess nach 1806 nicht nur eine Frage des Generationenwechsels[60]. Sehr viel wahrscheinlicher war die angekündigte Staatsintegration ein längerer historischer Prozess als vielfach ange-

---

56 StAN, Katasterselekt, Prühl, Nr. 4/1, »Dominical-Verhältnisse«, XII a.
57 Rudolf BRAUN, Konzeptionelle Bemerkungen zum Obenbleiben: Adel im 19. Jahrhundert, in: Geschichte und Gesellschaft, Sonderheft 13: Europäischer Adel 1750–1950 (1990) 87–95.
58 Eckhart CONZE/Monika WIENFORT (Hg.), Adel und Moderne – Deutschland im europäischen Vergleich im 19. und 20. Jahrhundert, 2004; Walter DEMEL/Ferdinand KRAMER (Hg.), Adel und Adelskultur in Bayern (ZBLG, Beiheft 32), 2008; Wolfgang WÜST (Hg.), Adelslandschaften – Kooperationen, Kommunikation und Konsens in Mittelalter, Früher Neuzeit und Moderne. Referate der internationalen und interdisziplinären Tagung vom 16.–18. Februar 2017 im Kloster Ettal, 2018; DERS. (Hg.), Bayerns Adel – Mikro- und Makrokosmos aristokratischer Lebensformen. Referate der internationalen und interdisziplinären Tagung. Kloster Banz, Bad Staffelstein, 26.–29. Mai 2016, 2017.
59 Helmut NEUHAUS, Auf dem Weg von »Unseren gesamten Staaten« zu »Unsern Reiche«. Zur staatlichen Integration des Königreiches Bayern zu Beginn des 19. Jahrhunderts, in: Wilhelm BRAUNEDER (Hg.), Staatliche Vereinigung: Fördernde und hemmende Elemente in der deutschen Geschichte (Der Staat, Beihefte 12), 1998, 107–136.
60 Werner K. BLESSING, Staatsintegration als soziale Integration. Zur Entstehung einer bayerischen Gesellschaft im frühen 19. Jahrhundert, in: ZBLG 41 (1978) 633–700, hier 666; DERS., Franken in Staatsbayern: Integration und Identität, in: Erich SCHNEIDER (Hg.), Nachdenken über fränkische Geschichte. Vorträge aus Anlass des 100. Gründungsjubiläums der Gesellschaft für fränkische Geschichte vom 16.–19. September 2004 (Veröffentlichungen der GffG IX/50), 2005, 279–312, hier 288 f.; DERS., Ständische Lebenswelten. Frankens Gesellschaft in der Mitte des 18. Jahrhunderts, in: Helmut NEUHAUS (Hg.), Aufbruch aus dem Ancien régime. Beiträge zur Geschichte des 18. Jahrhunderts, 1993, 21–56; DERS., Gedrängte Evolution. Bemerkungen zum Erfahrungs- und Verhaltenswandel in Deutschland um 1800, in: Helmut BERDING (Hg.), Deutschland und Frankreich im Zeitalter der Französischen Revolution (Edition Suhrkamp 1521, NF 521), 1989, 426–451. Allgemein zur Rolle

nommen. Mitunter war die longue durée integrativer Vorgänge eine Folge hergebrachter Kontinuitäten in den Herrschafts- und Patrimonialgerichten bis zur Revolution von 1848/49 und einer nicht nur in der Oberschicht feststellbaren dynastischen Orientierung bis zur Novemberrevolution am Ende des Ersten Weltkriegs. Gerade in Franken und Schwaben, wo der Reichsadel in weltlichen wie geistlichen Territorien über Jahrhunderte Schlüsselstellungen einnahm, bot die gutsherrliche Gerichtsbarkeit der ersten Hälfte des 19. Jahrhunderts ein Ventil für aufgestaute Frustrationen.

Trotz Souveränitätsverlustes arrangierte sich der Adel mit Staat, Politik und Gesellschaft nach Napoleon. Eine entscheidende Rolle spielte dabei die Tatsache, dass das Zivilrecht in Adelshand seine Gültigkeit bewahrte. Die Bundesakte vom 8. Juni 1815 (Artikel 14) hatte unterschiedliche Entwicklungen in Baden, Württemberg und Bayern, wo man schon 1812 drei Klassen von Adelsgerichten spezifizierte, einigermaßen nivelliert. Fortan verblieben beim mediatisierten Adel sein privilegierter Gerichtsstand, die patrimoniale Gerichtsbarkeit inklusive aller Zuständigkeiten im Jagd- und Forstwesen, die Gutsherrschaft mit Ökonomie, alte und neue Policeyrechte, das an die Kirchenhoheit des 16. Jahrhunderts erinnernde Kirchenpatronat und die Familienautonomie in Haus- und Erbangelegenheiten mit allen Fideikommissen. Und die alten Policeyrechte in Adelshand gaben Freiraum für regional durchaus unterschiedliche Entwicklungen. Sie reichten im ökonomischen Bereich neben Industrie-, Ziegelei-, Gewerbe-, Mühlen-, Brauer-[61], Handwerks-, Handels- und Agrar-, Vieh- und Waldaufsicht über die Lizenzvergabe für Maße und Gewichte bis hin zu Pachtverträgen für das Einsammeln von Hausasche[62] für die Felddüngung in der Fränkischen Schweiz oder zur Aufsicht über den im Akkord betriebenen Torfstich[63], wie er in den Patrimonialgerichten des mittleren Iller-, Mindel- und Wertachtales verbreitet war.

Unter all diesen Vorzugsrechten kam den Herrschafts- und Patrimonialgerichten sicher besondere Bedeutung zu. Im Königreich Bayern unterstanden 1817 noch

---

des Adels: Heinz GOLLWITZER, Die Standesherren. Die politische und gesellschaftliche Stellung der mediatisierten 1815–1918. Ein Beitrag zur deutschen Sozialgeschichte, ²1964.
61 SchlossA Kunreuth, Familie und Adel, Akt 3788: Errichtung einer Brauerei zu Altendorf, 1791–1796.
62 SchlossA Kunreuth, Familie und Adel, Akt 3752: Verpachtung des Aschensammelns 1798–1807.
63 Ludwig SCHNURRER, Schlossarchiv Harthausen (Bayerische Archivinventare 8), 1957, 92; SchlossA Harthausen, Akten, Fasz. 52: Verschiedene kleinere Wirtschaftszweige, Nr. 983–990. Für Süddeutschland ist die Bedeutung noch kaum untersucht; dagegen: Beate BORKOWSKI, Torf für Bremerhaven: Moorkolonisation und Torfabbau im Unterwesergebiet, in: Jahrbuch der Männer vom Morgenstern, Heimatbund an der Elb- und Wesermündung 77/78 (1998/99) 211–244.

immerhin fast 16 Prozent der rechtsrheinischen Bevölkerung einem dieser Patrimonialgerichte[64]. Dort lag im Unterschied zum Militär- und Hofdienst der Gestaltungsrahmen primär nicht beim Souverän, sondern beim Landadel. Aus ihnen resultierten insbesondere bis 1848/49 die engen, rechtlich gesicherten Verbindungen der Mediatisierten, ihrer Diener- und Beamtenschaft und der zum großen Teil zunächst noch grunduntertänigen Bevölkerung. Dort konnte adeliger Führungsstil, patrimonialer wie patriarchalischer Herrschaftsanspruch in Koordination, bisweilen auch in Konkurrenz zu den staatlichen Landgerichten umgesetzt werden. Patrimonialgerichte hatten einen oft zu gering geschätzten Anteil an der Modernisierung des Landes. Dieser schlug sich infrastrukturell im Vermessungswesen, in der Flur-, Haus- und Gewerbeaufnahme oder im Wasser- und Wegeausbau nieder. Die Staatsplanung des frühen 19. Jahrhunderts ruhte auf einem unglaublichen Daten- und Regelwerk. Und die Grundlagenarbeit lastete dabei sicher nicht nur auf den staatlichen Steuerbemessungskommissionen, Katasterbüros, Rentämtern und Landgerichten, sondern auch auf zahlreichen Gerichten und Ämtern in Adelshand. Statistik, Grundablösung, Landesvermessung[65], Berg-, Kanal- und Straßenbauten oder die Katasteraufnahme[66] waren in Patrimonialgerichten keine Fremdwörter. Und die Verantwortlichen knüpften dabei an die lange Verwaltungs- und Gerichtstradition in Adelshand an.

In der ostschwäbischen Adelsherrschaft Harthausen knüpften die Amts-, Gerichts- und Protokollbücher des 19. Jahrhunderts mit einer komplexen Rechnungsführung unmittelbar an die Strukturen des Ancien Régime an. Die 88 Bände der Hauptrechnungen aus dieser schwäbischen Herrschaft liefen kontinuierlich von 1758 bis 1876, die elf Bände der Rechnungsmanuale von 1781 bis 1845, die 38 Fruchtrechnungen von 1778 bis 1843 und die 43 gebundenen Herbstrechnungen mit den Gültabgaben der Untertanen zum Erntejahr von 1750 bis 1824. Herrschaftliche Gültverzeichnisse gibt es für den Zeitraum zwischen 1528 und der Mitte des 19. Jahrhunderts[67]. Im oberfränkischen Kunreuth, dessen Wasserschloss Sitz eines Kastenamts der Grafen und Freiherren von und zu Egloffstein war, zeichneten sich

---

64 Walter DEMEL, Adelsstruktur und Adelspolitik in der ersten Phase des Königreichs Bayern, in: Eberhard WEIS (Hg.), Reformen im rheinbündischen Deutschland, 1984, 213–228, 222.
65 SchlossA Kunreuth, Verwaltung, Akt 4605: Landesvermessung des Königreiches Bayern, 1821–1843.
66 Ebd., Akt 4964: Katastererfassung des Rittergutes Mausgesees, 1836.
67 SCHNURRER, Schlossarchiv Harthausen (wie Anm. 63) 58 f.

nicht nur die gutsherrliche Rechnungsführung durch lange Kontinuitäten aus[68]. Das Egloffsteinische Lehenbuch führte man von 1698 bis 1820, das Kunreuther Mannlehenbuch von 1655 bis 1803 und ein Hypothekenbuch zu den Gütern der Egloffstein behielt zwischen 1766 und 1821 seine Gültigkeit[69]. Auch der unmittelbare Wirkungsbereich der herrschaftlichen Patrimonialgerichte war von einer verblüffenden Stabilität der Registraturen gekennzeichnet. Unveränderte Serien an Handwerkslehrbriefen und gerichtlichen Zeugnissen in Handwerkssachen erstreckten sich von 1775 bis 1848, einzelne Gemarkungsbücher für gutsherrliche Orte von Affalterthal bis Wolfsberg in Franken reichten von 1722 bis 1812 und in den Steuerbüchern des Vormärzes konnte man gelegentlich bis ins 17. Jahrhundert zurückblättern[70].

5. Ergebnisse

Ohne Rechtsgleichheit war im »langen« 19. Jahrhundert die Integration der (alt-) bayerischen, fränkischen und schwäbischen Landesteile kaum zu leisten. Doch die in der bayerischen Konstitution von 1808[71] angekündigte Schaffung eines einheitlichen Zivil- und eines landesweit gültigen Strafgesetzbuches wurde zunächst nur zum Teil umgesetzt. Dies zeigt, dass der Bemessungszeitraum für Fragestellungen zur sozial-rechtlichen Integration und zur Kontinuität zwischen dem Heiligen Römischen Reich Deutscher Nation[72] und dem Königreich Bayern nicht zu knapp

---

68 Die Rechnungsbücher des Kastenamts Kunreuth reichen vom späten 16. Jahrhundert bis in das 20. Jahrhundert. Zur Herrschafts- und Ortsentwicklung Kunreuths in der Perspektive der longue durée vgl.: Andreas Otto WEBER, Reichsritterschaftliche Dorfentwicklung in der Frühen Neuzeit am Beispiel von Kunreuth, in: JfL 63 (2003) 301–323.
69 SchlossA Kunreuth, Sal-, Kopial-, Gerichts-, Lehen-, Hypothekenbücher, Zinsregister, Sammelbände, Gerichtsprotokolle, Literalien B 46, B 51, B 55.
70 Ebd., Familie und Adel, Akten 3751, 3755, 3769, 3770.
71 Alois SCHMID (Hg.), Die bayerische Konstitution von 1808. Entstehung – Zielsetzung – Europäisches Umfeld (ZBLG, Beiheft 35), 2008.
72 Peter Claus HARTMANN hat in seinem Oeuvre zahlreiche, international rezipierte Werke, die zentral die politischen, kulturellen, rechtlichen und soziökonomischen Leistungen des Alten Reiches analysierten. Diesen alteuropäischen Strukturen kommt, wie sich zeigte, eine noch zu wenig erforschte nachhaltige Bedeutung zu. Die vermeintliche Zäsur des Jahres 1806 relativierte sich entscheidend. Vgl. stellvertretend für andere grundlegende Forschungen des Jubilars zum Alten Reich und seiner epochenübergreifenden Einordnung: Peter C. HARTMANN, Kulturgeschichte des Heiligen Römischen Reiches 1648 bis 1806 (Studien zu Politik und Verwaltung 72) ²2011; DERS. (Hg.), Religion und Kultur im Europa des 17. und 18. Jahrhunderts (Mainzer Studien zur Neueren Geschichte 12) 2004; DERS., Der Mainzer Kurfürst als Reichserzkanzler. Funktionen, Aktivitäten, Ansprüche und Bedeutung des Zweiten Mannes im Alten Reich (Geschichtliche Landeskunde 45) 1997; DERS., Der Bayerische Reichskreis (1500 bis 1803): Strukturen, Geschichte und Bedeutung im Rah-

bemessen werden sollte. Die Homogenisierung des Strafrechts, das vor allem in Schwaben und Franken mit den vielfach verschränkten Justizrechten unterer, mittlerer und höchster Ebene und mit den fließenden Übergängen zwischen niederer und hoher Gerichtsbarkeit immer wieder zu Kompetenzwirrwarr geführt hatte, blieb dank der Einführung des bayerischen Strafgesetzbuches 1813 eine Erfolgsgeschichte[73]. Zwar blieben Strafverfahren trotz der Aufhebung der Folter 1806 unter dem Einfluss des Justizministers Heinrich Aloys von Reigersberg (1770–1865), ehemals Leutnant in bischöflich-würzburgischen Diensten, noch lange dem »alten« Denken verhaftet, doch war zumindest ein landesweiter Standard erzielt. Anders im Zivilrecht, wo man trotz Reformansätzen beim alten Recht blieb und die alt- und neubayerischen Landgerichte vor dem 1. Januar 1900 nicht angleichen konnte. So regelte man in Altbayern weiter nach dem Kreittmayer'schen Codex Maximilianus Bavaricus Civilis aus der Mitte des 18. Jahrhunderts, der im Übrigen weitgehend Gemeines Recht enthielt. Hier liegen dann auch die Parallelen zur zivilen Rechtsprechung in Schwaben und Franken. In einem fränkischen Landgericht wie Ellingen konnte man je nach Streitgegenstand zwischen sieben verschiedenen Partikularrechten wählen. Es galten dort neben dem Bayerischen Landrecht das Preußische Landrecht in protestantischen Ehesachen, das Eichstätter Statutarrecht bei Erbfällen, Weißenburger, Pappenheimer und Deutschordensrecht sowie in räumlicher Perspektive überwiegend das Ansbacher Provinzialrecht[74]. Integrierend wirkte allerdings hier vor der Einführung des Bürgerlichen Gesetzbuches die Rechtspraxis, die sich aber stets auch auf frühneuzeitliche Policeyrechte stützte. Auf die Frage Otto von Völderndorffs, dem genannten Verfasser[75] der »Civilgesetzstatistik«, wie die Gerichte mit den Partikularrechten zurechtkämen, antwortete ein erfahrener Jurist aus dem Appellationsgericht: »Es ist nicht so gefährlich, Herr Kollega, [...] als es aussieht. Sehen Sie, entweder es gilt das bayerische Land-

---

men der Kreisverfassung und der allgemeinen institutionellen Entwicklung des Heiligen Römischen Reiches (Schriften zur Verfassungsgeschichte 52) 1997; DERS. (Hg.), Regionen in der Frühen Neuzeit: Reichskreise im deutschen Raum, Provinzen in Frankreich, Regionen unter polnischer Oberhoheit. Ein Vergleich ihrer Strukturen, Funktionen und ihrer Bedeutung (Zeitschrift für Historische Forschung, Beiheft 17) 1994.
73 Walter DEMEL, Der Bayerische Staatsabsolutismus: 1806/08–1817. Staats- und gesellschaftspolitische Motivationen und Hintergründe der Reformära in der ersten Phase des Königreichs Bayern (Schriftenreihe zur bayerischen Landesgeschichte 76), 1983, 124–132.
74 Michael HENKER u. a. (Hg.), Bayern entsteht. Montgelas und sein Ansbacher Mémoire von 1796 (Veröffentlichungen zur Bayerischen Geschichte und Kultur 32/96), 1996, 184; Hans SCHLOSSER, Der Gesetzgeber Kreittmayr und die Aufklärung in Kurbayern, in: BAUER, Wiguläus Xaver Aloys Freiherr von Kreittmayr (wie Anm. 9) 3–35.
75 VÖLDERNDORFF, Civilgesetzstatistik (wie Anm. 12).

recht, so entscheidet man danach und zitiert es; gilt das bayerische Recht nicht, so entscheidet man doch danach, aber man citiert es eben nicht.«[76]

---

[76] DERS., Harmlose Plaudereien eines Alten Münchners, Bd. I, 1892, 37. Zur Rolle des Gemeinen Rechts: NEUHAUS, Auf dem Weg von »Unseren gesamten Staaten« (wie Anm. 59) 107–136, mit einem Diskussionsbeitrag von Dietmar WILLOWEIT, 127 f.

Schrifttum

I. Allgemeines und Sammelwerke

KATRIN RACK, Unentbehrliche Vertreter. Deutsche Diplomaten in Paris, 1815–1870 *(Pariser Historische Studien 109)*, Berlin, Boston 2017, De Gruyter, Oldenbourg, 349 Seiten.

Im Rahmen ihrer an der Universität Bielefeld eingereichten Dissertation untersuchte Katrin Rack Anspruch und Bedeutung deutscher Diplomaten in Paris nach der Neuordnung Europas durch den Wiener Kongress bis zum Abbruch der deutsch-französischen Beziehungen durch den Kriegsausbruch 1870. Rack formuliert die Frage, was die Diplomatie auszeichnete und wie sie funktionierte. Sie stellt den, von ihr so genannten, Eigenwert heraus und interessiert sich für die Handlungsspielräume, Umgangsformen und Legitimitätsprobleme der Diplomaten. Die Einleitung macht es deutlich: Brauchen wir überhaupt Diplomaten? Die Diskussion dieser Frage ist im Zeitalter der Präsidentschaft Trumps, der wichtige Botschaftsposten nicht, bzw. nur schleppend besetzt, oder mit der Wahl des Standortes politische Fakten schaffen möchte, aktueller denn je. Die Eingangsfrage wird kurz danach beantwortet: Für den Untersuchungszeitraum seien die Diplomaten unverzichtbar gewesen (S. 13).

Fünf Problemfelder leiten durch die Studie, in der nach dem Selbstbild und -verständnis (Kapitel 2), der Professionalisierung und Entstehung eines Berufsbildes (Kapitel 3), der Präsenz vor Ort, die sich auch in den Kontakten und Netzwerken widerspiegelt (Kapitel 4), der Legitimität der Diplomaten (Kapitel 5), sowie nach ihrer diplomatischen Relevanz und Existenzkrisen (Kapitel 6) gefragt wird. Im Paris des neunzehnten Jahrhunderts vertraten sich bis 1870 die deutschen Einzelstaaten selbst. Ein gesamtdeutscher Vertreter war 1848 nur kurz in Paris. Im Anhang werden die Standorte der ausgewählten Vertretungen und ihre Leiter (für Preußen konnten alle Mitarbeiter erfasst werden) aufgeführt.

Rack beschreibt idealtypisch das Leben der Diplomaten in Paris. Ankunft und Akkreditierung in Paris, Kollegen und, in Abhängigkeit von der Größe der jeweiligen Vertretung, ebenso die Verteilung der Aufgaben, wie auch ihre Stellung innerhalb des diplomatischen Corps. Besondere Bedeutung hatte das äußere Erscheinungsbild eines Diplomaten und andere Statussymbole. Arbeitsmittel werden ebenso dargestellt wie die Wohnsituation eines Diplomaten, die mal mehr mal weniger repräsentativ war. Damit wird das Gerüst der Diplomatie deutlich: Regeln, Formalia und Auftritt der Diplomaten vor Ort. Offizielle Begegnungen scheinen vorherrschend gewesen zu sein, aber es gab auch informelle und geheime Treffen.

Die Diplomaten aus den deutschen Staaten leisteten Eide sowohl auf den Monarchen als auch auf die Verfassung des jeweiligen deutschen Staates, wenngleich das monarchische Prinzip bis 1848 Bestand hatte. Die fortschreitende Institutionalisierung der diplomatischen Vertretung, die sich unter anderem in langfristigen Mietverträgen, teilweise sogar im Kauf von repräsentativen Gebäuden nachweisen lässt, zeigt die Selbstverständlichkeit und das Selbstbewusstsein, mit dem die deutschen Einzelstaaten sich in Paris vertreten ließen. Als 1848 ein gesamtdeutscher Repräsentant in Paris erschien, galt er als Konkurrent, gar als existenzgefährdend in den Augen der einzelstaatlichen Diplomaten, was er aus deren Sicht tatsächlich war. Frankreich hatte mit ihm ein anderes Problem: Die französische Regierung war sich wegen des provisorischen Charakters der gesamtdeutschen Regierung unsicher, ob sie deren Vertreter empfangen sollte.

Die trotz einiger Paraphrasierungen flüssig zu lesende Studie weist auf die Bedeutung diplomatischer Vertretungen damals wie heute hin. Deren Bedeutung hätte allerdings durch das Herausgreifen einzelner Berührungs- und Konfliktpunkte noch deutlicher herausgearbeitet werden können. Sei es anhand politisch turbulenter Jahre (beispielsweise 1830, als sich Frankreich nach außen abschottete), sei es in der Darstellung der bayerischen Preußenaversion (siehe Sylvia Krauss, Die politischen Beziehungen zwischen Bayern und Frankreich 1814/15–1840, 1987) oder auch durch Preußens Griff nach Führung Deutschlands (Christopher Clark, Preußen. Aufstieg und Niedergang. 1600–1947, 2007), der nicht ohne Einfluss auf die einzelstaatlichen Diplomaten hat bleiben können.

München   Andrea Müller

II. Quellen und Hilfsmittel

Regesten Kaiser Ludwigs des Bayern (1314–1347) nach Archiven und Bibliotheken geordnet, hg. v. Michael Menzel, Heft 11: Die Urkunden aus den Archiven und Bibliotheken Berlin, Brandenburgs, Mecklenburg-Vorpommerns, Sachsens, Sachsen-Anhalts, Thüringens, bearb. v. Doris Bulach *(Regesta Imperii VII 11), Köln, Weimar, Wien, Böhlau 2018, XLIII + 418 Seiten.*

Für die Neubearbeitung des Regesta Imperii Bandes VII hat sich die Regesta Imperii-Kommission bei der Akademie der Wissenschaften und Literatur zu Mainz bekanntlich entschlossen, vom Prinzip der chronologischen Erfassung zum Provenienzprinzip nach Archivlandschaften überzugehen, um so die große Masse der Überlieferung rascher vorlegen zu können. Noch unter der Verantwortung von Peter Acht sind sieben Hefte erschienen, seit 2003 betreut Michael Menzel das Unternehmen. Die im vorliegenden stattlichen Heft erfassten Bestände der aktuellen Bundesländer Berlin, Brandenburg, Mecklenburg-Vorpommern, Sachsen, Sachsen-Anhalt und Thüringen stammen in erster Linie aus der Markgrafschaft Brandenburg, den Herzogtümern Pommern-Stettin und Pommern-Demmin, Sachsen-Wittenberg, der Markgrafschaft Meißen und der Landgrafschaft Thüringen sowie einigen weiteren benachbarten historischen Territorien. Wie der ausführlichen Einleitung zu entnehmen ist, wurden für die vorliegende Regestenbearbeitung die Bestände von 43 staatlichen, kommunalen, kirchlichen und privaten Archiven und Bibliotheken mit Schwerpunkten in Dresden, Weimar, Meiningen und Berlin ausgewertet. Da die Überlieferung des Deutschen Ordens aus Königsberg in das Staatliche Archivlager Göttingen gerettet und dann in das Geheime Staatsarchiv zu Berlin überführt werden konnte, sind auch die Urkunden Ludwigs für den Deutschordensstaat Preußen enthalten. Gemäß den Prinzipien der Reihe werden dabei Originale, Abschriften und reine Erwähnungen von Urkunden Ludwigs des Bayern aufgenommen. Eine wertvolle Hilfe bildete der Nachlass von Friedrich Bock bei den MGH in München, der vor dem Zweiten Weltkrieg Abschriften, Fotos und Notizen zu heute verlorenen Urkunden sammeln konnte.

Die einzelnen Einträge sind nach dem bewährten Schema der Reihe aufgebaut und enthalten neben den Inhaltsangaben den Nachweis der Überlieferung, der vorhandenen Originale und Abschriften, Drucke und älterer Regesten. Weitere Besonderheiten werden gegebenenfalls in Anmerkungen nachgewiesen. Der Band enthält 515 Regesten, von denen 50 % der Diplome im Original erhalten sind. Mehrere Urkunden können erstmals in diesem Heft der Forschung zugänglich gemacht werden, immerhin 29 % der Vollregesten waren nicht in den Regesta Imperii von Johann Friedrich Böhmer enthalten.

Die Bearbeiterin liefert selbst eine inhaltliche Auswertung der von ihr erstellten Regesten, etwa dass 17 % Belehnungen, 14 % Schiedssprüche und Hofgerichtsangelegenheiten, 13 % Verpfändungen und nur 7 % allgemeine Privilegierungen und Privilegienbestätigungen betreffen, um nur die größeren Komplexe zu nennen. Den vielen Privilegien für nordostdeutsche Empfänger stehen nur zwei Aufenthalte Ludwigs des Bayern in diesem Raum gegenüber, 1323 drei Wochen in Arnstadt in Thüringen und 1335 einige Tage in Eisenach und auf der Wartburg. Wie aber die Regesten belegen, engagierte sich der Bayer intensiv in dieser eher königsfernen Region und suchte besonders zum Adel Kontakt. 1324 belehnte er seinen Sohn Ludwig den Brandenburger mit der Kurmark und den von ihr abhängigen pommerschen Herzogtümern sowie im gleichen Jahr in einer Eventualbelehnung mit dem Herzogtum Anhalt. Daneben stützte er sich besonders auf seinen Schwiegersohn Friedrich II., den Markgrafen von Meißen und Landgrafen von Thüringen. Auch die Reichsstädte wurden in Ludwigs Politik einbezogen und stellten 11 % der Urkundenempfänger. Über die Reichsgrenzen griff Ludwig mit den Privilegien für den Deutschen Orden aus, etwa mit der mit einer Goldbulle ausgezeichneten Prachturkunde für die Stadtherrschaft des Ordens über Riga. Mit weiteren Urkunden bestätigte er den Orden im Besitz Litauens, was freilich nicht umgesetzt werden konnte. Der Deutsche Orden hatte an der Memel ja sogar die Bayernburg errichtet. 1338 nahm Kaiser Ludwig alle Gebiete des Deutschen Ordens unter seinen Schutz. Bulach analysiert auch die diplomatischen Besonderheiten der untersuchten Urkunden. Eine auffällige Entwicklung bildet der allmähliche Übergang vom Lateinischen zur deutschen Urkundensprache, doch überwiegen im

Untersuchungsraum stärker als in Süddeutschland auch bei weltlichen Empfängern noch lateinische Texte.

Das zweispaltig gesetzte Verzeichnis der gedruckten Quellen und Literatur umfasst allein 43 Seiten. Empfängerlisten und ein Register erschließen den in jeder Hinsicht mustergültigen Band. Das Heft führt den hohen Standard der Reihe fort und richtet den Blick der Forschung zu Kaiser Ludwig den Bayern in den Nordosten. Damit kann es die von Micheal Menzel betonte und von Doris Bulat schon an anderer Stelle untersuchte Stoßrichtung von Ludwigs Territorialpolitik auch in Richtung Nordostdeutschland eindrucksvoll unter Beweis stellen. Die Forschung kann der Bearbeiterin für diese beeindruckende Arbeitsleitung nur dankbar sein.

München   Dieter J. Weiss

Ulrich Wagner, Regesten der Bruderschaft des Heidelberger Hofgesindes 1380–1414 *(Schriftenreihe des Stadtarchivs Heidelberg 10), Heidelberg/Ubstadt-Weiher/Basel 2017, Regionalkultur, 95 Seiten, zahlreiche Abbildungen.*

Im Pfälzischen Erbfolgekrieg wurde gegen Ende des 17. Jahrhunderts die pfälzisch-wittelsbachische Residenzstadt Heidelberg nahezu völlig von französischen Truppen zerstört. Vernichtet wurden auch Registraturen und Archiv, so dass die Geschichtsschreibung für die Zeit bis zum Ende des 17. Jahrhunderts ohne die städtische Überlieferung auskommen muss. Heranzuziehen sind deshalb Quellen in anderen Archiven, um verlässliche Aussagen machen zu können. Der Autor hat in dem vorliegenden Band aus einem im Generallandesarchiv Karlsruhe befindlichen Kopialbuch die Urkunden der Bruderschaft des Heidelberger Hofgesindes aus den Jahren 1380 bis 1414 in Vollregesten wiedergegeben. Er charakterisiert die Bruderschaft, in den Urkunden auch als Gesellschaft bezeichnet, als eine Gebetsverbrüderung für den neuen Liebfrauenaltar in der Heilig-Geist-Kirche. Das Heidelberger Hofgesinde umfasste nicht nur hochgestellte Personen aus dem Umkreis der Pfalzgrafen, sondern auch Dienerschaft, Handwerker und andere Gruppen, die zum Hof zählten. Sie unterstanden nicht der städtischen Gerichtsbarkeit, ähnlich den Hofschutzverwandten in München. Dies führte naturgemäß zu Kompetenzkonflikten. In Heidelberg kam noch als weiterer Konfliktpunkt hinzu, dass etliche Angehörige des Hofgesindes in der sog. Bergstadt am Schlosshang wohnten. Sie war ein eigener Rechtsbezirk mit Rathaus und Gericht und bestand bis 1743. Auch Heidelberger Bürger nutzten diese Bergstadt als Wohnsitz und »Steueroase«. Der Autor ordnet in seiner ausführlichen Behandlung der städtischen Rahmenbedingungen die Urkunden instruktiv in die Heidelberger Stadtgeschichte ein. Aus den ausführlichen Urkundenregesten ergibt sich ein lebendiges Bild über Einkünfte und Besitz der Bruderschaft. Zu erwähnen sind etwa die Stiftung einer Predigerstelle für die Bruderschaft durch die Pfalzgrafen Ruprecht I. und Ruprecht II. von 1392 (Nr. 14) oder die Aussetzung eines Vermächtnisses durch die Gemahlin des Pfalzgrafen Ruprecht I., Elisabeth, Gräfin von Namur, von 1382

(Nr. 3). Eine Zusammenstellung der Heidelberger Bürgermeister von 1280 bis 1482, der Stadträte in den Jahren 1380 und 1390, der Pfleger der Bruderschaft von 1381 bis 1414 sowie weiterer Amtsträger sind ebenso wie zahlreiche erläuternde Abbildungen von großem Nutzen.

München Hans-Joachim Hecker

Erwin Frauenknecht/Gerald Maier/ Peter Rückert (Hg.), Das Wasserzeichen-Informationssystem (WZIS). Bilanz und Perspektiven *(Landesarchiv Baden-Württemberg), Stuttgart 2017, Kohlhammer, 218 Seiten, 92 Abbildungen.*

Die vorliegende Veröffentlichung stellt die Vorträge einer Tagung vor, die am 17. und 18. September 2015 rund sechzig Teilnehmerinnen und Teilnehmer im Landesarchiv Baden-Württemberg -Hauptstaatsarchiv Stuttgart versammelte, das sich als Kompetenzzentrum der Wasserzeichenforschung etabliert und profiliert hat. WZIS ist die Abkürzung für das seit 2010 bestehende Wasserzeicheninformationssystem im Netz, mit dem dezentrale Sammlungen von Wasserzeichen in einer frei zugänglichen Datenbank erfasst sind.

Auf den Einführungsbeitrag von *Gerald Maier* und *Peter Rückert* mit dem Titel »Wasserzeichenerschließung im Landesarchiv Baden-Württemberg. Bilanz und Perspektiven« (S. 7–26) folgen insgesamt 15 Beiträge in zwei Sektionen. Die erste Sektion firmiert unter dem Titel »WZIS und seine Partner – Formen, Funktionen und Ergebnisse« mit acht Aufsätzen, die zweite »WZIS – Nutzung und Perspektiven im Forschungsverbund« mit sieben Beiträgen.

Ein Tagungsbeitrag fehlt, da er später in erweitertem Umfang erscheinen wird; abgedruckt wird zusätzlich der Abendvortrag von *Mark Mersiovsky* über »Papyrus, Pergament, Papier. Zur Materialität mittelalterlicher Briefe« (S. 174–215), der eine große zeitliche und räumliche Bandbreite abdeckt.

Der Einführungsbeitrag stellt den Beginn und den Verlauf des Projekts dar, das im Kontext der Historischen Hilfswissenschaften und der Papiergeschichte angesiedelt und für die Handschriftenerschließung insbesondere undatierter Handschriften und Archivalien von unverzichtbarer Bedeutung ist. Ausgang des Projekts war die Wasserzeichensammlung des Bestands J 340 des Hauptstaatsarchivs Stuttgart. Die von Gerhard Piccard (1909–1989) angelegte Sammlung wurde von 1961 bis 1997 in 17 Findbüchern in 25 Bänden veröffentlicht. Dabei blieben ca. 40 000 Karteikarten unpubliziert, die digitalisiert, klassifiziert und online zugänglich gemacht werden mussten. Im Jahr 2002 wurde begonnen, 2006 war Piccard-Online mit ca. 92 000 Belegen aus fast 90 Archiven aufgebaut, und zwar mit Unterstützung der Stiftung Kulturgut Baden-Württemberg und der DFG. Es folgte von 2006–2009 das Forschungsprojekt Bernstein, das eine europäische Erweiterung der Online-Recherche für Wasserzeichen zum Ziel hatte. Beteiligt waren neun Institutionen aus sechs Ländern unter Federführung der Österreichischen Akademie der Wissenschaften. Bis zum Projektende 2009 lagen 120 000 Datensätze aus unterschiedlichen Systemen vor. Aufgrund der Inhomogenität der Suchergebnisse wurde von 2010–2014 das Wasserzeichen-Informationssystem auf den Weg gebracht, mit einheitlich genormten Erschließungselementen und damit homogenen Rechercheergebnissen. Die bleibende wissenschaftliche Leistung des Vorgängerprojekts Bernstein liegt in den für sieben Sprachen erarbeiteten Watermark-Terms für die Beschreibung und Klassifikation von Wasserzeichen. Im WZIS sind derzeit etwa 135 000 Belege für Wasserzeichen abrufbar.

Kerstin Losert stellt in ihrem Beitrag »WZIS Projektmanagement« (S. 27–30) die Erweiterungsmöglichkeit des Piccard-Online vor, in welchen die in sechs deutschen Bibliotheken (darunter die Bayerische Staatsbibliothek München, die Staatsbibliothek zu Berlin Preußischer Kulturbesitz und die Universitätsbibliothek Leipzig) beheimateten Handschriftenzentren einbezogen wurden. Ergänzt um neu erstellte Digitalisate von Wasserzeichen aus undatierten Papierhandschriften wurde das Präsentationsmodul Ende Mai 2012 online gestellt. Es erfolgte die Verlinkung zum Gesamtkatalog der Wiegendrucke und den Manuscripta Mediaevalia.

Erwin Frauenknecht und *Thomas Fricke* (»Die Online-Präsentation des WZIS«, S. 31–40), präsentieren die Recherchemöglichkeiten, z. B. nach Motivgruppen, nach Wasserzeichen in bestimmten Archiv- und Bibliotheksbeständen, nach Papiermachern und Papiermühlen, sowie die Möglichkeiten zur Detailsuche und zur erweiterten Suche. Die Gemeinsame Normdatei (GND), die Informationen zu 1700 Papiermachern enthält, ist nicht in das WZIS aufgenommen, sondern mit diesem verknüpft. Die GND ist ein gemeinsames Bezugssystem für biographische Daten der Bibliotheken, wird zunehmend aber auch von Archiven, Museen und Forschungseinrichtungen genutzt.

Maria Stieglecker (»WZIS und sein Erfassungstool«, S. 41–50), befasst sich mit den unterschiedlichen Formen und Qualitäten von Wasserzeichen-Sammlungen, die historisch bedingt sind, nämlich Durchzeichnungen, Abreibungen, Thermografieaufnahmen und Betaradiographen, äußert sich zur Bildbearbeitung und semiautomatischen Vermessung der Wasserzeichen und stellt die Referenznummer vor, die jedes Wasserzeichen eindeutig kennzeichnet und die sich zusammensetzt aus dem Ländercode, der Bibliotheksnummer, der Handschriftensignatur und der Folioangabe.

Alois Haidinger (»Pausen – Karteikarten – Findbücher. Bemerkungen zwischen den Beziehungen zwischen den Wasserzeichensammlungen Piccards«, S. 61–64), stellt die Sammlung von Pausen auf Transparentpapier aus den Jahren 1948–1974 vor (HStA Stuttgart J 40/12), ca. 130 000 Stück umfassend, die neben der Wasserzeichenkartei Gerhard Piccards vorliegt und bereits als Piccard-Online bzw. WZIS im Internet abrufbar ist. Haidinger fordert nach einer Untersuchung der von Piccard im Staatsarchiv Bologna erhobenen Wasserzeichen und Pausen deren Integration ins WZIS als Projekt der Zukunft, wodurch sich die Zahl der abrufbaren Wasserzeichen deutlich erhöhen würde.

Bettina Wagner (»Die Erfassung von

Wasserzeichen aus Handschriften, Blockbüchern und Inkunabeln in der Bayerischen Staatsbibliothek München«, S. 65–78), geht zunächst auf die Einarbeitung der Materialsammlungen der Bearbeiter von Handschriftenkatalogen in das WZIS ein, um dann das parallel laufende Projekt der Erschließung der Blockbücher in bayerischen Sammlungen, gekoppelt mit einem damals neuen Dokumentationsverfahren für Wasserzeichen, der Thermografie, vorzustellen. Resultat waren 650 thermografische Aufnahmen aus 61 Blockbüchern. Auch Inkunabeln deutscher Druckorte wurden einbezogen. Den Weg des durch seine Blockbücher und Inkunabeln bekannten Wanderdruckers Hans Sporer von Nürnberg über die Rheinlande nach Bamberg und Erfurt kann Bettina Wagner anhand der in den Werken festgestellten Wasserzeichen bzw. des verwendeten Papiers sehr schlüssig nachweisen.

Im Beitrag von *Robert Giel* (»Der Beitrag der Staatsbibliothek zu Berlin zum Wasserzeichen-Informationssystem – von der Projektarbeit zum Erschließungsalltag«, S. 79–86), werden die ca. 5400 Wasserzeichen aus 548 Bänden vorgestellt, die digitalisiert und erschlossen wurden. Sie stammen aus Handschriftenbeständen des alten Preußen mit rheinischen und westfälischen Bibliotheken, Greifswälder und Rostocker Handschriften und der Sammlung Eva Ziesche.

Christoph Mackert und *Corinna Meinel* (»Vom Verschwinden weißer Flecken. Systematische Erhebung von Wasserzeichen am Handschriftenzentrum Leipzig und ihre Effekte für die Erschließung und Erforschung von Altbeständen«, S. 87–105), beschreiben die Eingabe ostdeutscher und ostmitteldeutscher Belege aus Handschriften aus Sachsen, Sachsen-Anhalt und Thüringen ins WZIS. Insgesamt wurden 8000 Wasserzeichenbelege in zwei Projektphasen ab 2010 erfasst und zwar als Durchzeichnung und Abreibung. Am Beispiel der Handschriften des Leipziger Thomasstifts und deren Wasserzeichen konnte ein skriptorialer Zusammenhang auf der Ebene des Beschreibstoffs nachgewiesen werden.

Frieder Schmidt (»Die Wasserzeichen des Deutschen Buch- und Schriftmuseums der Deutschen Nationalbibliothek im WZIS – Erschließung, Verlinkung und Nutzung«, S. 106–111), geht auf die Erfassung von 9300 Wasserzeichen aus dem Bereich der Papiermühlen im heutigen Thüringen ein, die in Handschriften, Nachlässen und Notenbeständen greifbar sind, welche ursprünglich aus dem in Greiz ansässigen Deutschen Papiermuseum stammen, das 1964 in die Nationalbibliothek in Leipzig integriert wurde. Das Museum hatte seinen Ursprung in den Privatsammlungen des badischen Historikers und Juristen Karl Theodor Weiß (1872–1945), dessen Sohn Wisso Weiß im Austausch mit Gerhard Piccard stand und unter dem Namen seines Vaters ein Handbuch zur Wasserzeichenkunde veröffentlichte.

Die zweite Gruppe der Beiträge geht von einzelnen Bibliotheken bzw. Beständen aus und beschreibt insbesondere Perspektiven der Forschung, ja auch Versäumnisse gerade auf dem Gebiet der Handschriftenkatalogisierung, da die Richtlinien Handschriftenkatalogisierung der Deutschen

Forschungsgemeinschaft (5. Aufl. 1992) die Erfassung von Wasserzeichen nur mit Einschränkungen vorsehen. So wurden die Wasserzeichen mittelalterlicher Handschriften in Wolfenbüttel erst ab den siebziger Jahren des 20. Jahrhunderts erfasst, inzwischen geschieht dies durch digitale Infrarotaufnahmen (*Christian Heitzmann*, »Handschriftenerschließung und Wasserzeichen online. Wolfenbütteler Perspektiven«, S. 112–118). Am Beispiel der Inkunabeln der Pfälzischen Landesbibliothek Speyer (die insgesamt 165 Exemplare besitzt) hat die Wasserzeichenforschung insbesondere für die liturgischen Drucke bzw. für nicht firmierte und datierte Auflagen der Inkunabeldrucker Peter Drach d. Ä. und Peter Drach d. M. große Bedeutung (*Armin Schlechter*, »Wasserzeichenforschung am Beispiel der Speyerer Drucker Peter Drach der Ältere und Peter Drach der Mittlere«, S. 119–126). Auch bei der Erschließung von Musikhandschriften hat sich die systematische Beschäftigung mit Wasserzeichen noch nicht durchgesetzt; an der Musikabteilung der Staatsbibliothek zu Berlin wurden ab 2012 mit einem eigenen Projekt und der Datenbank RISM (Répertoire International des Sources Musicales) 7500 Signaturen der etwa 68 000 Musikhandschriften erschlossen, dabei knapp 5000 Wasserzeichen festgestellt und mit dem WZIS verlinkt (*Martina Rebmann*, »Wasserzeichen in Musikhandschriften: ein aktuelles Forschungsgebiet in der Musikabteilung der Staatsbibliothek zu Berlin«, S. 127–139).

Auf die technischen Aspekte, nämlich wie Papier mittels Wasserzeichen datiert werden kann, geht *Martin Kluge* ein (»Verborgene Botschaften. Zum Informationsgehalt von Wasserzeichen«, S. 140–150). Schöpfsiebe zur Herstellung von Papieren waren nur wenige Jahre in Gebrauch, und Papiere wurden wenige Jahre nach ihrer Herstellung verwendet und nicht lange gelagert. Damit kann ein undatiertes Papier zugeordnet werden, sobald ein datiertes Papier vorliegt, das auf dem gleichen Schöpfsieb gefertigt wurde. Wasserzeichen dienten der Identifikation des Herstellers, Initialen und Marken wurden im Wasserzeichen hinzugefügt. Während im Portal Handschriftencensus bisher vorwiegend auf Pergament erfasste Handschriften des 8.–13./14. Jahrhunderts systematisch erfasst sind, fehlt nach *Jürgen Wolf* (»Das Portal Handschriftencensus und WZIS«, S. 151–157) die Tiefenerschließung von ca. 90 % der ca. 20 000 volkssprachigen Handschriften und Fragmente des 15. Jahrhunderts, die zum großen Teil auf Papier geschrieben sind und bei denen die Wasserzeichen eine zentrale Rolle spielen. Die technische Vernetzung von HSC und WZIS und als Voraussetzung gemeinsame Normdatenbanken für Archiv- und Bibliotheksnamen, die Signaturen und Inhaltsschlagzeilen sind eine künftige Aufgabe der Forschung. *Irene Brückle* (»Papier als Kulturgut systematisch betrachtet«, S. 158–173), muss beklagen, dass ein wirklich praktikabler Leitfaden für die Untersuchung von Papier und allen seinen Merkmalen bisher fehlt, trotz aller Bemühungen der International Association of Paper Historians. Lediglich für die Wasserzeichenforschung konnte eine Vergleichbarkeit erreicht werden, nicht so für die Papiertechnologie, die das Papier in Strukturebenen erklärt.

Die vorliegende Publikation gibt damit eine sehr gute und lesenswerte Übersicht über das bisher Geleistete, aber auch über manches Desiderat auf dem Gebiet der systematischen Erforschung von undatierten Papierhandschriften und Archivalien. Mit der Lektüre des Bandes können mit Sicherheit die in einzelnen Beiträgen anklingenden Berührungsängste, sich mit Wasserzeichen zu beschäftigen, beseitigt bzw. zumindest minimiert werden.

Tauberbischofsheim INGRID HEEG-ENGELHART

Noble Society. Five lives from twelfth-century Germany. Selected sources translated and annotated by JONATHAN R. LYON *(Manchester Medieval Sources Series), Manchester 2017, Manchester University Press (mit Übersichtskarten und zwei Genealogien), 273 Seiten.*

Fünf Biographien, die als Quellen durchaus repräsentativ sind, werden vorgestellt und übersetzt, wobei hervorzuheben ist, dass Lyon, Associate Professor of History an der University of Chicago, nach Möglichkeit Similien über die zugrundeliegenden Editionen der lateinischen Texte hinaus nachweist. In der Einleitung erklärt und rechtfertigt Lyon seine Auswahl. Er sieht die Zeit von 1075 bis 1200 als »a key transition period in the study of the medieval German nobility, because it is possible for historians to study many more aspects of elite society during these years than during the preceding ones« (S. 7), eine Zeit großer Veränderungen, auch in den Möglichkeiten persönlicher Lebensführung (Stichworte Investiturstreit, Herrschaftstransformation, religiöse Erneuerung und Klosterreformen).

Bei den Quellen handelt es sich um die Biographie des Markgrafen Wiprecht von Groitsch (S. 32–91; Übersetzung in Zusammenarbeit mit Lisa Wolverton; mit Genealogie und zwei Karten), die den Anfang der Pegauer Annalen bildet und von der es eine deutsche Übersetzung von Tylo Peter gibt, um die anonym überlieferte Vita Ottos von Bamberg (S. 98–149; mit einer Karte; deutsche Übersetzung: FSGA XXIII S. 121–191), um die Vita einer Magistra von Admont (S. 155–162), um Engelhards von Langheim Lebensbeschreibung der sel. Mechthild von Dießen (S. 170–219), deren bisher erste und einzige Übersetzung von Philipp Dobereiner aus dem Jahr 1574 stammt (Nachdruck 2002), und um die Vita des Grafen Ludwig von Arnstein (S. 228–248; mit Genealogie und einer Karte).

Vielfältige wissenschaftliche Kontakte, unter anderem zum Institut für Österreichische Geschichtsforschung und zu Christina Lutter, Wien, kommen dem Buch zugute. Die wohlbedachte und von Einfühlsamkeit zeugende Auswahl ist ein wichtiger Beitrag zur Diskussion um die »Adelsgesellschaft« (vgl. dazu nun auch: Wolfgang Wüst (Hg.), Adelslandschaften. Kooperationen, Kommunikation und Konsens in Mittelalter, Früher Neuzeit und Moderne, Berlin 2018).

Die Einführungen zu den jeweiligen Texten sind bei aller Knappheit sorgfältig recherchiert und informativ. Auch die Bibliographie ist hilfreich. Im Index werden neben Personen- und Ortsnamen auch Begriffe wie »canon, canoness«, »chasuble«, »duke« oder »regalia« aufgeführt. – Ein schönes Buch, und ein gediegenes Arbeitsinstrument.

München MECHTHILD PÖRNBACHER

III. Allgemeine Geschichte und Landesgeschichte

JOCHEN HABERSTROH/IRMTRAUT HEITMEIER (Hg.) Gründerzeit. Siedlung in Bayern zwischen Spätantike und frühem Mittelalter (*Bayerische Landesgeschichte und europäische Regionalgeschichte 3*), St. Ottilien 2019, EOS, 958 Seiten.

Mit dem Übergang von der Spätantike zum frühen Mittelalter verbindet sich »eine der größten Regressionen, die die Menschheitsgeschichte überhaupt kennt« (Jacques LeGoff, in: Lexikon des Mittelalters 1 [1980], Sp. 871) – ein zahlreiche Aspekte des Lebens umfassender, tiefgreifender und zeitlich langgestreckter Transformationsprozess, an dessen Ende die europäische Welt des nunmehrigen Mittelalters ein anderes Aussehen besaß. Die sich damals vollziehenden Veränderungen prägen das Aussehen Bayerns in Teilen (Siedlungsverteilung, Ortsnamen) bis in die Gegenwart. Der hier anzuzeigende, aus einer im Oktober 2015 in Benediktbeuern abgehaltenen, internationalen Tagung hervorgegangene Band setzt sich in interdisziplinärem Zugriff ([Siedlungs-]Archäologen, [Rechts-]Historiker, Denkmalpfleger, Sprachwissenschaftler) mit diesen Veränderungen auseinander, nimmt gegenüber älteren, sehr stark die Gräberbefunde analysierenden Forschungen aber einen konsequenten, methodisch und inhaltlich gleichermaßen vielversprechenden Perspektivwechsel hin zu den Siedlungen und deren Voraussetzungen vor. Mit dem Untersuchungs(zeit-)raum wird zudem ein seit langem kontrovers diskutiertes Thema berührt, haben sich die Vorstellungen über die Ethnogenese der Bajuwaren doch in den vergangenen Jahrzehnten nachhaltig verändert. An die Stelle der älteren Vorstellungen einer Landnahme durch ein von auswärts gekommenes Volk, die *Baio-arii*, das sich in einem von den Römern leer zurückgelassenen Raum niedergelassen habe, ist die Erkenntnis getreten, dass es sich bei der Entstehung der Bayern um einen allmählichen, sehr komplex verlaufenden Akkulturationsprozess handelte, bei dem unterschiedliche Gruppierungen – nicht zuletzt romanisch-sprachige – zueinander gefunden und eine neue, nunmehr deutschsprachige Gemeinsamkeit entwickelt haben.

Die zahlreichen Ergebnisse im Einzelnen zu würdigen, ist im Rahmen einer Rezension nicht möglich, weshalb stattdessen eine knappe Kommentierung der Einzelbeiträge geboten sei.

Jochen Haberstroh/Irmtraut Heitmeier, Zeit – Raum – Ort: Einleitung (S. XIII–XVIII), bieten eine konzise, den Band als Ganzes erschließende, in seiner Fragestellung und Disposition erläuternde und zugleich die wichtigsten Ergebnisse prägnant zusammenfassende Hinführung (die auch in englischer Sprache enthalten ist, was der internationalen Rezeption des Bandes sicherlich dienen wird). Die einzelnen Aufsätze sind in mehrere thematische Blöcke gegliedert, die um die Trias »Zeit – Raum – Ort« angeordnet sind und durch einen stärker theoretisch-abstrakten Abschnitt »Vorstellungen« eingeleitet werden. An dessen Beginn steht der vergleichende Beitrag von *Bernd Päffgen*, Von der römischen Villa zum frühmittelalterlichen Dorf? Archäologische Befunde und Deutungsansätze aus dem Rheinland und aus Bayern (S. 3–75). – *Martin Ott*, Siedlungsgeschichte in der landeshistorischen Frühmittelalterforschung (S. 77–86), bettet die bayerischen Entwicklungen in den größeren forschungsgeschichtlichen Kontext ein. – Beispielhaft erläutert *Hans-Peter Volpert*, Hof. Weiler. Dorf. Frühmittelalterliche Siedlungsformen in der Münchener Schotterebene (S. 87–124), und zeigt Forschungslücken auf. – *Hans-Georg Hermann*, Deskriptiver Reflex und normativer Anspruch von raumordnenden Elementen in der Lex Baiwariorum (S. 125–186), fragt nach den rechtlichen Hintergründen der raumbezogenen Vorgänge, die aufgrund der strategisch-militärisch bedeutsamen Lage Bayerns an der Grenze zweier großer Herrschaftsbereiche wohl schon sehr früh herrschaftlich gesteuert wurden. – Die beiden folgenden Beiträge von *Franz Herzig*, Der Übergang von der Römerzeit zum Frühmittelalter. Strukturwandel im Spiegel der Dendroarchäologie (S. 187–204), und *Barbara Zach*, Äcker und Gärten im frühmittelalterlichen Bayern (S. 205–218), befassen sich mit den aus naturwissenschaftlicher Perspektive seit geraumer Zeit neu hinzugetretenen Erkenntnismöglichkeiten. –

Hubert Fehr, Agrartechnologie, Klima und Effektivität frühmittelalterlicher Landwirtschaft (219–243), zeichnet ein durchaus optimistisches Bild von der dank neuer landwirtschaftlicher Geräte guten Ernährungssituation in jener Zeit. – Der Abschnitt »II. Zeit – Raum – Ort« eröffnet »Diachrone, räumliche und lokale Dimensionen«. Im ersten Teil »Zeit« betrachtet *Michaela Konrad*, Römische *villae rusticae* als Orte der Kontinuität? Beispiele spät- und nachrömischer Nutzungsformen römischer Gutshöfe in den Nordwestprovinzen (S. 247–313), und zeigt den daran ablesbaren wirtschaftlichen und bautechnischen Wandel auf. – Mit der Weiternutzung römischer Gebäude sowie dem ab dem 6. Jahrhundert anhand der nunmehr dominierenden Holzbauweise ablesbaren sozio-ökonomischen Wandel in der Toskana befasst sich *Vittorio Fronza*, Timber buildings in Italy (5th – 8th c. AD): a socio-economic indicator (S. 315–354). – Mischformen, Wandersiedlungen und eine danach einsetzende Verstetigung von Siedlungen sei charakteristisch für die Kempen-Region, so *Frans Theuws*, Merovingian settlements in the southern Netherlands: development, social organisation of production and symbolic topography (S. 355–382). – *Peter Höglinger*, Das Salzburger Umland zwischen Spätantike und frühem Mittelalter (S. 383–413), hebt hervor, dass trotz einer vergleichsweise guten toponymischen und schriftlichen Überlieferung die Transformationsprozesse in dieser Gegend bislang nicht gut nachvollziehbar sind. – *Ludwig Rübekeil*, Huosi und Husibald. Tradition, Interferenz und Kommunikation mit

Namen (S. 415–443), setzt sich erneut mit den vieldiskutierten bayerischen *genealogiae* auseinander und hält eine sich hinter deren Namen verbergende einheitliche Benennungslogik für wenig wahrscheinlich, sondern geht von mehrfachen Neu- und Umdeutungen aus. – Strukturen und Entwicklungen im »Raum« widmet sich der zweite Unterabschnitt: Auf der Grundlage einer kritischen Sichtung der Schriftquellen kommt *Ralf Behrwald*, Gab es eine spätrömische Siedlungspolitik? (S. 447–468), zu dem Schluss, dass diese seit dem 5. Jahrhundert zum Erliegen gekommen sei. – *Marcus Zagermann*, Von den Alpen bis zur Donau. Archäologische Spurensuche nach Roms letzten Verwaltungs- und Militäraktivitäten (S. 469–504), macht diese bis in die 470er Jahre aus. – *Stephan Ridder*, Zu den Verkehrswegen im römischen Raetien und ihrer nachantiken Bedeutung (S. 505–521), sieht Indizien für ein Weiterwirken römischer Raumordnungsstrukturen bis in die Zeit des bayerischen Herzogtums. – Von zentraler Bedeutung für das Thema als Ganzes ist der Beitrag von *Jochen Haberstroh*, Transformation oder Neuanfang? Zur Archäologie des 4.–6. Jahrhunderts in Südbayern (S. 523–572), der langgestreckte Transformationsprozesse ehemals römischer Siedlungen ebenso im archäologischen Befund bezeugt sieht wie völlige Neuansätze, die er unter dem Begriff »Gründerzeit« fasst. – In eine ganz ähnliche Richtung deuten die Ergebnisse von *Irmtraut Heitmeier*, Das »planvolle« Herzogtum. Raumerschließung des 6.–8. Jahrhunderts im Spiegel der Toponymie (S. 573–657), die als Gründe dafür die militärischen Aufgaben Bayerns als Grenzprovinz sieht. – *Sebastian Grüninger*, Die Suche nach dem Herrenhof: Zur Entwicklung der Grundherrschaft im frühmittelalterlichen Bayern (S. 659–686), zeigt, dass sich diese bereits weit vor der karolingischen Usurpation des Landes entwickelt hat. – Methodisch von besonderem Reiz ist der Abschnitt »Ort«, in dem jeweils paarweise archäologische und geschichtswissenschaftliche Beiträge an Einzelbeispielen aufeinander bezogen werden. Den Auftakt bildet »Der zentrale Ort: Aschheim« den *Doris Gutsmiedl-Schümann* und *Anja Pütz*, Aschheim. Ein zentraler Ort? Eine Indiziensuche in den archäologischen Funden und Befunden (S. 691–720), als exemplarischen Fall einer Gründersiedlung des 6. Jahrhunderts mit zentralörtlichen Funktionen ansprechen. – Die von *Rainhard Riepertinger*, Der zentrale Ort Aschheim. Eine Spurensuche in den historischen Quellen (S. 721–737), flankierend analysierten Schriftquellen bestätigen diese Einschätzung, zeigen Aschheims Bedeutung für das bayerische Herzogtum der Agilolfinger, speziell in der Zeit Tassilos III., was erklären mag, weshalb der Ort nach dessen Sturz durch Karl den Großen (bewusst!?) an Bedeutung verlor. – »Gewerbesiedlungen« widmen sich *Martin Straßburger*, Spezialisierte Eisenproduktion und -verarbeitung in Siedlungen des ländlichen Raumes in Bayern (S. 739–804), der auf bereits frühe systematische Erschließung von Erzlagerstätten und Beispiele hochspezialisierter Eisenverarbeitung verweisen kann. – Auch *Elisabeth Weinberger*, Frühe Gewerbesiedlungen im Spiegel der Ortsnamen auf

-ārum/ārun (S. 805–821), geht von einer frühen arbeitsteiligen Produktion, insbesondere militärischer Gegenstände aus. In der räumlichen Verteilung weichen archäologische Befunde und namenkundlicher Bestand allerdings auffällig voneinander ab. – »Kirchen als Elemente der frühesten Siedlungslandschaft« thematisieren *Christian Later*, Kirche und Siedlung im archäologischen Befund – Anmerkungen zur Situation in der Baiovaria zwischen Spätantike und Karolingerzeit (S. 823–864), der zu einem weitgehend negativen Befund gelangt, der sich erst in der Karolingerzeit zu ändern beginnt. – *Heike Johanna Mierau*, Kirchliche Zentralorte in der frühmittelalterlichen Diözese Freising: Beobachtungen zu Siedlungslandschaft und Seelsorgestationen auf dem Land (S. 865–902), nimmt aufgrund der schriftlichen Überlieferung hingegen an, dass spätantike Traditionen für die Verteilung von Kirchenbauten in Bayern weiterhin wirksam waren. – Mit der »Siedlungsentwicklung in Grenzlage« befasst sich *Günther Moosbauer*, Siedlungsentwicklung in Grenzlage. Archäologie des 4. bis 6. Jahrhunderts in und um Straubing (S. 903–914), der von einer durchgängigen Besiedelung des dortigen Raumes ausgeht. – In markantem Widerspruch dazu steht die schriftliche Überlieferung, die erst im späten 8. Jahrhundert (Alburg) bzw. sogar erst 897 (Straubing) einsetzt, wie *Christof Paulus*, Grundfragen zur Frühzeit Straubings aus historischer Sicht (915–927), deutlich macht.

In der Zusammenschau entsteht somit ein in vielerlei Hinsicht neues Bild von der Entstehung Bayerns: Während bis um 500 Transformationsprozesse mit zahlreichen Kontinuitäten dominierten, setzte wohl um die Mitte des 6. Jahrhunderts ein neue Räume erfassender Wandel ein, der sich im 7. Jahrhundert beschleunigte und es rechtfertigt, von einer »Gründerzeit« zu sprechen.

Die einzelnen Beiträge enthalten jeweils ein umfangreiches (Quellen- und) Literaturverzeichnis, wodurch für künftige Forschungen eine wertvolle bibliographische Hilfestellung geboten wird. Zahlreiche Karten und Abbildungen erläutern die verbalen Ausführungen. Ein Orts- und Personenregister erschließt den auch in formaler Hinsicht vorzüglichen Band.

Das Werk als Ganzes bildet ein eindrucksvolles Beispiel der methodischen Vielfalt der beteiligten Disziplinen und verdeutlicht einmal mehr, welchen Erkenntnisgewinn der echte Dialog über die Fächergrenzen hinweg, aber auch die konsequent eingenommene vergleichende Perspektive für eine Zeit, deren schriftliche Quellen dünn gesät sind, zu zeitigen vermag. Die Resultate zeigen überdies in aller Deutlichkeit, welch kulturell-ethnischer Vielfalt Bayern seine Entstehung verdankt. Es bleibt daher zu hoffen, dass die vermittelten Einsichten die entsprechende öffentliche Aufmerksamkeit erhalten, um den zum Teil bewusst geschürten Ängsten gegenüber modernen Migrationsbewegungen eine wissenschaftlich fundierte, positiv sensibilisierende Position entgegenzustellen.

Magdeburg/ Stephan Freund
Ergolding

SIGRID HIRBODIAN/ROBERT KRETSCHMAR/ANTON SCHINDLING, (Hg.), »Armer Konrad« und Tübinger Vertrag im interregionalen Vergleich. Fürst, Funktionseliten und »Gemeiner Mann« am Beginn der Neuzeit *(Veröffentlichungen der Kommission für geschichtliche Landeskunde in Baden-Württemberg, Reihe B Forschungen 206)*, Stuttgart 2016, Kohlhammer, VI+382 Seiten, zahlreiche Abbildungen.

Das Vergleichen ist eine speziell für die Landesgeschichte immer wieder erhobene Forderung. Arbeiten zu vormodernen Agrarunruhen nehmen schon lange diese interregionale Perspektive ein, so auch systematisch und konsequent der vorliegende Band, der eine im Juli 2014 in Tübingen veranstaltete Tagung dokumentiert. Anlass des Symposiums war der 500. Jahrestag des am 8. Juli 1514 verkündeten Tübinger Vertrages, in dem sich die württembergische Landschaft gegenüber Herzog Ulrich zur Hilfe gegen die aufständischen Bauern verpflichtete. Im Gegenzug beschränkte der Vertrag die Macht des Herzogs und räumte den Landständen bedeutende Mitspracherechte bei der Regierung ein. Das »wichtigste Staatsgrundgesetz Altwürttembergs« (Wilfried Beutter) trägt damit im historischen Rückblick ambivalenten Charakter, denn die verstärkte Partizipation der einen bedeutete die Ausschaltung der anderen – des Gemeinen Mannes, der sich im ganzen Land, ausgehend vom Remstal im Frühjahr 1514, im sog. ›Armen Konrad‹ gegen die Steuererhöhungen des Herzogs zusammengeschlossen hatte. *Andreas Schmauder* kennzeichnet deswegen in seinem Festvortrag die Genese des Vertrages bzw. kaiserlichen Schiedsspruches als »Ergebnis einer partiellen Interessenkongruenz zwischen dem Landesherrn und der Führungsschicht der württembergischen Amtsstädte« (S. 246) und würdigt gleichwohl dessen langfristige Bedeutung im Kontext der Entwicklung von Bürger- und Freiheitsrechten.

Dem ›Armen Konrad‹ selbst und generell vorreformatorischen Agrarunruhen sind im Tagungsband sieben Beiträge einer ersten Sektion gewidmet: *Peter Blickle* (†) schlägt, ausgehend von der überragenden Bedeutung des Eides bzw. der ›Coniuratio‹ im späten Mittelalter als moralischer und organisatorischer Grundlage, eine terminologische Schärfung und Klassifikation der Widerständigkeit von der ›Unruhe‹ über die ›Revolte‹ bis zur ›Revolution‹ vor. An den von ihm angeführten Revolten von Sizilien bis England und Ungarn, vom ausgehenden 13. bis zum beginnenden 16. Jahrhundert, vertieft Blickle seine ›kommunalistische‹ These: Die Aufstände seien, von Ausnahmen abgesehen, nicht als spezifisch bäuerliche, sondern als gemeindliche, in Stadt und Land gleichermaßen gründende Revolten zu deuten. Ausführlich auf Selbstverständnis, Artikulation (Motive, Zielsetzungen und Programm) sowie Kommunikation im ›Armen Konrad‹ von 1514 gehen *Robert Kretschmar* und *Peter Rückert* ein, die ihren gemeinsamen Beitrag mit einem vorzüglichen Überblick bzw. einer klaren Bewertung (S. 62) abschließen. Daran anschließend legt *Robert Kretschmar* erstmals die – ausführlich eingeleitete – Edition einer wichtigen Quelle mit »hohe[r] Aussagekraft« (S. 70) für den

Aufstand vor (der Text selbst auf S. 82–96): die drei zwischen Juni und Oktober 1514 entstandenen Berichte des Markgröninger Vogts an den Herzog über Pfarrer Dr. Reinhard Gaißlin, der von ihm nicht nur wegen seiner Predigten als der »geistige Vater des Widerstands in der Amtsstadt« (S. 70) geschildert wird. Dass Gaißlin indes nicht zu räumlich weiterreichender Bedeutung gelangte, wird als symptomatisch für die defizitären Kommunikationsstrukturen des Aufstandes insgesamt interpretiert.

Anders als der ›Arme Konrad‹ wurden die Verschwörungen im Zeichen des bäuerlichen Bundschuhs im Elsass und am Oberrhein allesamt aufgedeckt, ehe es zu Aktionen kam. Nach einer Darstellung der Vorgänge in Schlettstadt (1493), Untergrobmach (1502) und Lehen (1513) sowie am Oberrhein (1517) konzentriert sich *Klaus H. Lauterbach* auf die Reaktionen der Obrigkeiten in Schlettstadt und Untergrombach. Von einer – letztlich doch nicht eingelösten – Absichtserklärung abgesehen, nahmen die Obrigkeiten dabei in keinem Fall die Ursachen wahr, vielmehr verfestigte sich die kriminalisierende Perspektive auf die Empörung.

Die »Bauernaufstände« in den innerösterreichischen Herzogtümern Steiermark, Kärnten und Krain in den Jahren 1478 und 1515 erklärt *France M. Dolinar* aus den vielfältigen Belastungen, die das Land aufgrund überregional wirksamer politischer Konflikte, insbesondere der wiederholten Einfälle der Türken, erfuhr. Die bäuerliche Bevölkerung litt direkt unter Plünderungen, Verschleppungen und Zerstörungen, indirekt unter einer hohen und steigenden Steuerlast, während sie bei der Abwehr der Osmanen vielfach auf sich allein gestellt blieb. Die durchgehend gegen die lokalen Herrschaften gerichteten, ja, sich auf den Kaiser berufenden, altrechtlich begründeten Aufstände wurden vom Adel mit besonderer Brutalität niedergeschlagen, ein Umstand, der sie als Erinnerungsort der slowenischen Geschichte – thematisiert in Dichtung, Kunst und Musik am Ende des 19. und vor allem im 20. Jahrhundert – in besonderer Weise prägte. Auch der ungarische Bauernaufstand von 1514 – nach seinem nachmaligen Führer auch als Dózsa-Aufstand bezeichnet – ist vor dem Hintergrund der osmanischen Bedrohung zu verstehen. *Márta Fata* leistet mit ihrem Aufsatz einen wichtigen Beitrag zur Rezeption des in Deutschland kaum wahrgenommenen Forschungsstandes und begründet ihre These von der »Einmaligkeit des ungarischen Bauernaufstandes« (S. 152), der aus einer Kreuzzugsunternehmung – »der letzte der europäischen mittelalterlichen Kreuzzüge« (S. 183) – erwuchs, die der Adel nicht mittrug. Als sich das schlecht versorgte, mittlerweile längst in Bewegung gesetzte Heer von schätzungsweise 40 000 bis 50 000 Mann auf Befehl des Primas von Ungarn, Tamás Bakócz, wieder auflösen sollte, eskalierte die Lage und der Kreuzzug wurde unter dem Einfluss von Franziskanerobservanten und niederem Klerus zum »Aufstand des ›Gemeinen Mannes‹« (S. 161) mit sozialrevolutionären Aktionen, aber ohne klare Zielsetzung und keineswegs in ganz Ungarn. Das Aufstandsgebiet – die Tiefebene und die an sie angrenzenden Weinbaugebiete – war durch agrarwirtschaftlichen Aufschwung, z.B. bei Rinderzucht und -handel für Mittel- und Westeuropa, gekennzeichnet, von dem vor allem die Bauern in den Marktflecken profitiert hatten, während der Adel mit unterschiedlichen Mitteln (Natural- statt Geldabgaben, Frondienste und Schollenbindung) danach strebte, die Konjunktur für sich (allein) zu nutzen und die Bauern vom Handel auszuschließen. Mit dem Scheitern des Aufstandes kam der Adel diesem Ziel näher.

Auch im Königreich Schweden kam es zwischen 1434 und 1543 zu Aufständen des Gemeinen Mannes. Ursache war hier, vergleichbar mit Württemberg, aber auch Innerösterreich, die zunehmende steuerliche Belastung der Untertanen. Im Königreich Schweden allerdings richtete sich die Erhebung gegen den König selbst, suchte mit Erfolg Verbindungen z.B. zur Kirche oder zur Bürgerschaft Stockholms, und: der Gemeine Mann – im Kern Bauern und Bergleute der Region Dalarna – agierte hier mit militärischer Stärke von einer auch verfassungsmäßig (weitgehende Freiheitsrechte, Teilnahme an der Königswahl) sehr viel besser etablierten Position aus. Letzteres verstärkte sich im Ergebnis, als 1527 der Bauernstand Kurie des schwedischen Reichstages wurde und es bis 1866 blieb. *Werner Buchholz* untersucht vor allem die frühen Ereignisse im ersten Drittel des 15. Jahrhunderts als der entscheidenden Phase des politischen Durchbruchs für den Gemeinen Mann.

Im zweiten Kapitel des Tagungsbandes richten fünf Autorinnen und Autoren ihren Blick speziell auf die »Funktionseliten zwischen ›Gemeinem Mann‹ und Fürst«. *Christian Hesse* zeigt auf, wie stark diese sich in den Territorien des Reiches unterschieden – vor dem Hintergrund der württembergischen ›Vogtsfamilien‹ geschilderte Beispiele sind Hessen, Sachsen und Bayern-Landshut – und führt aus, weshalb auch aus diesem Grund ein zeitgleich zum ›Armen Konrad‹ in der Landgrafschaft Hessen verlaufender Aufstand dort keine vergleichbaren Folgen zeitigte. Den Vergleich zwischen Württemberg und der Eidgenossenschaft unternimmt *André Holenstein*, ausgehend von der Untersuchung des sog. Burgunder- oder Dijonerzuges vom Spätsommer 1513 – einer gemeinsamen Militäraktion von eidgenössischen Orten und Herzog Ulrich in Vertretung des Kaisers gegen den französischen König –, um an diesem Beispiel »die Makropolitik für die Erklärung der Unterschiede von mikrohistorischen Konfliktdynamiken« ins Spiel zu bringen (S. 278). *Nina Kühnle* weist in ihrem Beitrag noch einmal die ältere Vorstellung von der württembergischen Funktionselite als ›Ehrbarkeit‹ zurück und konzentriert sich auf die Entwicklung der nicht-adligen Vogts- bzw. Richterfamilien von der urbanen zur »territorialen Elite« seit dem späten 14. Jahrhundert (S. 296). Deren endgültige Etablierung als Führungsschicht zu Beginn des 16. Jahrhunderts – dabei ihre widersprüchliche Rolle als Landschaftsvertreter und häufig zugleich herzogliche Räte – macht sie als eine tiefere strukturelle Ursache des Aufstandes sichtbar, weil der Gemeine Mann seine Anliegen von dieser Schicht immer weniger vertreten sah. Aus einer theoretisch grundlegenden Perspektive – der Frage nach der Akzeptanz von Herrschaft – beurteilt *Georg Moritz Wendt* den Armen Konrad (sowie den ›Kirchheimer Tuchstreit‹ von 1567) im Kontext der württembergischen Herrschaftsverdichtung, und zwar als Ausdruck eines »Fehler[s] im System«, der mangelnden »Interaktion zwischen den Akteuren in einem politischen System im Wandel« (S. 340). Der Beitrag von *Hermann Kamp* zur Rolle der Funktionseliten in den burgundischen Aufständen nach dem Tod Karls des Kühnen (5. Januar 1477) schließt die Sektion ab. Die Amtsträger wurden zur »Zielscheibe für den Unmut, ja auch den Hass« (S. 361), der sich in den Städten gegen die (Steuer-)Politik Karls angestaut hatte, und sie waren nach 1477 geschmeidig genug, sich mit den neuen Herren (Ludwig XI. von Frankreich bzw. dem Habsburger Maximilian I.) zu verbinden, auf deren Seite sie sich stellten – nicht zwischen Fürst und Gemeinen Mann.

Ein Resümee von *Niklas Konzen* und *Barbara Trosse* beschließt den in mehrfacher Hinsicht gehaltvollen Tagungsband, der den komparatistischen Anspruch überzeugend einlöst. Gerade jene Beiträge der ersten Sektion, die auch entferntere Regionen thematisieren, haben Raum für eine breite und vertiefte Darstellung und Auseinandersetzung erhalten, um den neuesten, in der deutschsprachigen Forschung nicht immer rezipierten Forschungsstand zu vermitteln. Hervorzuheben ist auch, dass der – im Übrigen sorgfältig redigierte – Band neue Quellen erschließt bzw. in zusätzlichen Editionen und / oder Übersetzungen zugänglich macht.

Weingarten DIETMAR SCHIERSNER

WOLFGANG WÜST (Hg.), Patrizier – Wege zur städtischen Oligarchie und zum Landadel. Süddeutschland im Städtevergleich, *unter Mitarbeit von Marc Holländer, Berlin 2018, Peter Lang, 315 Seiten, 27 farbige, 11 s/w Abbildungen.*

Die Stadtgeschichtsforschung unterscheidet für gewöhnlich drei gesellschaftliche Gruppen: Eine städtische Unterschicht ohne Bürgerrecht, die dennoch Steuern zu zahlen sowie weitere Pflichten zu erfüllen hatte; eine Mittelschicht, die zwar über das Bürgerrecht, aber keinen realen politischen Einfluss auf die Regierung der Stadt verfügte, sowie die zahlenmäßig meist geringe, aber politisch einflussreiche Oberschicht. Diesen Eliten und der adäquaten Begrifflichkeit ihrer Beschreibung widmet sich der vorliegende Tagungsband, der sich dem Thema auf komparative Weise nähert.

In seiner Einleitung zeigt *Wolfgang Wüst* die Errungenschaften und Desiderate in der Patriziatsforschung als Teil der Elitenforschung auf und betont die »Hybridformen zwischen handelsorientierten und adelig-ratselitären Lebensformen« (S. 20). Ein geographischer Schwerpunkt der anschließenden Beiträge liegt auf der Reichsstadt Nürnberg, die – ohne politische Zünfte geradezu prototypisch für eine oligarchisch regierte Stadt der Frühen Neuzeit – immer wieder als Vergleichsgegenstand herangezogen wird und die als »Eldorado der Patrizier« konsequenterweise im Fokus der ersten Sektion steht. Der

Herausgeber beschreibt in seinem Beitrag zum patrizischen Selbstverständnis die Versuche, gesellschaftlichen Status durch Kleider- und Luxusordnungen zu regeln. Ziel nicht nur der Nürnberger Patrizier war es letztlich, in den regionalen Niederadel und dessen Korporationen aufzusteigen, was aber nur wenigen Familien tatsächlich gelang. *Werner Wilhelm Schnabel* widmet sich der einmaligen Konstellation, die sich in Nürnberg im 17. Jahrhundert ergab, als durch den Zuzug adliger österreichischer Exulanten zwei Eliten in der Reichsstadt aufeinanderstießen, deren Verhältnis zueinander immer wieder aufs Neue auszuhandeln war. Grundsätzlich wirkte diese mehrere Jahrzehnte andauernde Koexistenz für das Nürnberger Patriziat statusbedrohend. Anhand von Stammbuch- und Kirchenbucheinträgen identifiziert Schnabel Mechanismen sowohl der Annäherung als auch der Distanzierung zwischen den beiden Gruppen. Der spätmittelalterlichen patrizischen Memoria, die sich neben Jahrtagen, Stiftungen und persönlichen Denkmälern auch in Totenschilden manifestierte, nähert sich *Katja Putzer*. Handwerkern, gemeinen Bürgern und Frauen generell wurde solche Ehre in den Nürnberger Kirchen nicht zuteil. *Matthias Nuding* geht den Wegen nach, die patrizische Archive und Sammlungen als (Dauer-)Leihgaben seit 1852 in das Germanische Nationalmuseum führten, und zeigt, welche immense Rolle diese Institution bei der Verwaltung des patrizischen Erbes der Reichsstadt spielte.

Die zweite Sektion des Bandes will verschiedene süddeutsche Städte und ihre Oberschichten miteinander vergleichen. *Karl Borchardt* skizziert auf anschauliche und ausführliche Weise ein Forschungsprojekt zu den im Laufe der Jahrhunderte mehrfach großflächig ausgetauschten Eliten der Reichsstadt Rothenburg ob der Tauber, zu der es bisher kaum zusammenfassende Forschungen gibt. Er beschreibt außerdem überregionale patrizische »Netzwerke, welche die Politik der oberdeutschen Reichsstädte maßgeblich bestimmten« (S. 148) und in die auch Rothenburg eingebunden war – auffällig schwach nehmen sich im Übrigen die Verbindungen der Tauberstadt zu Nürnberg aus. *Andreas Haunert* stellt die vier Perioden in der patrizischen Geschichte des geographischen ›Ausreißers‹ Frankfurt zwischen 1189 und 1806 dar, wo »[n]icht der Wohlstand, sondern die Herrschaftsausübung […] das hervorstechende Merkmal für jene Generationen und Jahrhunderte übergreifende Gruppe, die man das Patriziat nennt«, gewesen sei (S. 173). Es organisierte sich dort in nach Ancienität gestaffelten Gesellschaften, die teilweise bis heute bestehen. Das historische Kuriosum einer Doppelherrschaft von Fürstabt und Reichsstadt, »deren Verhältnis zwischen offener Feindschaft, Koexistenz und teilweiser Kooperation wechselte« (S. 189), wird in Kurzform für Kempten von *Franz-Rasso Böck* beschrieben, während *Stefan Lang* das Patriziat der Tuchmetropole Ulm an der dortigen Stadttopographie nachvollzieht: im Kirchenraum des Ulmer Münsters mit seinen Memorialkunstwerken wie Totenschilden und Altären, in Gebäuden wie der »Oberen Stube« als Versammlungslokal der

Patrizier, dem Rathaus und dem »Schuhhaus«, wo sich der Tanzsaal der Patrizier befand. Ähnlich verfährt *Christoph Heiermann*, der die Entstehung, Organisation, Aufnahmepraxis und das Selbstverständnis der Konstanzer Oberschicht skizziert und die Häuser der dortigen Geschlechtergesellschaft in seine Untersuchung einbezieht – im Gegensatz zu Langs illustriertem Beitrag zu Ulm allerdings ohne jegliche Bebilderung, obwohl etliche Gebäude bis heute bestehen und sich eine solche Ausstattung somit angeboten hätte. Weiterhin bietet Heiermann Anknüpfungspunkte für ein anderes Forschungsfeld, nämlich die Präsenz und Rolle von Frauen im Patriziat und in dessen Korporationen (S. 239). Parallelen des Münchner Patriziats zu den reichsstädtischen Oligarchien Süddeutschlands stellt *Michael Stephan* fest. Wenngleich das dortige Patriziat nie die Bedeutung des reichsstädtischen Patriziats erreicht habe, gab auch dort ein eng verflochtener Familienkreis reicher Handelsleute, Unternehmer, Bankiers und Großgrundbesitzer den Ton im Stadtrat an. Reichtum war Voraussetzung, um die zeitraubenden Ratsämter bekleiden zu können, die bis ins 16. Jahrhundert weitgehend Ehrenämter waren.

Die letzten drei Beiträge gehen auf spezielle Aspekte ein: *Renata Skowrońska* befasst sich mit dem mittelalterlichen Patriziat der Hansestädte im Staat des Deutschen Ordens, wo geburtsständische Ancienität – im Gegensatz zu den süddeutschen Reichsstädten – zugunsten berufsständischer Faktoren von geringerer Wichtigkeit gewesen sei, wenn es darum ging, zentrale Ämter zu besetzen. *Manfred Wegele* präsentiert anhand von Abstammungslisten seine genealogischen Wege ins süddeutsche Patriziat, und *Klaus Wolf* konzentriert sich auf patrizische Literatur bzw. deren Rezeption in den Reichsstädten Augsburg, Nürnberg (Fastnachtsspiele) und Frankfurt am Main (Passionsspiele).

Es hätte sich angeboten, den zwischen den einzelnen Städten und ihren Eliten vergleichenden Aspekt noch stärker herauszuarbeiten. Die Aufsätze mit ihren Schwerpunkten auf einzelnen Städten bieten jedenfalls eine hervorragende Grundlage für die Erfüllung dieses Desiderats, wenngleich sie unterschiedliche thematische und zeitliche Schwerpunkte setzen. Überregionale Beziehungen und Parallelen werden – bis auf wenige Ausnahmen – angesprochen, aber kaum vertieft.

Auch wenn das Vokabular zur Beschreibung städtischer Gesellschaften und ihrer Gruppen in den letzten Jahrzehnten durch neutralere Termini ergänzt wurde, ist das Wort Patriziat doch weiterhin als Synonym für urbane Ober- und Führungsschichten wirkmächtig geblieben. Die Autoren sind sich einig, dass der im Zuge der Antiken- und Italienrezeption in der Renaissance aufgegriffene Begriff des ›Patriziats‹ nicht pauschal auf alle Städte übertragen werden kann, sondern der zeitgenössische Begriff der »ehrbaren Geschlechter« priorisiert werden sollte. In Nürnberg wird erstmals 1488 von einem »Patriziat« gesprochen, in Ulm setzte sich der Terminus gar erst im 18. Jahrhundert durch und löste den der »Geschlechter« ab.

Eine gelungene Ergänzung der einzelnen Aufsätze ist die ihnen vorgeschaltete Zusammenfassung der Beiträge im Stil eines Tagungsberichts, in der auch Referate resümiert werden, die keinen Eingang in den Sammelband fanden, sowie die Ergebnisse der sich an die Vorträge anschließenden Diskussionen. Zudem wird jeder der allesamt deutschsprachigen Aufsätze durch eine kurze englische Zusammenfassung ergänzt, was die Ergebnisse des Bandes auch für die internationale Forschung zugänglich macht.

Bamberg   ANDREAS FLURSCHÜTZ DA CRUZ

MICHAEL MATHEUS (Hg.), Reformation in der Region. Personen und Erinnerungsorte *(Mainzer Vorträge 21), Stuttgart 2018, Franz Steiner, 212 Seiten, zahlreiche Abbildungen.*

Der vorliegende Sammelband dokumentiert eine Vortragsreihe des Instituts für Geschichtliche Landeskunde an der Universität Mainz, die im Rahmen der ›Lutherdekade‹ den »Versuch« unternahm, »auf das Reformationsjubiläum hinzuführen«. Es richtete »den Fokus auf die Geschichte der Reformation im heutigen Rheinland-Pfalz«, auf die »Stätten des Reformationsgeschehens« ebenso wie auf »Einzelpersonen [...], die dort für die Reformationsgeschichte [...] eine wichtige Rolle spielten« (S. 7f.). Die zehn Beiträge spannen den Bogen von der Wormser Stadtgeschichte über die Aktionen des ritterschaftlichen Adels bis zum Buchdruck und zur Sprachgeschichte der Lutherzeit. Alle bieten zweifellos wichtige Einsichten, wenn auch ganz unterschiedlicher Art, stammen sie doch von ausgewiesenen Fachleuten, wie das jeweilige Literaturverzeichnis zu den Beiträgen sichtbar macht.

Gerold Bönnen zeigt am Beispiel von Worms, wie schwierig es mitunter ist, die »reformatorische Bewegung« zu fassen: Zu Recht knüpft er ausführlich an die vorreformatorische Beziehungen zwischen Stadtregiment und der kirchlichen Struktur vor Ort an und leitet daraus die »offene Bekenntnislage und gebremste Konfessionsbildung« der 1520er Jahre ab (S. 21), sodass erst nach dem Augsburger Religionsfrieden Ansätze für einen organisatorischer Rahmen geschaffen werden konnten – freilich in einer mehrkonfessionellen Stadt. Es bleibt allerdings bei diesem Beispiel für den Komplex ›städtische Reformation‹, denn die anschließenden Beiträge widmen sich den bekannten Figuren der rheinischen Ritterschaft. *Silvana Seidel Menchi* geht der Frage nach, wann und wie Ulrich von Hutten den Weg zu seinem reformatorischen Verständnis gefunden hat: Sie sieht den Wendepunkt im Angriff auf das höfische Leben des Klerus – »Im Jahr 1518 erklärt Ulrich von Hutten Rom den Krieg« (S. 45) – und findet die Ursache dafür im ›Julius‹-Dialog des Erasmus, dem massiven humanistischen Angriff auf den verstorbenen Papst Julius II., den Hutten aufnahm und in seinen eigenen Schriften verarbeitete.

Die nachfolgenden vier Beiträge beschäftigen sich mit verschiedenen Facetten des Franz von Sickingen, einer zweifellos für diese Region zentralen Figur: *Reinhard Scholzen* interpretiert sein Leben und seine zahlreichen Fehden unter dem Aspekt »Fehde als Geschäftsmodell«, *Kurt Andermann* zeigt in einem Vergleich mit dem sehr viel bescheideneren Zügen des Handelns von Götz von Berlichingen die Spannbreite ritterschaftlicher Existenz. Erst der Aufsatz von *Wolfgang Breul* nimmt das Thema »Reformation« für die Person Sickingens wieder auf und betont mit dem Schutz, den er mit der Ebernburg als ›Wartburg des Westens‹ einer ganzen Reihe von Reformatoren bot – Luther nahm das freilich nicht an –, und seinem ›Sendbrief‹ von 1522 sein eindeutiges Bekenntnis zur neuen Lehre als »verordneter Vollzieher der Gerechtigkeit« (S. 102). Das Weiterwirken in der Literatur verfolgt *Volker Gallé* mit seinen Bemerkungen zu Lassalles Drama ›Franz von Sickingen‹ von 1857 im Kontext der Rezeptionsgeschichte, und *Matthias Müller* geht in seinem Beitrag zu »Herrscherbildnis und Medienkonkurrenz« der Frage nach, inwieweit auch Sickingen mit Bild und Porträtmedaille Formen der »herrschaftliche[n] Inszenierung« fürstlicher Prägung (S. 135) übernahm.

Eine letzte Gruppe von Beiträgen nimmt die Diskussion über die Reformation als Medienereignis auf. Die Kunstgeschichte vertritt *Andreas Tacke*: Er zeigt mit Hilfe statistischer Auswertung, dass Lucas Cranach d.Ä. eindeutig zu den Gewinnern in der Kunstszene der Reformation gehörte, weil er ohne Ansehen der Konfession über Großaufträge aus dem altgläubigen Lager seine Werkstatt als einträglichen Großbetrieb über die sonst feststellbaren Einbrüche halten und ausbauen konnte. Kritisch mit dem Diktum »ohne Buchdruck keine Reformation« setzt sich der Buchwissenschaftler *Christoph Reske* auseinander und schwächt die Vorstellung von der »Medienrevolution« mit den Argumenten der relativ geringen Auflagenhöhe der Drucke und der mangelnden Lesefähigkeit der breiten Bevölkerung nicht zuletzt an den Beispielen von Mainz, Speyer und Worms ab und will nur eine »Medievolution« sehen (S. 181). Der Sprachwissenschaftler *Rudolf Steffens* schließlich zeigt am »Kampf- und Agitationswortschatz«, wie Martin Luthers Sprache immer radikaler wurde, und erläutert im Vergleich seiner in Wittenberg erschienenen Übersetzung des Neuen Testaments mit den Basler Nachdrucken die weitreichenden sprachgeschichtlichen Wirkungen der Lutherbibel.

Zweifellos zeichnet sich der Band durch eine große Spannweite der Themenstellungen aus, die geeignet sind, auch einem breiteren Publikum wichtige Facetten der Reformationszeit zu präsentieren. Allerdings ist auch nicht zu übersehen, dass der Titel des Bandes irreführend ist: Von der Reformation ist in einigen Beiträgen überhaupt nicht die Rede, von einer solchen »in der Region« allenfalls andeutungsweise, etwa an Worms oder an der Ebernburg. Was diese Region als reformatorische räumliche Einheit ausmachen könnte, bleibt jedoch nicht nur unklar, sondern wird völlig ausgespart – der Titel ist wohl eher als Verkaufsanreiz im Nachgang zum Jubiläumsjahr 2017 zu verstehen.

Bonstetten   Rolf Kiessling
b. Augsburg

Irene Dingel u. a. (Hg.), Theatrum belli – Theatrum pacis. Konflikte und

Konfliktregelungen im frühneuzeitlichen Europa *(Veröffentlichungen des Instituts für Europäische Geschichte Mainz, Beiheft 124),* Göttingen 2018, Vandenhoeck & Ruprecht, 320 Seiten.

Die Gedenkjahre 1618 (Ausbruch des Dreißigjährigen Krieges), 1718 (Friede von Passarowitz) und 1918 (Ende des Ersten Weltkrieges) waren Anlass, die Heinz Duchhardt zum 75. Geburtstag gewidmete Festschrift entsprechend dem Forschungsschwerpunkt des Jubilars den Konflikten und Konfliktbeilegungen der Frühen Neuzeit mit Ausblicken ins 19. und 20. Jahrhundert zu widmen. Eingeleitet wird der Band mit dem Abdruck der Festrede, die Winfried Schulze 2011 zum Abschied Duchhardts aus dem Amt des Direktors des Instituts für Europäische Geschichte in Mainz gehalten hat, die in der Tat wie eine passende Einführung in die Thematik der Festschrift wirkt.

Gegliedert ist diese in drei Abteilungen, zwei frühneuzeitliche, die einerseits innere, andererseits internationale Konflikte und deren Beilegung oder Einhegung behandeln, und eine dritte, die als Ausklang dem 20. Jahrhundert gewidmet ist.

Im ersten inhaltlichen Beitrag schlägt *Horst Carl* vor, die Eidgenossenschaft und die Republik der Vereinigten Niederlande nicht, wie es gewöhnlich geschieht, zusammen mit Venedig als Republiken einer Sondergruppe frühneuzeitlicher Staatlichkeit zuzuordnen, sondern als föderative Staatswesen, die sich wesentlich über die Funktion der Stiftung inneren Friedens trotz divergierender Interessen ihrer Bestandteile definierten, mit dem Heiligen Römischen Reich zu vergleichen. Während es dabei um Verfassungsstrukturen geht, befasst sich *Johannes Ludwig Schipmann* mit Handlungsstrategien, mit Hilfe derer es den führenden Städten der Hanse in den Jahren 1540 bis 1557 gelang, das kontroverse Thema der Verlegung des niederländischen Kontors von Brügge nach Antwerpen durch einen vielfach retardierten Beratungsprozess schließlich einer einvernehmlichen Lösung zuzuführen und zwar trotz des Störfaktors der konfessionellen Spaltung zwischen den hansischen Vororten. *Eike Wolgast* stellt die »Konfessionelle[n] Friedstände auf den Reichstagen Karls V.« in einer Überblicksdarstellung zusammen und reiht damit den Augsburger Religionsfrieden von 1555 in die Perspektive einer Schlussfolgerung aus jahrzehntelangen Erfahrungen der Reichsstände ein, die sich entschlossen, aus Provisorien eine dauerhafte politische Lösung des Problems der religiösen Spaltung zu machen, nachdem die Hoffnung auf ein Konzil als Letztinstanz zerronnen war, da die Protestanten nach dem Papst auch dieses nicht mehr als verbindlichen Entscheidungsträger anerkennen wollten. Diesem ereignisgeschichtlichen Beitrag folgt ein komparatistischer zum Thema Religionsfrieden: *Irene Dingel* bezieht dabei als deutsches Beispiel neben dem Augsburger Religionsfrieden auch den Frankfurter Anstand von 1539 mit ein. Beide zeichnen sich dadurch aus, dass sie die Religionsparteien ausdrücklich benennen, nämlich die Anhänger der »alten Religion« und die Augsburger Konfessionsverwandten (Die Frage, ob damit nur die Confessio Augustana von 1530 oder auch ihre Variante von 1540 gemeint sei, wurde erst später zum Streitpunkt). Genau daran fehlt es im französischen Toleranzedikt von Saint-Germaine-en-Laye von 1562, das für die unter gewissen Restriktionen zu duldenden Anhänger der »nouvelle réligion« lediglich die Anerkennung des Alten und Neuen Testaments sowie des Nizänums von 325 vorschreibt. Noch weiter ging die Warschauer Konföderation von 1573, die eigentlich eher eine Art Landfrieden der polnischen Stände untereinander und zugleich ein Vorspiel auf die Wahlkapitulation des Thronkandidaten Heinrich von Valois war. Sie vermied jegliche inhaltliche Definition der »dissidentes de religione« und verzichtete bezeichnenderweise im Gegensatz zu den deutschen und französischen Beispielen darauf, die Hoffnung auf kirchliche Wiedervereinigung in ihrem Text zum Ausdruck zu bringen. Diese signifikanten Unterschiede sind Resultate des jeweiligen politischen und gesellschaftlichen Kontextes, der Anlass zum Abschluss eines Religionsfriedens gab. Den Abschnitt interne Konfliktschlichtung schließen zwei Beiträge ab, die die früher herrschende Meinung, vor und im Dreißigjährigen Krieg hätten die Reichsinstitutionen völlig versagt, widerlegen oder zumindest relativieren. *Matthias Schnettger* tut dies anhand einer Detaildarstellung des letztlich erfolgreichen Einschreitens einer aus Kurmainz und Hessen-Darmstadt bestehenden Reichshofratskommission gegen den Fettmilch-Aufstand in der Reichsstadt Frankfurt 1612–1614. *Johannes Burkhardt* verweist in seinem Grundsatzbeitrag auf die »Resilienz« sowohl der Landesherrschaften wie der Reichsgremien. Für den von 1613 bis 1640 in der Tat ausfallenden Reichstag

hätten Kurfürstentage und die Reichskreise einen Ersatz geboten. Am Ende seien es Landesherrschaften und Reichskreise gewesen, die einen widerspenstigen Kaiser gezwungen hätten, sich von dynastischen Bindungen zu lösen und sich auf seine Rolle als Reichsoberhaupt zu konzentrieren. Somit habe das Reich dank seiner föderalen Struktur überlebt.

Den zweiten Teil des Bandes leitet ein kurzer Aufsatz von *Katrin Keller* ein, der sich mit den Bemerkungen zu den Westfälischen Friedensverhandlungen in den kürzlich edierten Diarien und Tagzetteln des Prager Kardinals Harrach beschäftigt. *Michael North* stellt anhand der Beschreibung der anlässlich der Friedensverträge von Oliva und Kopenhagen (1660) geprägten Medaillen fest, dass diese bewusst eingesetzte Propagandainstrumente waren, im Falle Dänemarks sogar zur Bemäntelung seiner Niederlage im Machtkampf mit Schweden. *Leopold Auer* weist im Rahmen seiner Untersuchung der kaiserlichen Instruktion und Propositionen zum Friedenskongress von Nimwegen die prägende Wirkung des Westfälischen Friedens für die folgenden europäischen Kongresse nach. Dem Beitrag des bulgarischen Historikers *Ivan Parvev* über die vom kaiserlichen Geheimen Rat Graf Jörger in einem Gutachten von 1689 imaginierte »Pax Austriaca auf dem Balkan« merkt man ein gewisses Bedauern an, das dieser seinem Kaiser zwar die Fortsetzung des damals sehr erfolgreich verlaufenden Türkenkriegs, nicht aber auch einen Friedensschluss »koste es, was es wolle« mit Ludwig XIV. empfohlen hat, um die anschließenden

Rückschläge zu vermeiden. Jenseits dieses Spiels mit dem »Was wäre gewesen, wenn …« beschäftigt sich Parvev aber auch mit der Frage, warum der Kaiserhof dieses geheime Gutachten gerade 1723 öffentlich machte. *Bettina Braun* weist, Ansätze der jüngeren Forschung erweiternd, nach, dass Kaiserin Maria Theresia nicht, wie ältere Biographen annahmen, im Laufe ihres Lebens zur Kriegsgegnerin geworden sei, sondern dass sie von Anfang an sich stets zwei Fragen gestellt habe, nämlich ob ein Krieg den traditionellen Anforderungen des *bellum iustum* genüge (was für sie im Österreichischen Erbfolgekrieg der Fall war, nicht aber im Bayerischen) und im ersteren Falle, ob die Erfolgsaussichten die Kosten rechtfertigen. *Lucien Bély* beschäftigt sich in einem französischsprachigen Beitrag zunächst mit dem Beginn der Ablösung des Begriffs der französischen Nation von seiner Identifikation mit dem König im Spanischen Erbfolgekrieg, dann überhaupt mit dem Beitrag von Kriegen zur Nationsbildung. Er plädiert dafür, für die Herausbildung des europäischen Staatensystems den Frieden von Utrecht gleichberechtigt neben den Westfälischen zu stellen, da erst 1713 das Prinzip der Gleichberechtigung der Souveräne durch das des Gleichgewichts ergänzt worden sei. *Martin Wrede* kann anhand zahlreicher Beispiele die traditionelle Auffassung von der »Zähmung der Bellona«, d.h. der Mäßigung der Kriegspraxis im »ritterlichen« Mittelalter und erneut im Zeitalter des Absolutismus überzeugend relativieren, was das Vorgehen bei Schlachten und Belagerungen betrifft. Die wichtige Frage der Kriegseinwirkungen auf die Zivilbevölkerung bleibt dabei im Gesamturteil aber doch etwas unterbelichtet, denn es ist ja durchaus bemerkenswert, dass im Siebenjährigen Krieg mit einer halben Million ungefähr so viele Soldaten gefallen sind wie im Dreißigjährigen, aber die Zahl der Ziviltoten im letzteren um ein vielfaches höher war als die ebenfalls halbe Million in den Jahren 1756–1763. Im letzten Abschnitt befasst sich *Martin Espenhorst* mit dem heute weitgehend vergessenen Kieler Aufklärer und Kulturhistoriker Dietrich Hermann Hegewisch, einem Gegner des »Nationalhasses« und Vordenker des weltweiten Freihandels und einer europäischen Währungsunion. Abgeschlossen wird dieser Teil des Bandes von einer Überblicksdarstellung von *Jan Kusber* und *Julia Röttjer* über die Entwicklung der polnisch-russischen Grenze während der Neuzeit, die sich zuletzt zu einer Gesamtdarstellung der Ursachen der zwischen beiden Völkern bis heute herrschenden »Entfremdung« – vielleicht würde es angesichts der weitgehenden Permanenz eines gespannten Verhältnisses besser passen, von einem »Kalten Frieden« zu sprechen – weitet.

Damit ist der Anschluss gefunden an die beiden Aufsätze zum 20. Jahrhundert. Der Beitrag von *Wolfgang Schmale* zu Friedensinitiativen französischer Freimaurer erscheint dabei wenig aufschlussreich, weil »der Vorhang … nur ganz wenig gelüftet werden kann«, was übrigens den geläufigen Vorwurf verschwörerischer Aktivitäten der Freimaurerei entgegen der Absicht des Autors eher bekräftigt. Sehr viel detailreicher und damit auch informativer ist der Aufsatz von *Hans-Ulrich Thamer* über die Abläufe und das Zeremoniell bei der Pariser Friedenskonferenz von 1919 und der Unterzeichnung des Versailler Vertrags, der in geradezu beklemmender Weise deutlich macht, weshalb nicht nur die friedensstiftende Funktion der Konferenz verfehlt wurde, sondern auch ein Vertragsschluss über umfassende förmliche und feierliche Friedensregelungen nach kriegerischen Großkonflikten anders als 1648 und 1815 seitdem unterblieben ist.

Den Ausklang des Bandes bilden »Anstelle eines Nachworts« humorvolle Bemerkungen zum Duchhardt'schen Vorwort, die ebenfalls dem Festakt von 2011 entstammen.

München   Gerhard Immler

Michael Rohrschneider/Anuschka Tischer (Hg.), Dynamik durch Gewalt? Der Dreißigjährige Krieg (1618–1648) als Faktor der Wandlungsprozesse des 17. Jahrhunderts *(Schriftenreihe zur Neueren Geschichte 38 Neue Folge 1), Münster 2018, Aschendorff, 342 Seiten.*

Den aus einer Würzburger Tagung von 2016 hervorgegangenen Sammelband leitet die Mit-Initiatorin und Gastgeberin *Anuschka Tischer* mit einem ausführlichen Beitrag »Dynamik durch Gewalt?« ein. Unter Rückgriff auf das bekannte Diktum des vorsokratischen Philosophen Heraklit Πόλεμος πάντων μέν πατήρ εστί (Der Krieg ist der Vater von allen) bietet sie einen umfassenden Überblick über die Forschungslage zur Bellizität in der Frühen Neuzeit und aktuelle Diskussionen samt ihrer Wurzeln in der Historiographie. Insbesondere empfiehlt sie dabei, in der deutschen Geschichtsforschung eine Anregung Otto Hintzes von 1906 endlich wieder aufzugreifen und die Entwicklung von Staats- und Heeresverfassung in Beziehung zu setzen, nämlich den Krieg zu betrachten »als gesellschaftlich organisierte Gewalt, die über den engen völkerrechtlich-politischen Rahmen hinausgeht« und dabei zu fragen »was Krieg über eine Gesellschaft respektive über die Menschheit aussagt und was er für sie bedeutet.«

Diesem Überblick über historiographische Perspektiven folgen zwei Überblicksaufsätze zum Dreißigjährigen Krieg aus unterschiedlichen Blickwinkeln, aber mit konvergierender Deutung: *Christoph Kampmann* sieht den Verlauf des Krieges wesentlich mitbestimmt durch Sicherheitsvorstellungen. Das zunächst dominierende Konzept der Sicherheit durch Stärke habe den Höhepunkt kriegerischer Gewalt in den Jahren 1631–1634 heraufbeschworen. Die Erfahrung der Unbeständigkeit des Kriegsglücks wie die besonders für den Kaiser sich als riskant erweisende Abhängigkeit von schwer kontrollierbaren militärischen Akteuren hätten dann dazu beigetragen, sich auf Sicherheit durch politische und rechtliche Kompromisslösungen zu besinnen. Im Grundgedanken des Primats politischer vor konfessionellen Ursachen der Konfliktivität der ersten Hälfte des 17. Jahrhunderts berühren sich diese Überlegungen mit dem Modell vom Staatenbildungskrieg *Johannes Burckhardts*, das dieser auf der Grundlage seiner ersten Vorstellung im Jahr 1992 unter Berücksichtigung neuerer Forschungsergebnisse nochmals zusammenfassend begründet.

Christian Mühling weist in Zusammenfassung seiner 2018 erschienenen Dissertation nach, dass erst um 1700 das Bild von Dreißigjährigen Krieg als einem Religionskrieg aufkam, wobei allerseits irgendein Zusammenhang mit der Politik Ludwigs XIV. bestanden habe. Klar ist dies bei den Hugenotten, die damit nach ihrer Vertreibung aus Frankreich für konfessionelle Toleranz werben wollten. Nicht recht deutlich machen kann Mühling jenen Zusammenhang dagegen bei den englischen und deutschen protestantischen Autoren, die mit dem Schüren von Ängsten vor angeblichen Religionskriegsbestrebungen des katholischen Klerus, insbesondere der Jesuiten, wohl eher die innere Konsolidierung und Abwehrbereitschaft der eigenen Konfessionsfamilie fördern wollten. Auf katholischer Seite habe erst französische Propaganda im Spanischen Erbfolgekrieg, die den katholischen Kurfürsten Johann Wilhelm von der Pfalz wegen seines Bündnisses mit den Seemächten dem »Winterkönig« parallelisierte, als Gegenreaktion Druckschriften hervorgerufen, in denen thematisiert wurde, Frankreich wolle wie im Dreißigjährigen Krieg durch das Schüren konfessionsbedingter Uneinigkeit im Reich seine expansiven politischen Ziele fördern.

Kürzere Beiträge befassen sich mit der Rolle Hessen-Kassels, das aus seiner Marginalisierung im Rahmen der traditionellen Reichspolitik durch internationale Bündnisse auszubrechen suchte (*Karsten Weigand*), sowie mit den Tagebüchern des Fürsten Christian II. von Anhalt-Bernburg (*Arndt Schreiber*), ein längerer mit der Rolle der Reichskreise für die Legitimierung und Funktionsfähigkeit des Leipziger Bundes von 1631 *(Fabian Schulze)*. Besonderes Interesse darf die Untersuchung von *Michael Kaiser* über die Landstände von Kleve und Mark beanspruchen, da sie zeigt, dass der langdauernde Krieg keineswegs mit Notwendigkeit die landesfürstliche Autorität erhöhte, sondern bei deren struktureller Schwäche gerade die Stände stärken konnte, die selbständig die Lücke füllten; wenn sie dabei auf ihr vom Kurfürsten von Brandenburg bestrittenes Selbstversammlungsrecht pochten, dürfe dies aber nicht als Auflehnung gegen die Landesherrschaft nach dem niederländischen und böhmischen Vorbild verstanden werden.

Während *Astrid Ackermann* Herzog Bernhard von Sachsen-Weimar in einem ihm gewidmeten Beitrag, nicht zuletzt wohl aufgrund ihrer Quellen überwiegend ernestinischer Provenienz und damit dem propagandistischen Selbstbild folgend, allzu positiv beurteilt, weist *Peter H. Wilson* in seinem Aufsatz »War Finance, Policy and Strategy in the Thirty Years War« auf die Bedeutung der Enteignungen und Donationen, zu deren größten Profiteuren zeitweise Herzog Bernhard gehörte, für die Kriegsfinanzierung wie die Verlängerung des Krieges hin. Die Kontributionen hätten demgegenüber, wiewohl sie für den laufenden Unterhalt der Armeen ganz entscheidend gewesen seien, den Kriegsverlauf nur wenig beeinflusst. Die Rolle der Subsidien (spanische und päpstliche für Kaiser und Liga, niederländische, englische und französische für Dänen und Schweden) werde insgesamt überschätzt.

Anhand der Auswertung fortifikationstheoretischer Werke steuert *Stephan Bürger* die Erkenntnis bei, dass der Dreißigjährige Krieg anders als das späte 16. und das späte 17. Jahrhundert keine wesentlichen Innovationen auf dem Gebiet des Festungsbaus hervorbrachte. *Eva-Bettina Kraus* befasst sich mit den Langzeitwirkungen des Krieges auf die höfische Repräsentationskultur, *Arina Lasarewa* aus Moskau mit seinen Einflüssen auf die deutsche Nationsbildung im Diskurs der Dichter und Literaten. Mängel dieses Beitrags liegen dabei im fehlenden Rückbezug auf humanistische und reformatorische Diskurse und erneut in der Quellenauswahl und -kritik, denn bei diesbezüglich näherem Hinsehen wäre der Autorin aufgegangen, dass es sich um eine fast ausschließlich lutherische, wenn auch teils überkonfessionell argumentierende Gruppe von Autoren handelt. Wäre dies thematisiert worden, so hätten sich die Argumente dieser frühen »Nationaldichter« unschwer im Umkreis der sächsischen Politik verorten lassen, wodurch auch z.B. der Umschlag der offenbar ambivalenten »brutalisierenden« Darstellung schwedischer Soldaten aus Nordeuropa von bewunderter Kraft zu barbarischer Wildheit durch den Wandel der politisch-militärischen Konstellation im Gefolge des Prager Friedens erklärbar wäre.

Neue Perspektiven auf das weltpolitische Umfeld des Dreißigjährigen Krieges öffnet schließlich *Arno Strohmeyers* diplomatiegeschichtliche Studie zum kaiserlichen Residenten in Konstantinopel von 1629 bis 1643, Johann Rudolf Schmid zum Schwarzenhorn. Sie zeigt auf, dass für den Kaiserhof nicht nur die entlastenden Rückwirkungen des osmanisch-persischen Krieges auf die Situation an der stets gefährdeten ungarisch-kroatischen Türkengrenze, sondern auch noch weiter östlich sich abspielende Ereignisse, nämlich die Beziehungen Persiens zu Georgien, usbekischen Herrschern und dem Mogulreich ins Kalkül einzubeziehen waren und deshalb beobachtet werden mussten.

München   GERHARD IMMLER

MARTIN HILLE, Revolutionen und Weltkriege. Bayern 1914 bis 1945, *Köln/Weimar/Wien 2018, Böhlau, 282 Seiten, 20 Abbildungen.*

Es ist schon längere Zeit her, dass eine separate zusammenfassende Darstellung der Geschichte der Entwicklung Bayerns zwischen 1914 und 1945 vorgelegt worden ist. Der betreffende Teil in Wolfgang Zorns Buch »Bayerns Geschichte im 20. Jahrhundert« ist bisher der umfassendste Versuch geblieben. Es reihte aber im Wesentlichen nur Details und Episoden aneinander und bemühte sich nicht um eine analytische Perspektive. Die von Manfred Treml im Auftrag der Bayerischen Landeszentrale herausgegebene Geschichte des modernen Bayern erschien 2006 in einer dritten erweiterten Ausgabe. Der Beitrag zur Weimarer Zeit krankte aber an seiner unzulänglichen Literaturkenntnis, und auch der zu den zwölf Jahren der nationalsozialistischen Ära war nicht gerade von einem ausgewiesenen Kenner verfasst. Zu erwähnen wären auch noch die Kapitel in der zweiten Auflage des Spindler'schen-Handbuchs von 2002.

Mit Hilles Buch liegt nun eine Arbeit vor, die dem neuesten Stand der Forschung entspricht. Dementsprechend relativiert er das traditionell vorherrschende Bild von der allgemeinen Kriegsbegeisterung im August 1914. Bald rächte es sich, dass man mit einem kurzen Krieg und schnellen Sieg gerechnet und keine Vorbereitungen getroffen hatte. In diversen Industriebereichen sanken die Reallöhne stark, die Lebensmittelversorgung war dürftig. Erste Demonstrationen setzten schon 1916 ein, in dem das ganze Reich erfassenden Streik vom Januar 1918 ging es erstmals nicht nur um Lohn und Preisproteste, sondern um die Forderung nach Frieden. Von der SPD spalteten sich die Unabhängigen Sozialdemokraten ab, die einen sofortigen Frieden wollten, im rechten Lager wurde die Deutsche Vaterlandspartei aktiv, die noch immer einen Siegfrieden als möglich propagierte. Während SPD und Teile der Liberalen immer stärker eine Parlamentarisierung forderten, war das bayerische Zentrum erst ganz zum Ende des Kriegs dafür zu haben, da es mit einer solchen Reform auch den Untergang der Wittelsbacher Monarchie heraufziehen sah.

Während Kurt Eisner, der für kurze Zeit an der Spitze der revolutionären Strömung stand, eine, von ihm aber nicht konkretisierte, Kombination von Räten und parlamentarischer Demokratie vorschwebte, lehnte der Führer der Mehrheitssozialdemokratie, Erhard Auer, ein Rätesystem strikt ab. Eine Zeitlang aber waren beide aufeinander angewiesen. Auer setzte gegen Eisner baldige parlamentarische Wahlen durch, deren Resultat ein Fiasko für die Unabhängigen bedeutete. Eisners Ermordung rief aber ein politisches Vakuum hervor. Die von dem kurz tagenden Landtag gebildete Regierung des Sozialdemokraten Hoffmann wich nach Bamberg aus. Nach der Ausrufung der kurzlebigen Münchner Räterepublik herrschte erst recht Unsicherheit, wenn auch die Verwaltung weiter arbeitete. In Nordbayern fand die Herrschaft der Räte großenteils keinen Anklang. Zwar wollte Hoffmann ein militärisches Vorgehen gegen den Süden vermeiden, musste sich aber unter dem Druck der Reichsregierung, die ein Eingreifen der Ententemächte fürchtete, dazu entschließen. Hoffmann forderte die bedingungslose Kapitulation und setzte als Instrument württembergische Hilfstruppen und Freikorps ein. Deren mörderisches Vorgehen wurde vor allem vom sozialdemokratischen Reichswehrminister Noske gedeckt. In Hoffmanns Kabinett war schließlich die Bayerische Volkspartei vertreten, während die unabhängigen Sozialdemokraten ausgeschieden waren. Obwohl der Kapp-Putsch vom März 1920 im Reich scheiterte, konnten die gegenrevolutionären Kräfte in Bayern, für die die Namen Escherich (Einwohnerwehren), Kahr (Regierung von Oberbayern) und Pöhner (Polizeidirektion München) standen, bei dieser Gelegenheit Hoffmann durch Drohungen zum Rücktritt bewegen. Die Landtagswahlen bestätigten den allgemeinen Rechtsruck, der auch innerhalb der BVP und mit der Berufung Kahrs zum Ministerpräsidenten sichtbar wurde. Diese Entwicklung der Partei des bayerischen politischen Katholizismus ging nicht zuletzt auf das

Wirken des Bauernfunktionärs Georg Heim zurück. Wichtigster Koalitionspartner waren jetzt die Deutschnationalen, die die Republik ebenso wie er verabscheuten. Kahrs Anhängerschaft fand sich auch in den demokratiefeindlichen Wehrverbänden und den Einwohnerwehren, denen er breiten Spielraum ließ. Unter dem Druck der Alliierten musste allerdings im Juni 1921 ihr Dachverband, die Orgesch, aufgelöst werden. Doch bestanden die Wehrverbände weiter. Als das Reich nach der Ermordung des Reichsfinanzministers und Zentrumspolitiker Matthias Erzberger und später des Reichsaußenministers Rathenau gesetzliche Maßnahmen zum Schutz der Republik traf, stellte sich Bayern wegen des Eingriffs in die Länderrechte jeweils quer. Die BVP wollte den Konflikt schließlich nicht bis zum äußersten treiben. Sie opferte Kahr, danach unter dem Druck der Rechten aber auch seinen konzilianteren Nachfolger Graf Lerchenfeld.

Zunehmend gewann jetzt die radikale Agitation der Nationalsozialisten Raum. Ein Teil der Wehrverbände stand hinter ihnen, ein anderer hinter der Regierung. Diese schaffte es trotz der energischen Bemühungen des Innenministers Schweyer nicht, den Radikalen Zügel anzulegen. Der deutschnationale Justizminister Gürtner arbeitete ihnen sogar zu. Als Retter in der Not verfiel die BVP wieder auf Kahr, den sie zum Generalstaatskommissar mit Sondervollmachten ernannte. Kahr provozierte wieder die Reichsregierung, schreckte aber doch davor zurück, sie gewaltsam zu attackieren. Dazu wollte Hitler ihn am 8. November 1923 nötigen. Sein Staatsstreichversuch scheiterte an den etablierten Gewalten.

Zwar versteckte sich die BVP jetzt nicht mehr unter einem Spitzenbeamten als Regierungschef, sondern besetzte das Amt erstmals mit ihrem führenden Politiker, Heinrich Held. Sie hielt aber weiter unter allen Umständen an der Koalition mit den Deutschnationalen fest. Den Vorstößen Helds für eine Reform im Sinne eines starken Ausbaus der Länderstaaten war kein Erfolg beschieden.

Hitler gelang es nach seiner Entlassung, seine Parteiorganisation nach und nach wieder auf- und auszubauen. Oberbayern war kein günstiger Boden mehr, dagegen große Teile Frankens. Er setzte den Schwerpunkt der Aktion auf das Land, wo ihm die 1928 spürbare Agrardepression zugutekam. Die zunehmende Weltwirtschaftskrise beschleunigte seit 1930 seinen Erfolg, seit den Reichstagswahlen vom September 1930 war die NSDAP die zweitgrößte Partei in Bayern. In der Reichspräsidentenwahl von 1932 gelang ihr vor allem die Mobilisierung landwirtschaftlicher Wählerschichten. Den endgültigen Durchbruch zur stärksten Partei in Bayern schaffte sie aber nicht.

Selbst als Hitler im Reich bereits an der Macht war, autorisierte er noch am 7. März 1933 den Fraktionsvorsitzenden im Landtag, Buttmann, zu Koalitionsgesprächen. Die radikalen Nationalsozialisten um den Gauleiter von München-Oberbayern, Adolf Wagner und den Obersten SA-Führer Ernst Röhm wollten aber die ganze Macht. Anders als in Preußen beließen die Nationalsozialisten die Spitzenbeamten der Ministerialverwaltungen im Amt. Die Zahl der unter dem Innenminister Wagner in Haft Genommenen war die höchste in allen deutschen Ländern. Röhms Verhältnis zur bayerischen Regierung und den Gauleitern war zunehmend gespannt. In der Mordaktion gegen ihn und eine Reihe seiner Führer vom Juni 1934 kam der von Himmler und Heydrich beherrschten und von Wagner unterstützten Bayerischen Politischen Polizei eine Sonderrolle zu. Die SA verlor ihre politische Bedeutung, die Sonderkommissare verschwanden.

Mit dem Gesetz zum Neuaufbau des Reichs vom 30. Januar 1934 wurden die Länder des Kerns ihrer Rechte beraubt. Den totalen dezentralisierten Einheitsstaat, wie er Frick vorschwebte, wollte Hitler aber nicht, hätte er doch viele seiner ihm blindlings ergebenen Granden den Boden unter den Füssen weggezogen. Von diesen wurde in Bayern vollends Wagner der starke Mann, nachdem die Minister Frank und Esser ausgeschieden waren und der Reichsstatthalter von Epp nur noch Dekoration war. Auch die Macht der übrigen Gauleiter wuchs.

Zwar sank die Arbeitslosigkeit, und ab 1937 herrschte außer in den strukturschwachen Gebieten Ostbayerns Vollbeschäftigung. Doch entwickelte sich keine Stärkung der Massenkaufkraft. Nicht zuletzt dank Steuervergünstigungen verbesserte sich die Lage der Landwirtschaft. Schon seit 1935 hatten die Kriegsvorbereitungen Priorität. Noch vor dem Kriegsausbruch setzte die Lebensmittelrationierung ein, doch war die Versorgungslage nie so schlecht wie im Ersten Weltkrieg.

Die Ächtung und Verfolgung der Juden nahm stetig zu. Seit den Ausschreitungen von November 1938 wurde sie zentral in Berlin gesteuert. Ab Mitte November 1941 setzte die systematische Deportation in die Ghettos und von da in die Vernichtungslager ein.

Die Verfolgung oppositioneller katholischer Priester war in Bayern intensiv. Hitler sorgte sich aber über die Wirkung eines zu radikalen Vorgehens und nahm diverse Maßnahmen seiner Funktionäre wieder zurück. Die zwangsweise Eingliederung der Evangelischen Landeskirche Bayerns scheiterte zur Überraschung Hitlers an dem starken Widerstand, den ihre Repräsentanten leisteten.

Der Widerstand der Exil-SPD, der KPD und monarchistischer Kreise wurde von der Gestapo weitgehend aufgedeckt und brutal zerschlagen.

Die Geschehnisse an der Front bekam die Heimat, anders als im Ersten Weltkrieg, dank des Radios schnell und direkt mit, trotz aller damit verbundener Propaganda.

Im Mai 1944 waren 400 000 Zwangsarbeiter in Bayern tätig, die Hälfte davon im gewerblichen Sektor. Die Zahl der Evakuierten und Ausgebombten wuchs, auch die ersten Flüchtlinge kamen schon in diesem Jahr nach Bayern.

Der Stellvertreter und spätere Nachfolger Wagners, Paul Giesler, intensivierte die Propaganda und organisierte als Gauleiter den Volkssturm. Zunehmender Terror herrschte in den letzten Kriegsmonaten. Konzentrationslagerhäftlinge wurden von der SS auf Todesmärsche getrieben, die

Wehrmacht mordete viele, die den sinnlosen Kampf nicht mehr weiterführen wollten, mit Hilfe fliegender Standgerichte.

Der Autor hat eine breite und gründliche Kenntnis der Forschungsliteratur, auch wenn man das ein oder andere Werk vermisst, so Thomas Forstners Buch über die Sozialisierung der Geistlichkeit im Bistum München-Freising im 20. Jahrhundert und Björn Mensings Buch über die evangelisch-lutherische Geistlichkeit in Bayern. Mensing hat deren breite Sympathie für den Nationalsozialismus demonstriert, bei Hille kommt dies nicht zur Sprache. Auch Sabine Wanningers Buttmann-Biographie und die Studie von German Penzholz über die Landräte in Bayern im Nationalsozialismus wurden offenbar noch nicht ausgewertet. Hille ist der Ansicht, die Landräte seien nur noch Hilfsorgane der Kreisleitungen gewesen, Penzholz stellt das genaue Gegenteil fest.

Hille weist auf die Rolle der Matrosen beim Ausbruch der Revolution auf der Theresienwiese hin. Mindestens so bedeutsam waren aber auch die stark vertretenen Arbeiter der Pulver- und Munitionsfabrik Dachau. Zweifeln wird man auch an der Sichtweise Hilles, als habe die KPD von Anfang an die Räte systematisch infiltriert und alles gesteuert. Die Forschung bestätigt dies in keiner Weise.

Ein »Museum der Bewegung« im Braunen Haus, von dem Hille spricht, ist dem Rezensenten aus der Forschungsliteratur nicht bekannt, möglicherweise sollte es aus den Beständen der Sammlung Rehse errichtet werden.

Was man grundsätzlich vermisst, ist eine knappe Darstellung der zentralen Punkte in der Entwicklung der Kommunen.

Hille hat nicht den Ehrgeiz, neue Forschungsperspektiven entwickeln zu wollen. Sein Buch will den Wissensstand für Gymnasiallehrer und Studenten zusammenfassen. Das gelingt ihm hervorragend, und auch Spezialisten können das Buch mit Gewinn lesen. Um den Fluss der Darstellung nicht zu stören, sind Einzelinformationen zu Personen, Institutionen und Ereignissen in 24 Themenkästen eingeschaltet. Hille weist auch auf wunde Punkte hin, etwa die Mitverantwortung der BVP am frühen Aufstieg des Nationalsozialismus. So wirkt sein Buch der Legendenbildung entgegen und erfüllt damit eine der wichtigsten Pflichten des wissenschaftlichen Historikers.

München   Paul Hoser

German Penzholz, Beliebt und gefürchtet. Die bayerischen Landräte im Dritten Reich, *Baden-Baden 2016, Nomos, 740 Seiten.*

Die Landräte in Bayern, die während des Nationalsozialismus als Teil des exekutiven Apparats nach innen eine nicht zu unterschätzende Rolle für die Stabilität und das Funktionieren von dessen Herrschaft spielten, wurden bisher als Gegenstand der historischen Forschung weitgehend vernachlässigt. Am Anfang der Arbeit stehen die Ergebnisse einer eigens erstellten Statistik, die querschnittartig für den 9. März 1933 und den 31. August 1939 die persönlichen Daten der bayerischen Landräte auswertet. Fast 30 % stammten aus Familien, in denen der Vater höherer Beamter gewesen war. Nimmt man die Beamten niedrigerer Ebene dazu, waren es rund 51 %. Aus kleinbürgerlichen Familien kamen 44 %. Sie konnten zwar unter der Herrschaft des Nationalsozialismus verstärkt aufsteigen. Kein einziger aber kam aus der Arbeiterschicht. Da der Referendardienst ohne Bezahlung absolviert werden musste, war Wohlhabenheit im Hintergrund die Voraussetzung.

Bereits unter der Ministerpräsidentschaft Gustav von Kahrs wurden Juden von dem Amt eines Landrats ausdrücklich ausgeschlossen. Zwar war die Mehrheit der untersuchten Landräte katholisch, zeichnete sich aber im Sinne eines formalen Neutralitätsideals nicht durch besondere Verwurzelung im katholischen Milieu aus. Fast alle hatten ein juristisches Studium als Voraussetzung. Eine Bevorzugung bei Beförderungen dank der Angehörigkeit zu studentischen Verbindungen ließ sich nicht nachweisen.

In der Zeit der Weimarer Republik wurde die Bezahlung geringer. Eine Reduzierung der Bezirksämter verringerte überdies die Chance, Amtsvorstand zu werden. Auch der Kompetenzbereich der Bezirksamtmänner war geschmälert, da in der Weimarer Zeit die Bezirks- (heute Kreis-)tage als Organ der Selbstverwaltung entstanden waren, gegenüber denen der Bezirksamtmann nur noch eine beratende Funktion hatte. 1933 lag ihr Durchschnittsalter bei 54 Jahren, was eindeutig eine Überalterung bedeutete. Vor 1933 war kein Einziger Mitglied der NSDAP. Sie waren oft sogar Hassfiguren für die Nationalsozialisten, da sie die Verbotspolitik des bayerischen Innenministers Stützel auszuführen hatten.

Als am 9. März 1933 die Nationalsozialisten viele Rathäuser besetzten, begnügten die Chefs der Bezirksämter sich mit formellem Protest, da von oben keine Anweisung für diesen Fall ergangen war.

Nur 21 schlossen sich schon im März 1933 der NSDAP an. Das Gesetz zur Wiederherstellung des Berufsbeamtentums gab keine Grundlage für Entlassungen unerwünschter Amtsvorstände ab. Es waren nur Versetzungen an andere Bezirksämter oder in den inneren Dienst als möglich. Nur relativ wenige konnten vorzeitig in den Ruhestand abgedrängt werden. Insgesamt setzten 1933 für rund 31 % Veränderungen ein.

Doch konnte man auch auf den Großteil der übrigen eingespielten Beamten nicht verzichten. Sie verhinderten, dass lokale Stellen der NSDAP oder ihrer Nebenorganisationen durch Willkür ein allgemeines Chaos anrichteten. Des Öfteren war es allerdings schwer, Aktionen eines lokalen Mobs, in die die SA verwickelt war, unter Kontrolle zu bekommen.

Die Bezirksamtmänner konnten im Allgemeinen auch Übergriffe der in Bayern eingesetzten SA-Sonderkommissare abwehren. Diese verloren ihr wichtigstes Recht, die Verhängung von Schutzhaft, schon am 23. Mai 1933 wieder. Allerdings waren die Leiter der Bezirksämter immer wieder verunsichert, weil sie nicht wussten, ob Aktionen nur auf Eigenmächtigkeiten der Sonderkommissare zurückgingen, oder ob sie sich auch mit dem Willen des

Innenministeriums abspielten. Schwierigkeiten ergaben sich auch für ihr Aufsichtsrecht über die Kommunen, falls dort ein Bürgermeister gleichzeitig Kreisleiter war und willkürlich vorging. Meist waren aber die Kreisleiter zur Zusammenarbeit mit den Bezirksämtern bereit. Bis zu einem gewissen Maß war die Macht der Bezirksamtmänner auch größer geworden, da die Bezirkstage praktisch keine Rolle mehr spielten. Zum Verdruss vieler Kreisleiter waren sie einstweilen auch noch die wichtigsten lokalen Repräsentanten. Die Kreisleiter konnten zwar über sie politische Beurteilungen abgeben, die aber für Beförderungen oder Versetzungen meist keine Rolle spielten. Die Parteistellen erreichten nie eine weitgehende Kontrolle. Ihrerseits waren die Bezirksamtmänner (seit 1939 Landräte) sehr anpassungsbereit und traten schließlich fast alle der Partei bei. Dagegen gingen wenige zur SA und nur sehr wenige gehörten ehrenamtlich der SS an. Zwischen 1937 und 1939 kam ein Schub von neuen Landräten ins Amt, die ein Durchschnittsalter von 43 Jahren aufwiesen. Unter ihnen befanden sich eine Reihe engagierter Nationalsozialisten.

Die Beamtenstellen in der inneren Verwaltung waren noch immer nicht besonders attraktiv, da die Aufstiegsmöglichkeiten gering waren. An die Stelle der Großen juristischen Staatsprüfung in Bayern trat schließlich eine reichseinheitliche Prüfung, zu deren Inhalten auch die nationalsozialistische Ideologie gehörte. Dennoch verschlechterte sich das Ausbildungsniveau nicht grundsätzlich.

Die geplante Landkreisreform unterblieb nach Kriegsausbruch auf Befehl Hitlers. Sie hätte die Stellen für Landräte weiter verringert, wäre mit Sicherheit aber auch auf allgemeinen örtlichen Widerstand gestoßen.

Auf dem Land waren die Landräte weiter die oberste Polizeibehörde. Trotz der Zentralisierung der Polizei handelten Gendarmerie und Gestapo selten, ohne sie einzubeziehen. Damit waren sie auch in das Verfolgungssystem der Nationalsozialisten eingebunden. Hemmungen zeigten sie dabei nur, wenn es die katholische Kirche betraf. Bei Anträgen auf Verhängung von Schutzhaft, die von der Gestapo genehmigt werden mussten, folgten sie meist den Vorschlägen der Gendarmerie. Gemeinsam mit der Gestapo waren sie auch für Strafmaßnahmen gegen Zwangsarbeiter zuständig. Die ältere Generation der Landräte war zwar nach dem Eindruck des Verfassers nicht vom Rassenantisemitismus der Partei durchdrungen, allerdings keineswegs frei von der allgemeinen Voreingenommenheit gegen Juden. In den Landratsämtern wurden die Listen zusammengestellt, ohne die eine Deportation nicht möglich gewesen wäre.

Im Krieg wurden bei den Landratsämtern die für die Produktion der Lebensmittel zuständigen Ernährungsämter A eingerichtet, deren Personal die Kreisbauernschaften stellten, außerdem die für die Verteilung zuständigen Ernährungsämter B. Gegenüber den neuen Problemen der Betreuung und Versorgung von Bombengeschädigten, Evakuierten und Flüchtlingen bei gleichzeitiger Reduzierung des Verwaltungspersonals erwiesen sich die

Ämter zunehmend hilflos. 33 Landratsstellen wurden im Krieg neu besetzt. Zwar war nationalsozialistische Aktivität aus der Zeit vor 1933 förderlich, die juristische Qualifikation aber noch immer unverzichtbar.

Im Gefolge der Besatzung wurde über fast alle Landräte von den Amerikanern der automatische Arrest verhängt. Doch auch fast alle wurden dann problemlos entnazifiziert. 1946 wurde das Amt zu einem Wahlamt. Einige wenige wurden sogar wiedergewählt. Die große Mehrheit derer, die noch nicht im Pensionsalter waren, gelangten wieder in den Staatsdienst. Durchweg sahen sie sich als korrekte Beamte, die nur ihre Pflicht getan und an den Verbrechen des Nationalsozialismus keinen Anteil gehabt hatten. Vom Holocaust wollten sie sämtlich nichts gewusst haben.

Das Buch hat vor allem als Nachschlagewerk wirklichen Wert. Claudia Roths Buch über die Kreisleiter der NSDAP informiert über die Machthaber der Partei auf regionaler Ebene, die Arbeit von Penzholz ergänzend über die Repräsentanten der staatlichen Herrschaft. Es fehlt nur noch eine Arbeit mit einer Zusammenstellung des Wirkens der Bürgermeister der kreisunmittelbaren Städte, die der Aufsicht der Landräte nicht unterstellt waren. Nützlich an der Arbeit sind auch die Informationen über Laufbahndetails und der Exkurs über die juristische Staatsprüfung in Bayern.

Als Quellen dienten in erster Linie die Personalakten und die Spruchkammerakten. Über den Aussagewert der Personalakten hätte man sich eine kritische Betrachtung gewünscht. Falsch ist die Angabe auf S. 34, im Staatsarchiv München seien alle Spruchkammerakten bereits digital verzeichnet. Dies ist bisher gerade einmal für sieben Spruchkammerbezirke der Fall. Natürlich ist es vom Aufwand her nicht machbar, systematisch die Vielzahl von Kommunalarchiven zu durchforsten. Auch bei den Akten der Landratsämter dürfte man auf Grenzen stoßen. Diese erscheinen bei Penzholz zwar detailliert in der Übersicht der benutzten Archivalien zum Teil für einzelne Landratsämter, zum Teil nur summarisch. Eine Begründung, nach welchen Gesichtspunkten er sie ausgewertet hat, gibt der Autor nicht. Deren Überlieferung ist lückenhaft, vieles wurde vor Kriegsende bewusst vernichtet. Dennoch enthalten sie, wenn auch unvollständig, einen besonders wertvollen Bestand, nämlich die Monats- und Halbmonatsberichte der Landratsämter an die Regierungspräsidenten. Im Band I von »Bayern in der NS-Zeit« finden sich für Oberbayern viele Zitate daraus. Penzholz hat diese Berichte ignoriert und führt nicht einmal den genannten Quellenband an, ein unverständliches Versäumnis, da gerade diese Quellen für das Handeln und für die die Mentalität der Landräte grundlegend sind. Einen ersten Überblick darüber, wer wo Landrat war, kann man auch dem bis 1942 jährlich erschienenen Bayerischen Jahrbuch entnehmen, das Penzholz offenbar entgangen ist. Die Landräte, die im Krieg nur noch kommissarisch neu bestellt wurden, erwähnt er nicht einmal.

Penzholz bestätigt noch einmal die Tatsache, dass die Landräte durchaus ihren eigenen Machtspielraum gegenüber den Kreisleitern wahren konnten. Ihre Bereitschaft zum Opportunismus, ihre Ablehnung, nach dem Krieg ihr Handeln in Frage zu stellen und ihre Rückkehr in den Staatsdienst sind generelle Erscheinungen, die für die Beamtenschaft allgemein galten. Ganz neu sind diese Erkenntnisse nicht.

Unerfreulich sind zahlreiche Grammatikfehler und stilistische Ausrutscher in der Darstellung. Hingewiesen sei noch darauf, dass diejenigen, die nicht 149 € aufwenden wollen, das Buch auch online lesen können, falls sie den entsprechenden Zugang zum OPAC der Bayerischen Staatbibliothek haben.

München   PAUL HOSER

RALF BANKEN, Hitlers Steuerstaat. Die Steuerpolitik im Dritten Reich *(Das Reichsfinanzministerium im Dritten Reich 2)*, Berlin, Boston 2018, De Gruyter Oldenbourg, 668 Seiten.

Die Finanzgeschichte öffentlicher Institutionen ist ein schwieriges Problem, dem Historiker bei deren Erforschung gern aus dem Wege gehen. Neuerdings hat der Mut, sich auch damit auseinanderzusetzen zugenommen, wie etwa Paul Moritz Rabes Buch über die kommunale Finanzpolitik in München zwischen 1933 und 1945 zeigt. Bankens Studie ist Teil eines Forschungsprojekts über die Politik des Reichsfinanzministeriums im Dritten Reich, aus dem bereits zwei weitere Arbeiten vorliegen.

Die Grundlagen des noch heute in Deutschland praktizierten staatlichen Steuersystems wurden bereits 1921 durch die Reformen des damaligen Reichsfinanzministers Erzberger gelegt, die durch die Hinterlassenschaften des Ersten Weltkriegs unausweichlich geworden waren. Bekanntlich waren die Länder dabei die Verlierer. Ein Finanzausgleich, der diese Situation verbessert hätte, gelang während der Weimarer Republik nicht. In der Zeit der Herrschaft der Nationalsozialisten verschob sich die Verteilung der Steuern noch weiter zu ihren Ungunsten, besonders stark während des Zweiten Weltkriegs. Die Steuerhoheit der Länder war spätestens 1936 aufgehoben. Besser waren die Kommunen gestellt, die mit Hilfe der Grund- und der Gewerbesteuer ihre Schuldensituation wesentlich verbessern konnten.

Hohe Summen eingenommener Gelder flossen nicht mehr in den Reichshaushalt, sondern an diesem vorbei an die Wehrmacht, die SS und die NSDAP. 1938/39 hatten sich die Einnahmen im Reichshaushalt gegenüber 1933/34 verdoppelt, 1942/43 erreichten sie den Höchstwert, ab September 1944 aber befanden sie sich im freien Fall. Der Anteil der Steuereinnahmen an den Gesamteinnahmen des ordentlichen Reichshaushalts fiel schon seit 1933 ständig. Damals hatte er noch 88 % betragen, 1943 waren es nur mehr 39,5 %.

Die hemmungslose Kredit- und Schuldenwirtschaft, die schon die Aufrüstung ermöglicht hatte, kannte im Krieg keine Grenzen mehr. Die kurzfristigen Schulden hatten dabei den Löwenanteil. 1944 überstieg die Reichsschuld die Steuereinnahmen um das Siebenfache, 58 % der Gesamtausgaben wurden zum Kriegsende für die laufende Rückzahlung der Schulden verbraucht. Bei den Kriegsgegnern waren die Verhältnisse solider.

Schon vor dem Krieg war der Haushaltsausgleich in zunehmendem Maß nicht mehr möglich. Als Reichsbankpräsident Schacht die unsolide Finanzpolitik, die auch er lange mit ermöglicht hatte, für nicht mehr vertretbar hielt, entließ ihn Hitler im Januar 1939. Für das Grundproblem, entweder durch unpopuläre Steuererhöhungen auch die breite Arbeiterschaft zusätzlich zu belasten oder die Währung inflationär zu untergraben, fand sich kein Ausweg. Die Hoffnung, alles durch Ausplünderung der im Krieg besetzten Gebiete lösen zu können, erwies sich als trügerisch. Grundsätzlich verfolgte man weiter den Kurs der exorbitanten Verschuldung.

Mit Fritz Reinhardt, einem Fachmann für Wirtschafts- und Steuerfragen, der der erste Gauleiter von Oberbayern gewesen war, hatte die Partei einen überzeugten Anhänger im Ministerium. Als Staatssekretär kam er gleich nach dem Minister. Er besetzte im Zug des Machtausbaus die Personalreferate in den vorgefundenen drei Hauptabteilungen des Ministeriums mit aktiven Nationalsozialisten. Ebenso nahm er Einfluss auf die Besetzung der Posten in den Oberfinanzpräsidien.

Dennoch hatten für ihn nicht die Politik der Partei, sondern die Interessen des Ministeriums Vorrang. Versuchte Übergriffe nationalsozialistischer Parteiorganisationen wehrte auch er ab. Dies taten er und der Minister Graf Schwerin von Krosigk jedoch nur zum Schutz des eigenen Machtbereichs, nicht zur Abwehr sachfremder Begehrlichkeiten der Partei. Nach 1945 war diese Behauptung ein viel verwendetes Muster der Selbstrechtfertigung. Als fachkundige Konkurrenz blieb noch bis zum Attentat auf Hitler vom 20. Juli 1944 das preußische Finanzministerium unter Johannes Popitz bestehen, der dann als einer der Verstrickten Hitlers Rache zum Opfer fiel. Die von Reichsinnenminister Frick geplante Errichtung eines Reichsschatzministeriums konnte als unliebsame Konkurrenz verhindert werden.

Auf die Besteuerung der NSDAP und einer Reihe ihrer Nebenorganisationen musste das Reichsfinanzministerium verzichten; ebenso gewährte Hitler Günstlingen persönlich Steuerbefreiungen. Seine eigenen Einnahmen waren für die Finanzbehörden tabu. Reichschatzmeister Schwarz gab dem Ministerium keinerlei Einblick in die Finanzen der Partei. Andererseits gaben dieses und die ihm unterstellten Ämter trotz des formell weiterbestehenden Steuergeheimnisses immer wieder Auskünfte an Parteiinstanzen und die Gestapo.

Die Einspruchsmöglichkeiten Betroffener in Steuerangelegenheiten wurden erheblich reduziert. Ab 1936 konnten säumige Steuerzahler sogar in der Presse angeprangert werden. Reinhardt sah in Steuerberatern den verlängerten Arm der Finanzverwaltung. Der Datenabgleich mit vielen Institutionen und auch der der Finanzämter untereinander wurde intensiviert, wodurch zahlreiche Steuerhinterziehungen aufgedeckt wurden. Nur die Möglichkeit der Zahlung einer Belohnung für die Denunziation von Steuerhinterziehungen erwies sich noch nicht als wirksam.

Banken bringt gegen die These Götz Alys von der »Wohlfühl«-Diktatur, die die unteren Schichten steuerlich verschont habe, den Einwand vor, dass die von Aly angeführten absoluten Zahlenwerte nichts über die tatsächliche Belastung der Gesamtbevölkerung oder bestimmter Schichten aussagen. Außerdem könne man Alys Behauptung, dass Briten und Amerikaner ihre Bevölkerungen höher besteuert hätten, eindeutig faktisch widerlegen.

Detailliert setzt sich Banken auch mit den zahlreichen speziellen Steuermaßnahmen auseinander, die der Verfolgung der jüdischen Deutschen dienten. Höhepunkt war das Reichsbürgergesetz vom 25. November 1941, womit das gesamte Vermögen von Juden dem Reich verfiel.

Die katholische Kirche behielt nach dem Reichskonkordat von 1933 ihr Besteuerungsrecht. Der Leiter der Parteikanzlei, Martin Bormann, wollte die Eintreibung der Kirchensteuern durch den Staat abgeschafft sehen, konnte sich aber nicht durchsetzen. Noch 1942 lehnte Hitler dies ab. Bormann und Reinhardt erreichten nur für Bayern, dass dort die Kirchensteuer durch eigene kirchliche Steuerämter eingezogen werden musste. Immer mehr reduziert wurden Steuervergünstigungen für die Kirchen. Auch die Steuerpraxis gegenüber den Klöstern wurde verschärft. Bei den Diskussionen über die Kirchensteuer spielte aber das Reichsfinanzministerium nicht die führende Rolle.

Die Finanzverwaltung blieb auch nach 1945 intakt. Die Finanzämter funktionierten schnell wieder. Nach Bankens Urteil waren die Sanktionen der Nationalsozialisten auch in der Bundesrepublik im Sinne einer verbesserten Steuermoral noch wirksam.

Zum Fazit Bankens gehört die Erkenntnis, dass ohne das Reichsfinanzministerium weder die Aufrüstung noch die Kriegsführung möglich gewesen wären. Schwerin von Krosigk und Reinhardt waren stets willfährige Handlanger Hitlers. Dieser wiederum überschätzte letztlich seine finanzpolitischen Handlungsmöglichkeiten. Beide verhinderten nicht, wie sie später zur ihre Rechtfertigung vorbrachten, Schlimmeres, sondern trugen erheblich zur Katastrophe bei. Auch die steuerliche Verfolgung der Juden hatten sie wesentlich mit zu verantworten.

Bankens Studie ist, wie er selbst hervorhebt, die erste zu dem Thema, die auf breiter Archivbasis ruht. Die Kenntnis der Finanzproblematik trägt erheblich zum Verständnis der allgemeinen Politik bei. Die Arbeit ist in jeder Hinsicht eine Pioniertat.

Ein Nachteil, der das Lesen erschwert, ist, dass zu viele für das allgemeine Verständnis nicht unbedingt erforderliche Details gebracht werden. So werden beispielsweise seitenweise Verordnungen und Entwürfe zu Nebenfragen mit allen Nuancen aneinandergereiht und auch die steuerliche Belastung von Unternehmen in den allerletzten Feinheiten geschildert. Genauer hätte man gern erfahren, wie die allgemein geltende Reichsfluchtsteuer zum speziell antijüdischen Instrument umgewandelt wurde, bzw. ob nicht jüdische Auswanderer möglicherweise bevorzugt wurden. Eine Stilblüte findet man auf S. 540, wo von ausgebürgerten Emigranten die Rede ist, die »rückständige Steuern besaßen«.

Bei manchen der erwähnten Personen

hätte man sich zusätzliche Angaben gewünscht. So wird Otto Ohlendorf nur als ein Mann des Reichswirtschaftsministeriums erwähnt, der Kritik an einer Maßnahme der Reichsfinanzverwaltung übte und nicht als der Massenmörder genannt, der er dann später war. Bei dem als Beamter des Statistischen Reichsamts erwähnten Otto Barbarino, der schon die Überspannung aller Kräfte durch die nationalsozialistische Finanzpolitik erkannte, hätte es auch nicht geschadet, hinzuzufügen, dass er später die führende Figur im Bayerischen Staatsministerium der Finanzen war.

Was Hitlers persönliche Finanzen anbetrifft, hätte der Autor besser auf die Anführung des weitgehend unseriösen Buchs von Chris Whetton »Hitlers's Fortune« verzichtet.

Diese kleinen Kritikpunkte sollen aber nicht die grundsätzliche Bedeutung des Buchs und die große Leistung des Autors schmälern.

Man kann außerhalb des von ihm zu verantwortenden Bereichs nur darüber spekulieren, warum die beiden früheren Bände des Projekts ein Personenregister haben, dieser Band aber nicht, obwohl es gerade hier sehr nützlich wäre.

München Paul Hoser

Andrea Bauer, Bernhard von Prambach, Bischof von Passau (1285–1313) *(Studien zur Geschichtsforschung des Mittelalters 36), Hamburg 2017, Dr. Kovac, 304 Seiten.*

Als geistliche Oberhirten und weltliche Herrscher standen Fürstbischöfe des Alten Reiches immer im Spannungsfeld von Reichs-, Diözesan- und Hochstiftspolitik. Dabei verfestigte sich das spezifische Ineinandergreifen von geistlicher und weltlicher Herrschaft erst im 13. und 14. Jahrhundert. Es ist also besonders lohnenswert, Bischöfe dieser Zeit unter der Perspektive zu untersuchen, welche geistlichen und weltlichen Funktionen sie wahrnahmen und welche Veränderungen sich hier feststellen lassen. Der Passauer Fürstbischof Bernhard von Prambach, der aus einem Ministerialengeschlecht stammte und vor seiner Bischofswahl bereits Mitglied des Passauer Domkapitels gewesen war, dazu auch Pfarrer von St. Stephan in Wien und Archidiakon diesseits der Donau, regierte 28 Jahre und damit ausgesprochen lange. Sowohl in reichspolitischen Erfordernissen wie auch in hochstiftischen Interessen und diözesanen Aufgaben sind während seiner Regierungszeit eine ganze Reihe wichtiger innerer und äußerer Entwicklungen in Bistum und Hochstift zu konstatieren, die maßgeblich auf Entscheidungen des Bischofs zurückgehen.

Auf Reichsebene zeigt sich allerdings, dass Bernhard von Prambach als Bischof einer Diözese, die nicht im königlichen Kernbereich gelegen war, in aller Regel eine eher untergeordnete Rolle spielte. Er war königstreu, gehörte aber nicht zu den entscheidenden Reichsfürsten. Nur zu Albrecht I. gestaltete sich das Verhältnis intensiver, aber auch durchaus angespannter. Über die Routinehandlungen, die sich aus den Urkunden ergeben, hinaus, stritt sich der Passauer Bischof immer wieder mit Albrecht I., wenn es um Besetzungen von wichtigen Pfarreien im habsburgischen Machtbereich ging, beispielsweise der Pfarrei St. Stephan in Wien. Zugleich unterstützte er Albrecht I. bei dessen Konflikten mit den Güssingern, Ungarn und Böhmen und setzte sich als Vermittler in Friedensverhandlungen ein.

Auf das Hochstift und seine geographische Lage zwischen Wittelsbach, Habsburg und Salzburg bezogen, konnte sich Bernhard von Prambach auf der einen Seite zwar bei deren Auseinandersetzungen weitgehend außerhalb der direkten Konfliktlinien halten und sich auch hier als Vermittler profilieren, allerdings wurden eigene territorialpolitische Ambitionen vor allem durch die Habsburger erfolgreich beschränkt. Insgesamt verstand es Bernhard zwar, das Eigentum der Kirche von Passau zu sichern, aber er vermochte das Territorium nur im direkten Umgriff der Stadt Passau und im Land der Abtei zu erweitern.

Innenpolitisch gehört sicher der Aufstand der Passauer 1298, die Beilegung und schließlich die Verleihung des Bernhardinischen Stadtbriefes 1299 zu den markantesten Ereignissen seiner Regierungszeit. Der Aufstand machte es offensichtlich, dass die Verhältnisse zwischen Stadt und Bischof einer eindeutigen Klärung bedurften. So wurden nun die Rechte der Bürger sowie umfassende Regelungen für die Verwaltung der Stadt und die Erhaltung des Stadtfriedens schriftlich festgehalten. Im Kern blieb dieser Bernhardinische Stadtbrief bis zur Säkularisation 1803 gültig.

Im geistlichen Bereich strebte Bischof Bernhard von Prambach eine stärkere Disziplinierung des Klerus an, er setzte Reformen in Gang und bemühte sich erfolgreich um Neugründungen von Klöstern. Als häretisch verurteilte geistliche Gruppen verfolgte er konsequent. Vehement bemühte er sich um den Wiederaufbau des Domes und die Errichtung der Hochgräber für die Bistumspatrone Valentin und Maximilian.

Die Qualifikationsschrift von Andrea Bauer untersucht entlang der Biographie von Bernhard von Prambach die unterschiedlichen Aufgabenfelder eines Bischofs am Übergang vom 13. auf das 14. Jahrhundert. Die vielfältigen geistlichen und weltlichen Pflichten, die Möglichkeiten bischöflichen Handelns im Kontext territorialer Beschränkungen und städtischer Ansprüche werden systematisch erarbeitet und dargestellt. Bereichernd wäre es gewesen, einen vergleichenden Blick auf andere Bischöfe dieser Zeit zu werfen, um auf diese Weise die Herrschaftspraxis Bischof Bernhards von Prambach deutlicher zu zeichnen und einzuordnen. Die auf einer gesättigten Quellen- und Literaturbasis erstellte Arbeit erschließt nichtsdestoweniger diesen Passauer Bischof, gibt wertvolle Einblicke in die Passauer Bistumsgeschichte an der Schwelle zum 14. Jahrhundert und leistet schließlich einen Beitrag für die Frage der Profilbildung der Fürstbischöfe im Spätmittelalter.

Passau   HANNELORE PUTZ

CHRISTIANE HOTH/MARKUS RAASCH (Hg.), Eichstätt im Nationalsozialismus. Katholisches Milieu und Volksgemeinschaft, *Münster 2017, Aschendorff, 189 Seiten.*

Nicht erst seit dem Sammelband von Klaus Gotto und Konrad Repgen aus dem Jahr 1980 (Kirche, Katholiken und Nationalsozialismus, in 2. Auflage 1983 mit dem geändertem Titel »Die Katholiken und das Dritte Reich«) oder der 1991 von Jürgen Falter veröffentlichten Monographie »Hitlers Wähler« und ihrem Befund, dass es vermutlich nie zu einer Machtübernahme durch die Nationalsozialisten gekommen wäre, hätte es in Deutschland nur Katholiken gegeben, bildet das Verhältnis von Kirche, Katholiken und Nationalsozialismus einen festen Bestandteil der modernen Katholizismus- und Widerstandsforschung. Wie der vorliegende Sammelband zu Eichstätt im Nationalsozialismus verdeutlicht, handelt es sich hierbei zwar um ein relativ intensiv bearbeitetes Themenfeld, bei dem jedoch auch weiterhin – nicht zuletzt auf lokaler, regionaler und vergleichender Ebene – Forschungsbedarf besteht.

Eine Lücke schließt nun die vorliegende Untersuchung, bei der es sich in mehrfacher Hinsicht um eine besondere Publikation handelt: Der Sammelband beruht zunächst einmal auf studentischen Qualifikationsarbeiten, die zwischen 2013 und 2016 unter der Betreuung von Markus Raasch an der Katholischen Universität Eichstätt-Ingolstadt entstanden sind (S. 23). Darüber hinaus beschränkt sich die Studie nicht auf die Beschreibung der Abwehrkämpfe der katholischen Kirche gegenüber dem Nationalsozialismus. Stattdessen bemüht sie sich um einen Wechsel der Perspektive und differenzierte Einblicke. So hinterfragen die Herausgeber in ihrer Arbeit bewusst das in der Katholizismus-Forschung gängige Opfer-Resistenznarrativ und stellen sich klar in die »Tradition der Milieuforschung«. In Anlehnung an Jürgen Kocka bekennen sie sich zu den Prinzipien und Methoden einer »Sozialgeschichte in Erweiterung«, wobei »Milieu« von den Herausgebern als soziale Einheit begriffen wird, die sich aus den verschiedenen Dimensionen »Religion«, »regionale Tradition«, »wirtschaftliche Lage«, »kulturelle Orientierung« und »schichtenspezifische Zusammensetzung« konstituiert. »Volksgemeinschaft« wird indes als soziale Praxis verstanden, in deren Kontext Alltagshandlungen, Rituale, Verhaltensmuster und -regeln, »mit denen soziale Ordnungen ausgehandelt werden«, in den Blick genommen werden sollen (S. 13). Dabei eignet sich das bis 1972 zum überwiegend protestantisch geprägten Mittelfranken gehörende Eichstätt aufgrund seines Status als Bischofssitz, seiner zentralen kirchlichen Einrichtungen und einer fast ausschließlich katholischen Bevölkerung besonders gut als Untersuchungsobjekt.

Auf der Suche nach Erklärungen für die Integrationskraft und Erfolge der NSDAP und ihrer Organisationen in Eichstätt beleuchten sechs Einzelstudien auf rund 150 Seiten die Strategien der NSDAP und ihrer Organisationen in sowie die soziale Praxis der Volksgemeinschaft vor Ort. Hierfür werden neben der Machtergreifung (*Christiane Hoth* und *Theresa Knöferl*) und dem Umgang mit der jüdischen Bevölkerung (*Veronika Vollmer*) vor allem die Entwicklung der HJ, des BDM (*Lisa Margraf*), der SA und der SS (*Veronika Vollmer*) sowie das Verhältnis von Kirche und Bevölkerung (*Evi Wimmer* und *Markus Raasch*) in den Blick genommen. Abgerundet wird das Buch mit einem

Abschnitt zu Kriegsende und Nachkriegszeit (*Lisa Margraf*). Gestützt werden die Ergebnisse der Studie von einer vergleichsweise profunden Quellenarbeit. So fanden neben den Quellen städtischen Ursprungs, Zeitzeugeninterviews oder der Auswertung der lokalen Presse auch Bestände des Eichstätter Diözesanarchives oder des Staatsarchives Nürnberg Berücksichtigung. Leider erschwert das Fehlen eines Abkürzungsverzeichnisses oder eines Gesamtverzeichnisses aller benutzter Quellen und Literatur dem Leser die Arbeit mit dem Band. Selbst am Ende der Einzelkapitel lassen sich keine Quellen- und Literaturverzeichnisse finden. Zudem wird der in den (Vor-)Überlegungen formulierte theoretische Anspruch in den Einzelkapiteln nicht konsequent weiterverfolgt.

Dennoch lohnt ein Blick in die Ergebnisse der Studie: Während die ältere Forschung unter anderem betont, dass es sich bei Eichstätt um eine in beinahe allen Bereichen untypische Stadt handelte, in welcher der NSDAP große Einbrüche innerhalb der Bevölkerung gelungen seien, (vgl. etwa: Evi Kleinöder, Verfolgung und Widerstand der Katholischen Jugendvereine. Eine Fallstudie über Eichstätt, in: M. Broszat/E. Fröhlich, Bayern in der NS-Zeit Bd. 2, 1979, S. 175–236 und diess., Katholische Kirche und Nationalsozialismus im Kampf um die Schulen, 1981) macht bereits das erste Kapitel des Bandes zur Machtergreifung deutlich, dass »weder eine systematische Übernahme der Milieuorganisation noch Auflösungstendenzen des Milieus zum Aufstieg des Nationalsozialismus führten«, stattdessen orientierten sich die NSDAP und ihre Organisationen eng an den bestehenden Strukturen. Sie kopierten die soziale Praxis des katholischen Milieus, ohne jedoch die Bildung einer katholischen »Gegenwelt« oder »Katakombengesellschaft« zu befördern (S. 55). Während sich im katholischen Milieu Eichstätts vielfältige Formen und Motive des Widerstandes aber auch der Anpassung finden lassen, sank »die Bereitschaft sich zur Wehr zu setzen« im Laufe der nationalsozialistischen Herrschaft, vor allem aber mit Kriegsbeginn, auch in der Bischofsstadt stetig (S. 25).

Dass sie mit ihren Arbeiten jedoch keine umfassenden und gar abschließenden Forschungsergebnisse präsentieren können, war den Herausgebern und Autoren bewusst. Stattdessen möchten sie zu einer vertieften Beschäftigung mit der Geschichte Eichstätts im Nationalsozialismus anregen – ein Anspruch, dem der Band trotz kleiner Schwächen durchaus gerecht wird. So bietet er sich als Ausgangsbasis für künftige Forschungen an und macht darüber hinaus einmal mehr deutlich, wie wichtig gerade die Ausleuchtung aller vorhandener Grautöne – selbst wenn sie noch so ambivalent erscheinen mögen – für eine Untersuchung der deutschen Gesellschaft im Nationalsozialismus ist (S. 26).

Schwandorf STEPHANIE KRAUSS

MICHAEL APPEL, Die letzte Nacht der Monarchie. Wie Revolution und Räterepublik in München Adolf Hitler hervorbrachten, *München 2018, DTV, 384 Seiten, 27 Abbildungen.*

Was das Spektrum der Publikationen

zur bayerischen Revolution von 1918/19 angeht, so war dieses schon immer stark auf München fixiert. Daran hat sich auch im hundertsten Gedenkjahr wenig geändert. Nach wie vor stellt sich der Büchermarkt beinahe wie ein ›Monacensia-Phänomen‹ dar, ohne allzu viel neue Erkenntnisse beigesteuert zu haben. Mehr Forschungsertrag hätte da schon die breitere Einbeziehung der ländlich-kleinstädtischen Provinz versprochen. Von einigen Ausnahmen abgesehen, zieht die Forschung nach wie vor einen großen Bogen um die Regionalgeschichte der bayerischen Revolution. Noch weniger ausgebildet ist die überregional-vergleichende Perspektive, wie sie sich etwa mit Blick auf die ungarische Entwicklung von der »Asternrevolution« Ende 1918 bis zum Scheitern der Räterepublik Anfang August 1919 anbieten würde.

»Schon wieder so eine München-Fibel zur Revolution«, mag vielleicht der Leser denken, wenn er das erste Mal in das neue Buch des Publizisten Michael Appel blickt. Doch dies täuscht ein wenig wie auch der Untertitel, der da suggeriert, hier werde primär der Zusammenhang von revolutionärer Umwälzung und gegenrevolutionärer Entwicklung Adolf Hitlers nachgezeichnet. In Wirklichkeit taucht der damalige Soldatenrat erst im letzten, dreizehnten Kapitel auf – und dies eher plötzlich und unvermittelt mit unübersehbaren Anleihen an die neueren Forschungen von Thomas Weber, Anton Joachimsthaler und Othmar Plöckinger. Im Übrigen legt Michael Appel keine umfassende Geschichte der bayerischen Revolution von 1918/19 vor, sondern eher ein Zeitpanorama in Schlaglichtern. Vor allem interessieren ihn die Münchner Akteure, Opfer und Zeitgenossen, oder besser gesagt deren Reminiszenzen im Spiegel von Tagebüchern, Memoiren und sonstigen Selbstzeugnissen. Ganz vorne stehen das Revolutionstagebuch des Gymnasialprofessors und Romanisten Josef Hofmiller und die Erinnerungen seines nationalkonservativen Gesinnungsgenossen Karl Alexander von Müller. Als Gegenpole figurieren unter anderem der revolutionäre Schriftsteller und Bürgerschreck Oskar Maria Graf in seinem Revolutionsrückblick »Wir sind Gefangene« und Felix Fechenbach mit seinen Gedanken und Assoziationen an die gemeinsamen Monate mit Kurt Eisner im Winter 1918/19.

Ein »streng wissenschaftliches Ziel« verfolge er dabei nicht, wie Michael Appel in seinem Vorwort betont. Auch sonst unterstreicht dieser immer wieder die Unterschiede zu den Vertretern der »professionellen Zunft«. Ihm gehe es in erster Linie darum, die »Menschen zu Wort kommen« zu lassen, »diejenigen, die diese magischen Momente erlebten, gestalteten und daraus ihre Schlüsse zogen«. Von einer »in der Geschichtswissenschaft eher ungewöhnliche Herangehensweise« ist des Weiteren die Rede, ehe die lange Serie von Schlaglichtern, Assoziationen, Episoden und Momentaufnahmen einsetzt.

Kein Wunder, dass die Ausführungen zuweilen etwas anekdotenhaft wirken, weit entfernt von jeder ›großen Erzählung‹. So wird die Geschichte der bayerischen Revolution mit jedem Kapitel von Neuem aufgezogen, sei es vom Hunger der städtischen Massen im Ersten Weltkrieg, dem letzten Jagdausflug König Ludwigs III. in den Forstenrieder Park am 8. Oktober 1918 oder der Münchner Frauen- und Friedensbewegung um Anita Augspurg und Lida Gustava Heymann. Und natürlich ist da auch noch die eigentliche Geschichte der bayerischen Revolution mit dem unblutigen »Husarenstreich« Kurt Eisners vom siebten November 1918 im Kapitel fünf oder dem Drama der beiden Räterepubliken in den Kapiteln zehn und elf.

Bei so viel Distanz zu jeglicher Form wissenschaftlicher Historisierung und Kontexualisierung überrascht dann doch die Einstreuung einer echten Leitthese. Eine umfassende Antwort auf die einleitende Frage, warum sich jenes »Erdbeben« »ausgerechnet im konservativen Bayern« abgespielt habe, liefert Michael Appel zwar nicht. Dafür aber überrascht er mit der These, dass in jener Revolutionsnacht die Genese Bayerns zur modernen Zivilgesellschaft begonnen habe. Genauer erörtert wird diese Aussage jedoch nicht, dafür aber so manches Detail aus dem dramatischen Münchner Handlungsgeflecht der Jahre 1918/19. Eine gewisse Lebendigkeit und Plastizität ist dem Buch jedenfalls nicht abzusprechen. Dies gilt noch mehr für die gute Lesbarkeit und die Flüssigkeit der Darstellung. Keine Frage, hier hat jemand zur Feder gegriffen, der gut schreiben kann, der etwas versteht von historischer Belletristik jenseits der Schablonen konventioneller Bavarica-Literatur.

Passau   MARTIN HILLE

IV. Recht, Verfassung, Verwaltung

ANNE CHRISTINA MAY, Schwörtage in der Frühen Neuzeit. Ursprünge, Erscheinungsformen und Interpretationen eines Rituals, *Ostfildern 2019, Jan Thorbecke, 286 Seiten.*

1. Das Buch über die frühneuzeitlichen Schwörtage entstand während einer Teilnahme Mays am Max-Weber-Kolleg für kultur- und sozialwissenschaftliche Studien der Universität Erfurt. May gibt im Vorwort an, ihre Arbeit sei im Sommersemester 2017 von dem Kolleg als Dissertation angenommen worden. Diese Darstellung ist ein Beleg für den fortschreitenden Verlust der Wahrnehmung universitärer Alleinstellungsmerkmale. Nicht nur drängen außeruniversitäre Forschungseinrichtungen und Fachhochschulen auf Einebnung von Unterschieden. Vielmehr demontieren die Universitäten mit ihren Verbünden, Schools, Kollegs, Clustern und ähnlichen quer zu ihren Verfassungsstrukturen liegenden Handlungseinheiten selbst den Rang ihrer ursprünglichen Autonomieträger und alleinigen Qualifikationsgebern. Diese sind die einzelnen Forschungssubjekte und die aus ihnen zusammengesetzten Fakultäten. Nur Fakultäten können Promotionen und Habilitationen vollziehen – hingegen weder die Universität noch eine Einrichtung der Universität noch ein von mehreren Universitäten oder Universitätsteilen unterhaltener Verbund. Es dürfte sich also im Falle der Mayschen Schrift um eine Dissertation handeln, auf deren Grundlage die Philosophische Fakultät der Universität Erfurt die Dok-

torprüfung abnahm. Als Zweitgutachterin ist Birgit Emich genannt, die während der Entstehung der Schrift in Erlangen und in Frankfurt am Main lehrte, nicht aber in Erfurt. Wer das Erstgutachten erstattete, ist aus dem Vorwort nicht ersichtlich. Dies erschwert eine Nachvollziehbarkeit der akademischen Verantwortung für den Promotionsvorgang zusätzlich.

2. In einer Einleitung umreißt May Forschungsgegenstand und Forschungsanliegen. Schwörtage sind ein historisches Phänomen desjenigen Gebietes, welches bis zu seinem Untergang am Beginn des 14. Jahrhunderts nach langer Auszehrung das Herzogtum Schwaben ausmachte (S. 11–14). In diesem schwäbisch-alemannischen Raum, im Südwesten des Alten Reichs, vermochte sich nach dem Ende des Herzogtums ein kaum überschaubares Geflecht von Klein- und Kleinstherrschaften zu etablieren. Insbesondere vollendeten hier zahlreiche Städte, auch solche geringer Einwohnerzahl, ihre Entwicklung zur Reichsfreiheit.

Schwörtage wurden in fast allen Städten des schwäbischen Reichskreises Brauch – im Gegensatz zum fränkischen Reichskreis (S. 13 f.). Geradezu als Ritualzentren (gekennzeichnet durch engen Zeitabstand für die Schwörtage und Beliebtheit als Festzeitpunkt im Lebensrhythmus der Städte) macht May die Städte Ulm, Esslingen und Reutlingen aus; am anderen Ende einer Skala der Intensität einer Schwörtag-Tradition steht Augsburg (S. 15). In bemerkenswerter Kontinuität übten die schwäbisch-alemannischen Städte ihre Schwörtage vom späten Mittelalter bis zum Ende des Alten Reichs (S. 11).

3. Ein Schwörtag ist Akt kommunaler Selbstvergewisserung. Er verschafft den Amtsträgern Bürgermeister und Stadtrat als ihren die kommunale Autonomie treuhänderisch wahrnehmenden Repräsentanten Legitimation. Die Bürger schwören den Repräsentanten Treue, und die Repräsentanten schwören sie den Bürgern. Eigentlich müsste man sagen: Am Schwörtag wird ein (erneuter) Gesellschaftsvertrag unter den je gegenwärtig in der Stadt Lebenden geschlossen, der sonst nur Fiktion ist. So weit geht May nicht. Ihr Anliegen ist vielmehr die Gegenüberstellung der Funktion des Schwörtages als Rechtsakt und der Praxis des Schwörtages als eines Festes (S. 11; im einzelnen S. 140 ff.). Namentlich rückt May den von Jörg Rogge in einem Aufsatz über »Stadtverfassung, städtische Gesetzgebung und ihre Darstellung« (erschienen im Jahre 2003 in einem von Giorgio Chittolini/Peter Johanek herausgegebenen Sammelband über städtische Identität) verwendeten Begriff des Partizipationsrituals in den Mittelpunkt (S. 19). Richtigerweise betont aber May in einer inhaltlichen Konkretisierung des Rechtsaktes (S. 24 f.) die Eigenschaft der *coniuratio* als Zusammenschluss der Einwohner einer Stadt zur städtischen Bürgerschaft, zum genossenschaftlichen Rechtsverband. Der Schwur besteht aus wechselseitiger Friedens-, Treue- und Schutzzusage. Zu seinem Wesen gehört die Notwendigkeit der Wiederholung von Zeit zu Zeit (*coniuratio iterata*). Das Legitimatorische des wiederkehrenden Rituals sieht May freilich in dem seinen Abläufen inbegriffenen transzendentalen (sakralen, gottesdienstlichen)

Bezug als geradezu vom Rechtlichen abgesetzt (S. 28 f.). Zu bemerken wäre auch, dass Frieden der regelmäßig, vor allem in Vorreden, wörtlich zum Ausdruck gebrachte Zweck aller Stadtrechte des Mittelalters und der frühen Neuzeit war – auch dort, wo keine Schwörtage üblich waren.

4. May stützt ihre Arbeit auf breite Archiverforschung. Sie fand Dokumente in zahlreichen Stadtarchiven (Biberach, Dinkelsbühl, Esslingen, Giengen, Isny, Kaufbeuren, Kempten, Leutkirch, Ludwigsburg, Luzern, Mulhouse, Ravensburg, Reutlingen, Schwäbisch Gmünd, Strasbourg, Ulm, Wangen, Weil der Stadt, Wertheim, Zürich), sowie in Staatsarchiven (Augsburg, Basel, Karlsruhe, Paris). Einige Urkunden, aber auch Funde in Bibliotheken und Museen macht eine 22teilige Bildeinlage sichtbar (zwischen S. 160 und S. 161).

5. Den ersten Teil der Untersuchung widmet May der Entstehung der Schwörtage im 14. Jahrhundert (S. 23 ff.). Exemplarisch wählt May die Städte Ulm, Straßburg und Luzern (S. 30). Sie macht den Schwörbrief als Grundlage der Eide deutlich (S. 44 ff.) und identifiziert den Schwur als Rechtssatzung (S. 52 f.). Der Schwörtag wirkt in seinem Vollzug normativ; er ist nicht selbst Regel, sondern schafft sie (S. 53). Man könnte auch sagen: Der Schwörtag ist wegen seiner rituellen Förmlichkeit sinnlich erlebbare Rechtssatzung. In einer nur teilweise alphabetisierten Gesellschaft ist diese Sinnfälligkeit von erheblicher Bedeutung für die Akzeptanz der gesetzten Regeln.

6. Einen zweiten Teil (S. 55 ff.) überschreibt die Verfasserin mit »Phänomenologie«. Er dient näherer Erforschung der reich zusammengetragenen Quellen, welche die Schwörtage ihrem Hergang nach beschreiben und dokumentieren, die Eidesformeln inbegriffen (S. 103 ff.). Der dritte Teil beschreibt die Leistung (Funktion) des Schwörtages. Sie erblickt May insbesondere in der Eigenschaft des Schwörtages als emotionalen Erfahrungsortes städtischer Identität (S. 140 ff.; auch bereits S. 29). Drei Fallbeispiele aus Kaufbeuren (S. 146 ff.), Luzern (S. 163 ff.) und Basel (S. 177 ff.) bringen diese Erfahrung auch dem nachgeborenen Leser nahe. Die Verfasserin ergänzt ihre Darstellung um einen kleinen Anhang, der zwei dichterische Beschreibungen wiedergibt (S. 281–284).

7. May versieht den Band mit einem Ortsverzeichnis, das die räumliche Verbreitung der Schwörtage rasch fasslich macht und den unmittelbaren Zugriff auf örtliche Befunde erlaubt. Sie verzichtet aber auf ein Sachverzeichnis. Mays Schrift stärkt das historische Selbstbewusstsein des urbanen Raums im Südwesten Deutschlands, in der deutschsprachigen Schweiz und im Osten Frankreichs im Hinblick auf kommunale Autonomie.

Augsburg Christoph Becker

Ellen Widder, Kanzler und Kanzleien im Spätmittelalter. Eine Histoire croisée fürstlicher Administration im Südwesten des Reichs *(Veröffentlichungen der Kommission für geschichtliche Landeskunde in Baden-Württemberg B 204), Stuttgart 2016, Kohlhammer, 602 Seiten, 22 Abbildungen.*

Mit ihrer erweiterten Münsteraner Habilitationsschrift von 1995 hat die Autorin jetzt eine grundlegende Arbeit vorgelegt, die sicher zu weiteren Forschungen mit den von ihr gewählten Ansätzen, Fragestellungen und Methoden anregen wird. Das Aufgreifen des Ansatzes einer Histoire croisée, also einer von der französischen historischen Sozialwissenschaft verwendeten »multiperspektivischen Sichtweise« (S. 2) für die Behandlung des Themas führt zu wichtigen neuen Erkenntnissen. Auch setzt sich die Autorin von einer teleologischen Sicht der Modernisierung der Verwaltung ab. Zu Beginn der Untersuchung steht ein ausführlicher Forschungsüberblick, in dem die Defizite der bisherigen Forschung thematisiert und die Ansätze Peter Moraws hervorgehoben werden. Bisherige kanzleigeschichtliche Studien, wie etwa die aus der Schule von Hans Rall stammenden und auf der Urkundenüberlieferung basierenden Dissertationen, werden herangezogen. Durch die konsequente Behandlung auch anderer Quellengattungen als den Urkunden führen die Forschungen der Autorin aber weit über die Ergebnisse der Rall-Schule hinaus. Hier ist besonders auf die ausführliche Betrachtung der kurpfälzischen Lehenbücher hinzuweisen. Auch die kodikologischen Forschungen zu Einbänden von Kanzleibüchern sind hervorzuheben. Den Schwerpunkt der Untersuchung bildet die kurpfälzische Kanzlei, wobei vergleichende Kapitel zu den Kanzleien der Erzbischöfe von Mainz und der Bischöfe von Speyer zur präziseren Einordnung dienen. Die Kurpfalz bot sich an, da sich »an ihr die Entwicklung von einem wittelsbachischen Nebenland im 13. Jahrhundert zu einem jungen Kurfürstentum um die Mitte des 14. Jahrhunderts bis zum Königtum um die Wende zum 15. Jahrhundert ... nachvollziehen lässt.« (S. 4). Bei den prosopographischen Untersuchungen zu den einzelnen Kanzleien wird das (z. T. familiäre) Netzwerk des Verwaltungspersonals herausgearbeitet. Generell sieht die Autorin das Kriterium der Verwandtschaft als das wichtigste Beziehungsschema und kann in der Kurpfalz dies teilweise über acht Generationen verfolgen. Für sie ist die Kanzlei u.a. daher auch »keine feste Institution, [...], sondern ein flexibler personaler Verband [...]« (S. 505). Aufschlussreich sind auch die Passagen über die Funktion der Notare, etwa bei der Prüfung der Gültigkeit von Privilegien und die dazu erstellte zeitgenössische »Handbuchliteratur«. Auch hier zeigt sich für die Kanzleipraxis die von der Autorin deutlich gemachte wichtige Bedeutung des öffentlichen Notariats gegenüber den gelehrten Juristen. Die Rolle der Juristen in der spätmittelalterlichen Verwaltung ist daher zu relativieren. Natürlich wird auch unser Wissen über die Funktion von Registraturen und Archive bereichert. Die Arbeit der Autorin ist insbesondere für die Verwaltungs-, Landes- und Rechtsgeschichte von besonderer Relevanz und bietet erhebliche Erkenntnisgewinne.

München Hans-Joachim Hecker

Horst Gehringer/Hans-Joachim Hecker/Hans-Georg Hermann (Hg.), Demokratie in Bayern. Die Bamberger Verfassung von 1919 *(Veröffentlichungen des Stadtarchivs Bamberg 30), Neustadt an der Aisch 2019, Verlagsdruckerei Schmidt (VDS), 217 Seiten.*

1. Treffend zum hundertjährigen Jubiläum der Verfassungsurkunde des Freistaates Bayern vom 14. August 1919 (Gesetz- und Verordnungs-Blatt für den Freistaat Bayern 1919, 531) legen die Herausgeber ihren Sammelband vor. Seinen Druck förderte die Bayerische Volksstiftung. In ihm sind die Beiträge zur 13. Tagung der Gesellschaft für Bayerische Rechtsgeschichte versammelt, welche am 7. und am 8. Juli 2017 im Haus des Stadtarchivs Bamberg unter dem Titel »100 Jahre Bamberger Verfassung« stattfand (Vorwort des Herausgebers Hermann, S. 7). Die drei Herausgeber verkörpern die in Bayern gepflegte enge und ertragreiche Verbindung zwischen universitärer Forschung (Hermann, Ludwig-Maximilians-Universität München) und Archivwesen (Gehringer, Stadtarchiv Bamberg; Hecker, Stadtarchiv München). Dasselbe gilt von der Zusammensetzung der Autorenschaft (Übersicht S. 217). Die Gesellschaft für Bayerische Rechtsgeschichte bereitet namentlich mit ihren im Jahre 2003 in Eichstätt begonnenen Tagungen einen fruchtbaren Boden für die Zusammenarbeit. Herausgeber Hermann ist Vorsitzender der Gesellschaft, Herausgeber Hecker Beisitzer (wie auch, was hier offenzulegen ist, der Verfasser dieser Besprechung, der allerdings weder an der Tagung teilnahm noch an ihrer Organisation oder an der Publikation beteiligt war).

2. Anliegen der Bamberger Tagung war es, nach Kontinuität und Diskontinuität der revolutionären Entwicklung Bayerns zum postrevolutionären Freistaat im sich neuordnenden Deutschen Reich zu fragen (Hermann, S. 7). Dabei fiel eine Staatssymbolik auf, die den Übergang von Monarchie nicht gänzlich abbildete (*von Aretin*, S. 208). Sinnfällig führt *Hermann* den Leser mit Hilfe einer kleinen bayerischen und deutschen Philateliegeschichte in das Erkenntnisanliegen der Tagung und ihrer Beiträge ein (S. 7–12). Bamberg, dessen Zweiter Bürgermeister Christian Lange ebenso ein Grußwort beisteuert (S. 13 f.) wie der Erste Vizepräsident des Bayerischen Landtages Reinhold Bocklet (S. 15–18), als Ort der wissenschaftlichen Tagung zu wählen drängte sich auf. Die bayerische Staatsregierung unter Ministerpräsident Hoffmann und der aus den Wahlen vom 12. Januar und vom 2. Februar 1919 hervorgegangene bayerische Landtag wichen ab dem 7. April 1919 nach Bamberg aus, nachdem in der Nacht vom 6. zum 7. April 1919 die Räterepublik Bayern ausgerufen worden war. Der Landtag nahm seinen improvisierten Sitz im Gebäude der Gesellschaft »Harmonie« am Schillerplatz und blieb dort bis zum Beschluss über die neue Verfassung im August. So erlangte die bayerische Verfassung die inoffizielle Bezeichnung als »Bamberger Verfassung« – ähnlich wie die jeweiligen Verhandlungsorte der Verfassung des Deutschen Reichs vom 11. August 1919 den landläufigen Namen »Weimarer Reichsverfassung« und dem Grundgesetz für die Bundesrepublik Deutschland vom 23. Mai 1949 die nichtamtliche Bezeichnung »Bonner Grundgesetz« eintrugen.

3. Die Tagungsbeiträge lassen sich nach ihren Perspektiven in drei Gruppen gliedern: Eine Betrachtung fragt nach den Geschehensabläufen im sich neu grün-

denden Bayern und den dabei miteinander ringenden Staatsauffassungen. Die sich überschlagenden Ereignisse um die Entwicklung der »Bamberger Verfassung« schildert eindrücklich ein Beitrag des Herausgebers *Gehringer* (S. 37–61). *Bernhard Grau* (Bayerisches Hauptstaatsarchiv München) widmet sich den Konzepten und Ansichten des am 21. Februar 1919 in München auf seinem Gang zur ersten Landtagssitzung nach den Wahlen ermordeten Ministerpräsidenten Kurt Eisner und der in verschiedene Lager gespaltenen Sozialdemokratie zur Schaffung einer Republik als parlamentarische Demokratie oder als Räterepublik (S. 63–81). *Wolfgang Ehberger* (Ludwig-Maximilians-Universität München) würdigt das Wirken des Würzburger Ordinarius für Staatsrecht, Verwaltungsrecht und Politik Robert Piloty (1863–1926) in seinen Entwürfen für die bayerische Verfassung seit November 1918 (S. 141–163).

Eine zweite Betrachtung ist auf langfristige Entwicklungslinien angelegt. Hier weist *Hermann Rumschöttel* (Generaldirektion der Staatlichen Archive Bayerns München und Universität der Bundeswehr München) auf die vorangehende und nachlaufende Verfassungsgeschichte zwischen dem Jahr 1818 und der Gegenwart hin (S. 19–35). Innerhalb dieses Zeitrahmens vertieft *Christian Georg Ruf* (Erster Bürgermeister der Stadt Rottweil) Parallelen zwischen der Verfassungsurkunde von 1919 und der Verfassung des Freistaates Bayern vom 2. Dezember 1946 (Bayerisches Gesetz- und Verordnungsblatt 1946, 331) (S. 209–216). Ruf trat im Jahre 2015 mit seiner Dissertation »Die bayerische Verfassung vom 14. August 1919« hervor, welche in dieser Zeitschrift vorgestellt wurde (ZBLG 80 [2017], 827–830).

Die dritte Perspektive ist eine komparatistische. Mit den Verfassungen der anderen Gliedstaaten des Deutschen Reichs der Zwischenkriegszeit und mit der Reichsverfassung vergleicht die bayerische Verfassungsurkunde von 1919 unter dem markanten Schlagwort »Eigen-Sinn« *Fabian Wittreck* (Westfälische Wilhelms-Universität Münster) (S. 83–111). Exemplarisch stellt *Gerhard Lingelbach* (Friedrich-Schiller-Universität Jena) zum Spezialvergleich die vorläufige Verfassung des Landes Thüringen vom 12. Mai 1920 (Gesetzsammlung für Thüringen 1920, 67) und die Verfassung des Freistaats Thüringen vom 11. März 1921 (Gesetzsammlung für Thüringen 1921, 53) in Entstehung und Gehalten vor (165–189). Einen Vergleich mit den nach dem Ersten Weltkrieg entstehenden Verfassungen der österreichischen Länder und des Bundesstaates Österreich zieht *Martin Schennach* (Universität Innsbruck) (S. 113–139). Ebenfalls dieser Gruppe zuzuzählen ist der bereits erwähnte Beitrag von *Cajetan von Aretin* (Rechtsanwalt, München) über die bayerischen Staatssymbole unter Geltung der Verfassungsurkunde von 1919 in Gegenüberstellung mit den Staatssymbolen des Deutschen Reichs (S. 191–208).

Die in dem Tagungsband vereinten Beiträge lassen tief in die Umstände der Entstehung und in die Strukturen des Freistaates Bayern eindringen. Ihre umsichtige Komposition bereichert die Wissenschaft von der jüngeren bayerischen und mitteleuropäischen Verfassungsgeschichte.

Augsburg CHRISTOPH BECKER

V. Religion und Kirche

HEDWIG RÖCKELEIN (Hg.), 100 Jahre Germania Sacra. Kirchengeschichte schreiben vom 16. bis zum 21. Jahrhundert *(Studien zur Germania Sacra. Neue Folge 8), Berlin/Boston 2018, De Gruyter Akademie Forschung, VIII und 266 Seiten.*

Das mittlerweile von der Union der Akademien getragene Forschungsunternehmen »Germania Sacra. Die Kirche des Alten Reiches und ihre Institutionen« konnte 2017 sein 100jähriges Jubiläum feiern. Die Leitung der Germania Sacra hat sich entschlossen, dies nicht nur mit einer herkömmlichen Institutionengeschichte und Bilanz der bisherigen Erfolge zu begehen, sondern die forschungsgeschichtlich spannenden Vorläufer und parallele Unternehmen, die ebenfalls auf Paul Fridolin Kehr zurückgehen, behandeln zu lassen.

Andreas Bihrer untersucht die Erfindung der ›Germania Sacra‹ im 16. Jahrhundert, und kann statt Albert Krantz und Kaspar Bruschius mit der überdiözesanen Bistumshistoriographie des Mittelalters, ihren neuen Formen um 1500 und besonders den Werken des Wilhelm Werner von Zimmern eine eindrucksvolle Reihe von Vorläufern benennen. Die Wurzeln reichen damit weit vor die ›Germania Sacra‹ des Fürstabts von St. Blasien Martin Gerbert zurück, der lange als Gründervater galt. *Helmut Flachenecker* fragt nach der internationalen Vergleichbarkeit der Kirchengeschichtsschreibung und erarbeitet einen Überblick für das konfessionelle Zeitalter. Dabei kann er auf mittelalterliche Vorbilder ebenso verweisen wie auf die neunbändige ›Italia Sacra‹ (1644–1622) des Zisterzieners Ferdinando Ughelli, die vierbändige ›Gallia Christiana‹ (1656) von Scévola und Ludwig de Saint-Marthe, die 51bändige ›España Sagrada‹ (1747–1879), die Henrique Flórez initiiert hatte sowie die neunbändige ›Austria Sacra‹ (1780–1788) des Marian Fidler, um nur die wichtigsten Beispiele zu nennen.

Mit dem Initiator der gegenwärtigen Germania Sacra, dem damaligen (1917) Generaldirektor der Preußischen Staatsarchive Prof. Dr. Paul Fridolin Kehr, setzt sich *Volkhard Huth* auseinander. Er stellt den langjährigen Direktor des Preußischen Historischen Instituts in Rom als Wissenschaftsmanager vor, der auch die Monumenta Germaniae Historica geleitet, Papst Pius X. zur Einrichtung der »Pius-Stiftung für Papsturkunden und für mittelalterliche Geschichtsforschung« bewogen und die Gründung des Kaiser-Wilhelm-Instituts für deutsche Geschichte angeregt hatte. Huth kommt dabei zu dem Schluss, dass Kehr sich eigentlich nur bei der Pius-Stiftung eine tragfähige Finanzierungsgrundlage erschlossen habe, seine übrigen Projekte aber weit hinter anderen zeitgenössischen Stiftungen zurückgeblieben seien.

Sven Kriese geht der Rolle der Germania Sacra in der Zeit der Weimarer Republik und des Nationalsozialismus nach. Dabei betont er, wie sehr Kehr die Nähe der Archive und die Forschungsarbeit der Archivare als Bearbeiter gesucht habe. Diese werden für die Zeit bis 1945 vorgestellt. Das Jahr 1933 und die grundsätzlich veränderten politischen Umstände habe keinen

Methodenwechsel bei der Germania Sacra ausgelöst, die ein Nischendasein führte.

Gegenwartsbezogen ist der Beitrag von *Hedwig Röckelein,* welche die moderne, 2007 für 25 Jahre vom aufgelösten Max-Planck-Institut für Geschichte in das Programm der Union der Akademien übernommene Germania Sacra vorstellt. Von der Neuen Folge unterscheidet sich die Dritte Folge durch eine erhebliche Ausweitung des Kreises der Mitarbeiter bei einer gleichzeitigen Konzentration auf die Diözesen unter Verzicht auf die Bearbeitung von Klöstern und Stiften. *Bärbel Kröger* und *Christian Popp* stellen das Forschungsportal Germania Sacra Online als Weg in die digitale Zukunft vor.

Neben der Germania Sacra werden auch weitere Forschungsunternehmen behandelt. *Klaus Herbers* rückt ein weiteres, auf Kehr zurückgehendes Forschungsunternehmen, das Göttinger Papsturkundenwerk in seinen Beziehungen zur Germania Sacra in den Mittelpunkt. Das Repertorium Germanicum am Deutschen Historischen Institut in Rom präsentieren *Andreas Rehberg* und *Jörg Hörnschemeyer*. Ein der Germania Sacra verwandtes Projekt aus England, »the English Episcopal Acta Project«, stellt *Philippa Hoskin* vor.

Zur Germania Sacra kehrt *Mechthild Black-Veldtrup* zurück, welche die Rolle und die in der Gegenwart abnehmenden Möglichkeiten der Archivare zur Mitarbeit für die Germania Sacra beleuchtet.

Ein Verzeichnis der Colloquien der Germania Sacra (1957–2018) und der Publikationen der mittlerweile drei Folgen und der Studien sowie ein Register runden diesen forschungsgeschichtlich wichtigen Band ab. Eindrucksvoll belegt dieser auf eine Fachtagung im Februar 2017 in Göttingen zurückgehende Band nicht nur die großen Leistungen der Germania Sacra und ihrer Mitarbeiter, sondern auch ihre Anpassungsfähigkeit bei gewandelten politischen Vorgaben unter steter Wahrung ihrer unbestritten hohen Qualitätsansprüche. Sehr positiv und sicher ausbaufähig ist die in diesem Band zum Ausdruck kommende Zusammenarbeit mit anderen mediävistischen Großprojekten. Der Charakter der Germania Sacra als quellenorientierte Grundlagenforschung von internationalem Renommee, aber auch der vollzogene Schritt ins digitale Zeitalter lassen hoffen, dass auch nach dem anvisierten Endpunkt von 2032 eine Fortsetzung in welcher Form auch immer möglich sein wird. Auch dafür liefert der vorliegende Tagungsband eine ausgezeichnete Grundlage und gute Argumente.

München Dieter J. Weiss

Stephan Deutinger/Roman Deutinger (Hg.), Die Abtei Niederaltaich. Geschichte, Kultur und Spiritualität von der Gründung bis zur Säkularisation *(Studien und Mitteilungen zur Geschichte des Benediktinerordens und seiner Zweige, Ergänzungsbd. 53), Sankt Ottilien 2018, EOS, XV + 575 Seiten, 7 Abbildungen.*

Mit einem Blick auf die Funktion der Geschichte innerhalb der klösterlichen Welt beginnt *Alois Schmid* (Das Kloster und seine Vergangenheit. Geschichtskultur in der Benediktinerabtei Niederaltaich,

S. 1–38) der Bedeutung der Vergangenheitspflege in Niederaltaich nachzuspüren. Im Zentrum steht die Beschäftigung mit der eigenen Geschichte, die zu Beginn des Spätmittelalters einsetzt. Das ausgeprägte Selbstverständnis des Hauses als eines der Urklöster fand seinen Ausdruck in der Memorial-, Sepulkral-, Bau- und auch Festkultur, sichtbaren Elementen des Geschichtsbewusstseins. Die Bereitschaft des Klosters, Archiv und Bibliothek den anklopfenden Historikern zu öffnen – von Aventin bis Scholliner, der die Bände 11 (1771) und 15 (1787) der Monumenta Boica edierte –, spricht für ein Interesse an der eigenen Geschichte. Was die Hausgeschichtsschreibung angeht, so bilden die Werke Abt Hermanns, seine »als Handbuch der praktischen Klosterverwaltung« (S. 27) zu bezeichnenden amtlichen Schriften wie seine historiographischen, den Beginn wie auch das Glanzlicht dieser Gattung. Ihre Qualität wurde von keinem der auf Hermann folgenden fleißigen Schreiber, die Reihe beschließt der Haushistoriker Johann Baptist Lackner, erreicht. In der Gesamtschau sieht der Verfasser die Geschichtsschreibung lediglich als einen Teil der im Hause praktizierten Kulturpflege. Vorrang besaßen die wirtschaftlichen und rechtlichen Interessen: Niederaltaichs Schwerpunkte waren pragmatischer Natur.

Roman Deutinger (Vom Rhein zur Donau. Akteure der Gründung, S. 39–52) folgt den Angaben des *Breviarius Urolfi* zu den Gründungsmodalitäten Niederaltaichs und erhellt für die handelnden Personen – Herzog Odilo, den Karolinger Pippin, Bischof Heddo von Straßburg – ein Beziehungsgeflecht, das eine Erklärung für das Mauritiuspatrozinium und eine Antwort auf die Frage nach der Herkunft der ersten Mönche, nämlich aus der Ortenau – möglicherweise aus dem Straßburger Eigenkloster Ettenheimmünster –, bietet, der sich die Lokalisierung des Abtsnamens Ebersind in die Gegend um Straßburg anfügt. Das leidige Thema Gründungsjahr sollte von der Vorstellung eines Gründungsprozesses abgelöst werden, der nicht vor 736/737 begonnen hat, für den nach 744 die Zustimmung Pippins erlangt werden konnte und der spätestens mit dem Tod Odilos Anfang 748 abgeschlossen war.

Wolfgang Janka (Ortsnamen als Zeugnisse Niederaltaicher Siedlungstätigkeit, S. 53–68) kann über die sprachwissenschaftlich-namenkundliche Analyse von Ortsnamen im Bayerischen Wald, im Rottal, in Böhmen und Österreich Spuren von Siedlungsaktivitäten Niederaltaichs und seiner Propstei Rinchnach nachweisen. So augenfällig zu ermitteln wie bei Abt(s)-, Münch(s)- oder Probst(s)- als Bestimmungswort, ist das Engagement des Klosters für den Landesausbau dem Ortsnamenmaterial nach, wie andere Beispiele zeigen, keineswegs. Besonders interessant sind in diesem Zusammenhang die Ausführungen des Verfassers zum sog. Gunthersteig.

Der Beitrag von *Hubertus Seibert* (Schutz, Besitz, Gefolgschaft, Gebet. Die Beziehungen zu Königtum und Reich [9. – 12. Jh.], S. 69–91) befasst sich mit der »Aktionsgemeinschaft« (S. 71, 85, ähnlich S. 72 und 74) von König und Reichskloster seit Karl dem Großen bis zu Friedrich

Barbarossa. Diese Konstellation erlitt eine Unterbrechung durch die Dominanz der Liutpoldinger, die Niederaltaich zu ihrem Hauskloster machten, erfuhr unter Heinrich II. aber eine intensive Wiederbelebung. Die gegenseitigen Erwartungshorizonte sieht der Verfasser in der Hoffnung des Klosters auf Rechtssicherheit und Privilegien zum Schutz der eigenen Existenz, als Gegenleistung forderte der König Gefolgschaft und Gehorsam sowie Dienstleistungen weltlicher wie geistlicher Art. Mit dem Schicksalsjahr 1152 und der Übertragung an das Bistum Bamberg verlor Niederaltaich endgültig seinen Rechtsstatus als Reichskloster, und es endete die lange Beziehung zweier Ordnungsmächte innerhalb des Reiches.

Jürgen Dendorfer (Die Abtei und ihre Vögte im frühen und hohen Mittelalter, S. 93–127) unterzieht Abt Hermanns weithin bekannte Definition der Kirchenvogtei einer kritischen Prüfung und kommt zu dem Ergebnis, dass diese keineswegs als »überzeitlich gültig« (S. 100) zu sehen ist, sondern Hermann seinen Mitbrüdern vielmehr eine am zeitgenössischen gelehrten Recht geschulte ideale Form der Vogtei vorstellte. Die Sichtung der vorhandenen Nachrichten zum Verhältnis Kloster – Vogt lässt auf eine überwiegend reibungslose Koexistenz schließen. Die Wende setzte mit der Bestellung von Untervögten sowie der Verpfändung und Verlehnung von Klostergut infolge der »Bogener Fehde« ein. Die rücksichtslose Vereinnahmung von Klostergut brachte das Haus in existenzielle Bedrängnis. Das Verhältnis zwischen dem Konvent und den letzten Bogener Grafen sieht der Verfasser von Widersprüchen wie »Zuneigung, gegenseitiger Förderung und Begünstigung, aber auch Abscheu und Verachtung« (S. 127) geprägt.

Dieter J. Weiß (Niederaltaich und die Bischöfe von Bamberg, S. 129–148) setzt mit der Übertragung Niederaltaichs an das Hochstift Bamberg ein, die sicher als Dank Friedrichs I. für die Unterstützung seiner Wahl durch Bischof Eberhard II. zu verstehen ist. Der König dürfte damit dem Wunsch des Bischofs nachgekommen sein, dessen Interesse an dem Haus vielleicht in Anknüpfung an die Politik Bischof Ottos I., des Heiligen, zu suchen ist, indem er die Anzahl der Bamberger Donauklöster mit dieser Erwerbung nach Osten hin auszudehnen gedachte. Der Unwillen und der Widerstand der Niederaltaicher Betroffenen machte die mehrfache Ausstellung königlicher Privilegien nötig und sogar die Fiktion einer bereits früher erfolgten Schenkung – ein Beispiel dafür, dass mit nur einer Königsurkunde längst nicht alles durchsetzbar war. Nach dem Übergang der Vogtei an die Wittelsbacher und der Vereinnahmung des Klosters für das Herzogtum erlosch das Bamberger Interesse. Was blieb, war die Belehnung der Äbte mit den Temporalien, die im Anhang von 1280 bis 1801 übersichtlich dokumentiert ist.

Roman Zehetmayer (Besitz und Stellung der Abtei in Niederösterreich, S. 149–179) verfolgt die Entwicklung des Niederaltaicher Besitzes in Niederösterreich sowie die für das weit entfernte Gebiet angewandten Verwaltungsformen. Seit Karl dem Großen wirkte das Kloster an der Erschließung des heutigen Niederösterreich mit. Als

Besitzschwerpunkte bis zum 16. Jh. gelten Niederabsdorf im nordöstlichen und Absdorf im südwestlichen Weinviertel sowie Spitz in der Wachau. Für die Verwaltung dieser drei Herrschaften lässt sich seit 1242 ein gemeinsamer Prokurator mit Sitz auf dem Absberg (bis zur Neuzeit) nachweisen, dessen Amtszeit – wohl um Verselbständigungsambitionen vorzubeugen – in der Regel kurz bemessen war. Sein Aufgabenbereich lässt sich nicht exakt eingrenzen, wichtige Angelegenheiten (Vogtei, Lehen, Pfründe) behielt sich der Abt vor. Mit den Vogteien wurden einheimische Adelige betraut, die sich seit dem 13. Jh. zunehmend auf die wenig einträgliche hohe Gerichtsbarkeit beschränkt sahen. Die Vergabe von Klosterlehen, darunter auch an die Kuenringer, erfolgte vielleicht in der Hoffnung, tragfähige Beziehungen in der Fremde aufzubauen. Geistlichen Einfluss konnte der Konvent über mehrere Kirchen und die Besetzung von Pfarren nehmen.

Roman Deutinger (Heilige und Verstorbene im liturgischen Gedächtnis der Mönche. Das Jenaer Martyrolog-Nekrolog, S. 181–202) befasst sich mit dem »kombinierten Martyrolog-Nekrolog« (S. 182), das bis Ende des 16. Jh. beim täglichen Stundengebet der Niederaltaicher Brüder Verwendung fand. Der Codex hat sich in der Thüringer Universitäts- und Landesbibliothek Jena erhalten. Die Ende des 12. Jh. angelegte Handschrift bediente sich einer über 100 Jahre alten »überholten« Vorlage, die weder lokalspezifische Nachrichten noch die Hausheiligen hinreichend berücksichtigte. Von einer Hand um 1200 wurde das Werk um viele Namen erweitert und erfuhr Ergänzungen bis 1588. Das besondere Interesse des Verfassers gilt dem Textbestand aus der Anlagezeit (dafür unzureichend der Druck in MGH Necr. 4, 1920, S. 27–72) mit dem Ziel, das Beziehungsnetz des Klosters vom 8. bis zum 12. Jh. über die Personennamen abzubilden. Geordnet in mehrere Gruppen (mit ihrem Heimatkloster versehene Mönchsnamen, Namen von Äbten, Bischöfen, Weltgeistlichen, Königen, bayerischen Herzögen, Grafen und sonstigen Laien), scheinen besonders die Verbindungen mit anderen bayerisch-österreichischen Häusern des Benediktinerordens auf.

Die Darstellung musikliturgischer Quellen durch *Robert Klugseder* (Liturgische Musik des Mittelalters, S. 203–221) ist eine Besonderheit für Kenner der mediävistischen Musikwissenschaft. Für die geistliche Haltung der Gemeinschaft ist die Feststellung aufschlussreich, dass Niederaltaich sein liturgisches Eigengut – wie die Historia für Abt Godehard – offenbar pflegte und gegen die von Melk ausgehenden Vereinheitlichungstendenzen behauptete, was mit den Beobachtungen von *Christof Paulus* in diesem Band korrespondiert.

Die 1659 und 1671 in Niederaltaich wütenden Brände vernichteten Denkmäler und Dokumente, ließen Handschriften und Bücher in Rauch aufgehen. Anhand des Bibliothekskatalogs von 1611 nimmt *Julia Knödler* (Buchbestände des Mittelalters. Nachforschungen zu einer untergegangenen Bibliothek, S. 223–239) die Spur auf und identifiziert erhaltene wie auch verschollene Texte, zum Beispiel eine unbekannte Lebensbeschreibung Godehards.

Die Verfasserin kann Auftraggeber, unter ihnen Godehard, Hermann, Wernhard I., Autoren und Schreiber ausfindig machen. Der zu einem gänzlich anderen Zweck erstellte Katalog – Herzog Maximilian I. erhoffte sich vor allem den Nachweis der karolingischen Abstammung seiner Familie – gibt heute Auskunft über die Vielfalt der im Konvent, auch im Austausch mit anderen Bildungsstätten gepflegten Interessen. Die Bibliothek umfasste neben Bibellektüre und Kirchenvätern ebenso Klassiker, wissenschaftliche und humanistische Werke, Predigthandschriften und pastoraltheologische Literatur – »ein Zentrum monastischer Gelehrsamkeit« (S. 238).

Jörg Schwarz (Zwischen regionaler Verankerung und europäischem Horizont. Zur Darstellungsweise der »Annales Altahenses«, S. 241–258) konzentriert sich nach einer Einführung über Bedeutung und Forschungsgeschichte der in einer Abschrift Aventins überlieferten *Annales Altahenses* auf den Eintrag zum Jahr 1066 (Halleyscher Komet – Hochzeit Heinrichs IV. – Eroberung Englands infolge einer von den *Aquitani* gegen die Angelsachsen gewonnenen Seeschlacht – der Komet als Zeichen für die Vielzahl der Toten), den der unbekannte Niederaltaicher Mönch, einem Augenzeugenbericht folgend, recht eigenwillig gestaltete. Beispielhaft lässt sich an diesem Eintrag die nach 1033 zunehmend ausführlichere, den knappen Annalenstil aufgebende und sich der Chronik annähernde, kleine Geschichten erzählende, Kloster- und Reichsgeschichte verbindende Darstellungsweise zeigen. Die Beobachtung deckt sich mit den Ergebnissen der neueren Forschung, welche die fließenden Übergänge der früher streng voneinander abgegrenzten einzelnen Gattungen betont und Annalen, Chroniken und Historien als eine formale Gruppe sieht.

Nach einer kurzen Einführung zum Stand der Forschung in Sachen *Lex Baioariorum* geleitet *Roman Deutinger* (Die Lex Baioariorum in Niederaltaich, S. 259–274) den geneigten Leser über die »Holzwege« (S. 273 f.) der Thesen namhafter Rechtshistoriker zum vermeintlichen Abfassungsort Niederaltaich. Trostreich dann der aus zwei Vermerken Hermanns gewonnene Hinweis, dass sich der Abt wohl ein Exemplar aus der Passauer Gruppe der Lex-Überlieferung besorgt hatte, und zwar jenes, das neben der *Lex Baioariorum* auch die *Lex Ribuaria* enthielt, aus der er sich Notizen zu Münzeinheiten, besonderen Begriffen und Strafzahlungen machte. Der Verfasser konstatiert das Anliegen Hermanns, sich mit den veralteten Rechtstexten zu beschäftigen, moniert jedoch sein Interesse »für Nebensächlichkeiten« (S. 273), statt für die Rechtsthematik. Bei zwei erhaltenen Bemerkungen ein doch eher strenges Urteil.

Christof Paulus (Niedergang oder Überlieferungsdunkel? Methodische Überlegungen zur Melker Reform, S. 275–297) zeichnet ein lebhaftes Bild von den Herausforderungen, denen sich die Benediktinerklöster im 15. Jh. gegenüber sahen, und der Abhilfe, welche durch die Kastler und Melker Reform sowie die Kongregation von Bursfelde geschaffen werden sollte. Der Verfasser erläutert die für Niederaltaich relevanten Melker Reformanliegen, stellt die für die Visitationen von 1452 und 1468 verantwortlichen Kommissionsmitglieder vor und setzt sich mit dem aus der Literatur bekannten »düstere(n) Bild« (S. 285 f.) der Niederaltaicher Zustände auseinander, besonders gerügt wurde der laxe Umgang mit der Klausur. Der Perspektivwechsel des Verfassers weg von der Melker – vom Bemühen um die Vereinheitlichung der benediktinischen Häuser geprägten – Sicht, hin zu erfassbaren, für das Niederaltaicher Klosterleben durchaus beachtenswerten Faktoren (Anlage eines *Liber census et stewre*, Beschaffung von Kirchenschmuck, Bedeutung des Skriptoriums, Anzahl der Klostereintritte und Gebetsverbrüderungen), lässt den Schluss zu, dass sich der Konvent in der Konzentration auf die Stärkung seiner regionalen Bedeutung den Melker Vereinnahmungsversuchen »bewusst ... widersetzt oder diese differenziert rezipiert« und »eine Art dritten Weg eingeschlagen« (S. 295) hat.

Im Zentrum des Beitrags von *Herbert W. Wurster* (Die Abtei Niederaltaich und das Bistum Passau in der Frühen Neuzeit, S. 299–311) stehen die Voraussetzungen und Auswirkungen der 1684 errichteten Bayerischen Benediktinerkongregation und das bayerische Konkordat von 1583. An den Vorteilen der Kongregation konnte Niederaltaich nicht partizipieren, da es dem durchsetzungsstarken Bischof Sebastian von Pötting gelang, den Beitritt der Klöster seiner Diözese zu unterbinden. Die rigorose Passauer Haltung verbaute den Niederaltaicher Konventualen eine Mitwirkung an der Gründung und Besetzung der Salzburger Universität. Überlagert wurde das Verhältnis Kloster – Bischof vom unaufhaltsam voranschreitenden Prozess der Vereinnahmung der Kirche durch den Landesfürsten. Im Konkordat von 1583 wurden die Regeln festgeschrieben, welche das Verhältnis von Staat und Kirche die Frühe Neuzeit hindurch bestimmten. Als wesentlich für die Bischöfe sieht der Verfasser die Bereitschaft des Staates, »seine Eingriffe in das kirchliche Leben zu begrenzen« (S. 304). Die den Bischöfen verbliebene geistliche Herrschaft übten diese insbesondere über die Besetzung der den Klöstern inkorporierten Pfarreien aus.

Martin Hille (Herr vieler Diener und Diener vieler Herren. Die Beziehungen zwischen der Abtei und ihren Grundholden im 16. und 17. Jahrhundert, S. 313–343) befragt die einschlägigen Quellen für die Zeit von 1523 bis 1690 nach dem Verhältnis des Klosters zu seinen Leuten – mit dem Fortschreiten des 16. Jh. als Untertanen bezeichnet –, für die ein durchaus günstiges Besitzrecht galt. Der umfangreiche Streubesitz führte zu Überschneidungen unterschiedlicher Rechtskreise sowie zu verschiedenartigen Abhängigkeitsverhältnissen. Die Grundherrschaft geriet »in den Sog der Landesherrschaft« (S. 326), und mit der Ausformung der landesrechtlichen Kodifizierungen, schließlich dem Bayerischen Landrecht von 1616, erfuhr der bäuerliche Alltag der Untertanen zwischen Grundherrschaft und Landeshoheit eine deutliche Gewichtung hin zur vereinheitlichenden Landesgesetzgebung.

Hannelore Putz (Münchener Prägungen. Bildung und Erziehung von Niederaltaicher Konventualen im Jesuitengymnasium und in der Domus Gregoriana, S. 345–357) kann für 58 Niederaltaicher Konventsangehörige, darunter Abt Joscio Hamberger, den Nachweis erbringen, dass diese ihre Schulbildung zwischen 1615 und 1766 am Münchener Jesuitengymnasium erhalten haben und ihre geistliche Prägung wie ihre in der Jugend aufgebauten Kontakte nach Niederbayern mitnahmen. Die von den Jesuiten im 16. und 17. Jh. dominierte Schullandschaft samt ihrem Fächerkanon sowie die in die Gesellschaft hineinwirkenden Marianischen Kongregationen zeigen die von Herzog Wilhelm IV. ergriffenen Maßnahmen zur Ausbildung des Priesternachwuchses.

Johannes Molitor (Chroniken der Frühen Neuzeit. Hausgeschichtsschreibung vom 16. bis zum 18. Jahrhundert, S. 359–382) stellt die »Mönchshistoriker« (S. 359) und ihre bislang überwiegend ungedruckt gebliebenen Werke in einer Weise vor, die dem Leser gleichsam ein anschauliches Bild ihrer Persönlichkeit, ihrer Intentionen, Ämter, Arbeitsbedingungen wie -belastungen, Kollegenkontakte und Literaturkenntnisse vermittelt. Die Arbeiten von Matthias Aubele, Paulus Gmainer, Placidus Haiden, Gregor Pusch und Joachim Stich werden im Hinblick auf Überlieferung, inhaltliche Schwerpunkte, Quellennutzung und hausinterne Besonderheiten erläutert. Besonders berührt die Schilderung des mit Amtspflichten der juristischen Art überhäuften, in die alltägliche klösterliche Disziplin eingebundenen Haiden, dessen große Neigung der Geschichte seines Hauses galt. Eine Neigung, die Abt Joscio nicht eben unterstützte.

Ernst Schütz (Zwischen Selbstvergewisserung und öffentlicher Wahrnehmung. »Corporate Identity« und »Corporate Image« des Klosters im 18. Jahrhundert, S. 383–437) sieht die Selbstvergewisserung des Konventes wie der Klosterfamilie in den Inszenierungen von Disputationen, Theateraufführungen und Prozessionen, in der Veranschaulichung der Memoria durch die Feiern von Jubiläen und Gedenktagen, ergänzt durch Sakralarchitektur und Kirchenschmuck. Dem Gedankengut der Aufklärung und der abnehmenden faktischen Bedeutung wurde mit wachsendem Gepränge und sinkender Ordensdisziplin begegnet, Einfallstoren für die weltliche Kontrollmaschinerie. Mit dem Aufbrechen des barocken Ständedenkens schwand die Kraft der die klösterliche Welt zusammenhaltenden Selbstvergewisserungsformen, und der Säkularisation war der Weg bereitet.

Stephan Deutinger (Utriusque Bavariae Abbatum Primas. Der barocke Rangstreit zwischen Niederaltaich und Tegernsee, S. 439–465) durchleuchtet die Hintergründe des von Niederaltaich gegen Tegernsee angestrengten – häufig als unbedeutend und kleinkariert abgetanen – Prozesses um die Führung des Titels *Primas Bavariae*. Der Verfasser erschließt dem Leser die Vorstellungswelt des klagenden, seiner Gemeinschaft zur Einhaltung der göttlichen Ordnung verpflichteten Abtes sowie die Argumentationsführung der Parteien. Der Münchener Hofrat entschied im Hochgefühl der Aufklärung 1768 zugunsten Tegernsees, dabei nicht der wahrlich traurigen Quellen- und Beweislage folgend, sondern das Gutdünken des Landesherrn zum Entscheidungskriterium machend. Als die Aufhebungskommissare sich in Tegernsee vom Abt hintergangen fühlten, setzten sie diesen kurzerhand fest – in Niederaltaich.

Am Beispiel der von *Bernhard Greiler* (Zur Musikgeschichte Niederaltaichs im 18. Jahrhundert, S. 467–485) vorgestellten vier Musiker – Kilian Krautter, Georg Pasterwiz, Coelestin (Ferdinand) Jungbauer, Benedikt Anselm Loibl – und ihrer Werke wird deutlich, welch hoher Stellenwert der Musik innerhalb der Liturgie, als Begleitung von Auffführungen anlässlich von Festen und Gedenktagen sowie zur Anwendung in der Gemeinde zukam.

Unter den im Umfeld und im Auftrag Niederaltaichs tätigen Künstlern hat *Heike Mrasek* (Monastisches Rokoko. Der Maler Franz Anton Rauscher und sein Werk, S. 467–485) die Arbeiten – in der Hauptsache Fresken und Ölgemälde, überwiegend Altarblätter – Franz Anton Rauschers einer eingehenden Betrachtung unterzogen. Wo und bei wem Rauscher ausgebildet wurde, bleibt ungewiss, eine Verbindung zu den Asam-Brüdern ist durchaus möglich, ihre Werke besaßen Vorbildcharakter für ihn. Rauscher folgte dem Gewerbe seines Vaters, betrieb die Niederaltaicher Hoftaverne in Aicha a. d. Donau und arbeitete als Maler seit den 1750er Jahren im niederbayerischen Raum. 1771 zog er als Hofmaler (und Gastwirt) nach Niederaltaich. Nachzuweisen – jedoch nicht immer erhalten – sind Werke in Asbach (Pfarrkirche St. Michael), Griesbach i. Rottal (St. Salvator), Zeitlarn (Kapelle), Thundorf (Mariä Himmelfahrt), Frauenau (Mariä Himmelfahrt), Kurzenisarhofen (Maria Trost), Plattling (St. Maria Magdalena), Deggendorf (Spitalkirche St. Katharina), Zwiesel (Bergkirche), Rinchnach (St. Johannes d. Täufer) und Kötzting (Mariä Himmelfahrt). Für Niederaltaich schuf er eine Hl. Cäcilie, die aus fremdem Besitz an ihren Heimatort zurückkehren konnte. Als Rauscher 1777 starb, war seine Kunst vom Klassizismus eingeholt worden.

Die beiden den Band beschließenden Beiträge von *Stephan Deutinger* gelten zwei Patres der letzten Phase Niederaltaicher Klosterlebens, die mit benediktinischer Gelassenheit ihrem Hause die Treue hielten. Lorenz Hunger (Naturwissenschaft und gelehrte Netzwerke im Zeitalter der Vernunft. Pater Lorenz Hunger – ein Pionier in der Erforschung des Bayerischen Waldes, S. 509–534) trat nach ersten Schuljahren in Straubing 1778 in Niederaltaich ein, durchlief dort einen naturwissenschaftlichen Unterricht auf hohem Niveau und nahm 1783 ein mathematisch-naturwissenschaftliches Studium an der Landesuniversität Ingolstadt auf. Die Entdeckung des Titanit 1794 begründete seinen herausragenden Ruf als Mineraloge unter den Vertretern des aufstrebenden Faches, mit denen er regen Austausch pflegte. Hungers Probe liegt noch heute im Berliner Museum für Naturkunde. Nach Stationen in Passau (fürstbischöfliche Akademie) und Wien wurde er in der Seelsorge eingesetzt und erlebte die Säkularisation in der Klosterpfarrei Schwarzach. Als Frühmessleser in Hals folgte er seiner geistlichen, den restlichen Tag über seiner wissenschaftlichen Passion. Seine späteren

Forschungen galten der Flussperlmuschel in Donau und Inn.

Gregor Pusch verfasste 1763/64 eine Abhandlung, in der er sich mit dem italienischen Reformkatholizismus (Lodovico Antonio Muratori) in Bayern auseinandersetzte (Andacht versus Aufklärung. Pater Gregor Pusch und seine Streitschrift gegen die Feiertagsreduktion aus dem Jahr 1763, S. 535–553). Anlass war die vom Staat verordnete und von den Ordinariaten mitgetragene Reduzierung der Feiertage, welche die Bevölkerung anhaltend ignorierte. Der Landesherrschaft ging es um den wirtschaftlichen Profit, den Bischöfen um die Eindämmung der während der Reformation geförderten barocken Volksfrömmigkeit, dem Landvolk um materielle Einbußen und soziale Isolierung. Pusch erwägt die Folgen für jeden einzelnen Stand – vom Adel bis zu den Tagelöhnern –, entwirft ein beeindruckendes gesellschaftliches Panorama seiner Erlebniswelt und kommt zu dem Schluss, »nicht die Feiertage, sondern die Steuern und Abgaben seien zu reduzieren« (S. 545). Alle ökonomisch-sozialen Argumente aber sind von der Gewissheit überwölbt, dass es immer zuerst um das Seelenheil des Einzelnen gehe und das bedürfe der Fürsprache der Heiligen in der Messe.

Die samt und sonders quellengesättigten und sorgfältig erarbeiteten Beiträge sind eine Bereicherung des zuletzt 1971 von Georg Stadtmüller und Bonifaz Pfister (S. XI) zusammengetragenen Wissens zur Geschichte des Klosters und bieten darüber hinaus anregende und neue Gesichtspunkte, die von der Forschung hoffentlich bald aufgegriffen und weiterentwickelt werden. Ein Siglen-, Orts- und Personenregister ermöglicht eine schnelle Orientierung.

Frankfurt a. M. Gabriele Schlüter-Schindler

Maria Magdalena Zunker OSB, Die Bistümer der Kirchenprovinz Mainz. Das Bistum Eichstätt 2: Die Benediktinerinnenabtei St. Walburg in Eichstätt *(Germania Sacra, Dritte Folge 15), Berlin u.a., de Gruyter 2018, XVIII, 859 Seiten, 17 farbige Abbildungen.*

Im Jahr 1035 wurde die Benediktinerinnenabtei St. Walburg gegründet. Diese fast tausend Jahre Klostergeschichte finden sich nun auf hohem wissenschaftlichen Niveau in einem neuen Band der Germania Sacra mit fast ebenso vielen Seiten wieder. Verfasst wurde er von Maria Magdalena Zunker OSB, der Archivarin der bis heute bestehenden Abtei St. Walburg. Sie forschte über mehr als ein Jahrzehnt lang in den Beständen des Klosterarchivs, des Eichstätter Diözesanarchivs, des Nürnberger Staatsarchivs und des Bayerischen Hauptstaatsarchivs in München. Im Gegensatz zu vielen anderen Bänden der Germania Sacra konnte Zunker hauptsächlich auf hauseigene Bestände ihres eigenen Klosterarchivs zurückgreifen. Diese einmalige Überlieferungssituation ergab sich, da resolute Nonnen 1806 der bayerischen Säkularisationsanordnung des neuen bayerischen Königs nicht gehorchten und so die Zeit bis zur offiziellen Wiedererrichtung im Jahr 1835 unter König Ludwig I. in der Kontinuität klösterlichen Lebens überstanden. Trotzdem zeigt sich die Quellenlage sehr heterogen, da eine Klosterreform in der Mitte des 15. Jahrhunderts den Verlust des bis dato geführten Schriftgutes nach sich zog.

In dem vorliegenden Band erschloss die Autorin ein reiches Quellenmaterial zur Personen-, Besitz- und Wirtschaftsgeschichte des Klosters, aber auch zur Geschichte der Wallfahrt zur heiligen Walburga. An deren Grablege hatte Graf Leodegar von Graisbach-Lechsgemünd im Jahr 1035 ein Kloster gegründet und dem Eichstätter Bischof als Eigenkloster mit dem Recht, die Äbtissin zu ernennen, übergeben. Luzide zeigt Zunker auf, dass bereits vor dieser Gründung klösterliches Leben am Grab der Heiligen existierte, womöglich bereits in den 70er Jahren des 9. Jahrhunderts (S. 117f.). Der Walburgakult an der vielbesuchten Wallfahrtsstätte nahm jedenfalls seitdem eine zentrale Stellung im geistlichen wie im wirtschaftlichen Leben der Benediktinerinnen ein. Eine historisch-kritisch aufbereitete Biographie der Heiligen findet sich im Abschnitt zum Patrozinium der Kirche (S. 112–115).

Nach der Darstellung von Forschungsstand und Quellenlage widmet sich die Autorin der Baugeschichte des Klosters. Dabei gelingt es ihr, den Zusammenhang zwischen Kloster-, Bau- und Kunstgeschichte durch Einbettung der architektonischen Entwicklung von St. Walburg in wirtschaftlich-lebensweltliche Zusammenhänge kontextualisiert herauszustellen.

In einem dritten historischen Übersichtskapitel zeigt sie den Verlauf der Klostergeschichte von der Gründung bis ins Jahr 1817, als nach der Säkularisation zunächst Eugène de Beauharnais, der Stiefsohn Napoleon Bonapartes, das bayerische Fürstentum Eichstätt und damit auch die Abtei St. Walburg. Noch zum Ende desselben Jahres erwarb dessen eigene herzogliche Familie von Leuchtenberg das Klostergebäude, welches es den noch lebenden Schwestern zur Nutzung überließ. In einem kurzen Ausblick thematisiert Zunker auch das weitere Schicksal des Klosters bis heute. Dabei betont sie besonders den persönlichen Einsatz König Ludwigs I. für den Fortbestand der Benediktinerinnenabtei, der sich in den Quellen eindeutig fassen lässt (S. 162).

Ein viertes sehr umfangreiches Kapitel widmet sich Verfassung und Verwaltung. Darin stellt die Autorin die Beziehungen des Klosters zu Kaiser und Reich, zur Kurie und zum Eichstätter Bischof dar, der spätestens mit der Entstehung eines eigenständigen hochstiftischen Territoriums gleichzeitig auch als Landesherr fungierte. Sehr quellennah differenziert die Autorin hier die beiden Rollen des Bischofs in seiner geistlichen und weltlichen Jurisdiktion gegenüber dem Kloster. Ergänzend stellt sie auch das Verhältnis der Benediktinerinnen zum bayerischen Herzog dar, in dessen Territorium Besitzungen der Abtei lagen; sie gehörte damit auch zu den bayerischen Landständen. Darauf folgen Ausführungen zu den inneren Verhältnissen des Klosters mit der Äbtissin an der Spitze, vertreten von einer Priorin und weiteren Ämtern. Bis zur Reformation entstammte die Mehrzahl der Konventfrauen dem niederen fränkischen Adel. Mit dem Übertritt viele dieser Familien zum Protestantismus allerdings wurde St. Walburg zu einem mehrheitlich bürgerlichen Konvent (S. 241). Danach stellt Zunker in einer breiten kulturwissenschaftlichen Herangehensweise den Lebensalltag der Nonnen mit Blick auf Tagesablauf, Kleidung, Ernährung, Krankheit und Tod ausführlich dar, ohne dabei das Konfliktpotenzial zwischen Konventschwestern und Laienschwestern auszublenden (S. 270f.). Ausführlich und quellennah arbeitet sie zudem die rechtlichen Rahmenbedingungen, besonders im Zusammenhang mit den mittelalterlichen Vögten heraus, um dann einen Überblick über das weltliche Personal des Klosters zu geben. Eine besonders interessante Konstellation zeigt sich bei den von der Abtei St. Walburg abhängigen Pfarreien (S. 340–372), für welche die Äbtissin als Patronatsherrin das Präsentationsrecht besaß. Der neuernannte Pfarrer hatte dann der Äbtissin und dem Kloster einen umfangreichen Treueid zu leisten. Das Kapitel schließt mit einer knappen Darstellung der von Konvent und Abtei geführten Wappen und Siegel.

In einem fünften Kapitel widmet sich die Autorin dem religiösen und geistlichen Leben von St. Walburg. Liturgie und Chorgebet der Benediktinerinnen rekonstruiert sie ausgehend von erhaltenen liturgischen Büchern. Besondere Berücksichtigung kommt auch hier der Verehrung der heiligen Walburga zu (S. 398–417), die an deren Grab entstand, das die Autorin als »geistliche Mitte des Klosters« (S. 398) bezeichnet. Erwähnung findet dabei auch das Walburgisöl, das zum festen Bestandteil des klösterlichen Selbstverständnisses wurde, etwa auf Porträts von Äbtissinnen, auf denen es nicht fehlen durfte (S. 411). Darauf folgt ein Abschnitt zum Stifter (§ 28.), Graf Leodegar, dessen Todestag bis heute als Stiftertag gefeiert wird. Mit der ausführlichen Darstellung von Reliquien, Brauchtum, Bruderschaften, Jahrtagen, Ablässen etc. geht die Autorin weit über eine reine Institutionengeschichte hinaus und spannt einen umfassenden kulturhistorischen Rahmen vom Spätmittelalter bis zur Säkularisation auf. Als ebenso gelungen sind Zunkers Ausführungen zum geistigen Leben des Klosters zu bezeichnen, worunter sie Geschichtsschreibung sowie künstlerisches und musikalisches Schaffen fasst; dabei sind besonders die Instrumenten- und Musikaliensammlung in St. Walburg zu betonen.

Ein sechstes Kapitel befasst sich mit den Besitzverhältnissen des Klosters. Darin geht die Autorin neben dem Grundbesitz auch auf die Brauerei, Birk- und Fischerhöfe sowie die Bewirtschaftung der Hofmarken ein. Detailliert werden auch wirtschaftshistorisch relevante quantitative Daten präsentiert, die den Zehnt, Fischereirechte, Forstwirtschaft und Mühlen betreffen. Eine ausführliche, alphabetisch sortierte Liste der Klostergüter (§ 41.) bietet eine leserfreundliche Übersicht der Besitzverhältnisse des Klosters.

Daran schließt sich ein siebtes Kapitel an, das Personallisten der Abtei umfasst, beginnend mit den Äbtissinnen, als deren erste die Autorin Imma, die Cousine des Stifters Leodegar, aufführt, die auf dem Salzburger Nonnberg erzogen worden war. Darauf folgen deren Nachfolgerinnen bis zu Maria Anna Francisca Duscherin, die bis 1808 den Konvent leitete. Jeder Äbtissin widmet Zunker einen eigenen kurzen biographischen Überblick. Es folgen Listen der Konventfrauen (*sorores velatae*) sowie der Laienschwestern (*sorores donatae*), jeweils in chronologischer Reihenfolge.

Ein für die weitere Forschung besonders hilfreiches Register mit allen in der dargestellten Klostergeschichte genannten Orts- und Personennamen schließt den Band ab. Angehängte Abbildungen illustrieren mit der künstlerischen wie schriftlichen Überlieferung die Klostergeschichte; die angehängten Karten erleichtern die Verortung innerhalb des süddeutschen Raumes.

Insgesamt gelingt es Maria Magdalena Zunker OSB, den Schemata der Germania Sacra folgend, durch eine überaus akribische Auswertung der zur Verfügung stehenden Quellen ein umfassendes Bild der Geschichte ihres Klosters zu zeichnen. Sie bleibt nicht bei der Erhebung quantitativer Daten, personeller Informationen und institutioneller Veränderungen stehen, sondern schreibt mit dem vorliegenden Band eine breit angelegte, alle klösterlichen Lebenswelten der Vormoderne umfassende Geschichte der Abtei St. Walburg in Eichstätt. Ihr Werk eignet sich deshalb nicht nur als Nachschlagewerk zur Kloster-, Ordens-, Stadt- und Regionalgeschichte, sondern bietet dem Leser auch ein breites Panorama zur Kulturgeschichte eines der wichtigsten Frauenklöster im deutschsprachigen Raum, das den reichen Ertrag der langjährigen Forschungen der Autorin bildet.

München   Markus Christopher Müller

Gisela Drossbach/Klaus Wolf (Hg.), Reformen vor der Reformation. Sankt Ulrich und Afra und der monastisch-urbane Umkreis im 15. Jahrhundert *(Studia Augustiniana 18), Berlin/Boston 2018, Walter de Gruyter, VII+391 Seiten.*

St. Ulrich und Afra in Augsburg wurde im 15. Jahrhundert nicht nur von der Melker Ordensreform erfasst. Die Abtei wurde auch literarisches Produktionszentrum für Stadtchronistik, Liturgie, Musik, Buchmalerei und anderes mehr. Die Zusammenhänge beider Phänomene möchte der vorliegende Sammelband beleuchten, somit vor allem danach fragen, wie die benediktinische Ordensreform den sog. »Klosterhumanismus« ähnlich wie etwa in Tegernsee gefördert hat. Zugleich soll der Blick auf benachbarte Augsburger geistliche Institutionen geweitet werden.

In einem grundlegenden Beitrag betont *Wilhelm Liebhard* den Zusammenhang zwischen wirtschaftlicher Prosperität und strenger Observanz. Beide bedingten sich im Mittelalter wechselseitig. So sei das 15. Jahrhundert durch eine Verwaltungsmodernisierung und eine dadurch bedingte Zunahme an pragmatischer Schriftlichkeit gekennzeichnet gewesen, während die Reform selbst die Mitbestimmung des Konvents gegenüber dem Abt in ökonomischen Fragen gestärkt habe. Dabei sind, was auch aus dem Beitrag von *Wolfgang Wüst* und seinem Vergleich mit Füssen St. Mang deutlich wird, die Reformen eher prozesshaft zu denken, fragil und von Rückschlägen bedroht. Widerstände, aber auch modifizierte Adaptionen der Reformcharta vor Ort kennzeichneten die

Implementierungsversuche. Einen umfassenden Überblick über die von Raudnitz in Böhmen ausgehende Reformbewegung der Augustiner Chorherren in Mitteleuropa gibt *Franz Machilek*. Die Reform brachte in einer gewissen Parallele neben gesteigerter Askese eine Intensivierung von Predigt und Seelsorge und war so mit einer verstärkten Pflege von Wissen und Büchern verbunden. Dabei waren die Klöster eng mit der Stadtgesellschaft verflochten, so *Martin Kaufhold*. In beiden nahm im 15. Jahrhundert die Schriftlichkeit zu. Augsburg blühte im 15. Jahrhundert regelrecht auf, war doch, so *Rolf Kießling*, der Pestzug von Ostschwaben nach Nürnberg und Würzburg weitgehend ausgeblieben und Augsburg führend in der ostschwäbischen Städtelandschaft mit ihrer Barchent-Produktion; Patrizier waren in die Montanindustrie eingestiegen und die wirtschaftliche Prosperität führte zu Bevölkerungswachstum, aber auch zu starker sozialer Ungleichheit. Die bürgerliche Kultur schlug sich auch in einem Anwachsen an Stiftungen, einem Bedürfnis nach Predigt und Seelsorge aber auch im Interesse an der städtischen Geschichte nieder. Das Domkapitel, so *Thomas Krüger*, bestand de facto aus adeligen, durchaus oft gebildeten Vermögensverwaltern; an ihm liefen die diözesanen Reformmaßnahmen vorbei. Ähnliches gilt nach *Dietmar Schiersner* für die adeligen Kanonissen des Damenstifts St. Stephan, das kaum mit der Stadt verflochten war. Bischof Friedrich von Zollern (1486–1505) bemühte sich den berühmten Prediger Johann Geiler von Kaysersberg (1445–1510) nach Augsburg zu holen, was ihm nur für einige Wochen gelang. Dessen Augsburger Predigten sind in Nachschriften des Webers Jörg Preining überliefert. Sie wenden sich, so *Werner Williams-Krapp*, primär an Laien, die sie zu einer Art planvollen Selbstmonastizierung bis hin zur *unio mystica* befähigen sollten.

Zahlreiche Beiträge untersuchen die klösterliche und städtische Literaturproduktion im Zusammenhang mit der Melker Reform. Bei deren Einführung 1457 durch eine Visitation wurde der gelehrte Konventuale Sigismund Meisterlin aus dem Kloster entfernt und auf Wanderschaft in Reformklöster geschickt, da er – der Verfasser der *Chronographia Augustensium* – als zu weltlich galt. Im Kloster schilderte Johannes Frank die Reformen nüchtern und distanziert, während sich Wilhelm Wittwer in seinem *Catalogus Abbatum* die Wertungen der Observanz zu eigen machte. Dies analysiert *Christoph Paulus*, der eine Abschrift des 16. Jahrhunderts in den *Oefeliana* der Staatsbibliothek mit einer Klostergeschichte dem späteren Meisterlin zuordnen kann; die Reform der letzten Jahre wird darin kritisch gesehen. Meisterlin war von Padua aber nach Nürnberg gegangen, wo der Rat der Stadt ihn um eine Chronik bat. Die Gründungsgeschichte, die er verfasste, vergleicht *Edith Feistner* mit seiner Augsburger Chronik und einer im Regensburger Schottenkloster entstandenen Stadtgeschichte der Donaustadt, die Vorlage waren. Beide beeinflussten Meisterlins Darstellung, der Nürnberg so Alter (Stadt des Tiberius Nero) und Autochthonie anbietet: Karl dem Großen komme eine wichtige Rolle bei der Stadtwerdung zu. Zunächst hatte Meisterlin aber beim Rat mit diesem Angebot der Reform der Memoria wenig Erfolg; die Marginalisierung der Rolle des hl. Sebald machte das Werk aber seit der Reformationszeit interessant. Für einen Zusammenhang zwischen Reform und Intensivierung von Schriftlichkeit scheint zu sprechen, dass kurzzeitig auch im Kloster eine Druckerpresse arbeitete, vor allem für liturgische Bücher; deren Druck sollte zu einer stärkeren Uniformierung führen, so *Günter Hägele*. Zwar wollten dabei die Reformer stärkere *conformitas*. *Herbert Schneider* zeigt aber, wie jeweils ein Ausgleich mit lokalen Eigentraditionen das Ergebnis war. Das Augsburger Passionsspiel in Cgm 4370 ist nach *Ulrike Schwarz* die gekürzte und überarbeitete Version einer Vorlage aus dem österreichisch-bayerischen Raum, eng verwandt mit ähnlichen Tiroler Spielen und doch mit deutlichen Augsburger Bezügen. Es verweist auf die Literaturproduktion der Wiener Universität, die mit den Melker Reformern eng verbunden war, so *Klaus Wolf*. Viele Texte der »Wiener Schule« wurden erstmals in Augsburg gedruckt. Im Reformjahrhundert hatte die Abtei nach *Karl-Georg Pfändtner* auch eine hochstehende Buchmalerei, viele liturgische Bücher wurden abgeschrieben und illuminiert. Nach dem Tod des Konventualen Conrad Wagner 1495 wurden meist auswärtige Laienilluminatoren beigezogen. Bernhard von Waging als reformorientierter Prior Tegernsees und Visitator von St. Ulrich hat eine Messvorbereitung für Priester verfasst, die *Wolfgang Steck* ediert und im Kontext spätmittelalterlicher Frömmigkeitsliteratur interpretiert; sie will anleiten, sich der eigenen Niedrigkeit und der Größe Gottes bewusst zu werden. Neben liturgischen Texten produzierte die Reform auch viele normierende Rechtstexte, die *Gisela Drossbach* vorstellt. *Franz Körndle* hingegen analysiert am Beispiel des »Libellus de Musica« des Tegernseer Konventualen Johannes Keck die Musikkultur der Reform, die sich gegen die Orgel und auch gegen Mehrstimmigkeit wandte. Beides setzte sich nicht durch. Die Zunahme von Schriftlichkeit und Wissen im 15. Jahrhundert dokumentiert auch der Beitrag von *Juliane Trede* über die Dombibliothek, die vor allem Kardinal Peter von Schaumberg erweitern wollte. In diesem Umfeld kann *Ulrike Bauer-Eberhardt* zeigen, dass viele Augsburger Handschriften in Italien ausgemalt wurden. Den monumentalen Plan der Stadt Augsburg des bedeutenden Goldschmieds Jörg Seld (ca. 1448/1454–1526/27) stellt *Andrea Worm* vor; die Stadt wurde als rational geordnetes und genau vermessenes Gebilde nach italienisch-venezianischem Vorbild präsentiert, vielleicht für den jungen Habsburger Karl V.

Der gelungene und lesenswerte Band lässt auch Fragen zurück. Während ein Teil der pragmatischen Schriftlichkeit sich klar den Reformierungs- und Uniformierungstendenzen verdankt, ist es etwa bei der Chronistik weniger eindeutig. Schriftlichkeit verdichtete sich auch außerhalb des Reformkontextes. Wie eng die auf Askese und Einfachheit zielende Melker Reform mit der literarischen Mehrproduktion tatsächlich verbunden war, bliebe zu diskutieren, ebenso der Begriff des »Klosterhumanismus«. Auch der im Titel suggerierte Zusammenhang zwischen Reformen und Reformation ist noch weiter zu erforschen. Dass die Reformen in die Zukunft weisen und Luthers theologisches Ringen ein kurzer Rückfall ins Mittelalter gewesen sei, so im Nachwort, wird wohl etwas zu kurz gesprungen sein.

Regensburg   KLAUS UNTERBURGER

MARCO BENINI, Die Feier des Osterfestkreises im Ingolstädter Pfarrbuch des Johannes Eck *(Liturgiewissenschaftliche Quellen und Forschungen 105), Münster 2017, Aschendorff, 711 Seiten.*

Der Ingolstädter Professor Dr. Johannes Eck gehörte zu den großen Theologen der ersten Hälfte des 16. Jahrhunderts und war einer der bedeutendsten kontroverstheologischen Gegner Martin Luthers. Daneben fungierte er auch als Pfarrer der Ingolstädter Pfarreien St. Moritz (1519–1525) und »Zur Schönen Unserer Lieben Frau« (1525–1532, 1538–1540), wo er sich durch eifriges Predigen hervortat. Für die Frauenpfarrei hat er eigenhändig ein dort erhaltenes Pfarrbuch verfaßt, in dem er die Einzelheiten des liturgischen Jahreslaufs im Münster dokumentierte. Die Auswertung des hier enthaltenen Osterfestkreises von der Vorfastenzeit der Septuagesima über die eigentliche Fastenzeit der Quadragesima mit dem Schwerpunkt der Karwoche, das eigentliche Osterfest mit Oktav bis zum Pfingstfest steht im Mittelpunkt der Eichstätter Dissertation.

Marco Benini stellt zunächst die Person von Johannes Eck, das Ingolstädter Liebfrauenmünster und Pfarrbücher als liturgiehistorische Quellen vor. Neben dem Pfarrbuch Ecks zieht er den handschriftlichen Eichstätter Liber Ordinarius, der erstmals umfassend von ihm ausgewertet wird, sowie weitere edierte beziehungsweise von der Forschung schon berücksichtigte Libri Ordinarii und Pfarrbücher als Vergleichsobjekte heran. Im Anschluss untersucht er die Darstellung des Osterfestkreises im weitesten Sinne im Pfarrbuch, dokumentiert für die einzelnen Tage die Stundengebete, die heiligen Messen, die Predigten und zahlreiche Sonderliturgien. Er behandelt die musikalische Gestaltung sowie die liturgischen Texte, das liturgische Personal, die verschiedenen Orte der gottesdienstlichen Handlungen innerhalb des Münsters wie für Prozessionen auch außerhalb, die verwendeten Paramente, Leuchter und Kreuze. Durch den Vergleich mit dem Eichstätter Liber Ordinarius, der stadtrömichen Liturgie, aber auch mit anderen Quellen kann Benini die Ingolstädter Spezifika herausarbeiten. Breiten Raum nimmt in der Darstellung Ecks die Spendung der Kommunion und des Ablutionsweins ein, über die Anzahl der Hostien kann auf eine intensive eucharistische Frömmigkeit der Bevölkerung geschlossen werden.

Eck interessierte sich für die Beteiligung der Gläubigen an den unterschiedlichen Gottesdienstformen. Besonders wichtig ist die Vorstellung der Sonderliturgien vom Gründonnerstag bis zum Ostersonntag, welche durch ehrwürdige liturgische Traditionen, aber auch durch volksfrommes Brauchtum etwa bei der Grablegung wie der Auferstehung bestimmt waren. Eck bemühte sich aus katechetisch-pädagogischen

Gründen persönlich um die Ausgestaltung der liturgisch-szenischen Darstellungen. In einem Exkurs würdigt Benini die Osterfeier in der Stadt Eichstätt und die Einbindung der dortigen Jerusalemer Heilig-Grab-Nachbildung in der Kirche des Schottenklosters.

In seiner Zusammenfassung betont Benini Ecks hohes Interesse an der Feier der Liturgie und interpretiert dessen Pfarrbuch als Sonderform eines Liber Ordinarius. Die Liturgie bildete für ihn die Verbindung zwischen der kämpfenden Kirche auf Erden und der triumphierenden Kirche im Jenseits. Bemerkenswert ist, dass Eck bei seinem Bemühen um eine würdige und ausdrucksstarke Liturgie immer die Gläubigen im Blick hatte und für die Teilnahme gewinnen wollte. Dies kommt etwa durch die Pflege deutscher Lieder und szenisch-anschaulicher Elemente wie durch die Gewichtung der Predigt zum Ausdruck.

Im ausführlichen Anhang legt Benini die kritische Edition des lateinischsprachigen Pfarrbuchs von Johannes Eck nach dem Original im Münsterpfarramt vor, der er eine deutsche Übersetzung beigegeben hat. Dies erleichtert wesentlich den Zugang zum Text Ecks, der den Lauf des gesamten Kirchenjahrs erfasst. Das Pfarrbuch enthält außerdem Angaben zu Votivmessen, über den Kirchenpatron und das Kirchengebäude, die Beziehungen zur Universität sowie den Gebrauch der liturgischen Farben, das liturgische Personal wie die Bruderschaften und die gestifteten Jahrtage. Außerdem werden alle bekannten erhaltenen Pfarrbücher dokumentiert. Mehrere umfangreiche Register erleichtern die Benutzung. Marco Beninis eindrucksvolle Arbeit stellt nicht nur das reiche liturgische Leben an der Ingolstädter Pfarr-, Herzogs- und Universitätskirche »Zur Schönen Unserer Lieben Frau« vor, sondern würdigt Johannes Eck als pastoral wie liturgisch interessierten Theologen. Gleichzeitig wird die Bedeutung des Münsters für Stadt und Universität deutlich. Damit liegt ein wertvoller Beitrag zur Liturgiegeschichte wie zur bayerischen Landesgeschichte der Umbruchzeit der ersten Hälfte des 16. Jahrhunderts vor, der die Kontinuität der kirchlichen Entwicklung vom Mittelalter in die frühe Neuzeit gegen alle überzogenen Konfessionalisierungsthesen belegt.

München   Dieter J. Weiss

Johannes Laschinger (Hg.), Glaube und Herrschaft. Amberg und die Reformation *(Beiträge zur Geschichte und Kultur der Stadt Amberg 8), Amberg 2019, Stadtarchiv Amberg, 348 Seiten, Abbildungen.*

Eine der erfreulichsten Erscheinungen des Reformationsgedenkjahres 2017 ist aus geschichtswissenschaftlicher Sicht die Herausgabe von Untersuchungen zur lokalen Reformationsgeschichte auch kleinerer Städte und ländlicher Regionen. Dazu gehört auch der von Ambergs Stadtarchivar *Johannes Laschinger* herausgegebene und auf eine Vortragsreihe zurückgehende Sammelband zur Amberger Reformationsgeschichte. Darin versammelt sind Aufsätze lokaler Experten. Meist geben sie die Inhalte bereits publizierter Monographien, meist Qualifikationsschriften, aus der Hand der jeweiligen Autoren in komprimierter Form wieder. In dem Maße, in dem diese bereits älter sind, bieten sie den Kenntnisstand ihrer Entstehungszeit. Neuere methodische Ansätze finden sich deshalb kaum. Daher bietet der Band eine zuverlässige Zusammenfassung des bisherigen Forschungsstandes zur Amberger Reformationsgeschichte.

Der evangelische Theologe und Kirchenhistoriker *Volker Wappmann* gibt einen Überblick über die Reformation in Amberg. Er äußert Zweifel, dass die Konfessionswechsel der Oberpfälzer Landesherren auch in der Bevölkerung nachvollzogen wurden, wie nach Ansicht Wappmanns vor allem von der katholischen Geschichtswissenschaft behauptet. Dieses für das Verständnis der Ausbreitung der Reformation bedeutende Problem wird dann allerdings nicht behandelt.

Anschließend daran beschäftigt sich *Johannes Laschinger* mit dem Amberger Schulwesen in der Reformationszeit und versucht die Gestalt des Amberger Bibliothekswesens zu rekonstruieren. Er zeigt auf, wie beides in den Händen des Rates zum Werkzeug der Durchsetzung der Reformation wurde.

Im Beitrag des katholischen Theologen und Kirchenhistorikers *Werner Schrüfer* steht im Fokus der letzte katholische Stadtpfarrer Ambergs, Georg Helbling. Detailreich wird das Schwinden des Handlungsspielraums eines katholischen Geistlichen in einer zunehmend lutherischen Stadt nachgezeichnet.

Der Literaturhistoriker *Manfred Knedlik* analysiert die geistlichen Dichtungen des lutherischen Amberger Stadtkämmerers Leonhard Müntzer. *Bernhard Lübbers* zeigt auf der Grundlage eines kommunikationsgeschichtlichen Ansatzes die Bedeutung der Medien für die Ausbreitung der Reformation. Eindrucksvoll zeigt er die Schnelligkeit auf, mit der sich die Reformation durch den Buchdruck mit beweglichen Lettern vollzog. Mit Ambergs Reformationsgeschichte haben die Ausführungen von Lübbers freilich nichts zu tun.

Der Profanhistoriker und Fernsehjournalist *Matthias Schöberl* geht in seinem Beitrag auf das spannungsreiche kirchenpolitische Verhältnis zwischen landesherrlicher und städtischer Obrigkeit ein. Sein betont umgangssprachlicher Stil wirkt öde. Insbesondere die Vergleiche frühneuzeitlicher Politik mit solcher der Gegenwart irritieren und sind, entgegen der angenommenen Absicht, dem Verständnis nicht dienlich.

Der katholische Theologe, Kirchenhistoriker und Sulzbach-Experte *Markus Lommer* vergleicht schließlich den Ablauf der Reformation in den zwei Nachbarstädten Amberg und Sulzbach. Er bietet eine vorbildliche Analyse der religiösen Struktur der beiden Ortschaften und geht auf vorreformatorische Frömmigkeit, Sakralräume, kirchliche Einrichtungen, Klerus, Liturgie und Kirchenmusik ein. Das Ergebnis besteht darin, dass die vom Rat initiierte Reformation in Amberg langwierig und konfliktreich verlief, die vom Landesherren initiierte Reformation in Sulzbach kurz und ohne nennenswerte Konflikte. Ein über die lokalgeschichtliche Relevanz hinausgehender Erkenntnisgewinn wird darin kaum sichtbar.

Den Band beschließt eine Edition der Briefe Luthers und Melanchthons an den Rat der Stadt Amberg, was für den Amberger Lokalpatriotismus von großer Bedeutung sein dürfte.

Regensburg   JOHANN KIRCHINGER

MATHIS LEIBETSEDER (Hg.), Kreuzwege. Die Hohenzollern und die Konfessionen, 1517–1740, *Berlin 2017, Selbstverlag Geheimes Staatsarchiv Preußischer Kulturbesitz, 480 Seiten, zahlreiche Abbildungen.*

Um die Rolle der Hohenzollern im Nationalsozialismus tobt momentan ein Historikerstreit. Dass das aus Schwaben stammende, mit Franken eng verbundene Geschlecht in der frühneuzeitlichen Konfessionsgeschichte eine maßgebliche Rolle spielte, ist hingegen unbestritten.

Die konfessionelle Vernetzung des jetzt aus einem preußischen und einem schwäbischen Zweig bestehenden Adelsgeschlechts im Zeitraum von 1517 bis 1740, vom Beginn der Reformation bis zum Herrschaftsantritt Friedrichs II., »des Großen«, dokumentiert der 2017 erschienene, üppig bebilderte und ansprechend gestaltete vorliegende Ausstellungskatalog. Die vom 7. April bis 9. Juli 2017 im Berliner Schloss Köpenick gezeigte, gleichnamige Ausstellung war der Beitrag des Geheimen Staatsarchivs Preußischer Kulturbesitz und des Kunstgewerbemuseums der Staatlichen Museen zu Berlin zum 500. Reformationsjubiläum.

Der von dem Historiker *Mathis Leibetseder*, einem Referenten am Geheimen Staatsarchiv, herausgegebene Katalog gliedert sich in zwei Teile. Auf rund 130 Seiten informieren neun Essays renommierter Frühneuzeithistoriker prägnant über einzelne Aspekte der hohenzollerischen Konfessionsgeschichte: die kommunikationsgeschichtlichen Dimensionen von Reformation und Konfessionsbildung mit Blick auf die höfische Gesellschaft (*Mathis Leibetseder*), das Verhältnis zwischen dem Haus Brandenburg, Italien und Rom im 15. Jahrhundert (*Jürgen Herold*), die europäischen Ambitionen der Hohenzollern im 16. Jahrhundert (*Mathis Leibetseder*), die Musikpflege an den brandenburgischen Höfen der Reformationszeit (*Franz Körndle*), die Rolle des Johannes Carion als Hofastrologe der Hohenzollern-Fürsten (*Frank-Ulrich Prietz*), die Entscheidung Kurfürst Johann Sigismunds für die Konversion von 1613 (*Matthias Pohlig*), die Kirchenpolitik der brandenburgisch-preußischen Herrscher von 1640 bis 1740 (*Frank Göse*), das Verhältnis zwischen den Salzburger Emigranten und Preußen (*Alexander Schunka*) und die Stellung der Köpenicker Schlosskirche innerhalb der Kirchenarchitektur des ausgehenden 17. Jahrhunderts (*Stefanie Leibetseder*).

Der zweite Teil des Katalogs besteht aus drei Sektionen: Unter »Themen«, »Orte« und »Personen« werden auf rund 330 Seiten die 193 Exponate der Ausstellung präsentiert. Der Leser stößt dort auf ein »Wechselbad katholischer, lutherischer und reformierter Einflüsse«, wie es Monika Grütters, seit 2013 Beauftragte der Bundesregierung für Kultur und Medien, in ihrem Grußwort formuliert hat. Die Objekte der Ausstellung veranschaulichen die schillernde Rolle der Hohenzollern in der frühneuzeitlichen Konfessionsgeschichte: Während beispielsweise Kardinal Albrecht von Brandenburg, der für Luther zuständige Erzbischof, seine Residenz Halle an der Saale wegen der Reformation verließ, wandelte sein Namensvetter und Hochmeister des Deutschen Ordens, Markgraf Albrecht von Brandenburg-Ansbach, den preußischen Ordensstaat in ein weltliches Herzogtum um – Spätfolgen der »beiden größten Coups (…)« (S. 45) der Hohenzollern im zweiten Jahrzehnt des 16. Jahrhunderts. So interpretiert *Mathis Leibetseder* die Wahlerfolge der beiden Hohenzollern in seinem Aufsatz »Eine Dynastie mit europäischen Dimensionen«.

Die fränkische Linie der Hohenzollern ist in Form einer Ahnengalerie vertreten: Die 17 x 11 Zentimeter großen Miniaturporträts der Markgrafen Friedrich V., Kasimir, Georg, Georg Friedrich, Albrecht, Johann, Friedrich, Wilhelm und Johann Albrecht von Brandenburg-Ansbach entstanden um 1569. Sie gehören zu einer Serie von aktuell noch 31 Kunstwerken aus dem Bestand des Württembergischen Landesmuseums Stuttgart. Die zum Teil fiktiven Erinnerungsbilder gab vermutlich Ludwig »der Fromme«, fünfter regierender Herzog von Württemberg, in Auftrag. Er wollte damit wohl an die Vorfahren seiner Mutter Anna Maria erinnern, eine Enkelin Markgraf Friedrichs V.

Besondere Beachtung erfährt Markgraf Georg von Brandenburg-Ansbach, den *Franziska Mücke* in einem Biogramm zu den »reformationsgeschichtlich wichtigsten Vertretern des Hauses Brandenburg im 16. Jahrhundert« (S. 227) zählt. Bei der Säkularisierung des preußischen Ordensstaats spielte Georg eine wichtige Rolle – er vertrat seinen jüngeren Bruder Albrecht bei den Verhandlungen mit Polen über die Belehnung mit Preußen. Bekannt ist eine Episode, die sich 1530 beim Augsburger Reichstag zutrug: »Markgraf Georg widersetzte sich dem Kaiser, indem er die Teilnahme an der Fronleichnamsprozession mit den Worten verweigerte, er lasse sich eher den Kopf abschlagen, als seinen Glauben zu verleugnen« (S. 228). Zwei Jahre zuvor hatte der Markgraf die Reformation in seinen fränkischen Territorien eingeführt.

Dass die Hohenzollern in der ersten Hälfte des 16. Jahrhunderts konfessionell getrennte Wege gingen, zeigen die Exponate zu Georgs Bruder Albrecht, dem ersten Herzog in Preußen, und dem in jüngster Zeit intensiv erforschten Kardinal Albrecht von Brandenburg. In der Aschaffenburger Stiftskirche St. Peter und Alexander erinnert das ursprünglich für die Hallenser Stiftskirche bestimmte Grabmal an die vielschichtige Persönlichkeit des kontrovers beurteilten repräsentationsfreudigen Renaissancefürsten: »Ein Masterplan lag dem Monument nicht zugrunde, über die Jahre lagerte sich Sinnschicht an Sinnschicht« (S. 287), charakterisiert Mathis Leibetseder das 2004 von Kerstin Merkel als »Humanistendenkmal« bezeichnete Werk. Der Historiker weist auf die »Verbindung von katechetischer Reformarbeit und demutsvollem Stil« (S. 287) hin, die Albrechts Amtsverständnis geprägt habe. Ob der Kirchenfürst jemals Luthers Schriften gelesen hat, ist zweifelhaft – Leibetseder weist auf das Konzept eines Schreibens aus dem Jahr 1520 hin, in dem Albrecht gesteht, Luthers Schriften bisher nicht gelesen zu haben.

Eine kleine Sensation: In der Ausstellung wurde aus dem Beständen des Berliner Kunstgewerbemuseums erstmals ein zwischen 1514 und 1518 entstandenes Messgewand präsentiert, das dank des Wappens als Stiftung Albrechts für eine Kirche des Erzbistums Mainz identifiziert werden kann. Aus Albrechts Grab im Mainzer Dom, das während der französischen Besatzung 1792/1793 geplündert wurde, stammt die um 1540 in Frankfurt am Main gegossene, bronzene Sargtafel Albrechts – laut Lothar Lambacher »einzigartiges Zeugnis seines Selbstverständnisses als bedeutender weltlicher und geistlicher Würdenträger, gottesfürchtiger Gläubiger und gelehrter Kunstkenner« (S. 308). Die seitlich angebrachten Medaillons mit Medusenhäuptern sollten in antik-»heidnischer« Tradition vor Grabräubern schützen – im Fall des Erzbischofs ein unerfüllter Wunsch.

Garant für das »Obenbleiben« in der europäischen Fürstengesellschaft war laut Leibetseder ein stabiles Netzwerk aus verlässlichen Partnern. Die Hohenzollern orientierten sich in der ersten Hälfte des 16. Jahrhunderts traditionell am Kaiser und pflegen ihre »Kaisertreue«: »Als gelebte Tradition besaß sie [die Kaisertreue, S. W. R] einen realen Kern, bildete zugleich aber auch einen Topos im kollektiven Gedächtnis des Gesamthauses, der im Kontext politischer Kommunikation fallweise aktualisiert und instrumentalisiert werden konnte« (S. 45), führt der Herausgeber im oben genannten Beitrag aus.

Dass Kaisertreue sich auch in herausragenden Zeugnissen des Kunsthandwerks materialisieren konnte, zeigt der 1565/1566 von dem bekannten Nürnberger Goldschmied Wenzel Jamnitzer wohl für die Mitglieder des überkonfessionellen »Landsberger Bundes« angefertigte »Kaiserpokal«: Der 69 Zentimeter hohe Deckelpokal aus dem Berliner Kunstgewerbemuseum sollte vermutlich die Bitte der Bundesmitglieder um Unterstützung durch Kaiser Maximilian II. bei der Bekämpfung des 1563 geächteten und 1567, wohl sehr bald nach Vollendung des fürstlichen Geschenks, in Gotha geviertelten Reichsritters Wilhelm von Grumbach handgreiflich unterstützen.

Kritisch sieht Leibetseder die politischen und kulturellen Konsequenzen des schrittweisen Anschlusses der Familie an die Reformation, ein Vorgang, der »die internationalen Kontakte der Hohenzollern-Dynastie (...) nahezu vollständig gekappt« (S. 55) habe. Eher negativ beurteilt der Historiker die Rolle Kurfürst Joachims II. von Brandenburg, der 1571 starb: »Für beide Seiten [Katholiken und Protestanten, S. W. R.] blieb er ein letztlich schwer berechenbarer, suspekter, wenngleich unverzichtbarer Faktor in der Reichspolitik« (S. 324), der sich bis kurz vor seinem Tod einer eindeutigen konfessionellen Verortung entzogen habe.

Laut Leibetseder habe erst die Entscheidung für den Calvinismus das Haus Brandenburg aus der internationalen Isolation um 1600 geführt. Der 1613 erfolgte Übertritt Kurfürst Johann Sigismunds zum Calvinismus bedeutete allerdings nicht, dass das Herzogtum Preußen calvinistisch geworden wäre. Zu diesem Zeitpunkt existierte die sprichwörtliche preußische Toleranz noch nicht: Nachdem der König von Polen, Johann Sigismunds Lehnsherr, auf den Bau einer katholischen Kirche in Königsberg gedrängt hatte, wich der Herzog auf ein ihm direkt unterstehendes Gebiet als Baugelände aus – die preußischen Landstände und der Königsberger Magistrat hatten den Bau einer Kirche entschieden abgelehnt.

Auch wenn der Schwerpunkt des Bandes naturgemäß auf den »preußischen« Hohenzollern liegt – die Lektüre bereitet allein schon der Optik wegen Vergnügen. »Kreuzwege« lädt dazu ein, den konfessionellen Verflechtungen der fränkischen und brandenburgischen Hohenzollern in der Frühen Neuzeit nachzugehen – und dabei schöne Entdeckungen zu machen.

Würzburg   Stefan W. Römmelt

Benigna Schönhagen (Hg.), Wiederhergestellte Synagogen. Raum – Geschichte – Wandel durch Erinnerung, *Berlin 2016, Hentrich & Hentrich, 136 S., zahlreiche Abbildungen.*

Was in den ersten Jahrzehnten nach dem Zweiten Weltkrieg noch Seltenheitswert hatte, weil in nicht wenigen Fällen vorhandene Synagogenbauten sogar noch abgerissen wurden und man damit »die Geschichte [der Juden] negierte« (Utz Jeggle), ist inzwischen einem sorgsamen Umgang mit den Überresten der jüdischen Kultur gewichen: Synagogen wiederherzustellen. Seit den 1980er Jahren begann man, sie zu Orten der Erinnerung und der Begegnung zu machen, doch wie sich dabei die Auffassungen davon, wie diese Restaurierung erfolgen solle, von den ersten Maßnahmen bis in die jüngste Zeit grundlegend wandelten, ist Gegenstand dieses Sammelbandes, der auf eine Tagung zurückgeht, die das Jüdische Kulturmuseum Augsburg-Schwaben im Frühjahr 2015 in seiner Dependance, der ehemaligen Synagoge Kriegshaber (heute Stadtteil von Augsburg), abhielt. Sie wollte »erstmals einen exemplarischen Überblick über aktuell vorhandene Nutzungs- und Betreibermodelle« bieten und damit »Beispiele kreativen Umgangs mit dem authentischen Ort vor[stellen]« (S. 13). Die 13 Beiträge spannen den Bogen von grundsätzlichen Überlegungen zu den »Metamorphosen« der Synagogen über verschiedene »Synagogengedenkstätten« und »Jüdische Museen an authentischen Orten« bis hin zu »ehemaligen Synagogen als Standorte von Forschungseinrichtungen«.

Aufschlussreich sind die grundlegenden Beobachtungen von *Felicitas Heimann-Jelinek* über den Wandel der Synagogen als »Gotteshäuser – Leerstellen – Gedenkstätten«. Sie erörtert zunächst die Entstehung und Funktion der frühen Synagoge in Palästina als »Kleines Heiligtum«, als »Ur-Metamorphose« vom »Opfer- zum Wortgottesdienst« (S. 23), um zu zeigen, wie aus den verlassenen Synagogen ohne Tora reine Profanbauten wurden, was dann allerdings mit ihrer Restaurierung die »Frage nach dem richtigen Umgang« auslösen musste (S. 24). Ihr Plädoyer gilt der Abkehr von der »vollständigen Rekonstruktion«, wie sie anfangs angestrebt wurde, hin zur »Bewusstmachung des War-Zustands«, zur »Gesamtgeschichte«, die die Zerstörung und Umnutzung sichtbar macht (S. 27 f.).

Vor diesem Hintergrund gewinnen die anschließenden Berichte über einzelne Fälle des Umgangs mit Synagogenbauten zusätzliches Profil: *Karlheinz Geppert* sieht in der Gedenkstätte Synagoge Baisingen (Württemberg) einen »Nachhall einer verschwundenen Welt« und zeigt, wie das Restaurierungskonzept das Ziel verfolgte, aus der Synagoge »eine Art ›offenes Geschichtsbuch‹« zu machen. *Hansfried Nickel* schildert, wie in Memmelsdorf in ähnlicher Weise der »historisch vielschichtige Raum als authentischer Ort« (S. 47) erhalten wurde und nun als »Lernort« fungiert. *Ines Beese* berichtet über die Wiederentdeckung der alten Synagoge in Erfurt und ihre Einbettung in ein Netzwerk »Jüdisches Leben in Erfurt« (S. 58f.), das auch die späteren Synagogenbauten einbezieht.

Drei weitere Beiträge widmen sich der Etablierung von Jüdischen Museen, bei denen die erhalten gebliebenen Synagogen eine mehr oder weniger zentrale Rolle spielten. *Daniela Eisenstein* zeigt, wie in Schnaittach aus der ehemaligen zentralen Kultstätte für »Medinat Aschpah«, dem Landrabbinat der Herrschaft Rothenberg bei Nürnberg, ein Doppelmuseum wurde, weil in der NS-Zeit dort ein Heimatmuseum etabliert wurde, das mit der Restaurierung der Synagoge 1996 als »authentischem Ort« eine zusätzliche Funktion als »Jüdisches Museum Franken« für die Geschichte des Landjudentums erhielt. Wie sich in den Gedenkstätten die gewichtige Rolle Frankfurts im jüdischen Leben spiegelt, demonstriert *Fritz Backhaus*: in dem Wohnhaus der Familie Rothschild, dem Museum Judengasse, dessen Fundamente freigelegt wurden, dem Bunker, der am Standort der ehemaligen Synagoge entstand, und die Erinnerungsstätte Großmarkthalle, die als Sammelpunkt für die Deportationen 1941–1945 diente. Er diskutiert an diesen Beispielen, was jeweils als authentisch zu gelten habe und kommt zu dem Ergebnis, dass in allen vier Fällen »der ›originale Ort‹ nicht ohne museale Inszenierung aus[kommt]« (S. 75), weil nur so die »Schichten und Umformungen« sichtbar werden. *Hanno Loewy* schließlich verfolgt am Fall Hohenems eindrucksvoll, wie das Museum, angesiedelt in der Villa Heimann-Rosenthal, in den vergangenen beiden Jahrzehnten zum Ausgangspunkt für einen Prozess wurde, in dem das ehemalige jüdische Viertel insgesamt ins Bewusstsein der Öffentlichkeit gebracht werden konnte.

Dass mit Synagogengebäuden auch Forschungseinrichtungen zur Jüdischen Geschichte verbunden werden konnten, wird an zwei weiteren Beispielen sichtbar. *Martha Keil* thematisiert an der Entstehung des »Instituts für jüdische Geschichte Österreichs« in St. Pölten die Frage nach der »Synagoge als Projektionsraum« (S. 92) und *Martina Edelmann* berichtet, wie aus einem Genisafund bei der Restaurierung der Synagoge in Veitshöchheim eine Arbeitsstelle entstand, die sich der Inventarisierung von weiteren Funden widmet.

Die breite Palette des Umgangs mit ehemaligen Synagogen, die damit bereitgestellt wird, sollte und könnte für manch weitere Projekte, die derzeit im Gange sind oder noch anstehen, eine sachkundige Hilfestellung werden. Das gilt nicht zuletzt für den Ort der Tagung selbst, für den *Souzana Hazan* »Überlegungen zur Nutzung« anstellt, in der der Synagogenbau in die Geschichte des Stadtviertels eingebettet wird (S. 114). So ist ein gleichermaßen aufschlussreicher wie nützlicher Wegweiser durch die derzeitige Erinnerungskultur entstanden, der allen an der jüdischen Geschichte Interessierten nachdrücklich zur Lektüre empfohlen werden kann.

Bonstetten   ROLF KIESSLING
b. Augsburg

VI. Kunst, Kultur, Bildung

BERNHARD LÜBBERS/BETTINA WAGNER (Hg.), Gott, die Welt und Bayern. 100 Kostbarkeiten aus den regionalen staatlichen Bibliotheken Bayerns, St. Petersberg 2018, Michael Imhof, 264 Seiten, zahlreiche Farbabbildungen.

Wer die Ausstellungen der Bayerischen Staatsbibliothek der letzten Jahre kennt, weiß die Ausstellungskataloge zu schätzen. Sie dienen der Vertiefung des Gesehenen, der weiteren Beschäftigung mit dem neu gewonnenen Wissen und sind eine angenehme Lektüre an kalten Wintertagen. Diesmal spannt die Ausstellung einen breiten Bogen – nicht nur chronologisch, sondern auch räumlich, indem aus den staatlichen Bibliotheken der Region Bayern gezielt 100 Objekte ausgewählt wurden – 100 und nicht mehr, was sicherlich eine Herausforderung war in Hinblick auf die Kriterien und der zu erstellenden Parameter für die Selektion. Grundsätzlich: Die Ausstellung, die zeitlich in drei Teile präsentiert wurde, periodisiert nach Mittelalter, Frühe Neuzeit und Neuzeit bis Zeitgeschichte, ist gelungen und vermittelt einem breiten Publikum Einblicke in die Geschichte Bayerns. Natürlich wird der 1. Teil »Mittelalterliche Handschriften und Drucke bis zur Reformationszeit«, der vom 17. Oktober 2018 bis zum 13. Januar 2019 gezeigt wurde, beherrscht von Beispielen aus den wunderbaren Handschriftensammlungen der staatlichen Bibliotheken Bayerns: vom Lorscher Arzneibuch um 800, das wohl auch Hildegard von Bingen gekannt haben dürfte, aus der Bibliothek in Bamberg, einem Exemplar der Gutenberg Bibel aus der Aschaffenburger Hofbibliothek, Albrecht Dürers einzige erhaltener Radierplatte bis hin zu einer Seite aus der Lutherbibel, aufbewahrt in der Landesbibliothek Coburg, welche den Evangelisten am Schreibtisch und im Einfluss göttlicher Eingebung zeigt – allerdings unverkennbar in Ähnlichkeit zu den Darstellung Martin Luthers. Die 28 gezeigten Exponate – im Katalog alle in doppelseitiger Präsentation – vermitteln Wissen über das Mittelalter aus unterschiedlichen Bereichen, so etwa auch eine Regensburger Anleitung zur Steinmetzkunst (Exponat und Abb. 14), und sind thematisch auch so ausgewählt, um den Übergang von Wissen und Buchkunst zum Humanismus in der Ausstellung deutlich zu machen. Der 2. Teil »Aus Orient und Okzident. Bücher, Karten Globen des 16. und 17. Jahrhunderts« (Exponate 29–57) beginnt mit der sogenannten »Welserkarte«, einer in Sevilla 1530 hergestellten

Weltkarte – Handzeichnung auf Pergament, die heute in der Studienbibliothek Dillingen aufbewahrt wird, also der Bibliothek des ehemaligen Priesterseminars Dillingen, die auch eine große naturkundliche Sammlung birgt. In diesen Kontext der exquisiten Karten gehört auch die Darstellung »Europa Regina«, eine Europakarte in Frauengestalt, Kupferstich auf Papier von 1587 aus der Staatlichen Bibliothek von Regensburg (Nr. 47) und der Rundprospekt von Nürnberg, ein Holzschnitt auf Papier von 1581 (Nr. 43). Dillingen war im 16. Jahrhundert nicht nur eine Universität der Jesuiten (Nr. 49), die in Neuburg a.d. Donau zur Weltabkehr mahnten (Nr. 55), sondern auch Druckort, um etwa die Namensliste der Kandidaten für das Doktorat auf bunten Einblattdrucken im Stil der Renaissance und des Frühbarock von Jahr zu Jahr festzuhalten (Nr. 38). Der 3. Teil der Gesamtausstellung »Krieg und Frieden, Freud und Leid. Sammelobjekte des 17. bis 20. Jahrhunderts« (Nr. 58–100) schlägt den Bogen vom Blatt des Augsburger Kinderfriedensfest, einem kolorierten Kupferstich durch den Augsburger Drucker Andreas Erfurt von 1666 zu den Karikaturen eines Zwangsarbeiters aus dem Lager Gusen von 1944, zehn Aquarelle, die heute in der staatlichen Bibliothek in Regensburg aufbewahrt werden. Ein umfangreiches Literaturverzeichnis sowie ein Namensregister schließen den Band ab. – An dieser Stelle soll nicht mehr zum Inhalt erzählt werden, denn jede Präsentation der 100 Exponate ist für sich eine Kostbarkeit und eine Überraschung für den Leser, der viel Unerwartetes in diesem Katalog entdecken kann, hervorragend aufbereitet und übersichtlich. Vorangestellt sind dem Kurzbeschreibungen der Staatlichen Bibliotheken Bayerns der Region – in Amberg, Ansbach, Aschaffenburg, Augsburg, Bamberg, Coburg, Dillingen, Neuburg a.d. Donau, Passau und Regensburg – sowie ein Vorwort der Herausgeber und ein Statement des Generaldirektors der Staatlichen Bibliotheken Bayerns, Klaus Ceynowa, darüber, was heute, im Zeitalter moderner Bereitstellung und Digitalisierung, diese Bibliotheken zu leisten im Stande sind. – Diesen Katalog nimmt man nicht nur einmal in die Hand, sondern er wird alle an der Kultur der bayerischen Region interessierten Leser immer wieder vom Bücherregal herab dazu auffordern, sich noch ein weiteres Stück bayerischer Kultur – handlich verpackt in einem Band – anzueignen.

Wien   ADELHEID KRAH

FOLKER REICHERT/ALEXANDER ROSENSTOCK (Hg.), Die Welt des Frater Felix Fabri *(Veröffentlichungen der Stadtbibliothek Ulm 25), Weißenhorn 2018, Anton H. Konrad, 296 Seiten, zahlreiche Abbildungen.*

Der Ulmer Dominikaner Felix Fabri († 1502) wurde vor allem für seine Pilgerberichte bekannt, reiste er doch zweimal in seinem Leben in das Heilige Land und fasste seine Erlebnisse in vier unterschiedlichen Reisebeschreibungen zusammen. Darin formuliert er so lebensnah, dass sich die Berichte immer wieder als vorzügliche Quelle des Spätmittelalters für aktuelle Fragestellungen eignen. Dies dokumentiert auch der vorliegende Band, der die Beiträge einer aus Anlass des 500jährigen

Jubiläums der Ulmer Stadtbibliothek im September 2016 abgehaltenen Tagung versammelt.

Schon der Titel des Bandes macht deutlich, dass besonders die kulturgeschichtliche Methodik des *spatial turn* fruchtbringend an Fabris Werken angewandt werden kann. Der Beitrag von *Ingrid Baumgärtner* zeigt beispielsweise schön, wie der Dominikaner zum einen die geographischen Vorstellungen des Mittelalters für sein eigenes Reiseerleben zum Maßstab nimmt, andererseits aufgrund der religiösen Zielsetzung seiner Berichte mentale Karten entwirft, so dass deren Leser die Pilgerfahrt real wie spirituell nachvollziehen können. Dabei gilt es zu beachten, dass jeder seiner Pilgerberichte an ein spezielles Publikum gerichtet ist, wie *Kathryne Beebe* herausarbeitet: Fabri spricht in seinem lateinischen *Evatorium* Kleriker an, die möglicherweise selbst pilgern wollen, in seinen deutschsprachigen Versionen wendet er sich zum einen an Nonnen, die nicht pilgern dürfen und anhand seines Berichts die Wallfahrt innerhalb der Klostermauern nachvollziehen sollen, zum anderen an Laien, insbesondere an Ritter, die sich als Kreuzfahrer betätigen wollten. Das von *Folker Reichert* vorgestellte Beispiel des Maximin von Rappoltstein, der auf seiner Jerusalemfahrt mit Fabri in Kontakt kam, zeigt deutlich, welche Funktion solche Reisen für deutsche Ritter im Spätmittelalter hatten. Ziel von Fabris Schriften war es dabei, die Vorstellungen der Observanzbewegung bei all diesen Gruppen zu verbreiten, wovon auch seine publizistische Tätigkeit (dazu der Beitrag von *Bernd Breitenbruch*), seine gelegentlich aufscheinende Propagierung des Wirkens von Heinrich Seuse als Vorbild für die Observanzbewegung (hierzu der Beitrag von *Jacob Klingner*) und sein Witwenbuch (siehe die Ausführungen von *Britta-Juliane Kruse*) zeugen.

Seine Heimatstadt Ulm spiegelt für Fabri den Kosmos im Kleinen, weshalb er zum Beispiel die runde Form der Stadt betont. Folgerichtig stellte er zum Abschluss seiner Pilgerberichte sowohl eine Beschreibung Schwabens, die *Folker Reichert* in seinem zweiten Beitrag vorstellt, als auch der Stadt Ulm selbst zusammen. Letztere nimmt *Gudrun Litz* zum Anlass, zu Beginn des Bandes ein Panorama des zeitgenössischen Ulms zu entwerfen. Ergänzt werden diese Ausführungen von *Harald Drös'* Zusammenstellung zu den Ulmer Grabmälern aus Fabris Zeit. Fabri erweist sich in diesen beiden Schriften als ausgesprochener Lokalpatriot, was auch sein politisches Weltbild prägte.

Nicht weniger aktuell als die räumliche Dimension in Fabris Werk ist sein Umgang mit kultureller Fremdheit, mit der er auf seiner Reise in den Orient konfrontiert war. *Stefan Schröder* führt dazu aus, dass sich der Ulmer Dominikaner in seinen Pilgerberichten genregemäß zur Betonung der eigenen religiösen Identität von Moslems und Juden abgrenzt, obwohl er von Kontakten zu Vertretern beider Religionen erzählt. Andererseits nutzt er die Beschreibung der Verhaltensweisen von Juden und Moslems auch als Folie, um den Christen den Spiegel vorzuhalten.

Trotz seiner Rezeption humanistischer Texte unterstreicht der vorliegende Band, dass Fabri problemlos als Repräsentant einer spätmittelalterlichen Weltsicht bezeichnet werden kann. Dies zeigt sich in seinen räumlichen Vorstellungen, in seiner spirituellen Verortung – und auch in seinem lateinischen Sprachstil, wie Jean Meyers betont. Dem Sammelband gelingt es, alle wichtigen Facetten dieses weiterhin interessanten Autors zu beleuchten. Die zahlreichen Abbildungen vervollständigen das komplette Bild zu dem Ulmer Dominikaner.

    Frankfurt/Main   Magnus Ulrich Ferber

Gunthild Peters, Zwei Gulden vom Fuder. Mathematik der Fassmessung und praktisches Visierwissen im 15. Jahrhundert *(Boethius 69), Stuttgart 2018, Franz Steiner, 344 Seiten, zahlreiche Abbildungen.*

1615 beschrieb Johann Kepler in dem Büchlein »Nova stereometria doliorum vinariorum«, wie er anlässlich seiner zweiten Hochzeit auf das Problem aufmerksam wurde, den Inhalt eines bauchigen Weinfasses zu bestimmen. Inhaltsberechnungen von Körpern mit krummen Körpern waren bis weit ins 17. Jahrhundert nur näherungsweise möglich. Wie aber ermittelten Händler, Konsumenten und städtische Spezialisten früherer Jahrhunderte den Inhalt von (Wein-)Fässern, um Preis, Steuern und Gewinn festzusetzen? Dieser Frage widmet sich das hier zu besprechende, aus einer an der TU Berlin angenommenen Dissertation hervorgegangene Werk. Die Autorin untersucht dieses Themenfeld aus ganz unterschiedlichen, sich ergänzenden Perspektiven der Mathematik-, Wirtschafts- und Regionalgeschichte sowie der Objektforschung.

Das Buch besteht aus acht Kapiteln und mehreren Anhängen. Nach der knappen Einleitung stellt Peters in den ersten vier Kapiteln sogenannte Visiertexte vor. Sie erläutert Inhalt und mögliche Autorenschaft von zwölf überlieferten Traktaten zum Visieren, d. h. zum Vermessen von Fässern mittels Visierruten, aus den Jahren zwischen 1420 und etwa 1510. Alle Arten von Visierruten und deren mathematischen Grundlagen werden ebenso wie die Intention (vor allem zu Lehrzwecken) und der Kontext der Visiertexte erklärt; demnach behandeln die Texte vor allem die Herstellung der Messstäbe und weniger die Handhabung. Auch zeigen die Skalen der Visierruten, dass sie vor allem für regional verbreitete Fassformen gefertigt wurden. Die Visiertexte spiegeln einen Querschnitt des verfügbaren mathematischen Wissens des 15. Jahrhunderts wider und lassen zum Teil universitär gebildete Gelehrte als Verfasser vermuten. Abgeschlossen wird diese konzise Einordnung und Untersuchung der Texte durch die Detailkonstruktion aller sechs Arten von Visierruten und der Edition zweier eng miteinander verwandter, lateinischer Visiertexte im Anhang.

Nach der gründlichen Analyse der textlichen und gegenständlichen Quellen zum Vermessen von Fassinhalten beleuchtet Peters die Anwendung und die Praktiken der Visiertechniken in Nürnberg. Dazu legt sie detailliert dar, wie der Weinhandel in Nürnberg im (späten) Mittelalter organisiert war, welche Einnahmen Nürnberg aus dem Weinhandel erzielte und welche

Aufgaben welchen Personen zufiel. Ausbildung, Zuständigkeiten und Arbeitsbedingungen, Bezahlung und Ansehen von Visierern werden anhand ausgewählter Lebensläufe dargestellt. Hier zeigt Peters, wie erhellend es ist, wenn Erkenntnisse aus der Stadt-, Wirtschafts- und Mathematikgeschichte zusammengeführt werden. Abgerundet wird dieses sechste Kapitel durch einen Exkurs zu Visierern an Rhein, Mosel, Main und Donau. Im Anhang findet sich ein Verzeichnis der Nürnberger Visierer aus der Zeit von 1357 bis 1525.

Im siebten Kapitel geht die Autorin der Frage nach, wer um 1500 Interesse an solchen Visiertexten hatte und aus welchen Gründen Abschriften von Nürnberger Texten ihren Weg nach Perugia und Paris fanden. Mit fast schon detektivischer Recherche legt Peters dar, durch welche Hände und mit welcher Intention das kodifizierte Wissen um die Visierkunst kursierte. Die Überlieferungsgeschichte offenbart Schreiber, Besitzer und vermutlich Leser von Visiertexten.

Zusammenfassend lässt sich sagen, dass es Peters rundum gelingt, Techniken, Texte und Objekte zum Visieren in Verbindung zu bringen und mathematische Konzepte, reale Messpraktiken, wirtschaftliche Aspekte und historische Persönlichkeiten so miteinander zu verknüpfen, dass man um zahlreiche Erkenntnisse reicher das Buch zur Seite legt. Zu Recht wurde diese Arbeit mit dem Georg-Uschmann-Preis für Wissenschaftsgeschichte ausgezeichnet.

München Susan Splinter

Wolfgang Mährle (Hg.), Spätrenaissance in Schwaben: Wissen – Literatur – Kunst *(Geschichte Württembergs. Impulse der Forschung 2), Stuttgart 2019, Kohlhammer, 508 Seiten mit Abbildungen.*

Die Erforschung des Humanismus der Renaissancezeit hat, angeregt durch Jacob Burckhardt, ihren Blick zunächst auf die Höhepunkte und die Blütezeit der Bewegung gerichtet. Von diesen Brennpunkten aus wurde in einem zweiten Abschnitt die Frühzeit mit starker Berücksichtigung der Klöster angegangen. Erst in einem dritten Schritt wird in jüngster Zeit die Bearbeitung der Spätphase aufgenommen. Diese bereitet besondere Schwierigkeiten, weil mit ihr das Problem der Abgrenzung gegenüber der Folgezeit verbunden ist. Als Kernproblem hat sich zwischenzeitlich die Interpretation des 17. Jahrhunderts herausgestellt: Ist es als Ausklang der humanistischen Bewegung zu deuten, das bruchlos in die Frühaufklärung überging? Oder aber stellt das 17. Jahrhundert eine Zwischenepoche mit eigener Prägung zwischen dem Renaissancehumanismus und der Aufklärung dar, für die das aus der Kunst entnommene Epochenetikett »barock« in die Diskussion gebracht wird?

Zur Klärung dieser Grundfrage der Kulturgeschichtsforschung in Deutschland kann auch die Landesgeschichte Beiträge liefern. Der Blick in das Kulturschaffen einer fest umrissenen, überschaubaren Region vermag Einzelheiten deutlich zu machen, die die gesuchten Antworten erleichtern. In diesen Forschungskontext ist der anzuzeigende Sammelband einzuordnen. Er ist aus zwei Fachtagungen des Arbeitskreises für Landes- und Ortsgeschichte im Verband der württembergischen Geschichts- und Altertumsvereine in den Jahren 2015 und 2016 im Hauptstaatsarchiv Stuttgart erwachsen. Der schwäbische Raum war bekanntlich einer der Brennpunkte der Renaissancekultur in Deutschland und gab somit ein vorzügliches Untersuchungsobjekt ab.

Die 19 Beiträge des Tagungsbandes widmen sich nach der Einführung des Herausgebers in die Kernproblematik (*Wolfgang Mährle*, Spätrenaissance als Epochenbegriff, S. 15–28) und vorbereitenden Betrachtungen über »Identitäten im frühneuzeitlichen Schwaben« (*Wolfgang Wüst*, S. 29–47) fünf Themenkreisen, die das breite Tableau der Gesamtthematik gut abdecken, indem sie an mit Bedacht gesetzten Schwerpunkten exemplarische Fallbeispiele zur Behandlung bringen. Der erste Themenkreis ist der »Gelehrsamkeit und Wissenschaft« gewidmet und behandelt an aussagekräftigen Repräsentanten die frühneuzeitliche Lexikographie, die Pflege der Rechenkunst, die weitverbreitete Alchemie, die Anfänge der osmanischen Studien; er schließt mit der Vorstellung topischer Weltentwürfe am Beispiel der Schwaben Johann Eberlin, Kaspar Stiblin und Johann Valentin Andreae. Der zweite Themenkreis »Gelehrte und Poeten in der respublica litteraria« lenkt den Blick weg von den Einzelpersönlichkeiten hin zu den Strukturen der entstehenden Gelehrtenwelt und den in diesem Zusammenhang bevorzugten literarischen Formen. In den Mittelpunkt werden zurecht die Korrespondenzen gestellt, wofür der Tübinger Späthumanist Nicodemus Frischlin und Marx Welser sicher lohnende Untersuchungsobjekte abgeben. Mit dem Diarium des Martin Crusius wird ein aussagekräftiges Ego-Dokument neuer Ausprägung vorgestellt. Dem Humanismus als Bildungsbewegung wird die dritte Abteilung gewidmet. Hier werden die unterschiedlichen Bildungskonzepte in den katholischen und evangelischen Herrschaften der kleinteilig organisierten Herrschaftswelt Schwabens gegenübergestellt. Sachgerecht wird die vielbeachtete Rolle der Jesuiten mit ihrer Exerzitienpraxis herausgearbeitet. Die Abteilung »Literatur« beschäftigt sich mit dem Schultheater, lenkt den Blick aber auch weg von der Hoch- hin zur Trivialliteratur mit den Facetien des Daniel Federmann, die von der Literaturgeschichte nur wenig beachtet werden. Die abschließende Sequenz gilt dem Bereich der »Kunst«. Auch hier werden bezeichnende Schlaglichter gesetzt, indem der Blick weg von den Großen gelenkt wird. Stattdessen werden Zunftordnungen als rechtlicher Rahmen für künstlerische Betätigungen im handwerklichen Bereich angesprochen. Der südwestdeutsche Raum liefert bezeichnende Beispiele für »Städte als Festungen«. In eben diese Epoche fällt der Übergang von den Burgen zu den Schlössern. Auch dafür bietet der schwäbische Raum eine Reihe vorzüglicher Objekte. Der Bereich des Musikbetriebes bleibt ausgespart.

Mit diesen fünf Themenschwerpunkten wurde sicherlich ein praktikabler Zugang zur Kulturentwicklung am Beginn der Neuzeit gesucht und ohne Zweifel auch gefunden. Die Untersuchungsbeispiele sind mit Bedacht gewählt und werden in wohl proportionierter Verteilung abgehandelt. Sie erschließen vielfach neues Quellenmaterial und betreten oftmals wenig aufgesuchte Nebenfelder. In jedem Fall wurde die Bearbeitung sachkundigen Bearbeitern anvertraut, die ihre Referate zu hilfreichen wissenschaftlichen Erörterungen ausgebaut haben. Sie sind quellenmäßig gut untermauert und mit weiterführenden Literaturhinweisen versehen. Die meisten Beiträge werden mit gefälligem Bildmaterial auch gut illustriert, so dass nicht nur ein ungewöhnlich aspektereicher und inhaltlich anregender, sondern zudem buchtechnisch qualitätsvoller Band erreicht wird. Insgesamt führt der Band gut in die Erörterung einer aktuellen Forschungsproblematik ein. Leistet er auch einen Beitrag zur Lösung des angesprochenen Fragenfeldes? Gerade in der konfessionell unterschiedliche Wege gehenden Region Schwaben zeigt sich, dass der Graben der Konfessionen zwei unterschiedlich geprägte Kulturräume schuf, die sich zunächst recht schroff gegenübertraten und nur wenig Gemeinsames erkennen lassen. Die Konkurrenz wirkte ohne Zweifel belebend. Dabei drängten die rationalistischen Impulse in der protestantischen Welt mehr in Richtung Aufklärung als in der katholischen Welt, die der Tradition stärker verbunden blieb und mehr dem Formalen Beachtung schenkte.

Obergoßzell   ALOIS SCHMID

KATHARINA BECHLER/DIETMAR SCHIERSNER (Hg.) Aufklärung in Oberschwaben. Barocke Welt im Umbruch, *Stuttgart 2016, Kohlhammer, 456 Seiten mit zahlreichen Abbildungen.*

Die Aufklärung, eine der großen Epochen der europäischen Kulturentwicklung, hat die Geschichte des gesamten Kontinents durch die Überwindung der Welt des Barock in vielen Bereichen in neue Bahnen gelenkt. Sehr nachhaltig wirkt sie bis in unsere Gegenwart herein. Es ist eine legitime Aufgabe landesgeschichtlicher Forschung zu überprüfen, wie diese Großbewegung in überschaubaren historischen Räumen aufgegriffen wurde. Denn sie stieß in den einzelnen Staaten, Territorien oder Herrschaften auf sehr unterschiedliche Voraussetzungen, die unterschiedliche Formen der Rezeption zur Folge hatten. Insofern müssen auch diese den gesamten Kontinent umspannenden Megatrends Gegenstand landesgeschichtlicher Forschung werden.

In diesem Sinne stellte sich eine Fachtagung des Landratsamtes Ravensburg und der Gesellschaft für Geschichte und Kultur in Oberschwaben vom 7. bis 9. November 2012 das Thema »Aufklärung in Oberschwaben«. Diese historische Landschaft, die sich nicht an den Grenzziehungen der modernen Bundesländer orientierte, konnte wegen ihrer territorialen Struktur als ein für die Thematik besonders geeigneter Untersuchungsraum erscheinen. Der kleinräumige Herrschaftsaufbau mit Territorialfürstentümern, Reichsstädten, Bischofsstädten, Klosterstaaten, Hochstiften und sonstigen Herrschaften unterschiedlicher Größe und Bedeutung schuf sehr heterogene politische Verhältnisse und auch gesellschaftliche wie konfessionelle

Voraussetzungen. Diese legen vor allem die Fragen nach dem Zusammenhang von Herrschaftsform, Konfession und Kulturleben nahe.

Vielen mit diesem Grundproblem verbundenen Einzelfragen geht der Band mit 20 lokal ausgerichteten Untersuchungen nach. Zur Behandlung kommen die Reichsstädte Augsburg, Ulm, Biberach oder Ravensburg, die Bistümer Augsburg und Konstanz, die Reichsstifte Petershausen oder Weingarten. Es wird (vor allem am Beispiel Wielands) nach den Verbindungen zu den Protagonisten der Bewegung im nördlichen Deutschland gefragt. Der Blick wird über die Geistesgeschichte hinaus auch in Nachbarbereiche wie Architektur, Malerei, Musik, Pädagogik, Bibliotheken usw. gerichtet. Die Untersuchungen zu den einzelnen Beispielen wurden jeweils örtlichen Spezialisten anvertraut, die der Leitfrage auf der Grundlage des lokalen Quellenmaterials unter Beiziehung der verfügbaren Forschungsliteratur nachgingen. Der Sammelband führt viele Größen der Landesgeschichte der Region, an ihrer Spitze Senior Peter Blickle († 2017) zu einem Arbeitsteam zusammen, das es versteht, den Aufsätzen eine gute Lesbarkeit und eine gefällige Präsentation durch geeignetes Illustrationsmaterial zu verschaffen. Alle Referate wurden für die Veröffentlichung zu weiterführenden wissenschaftlichen Beiträgen mit einem hilfreichen Anmerkungsapparat ausgearbeitet.

Das Ergebnis der Einzelstudien führt in mehrere Richtungen. Die Forderungen der Aufklärungsbewegung wurden in unterschiedlichem Ausmaß aufgegriffen und in wechselnden Formen umgesetzt. Sie erstreckten sich durchaus auch auf verfassungsgeschichtliche Erörterungen im Sinne des Republikanismus, so in Ulm. Doch zielten sie insgesamt mehr in Richtung einer moderaten Rezeption. Sie erfolgte in gleicher Weise auf katholischer wie evangelischer Seite. Als Grundtendenz zeichnen sich das Bemühen um Zurückdrängung der theoretischen Diskussion und die Frage der praktischen Umsetzung in der Lebenswirklichkeit ab, auch wenn die vielen Aspekte der Reformtätigkeit in Staat und Gesellschaft nicht weiter in den Mittelpunkt gerückt werden. Der Band trägt hilfreich zu einer differenzierten Sicht des Phänomens der Aufklärung bei. Sie erhielt im oberdeutschen Raum ihre eigene Ausprägung, die aus den spezifischen Gegebenheiten erwuchs. Anders als im nördlichen Deutschland gaben hier nicht Universitäten und Akademien oder herausragende Theoretiker den Ton an. Hier bestimmen die Träger weniger bekannter Namen das Bild. Den Herausgebern ist mit großzügiger Förderung aus Wirtschaft und Öffentlichkeit ein gefälliger Band gelungen, der geeignet ist, eine Grundfrage der Kulturentwicklung auch für breitere Interessentenkreise zu erschließen.

Obergoßzell ALOIS SCHMID

ULRICH HOHOFF, *Voralpenland und bayerische Alpen in Erzählungen und Romanen. Bibliographie der Jahre 1850–1920 (Editio Bavarica VI), Regensburg 2018, Pustet, 376 Seiten.*

Anstoß für diese Bibliographie der Prosaliteratur über die Alpen und ihr Vorland waren für den Autor seine Ferienaufenthalte in dieser Region, die ihn neugierig machten auf das in Erzählungen und Romanen »überlieferte Kulturgut aus Bayern«. Und weiter heißt es in der Einleitung, die Bibliographie über die Literatur in Bayern sei ein »Desiderat der Forschung«, sie fehle für das 19. und das frühe 20. Jahrhundert, ja, die Breite der bayerischen Literatur etwa des 19. Jahrhunderts sei deshalb ein nahezu unbekanntes Gebiet. Ist es wirklich so schlimm bestellt um unser Wissen von der bayerischen Literatur? Dass noch viel zu tun bleibt, ist richtig. Doch ist viel schon geschehen. Arbeiten zu diesem Thema, etwa der Band der »Bayerischen Bibliothek« (München 1998) mit weit über tausend Seiten oder die einschlägigen Beiträge zur Literatur im »Handbuch der bayerischen Geschichte«, um nur diese Beispiele anzuführen, waren nicht alle umsonst. Der Autor des Buches ist selbst Bibliothekar und wird um diese Werke wissen, er zitiert sie jedenfalls zum Teil in Anm. 4 seines Buches. – Seine Vorgehensweise beschreibt er in der Einleitung und rechtfertigt dort auch die Einschränkung der Berichtszeit von 1850 bis 1920, dem Todesjahr von Ludwig Ganghofer, das ihm als ein wichtigerer Einschnitt erschien als das Ende des Ersten Weltkrieges und das Ende der Monarchie in Bayern im Jahr 1918.

Die bedeutenden Schriftsteller aus der Berichtszeit des Buches werden eigens hervorgehoben und in einer separaten Liste zusammengefasst. Unter diesem Kreis findet sich auch Christoph von Schmid, der jedoch schon 1854 gestorben ist und in seinen letzten Lebensjahren außer den »Erinnerungen«, deren dritter und noch von ihm verfasster Band 1853 erschienen ist, keine Erzählungen mehr veröffentlicht hat. Von Christoph von Schmid verzeichnet der Band mehr als 40 Werke, und doch fehlt er in dieser Liste der Autoren mit mindestens 10 Werken auf S. 15. Der Hauptteil, »Die Bibliographie der Erzählungen und Romane« bringt die Namen der erwähnten Autoren in alphabetischer Reihenfolge mit ihren Veröffentlichungen samt Verlag und Jahr des Erscheinens und meist auch mit Angaben der heutigen Fundorte. Der Band hat zwei Register, eines der Personen und Institutionen, das zweite der Themen. Da locken dann Eintragungen wie »Bergsteigerhumor« mit vielen Titeln, oder »Crescentia« (Heilige), mit über 20 Eintragungen. Schwieriger ist es bei den Fremdenverkehrsprospekten von geringem Umfang, die für den Reisenden hilfreich sein können, aber für das Anliegen des Autors wenig oder nichts bringen. Sein Anliegen aber ist anspruchsvoll: das Buch will einen »möglichst vollständigen Nachweis des Kulturgutes« im südlichen Teil des Freistaates bringen. Der Band beginnt mit dem Jahr 1850, weil, so der Autor, damals das bayerische »Oberland« ein verbreitetes Thema der Literatur wurde. Als Schlussjahr hat er, auch wegen des Endes der Monarchie nach dem Ersten Weltkrieg, das Jahr 1920 gewählt, ohne sich streng an diesen Zeitraum zu halten. Das Jahr 1920 ist nun auch das Todesjahr Ludwig Ganghofers, dem (so im Buch), »prominentesten bayerischen Autor, der lebenslang Erzählungen über die bayerischen Alpen schrieb«. Ganghofer hat wohl gewisse Verdienste als

Schriftsteller, etwa durch die gewinnenden Berichte über seine Kindheit und durch die gelungenen Jagdgeschichten. Seine Romane sind Machwerke ohne literarischen Anspruch. Wenn Hohoff jedoch meint, dass Ganghofers Romane »das gesprochene Baierische« festhielten, so täuscht er sich. Ganghofer, der aus dem Schwäbischen kommt, schreibt ein künstliches Pseudobayerisch, das schwer erträglich ist.

Jeder Titel der aufgenommenen Schriftsteller erhält eine eigene Nummer. Wenn sinnvoll, wird der Inhalt kurz angegeben und, wenn nötig und möglich, ein öffentlicher Fundort, meist eine Bibliothek, genannt.

Nun stehen ja das »Voralpenland und [die] bayerischen Alpen« im Mittelpunkt der Sammlung. Da wundert man sich doch über so manchen Beitrag, etwa dass dem Werk von Christoph von Schmid breiter Raum gewährt wird. Schmid ist ein schätzenswerter Jugendschriftsteller, aber das Voralpenland spielt in seinem Werk höchstens eine ganz zufällige Rolle, etwa in den Briefen des Studenten Schmid, die über seine Fußreise nach Füssen und Seeg berichten, Briefe, die den Weg, die Landschaft und die Begegnungen mit den Menschen beschreiben. Aber von diesen Briefen ist gar nicht die Rede, und Schmid passt auch nicht in das angegebene Zeitschema. Ähnliche Fragen stellen sich bei anderen Autoren, beispielsweise bei Georg Queri, der zwar das bäuerliche Milieu beschreibt, aber nicht das »alpenländische«, oder bei Ludwig Thoma, dessen Anliegen es eher war, die Welt der Bauern aus der Gegend um Dachau einzufangen. Dagegen fehlen so wichtige Autoren wie Joseph Alois Daisenberger, der als Pfarrer von Oberammergau ein reiches und höchst aufschlussreiches schriftstellerisches Werk, gerade auch über die Kultur des Landes, hinterlassen hat. Um eben bei Oberammergau zu bleiben: Hohoff erwähnt den Bericht »Wallfahrt nach Oberammergau zu den Passionsvorstellungen vom 25. July 1850«, schreibt ihn aber fälschlich dem Münchner Dompropst Martin von Deutinger zu. Der Dompropst hat den überaus interessanten Band (von 633 Seiten) über dieses Passionsspiel herausgegeben (München 1851); das hier genannte Stück stammt jedoch von Deutingers gleichnamigem Neffen, der damals Professor in Dillingen war.

Vergeblich sucht man manch wichtige Autoren, die Wesentliches zum Thema zu sagen haben, etwa Peter Lippert mit seinen feinen Briefen »Aus dem Engadin«. Nicht erwähnt werden die schriftstellerisch glänzend geschriebenen und unterhaltsamen Werke des Historikers Karl Alexander von Müller (»Mars und Venus«, »Aus Gärten der Vergangenheit«, »Unterm weißblauen Himmel« etc.).

Weitere Fragen: hat die Aufnahme der »Seligen Kreszentia von Kaufbeuren« Sinn? In der Bibliographie sind viele Nummern angegeben, darunter zwei kleinere Schriften von F. X. Offner aus den Jahren 1900 und 1901 (Nrn. 1321, 1322): was schreibt sie über die Alpen? Und die Sage von Heinrich von Kempten? Nun mag Kempten (Bibliographie Nrn. 234 a,b,c, 368) im Voralpenland liegen, aber die Sage über Heinrichs »Heldentat« spielt in Italien. Die Geschichte hat übrigens schon Konrad von Würzburg im Hochmittelalter erzählt, nicht erst die Gebrüder Grimm, wie der Autor meint. –

Das erste der beiden Register führt die genannten »Personen und Institutionen« auf; zu den Institutionen gehört z. B. der Deutsche Alpenverein mit seiner umfangreichen und vorbildlichen Bibliothek. Ein zweites Register ist nach Themen geordnet. Dazu ein Beispiel: schaut man unter Schongau nach, so findet man »Geschichte und Denkwürdigkeiten der Stadt Schongau« von 1891. Dabei gäbe es über Schongau viel zu vermelden, ja eine ganze Sammlung von Texten über die Stadt und ihr Umland (Lindenberg 2002). Ähnliches gilt von Murnau und dem Staffelsee; von beiden Örtlichkeiten werden nur kleine »Reiseführer« erwähnt. Aber Reiseführer, die durchaus Sinn haben, sind weder Romane noch Erzählungen, von denen allein im Titel die Rede ist. Missglückt ist auch die Besprechung der Gestalt von Joseph Friedrich Lentner. Genannt werden von ihm seine »Geschichten aus den Bergen«, die Erstausgabe von 1851 mit ungenauen Inhaltsangaben. Der Verlag aber schreibt sich Baensch, nicht Bänsch. Es folgen verschiedene Bearbeitungen, zum Teil in Heftform mit 22 Seiten. Die letzte Ausgabe des Buches von 1982 wird gar nicht aufgelistet. Alle anderen Titel von Lentner wie »Tiroler Bauernspiel« 1841; »Ritter und Bauer« 1844; »Der Plattebner und seine Kinder.« Erzählung aus dem Tiroler Volksleben. Mit einem Lebensabriß des Verfassers von Ludwig Steub, 1855 und die in vieler Hinsicht für Lentner und für das Thema des hier anzuzeigenden Buches wichtige »Chronica … von dem geschloße und der vesten ze Lebenberg« fehlen.

Hohoff hat sicher mit einigem Aufwand recherchiert und im Bereich der »touristischen Literatur« seltene Dokumente nachgewiesen (z. B. bei Bad Reichenhall mit über 40 Nummern). Von Dießen am Ammersee (Nr. 379 a) dagegen erwähnt er nur ein 16-seitiges Heft, das wenig oder nichts zum Thema sagt.

Inkonsequenzen gäbe es etliche zu monieren. So werden unter dem Buchstaben L zwei Titel zitiert, die nicht v o n König Ludwig II. von Bayern verfasst sind, sondern ü b e r ihn handeln.

Die Zusammenfassung von Art und Zweck des Buches auf dem Umschlag verspricht: »Diese Bibliographie erschließt einen zentralen Abschnitt der bayerischen Literatur. Sie versammelt erstmals rund 2200 Titel der Jahre 1850 bis 1920 aus dem In- und Ausland und verdeutlicht somit den großen Umfang und die Vielfalt der literarischen Bearbeitung dieser Themen.« – Aber handelt es sich wirklich um »bayerische Literatur« oder geht es um Regionen wie die »Alpenlandschaft« und das »Alpenvorland«? Das Buch verspricht zwar viel, aber dieses Versprechen konnte wegen der unzureichenden Planung, der fehlenden oder falschen Methodik und einer ungenauen Zielsetzung nicht eingehalten werden.

Wildsteig HANS PÖRNBACHER

HELMUT NEUHAUS (Hg.), Die Brautbriefe Karl Hegels an Susanna Maria von Tucher. Aus der Verlobungszeit des Rostocker Geschichtsprofessors und der

Nürnberger Patriziertochter 1849/50
(Beihefte zum Archiv für Kulturgeschichte 87), Wien/Köln/Weimar 2018, Böhlau, 256 Seiten, 17 Abbildungen.

Schon 2013 hat der Erlanger Emeritus für Geschichte der Frühen Neuzeit, Helmut Neuhaus, das sogenannte Gedenkbuch von Karl Hegel (1813–1901) herausgegeben. Karl war der älteste Sohn des 1831 verstorbenen Philosophen Georg Wilhelm Friedrich Hegel. Nach Schule und Studium in Berlin und Heidelberg wirkte Hegel seit 1841 als Professor für Geschichte an der Universität Rostock, bis er 1856 an die Universität Erlangen berufen wurde. Im Alter von 36 Jahren lernte Hegel im fränkischen Simmelsdorf die älteste Tochter des Sigmund Freiherrn von Tucher, Verwalters der Familiengüter, kennen. Die junge Frau trug den selben Namen wie Hegels Mutter, denn während seiner Nürnberger Zeit hatte der später berühmt gewordene Philosoph im Jahr 1811 Susanna von Tucher (1791–1855) geehelicht. Eine ähnliche Verbindung bahnte sich nach einer ersten Begegnung am 20. September 1849 mit Susanna Maria von Tucher (1826–1878) an, bis die glückliche Verbindung zwischen Vetter und Kusine am 28. Mai 1850 in der Nürnberger Spitalkirche besiegelt wurde.

Aus jenem Zeitraum von sieben Monaten stammen die vollständig erhaltenen, recht umfangreichen 27 Briefe Hegels an seine Verlobte, die er ihr von Rostock, Erfurt und schließlich letztmals am 20. Mai 1850 von Berlin geschickt hat. Die gegenläufige Korrespondenz von nachweislich 25 Schreiben ist nicht erhalten. Hegels erster Brief vom 20. Oktober 1849 an die »Liebe, gute Susette« beginnt mit dem leitmotivischen Bekenntnis – »Ich liebe Dich!« – und bestimmt den Ton der sehr persönlichen Korrespondenz. Nach der erhofft positiven Reaktion ließ Hegel in Rostock am 31. Oktober Verlobungskarten drucken und verteilte sie im Kreis Bekannter und Verwandter. Seine Briefe an Fräulein von Tucher sind von emotionaler Hochstimmung und freudiger Erwartung geprägt. Im Verlauf der folgenden Monate kümmerte sich Hegel u.a. um die Einrichtung einer standesgemäßen Wohnung in Rostock und gab der Verlobten Einblick in sein professorales und damit ihr zukünftiges gesellschaftliches Umfeld. Recht ausführlich schilderte er die aktuelle politische Krise im Großherzogtum Mecklenburg-Schwerin, nachdem er als leitender Redakteur der »Mecklenburgischen Zeitung« und als Vertreter der konstitutionellen Monarchie eindeutig Partei ergriffen hatte. Mit der zu erwartenden Rückkehr zur alten landständischen Verfassung war Hegel nicht einverstanden und als Folge einer nur ephemeren Politisierung wurde er Ende Januar 1850 für das Erfurter Unionsparlament gewählt. Von Mitte März bis Ende April nahm der Rostocker Abgeordnete an den Plenarsitzungen teil und besonders während dieser Wochen gewinnen die Briefe an großem historischem Gewicht.

Die buchstabengetreue Edition der Briefe ist, wie der Vergleich mit einem Faksimile belegt, äußerst gewissenhaft. Der Herausgeber hat neben einer profunden Einführung eine Fülle konziser Anmerkungen zusammengetragen und akribisch viele Aspekte kommentiert. Der Band wird durch Register der Personen, Orte und Sachen vorbildlich erschlossen. Besonders erstaunt im Anhang angesichts des Umfangs der keineswegs eklektizistische Blick des Herausgebers auf das Genre der Brautbriefe des 19. Jahrhunderts.

Nürnberg   PETER FLEISCHMANN

VII. Wirtschaft und Gesellschaft

BETTINA PFOTENHAUER, **Nürnberg und Venedig im Austausch. Menschen, Güter und Wissen an der Wende vom Mittelalter zur Neuzeit** (Studi. Schriftenreihe des Deutschen Studienzentrums in Venedig Centro Tedesco di Studi Veneziani. Neue Folge Band XIV hg. von Michael Matheus), Regensburg 2016, Schnell & Steiner, 504 Seiten, 12 farbige Abbildungen.

Nürnberg und Venedig – ein wichtiges Kapitel der fränkischen, deutschen und europäischen Kulturgeschichte. Die Erfahrungen, die beispielsweise Albrecht Dürer in der »Serenissima« mit der Farbgebung seines Kollegen Giovanni Bellini machte, blieben nicht ohne Folgen für sein Werk. Den unterschiedlichen Status, den Künstler um 1500 in der Lagunenstadt und der freien Reichsstadt besaßen, brachte Dürer 1506 auf den Punkt: »Hier bin ich ein Herr, daheim ein Schmarotzer«, schrieb der Künstler in einem Brief an seinen Freund Willibald Pirckheimer.

Dass die transalpinen Beziehungen zwischen den beiden Handels- und Kommunikationsmetropolen sich keineswegs auf den künstlerischen Austausch beschränkten, zeigt die hier zu besprechende Studie. Die für den Druck geringfügig überarbeitete Doktorarbeit der Autorin, die 2014 von der Fakultät für Geschichts- und Kunstwissenschaften der Ludwig-Maximilians-Universität München als Dissertation angenommen wurde, nimmt die Nürnberger Präsenz in Venedig und die Rückwirkungen der Beziehungen auf Nürnberg zwischen 1390 und 1530 in den Blick. Pfotenhauer bedient sich dabei verschiedener Methoden – »der sozialen Netzwerkforschung, der Kommunikationsgeschichte, der Integrations- und Identitäts- wie der Kulturtransferforschung« (S. 26).

Um das komplexe Beziehungsgeflecht in und zwischen den beiden Metropolen im Untersuchungszeitraum zu rekonstruieren, war die Analyse zahlreicher, unterschiedlicher Quellengattungen nötig: unter anderem der im Germanischen Nationalmuseum und im Stadtarchiv Nürnberg überlieferten Nachlässe der Imhoff, Kress und Tucher, der Nürnberger Gerichtsbücher, der Briefbücher des »Kleinen Rats« der Reichsstadt und der in Venedig aufgesetzten Testamente aus Nürnberg stammender Handwerker, die das »Archivio di Stato di Venezia« verwahrt.

An Editionen liegen wichtige Werke wie die bereits 1887 edierte Quellensammlung Henry Simonsfelds zum »Fondaco dei Tedeschi«, dem Zentrum der deutschen Kaufleute in Venedig, die Aufzeichnungen der venezianischen »Diaristi«, die Hand- und Rechnungsbücher der Paumgartner, Meder und Tucher und die Korrespondenz Willibald Pirckheimers vor. In letzterer findet sich auch der eingangs zitierte Brief Dürers.

Als wesentlichen Faktor der Austauschprozesse macht die Autorin die »personalen Verflechtungen und Netzwerke innerhalb Venedigs beziehungsweise Nürnbergs sowie zwischen beiden Städten« (S. 27) aus. Bereits lange vor Dürers Venedigaufenthalt bildeten die »Besucher und Zuwanderer aus dem Reich nördlich der Alpen« (S. 19) nach den Griechen – um 1500 mit rund 4000 Personen die größte nichtitalienische Bevölkerungsgruppe in der Lagunenstadt – die zweitgrößte Minderheit in Venedig. Die Autorin kommt zu dem Schluss, dass Venedig »gleichzeitig Aufenthalts- und Schwellenort, nur eine Episode oder ein dauerhafter Bezugs-, gar Lebensort sein« (S. 240) konnte.

Im Untersuchungszeitraum lebten wohl einige tausend Deutschsprachige kürzer oder länger in Venedig, darunter 409 nachweislich aus Nürnberg stammende Personen. Die Kaufleute waren der »augenfälligste und wohl einflussreichste Teil der deutschsprachigen Bevölkerung« (S. 19). Anders als die häufig nur kurzfristig in Venedig lebenden Händler blieben aus dem Reich stammende Handwerker – vor allem Bäcker und Schuster – auf Dauer. Nürnberger Handwerker ließen sich laut Pfotenhauer häufig in der Nachbarschaft des »Fondaco« nieder.

Im Gegensatz zur Ausbildung der Handwerker lässt sich die Ausbildung der Nürnberger Kaufmannslehrlinge in Venedig gut nachvollziehen: »Neben dem Wissen um Waren und Handelsbräuche und der Kenntnis kaufmännischer Techniken sollten dem jungen Kaufmann während seiner Ausbildung am fremden Handelsort auch berufsspezifische Verhaltensnormen und soziale Werte vermittelt werden.« (S. 90).

Ein aufschlussreiches Beispiel für die Inhalte und Normen, die ein »Azubi« um 1500 verinnerlichen sollte, bietet das von Christoph Scheurl für Hieronymus Haller 1488 verfasste »Regimennt«: Der »Musterspiegel kaufmännischer Ausbildung« (S. 93) strukturiert nicht nur den Tag des Lehrlings bis ins Detail, sondern weist auch auf die Bedeutung von Tugenden wie Rechtschaffenheit, Vernunft, Disziplin – im Trinken – und Freundlichkeit hin. Außerdem fordert Scheurl die Einübung von Techniken wie der systematischen Verschriftlichung der gewonnenen Information. Pfotenhauer bezeichnet das als »Wissensmanagement« (S. 95), dessen Ergebnisse Handelsgesellschaft und Lehrling gleichermaßen nützen konnten.

Neben dem »Fondaco dei Tedeschi«, wo die Nürnberger Kaufleute eine herausgehobene Position innehatten, diente die in dessen unmittelbarer Nachbarschaft gelegene Kirche San Bartolomeo als (geistliches) Zentrum der aus dem Reich stammenden Händler. Bereits im ersten Drittel des 15. Jahrhunderts war die Reichsstadt Nürnberg dort mit einem Altar des Stadtheiligen Sebald vertreten.

Die Nürnberger Präsenz dokumentiert eine einzigartige Quelle: das von 1465 bis 1515 geführte »Pfründenbüchlein« des Altars. Es »gibt so für einen außergewöhnlich langen Zeitraum kontinuierlich Auskunft, welche Kaufleute aus der Reichsstadt in Venedig anwesend waren, welche Position sie in der sich am Altar konstituierenden

Vereinigung einnahmen und welche Familien hier besonderen Einfluss ausübten.« (S. 205). Laut Pfotenhauer spielten die Hirschvogel und später die Imhoff und Tucher am Sebaldaltar im Untersuchungszeitraum eine wichtige Rolle. Der Altar und die Vereinigung hätten hauptsächlich der »Bewahrung eines Venedig-spezifischen Nürnberger Zusammengehörigkeitsgefühls« (S. 216) gedient. Allerdings waren Nürnberger Patrizier auch in den genuin venezianischen Bruderschaften, den »schuole«, vertreten: »Ein Fokus auf die Reichsstadt und ihre Bürger und eine gute Einbindung in die venezianische Gesellschaft konnten durchaus miteinander einhergehen« (S. 235), betont die Autorin.

In der Noris spielten laut Pfotenhauer die großen Handelsgesellschaften eine entscheidende Rolle bei der Rezeption, Rückwirkung und Diffusion des Austauschs mit Venedig. Dies galt gleichermaßen für das Geldgeschäft: Venedig habe den Nürnberger Kaufleuten auch als »Ort für die Rückzahlung von Krediten, die Auszahlung von Wechseln und die Begleichung von Schulden, die anderswo aufgenommen worden waren« (264) und als zentral zwischen Ost und West gelegener Umschlagplatz für Gewürze wie Pfeffer, Ingwer, Muskatblüten und Nelken gedient. In Venedig besonders gefragt gewesen seien »nordische« Produkte wie Honig, Bernstein, Federn, böhmisches Rosshaar, Rauchwaren, polnische Schildlaus und Lapislazuli, aber auch Nürnberger Metallwaren. Venezianische Importwaren hingegen hätten in Nürnberg »dem alltäglichen Eigenbedarf, dem persönlichen Bedürfnis nach venezianischen Kunst- und Ausstattungsgegenständen oder der Repräsentation« (S. 287), aber auch der Festigung persönlicher Beziehungen gedient.

Breiten Raum nehmen Aspekte der Kommunikationsgeschichte ein: Pfotenhauer stellt Nürnberg als »Nachrichtenzentrum nördlich der Alpen« (S. 298) und Venedig als »Verteilerstation von Nürnberger Korrespondenzen in Italien« (S. 340) vor. Beide Städte seien durch den gegenseitigen Austausch zu strukturellen Drehscheiben in Europa geworden. Die Folge des Informationsaustauschs: »Die selbständige Berichterstattung wie die Bereitstellung erbetener Informationen trugen über deren reine Verbreitung hinaus zur Aufrechterhaltung und Stabilisierung der persönlichen und politischen Beziehungen zwischen den Korrespondenzpartnern bei.« (S. 337).

Bei der Diffusion des Humanismus spielte der Büchertransfer zwischen Venedig und Nürnberg eine zentrale Rolle. Unter anderem dank der zahlreichen Flüchtlinge aus Byzanz entwickelte sich die Lagunenstadt zu einem Druckzentrum für die Werke der antiken griechischen Literatur, zu deren Hauptvermittlern nördlich der Alpen der durch seine Korrespondenzen bestens vernetzte Willibald Pirckheimer gehörte. Seine Übersetzungen ins Lateinische trugen beispielsweise dazu bei, dass so gegensätzliche Autoren wie der Satiriker Lukian und der Kirchenvater Gregor von Nazianz in Mitteleuropa verstärkt rezipiert wurden.

Dank der Imhoff gelangte auch der Kult des Pestheiligen Rochus von Venedig nach Nürnberg.

Das von Christoph Scheurl 1508 zitierte venezianische Sprichwort, »dass alle Städte nördlich der Alpen blind seien, Nürnberg als einzige jedoch zumindest auf einem Auge sehe« (S. 433), interpretiert Pfotenhauer nicht nur als Ausdruck venezianischer Überlegenheit. Vielmehr komme in der Redensart auch eine »ideelle Verbindung zum Ausdruck« (S. 433). Nürnberg sei dann im 16. Jahrhundert diesseits und jenseits der Alpen zunehmend zum »deutschen Venedig« stilisiert worden.

Die Autorin hat in ihrer beeindruckenden Studie die zunehmende Vertiefung der venezianisch-nürnbergischen Beziehungen vom ökonomischen Austausch über den Kulturtransfer bis zur ideellen Überhöhung der Verbindung der beiden Metropolen detailreich, plastisch und mit langem geistigen Atem erschlossen. Dafür gebührt ihr Dank.

Würzburg   Stefan W. Römmelt

Johannes Laschinger, Das Spital in Amberg. Bürgerspitalstiftung Amberg 1317–2017. *Festschrift zum 700jährigen Jubiläum, Amberg 2017, Büro Wilhelm Verlag 2017, 74 Seiten, zahlreiche Abbildungen.*

Das vorliegende Büchlein ist im Grunde ein alter Bekannter. Wie in einer winzigen Fußnote auf S. 11 angemerkt wird, stellt es eine überarbeitete und erweiterte Fassung des Beitrags von Johannes Laschinger, Das Spital in Amberg, in: Amberg 1034–1984. Aus 1000 Jahre Stadtgeschichte, 1984, S. 153–164, dar. Anlass zur erneuten Publikation ist das 700jährige Jubiläum der Amberger Bürgerspitalstiftung. Diesem Ziel entsprechend ist es für ein breites, d. h. nicht unbedingt wissenschaftlich geprägtes Publikum gedacht und mit einer Fülle guter, farbiger Abbildungen ausgestattet. Die behandelten Themen sprechen alle relevanten Spitalaspekte an: Gründung und Funktion – Spitalverwaltung – Spital und Kirche – Fromme Stifter – Die Bewohner des Spitals – Das Spital zwischen Stadt und Landesherrn – Die Spitalgebäude. Der Autor, inzwischen ein Dienstleben lang Archivar der Stadt Amberg, kann uneingeschränkt als Spezialist auf dem Gebiet der Spitalgeschichte bezeichnet werden. Schon seine Dissertation, die im Jahresbericht des Historischen Vereins für Straubing und Umgebung 87, 1985, S. 69–381 erschienen ist, handelte über die Geschichte der Spitalstiftungen in Straubing. Der Beitrag fußt auf einer Fülle von Quellen, die in zahlreichen Zitaten auch selbst zur Sprache kommen und die in nicht weniger als 270 Anmerkungen nachgewiesen sind. Wissenschaftlich ist das Büchlein also grundsolide fundiert, möchte aber die noch offenen Fragen nicht weiter diskutieren, sondern im Sinne der Zielsetzung als Festschrift eine kompakte und gut lesbare Darstellung bieten. Manches wird dabei nur kurz angetippt und bleibt ohne Hintergrund, z.B. das Foto auf S. 37, das ein Epitaph eines Stifterpaares an der Spitalkirche zeigt, das aber im Kapitel über die »Frommen Stifter« nicht mehr erwähnt wird. Die Herausgeber haben sich für das Layout große Mühe gegeben und die Seiten großzügig und sehr übersichtlich gestaltet sowie mit vielen Fotos angereichert. Leider sind die Anmerkungen in einer winzigen Schrifttype gesetzt, die angesichts der großräumigen

Platzeinteilung gar nicht nötig gewesen wäre. Die zahlreichen Zitate sind nicht durch Anführungszeichen hervorgehoben, sondern lediglich durch eine ins Grünliche gehende Färbung der Schrift markiert, was leicht übersehen werden kann und die Lektüre etwas anstrengend macht.

Insgesamt eine gute und klare Zusammenfassung der Geschichte des Amberger Bürgerspitals.

Mühldorf   Joachim Wild

VIII. Landesteile und einzelne Orte

Mathias Irlinger, Die Versorgung der »Hauptstadt der Bewegung«. Infrastrukturen und Stadtgesellschaft im nationalsozialistischen München *(München im Nationalsozialismus. Kommunalverwaltung und Stadtgesellschaft 5)*, Göttingen 2018, Wallstein, 432 Seiten, 28 Abbildungen, 6 Tabellen und Grafiken.

Städtische Einrichtungen berühren elementare Vorgänge und Erscheinungen des menschlichen Daseins: Geburt und Tod, Heirat, Kindheit, Jugend und Alter, Gesundheit und Krankheit, formale Identität der Person, Vergnügungen, Fortbewegung, Lernen, Essen und Trinken, Wohnen, Energiebedarf, Sauberkeit, Schutz von Eigentum und körperlicher Unversehrtheit.

Wer an der historischen Darstellung kleiner Städte arbeitet, kann deren Einrichtungen in ihrer Gesamtheit untersuchen, bei Großstädten ist dies wegen der Fülle des Quellenmaterials nur für Teilbereiche möglich.

Während München anfänglich im Vergleich zu anderen Großstädten bei der Modernisierung eher rückständig war, änderte sich dies mit dem Beginn der zwanziger Jahre grundlegend. So wurde aus dem vorher privaten Gaswerk ein städtischer industrieller Großbetrieb, die Elektrizitätswerke wurden zügig ausgebaut, so dass sich zwischen 1921 und 1931 die Stromproduktion verdoppelte, das Straßenbahnnetz wurde erheblich ausgedehnt, ebenso das Rohrnetz für die Wasserversorgung in bedeutendem Maß erweitert sowie die Kanalisation vergrößert und durch das Klärwerk Großlappen ergänzt. Finanziert wurde die Modernisierung der städtischen Infrastruktur mit Krediten, was dann in der Weltwirtschaftskrise Schwierigkeiten nach sich zog. Daraus glaubten die Nationalsozialisten den Vorwurf der Misswirtschaft ableiten zu können, die mit demokratischer Regierungsweise grundsätzlich verbunden sei. Tatsächlich aber brachten die Nationalsozialisten in der Zeit ihrer Herrschaft nichts zustande, was dem Modernisierungsschub der Zeit davor gleichkam. Dank diesem ernteten sie, was sie nicht gesät hatten.

In der Zeit nach 1933 war zunächst nicht der weitere Ausbau, sondern die Arbeitsbeschaffung wichtig, die sich auch propagandistisch ausschlachten ließ. Dazu kamen wenige Großprojekte wie z. B. der Flughafen und der Bau des Nordbads.

Neu war die Trennung der städtischen Wirtschaftsbetriebe von der eigentlichen Verwaltung. Die sollte eine langfristige Entscheidung sein. Doch behielt sich der nationalsozialistische Oberbürgermeister

Karl Fiehler dort weiter Eingriffsmöglichkeiten vor. Gegen den jüdischen Wasserwerksdirektor hetzten die Nationalsozialisten so heftig, dass er sich im Januar 1934 in den Ruhestand versetzen ließ. Den Direktor der Straßenbahn hatte der oft als heimlicher Herrscher Münchens angesehene Leiter der nationalsozialistischen Fraktion im Rathaus, Christian Weber, auf der Abschussliste, weil er der BVP angehört hatte. Auch er musste gehen. Die Macht des brutalen, vulgären und raffgierigen Ratsherrn Weber leitete sich aus dem laufenden Kontakt zu Hitler ab, dem er schon seit der Frühzeit der Partei ergeben war. Die zum Teil bestellten neuen Leiter der städtischen Einrichtungen zeichneten sich dagegen alle durch Fachkompetenz aus, nicht durch nationalsozialistische Gesinnung. Man war damit zufrieden, dass sie 1937 fast alle der NSDAP beitraten.

Formal hatten die seit der Deutschen Gemeindeordnung von 1935 »Ratsherrn« genannten Stadträte keine Kompetenzen mehr. Diese lagen alle nach dem Führerprinzip beim Oberbürgermeister. Tatsächlich waren die Ratsherrn gerade in München oft keine bloßen Abnicker, sondern übten vielfach Macht aus. Dies zeigt nicht nur das Beispiel Webers, auch Stadträte wie Max Amann oder Franz Xaver Schwarz, die wie Fiehler die Funktion von Reichsleitern der Partei hatten, hatten auf Grund ihrer wichtigen Parteiämter durchaus Gewicht. Dies galt ebenso für die Werksreferenten, die von Fiehler in seine Entscheidungen einbezogen wurden.

Zwar hatte dieser vor 1929 getönt, Bedarfsdeckung gehe vor Profitwirtschaft. Tatsächlich blieben aber die städtischen Werke eine lebenswichtige Einnahmequelle für München. Allerdings wurden die Erträge im Wesentlichen nicht für neue Investitionen in deren Bereich verwendet. So wurden die Wasserwerke kaum ausgebaut und waren 1938 am Ende ihrer Kapazität.

Christian Weber, der selbst eine Buslinie betrieb, wollte die Straßenbahn aus dem Stadtinneren zugunsten von Bussen verdrängen. Doch waren diese nicht rentabel genug und schadensanfälliger, so dass das Bussystem nicht stark ausgebaut wurde. Daran änderte auch die Abneigung Hitlers gegen die Straßenbahn nichts, den der Anblick der Oberleitungen störte. Auch der von Weber favorisierte Straßenausbau blieb Flickwerk, dem keine systematische Planung zugrunde lag. Hitler behielt in allen Grundsatzdingen das letzte Wort. So waren ihm seine gigantomanischen Pläne für den Hauptbahnhof wichtiger als der von der Stadt favorisierte Weiterbau des kurzen U-Bahn-Abschnitts, zu dem er ursprünglich selbst den Anstoß gegeben hatte. Aber auch aus Hitlers Hauptbahnhof und der Ost-West-Schneise durch die Stadt wurde am Ende nichts.

Christian Weber setzte sich mit dem Wunsch nach einem Zivilflughafen gegenüber Göring durch, der einen Militärflugplatz wollte. Beim Nordbad musste man sich aus finanziellen Gründen mit einer kleinen Variante statt der ursprünglichen Großanlage zufriedengeben, was Hitler wütend machte.

Für die Gasversorgung stelle man den großen Gaskessel neben dem Oberwiesenfeld auf. Dass eine solche Anlage neben einem Flugplatz riskant war, nahm man in Kauf; ebenso die durch das veraltete Rohrnetz bedingte Explosionsgefahr und die vielen Fälle von Gasvergiftungen. Vor der Entgiftung des produzierten Gases schreckte man zurück, da sie eine unpopuläre Tariferhöhung zur Folge gehabt hätte. Hitler befürwortete zwar die Verlegung des Flugplatzes auf dem Oberwiesenfeld, doch auch dies wurde in die Zukunft verschoben.

Aus Popularitätsgründen verkauften die Gaswerke verbilligte Geräte, die Elektrizitätswerke gegen Anzahlung Volksempfänger auf Kredit. Die Pläne für einen Volkskühlschrank und für allgemeines Fernsehen blieben in den Anfängen stecken. Nach Kriegsbeginn stellte man wegen des Personalmangels erstmals Fahrkartenautomaten auf.

Die Partei nutzte die städtischen Einrichtungen auch bevorzugt für eigene Zwecke. So stand der Hitlerjugend und der BDM unentgeltlich das Dantebad für Schwimmfeste zur Verfügung, für Parteiveranstaltungen wurde gratis Strom geliefert, den man vor allem für die Beleuchtungsinszenierungen brauchte; das Stromnetz und die Gasrohre, an die die Parteigebäude angeschlossen waren, wurden besser instandgehalten.

Die Leistungen der Stadt wurden für die jüdischen Bürger Münchens und während des Kriegs zusätzlich die Zwangsarbeiter rigoros beschränkt. Noch bevor es eine allgemeine Regelung in Deutschland gab, preschte die Stadt München 1938 vor und verhängte ein allgemeines Bäderverbot für Juden, das dann erst durch einen Geheimerlass Görings sanktioniert wurde. Im Gefolge der Gewaltakte der Pogromnacht vom 9. auf den 10. November 1938 wurde bei jüdischen Geschäften der Strom abgeschaltet; schon seit März 1933 erhielten jüdische Geschäfte keine städtischen Aufträge mehr. 1941 verfügte Gauleiter Adolf Wagner entgegen der Richtlinien des Reichsverkehrsministeriums ein allgemeines Verbot der Benutzung städtischer Verkehrsmittel durch Juden. Die Schikanen gingen vielfach über das, was in anderen Städten üblich war, hinaus.

Fiehler schloss im Juli 1943 auch osteuropäische Zwangsarbeiter von der Benutzung öffentlicher Bäder mit Ausnahme der aus Gründen der allgemeinen Hygiene gestatteten Brausebäder aus. Er war anfänglich der Vorreiter bei all diesen Maßnahmen, später war Wagner die treibende Kraft. Aber auch aus der Bevölkerung kamen Klagen gegen Juden in öffentlichen Bädern und gegen Zwangsarbeiter in den öffentlichen Verkehrsmitteln.

In Krieg bemühte sich die Stadtverwaltung, die Mängel bei den Versorgungseinrichtungen möglichst wenig spürbar werden zu lassen. Dies stieß auf erhebliche Schwierigkeiten, waren doch die Infrastruktureinrichtungen vorrangige Ziele im Luftkrieg.

Die Stadtwerke verpflichteten in größerem Maß auch Zwangsarbeiter.

Am meisten klagte die Bevölkerung über die Einschränkung des Nahverkehrs. Die Stadt wehrte sich in diesem Bereich auch gegen Eingriffe des vom Reichsinnenministerium eingesetzten Beauftragten für den Nahverkehr, ebenso wie gegen die Einmischung des Generalbevollmächtigten für den Arbeitseinsatz, Fritz Sauckel und der Gauleitung. Zunehmend beschäftigte man bei den Straßenbahnen auch Frauen. Auch darüber entstanden Kämpfe. Sauckel wollte, dass dort möglichst wenig Frauen arbeiten sollten, während der Leiter der Parteikanzlei, Bormann, alle Schaffner durch Frauen ersetzt wissen wollte. Schließlich änderte Sauckel seine restriktive Haltung und ließ sogar Frauen als Fahrerinnen zu. Anders als andere Städte war aber München hierzu nicht bereit. Schließlich setzte man dafür französische Kriegsgefangene ein.

Energieversorgung und städtische Verkehrsmittel funktionierten trotz der schlechten Bedingungen einigermaßen bis zu den bis dahin schwersten Luftangriffen im Juli 1944. Alle Hauptwasserleitungen waren danach so beschädigt, dass das Wasser rationiert wurde, ebenso war die regelmäßige Stromversorgung nicht mehr gewährleistet. Am meisten betroffen war die Kanalisation. Teile der Stadt blieben bis Kriegsende ohne Gas und konnten auch von den Straßenbahnen nicht mehr angefahren werden. Viele Münchner zogen sich auf das Land zurück. Die Stadtverwaltung konnte jetzt Eingriffe von außen her nicht mehr abwehren. Die Gauleitung ließ zusätzlich eine behelfsmäßige Notbahn bauen.

Im Januar 1945 wurde die Gasversorgung für die Bevölkerung komplett eingestellt. Die Stromversorgung ging weiter, fiel aber jeden Tag für einen gewissen Zeitraum aus. Immerhin erreichte die Stadt noch bei der Gauleitung, dass einige für die Versorgung lebenswichtige Brücken nicht gesprengt wurden.

Die zentrale These Irlingers lautet, dass die nationalsozialistischen Machthaber wussten, dass eine gut funktionierende Infrastruktur für die Sicherung ihrer Macht lebenswichtig war. Deshalb blieben kompetente Fachleute im Amt, auch wenn sie keine aktiven Nationalsozialisten waren.

Oberbürgermeister Fiehler kannte als ehemaliger städtischer Beamter die Arbeitsweisen der Verwaltung. Er handelte oft nicht als reiner Diktator nach dem Führerprinzip, sondern ließ sich auch umstimmen, wenn er ein Problem erkannt hatte. Auch wenn notwendige Modernisierungen z. T. nicht ausgeführt werden konnten, weil Hitlers gigantomanische Baupläne Vorrang hatten und viele Ressourcen abzogen, funktionierten Energieversorgung und Nahverkehr gut, bis sie zum Schluss durch den Bombenkrieg erheblich beeinträchtigt wurden. Irlinger kritisiert auch die schon öfter angefochtene, auf Horst Matzerath zurückgehende Vorstellung, als seien die Kommunen reine Befehlsempfänger ohne eigene Gestaltungsmöglichkeiten gewesen. Die Stadtverwaltung hatte durchaus ihren Spielraum, konnte auch Einmischungen höherer Stellen abwehren, sofern Hitler persönlich seine Vorstellungen durchsetzen wollte. Irlinger konzentriert sich vor allem auf Energie- und Wasserversorgung, Kanalisation, öffentliche Bäder und Nahverkehr, da Themen wie die Sozialfürsorge und das Gesundheitswesen schon in zwei anderen Bänden der Reihe abgehandelt sind. Ausgeklammert sind große Teile des Bauwesens, insbesondere der städtische

Wohnungsbau. Vielfach muss Irlinger auf Überlieferungen anderer städtischer Referate zurückgreifen, da speziell die für die Elektrizitätswerke und die Verkehrsbetriebe mager sind.

Insgesamt handelt es sich um eine gründliche, solide und nützliche Studie. Beim Kapitel über die Referenten hätte man sich eine genauere Herausarbeitung der jeweiligen Kompetenzabgrenzung gewünscht. Dünn ist das Kapitel über die Stimmung der Bevölkerung geraten; über das, was in Weiß Ferdls Lied »Im Wagen von der Linie 8« für die unmittelbare Nachkriegszeit an Stimmung transportiert wird, geht der Erkenntniswert für die Zeit davor kaum hinaus, doch ist Alltagsgeschichte zugegebenermaßen schwer zu fassen. Bei der verwendeten Literatur wäre noch ergänzend auf Anna Maria Sigmunds Biographie des »Ratsherrn« Emil Maurice zu verweisen.

Interessant sind auch die eingestreuten Ansätze für Neuerungen, die erst nach dem Krieg zum Tragen kamen und z.T. noch heute wegweisend sind, etwa der Verkauf von verbilligten Gasherden und Radiogeräten auf Raten, die Aufstellung von Fahrscheinautomaten, die Pläne für einen Volkskühlschrank und allgemeines Fernsehen, die Planung der U-Bahn und, besonders aktuell, der Plan für die Einführung eines Sondertarifs für Ladestrom von Elektroautos, um deren Verbreitung zu fördern. All dies hätte man vielleicht zusammenfassend noch mehr hervorheben können.

München Paul Hoser

Raymund Dittrich (Hg.), Die Reformation und das Buch in Regensburg (*Bischöfliches Zentralarchiv und Bischöfliche Zentralbibliothek in Regensburg, Kataloge und Schriften 38*), Regensburg 2017, Schnell und Steiner, 179 Seiten mit zahlreichen Abbildungen.

Der welthistorische Vorgang der Reformation wäre ohne den Buchdruck und das Buch nicht möglich gewesen. Erst das Gewerbe Johann Gutenbergs ermöglichte es, Schriftsätze in erhöhter Stückzahl und zu erschwinglichen Preisen auf den Markt zu bringen. Durch die Massenproduktion wurden völlig neue Voraussetzungen für die Verbreitung von Ideen und Lehren sowie deren Erörterung in zwischenmenschlicher Kommunikation hergestellt. Auch wenn die Lesefähigkeit in den einzelnen Regionen sehr unterschiedlich ausgebildet war und im Durchschnitt höchstens ein Viertel der Bevölkerung mit dieser Kulturtechnik vertraut war, so genügte der Anteil, um über diese Multiplikatoren Schriftsätzen Breitenwirkung zu verschaffen. Das Printwesen ebnete als entscheidendes Medium den Weg in Richtung Wissensgesellschaft der Neuzeit. Doch schuf es zugleich vielfältige neue Möglichkeiten im außerliterarischen Bereich, die etwa im Rahmen des Bauernkrieges vielfach zum Einsatz kamen. Vor allem die politische und soziale Brisanz des neuen Mediums veranlassten die staatlichen Obrigkeiten, dieses in zunehmendem Ausmaß ihrer Aufsicht zu unterwerfen. Ein wichtiger Schritt dabei war, der ungehemmten Entfaltung des Printwesens, vor allem in den vielen Winkeldruckereien, einen Riegel vorzuschieben und dieses in den wichtigeren Städten zu konzentrieren, um so eine obrigkeitliche Kontrolle durchzusetzen.

In diesem Rahmen wurde auch Regensburg zu einem wichtigen Standort der frühen Buchkultur. Das galt für die Produktion, den Vertrieb und die Verwaltung in den entstehenden Bibliotheken in gleicher Weise. Es gab sogar ernsthafte Überlegungen, das Buchwesen im als Tagungsort des Reichstages Bedeutung zurückgewinnenden Regensburg zu konzentrieren, um so die Überwachung zu intensivieren. Auch wenn dieses Ziel angesichts der politischen Entwicklung im Heiligen Römischen Reich ein Wunschgedanke bleiben musste, ein bedeutender Ort des Buches wurde Regensburg allemal. Obwohl im herrschaftlichen und wirtschaftlichen Bereich in eine Phase des Niedergangs eingetreten, darf die Reichsstadt an der Donau als Stadt des Buches durchaus neben Augsburg, Nürnberg oder Straßburg gestellt werden. Das hat Karl Schottenloher in seinem Standardwerk von 1920 am Beispiel des Buchdruckes überzeugend deutlich gemacht.

Der anzuzeigende Band lenkt den Blick mehr in die Wirkungsgeschichte und nimmt hier vor allem die religiöse Entwicklung in den Blick. Er ist als Begleitband zu einer Ausstellung in Regensburg anlässlich des Lutherjahres 2017 zum nämlichen Thema entstanden. Er verzichtet auf Exponatsbeschreibungen, sondern beschränkt sich auf drei umfängliche Studien zum Generalthema Reformation in Regensburg und der Oberpfalz unter besonderer Zugrundelegung des Buchwesens. *Bernhard Lübbers* führt mit einer weitblickenden Betrachtung über »Die frühe Reformation und der Buchdruck« in die Thematik ein. Er belegt die angesprochenen allgemeinen Aspekte mit Beispielen aus Regensburg und der Oberpfalz, die in der von ihm verwalteten Staatlichen Bibliothek überreich zur Verfügung stehen (S. 10–41). Deren zu wenig bekannte, vorzügliche, aus der regionalen Überlieferung stammende Altbestände werden zum Beleg der andernorts bereits mehrfach abgehandelten Grundthematik fruchtbar gemacht. Im Folgebeitrag »Die Reformation im Spiegel des Bücherbesitzes von Geistlichen des Bistums Regensburg. Ein Blick in die Bücherverzeichnisse von Nachlassinventaren aus der 2. Hälfte des 18. Jahrhunderts« (S. 42–117) werten *Raymund Dittrich* und *Stephan Acht*, zwei Mitarbeiter des Bischöflichen Zentralarchivs und der Bischöflichen Zentralbibliothek, den im Hause in beachtlicher Stückzahl besetzten, bisher wenig genutzten Sonderbestand der Testamente unter buchgeschichtlicher Fragestellung aus. Sie können auch auf dieser Quellengrundlage zeigen, wie das Diözesangebiet konfessionell letztlich in mehrere Teile zerschnitten wurde. Infolge der wiederholten Konfessionswechsel kam es aber verschiedentlich zu einer letztlich bikonfessionellen Grundhaltung, der die Notwendigkeit einer Option für die eine oder die andere Richtung lange fremd blieb. Der Vorgang der Konfessionalisierung vollzog sich auf dieser Ebene langsam und zögerlich. Letztlich konnte die Durchsetzung der Vorschriften des Tridentinums erst im Zeitalter Herzog/Kurfürst Maximilians I.

zum Abschluss gebracht werden. *Stephan Acht* baut die bücherkundlichen Spezialuntersuchungen der vorausgehenden Beiträge in die religiöse Gesamtentwicklung ein: »Auswirkungen der Reformation auf die Diözese Regensburg« (S. 118–179). Damit gewinnt er den vorausgehenden, auf dem Buchwesen aufgebauten Erörterungen Ergebnisse zur allgemeinen Entwicklung der Diözese Regensburg ab. Er kann mit Argumenten der Bibliothekswissenschaft belegen, dass die Oberpfalz von der reformatorischen Bewegung ungleich mehr und intensiver betroffen wurde als der altbayerische Raum. Seine Zusammenfassung wird mit einer beigelegten Karte illustriert, die eine komplizierte Entwicklung kartographisch umsetzt und so auch für Nichtfachleute leichter einsichtig macht.

Die Beiträge sind von in ihrer beruflichen Praxis unmittelbar mit der Thematik beschäftigten Fachleuten auf der Grundlage eingehender Kenntnis des Quellenmaterials verfasst. Der Band verdeutlicht die Aussagekraft der Buch- und Bibliotheksgeschichte für die allgemeine Geschichte. Die immer weniger gepflegte Teildisziplin sollte durchaus dem Kanon der historischen Grund- und Hilfswissenschaften zugerechnet werden. Voraussetzung ist freilich, dass sie sich nicht in der Deskription vorgefundener Sachverhalte erschöpft, sondern zu tiefer bohrenden Fragestellungen mit funktionsorientierter Ausrichtung fortschreitet. In dieser Optik kann der Blick in die Welt der Bücher weiter erhellende Beiträge auch zu viel behandelten Grundvorgängen der allgemeinen Geschichte wie der Reformation erbringen. Das macht der auch buchtechnisch sehr ansprechende Band am aussagekräftigen Beispiel Regensburg deutlich.

Obergoßzell   Alois Schmid

Helmut Lukesch, **Wolfsegg in Geschichte und Gegenwart. Eine Ortschronik,** *Regensburg 2019, Friedrich Pustet, 640 Seiten mit zahlreichen Abbildungen.*

Ortsgeschichten stehen derzeit hoch im Kurs. Die literarische Präsentation wird als wirkungsvolles Mittel der angestrebten Identitätsbildung eingesetzt. Dazu wird oftmals beträchtlicher Aufwand nicht gescheut. Dabei treten vor allem Orte in den Vordergrund, die durch die Verwaltungsreformen der zurückliegenden Jahrzehnte Bedeutung abgeben mussten. In diesem Kontext erhält nun auch der Sitz der bis dahin eigenständigen kleinen Gemeinde Wolfsegg im nördlichen Landkreis Regensburg, die seitdem in wechselnde Verwaltungsgemeinschaften eingebunden wurde, nach einem handlichen Vorgänger (Gustl Motyka, 1978, ²1991) die erste umfassende und ausführliche Darstellung seiner Geschichte und Gegenwart. Diese Aufgabe stellte sich ein ortsansässiger, an sich fachfremder Professor der nahen Universität Regensburg. In vieljähriger positivistischer Sammeltätigkeit hatte er mit Beharrlichkeit und Spürsinn die das Dorf betreffenden Nachrichten zusammengetragen. Sie werden von ihm, fast im Alleingang, mit viel Liebe zum Detail in 18 um Übersichtlichkeit und gute Lesbarkeit bemühten Großkapiteln ausgebreitet. Sie decken, in vereinzelt allerdings ungewöhnlicher Aufreihung, sämtliche Bereiche des Dorflebens bis in entlegene Einzelheiten ab. Dabei wird der Schwerpunkt auf die Schilderung der gegenwärtigen Verhältnisse gelegt. Die Vergangenheit muss mit Rücksicht auf die in den Blick genommene Zielgruppe zurücktreten. Aus dem gleichen Grund wird der beigegebene Anmerkungsapparat kurz gehalten. Angestrebt wird in erster Linie ein Lesebuch, weniger ein Arbeitsbuch. Dazu tragen auch die mit viel Feinsinn ausgewählte Bebilderung und die qualitätsvolle buchtechnische Präsentation bei. Die Ausführungen sind unter umfassender Auswertung der vorliegenden Literatur und Einbeziehung wichtiger Quellen mit Weitblick, Kompetenz und Selbständigkeit erarbeitet; das Heft »Burglengenfeld« des »Historischen Atlas von Bayern« liegt noch nicht vor. Mit sicherem Urteil wird der leitende Münchner Hofrat Leonhard von Eck (1480–1550) als wichtigste Persönlichkeit vorgestellt, die mit dem Dorf, das er wohl selber nur selten aufgesucht hat, jemals verbunden war. Dass die Fachwissenschaft manches mitgeteilte Detail anders beurteilen wird, ist angesichts der thematischen Breite der Erörterungen unvermeidlich. Wer immer Einzelheiten zu diesem abseits gelegenen, aber wegen seiner Burg auch überörtlich beachteten Dorf sucht, wird hier mit verlässlicher Sachinformation auf sehr anspruchsvolle Weise bedient. Die örtliche Bevölkerung wird sich in diesem Band gut getroffen wiederfinden. Das Buch stellt das maßgebliche Nachschlagewerk zur Geschichte und Gegenwart des Dorfes und der Gemeinde Wolfsegg dar. Es ist weniger mit Blick auf die Wissenschaft gemacht, sondern bietet Heimatkunde in bestem Sinne des Wortes, die freilich unentbehrliche Grundlage der Landesforschung ist.

Obergoßzell   ALOIS SCHMID

KLAUS HIMMELSTEIN (Hg.), **Jüdische Lebenswelten in Regensburg. Eine gebrochene Geschichte,** *Regensburg 2018, Friedrich Pustet, 422 Seiten, zahlreiche Abbildungen.*

Das Jahr 2019 stand in Regensburg ganz im Zeichen der jüdischen Geschichte der Stadt. Erinnert wurde einerseits an die gewaltsame Vertreibung der Juden vor 500 Jahren, zum anderen erfolgte mit der Einweihung der neuen Synagoge im Herzen der Altstadt ein vorläufiger Schlusspunkt unter Jahrhunderte einer »gebrochenen Geschichte«. Dies ist auch der Untertitel des vorliegenden Sammelbandes, der im Vorgriff auf das Gedenkjahr einen Überblick über die jüdische Vergangenheit Regensburgs geben will. Die insgesamt 22 Beiträge spannen einen breiten historischen Bogen vom Hochmittelalter bis zur Gegenwart und sind auf vier chronologisch angeordnete Abschnitte verteilt. Während der erste Block die mittelalterliche jüdische Gemeinde bis 1519 in den Fokus rückt, setzt der zweite Abschnitt in der zweiten Hälfte des 19. Jahrhunderts ein und dokumentiert die Zeit bis 1933. Der dritte und vierte Teil sind der NS-Zeit sowie dem jüdischen Leben nach 1945 gewidmet. Nicht schon aus dem Vorwort, sondern erst bei der Durchsicht des Bandes erfährt der Leser, dass neun Aufsätze bereits publiziert wurden und hier unverändert oder nur geringfügig aktualisiert erneut abgedruckt wurden. Im

Einzelnen handelt es dabei um die Beiträge von *Andreas Angersdorfer, Cornelia Berger-Dittscheid* und *Hans-Christoph Dittscheid, Jakob Borut, Matthias Heider* sowie von *Hans Rosengold*. Die Ansprache von *Isaak Meyer* zur Einweihung der Synagoge 1912 wurde bereits ein Jahr später ebenfalls veröffentlicht.

Da der gesamte Inhalt des Bandes im Rahmen dieser Rezension nicht einzeln thematisiert werden kann, seien an dieser Stelle einige ausgewählte Aufsätze kurz vorgestellt, die neue Forschungsperspektiven eröffnen. Zu Beginn lassen *Silvia Codreanu-Windauer, Bernd Päffgen* und *Peter Müller-Reinholz* die 1995 bis 1998 erfolgten archäologischen Ausgrabungen des Judenviertels unter dem heutigen Neupfarrplatz Revue passieren (S. 14–27). Kenntnisreich stellen die Autoren dabei auf Basis der damaligen Funde und Befunde die überregionale, ja europäische Bedeutung der mittelalterlichen jüdischen Gemeinde heraus. Aktuelle Relevanz erhält diese Einführung gerade auch vor dem Hintergrund der 2018 begonnenen Aufarbeitung der Neupfarrplatzgrabung im Rahmen eines wissenschaftlichen Forschungsprojektes. Mit dem Niedergang und der Vertreibung der Regensburger Juden im Spätmittelalter beschäftigen sich drei Beiträge, die auf jüngst an der LMU München abgeschlossenen Dissertationen fußen. Zunächst geht *Sophia Schmitt* der Frage nach, welche Rolle der Regensburger Öffentlichkeit 1476–1480 im Umfeld der damaligen Ritualmordvorwürfe gegenüber jüdischen Gemeindemitgliedern zukam (S. 46–66). Sie kann zeigen, dass vor allem der Stadtrat die Anklage mit einer strategisch ausgerichteten Negativkampagne forcierte, während die Bevölkerung hierbei eher passiv blieb und sich sogar eine »jüdische Gegenöffentlichkeit« (S. 65) konstituierte. *Astrid Riedler-Pohlers* zeigt am Beispiel der Medizin (Ärzte, Hebammen und Bader) den Wissenstransfer zwischen Juden und Christen im spätmittelalterlichen Regensburg auf, der sich in einem Spannungsfeld zwischen Koexistenz und Konkurrenz abspielte (S. 67–80). Mit den konkreten Ursachen der Vertreibung von 1519 beschäftigt sich *Veronika Nickel* (S. 81–91), die bereits in den Jahrzehnten davor ein »Klima der Gewalt« (S. 85) gegenüber der jüdischen Gemeinde konstatiert. Dieses habe sich aus der repressiven Haltung des Stadtrates sowie der antijüdischen Agitation einzelner Kleriker gespeist und schließlich zur Ausweisung geführt, wofür man ganz bewusst das Machtvakuum an der Reichsspitze nach dem Tod Kaiser Maximilians I. ausgenutzt habe. Diesem Bruch mit der jahrhundertelangen jüdischen Prägung Regensburgs folgte erst ab Mitte des 19. Jahrhunderts wieder ein Aufblühen jüdischen Lebens in Form einer stetig wachsenden israelitischen Kultusgemeinde. Wie perfide und brutal diese Entwicklung im sogenannten Dritten Reich beendet wurde, veranschaulichen zwei Beiträge von *Waltraud Bierwirth* (S. 230–251, S. 252–258) anhand von plastischen Schilderungen verschiedener Einzelschicksale. Der Umgang mit dem kollektiven Gedächtnis der Kultusgemeinde, dem Gemeindearchiv, während des Nationalsozialismus und in den Nachkriegsjahren ist danach Thema eines

Beitrags von *Klaus Himmelstein* (S. 269–293). Aus verschiedenen Gründen entging das Archiv einer Vernichtung und wurde nach einer Einlagerung im Staatsarchiv Amberg 1954 nach Jerusalem transportiert, wo es heute einen umfangreichen Bestand in den »Central Archives for the History of the Jewish People« bildet. Die von Himmelstein angemahnte Digitalisierung des Gemeindearchivs (S. 291) scheint nach den jüngsten Plänen des bayerischen Antisemitismusbeauftragten nun tatsächlich Wirklichkeit zu werden. Paradigmatisch für den jüdischen Neubeginn nach 1945 steht der jidische Schriftsteller und Publizist Mendl Man, der als einer von vielen Displaced Persons einige Jahre in der Donaustadt lebte. *Sabine Koller* widmet ihm und der von ihm herausgegebenen DP-Zeitung »Der najer moment« einen erhellenden Beitrag (S. 320–342). Mitten hinein in die Gegenwart führt am Ende des Bandes ein weiterer Aufsatz von *Waltraud Bierwirth* (S. 372–398), die darin u.a. das erhebliche Anwachsen der heutigen jüdischen Gemeinde durch Kontingentflüchtlinge aus der ehemaligen Sowjetunion beschreibt. Mit der 2016 erfolgten Grundsteinlegung der neuen Synagoge schließt sich für die Autorin – und auch für den Leser – der Kreis.

Kritikwürdig erscheint dem Rezensenten, dass im Sammelband das 17. und 18. Jahrhundert ausgelassen werden und damit auch die sogenannten Schutzjuden des Reichserbmarschalls am Immerwährenden Reichstag keine Erwähnung finden. Hier hätte man sich leicht auf die Forschungen von Till Strobel stützen können. Generell wird jeder, der eine umfassende, wissenschaftliche Geschichte der Regensburger Juden erwartet, enttäuscht sein. Das beabsichtigt der Herausgeber jedoch auch gar nicht, wie in der Einleitung deutlich wird (S. 12). Stattdessen leistet der Sammelband insgesamt etwas anderes: Als eine Art Lesebuch bringt er historisch interessierten Laien vielfältige Aspekte der jüdischen Geschichte Regensburgs näher und regt zum tieferen Eintauchen in die Thematik an.

Regensburg   Lorenz Baibl

Bernhard Lübbers (Hg.), Krieg – Pest – Schwedennot. Regensburg im Dreißigjährigen Krieg. Begleitband einer Ausstellungsreihe zur Geschichte des Dreißigjährigen Krieges in Regensburg *(Kataloge und Schriften der Staatlichen Bibliothek Regensburg 16), Regensburg 2018, Dr. Peter Morsbach, 152 Seiten.*

Obwohl der Dreißigjährige Krieg auch 400 Jahre nach seinem Ausbruch (und zuletzt vermutlich sogar durch dieses Jubiläum) einen festen Platz im kollektiven Gedächtnis einnimmt und zu den deutschen Erinnerungsorten zählt, scheint er »im öffentlichen Bewusstsein« der Stadt Regensburg und ihrer Bewohner »heute nur noch wenig präsent« zu sein (S. 7), so die Einschätzung *Bernhard Lübbers* im Vorwort des von ihm verantworteten Sammelbandes, der die Geschichte der Reichsstadt Regensburg während des Dreißigjährigen Krieges in acht Beiträgen beleuchtet.

Die Aufsätze von *Harriet Rudolph* und *Klaus-Peter Rueß* nehmen die Geschichte Regensburgs während des Dreißigjährigen Krieges aus der Makroperspektive in den

Blick und ordnen dadurch indirekt die weiteren Beiträge des Bandes ein. Während *Rudolph* nach den »zeitlichen und inhaltlichen Dimensionen des Dreißigjährigen Krieges« in Regensburg (S. 11) fragt, beschreibt *Rueß* aus ereignisgeschichtlicher Perspektive das militärische Geschehen in Regensburg in den Jahren 1631 bis 1634 und bringt dieses mit dem allgemeinen Kriegsverlauf und den Strategien der Kriegsparteien in Verbindung. *Artur Dirmeier* ergänzt die Darstellung zum Kriegsgeschehen in Regensburg um eine Detailstudie, die sich mit den konkreten Auswirkungen der Kriegshandlungen auf die Stadt befasst. Am Beispiel der am Stadtrand gelegenen Regensburger Spitäler zeigt er, wie schwer die Stadt zu verteidigen war und wie sie bei Belagerungen von Zerstörung und Plünderung bedroht und betroffen war.

Unterschiedliche Quellen zu Regensburgs Geschichte im Dreißigjährigen Krieg rücken die Beiträge von *Lorenz Baibl*, *Doris Gerstl* und *Peter Styra* in den Fokus. *Baibl* stellt das Diarium des Regensburger Bürgersohns Johann Georg Fuchs vor, der die Belagerungen der Stadt 1633 und 1634 miterlebte, und liefert zudem eine Transkription dieses Selbstzeugnisses. *Gerstl* präsentiert Münzen und Medaillen aus der Zeit des Dreißigjährigen Krieges, die die Regensburger Geschichte dokumentieren. *Styra* fügt dem mit der Beschreibung dreier Flugblätter aus der Sammlung des Helmstedter Staatsrechts- und Geschichtsprofessors Häberlin, die sich seit Ende des 18. Jahrhunderts im Besitz der Familie Thurn und Taxis befindet, einen weiteren Quellentypus hinzu.

Die Studien von *Christine Gottfriedsen* und *Andreas Becker* nehmen Formen des konfessionellen Zusammenlebens in den Blick. *Gottfriedsen* untersucht die Rolle Regenburgs als Zufluchtsort für evangelische Glaubensflüchtlinge. Dabei stellt sie heraus, dass es bereits seit der Mitte des 16. Jahrhunderts stetigen Zuzug von evangelischen Exulanten aus Österreich nach Regensburg gab. Mit der Übertragung der Oberpfalz an Bayern und durch die Intensivierung der landesherrlichen Religionspolitik Ferdinands von Österreich ab Mitte 1620er Jahre nahm dieser weiter zu. *Becker* liefert mit seinem Beitrag zum Streit um die Dominikanerkirche St. Blasius ein Beispiel dafür, dass auch noch während des Dreißigjährigen Krieges konsensuelle Konfliktlösungen möglich waren. 1630 wurde das Simultaneum über die Kirche nach mehr als 60 Jahren aufgegeben und St. Blasius wieder monokonfessionell katholisch genutzt. Damit wurde ein jahrzehntelanger Streit beigelegt. Basis dafür bildete ein Reichshofratsurteil aus dem Jahr 1626. Diese friedliche Lösung wurde vor allem möglich, weil Kaiser Ferdinand II. kein Interesse hatte, das Restitutionsedikt in Regensburg durchzusetzen, um die Unterstützung der Kurfürsten für die Wahl seines Sohnes nicht zu verlieren.

Der mit 152 Seiten relativ schmale Band verbindet geschickt Makro- und Mikroperspektive und liefert interessante Einblicke in die Geschichte Regensburgs während des Dreißigjährigen Krieges.

Bonn Dorothée Goetze

Markus Pöhlmann, Es war gerade, als würde alles bersten. Augsburg im Bombenkrieg, *München 2019, Volk, 168 Seiten, zahlreiche Abbildungen.*

Eine Fülle von lokalen Berichten über die Auswirkungen der strategischen Luftangriffe der Westalliierten auf die deutschen Städte seit der Nachkriegszeit zeugt davon, wie stark die Zerstörungen und Trümmerfelder sowie die großen Zahlen von Toten und Verwundeten die Erinnerung an den Zweiten Weltkrieg und die Beschäftigung mit ihm bestimmt haben. Vor allem seit den 80iger Jahren des 20. Jahrhunderts hat sich auch die universitäre historische Forschung mit auf breiterem Quellenstudium beruhenden Abhandlungen des Themas angenommen, lange bevor Jörg Friedrichs Bestseller »Der Brand« aus dem Jahre 2002 eine heftige Debatte über die moralische Rechtfertigung des strategischen Bombenkriegs, vor allem in der Form des vorsätzlichen Angriffs auf die Zivilbevölkerung, auslöste.

Für die im Bombenkrieg schwer getroffene Stadt Augsburg hat Markus Pöhlmann 1994 die erste umfassende Darstellung vorgelegt. Sie erschien in einem kleinen Augsburger Verlag zum 50. Jahrestag des verheerendsten Luftangriffs vom 25./26. Februar 1944 mit der Zerstörung eines großen Teils der historischen Altstadt unter dem Titel »»Es war gerade, als würde alles bersten …« Die Stadt Augsburg im Bombenkrieg 1939 – 1945«. Das Buch fußte auf der Magisterarbeit des Verfassers an der Universität Augsburg vom Jahre 1993 »Augsburg im strategischen Luftkrieg 1939 – 1945«. Zum 75. Jahrestag des schwersten Luftangriffs wurde das Buch im Jahre 2019 mit nur ganz geringfügig geändertem Titel im Münchner Volk Verlag neu herausgegeben.

In den Grundzügen ist die Abhandlung über weite Strecken völlig unverändert, manche Abschnitte wurden umgestellt, die neuere Literatur zum Bombenkrieg sowie zu Augsburg in der Epoche des Nationalsozialismus und in der Nachkriegszeit wurde aber an manchen Stellen eingearbeitet. Ganz neu hinzugekommen sind nur längere Ausführungen über die Geschichte des offiziellen Gedenkens an den Bombenkrieg bis zur Gegenwart und Bemerkungen zum Wiederaufbau der Stadt nach den Zerstörungen.

Was beim Vergleich der ersten Auflage mit der Neuausgabe neben dem größeren Format und der anspruchsvolleren Gestaltung sofort auffällt, ist die reiche Bebilderung. Das Werk nimmt jetzt über weite Strecken geradezu den Charakter eines Bildbandes an und da keine Beschreibung und keine Statistik das Ausmaß der Zerstörungen so eindrucksvoll vor Augen führen kann wie Bilder der verschiedenen Straßen, Plätze und Gebäude, ist die hohe Zahl von über 80 qualitätvoll wiedergegebener Fotos ein großer Gewinn für den Band. Andere Bemühungen, die Abhandlung von den Schlacken der Wiedergabe einer akademischen Qualifikationsarbeit zu befreien, wie das Zusammendampfen des ursprünglich fast dreiseitigen Inhaltsverzeichnisses auf wenige Punkte, machen den Umgang mit der Darstellung etwas mühsamer. So ist das früher als »Bilanz des strategischen Luftangriffs für die Stadt

Augsburg« betitelte wichtige Unterkapitel jetzt als einleitender Abschnitt im großen Kapitel »Bombenkrieg und Kriegserinnerung« zu finden.

An den Vorzügen, die schon die erste Auflage auszeichnete, ändern diese gestalterischen Eingriffe nichts. Wer sich über Augsburg im Bombenkrieg informieren will, findet in dem Werk Auskunft zu allen wichtigen Gegebenheiten und Geschehnissen: dem Luftschutz, den Flugzielen, dem Alltag im Krieg, den Zerstörungen und Opfern einschließlich einer Übersicht über alle Angriffe von 1940 bis 1945. Zwei in ihrer Bedeutung herausragende Angriffe werden ausführlich dargestellt: der für die britischen Bomber sehr verlustreiche Präzisionsangriff der Royal Air Force vom 17. April 1942 mit der MAN als Ziel, der eigentliche Beginn des strategischen Luftkriegs gegen die Stadt, und die verheerende Angriffsserie vom 25./26. Februar 1944 als gemeinsame Operation amerikanischer und britischer Bomberverbände mit mindestens 730 Toten in einer Nacht und der Zerstörung eines großen Teils der historischen Bausubstanz. Einen Hinweis verdient die einleitende Standortanalyse, in der die Bedeutung Augsburgs als Angriffsziel mit seiner kriegswichtigen Rüstungsproduktion, vor allem die MAN mit dem U-Boot-Motoren-Bau und den Messerschmittwerken mit der Fertigung von Jagdflugzeugen im damals noch selbständigen Haunstetten im Süden der Stadt, vor Augen geführt wird.

Der Verfasser beschränkt sich in seinem Werk nicht auf die unmittelbaren örtlichen Voraussetzungen und Begleitumstände sowie den Auswirkungen der Luftangriffe auf die Stadt und ihr Umland, sondern bettet das Geschehen in eine knappe Darstellung des strategischen Luftkriegs im Zweiten Weltkrieg und die Auseinandersetzung um die Rechtmäßigkeit einer Bombardierung, der das Brechen der Moral der Bevölkerung zum Ziel hatte. Die Trauer und das unmittelbare Entsetzen über die damaligen Ereignisse wird nachlassen, wenn in einigen Jahren die letzten Zeitzeugen verschwunden sein werden. Insgesamt ist Augsburg mit einer Zahl von weniger als 2000 Toten und einer Zerstörung von 24 Prozent des Wohnungsbestandes sogar noch etwas glimpflicher davon gekommen als Städte wie Nürnberg und Würzburg, die noch in den letzten Kriegsmonaten 1945 schwersten Luftangriffen ausgesetzt waren. Für Augsburg war es dennoch der tiefgreifendste Einschnitt in der jüngeren Geschichte, von dem die Stadt auf Dauer gezeichnet sein wird. Das Werk von Markus Pöhlmann wird mit Sicherheit für lange Zeit unersetzlich bleiben, um den Nachlebenden eine Vorstellung davon zu vermitteln.

Augsburg   HELMUT GIER

AXEL WINTERSTEIN, **München und das Auto. Verkehrsplanung im Zeichen der Moderne** *(Kleine Münchner Geschichten), Regensburg 2017, Pustet, 167 Seiten, zahlreiche Abbildungen.*

»Klimafreundliche Mobilität für Münchens Zukunft« lautet die Überschrift zu dem Thema Verkehrsplanung, das in der zwischen Oberbürgermeister Dieter Reiter, den Münchner Parteien SPD und

Die Grünen, der Stadtratsfraktion Die Grünen – Rosa Liste und der Fraktionsgemeinschaft SPD/Volt ausgehandelten und am 3. Mai 2020 beschlossenen »Koalitionsvereinbarung für die Stadtratsperiode 2020–2026« an ziemlich prominenter Stelle abgehandelt ist. Die dort propagierte »Verkehrswende« spiegelt sich schon in der Reihenfolge der geplanten Ziele und Maßnahmen: An erster Stelle steht der Fußverkehr und der Öffentliche Raum, dann folgt der Radverkehr und der Öffentliche Verkehr; der Autoverkehr bildet das Schlusslicht, der nicht durch weitere Tunnelbauten befördert werden soll.

Dass das Auto in der Münchner Stadt- und Verkehrsplanung schon einmal einen ganz anderen Stellenwert gehabt hat, zeigt sehr schön der Sachbuchautor Axel Winterstein, der bislang mit diversen München-Büchern über Erfinder (1997), über die Wohnanlage Borstei und seinen Schöpfer Bernhard Borst (2005), den Alten Nördlichen Friedhof (2012) sowie über den Viktualienmarkt (2017) in Erscheinung getreten ist, in seiner jüngsten Publikation, vor allem in den Kapiteln, in denen es um den Umbau der Stadt in den 1950er und 1960er Jahren zu einer »autogerechten Stadt« geht. Die Planungen des Altstadtrings, die Zusammenführung der auf München zulaufenden Autobahnen in einem innenstadtnahen Ring, von dem heute noch der Mittlere Ring zeugt, werden anschaulich und auch aus archivalischen Quellen des Stadtarchivs München erarbeitet dargestellt. Die Verantwortlichen in der Münchner Stadtverwaltung, deren Namen heute kaum noch einer kennt, werden in Erinnerung gerufen: die Stadtbauräte Karl Meitinger (seine Vorschläge zum Wiederaufbau erschienen 1946 unter dem Titel »Das neue München« und wurden erst 2014 vom Bayerischen Landesamt für Denkmalpflege wieder aufgelegt) und Hans Högg, die Verkehrsplaner Kurt Leibbrand und Herbert Jensen (ein Denkmal am Münchner Karlstor erinnert an den »Verfasser des Stadtentwicklungsplans« von 1966 und Anreger der ersten Fußgängerzone) sowie Detlef Marx, der Leiter des 1969 unter der Ägide von Oberbürgermeister Hans-Jochen Vogel geschaffenen Stadtentwicklungsreferats, mit seinem neuen Stadtentwicklungsplan von 1975, der erste Zielkorrekturen für den Bereich des Verkehrs vorsah, die bis heute weiterwirken.

Aber auch die Gegenbewegung aus der Bürgerschaft gegen die falsche Entwicklung, denen die Sympathie des Autors gehört, kommt ausreichend zu Wort. Hier ist vor allem der Architekt Karl Klühspieß zu nennen, einer der Gründerväter des heutigen »Münchner Forums« als kritischer Begleiter der Stadtentwicklung. Axel Winterstein hat noch dessen materialreiches Buch »München nicht wie geplant. Stadtpolitik, Bürgerwille und die Macht der Medien« (2015) ausgewertet, nicht aber seinen umfangreichen Vorlass, der erst nach Erscheinen des Buches an das Stadtarchiv München übergeben worden ist.

Anders als der Titel des Buches »München und das Auto« verspricht, geht der Autor in seinem historischen Rückblick weiter zurück als auf die erste Präsentation des »Patent-Motorwagens« von Carl Benz in München im Jahr 1888 und nimmt auch andere Bereiche der Verkehrsplanung und Stadtentwicklung in den Blick, z.B. von der Entfestigung der Stadt um 1800 über die Einführung der elektrischen Straßenbahn und die gigantischen Planungen der NS-Zeit bis hin zum U-Bahnbau und aktuell die Diskussion um die 2. S-Bahn-Stammstrecke.

Im Abschlusskapitel »Der Verkehr der Zukunft« kommt bei Axel Winterstein bezeichnenderweise das titelgebende Auto fast überhaupt nicht mehr vor. Es fehlen hier Stichworte wie Klimakrise, CO_2-Steuer, Post-Öl-Zeitalter, Abschied vom Verbrenner, Elektromobilität, Ladesäulen, Car-Sharing oder Autonomes Fahren, die alle zeigen, dass die Frage nach dem Auto und der Mobilität weiterhin und auch in Zukunft im Zentrum vieler ökonomischer, ökologischer und sozialer Debatten stehen wird.

Insgesamt reiht sich das Buch schön ins Konzept der Reihe »Kleine Münchner Geschichten« ein, in der die vielfältigen Themen der Münchner Stadtgeschichte kurzweilig und auch für den interessierten Laien gut lesbar aufbereitet werden. Nach der »Aufklärung in München« und »Außenseiter in München« folgt mit dem nunmehr 12. Band alphabetisch »München und das Auto«; die weiteren Themen waren bisher Bierkeller, Caféhäuser, Friedhöfe, Fußball, Kriminalität, Minderheiten, Oktoberfest, Protestantismus und Revolution.

München   MICHAEL STEPHAN

ALICE ARNOLD-BECKER mit Beiträgen von URSULA IBLER und VOLKER BABUCKE, Glanzvoll. Das neue Museum im Wittelsbacher Schloss Friedberg, *Friedberg 2019, Likias, 208 Seiten, zahlreiche Abbildungen.*

Kommunales Interesse am Schutz der Zeugnisse vergangener Epochen und bürgerschaftliches Engagement haben 1886 zur Gründung des Museums in Friedberg nahe Augsburg geführt. Das war so klassisch wie normal, und dennoch kann sich Friedberg rühmen, eine der frühesten Museumsgründungen in Bayern in seinen Mauern zu haben. Ab 1889 in der Trägerschaft der Stadt, hat das Museum seit 1890 sein Domizil im Wittelsbacher Schloss Friedberg, das zunächst noch in der Hand des Freistaats Bayern verblieb. Aus kleinen Anfängen avancierte die ambitionierte Sammlung bis in die 1970er Jahre zu einem regionalen Schwerpunktmuseum unter wissenschaftlicher Leitung. 1982 konnte das Haus dann von fünf auf vierzehn Räume erweitert werden und 2007 wurde das Schloss von der Stadt Friedberg erworben. Damit war der Weg frei für eine seit 2015 betriebene durchgreifende Sanierung des Schlosses als kommunales Kulturzentrum und eine völlige Neukonzeption des Museums.

Der von der Museumsleiterin *Alice Arnold-Becker* unter Mitwirkung weiterer Autorinnen und Autoren gestaltete Band mit dem Titel »Glanzvoll« versteht sich als Begleitbuch zu dieser Neupräsentation der Sammlungen. Eingangs wird in drei einleitenden Kapiteln die Geschichte des Museums selbst, des Schlosses und der Grenzstadt am Lech Friedberg erzählt. Bevor das Museum peu à peu Einzug hielt, war die 1257 durch den bayerischen Herzog

Ludwig II. dem Strengen errichtete Burg Witwensitz, »Repräsentanz« der Herzöge, beherbergte eine Fayence- sowie einer Buntpapiermanufaktur und war Wohnsitz des königlichen Landrichters beziehungsweise Ort diverser Ämter. Burg und Stadt Friedberg verdanken ihre Bedeutung der Grenzlage am Lech und entstanden wohl als »Gegenpol« zu Augsburg. Es folgen fünf weitere Kapitel, die die Höhepunkte der musealen Sammlungen abbilden: Die Konzentration des Uhrmacherhandwerks in Friedberg seit dem 16. Jahrhundert dürfte ebenfalls durch die Nähe zur Reichsstadt Augsburg verursacht worden sein: Wegen der starren Zunftregeln dort zog es die Handwerker in die Nachbarschaft auf der anderen Seite der Grenze, wo sie sich ein freieres Leben erhofften. Im teilweise bereits verfallenen Schloss richtete Kurfürst Maximilian III. Joseph von Bayern 1754 eine Fayence-Manufaktur ein, um die lahmende Wirtschaft anzukurbeln und Staatsschulden abzubauen. Erst nach Uhren und Fayencen folgt die frühe Geschichte: Der Lechrain hatte bereits in vorgeschichtlicher Zeit die Menschen angezogen und gegen Ende des 1. nachchristlichen Jahrhunderts errichteten sich Angehörige der römischen Oberschicht auf Friedberger Boden ihre Villen. Drei Wallfahrtskirchen zeugen schließlich von den besonderen Formen der Frömmigkeit in der christlichen Kultur. Den Abschluss bilden konzentrierte Blicke auf das Werk von drei Friedberger Künstlern des 20. Jahrhunderts: Fritz Schwimmbeck (1889–1977) verlieh in seinen Graphiken dem Unheimlichen sichtbare Gestalt, Karl Müller-Liedeck (1915–2009) war Künstler und Philosoph und Reinhard Heinsdorff (1923–2002) ein erfolgreicher Medailleur. Jedes Kapitel wird von einem erzählenden Text eingeleitet und an ausgewählten Hauptwerken aus der Sammlung beispielhaft erläutert. Auf Literatur und Quellen sowie dem Abbildungsnachweis folgt eine Doppelseite zur »Konzeption und Realisierung des Museums«. Bis auf die drei letztgenannten Abschnitte sind alle Texte in Deutsch und Englisch. Von der gleichen Sorgfalt wie bei der Konzeption des Buches zeugen die hervorragenden Abbildungen, denen breiter Raum gegeben wird. Bereits die ersten großformatigen Tafeln über jeweils eine Doppelseite machen Lust auf einen Spaziergang durch Friedberg. Satz und einfühlsames Layout besorgte *Volker Babucke* vom Likias Verlag in Friedberg. Das gewählte Papier bringt Text und Bilder gleichermaßen optimal zur Geltung.

»Glanzvoll«, so lautet der Titel des Buches, der zugleich Programm ist. Daraus wurde ein Buch zum Blättern und quer Lesen, bei dem es jedoch auch Freude bereitet, sich in die Tiefe der Texte vorzuarbeiten. Kultur und Geschichte von Friedberg wird dadurch auf hervorragende Weise vermittelt. Abgebildet und besprochen sind ganz gewiss nicht nur Höhepunkte der europäischen Kulturgeschichte. Aber es sind die Hauptwerke der Geschichte von Friedberg, wie sie im Museum ihren Niederschlag gefunden haben und ein authentisches Bild der Vergangenheit dieser Stadt zeichnen. Die Ausstrahlung dieses Buches unterstreicht ihre Würde und macht neugierig auf die Gegenwart der lebendigen Stadt Friedberg.

Schwebheim   ERICH SCHNEIDER

IX. Nachbarländer

PHILIP STEINER, Die Landstände in Steiermark, Kärnten und Krain und die josephinischen Reformen. Bedrohungskommunikation angesichts konkurrierender Ordnungsvorstellungen (1789–1792), *Münster 2017, Aschendorff, 608 Seiten.*

Mit seiner kenntnisreichen, ausführlichen und kompetenten Dissertation von 2015 zur Frage der Kommunikation zwischen verschiedenen Ebenen von Herrschaftsträgern in Umbruchszeiten, hier konkret am Ende des Alten Reiches, als die Akteure des politischen Geschehens in ihrer bisherigen Sicherheit ins Schwanken gerieten, widmet sich Philip Steiner in seiner an der Tübinger Universität im Sonderforschungsbereich »Bedrohte Ordnungen« geförderten Studie dem Umfeld der vielfältigen Reformen Kaiser Josephs II. (1741–1790). Im Teilprojekt »Josephinismus, katholische Kirche und landständischer Adel. Bedrohungskonstellationen in Innerösterreich« entstand 2014 auch die mehrfach ausgezeichnete Habilitation von Márta Fata, die sich mit dem ungarischen Teil der Monarchie in dieser Zeitspanne befasst.

Das Interesse, das die Geschichte der Landstände derzeit wieder erweckt, ist verbunden mit einem tiefen Interesse an den Akteuren der landständisch-herrschaftlichen Kommunikation, die in dieser dualen Herrschaftsstruktur miteinander verhandelten. Personen unterschiedlichster Herkunft, vom Bauern bis zum Kronrat, konnten über die verschiedenen landständischen Gremien, auch über die Organe der landesherrlichen Zentralen, ob in Wien oder München, zusammen die notwendigen Änderungen der staatlich-herrschaftlichen Strukturen am Ende des Alten Reiches, in Zeiten »fragiler Ordnung«, wie Steiner es nennt, zunächst benennen, dann Lösungen suchen und ausarbeiten. Wie Philip Steiner zeigen kann, verschoben sich dabei in der letzten Phase des »Aufgeklärten Absolutismus« die politischen Gewichte wieder zugunsten der Stände in den innerösterreichischen Kernlanden, deren Autonomie unter Maria Theresia ((1717–1780) und auch zunächst ihrem Sohn Joseph II. stark beschnitten worden war. Dass die Stände der Steiermark, von Kärnten und Krain es zu Wege brachten, dass die im April 1785 erlassene »Steuer- und Urbarialregulierung« (Steiner, Abschnitt III, S. 155–249) wieder zurückgenommen wurde (1790), zeigt die Verschiebung der Gewichte. Freilich war dies nicht nur dem Verhandlungsgeschick der Stände und ihrer Vertreter geschuldet oder der Toleranz der Wiener Akteure, sondern auch dem Regierungswechsel, vor allem dem neuen Kaiser Leopold II. (1747/ Ks. 1790–1792). Dieser hatte als Großherzog der Toskana, der habsburgischen Sekundogenitur, dort einen Musterstaat der Aufklärung geschaffen, hatte »im Gegensatz zu seinem Vorgänger [auf dem Kaiserthron] durchaus über ein Gespür für die ständischen Traditionen, Gepflogenheiten und Kommunikationspraktiken verfügt« (S. 249). Als Joseph II. im Februar 1790 verstarb und die Wahl des Erzherzogs Leopold von Habsburg-Lothringen in die Wege geleitet wurde, schloss dieser noch im Juli 1790 zunächst mit der »Reichenbacher Konvention« einen Ausgleich mit Preußen, was ihm die Wahl zum Kaiser überhaupt ermöglichte. Das Motto auf seiner im Oktober 1790 geprägten Krönungsmünze »pietate et concordia« benennt sein Bemühen um Ausgleich im Rahmen der alten Ordnung. Ganz in diesem Sinne eines Ausgleichs erfolgte schon vor der Kaiserkrönung die vorsichtige Rücknahme aller allzu vehementen Neuerungen seines Vorgängers.

Schon im März 1790, ein halbes Jahr vor der Kaiserwahl, hatten die Krainer Stände den designierten Kaiser gebeten, »dem Ungeheur … den Kopf zu zertreten« (S. 222–228), sprich die Steuer- und Urbarialgesetze zurückzunehmen. Leopold setzte relativ bald, am 22. März, das innerösterreichische Gubernium darüber in Kenntnis, »dass die Steuerregulierungshofkommission aufgehoben werde und das Steuergeschäft nun zukünftig den Länderstellen selbst übertragen werden sollte« (S. 229). Damit war ein Kernanliegen der Stände erfüllt worden; gemäß der jahrhundertealten Tradition lag die Steuererhebung nun wieder in den Händen der Landstände.

Leopold hatte zudem mit der symbolträchtigen Rückgabe des steirischen Herzogshutes, den Joseph II. nach Wien hatte bringen lassen, eine stabile Bindung zwischen der Zentrale und den Ländern Innerösterreichs geschaffen. »Siegend über Neid und Tücke« (S. 251–254) hielten die steirischen Deputierten mit dem Herzogshut im Mai 1790 ihren Wiedereinzug im Grazer Landständegebäude. Nun allerdings kam die Bedrohung der Stände von anderer Seite – aus der Feder des Hofkommissärs Kajetan von Auersperg, dessen Konzept zur Entlastung der innerösterreichischen Bauern letztlich zu so schweren Unruhen führte, dass er von »todtschlagen und abbrennen« (Kap. V, S. 277–332) sprach. Die Entlastung der Bauern beschnitt Rechte und Einnahmen der adeligen und kirchlichen Grundherren und erst die Hofverordnung vom 17. Dezember 1790 konnte »ein Einverständniß mit beidseitiger Zufriedenheit zu Stande bringen« (S. 327). All dies zeigt die Fragilität der Situation, die allgemeine Unsicherheit in dieser letzten Phase des Reiches. Philip Steiners großes Verdienst ist es zweifellos, mit seiner Studie diese Reformversuche der verschiedenen Seiten, der übergeordneten Behörden, der Bauern, auch der oft noch halb-autonomen, mächtigen Adeligen in ihren Herrschaften – etwas, was es in Bayern seit der Mitte des 16. Jahrhunderts nicht mehr gab – sorgfältig aufgeschlüsselt zu haben. Der Autor lässt die Akteure nicht nur in einer Vielzahl von Quellenzitaten selbst zu Wort kommen, sondern er zeigt die vielfältigen, schwierigen persönlichen und strukturellen Verflechtungen. Zusätzlich gibt er seinen Lesern mit einem über 3300 umfassenden Fußnotenapparat noch jede Menge zusätzlicher Hintergrundinformation; eine wunderbare Option zum Weiterarbeiten, für grundlegende Studien zu den einzelnen Personen des Geschehens. Wie auch in der Arbeit von Dieter Wunder von 2016 zu den hessischen Ständen des 18. Jahrhunderts, zeigt sich auch hier ein fulminanter Detailreichtum, der – zusammen mit den älteren prosopographischen Studien – eine Fülle an Einzelwissen bietet, das in einer Datenbank bestens zusammengefasst werden könnte.

Gerade in Zeiten, die von einem Bedrohungsgefühl geprägt sind, in Zeiten einer daher notwendigen »Bedrohungskommunikation«, hing [und hängt] sehr viel vom Geschick der Handelnden ab; Philip Steiner liefert für seinen Zeitraum hierzu fundierte Quellenstudien und eine sorgfältige Interpretation des politischen Arbeitens, die das Agieren in solch »fragilen Ordnungen« erfahrbar machen. Die dringende Notwendigkeit von Reformen in den habsburgischen Territorien war seit Mitte des Jahrhunderts unübersehbar, auch schon Maria Theresia hatte nach dem Frieden von Aachen 1748 grundlegende Änderungen in Angriff genommen. Gleichwohl hatte sich ein halbes Jahrhundert später die Situation deutlich geändert, geprägt von der Aufklärung, neuen naturwissenschaftlichen Methoden, und zudem im Schatten der in Frankreich immer virulenter werdenden Bauernunruhen, dann noch der Loslösung der 13 britischen Kolonien in Nordamerika, war die alte Ordnung, die alte Welt, zutiefst erschüttert.

Die sieben Großkapitel, in die Philip Steiner seine Studie einteilt, beginnen mit »Methodik und Josephinismus« (S. 39–58), in dem der Autor grundlegende Überlegungen zum Begriff Josephinismus vorbringt; sodann leitet er über zu einem Abschnitt mit dem Thema »Der Österreichische Erbfolgekrieg und die josephinischen Reformen unter Maria Theresia und Joseph II. (1740–1789)«, also die Militärreform nach dem Siebenjährigen Krieg, die Justizreformen der Kaiserin, aber auch die Pläne und das Wirken des Kaisersohns zu Lebzeiten seiner Mutter. Wie im ganzen Buch lässt auch hier die Ausführlichkeit der Fußnoten noch tiefer in die Materie eintauchen (S. 59–153). Im dritten Kapitel, übertitelt »Die Josephinische Steuer- und Urbarialregulierung und die Bedrohungskommunikation der innerösterreichischen Landstände (1789–1790)« (S. 155–249), zeigt Steiner mit großer Akribie die Argumentationsketten und Auseinandersetzungen innerhalb dieses dualen Herrschaftssytems auf. Eine ungeheure Fülle von Details, immer rückgebunden in den größeren Zusammenhang, lässt diese Kommunikation deutlich werden – und die in ihrem Zusammenhang erläuterten Einzeldokumente zur Gubernialregierung, zur Steuerregulierung, zu den Eigentums- und Rechtsverhältnissen zeigen das schwere politische Ringen deutlich. Das vierte Kapitel beschäftigt sich mit einer ständischen Erfolgsgeschichte, der Rückführung des alten steirischen Herzoghutes nach Graz 1790 (S. 251–276), ein Kapitel, das einen tiefen Einblick in die zeremoniellen Abläufe der Landstände bringt. Der nächste Abschnitt, Kapitel V., trägt die programmatische Überschrift »Todtschlagen und Abbrennen: Die innerösterreichischen Bauernunruhen nach der Abschaffung der josephinischen Steuer- und Urbarialregulierung 1790) (S. 277–331) und macht die Gleichzeitigkeit der Ereignisse deutlich – 1790 wird der alte Herzogshut triumphal nach Graz gebracht; im gleichen Jahr rebellieren die grundherrschaftlichen Untertanen besonders in Krain, aber auch in der Steiermark.

Von einer militärischen Intervention wie in Niederösterreich wurde in Innerösterreich abgesehen – die starke Position der Landstände ließ dies nicht angeraten scheinen.

Nach dem Ableben Kaiser Josephs II. entspannte sich die Lage, Leopold II., dessen »oberste Maxime [es war], sich so schnell wie möglich von der umstrittenen Politik seines Bruders zu distanzieren« (S. 333), leitete eine grundlegende Verfassungsdiskussion ein. Umfangreiche Gutachten, Erläuterungen und Delegationen gingen zwischen Wien und den Kernländern hin und her. Man bemühte sich dringend um einen Ausgleich – hatte doch die Französische Revolution schon längst Funken geschlagen. So kann Steiner das letzte Kapitel überschreiben: »Die Bedrohungskommunikation um die Restauration der alten ständischen Verfassungen in Steiermark, Kärnten und Krain (1790–1792)« (S. 333–514), bevor er diese absolut lesenswerte Studie mit einer langen, ausführlichen Erläuterung seines »Forschungsergebnis[ses]« (S. 515–568) abschließt.

Ein ausführliches Quellenverzeichnis und eine umfangreiche Bibliographie runden diesen Band in bester Weise ab; diese sollen aber, wegen der Fülle der Titel, nicht den genauen Blick in die ausführlichen Fußnoten ersetzen.

München   GABRIELE GREINDL

ADELINA WALLNÖFER, **Die politische Repräsentation des gemeinen Mannes in Tirol. Die Gerichte und ihre Vertreter auf den Landtagen vor 1500** *(Veröffentlichungen des Südtiroler Landesarchivs Band 41), Innsbruck 2017, Universitäts-Verlag Wagner, 550 Seiten.*

Die nun vorliegende ebenso umfangreiche wie kenntnisreiche Studie von Adelina Wallnöfer ist die überarbeitete Fassung ihrer 1984 in Innsbruck eingereichten Dissertation. Die Autorin war durch die damals aktuellen und vieldiskutierten Forschungen zum Bauernkrieg von 1525 und besonders zu Michael Gaismair mit dem Thema in Berührung gekommen. Die große Frage, warum die Südtiroler Bauern, die die Autorin unter dem Begriff der »einfachen Leute« (S. 25) subsummiert, trotz ihrer im reichsrechtlichen Vergleich privilegierten Stellung und ihres verbrieften Rechtes zur Landtagsbeschickung sich den Aufständen angeschlossen hatten, ließ sie die Geschichte der Landstände, der Tiroler Gerichte und ihrer Vertreter, zum Thema ihrer Doktorarbeit wählen. Im gleichen Zeitraum wie die Ottonische Handveste (1311), die Herzog Otto III. für die niederbayerischen Stände ausgestellt hatte, konnten sich die Südtiroler Stände im »Großen Freiheitsbrief« von 1342 weitgehende Rechte sichern, so die verbriefte Versammlungsfreiheit und das Widerstandsrecht. Die dazu 1984 im Rahmen der Dissertation erarbeiteten Quellenstudien und Ausführungen konnten nun von Adelina Wallnöfer durch ein Angebot des Südtiroler Landesarchivs in erweiterter und überarbeiteter Form endgültig außerhalb des universitären Rahmens einem breiteren Publikum vorgelegt werden. Neben der Einbeziehung zahlreicher neuer Literatur zur Tiroler Landstandschaft zwischen dem Ende des 13. und dem des 15. Jahrhunderts, zwischen den Landesherren Meinrad II. (Graf von Tirol 1258–1295) und Friedrich IV. (Graf von Tirol und Regent in Oberösterreich 1406–1439), konnte die Autorin nunmehr neu zugängliche Quellen heranziehen. Das Südtiroler und das Tiroler Landesarchiv, die Stadtarchive von Bozen, Meran, Innsbruck, das Diözesanarchiv von Brixen und die Urkundenbestände der Klöster Stams und Neustift, sowie zahlreiche Gemeindearchive geben einen tiefen Einblick in die ständischen Aktivitäten im Tirol des Spätmittelalters, so dass Frau Wallnöfer »den [zweiten] zentralen Teil [der) Arbeit, nämlich die Biographien der Gerichtsvertreter nicht nur überarbeiten, sondern erheblich vertiefen« (S.9 f.) konnte. Gut die Hälfte des vorliegenden Bandes umfassen diese ausführlichen Biogramme der alphabetisch aufgeführten ständischen Gerichtsvertreter, alle in einem Abstimmungsverfahren gewählt und das Vertrauen ihrer »nachpaurn« (S. 224) genießend und deren Interessen vertretend. Die 180 erfassten Ständevertreter werden soweit möglich in ihrem familiären Umfeld, vor allem aber ausführlich in ihrem politischen Wirken, der Einbindung in ihre zu vertretende Gemeinde, der Übernahme der Funktionen in den Versammlungen, dann als Zeugen, Notare und Militärs vorgestellt. Die Autorin verortet deren Wirken nicht nur lokal – teilweise illustrieren Stiche deren heimische Bauernhöfe und Ansitze – , sondern A. Wallnöfer kann aufgrund der guten Quellenlage zu jedem Biogramm eine weitere beträchtliche Zahl von Personen aufführen, die mit dem jeweiligen Gerichtsvertreter in Verbindung standen. So zeigt sich eine breit gefächerte,

politisch sehr aktive Schicht von Landsassen, allesamt gewählt zur »Ausübung eines aus der Selbstverwaltung der Gemeinde und des Gerichts sowie aus der Verwaltung des Kirchenguts resultierenden Amtes« (S. 209). Tirol war in sogenannte »Gerichte« eingeteilt und die Vertreter der Bauern in diesen »Gerichte[n]«, ... auf den Landtagen und in den landständischen Gremien«, so der IV. Abschnitt der Arbeit von Adelina Wallnöfer (S. 146–172) vertraten die Gesamtheit des Landes im umfassenden, hochmittelalterlichen Sinn. »Land und Herrschaft«, um den Titel des Grundlagenwerks zur Verfassungsgeschichte Österreichs von Otto Brunner zu zitieren, bildeten zusammen die Einheit des Landes, sie zusammen formierten den dualistischen Ständestaat; gleiches gilt für Bayern.

Eine geographische Karte auf S. 154 zeigt die Einteilung Tirols in diese Gerichtsbezirke – vom landesfürstlichen Gericht Ehrenberg bei Reutte in Tirol im Norden bis nach Caldonazzo im Süden, Gerichte, die allesamt landtagsfähig waren und ihre Vertreter sandten. Der Süden Tirols weist mit den großen Gebieten der Hochstifte Brixen und Trient Herrschaften auf, deren Hintersassen und Untertanen den kirchlichen Strukturen verpflichtet waren, was teilweise zu schweren Auseinandersetzung führte, so etwa um das Kloster Sonnenburg im 15. Jahrhundert. Die vorhergehende Tabelle auf S. 152/153 führt die einzelnen Südtiroler Gerichte auf, für die die Entsendung eines landständischen Boten nachgewiesen werden konnten – auch hier sei wieder auf die Parallelität zu Bayern verwiesen. Sehr fruchtbar scheint immer mehr ein größerer Vergleich der Gesamtlandtage in Bayern und Tirol, finden sich doch nicht nur fast gleichlautende Einberufungsschreiben, stellen die Stände in beiden Territorien die Vertreter der einzelnen Landesbezirke, die Boten und Gesandten, auch die Steuererheber für ordentliche und außerordentliche Steuern und behalten sich in beiden Territorien die Stände die Verwaltung der Gelder vor.

Adelina Wallnöfer gliedert ihre Studie in sechs Abschnitte; nach der Einleitung folgen die Ausführungen zur Integration der ehemals autonomen Dorfgemeinschaften in die immer stärker strukturierten Ämter und Gerichte seit der Wende vom 13. zum 14. Jahrhundert. Unter der Überschrift »Die Gerichte und die Tiroler Landesfürsten vom Ende des 13. bis zum Beginn des 15. Jahrhunderts« (S. 27–82) wird diese größere Herrschaftsdichte, die dann zum »Großen Freiheitsbrief« von 1342 zwischen dem Tiroler Adel und Markgraf Ludwig von Bayern, dem Brandenburger, führte, genau nachgezeichnet. 1349 und 1352 bestätigte Ludwig weitere Landesordnungen der Stände, die beim Wechsel der Herrschaft von Rudolf I. von Habsburg 1363 bestätigt wurden. Nach dem Gebrauch der päpstlichen Kanzlei wurden in jede Bestätigungsurkunde aber eine Nichtobstanzien-Klausel aufgenommen, was eine Vielzahl von Einzelurkunden zur Folge hatte, die von A. Wallnöfer hier in einen größeren Zusammenhang gestellt werden. »Das Wirken der Tiroler Landschaft von 1417 bis 1490« – bis Maximilian – hatte, wie die Autorin im III. Abschnitt (S. 83–144) zeigt, nach der sich in ruhigeren Bahnen entwickelnden, relativ guten Zusammenarbeit mit Herzog Friedrich IV. (1406–1439), die schweren Konflikte während der »Vormundschaftsstreitigkeiten von 1439 bis 1446« (S. 92–103) aufzufangen versucht. Denn »die ständige Kriegsgefahr bedeutete für viele den zeitweiligen Abzug von der bäuerlichen Arbeit« (S. 102). Trotzdem verschärften sich die Spannungen weiter unter Erzherzog Sigmund dem Münzreichen (1427–1496) und die politische Situation eskalierte unter diesem gebannten Landesherrn, als er im Frühjahr 1487 ohne jede Zustimmung der Stände einen Krieg mit der Republik Venedig begonnen hatte, um einen Weg aus der massiven Schuldenkrise zu finden. Dies brachte ihn in Konflikt mit den Landständen, der endgültig eskalierte, als er im gleichen Jahr die Tiroler Vorlande an die bayerischen Herzöge Albrecht IV. (vgl. Ch. Paulus, Machtfelder) und Georg den Reichen verkaufen wollte. Der Dramatik der Situation angepasst, wurde er von den Landständen noch im November zum Rücktritt (S. 133 ff.) gezwungen – ein bis dato nie da gewesener Vorgang. Die Schuldentilgung blieb allerdings weiterhin, wie auch in anderen Territorien, eine der großen Aufgaben der Tiroler Landstände. In detailreicher, immer durch Quellenzitate belegter Schilderung macht Adelina Wallnöfer auch dieses Geschehen transparent, sie erläutert die schließlich 1488 erfolgte vorläufige Beilegung des Konflikts, als Kaiser Maximilian, das Bankhaus der Fugger, die Herzöge von Bayern und der Schwäbische Bund mit allen Gerichten Tirols eine einvernehmliche Lösung erarbeiteten.

Deutlich werden in diesem Kapitel auch die internationalen Verflechtungen der scheinbar so regionalen Stände, etwas, was auch für Bayern und ebenso für Jülich und Kleve (M. Kaiser) gezeigt werden konnte. Regionale Politik, eingebettet in die internationale Politik, auch dies war immer Sache der Landstände.

Anschließend geht Frau Wallnöfer im folgenden IV. Kapitel ausführlich auf die nun etablierte Organisation des Landes ein, sie schildert die Organisation und den Ablauf der Vertretung der einzelnen Tiroler Gerichte (S. 145–172; s.o.). Der dieses Kapitel einleitende farbige Stich einer Tiroler Ständeversammlung in der Frühen Neuzeit (S.144) sowie die Faksimileabbildung eines Verzeichnisses der Gerichte und der sie vertretenden landständischen Boten auf dem Bozener Landtag von 1468 (S. 111) und eine Seite des Verzeichnisses der Ausschussmitglieder auf dem Meraner Tag von 1444 bringen dem Leser das Geschehen nahe; gleichzeitig aber wird die Distanz – und damit die Notwendigkeit weiterer sorgfältiger Forschungen – deutlich. Die Autorin zeichnet im IV. Kapitel nochmals die Aktenlage der Stände nach, zeigt ihre Selbst-Organisation in landtagsfähigen Gerichten auf und erläutert im V. Kapitel, überschrieben »Die Repräsentanten der Gerichte« (S. 174–224), in einem ersten Teilabschnitt die Aufgaben und den Wirkungskreis der agierenden, der gewählten Landsassen in ihrer ganzen Vielfalt und in einem zweiten Abschnitt deren »herrschaftliche, soziale und wirtschaftliche Parameter«, womit das Umfeld der handelnden Personen noch besser sichtbar wird. Der gesamte, große, erläuternde Textblock vor dem großen VI. Abschnitt der »Biographien« (S. 225–469) beinhaltet im Text nicht nur viele erläuternde Zitate, sondern verweist in den Fußnoten auf weitere handelnde Personen, auf ergänzende Literatur und auf diverse, nahezu unbekannte kleine Adels- und Klosterarchive.

Mit dieser fulminanten Studie gibt Adelina Wallnöfer einen lebendigen Einblick in das vielfach verflochtene politische Geschehen in einem Territorium des Reiches – und dem Leser eine überaus spannende Lektüre an die Hand. Dass all dies mit einem umfangreichen Quellen- und Literaturverzeichnis sowie einem ausführlichen Personen- und Ortsregister schließt, mag selbstverständlich erscheinen, beweist aber einmal mehr die Qualität dieser Arbeit, deren Studium allen an der Geschichte der landständischen Vertretungen in Europa Interessierten empfohlen sei.

München   GABRIELE GREINDL

JULIA HODAPP, **Habsburgerinnen und Konfessionalisierung im späten 16. Jahrhundert** *(Reformationsgeschichtliche Studien und Texte 169), Münster 2018, Aschendorff, 482 Seiten.*

In ihrer Tübinger Dissertation von 2016 beschäftigt sich die Verfasserin »mit dem Tod, der Bestattung und der Memoria als Handlungsraum hochadeliger Frauen« (S. 3). Sie geht von der These aus, »dass Memoria durch Habsburgerinnen des ausgehenden 16. und beginnenden 17. Jahrhunderts zur Verortung der Dynastie in der katholischen Konfessionskultur genutzt wurde« (S. 3 und 26), sowie »zu deren Etablierung in den habsburgischen Territorien« (S. 26). Diese These lässt sofort mehrere Fragen aufkommen: 1. Wie definiert sie Memoria konkret? Zählt der Ablauf eines Begräbnisses ebenso zur Memoria wie das liturgische Gedenken und die Erinnerung an die Toten durch das sichtbare Grabmal? Sie erwähnt die »Verknüpfung von Memoria, Religion und Politik«, die »auch in dieser Untersuchung den Handlungsraum hochadeliger Frauen darstellt« (S. 20) und verweist generell (S. 2 f., 20f.) auf die Arbeiten von Otto Gerhard Oexle und ein Vorwort von Lothar Kolmer (Oexle, Memoria in der Gesellschaft und der Kultur, in: Joachim Heinzle, Modernes Mittelalter, 1994, 297–323; Ders. Die Memoria Heinrich des Löwen, in: Ders.: Memoria in der Gesellschaft des Mittelalters, 1994, 128–177. Kolmer, Einleitung, in: Ders.: Der Tod im Mittelalter, 2005, 9–26). 2. Worin besteht der Unterschied zwischen dem im Titel verwendeten Begriff Konfessionalisierung und der katholischen Konfessionskultur genau? Den von ihr überaus häufig benutzten Ausdruck »katholische Konfessionskultur« verwendet die Verfasserin nach eigener Aussage in Anlehnung an Thomas Kaufmann (Kaufmann, Konfession und Kultur, Tübingen 2006) und hält »dabei Birgit Emichs Verwendung für besonders geeignet, da über den Begriff der Konfessionskultur zugleich die untrennbare Verbindung von Religion und Politik transportiert werden kann, während mit der Bezeichnung der habsburgischen Frömmigkeit, wie Anna Coreth sie 1959 betonte, dieser Aspekt untergeht« (S. 3 Anm. 9). Leider erfolgt zu Emich keinerlei Literaturangabe, auch nicht im Literaturverzeichnis. Der Bezug zum Ausdruck »Pietas Austriaca«, den Anna Coreth (Coreth, Pietas Austriaca, 1982) verwendet, wird nicht klar definiert, zumal die Verfasserin sich (S. 60, 107, 108) lediglich auf das Vorwort zur zweiten Auflage aus dem Jahr 1982 bezieht. 3. Was bedeutet für sie der Ausdruck »Verortung« und warum muss die Dynastie der Habsburger in der »katholischen Konfessionskultur« verortet werden, da deren Mitglieder doch immer schon katholisch waren und blieben? 4. Warum muss die »katholische Konfessionskultur« in den habsburgischen Territorien etabliert werden? Zu Beginn der Ausführungen fehlt eindeutig eine notwendige – wenigstens kurze – Erklärung, wieso die Bevölkerung Österreichs, besonders der Adel, in vielen Gebieten überwiegend dem protestantischen Glauben anhing, welchen Anteil die Kaiser an dieser Entwicklung hatten und welche Maßnahmen die Landesherrn der drei 1564 geschaffenen Teilgebiete dagegen ergriffen. Erst später wird diese Erläuterung für die einzelnen Landesteile Tirol, Ober-und Niederösterreich sowie Innerösterreich nachgeliefert, wenn die Standorte der Stiftungen besprochen werden (Hall S. 38–39, Wien S. 109–113, Graz S. 151–156).

Diese unpräzise Ausgangsbasis prägt das weitere Vorgehen. Die Arbeitsweise der Autorin ist nicht immer schlüssig. Ausgehend von Ausnahmesituationen nimmt sie Verallgemeinerungen vor, die nicht belegt sind. Sie zieht keine Vergleichsbeispiele heran, um diese zu überprüfen. An manchen Stellen werden aus Wahrscheinlichkeiten und Vermutungen plötzlich

Tatsachen. Einige Beispiele werden dies nachfolgend zeigen.

Die Autorin geht ganz im Sinne und im Stil – auch Wortwahl wie z. B. »Körperpolitik« und »Arbeitspaar«- der Genderforschung vor, auf deren neuesten Ergebnissen sie aufbaut. Positiv zu bewerten ist, dass die Arbeit auf einer sehr beachtlichen Quellenbasis beruht. Im Fokus stehen Familienakten und Familienurkunden des habsburgischen Hausarchivs, sowie verschiedener Landesarchive. Ausgiebige Recherchen in vatikanischen und römischen Archiven runden die Quellenarbeit ab. Die Auswertung der umfangreichen Korrespondenz der Habsburgerinnen, insbesondere mit der Kurie und dem Jesuitenorden, zeigt diese als selbstbewusste Vermittlerinnen zwischen der Dynastie und diesen Institutionen, denen sie meist fordernd gegenübertraten, sich ihnen sogar überlegen fühlten (z.B. Jesuiten: S. 62, 272, 275; Kurie: S. 77, 78, 124, 125, 134, 162, 272, 275). Angesichts der Fülle der Informationen verliert sich die Autorin gelegentlich in unwichtige Einzelheiten, die vom Fluss der Argumentation ablenken.

Die Untersuchung der persönlichen bzw. dynastischen Memoria beginnt in Kapitel A mit drei Stiftungen: Das »Königliche Damenstift« in Hall stifteten 1569 die in Innsbruck lebenden unverheirateten Töchter Kaiser Ferdinands I., Magdalena, Helena und Margarethe. Erzherzogin Elisabeth, Tochter Kaiser Maximilians II. und Witwe König Karls IX. von Frankreich, gründete 1582 in Wien in unmittelbarer Nähe zur Hofburg das Klarissenkloster »Maria, Königin der Engel«. Erzherzogin Maria von Innerösterreich, Tochter Herzog Albrechts V. von Bayern und Witwe Erzherzog Karls II. von Innerösterreich, initiierte 1602 in Graz das Klarissenkloster »Im Paradeis«.

In der Einleitung (S. 15, Anm. 58) und im Zwischenfazit des Kapitels A. – Stiftungen (S. 185) weist die Verfasserin auf die Aussage von Heide Wunder (Wunder, Fürstinnen und Konfession im 16. Jahrhundert, in: Daniel Gehrt u. a., Fürstinnen und Konfession, 2015, 24) hin: »Als vormundschaftliche Regentin besaßen die Witwen den gleichen politischen Handlungsraum wie regierende Fürsten«. Diese Feststellung trifft allerdings auf keine der vorgestellten Akteurinnen zu, sogar Maria von Innerösterreich war zwar Vormund ihrer Kinder zusammen mit Kaiser Rudolf II., Erzherzog Ferdinand II. von Tirol und ihrem Bruder Herzog Wilhelm V. von Bayern, aber sie war nicht Regentin. Zu Regenten wurden Brüder des Kaisers ernannt, noch 1590 Erzherzog Ernst, ab 1594 Erzherzog Maximilian.

Bei den Stiftungen steht nicht die liturgische Memoria im Vordergrund, sondern gemäß der vorgestellten These erwartungsgemäß die Demonstration der engen Verbindung von Dynastie und Katholizismus. Das Fazit, der Anstoß zu diesen Gründungen sei durch die spanischen Frauen des Hauses Habsburg erfolgt (S. 393/394), lässt sich lediglich für das Klarissenkloster in Wien nachvollziehen. Bei der Bearbeitung des Damenstifts in Hall wird kein einziges Mal auf ein spanisches Vorbild oder eine spanische Einwirkung verwiesen und für Maria von Innerösterreich war der Einfluss des ihr gut bekannten Münchner Angerklosters maßgeblich, aus dem auch 1602 die ersten Nonnen kamen.

Die These für Kapitel B – Bestattungen besagt, »dass im Bestattungszeremoniell der Habsburger spezielle Handlungsräume für die weiblichen Mitglieder des Hauses vorgesehen waren« (S. 193/194). Im Wesentlichen werden drei Todesfälle und Beisetzungen der Linie Innerösterreich vorgestellt, bei denen stets Erzherzogin Maria im Fokus der Untersuchung steht: die Bestattung Erzherzog Karls II. 1590, die der Tochter Katharina Renea 1595, sowie der Tochter Gregoria Maximiliana im Jahr 1597. Erzherzogin Maria war nach dem Tod ihres Mannes 1590 bis zur Mündigkeit ihres Sohnes Ferdinand 1596 die einzige erwachsene, fürstliche Person am Grazer Hof und ergriff aus diesem Grund die Initiative, z.B. um den Kaiser vom Tod ihres Mannes zu informieren. Sieht man genauer hin, ergibt sich, dass der Einfluss der Erzherzogin Maria sehr gering war: Erzherzog Karl II. hatte selbst in seinem Testament die gesamten Abläufe seiner Bestattung genau festgelegt (S. 202). Ansonsten war Maria an die Weisungen des Kaisers gebunden, der den Bestattungstermin festlegte und sie gezielt mit präzisen Aufgaben betraute, sowohl was die Korrespondenz als auch die Anordnungen an die Hofämter, die Landstände, die Geistlichen und die Städte und Märkte betraf (S. 202–214). Dennoch lautet das Fazit: Der »Handlungsraum«, den man von ihr »als selbstverständlich erwartete«, war die »Koordination der Bestattung« (S. 201/202). Als Katharina Renea am 29. Juni 1595 starb, war Ferdinand erst im Frühjahr aus Ingolstadt vom Studium an der Jesuitenuniversität in Ingolstadt zurückgekehrt. Er war weder volljährig noch als Landesherr eingesetzt worden. Im Vergleich zur Bestattung eines Landesherrn war die Beisetzung einer unverheirateten Tochter von nachrangiger Bedeutung. Maria befand sich mit ihrer Tochter Maria Christierna zu deren Hochzeit in Siebenbürgen. Für das vorhersehbare Ableben Katharinas hatte Maria – leider nicht überlieferte – Anweisungen »Wie mans mit der Cadterina machen soll« (S. 220) hinterlassen. In Briefen gab sie dem Sohn Ratschläge. Sie verwies ihn insbesondere an die Brüder Schrattenbach, die als Oberster Hofmeister bzw. Geheimer Rat höchste Ämter am Hof innehatten (S. 221, 222). Es ging u. a. um die Wiederverwendung von speziell für Begräbnisse konzipierte Utensilien, wie schwarze Decken (S. 228). Dazu erwähnt die Verfasserin eine Anfrage Erzherzog Ernsts an den Kaiser vom Jahr 1591, was mit den Pferden und deren Zierschmuck geschehen solle, »ob sie wie bei den Exequien der Kaiser Karl V., Ferdinand I. und Maximilian II. in der Kirche verbleiben sollten, in der sie geopfert wurden oder an einen anderen Ort gebracht« (S. 228). Dass es sich bei diesen Pferden ausschließlich um das wichtigste Element der Herrschaftsrepräsentation eines Landesherrn handelte, die als Vertretung der untergebenen Länder beim Leichenzug unmittelbar vor dem Sarg mitgeführt wurden, die Herrschaftsinsignien trugen und die beim Opfergang des Requiems der Kirche geopfert, d. h. übergeben, wurden, entgeht der Autorin völlig. Sie bemerkt hierzu: »Dieser Handlungsraum stand somit auch den Männern der Dynastie offen. Entsprechend resultiert daraus, dass nicht von einem rein frauenspezifischen Handlungsraum die Rede sein kann. [...] Obgleich bestimmte Tätigkeiten primär durch die Frauen des Hauses Habsburg wahrgenommen wurden, bedeutet dies nicht, dass die Männer der Dynastie von diesem Bereich ausgeschlossen waren« (S. 228). Dies alles zeigt, dass sie sich nicht über die angegebenen und weitere habsburgische Bestattungen informiert hat. Deren Organisation war traditionell Aufgabe des Regenten in Zusammenarbeit mit den Hofämtern, nicht die der Frauen.

Als Gregoria Maximiliana am 20. September 1597 starb, war Ferdinand bereits anerkannter Landesherr. Eine Beteiligung seiner Mutter an der Organisation der Bestattung Gregoria Maximilianas ist in den Quellen nicht vermerkt. Um diese dennoch zu beweisen argumentiert die Verfasserin folgendermaßen: »Die punktgenaue Ausführung dieser Abläufe [...] lassen darauf schließen, dass sich der ganze Ablauf an einem grundlegenden, bereits bestehenden Zeremonialprotokoll orientierte. Es ist wahrscheinlich, dass es sich hierbei um die Anweisungen von Erzherzogin Maria anlässlich ihrer Tochter Katharina Renea handelte« (S. 239). Ihre Schlussfolgerung ist nicht zu akzeptieren: »was sich in Graz am 20. September 1597 vollzog, war ein minutiös durchgeplanter Zeremonialakt, den die Erzherzogwitwe Maria organisiert und im Hintergrund umgesetzt hatte« (S. 239). Obwohl eine Einflussnahme Marias nicht bewiesen ist, wird bei der Besprechung der Leichenprozession der Eindruck erweckt, als habe es im Ermessen der Erzherzogin gelegen, welche Personen von ihr zur Teilnahme ausgewählt und an bestimmten Stellen innerhalb der Leichenprozession platziert wurden. Die Reihen- und Rangfolge hatte sich jedoch seit Generationen traditionell herausgebildet, so dass auch hier ersichtlich wird, dass keine Vergleichsbeispiele herangezogen wurden.

Sehr ausführlich, wenn auch unübersichtlich auf die einzelnen Unterkapitel verstreut, zählt die Verfasserin im Rahmen der verschiedenen Elemente des Bestattungsritus, z.B. der Überführung der Leiche in die Kapelle, der Aufbahrung oder des Leichenzugs, die Maßnahmen, Erfolge und Rückschläge Erzherzog Karls II. bei der Rekatholisierung seines Landesteiles auf. Sie schildert sehr anschaulich und differenziert das von ihm aufgebaute Netzwerk, das Maria nach dem Tod ihres Mannes pflegte und intensivierte, um es für ihren Sohn Ferdinand zu erhalten. In dieser Bewahrung der Aufbauarbeit ihres Mannes, in ihrem Beharren darauf, dass Ferdinand nach dem Tod des Vaters weiter an der Jesuitenuniversität in Ingolstadt im katholischen Glauben gestärkt werden konnte, sowie in dem sehr engen, vertraulichen Verhältnis zu ihrem Sohn, das sie brieflich aufrecht hielt, liegt ihr großes Verdienst um die Rekatholisierung des Landes, die ihr Sohn nach seinem Regierungsantritt konsequent durchführte, nicht in der Verantwortung für die Organisation der Begräbnisse, wie die Verfasserin postuliert.

Kapitel C. ist der Ausgestaltung bzw.

der Nichtausgestaltung der Grablegen gewidmet. Die Wahl und die individuelle Ausstattung der Grablegen der Stifterinnen in Hall, Wien und Graz, sowie die Familiengrablege in Seckau dienten mittels der Memoria nach Meinung der Verfasserin hauptsächlich der Zielsetzung, die katholische Konfessionskultur in den habsburgischen Territorien zu etablieren und die Dynastie untrennbar damit zu verknüpfen (S. 396). Zu diesem Kapitel vermisst man in erster Linie Abbildungen, um die detaillierten Beschreibungen auch nachvollziehen zu können.

Als »weiteres Mittel der Rezeption von Memoria und ein dynastisches Mittel der Konfessionalisierung« (S. 390) werden im »Exkurs – Seligsprechungsprozesse« die Bestrebungen zur Seligsprechung von Erzherzogin Magdalena, der Stifterin des Damenstifts in Hall, sowie von Königin Elisabeth, der Stifterin des Klarissenklosters in Wien, begriffen, die die jeweiligen Äbtissinnen 1624 bzw. 1626 in die Wege leiteten. Als Vorbilder dienten spanische Heilige, wie Ignatius von Loyola, Teresa von Avila und Franz Xaver, die 1622 auf Betreiben der spanischen Krone kanonisiert wurden. Dass die notwendige Sargöffnung Elisabeths auf Wunsch Kaiser Ferdinands II. und seiner Frau geschehen sei, stützt die Verfasserin auf ein Zitat aus dem entsprechenden Brief der Äbtissin: »Ire khaiserlih Meistett baide haben sich schon etlih Mal mörkhen lasen dass sie gern lassen vnnserer selligen khünigin grab eröfnen« (S. 380, Anm. 317). Als weitere Gründe sind angeführt, dass der Kaiser 1620 eine Jahrtagspredigt über das Leben der verstorbenen Königin angeregt hatte und später häufig mit seiner zweiten Frau Eleonore das Königinkloster besuchte. Ein konkreter Auftrag ist nicht überliefert. Doch die Verfasserin konstatiert (S. 385), dass »eindeutig das Kaiserpaar […] als Initiatoren eines Seligsprechungsprozesses ausgemacht werden konnte«. Als Grund, warum der Kaiser sich nicht selbst engagierte, wird genannt: »Um eine öffentliche Bloßstellung durch die Ablehnung des Wunsches des Kaiserpaares zu vermeiden, erfolgte ihre Eingabe über die Äbtissin des Königinklosters« (S. 389). Dass das Kaiserpaar auch in Hall die Initiative zur Seligsprechung Magdalenas ergriff, schließt sie aus dessen Besuchen des Damenstifts und einer Lebensbeschreibung Magdalenas durch einen Jesuiten 1625 (S. 390). Das Scheitern der Initiativen lässt sich auf »die veränderte päpstliche Reformpolitik zurückführen, die sich von der Dynastie emanzipierte und auf die Einhaltung ihrer formalisierten Abläufe einer Seligsprechung pochte« (S. 391).

Der sehr fleißigen, auf breiter Basis recherchierten Arbeit fehlt der einordnende Vergleich zu vorangegangenen Bestattungen und Grablegen der Habsburger oder auch anderer Dynastien, so dass Entwicklung und Tradition ersichtlich geworden wären. Ausgehend vom Beispiel Maria von Innerösterreich, die als einziges erwachsenes, am Grazer Hof anwesendes Mitglied der Dynastie zunächst die Initiative ergreifen musste, wird eine Verallgemeinerung auf alle Habsburgerinnen vorgenommen. Durch das Bemühen der Verfasserin, das Wirken der ausgewählten Frauen ganz im Sinne der modernen Genderforschung darzustellen, haben sich offensichtlich manche Unstimmigkeiten, unbewiesene Behauptungen und Widersprüche eingeschlichen.

München   Helga Czerny

Rainer Loose, Die Centralstelle des Württembergischen landwirtschaftlichen Vereins. Die Erneuerung von Landwirtschaft und Gewerben unter König Wilhelm I. von Württemberg (1817–1848), *(Veröffentlichungen der Kommission für geschichtliche Landeskunde in Baden-Württemberg, Reihe B: Forschungen 221), Stuttgart 2018, Kohlhammer, XLV + 529 Seiten, zahlreiche Abbildungen.*

Zu Beginn des 19. Jahrhunderts versuchten die deutschen Staaten die Landwirtschaft zu intensivieren und dadurch eine erhöhte Wirtschaftsleistung zu generieren. Zu diesem Zweck wurden staatlicherseits landwirtschaftliche Vereine errichtet, deren Mitglieder deshalb auch überwiegend aus öffentlichen Funktionsträgern bestanden, die deshalb eine offiziöse Stellung zwischen Staat und Gesellschaft einnahmen, aber wegen der Zusammensetzung der Mitgliedschaft durchaus als Teil der bürgerlichen Öffentlichkeit, jedenfalls nicht der bäuerlichen, aufgefasst werden können. Auch im Königreich Württemberg gab es eine solche obrigkeitliche Gründung, den Württembergischen landwirtschaftlichen Verein und seine Centralstelle. Die Geschichte dieser Einrichtung im Vormärz hat nun Rainer Loose, historischer Geograph an der Universität Mannheim und pensionierter Leitender Archivdirektor am Landesarchiv Stuttgart, auf äußerst breiter Quellenbasis untersucht. Neben den Publikationen des Vereins und seiner Mitglieder benutzte der Archivexperte die Bestände der württembergischen Zentralbehörden im Landesarchiv Stuttgart, die Archive untergeordneter Behörden im Staatsarchiv Ludwigsburg, einschlägige Guts- und Familienarchive, die Universitätsarchive von Hohenheim und Tübingen sowie kommunale und kirchliche Archive.

Im ersten Block behandelt Loose die Organisationsstruktur der Centralstelle. Er stellt ihre Gliederung, die führenden Persönlichkeiten, ihre Publikationen sowie ihre Einrichtungen (Bibliothek, Sammlungen, Versuchsgarten, Musterweinberg) vor. Außerdem geht er auf die regionalen und fachlichen Untergliederungen sowie auf oppositionelle liberale landwirtschaftliche Vereine ein. Im zweiten Block stellt Loose die Tätigkeit der Centralstelle zur produktionstechnischen Förderung der Landwirtschaft vor (landwirtschaftliche Ausbildung, ländlicher Kredit, Tierzucht, Sonderkulturen, Düngung, ländliche Verfassung und Infrastruktur). Der dritte Block ist der Darstellung der Maßnahmen zur Förderung landwirtschaftlicher Gewerbe gewidmet (z.B. Zuckerfabriken, Flachsverarbeitung). Der vierte Block trägt den Titel »Sonderaufgaben«. Dieser enthält offenbar Themen, die Loose sonst nicht recht zuordnen konnte. Enthalten sind der Diskurs um die Binnenkolonisation als Armenpolitik oder Wirtschaftsförderung, die Kulturlandgewinnen, die Ausrichtung von Volksfesten und die Beziehungen der Centralstelle zu nationalen Vereinen. Der

Anhang enthält Biogramme der Mitglieder und Funktionäre der Centralstelle, eine Übersicht der Mitglieder des Württembergischen Landwirtschaftlichen Vereins und eine Statistik der Bezirksvereine. Ergänzt wird der Anhang durch ein Glossar und eine Übersicht über die in Württemberg geltenden Maße und Gewichte. Ein Orts- und Personenregister sorgt für eine sehr gute Erschließung des Bandes.

Die Darstellung der Tätigkeit der Centralstelle durch Loose ist gekennzeichnet von einer äußersten Detailliertheit. Dabei ist die Vorgehensweise eher geprägt von dem Bemühen, die württembergische Landwirtschaft und ihre Probleme in ihrer Gesamtheit darzustellen, weshalb die Tätigkeit der Centralstelle dem Autor immer wieder aus dem Blickfeld gerät. Problematisch ist aber vor allem, dass offenbar die zu lobende intensive Auseinandersetzung mit den Quellen zu einer bisweilen allzu unkritischen Nähe zu denselben führt. Loose zeichnet insgesamt das in den Quellen gründende stereotype Bild eines um seine Untertanen besorgten und landwirtschaftlich überaus kompetenten Königs, der umgeben ist von böswilligen Beamten, die nur die eigenen Interessen im Sinn habe, und tumben Bauern, die intellektuell nicht in der Lage sind, die Wohltaten des Königs zu akzeptieren, aber ihn dafür trotzdem lieben. Gegenüber den gescheiterten Initiativen der Centralstelle auf dem Gebiet der Schweinezucht »erscheint wiederum König Wilhelm I. in einem hellen und strahlenden Licht«, da er auf einem seiner Privatgüter vorführte, »worauf bei einer modernen Schweinezucht zu achten« sei (S. 228). Dabei kennzeichne die Bürokratie nicht nur Unfähigkeit, sondern Unwilligkeit. Es steht für Loose fest, dass »die nachgeordneten Ämter nicht den guten Willen des Königs erkannten oder erkennen wollten« (S. 469). Während »eine starke, einflussreiche konservative Riege in der Staatsbürokratie durch Nichttätigkeit ihre persönlichen, privaten Interessen schützte«, habe sich der gute König bei der Grundentlastung seiner Untertanen nicht durchsetzen können (S. 242). Deshalb habe das Regierungsjubiläum Wilhelms I. »einen Großteil der Untertanen in einen freudigen Rausch« versetzt (S. 243). Und den Grund für die von den Gemeinden anlässlich dieses Jubiläums für die Wilhelms-Stiftung, d.h. letztlich für die Verbesserung der landwirtschaftlichen Ausbildung, bewilligten Mittel kann Loose deshalb nur in »überfließender Liebe zu ihrem Regenten« (S. 430) erblicken und nicht in rationalem Kalkül.

Das komplexe, in den jungen Verfassungsstaaten noch sehr unklare Verhältnis zwischen dem König bzw. den Überresten der Feudalzeit als tradiertem und der erst im Entstehen begriffenen (bürgerlichen) Bürokratie als modernem verfassungspolitischen Faktor wird dadurch nicht strukturell analysiert, sondern moralisiert und von Loose deshalb nicht im Ansatz erfasst. Die eigenen Interessen der Bauern, denen die Vorschläge der noch kaum entwickelten Agrarwissenschaften vielfach als Projektemacherei mit ungewissem Ausgang erscheinen mussten, werden als solche kaum wahrgenommen, sondern als mangelnde Fähigkeit beschrieben, die zu überwinden der Centralstelle nicht gelungen sei. Ein Blick auf die umfangreiche vereinsgeschichtliche und sozialhistorisch vorgehende agrargeschichtliche Forschung hätte diese Mängel beseitigen helfen. Deshalb kann man sich im Fazit letztlich nur dem Autor selbst anschließen: »Die Fakten liegen nun auf dem Tisch [...]« (S. III).

Regensburg   JOHANN KIRCHINGER

Tiroler Burgenbuch, Bd. 11: Nordtiroler Unterland, gegründet von Oswald Trapp, fortgeführt von Magdalena Hörmann-Weingartner, hg. von JULIA HÖRMANN-THURN UND TAXIS **unter Mitarbeit von** DÉSIRÉE MANGARD, *Bozen 2019, Athesia, 352 Seiten mit Abbildungen.*

Mit dem Erscheinen des elften Bandes des Tiroler Burgenbuches ist die Bearbeitung einer der reichsten und interessantesten Burgenlandschaften Europas erfolgreich abgeschlossen. Als Oswald Graf Trapp (1899–1988), der bis 1959 als Tiroler Landeskonservator wirkte, 1972 den ersten Band über den Vinschgau (2. Aufl. 1976) vorlegte, konnte niemand absehen, dass sich dieses Vorhaben über fast ein halbes Jahrhundert hinziehen und auf elf Bände anwachsen würde. Oswald Trapp bearbeitete selbst noch das Burggrafenamt (Band 2, 1973, 2. Aufl. 1976), das Wipptal (Band 3, 1974), das Eisacktal (Band 4, 1977), das Sarntal (Band 5, 1981), das mittlere Inntal (Band 6, 1982) und das Oberinntal mit Außerfern (Band 7, 1986), stützte sich dabei aber zunehmend auf Mitautoren, die ab dem sechsten Band in größerer Zahl in Erscheinung traten, unter ihnen Martin Bitschnau, der das Vorhaben bis zuletzt begleitet hat. Eine wichtige Stütze war für Graf Trapp die Tiroler Kunsthistorikerin Magdalena Hörmann-Weingartner (1935-2015), die mit Band 8 (Raum Bozen, 1989) die Verantwortung für das Buchprojekt übernahm und nach längerer Unterbrechung auch die Bände 9 (Pustertal, 2003) sowie 10 (Überetsch und Südtiroler Unterland, 2011) in Zusammenarbeit mit zahlreichen ausgewiesenen Fachleuten herausbringen konnte. Auch mit den Arbeiten an dem nun vorliegenden Band 11 hatte sie begonnen, der nun unter der Herausgeberschaft ihrer Tochter, der Historikerin Julia Hörmann-Thurn und Taxis, erschienen ist. Dass sich im Laufe einer so langwierigen Entstehungsgeschichte das Gesamtwerk in mancher Hinsicht gewandelt hat, steht außer Frage. Ich habe mich dazu in einer längeren Besprechungsmiszelle anlässlich des Erscheinens des neunten Bandes ausführlich geäußert (Burgenforschung als Aufgabe der Landesgeschichte, in: ZBLG 67, 2004, S. 35–45). Den zehnten Band habe ich in der ZBLG 78 (2015) S. 813 f. gewürdigt (dort hatte ich allerdings versehentlich behauptet, dass in dem abschließenden Band 11 neben dem Nordtiroler Unterland auch noch Osttirol zu behandeln wäre, doch sind die dortigen Burgen tatsächlich schon in Band 9 über das Pustertal erfasst worden). Ungeachtet mancher Qualitätsunterschiede zwischen den Bänden, die auch dem Umstand geschuldet sind, dass sich das Tiroler Burgenbuch nicht nur an den Fachmann mit seinen spezifischen Interessen, sondern auch an ein geschichtsinteressiertes und burgenbegeistertes

Publikum richtet, ist festzuhalten, dass insgesamt eine umfassende Beschreibung des Burgenbestandes in Nord-, Ost- und Südtirol vorliegt. Die Einzelbeschreibungen der Objekte bieten nicht nur Zusammenstellungen alter Ansichten, Karten und Pläne, sondern umfangreiche Bilddokumentationen des erhaltenen Baubestandes, vor allem aber ausführliche Beschreibungen der Burgen aus historischer, kunsthistorischer und baugeschichtlicher Sicht. Die Untergliederung der Burgenartikel in Geschichte, Lage und Name sowie in Beschreibung bzw. Baugeschichte hat sich bewährt. Dieser multiperspektivische Zugriff auf die Burgen, der sich auch an den insgesamt 23 Autoren des vorliegenden Werkes ablesen lässt, zieht sich, wenn auch in unterschiedlicher Tiefenschärfe, durch sämtliche Bände des Gesamtwerkes. Archäologische Grabungen, Bauforschung und Archivrecherchen werden auch in Zukunft neue Erkenntnisse liefern, aber das vorliegende Burgenbuch wird dafür immer den Ausgangspunkt bilden. Dafür bietet auch der umfangreiche Anmerkungsapparat der Burgenartikel eine unverzichtbare Grundlage.

Der Abschlussband des Tiroler Burgenbuches ist aus der Sicht der bayerischen Landesgeschichte von besonderem Interesse, weil ein Großteil des Nordtiroler Unterlandes bis 1504 zum Herzogtum Bayern gehörte. Erst in Folge des Landshuter Erbfolgekrieges kamen die bayerischen Gerichte Rattenberg, Kufstein und Kitzbühel an das habsburgische Tirol. Im Gegensatz zu Kufstein und Rattenberg hat übrigens in Kitzbühel offenbar nie eine Burg bestanden, die als Amtssitz diente (S. 21 f.). Daneben spielte die Herrschaft des Erzstifts Salzburg im Zillertal und bis 1380/85 auch die des Hochstifts Regensburg im Brixental eine Rolle. Die herrschafts- und territorialpolitischen Veränderungen im Untersuchungsgebiet werden einleitend von der Herausgeberin skizziert, die darüber hinaus auch auf mehrere Klausen eingeht, die im Burgenbuch nicht als Einzelobjekte behandelt werden. Grundsätzlich ist nochmals darauf hinzuweisen, dass kleinere befestigte Adelssitze (Türme) und Ansitze hier wie in den früheren Bänden nicht berücksichtigt werden.

Die Geschichte der Burganlagen im Nordtiroler Unterland zeigt sehr anschaulich, wie die Burgen mit dem Beginn der Frühen Neuzeit an Bedeutung verloren. Nur wenige der 25 dokumentierten Anlagen haben diesen Funktionswandel überstanden und präsentieren sich bis heute als komplexe, gut erhaltene Anlagen, vor allem die im 16. Jahrhundert massiv ausgebaute Festung in Kufstein, das Renaissanceschloss der Fugger in Tratzberg oder als Adelsburgen Lichtwerth und Matzen. Mariastein mit seinem mächtigen Wohnturm wurde in der Frühneuzeit zur Wallfahrtsstätte umfunktioniert, auch Burg Thierberg ist bis heute ein Gnadenort, der noch von einem Einsiedler versorgt wird, Burg Itter hingegen wurde zwischen 1877 und 1902 historisierend um- und neugebaut, so dass von der mittelalterlichen Baugestalt nur noch wenig sichtbar ist. Von einigen Anlagen sind zumindest noch imposante Reste erhalten geblieben, beispielsweise von dem Adelssitz Freundsberg über Schwaz,

Stammsitz der Herren von Frundsberg, von der komplexen Amtsburg Rattenberg oder von Burg Kropfsberg. Bei etlichen Anlagen hat der nachmittelalterliche Bedeutungsverlust aber dazu geführt, dass nur noch dürftige Reste sichtbar sind, wobei erschwerend hinzu kommt, dass sich die abgegangenen Burgen auch in der archivalischen Überlieferung kaum greifen lassen. Die wenigsten Anlagen wurden bisher archäologisch untersucht, wie z. B. Erpfenstein bei Kirchdorf. Als einstige Höhlenburg ist die Anlage Herrenhauswand in der Gemeinde Schwendt erwähnenswert. Völlig abgegangen ist die Burg in Luech, die deshalb nur in der Einleitung (S. 21) erwähnt wird. Umfangreichen Burgenartikeln wie über Tratzberg, Rattenberg und Kufstein (jeweils 30 Druckseiten) stehen deshalb notgedrungen zahlreiche kurze Beiträge von ein bis zwei Druckseiten gegenüber. Aber das ist in einem Burgenbuch unvermeidlich, das nicht nur die Glanzstücke präsentiert, sondern die umfassende Dokumentation einer Burgenlandschaft bieten möchte.

Das Tiroler Burgenbuch liegt nun in elf Bänden mit 4098 Druckseiten vor, in denen 284 Burgen behandelt werden. Das Werk ist eine großartige Gesamtleistung, die nicht zuletzt darauf beruht, dass etliche Autoren sich über Jahrzehnte in den Dienst des Vorhabens gestellt haben, neue Herausgeber die Koordination übernahmen und der Verlag über den langen Zeitraum an dem Vorhaben festgehalten hat. Das Burgenbuch dokumentiert in eindrucksvoller Weise den geschichtlichen Reichtum des mittelalterlichen Tirol und wird hoffentlich dazu ermutigen, vergleichbare Grundlagenwerke für andere Landschaften zu bearbeiten. Für Tirol liegt hiermit ein Standardwerk der Landes-, Kultur- und Kunstgeschichte vollständig vor.

Leipzig   Enno Bünz